Q, q クー	qua クァ	que ケ	qui キ	quo クォ	qu ク	
R, r エレ	ra ラ	re レ	ri リ	ro ロ	ru ル	rが語頭か，l, n, sの後に来る場合，巻き舌の音
	rra ラ	rre レ	rri リ	rro ロ	rru ル	巻き舌の音
S, s エセ	sa サ	se セ	si シ	so ソ	su ス	語末のsは地域によっては発音されない
T, t テー	ta タ	te テ	ti ティ	to ト	tu トゥ	
v ウベ	va バ	ve ベ	vi ビ	vo ボ	vu ブ	bと同じ発音
W, w ウベドブレ	wa ワ	we ウェ	wi ウィ	wo ウォ	wu ウ	外来語のみに用いられる
X, v ユキメ	xa (ク)サ	xe (ク)セ	xi (ク)シ	xo (ク)ソ	xu (ク)ス	
Y, y イグリエガ	ya ヤ	ye イェ	yi イ	yo ヨ	yu イユ	語末のyは「イ」
	ya ジャ	ye ジェ	yi ジ	yo ジョ	yu ジュ	
z セタ	za サ	ze セ	zi シ	zo ソ	zu ス	「ザ・ゼ・ジ・ゾ・ズ」にならないように語末のzは「ス」

名詞・形容

JN173384

■名詞の性・数と語尾

	男性	女性	男性・女性
単数	-o	-a	-o, -a 以外
複数	-os	-as	-es

■形容詞の性・数と語尾

	男性	女性	男性・女性
単数	-o	-a	-o, -a 以外
複数	-os	-as	-es

Daily
Japanese-Spanish-English
Dictionary

デイリー
日西英
辞典 [カジュアル版]

三省堂編修所 [編]

三省堂

© Sanseido Co., Ltd. 2017
Printed in Japan

［装画］青山タルト
［装丁］三省堂デザイン室

まえがき

　近年，日本アニメのブームがわき起こったり，和食が世界遺産に登録されたりと，日本の文化・芸術が世界的に注目を集めています。それに伴い，海外からの観光客や日本での留学・就労をもとめる外国人が増えています。そして，2020 年の東京オリンピック・パラリンピックをきっかけとして，多くの日本人がさまざまな言語や文化背景をもつ人たちをおもてなしの心で迎え入れようとしています。

　2002 年より刊行を開始した「デイリー 3 か国語辞典」シリーズは，ハンディかつシンプルで使いやすいとのご好評をいただき，増刷を重ねてまいりました。このたび，より気軽にご利用いただけるよう，『デイリー日西英辞典 カジュアル版』を刊行いたします。これは，同シリーズの『デイリー日西英・西日英辞典』より「日西英部分」を独立させ内容を見直し，付録として「日常会話」や「分野別単語集」を盛りこんだものです。

　本書の構成は次の通りです。くわしくは「この辞書の使い方」をごらんください。
◇**日西英辞典**…
　日本語に対応するスペイン語がひと目でわかります。分野別単語集と合わせ約 1 万 3 千項目収録しました。見出しの日本語には「ふりがな」に加え「ローマ字」も示し，語義が複数にわたるものには（　　）で中見出しを設けました。スペイン語と英語にはシンプルなカタカナ発音を示しました。
◇**日常会話**…
　場面や状況別に，よく使われるごく基本的な表現をまとめました。スペイン語と英語の音声は無料ウェブサービスで聴くことができます。
◇**分野別単語集**…
　「職業」「病院」など，分野別に関連する基本的な単語をまとめました。

　おもてなしにもご旅行にも，シンプルで引きやすい『デイリー日西英辞典 カジュアル版』が，読者のみなさまのコミュニケーションに役立つよう，心より願っています。

　2017 年初夏

三省堂編修所

この辞書の使い方

【日西英辞典】
○日本語見出し
・日常よく使われる日本語を五十音順に配列した
・長音「ー」は直前の母音に置き換えて配列した
　　例： **アーチ** → ああち　　**チーム** → ちぃむ
・見出し上部にふりがなを付け，常用漢字以外の漢字も用いた
・見出し下部にローマ字を付けた
　　例： **長所** → chousho　　**上達する** → joutatsusuru
・語義が複数あるものには（　　）で中見出しを設けた
・熟語見出しについては見出しを~で省略した

○スペイン語
・見出しの日本語に対応するスペイン語の代表的な語句を示した
・南北アメリカで用いられる語句には Americanismo の略記号 Ⓐ を付けた
・スペイン語にはシンプルなカタカナ発音を付け，アクセントは太字で示した
・性による変化形はつぎのように示した
　　例： **uno(-a)** ウノ(-ナ)　　**inglés(-esa)** イングレス(-サ)
・名詞の性数はつぎのように略号で示した
　　m. 男性名詞　　*f.* 女性名詞　　*pl.* 複数形
　　例： **deportes** *m.pl.* デポルテス
・可変要素はイタリック体で示し，カナ発音を省略した
・結びつきの強い前置詞はイタリック体で示し，*a, de, con* など頻出する
　ものについてはカナ発音を省略した

○英語
・見出しの日本語に対応する英語の代表的な語句を示した
・原則的にアメリカ英語とし，イギリス英語には British の略記号 Ⓑ を付けた
・冠詞・複数形などの詳細な表記は原則的に割愛した
・英語にはシンプルなカタカナ発音を付け，アクセントは太字で示した

【日常会話】
・「あいさつ」「食事」「買い物」「トラブル・緊急事態」の 4 つの場面別に，
　よく使われる日常会話表現をまとめた
・日西英の順に配列し，同じ意味を表す別の表現は / で区切って併記した
・スペイン語のカタカナ発音は日西英辞典のものを簡略化して用いた

【分野別単語集】
・分野別によく使われる語句をまとめた
・日西英の順に配列し，英語は Ⓔ で示した
・スペイン語のカタカナ発音は日西英辞典のものを簡略化して用いた

日	西	英

あ, ア

あーもんど
アーモンド
aamondo
almendra *f.*
アルメンドラ
almond
アーモンド

あい
愛
ai
amor *m.*
ア**モ**ル
love
ラヴ

あいかぎ
合い鍵
aikagi
llave duplicada *f.*
ジャベ ドゥプリ**カ**ダ
duplicate key
デュープリケト **キー**

あいかわらず
相変わらず
aikawarazu
como siempre
コモ シ**エ**ンプレ
as usual
アズ **ユー**ジュアル

あいきょうのある
愛嬌のある
aikyounoaru
encantador(-*a*)
エンカンタ**ド**ル(-ラ)
charming
チャーミング

あいこくしん
愛国心
aikokushin
patriotismo *m.*
パトリオ**ティ**スモ
patriotism
ペイトリオティズム

あいこん
アイコン
aikon
icono *m.*, **ícono** *m.*
イ**コ**ノ, **イ**コノ
icon
アイカン

あいさつ
挨拶
aisatsu
saludo *m.*
サ**ル**ド
greeting
グリーティング

～する
saludar
サル**ダ**ル
greet, salute
グリート, サ**ルー**ト

あいしゃどー
アイシャドー
aishadoo
sombra de ojos *f.*
ソンブラ デ **オ**ホス
eye shadow
アイ **シャ**ドウ

あいしょう
愛称
aishou
apodo *m.*
ア**ポ**ド
nickname
ニクネイム

あいじょう
愛情
aijou
afecto *m.*, **cariño** *m.*
ア**フェ**クト, カ**リ**ニョ
love, affection
ラヴ, ア**フェ**クション

あいず
合図
aizu
señal *f.*
セ**ニャ**ル
signal, sign
スィグナル, **サ**イン

あいすくりーむ
アイスクリーム
aisukuriimu
helado *m.*
エ**ラ**ド
ice cream
アイス ク**リー**ム

日	西	英
あいすこーひー **アイスコーヒー** aisukoohii	**café helado** *m.* カフェ エラド	iced coffee アイスト コーフィ
あいすてぃー **アイスティー** aisutii	**té helado** *m.* テ エラド	iced tea アイスト ティー
あいすほっけー **アイスホッケー** aisuhokkee	**hockey sobre hielo** *m.* ホケイ ソブレ イエロ	ice hockey アイス ハキ
あいすらんど **アイスランド** aisurando	**Islandia** *f.* イスランディア	Iceland アイスランド
あいする **愛する** aisuru	**amar** アマル	love ラヴ
あいそがつきる **愛想が尽きる** aisogatsukiru	**hartarse** *de* アルタルセ	(get) fed up with (ゲト) フェド アプ ウィズ
あいそのよい **愛想のよい** aisonoyoi	**afable** アファブレ	affable, approach-able アファブル, アプロウチャブル
あいた **空いた** aita	**libre, vacante** リブレ, バカンテ	empty, vacant エンプティ, ヴェイカント
あいだ **間** (時間) aida	**intervalo** *m.* インテルバロ	interval インタヴァル
(距離)	**distancia** *f.* ディスタンシア	distance ディスタンス
(空間)	**espacio** *m.* エスパシオ	space スペイス
あいて **相手** aite	**otro(-a)** *m.f.* オトロ(-ラ)	other person アザ パースン
(敵)	**oponente** *m.f.* オポネンテ	opponent オポウネント
あいでぃあ **アイディア** aidia	**idea** *f.* イデア	idea アイディーア

日	西	英
あいてぃー **IT** aitii	**tecnología de la información** *f.* テクノロヒア デラ インフォルマシオン	information technology インフォメイション テクナロヂ
あいている **開いている** aiteiru	**abierto(-a)** アビエルト(-タ)	open オウプン
あいている **空いている** aiteiru	**libre, vacante** リブレ, バカンテ	vacant ヴェイカント
(自由だ)	**libre** リブレ	free フリー
あいどる **アイドル** aidoru	**ídolo** *m.* イドロ	idol アイドル
あいま **合間** aima	**intervalo** *m.* インテルバロ	interval インタヴァル
あいまいな **曖昧な** aimaina	**vago(-a), ambiguo(-a)** バゴ(-ガ), アンビグオ(-ア)	vague, ambiguous ヴェイグ, アンビギュアス
あいるらんど **アイルランド** airurando	**Irlanda** *f.* イルランダ	Ireland アイアランド
あいろん **アイロン** airon	**plancha** *f.* プランチャ	iron アイアン
あう **会う** au	**ver** ベル	see, meet スィー, ミート
(約束して)	**encontrarse** *con* エンコントラルセ	meet ミート
あう **合う** (一致する) au	**ajustarse** *a*, **concordar** *con* アフスタルセ, コンコルダル	match with, conform to マチ ウィズ, コンフォーム トゥ
(正確)	**(ser) correcto(-a)** (セル) コレクト(-タ)	(be) correct (ビ) コレクト
あうとぷっと **アウトプット** autoputto	**salida** *f.*, **output** *m.* サリダ, アウトプト	output アウトプト

日	西	英
あうとらいん **アウトライン** autorain	**resumen** *m.* レスメン	outline **アウト**ライン
あえる **和える** aeru	**aliñar** *con* アリニャル	dress with ドレス **ウィズ**
あお **青** ao	**azul** *m.* アスル	blue ブルー
あおい **青い** aoi	**azul** アスル	blue ブルー
（顔色などが）	**pálido(-a)** パリド(-ダ)	pale ペイル
あおぐ **扇ぐ** aogu	**abanicar** アバニカル	fan ファン
あおじろい **青白い** aojiroi	**pálido(-a)** パリド(-ダ)	pale, wan ペイル，ワン
あか **赤** aka	**rojo** *m.* ロホ	red レド
あかい **赤い** akai	**rojo(-a)** ロホ(-ハ)	red レド
あかくなる **赤くなる** akakunaru	**ponerse rojo(-a)** ポネルセ ロホ(-ハ)	turn red ターン レド
あかじ **赤字** akaji	**déficit** *m.* デフィシト	deficit デフィスィト
あかちゃん **赤ちゃん** akachan	**bebé** *m.* ベベ	baby ベイビ
あかみ **赤身** （肉の） akami	**carne magra** *f.* カルネ マグラ	lean リーン
あかり **明かり** akari	**luz** *f.* ルス	light, lamp ライト，ランプ
あがる **上がる** （上に行く） agaru	**subir** スビル	go up, rise ゴ アプ，ライズ

日	西	英
（増加する）	**aumentar** アウメンタル	increase, rise インクリース，**ライズ**
（興奮する・緊張する）	**ponerse nervioso(-a)** ポネルセ ネルビオソ(-サ)	(get) nervous (ゲト) **ナ**ーヴァス
あかるい **明るい** akarui	**luminoso(-a)** ル**ミ**ノソ(-サ)	bright ブ**ライト**
（性格が）	**alegre** ア**レ**グレ	cheerful **チ**アフル
あかわいん **赤ワイン** akawain	**vino tinto** *m.* ビノ **ティ**ント	red wine レド **ワ**イン
あき **空き** （透き間） aki	**hueco** *m.*, **abertura** *f.* ウ**エ**コ，アベル**トゥ**ラ	opening, gap **オ**ウプニング，**ギャ**ップ
（余地）	**sitio** *m.* **シ**ティオ	room, space **ルー**ム，ス**ペ**イス
あき **秋** aki	**otoño** *m.* オ**ト**ニョ	fall, Ⓑautumn **フォ**ール，**オ**ータム
あきかん **空き缶** akikan	**lata vacía** *f.* **ラ**タ バ**シ**ア	empty can **エ**ンプティ **キャ**ン
あきち **空き地** akichi	**terreno desocupado** *m.* テ**レ**ノ デソク**パ**ド	vacant land **ヴェ**イカント **ラ**ンド
あきびん **空きびん** akibin	**botella vacía** *f.* ボ**テ**ジャ バ**シ**ア	empty bottle **エ**ンプティ **バ**トル
あきべや **空き部屋** akibeya	**habitación libre** *f.* アビタシ**オ**ン **リ**ブレ	vacant room **ヴェ**イカント **ルー**ム
あきらかな **明らかな** akirakana	**claro(-a), evidente** ク**ラ**ロ(-ラ)，エビ**デ**ンテ	clear, evident ク**リ**ア，**エ**ヴィデント
あきらかに **明らかに** akirakani	**claramente** クララ**メ**ンテ	clearly ク**リ**アリ
あきらめる **諦める** akirameru	**abandonar** アバンド**ナ**ル	give up, abandon **ギ**ヴ **ア**プ，ア**バ**ンドン

日	西	英
あきる **飽きる** akiru	**cansarse** *de* カンサルセ	(get) tired of (ゲト) **タ**イアド オヴ
あきれすけん **アキレス腱** akiresuken	**tendón de Aquiles** *m.* テン**ド**ン デ ア**キ**レス	Achilles' tendon ア**キ**ーリーズ **テ**ンドン
あきれる **呆れる** akireru	**asombrarse** *con* [*de*] アソン**ブ**ラルセ	(be) bewildered by (ビ) ビ**ウィ**ルダド バイ
あく **悪** aku	**mal** *m.* マル	evil, vice **イ**ーヴィル, **ヴァ**イス
あく **開く** aku	**abrir(se)** ア**ブ**リル(セ)	open **オ**ウプン
あく **空く** aku	**(estar) libre** (エス**タ**ル) **リ**ブレ	(become) vacant (ビ**カ**ム) **ヴェ**イカント
あくい **悪意** akui	**mala voluntad** *f.* **マ**ラ ボルン**タ**ド	malice **マ**リス
あくじ **悪事** akuji	**mala acción** *f.* **マ**ラ アク**シオ**ン	evil deed **イ**ーヴィル **ディ**ード
あくしつな **悪質な** akushitsuna	**maligno(-a)** マ**リ**グノ(-ナ)	vicious, vile **ヴィ**シャス, **ヴァ**イル
あくしゅ **握手** akushu	**apretón de manos** *m.* アプレ**ト**ン デ **マ**ノス	handshake **ハ**ンドシェイク
あくせいの **悪性の** akuseino	**maligno(-a)** マ**リ**グノ(-ナ)	malignant マ**リ**グナント
あくせさりー **アクセサリー** akusesarii	**accesorios** *m.pl.* アクセ**ソ**リオス	accessories アク**セ**ソリズ
あくせす **アクセス** akusesu	**acceso** *m.* アク**セ**ソ	access **ア**クセス
あくせる **アクセル** akuseru	**acelerador** *m.* アセレラ**ド**ル	accelerator アク**セ**ラレイタ
あくせんと **アクセント** akusento	**acento** *m.* ア**セ**ント	accent **ア**クセント

日	西	英
あくび **あくび** akubi	**bostezo** *m.* ボステソ	yawn ヨーン
あくま **悪魔** akuma	**demonio** *m.* デモニオ	devil デヴィル
あくむ **悪夢** akumu	**pesadilla** *f.* ペサディジャ	nightmare ナイトメア
あくめい **悪名** akumei	**mala fama** *f.* マラ ファマ	bad reputation バド レピュテイション
あくようする **悪用する** akuyousuru	**abusar** *de* アブサル	abuse, misuse アビューズ, ミスユーズ
あくりょく **握力** akuryoku	**fuerza de agarre** *f.* フエルサ デ アガレ	grip strength グリップ ストレングス
あくりる **アクリル** akuriru	**acrílico** *m.* アクリリコ	acrylic アクリリク
あけがた **明け方** akegata	**alba** *f.* アルバ	daybreak デイブレイク
あける **開ける** akeru	**abrir** アブリル	open オウプン
あける **空ける** akeru	**vaciar** バシアル	empty エンプティ
あげる **上げる** ageru	**levantar** レバンタル	raise, lift レイズ, リフト
（与える）	**dar, ofrecer** ダル, オフレセル	give, offer ギヴ, オファ
あげる **揚げる** ageru	**freír** フレイル	deep-fry ディープフライ
あご **顎** ago	**mandíbula** *f.* マンディブラ	jaw, chin チョー, チン
あこがれ **憧れ** akogare	**anhelo** *m.* アネロ	yearning ヤーニング

日	西	英
あこがれる **憧れる** akogareru	**suspirar** *por* ススピラル	aspire to, long for アスパイア トゥ, ローング フォ
あさ **朝** asa	**mañana** *f.* マニャナ	morning モーニング
あさ **麻** asa	**cáñamo** *m.* カニャモ	hemp ヘンプ
（布）	**tela de lino** *f.* テラ デ リノ	linen リネン
あさい **浅い** asai	**poco profundo(-*a*)** ポコ プロフンド(-ダ)	shallow シャロウ
あさがお **朝顔** asagao	**dondiego de día** *m.* ドンディエゴ デ ディア	morning glory モーニング グローリ
あさって **あさって** asatte	**pasado mañana** パサド マニャナ	day after tomor-row デイ アフタ トモーロウ
あさひ **朝日** asahi	**sol de la mañana** *m.* ソル デ ラ マニャナ	morning sun モーニング サン
あさましい **浅ましい** asamashii	**vergonzoso(-*a*), deplora-ble** ベルゴンソソ(-サ), デプロラブレ	shameful シェイムフル
あざむく **欺く** azamuku	**engañar** エンガニャル	cheat チート
あざやかな **鮮やかな** azayakana	**vivo(-*a*)** ビボ(-バ)	vivid ヴィヴィド
（手際が）	**brillante** ブリジャンテ	splendid, master-ful スプレンディド, マスタフル
あざらし **海豹** azarashi	**foca** *f.* フォカ	seal スィール
あざわらう **あざ笑う** azawarau	**burlarse** *de* ブルラルセ	ridicule リディキュール

日	西	英
あし 足　（足首から先） ashi	**pie** *m.* ピエ	foot フト
〜首	**tobillo** *m.* トビジョ	ankle アンクル
あし 脚 ashi	**pierna** *f.* ピエルナ	leg レグ
あじ 味 aji	**sabor** *m.*, **gusto** *m.* サボル，グスト	taste テイスト
（風味）	**sabor** *m.* サボル	flavor, Ⓑflavour フレイヴァ，フレイヴァ
あじあ アジア ajia	**Asia** *f.* アシア	Asia エイジャ
〜の	**asiático(-a)** アシアティコ(-カ)	Asian エイジャン
あじけない 味気ない ajikenai	**poco interesante** ポコ インテレサンテ	uninteresting アニンタレスティング
あした 明日 ashita	**mañana** マニャナ	tomorrow トモーロウ
あじつけする 味付けする ajitsukesuru	**condimentar** *con* コンディメンタル	season with スィーズン ウィズ
あしば 足場 ashiba	**andamio** *m.* アンダミオ	scaffold スキャフォルド
あじみする 味見する ajimisuru	**probar, degustar** プロバル，デグスタル	taste テイスト
あじわう 味わう ajiwau	**saborear, paladear** サボレアル，パラデアル	taste, relish テイスト，レリシュ
あずかる 預かる azukaru	**guardar** グアルダル	look after ルク アフタ
あずき 小豆 azuki	**alubia roja** *f.* アルビア ロハ	red bean レド ビーン

あ

日	西	英
あずける **預ける** azukeru	**depositar, confiar** デポシタル, コンフィアル	leave, deposit リーヴ, ディパズィト
あすぱらがす **アスパラガス** asuparagasu	**espárrago** *m.* エスパラゴ	asparagus アスパラガス
あすぴりん **アスピリン** asupirin	**aspirina** *f.* アスピリナ	aspirin アスピリン
あせ **汗** ase	**sudor** *m.* スドル	sweat スウェト
あせも **あせも** asemo	**sarpullido** *m.* サルプジド	heat rash ヒート ラシュ
あせる **焦る** aseru	**impacientarse** インパシエンタルセ	(be) impatient (ビ) インペイシェント
あそこ **あそこ** asoko	**(por) allí** (ポル) アジ	over there オウヴァ ゼア
あそび **遊び** asobi	**juego** *m.* フエゴ	play プレイ
(娯楽)	**recreo** *m.* レクレオ	amusement アミューズメント
(気晴らし)	**pasatiempo** *m.* パサティエンポ	diversion ディヴァージョン
あそぶ **遊ぶ** asobu	**jugar** フガル	play プレイ
あたい **価** (価値) atai	**valor** *m.* バロル	value, worth ヴァリュ, ワース
(値段)	**precio** *m.* プレシオ	price, cost プライス, コスト
あたえる **与える** ataeru	**dar** ダル	give, present ギヴ, プリゼント
(被害を)	**causar** カウサル	cause, inflict コーズ, インフリクト

日	西	英
あたたかい **暖かい** atatakai	**cálido(-a), templado(-a)** カリド(-ダ), テンプラド(-ダ)	warm ウォーム
あたたかい **温かい** （心が） atatakai	**afectuoso(-a)** アフェクトゥオソ(-サ)	genial ヂーニャル
あたたまる **暖まる** atatamaru	**calentarse** カレンタルセ	(get) warm (ゲト) ウォーム
あたためる **暖める** atatameru	**calentar** カレンタル	warm (up), heat ウォーム (アプ), ヒート
あだな **あだ名** adana	**apodo** *m.* アポド	nickname ニクネイム
あたま **頭** atama	**cabeza** *f.* カベサ	head ヘド
（頭脳）	**inteligencia** *f.*, **intelecto** *m.* インテリヘンシア, インテレクト	brains, intellect ブレインズ, インテレクト
あたらしい **新しい** atarashii	**nuevo(-a)** ヌエボ(-バ)	new ニュー
（最新の）	**reciente** レシエンテ	recent リースント
（新鮮な）	**fresco(-a)** フレスコ(-カ)	fresh フレシュ
あたり **当たり** （球などの） atari	**golpe** *m.* ゴルペ	hit, strike ヒト, ストライク
（事業などの）	**éxito** *m.* エクシト	success サクセス
あたり **辺り** atari	**vecindad** *f.*, **alrededores** *m.pl.* ベシンダド, アルレデドレス	vicinity ヴィスィニティ
あたりまえの **当たり前の** atarimaeno	**normal** ノルマル	common, ordinary カモン, オーディネリ

日	西	英
あたる **当たる** （ボールなどが） ataru	**golpear** ゴルペアル	hit, strike ヒト，ストライク
（事業などが）	**tener éxito** テネル エクシト	hit, succeed ヒト，サクスィード
あちこち **あちこち** achikochi	**por aquí y por allí** ポル アキ イ ポル アジ	here and there ヒア アンド ゼア
あちら **あちら** achira	**(por) allí** (ポル) アジ	(over) there (オウヴァ) ゼア
あつい **熱[暑]い** atsui	**caliente, caluroso(-a)** カリエンテ，カルロソ(-サ)	hot ハト
あつい **厚い** atsui	**grueso(-a)** グルエソ(-サ)	thick スィク
あつかい **扱い** atsukai	**trato** *m.* トラト	treatment, han- dling トリートメント，ハンドリング
あつかう **扱う** atsukau	**manejar** マネハル	handle ハンドル
（担当する）	**encargarse, gestionar** エンカルガルセ，ヘスティオナル	manage, deal with マニヂ，ディール ウィズ
（待遇する）	**tratar** トラタル	treat, deal with トリート，ディール ウィズ
あっかする **悪化する** akkasuru	**empeorar** エンペオラル	grow worse グロウ ワース
あつかましい **厚かましい** atsukamashii	**insolente** インソレンテ	impudent インピュデント
あつぎする **厚着する** atsugisuru	**abrigarse bien** アブリガルセ ビエン	dress warmly ドレス ウォームリ
あつくるしい **暑苦しい** atsukurushii	**bochornoso(-a)** ボチョルノソ(-サ)	sultry, stuffy サルトリ，スタフィ

日	西	英
あつさ **厚さ** atsusa	**grosor** *m.* グロソル	thickness スィクネス
あつさ **暑さ** atsusa	**calor** *m.* カロル	heat ヒート
あっさり **あっさり** assari	**con sencillez** コン センシジェス	simply, plainly スィンプリ, プレインリ
～した	**sencillo(-a)** センシジョ(-ジャ)	simple, plain スィンプル, プレイン
あっしゅくする **圧縮する** asshukusuru	**comprimir** コンプリミル	compress カンプレス
あつでの **厚手の** atsudeno	**grueso(-a)** グルエソ(-サ)	thick スィク
あっとうする **圧倒する** attousuru	**abrumar** アブルマル	overwhelm オウヴァ(ホ)ウェルム
あっとまーく **アットマーク** attomaaku	**arroba** *f.* アロバ	at sign, @ アト サイン
あっぱくする **圧迫する** appakusuru	**oprimir** オプリミル	oppress, press オプレス, プレス
あつまり **集まり** (会合) atsumari	**reunión** *f.* レウニオン	gathering, meeting ギャザリング, ミーティング
(多数集まったもの)	**multitud** *f.* ムルティトゥド	crowd, gathering クラウド, ギャザリング
あつまる **集まる** (会合する) atsumaru	**reunirse** レウニルセ	meet, assemble ミート, アセンブル
(群がる)	**juntarse** フンタルセ	gather ギャザ
あつみ **厚み** atsumi	**grosor** *m.* グロソル	thickness スィクネス
あつめる **集める** atsumeru	**reunir** レウニル	gather, collect ギャザ, コレクト

日	西	英
あつらえる **誂える** atsuraeru	**encargar** エンカルガル	order オーダ
あつりょく **圧力** atsuryoku	**presión** *f.* プレシオン	pressure プレシャ
あてさき **宛て先** atesaki	**destino** *m.* デスティノ	address アドレス
あてな **宛て名** atena	**destinatario(-a)** *m.f.* デスティナタリオ(-ア)	addressee アドレスィー
あてはまる **当てはまる** atehamaru	**aplicarse** *a* アプリカルセ	apply to, (be) true of アプライ トゥ, (ビ) トルー オヴ
あてる **充てる** ateru	**asignar** アシグナル	assign, allot アサイン, アラト
あてる **当てる** （ぶつける） ateru	**golpear** ゴルペアル	hit, strike ヒト, ストライク
（推測する）	**conjeturar** コンヘトゥラル	guess ゲス
（成功する）	**tener éxito** テネル エクシト	succeed サクスィード
あと **跡** ato	**rastro** *m.* ラストロ	mark, trace マーク, トレイス
あとあし **後足** atoashi	**pata trasera** *f.* パタ トラセラ	hind leg ハインド レグ
あどけない **あどけない** adokenai	**inocente** イノセンテ	innocent イノセント
あとしまつする **後始末する** atoshimatsusuru	**arreglar** アレグラル	settle セトル
あとつぎ **跡継ぎ** atotsugi	**sucesor(-a)** *m.f.* スセソル(-ラ)	successor サクセサ

日	西	英
あとで **後で** atode	**después** デスプ**エ**ス	later, after レイタ, **ア**フタ
あとの **後の** atono	**siguiente, último(-a)** シギ**エ**ンテ, **ウ**ルティモ(-マ)	next, latter **ネ**クスト, **ラ**タ
あどばいす **アドバイス** adobaisu	**consejo** *m.* コン**セ**ホ	advice アド**ヴァ**イス
あどれす **アドレス** adoresu	**dirección** *f.* ディレク**シオ**ン	address ア**ド**レス
あな **穴** ana	**agujero** *m.* アグ**ヘ**ロ	hole, opening **ホ**ウル, **オ**ウプニング
あなうんさー **アナウンサー** anaunsaa	**locutor(-a)** *m.f.* ロク**ト**ル(-ラ)	announcer ア**ナ**ウンサ
あなうんす **アナウンス** anaunsu	**anuncio** *m.* ア**ヌ**ンシオ	announcement ア**ナ**ウンスメント
あなた **あなた** anata	**usted** ウス**テ**ド	you **ユ**ー
あなどる **侮る** anadoru	**menospreciar** メノスプレシ**ア**ル	underestimate, make light of アンダ**レ**スティメイト, **メ**イク **ラ**イト オヴ
あなろぐの **アナログの** anaroguno	**analógico(-a)** アナ**ロ**ヒコ(-カ)	analog, ⒷAnalogue **ア**ナローグ, **ア**ナローグ
あに **兄** ani	**hermano mayor** *m.* エル**マ**ノ マ**ジョ**ル	(older) brother (**オ**ウルダ) ブ**ラ**ザ
あにめ **アニメ** anime	**dibujos animados** *m.pl.* ディ**ブ**ホス アニ**マ**ドス	animation アニ**メ**イション
あね **姉** ane	**hermana mayor** *f.* エル**マ**ナ マ**ジョ**ル	(older) sister (**オ**ウルダ) ス**ィ**スタ
あの **あの** ano	**aquel(-la)** ア**ケ**ル(-ジャ)	that **ザ**ト

日	西	英

あ

あのころ
あの頃
anokoro
| **en aquellos días**
エン アケジョス ディアス | in those days
イン ゾウズ デイズ |

あぱーと
アパート
apaato
| **piso** *m.,* Ⓐ**departamento** *m.*
ピソ, デパルタメント | apartment, Ⓑflat
アパートメント, フラト |

あばく
暴く
abaku
| **revelar**
レベラル | disclose
ディスクロウズ |

あばれる
暴れる
abareru
| **actuar violentamente**
アクトゥアル ビオレンタメンテ | behave violently
ビヘイヴ ヴァイオレントリ |

あびせる
浴びせる
abiseru
| **echar, verter**
エチャル, ベルテル | pour on
ポー オン |

あひる
家鴨
ahiru
| **pato(-a)** *m.f.*
パト(-タ) | (domestic) duck
(ドメスティク) ダク |

あふがにすたん
アフガニスタン
afuganisutan
| **Afganistán** *m.*
アフガニスタン | Afghanistan
アフギャニスタン |

あふたーけあ
アフターケア
afutaakea
| **cuidados pos(t)operatorios** *m.pl.*
クイダドス ポス(ト)オペラトリオス | aftercare
アフタケア |

あふたーさーびす
アフターサービス
afutaasaabisu
| **servicio posventa** *m.*
セルビシオ ポスベンタ | after-sales service
アフタセイルズ サーヴィス |

あぶない
危ない
abunai
| **peligroso(-a)**
ペリグロソ(-サ) | dangerous, risky
デインヂャラス, リスキ |

あぶら
脂
abura
| **grasa** *f.*
グラサ | grease, fat
グリース, ファト |

あぶら
油
abura
| **aceite** *m.*
アセイテ | oil
オイル |

あぶらえ
油絵
aburae
| **pintura al óleo** *f.*
ピントゥラ アル オレオ | oil painting
オイル ペインティング |

あぶらっこい
油っこい
aburakkoi
| **aceitoso(-a)**
アセイトソ(-サ) | oily
オイリ |

日	西	英
あふりか **アフリカ** afurika	**África** *f.* アフリカ	Africa アフリカ
～の	**africano(-a)** アフリカノ(-ナ)	African アフリカン
あぶる **あぶる** aburu	**asar** アサル	roast ロウスト
あふれる **あふれる** afureru	**desbordarse, inundar** デスボルダルセ, イヌンダル	overflow, flood オウヴァフロウ, フラド
あべこべの **あべこべの** abekobeno	**contrario(-a)** コントラリオ(-ア)	contrary, reverse カントレリ, リヴァース
あぼかど **アボカド** abokado	**aguacate** *m.* アグアカテ	avocado アヴォカードウ
あまい **甘い** amai	**dulce** ドゥルセ	sweet スウィート
（物事に対して）	**indulgente** インドゥルヘンテ	indulgent インダルヂェント
あまえる **甘える** amaeru	**portarse como un(-a) niño(-a) mimado(-a)** *m.* ポルタルセ コモ ウン(-ナ) ニニョ(-ニャ) ミマド(-ダ)	behave like a baby ビヘイヴ ライク ア ベイビ
あまくちの **甘口の** amakuchino	**dulce** ドゥルセ	sweet スウィート
あまずっぱい **甘酸っぱい** amazuppai	**agridulce** アグリドゥルセ	bittersweet ビタスウィート
あまちゅあ **アマチュア** amachua	**aficionado(-a)** *m.f.* アフィシオナド(-ダ)	amateur アマチャ
あまど **雨戸** amado	**contraventana** *f.* コントラベンタナ	(sliding) shutter (スライディング) シャタ
あまやかす **甘やかす** amayakasu	**consentir, mimar** コンセンティル, ミマル	spoil スポイル

日	西	英
あまり **余り** amari	**resto** *m.* レスト	rest, remainder レスト, リマインダ
あまる **余る** amaru	**quedar** ケダル	remain リメイン
あまんじる **甘んじる** amanjiru	**contentarse** *con* コンテンタルセ	(be) contented with (ビ) コンテンテド ウィズ
あみ **網** ami	**red** *f.* レド	net ネト
あみのさん **アミノ酸** aminosan	**aminoácido** *m.* アミノアシド	amino acid アミーノウ アスィド
あみもの **編物** amimono	**labor de punto** *f.* ラボル デ プント	knitting ニティング
あむ **編む** amu	**tejer, hacer punto** テヘル, アセル プント	knit ニト
あめ **飴** ame	**caramelo** *m.* カラメロ	candy, ⒷSweets キャンディ, スウィーツ
あめ **雨** ame	**lluvia** *f.* ジュビア	rain レイン
あめりか **アメリカ** amerika	**América** *f.* アメリカ	America アメリカ
～合衆国	**Estados Unidos (de América)** *m.pl.* エスタドス ウニドス (デ アメリカ)	United States (of America) ユナイテッド ステイツ (オヴ アメリカ)
～人	**americano(-a)** *m.f.*, **estadounidense** *m.f.* アメリカノ(-ナ), エスタドウニデンセ	American アメリカン
～の	**americano(-a), estadounidense** アメリカノ(-ナ), エスタドウニデンセ	American アメリカン
あやしい **怪しい** ayashii	**sospechoso(-a)** ソスペチョソ(-サ)	doubtful, suspicious ダウトフル, サスピシャス

日	西	英
あやまち 過ち ayamachi	**falta** *f.*, **error** *m.* ファルタ, エロル	fault, error フォルト, エラ
あやまり 誤り ayamari	**equivocación** *f.*, **error** *m.* エキボカシオン, エロル	mistake, error ミステイク, エラ
あやまる 誤る ayamaru	**equivocarse** エキボカルセ	mistake, fail in ミステイク, フェイル イン
あやまる 謝る ayamaru	**pedir perdón** ペディル ペルドン	apologize to アポロヂャイズ トゥ
あゆみ 歩み ayumi	**paso** *m.* パソ	walking, step ウォーキング, ステプ
あゆむ 歩む ayumu	**caminar, andar** カミナル, アンダル	walk ウォーク
あらあらしい 荒々しい araarashii	**violento(-a)** ビオレント(-タ)	wild, brutal ワイルド, ブルートル
あらい 粗い arai	**rugoso(-a)** ルゴソ(-サ)	rough, coarse ラフ, コース
あらう 洗う arau	**lavar** ラバル	wash, cleanse ワシュ, クレンズ
あらかじめ あらかじめ arakajime	**por adelantado** ポル アデランタド	in advance, beforehand イン アドヴァンス, ビフォーハンド
あらし 嵐 arashi	**tormenta** *f.* トルメンタ	storm, tempest ストーム, テンペスト
あらす 荒らす arasu	**dañar** ダニャル	damage ダミヂ
あらそい 争い arasoi	**lucha** *f.* ルチャ	quarrel クウォレル
(口論)	**disputa** *f.* ディスプタ	dispute ディスピュート

日	西	英
あらそう **争う** （けんかする） arasou	**pelear(se)** *con* ペレアル(セ)	fight, quarrel ファイト，クウォレル
（口論する）	**disputar** *con* ディスプタル	dispute with ディスピュート ウィズ
あらたまる **改まる**（新しくなる） aratamaru	**renovarse** レノバルセ	(be) renewed (ビ) リニュード
（変わる）	**cambiar(se)** カンビアル(セ)	change チェインヂ
（改善される）	**mejorar** メホラル	reform, improve リフォーム，インプルーヴ
（儀式ばる）	**(ser) formal** (セル) フォルマル	(be) formal (ビ) フォーマル
あらためる **改める**（新しくする） aratameru	**renovar** レノバル	renew, revise リニュー，リヴァイズ
（変える）	**cambiar** カンビアル	change チェインヂ
あらびあ **アラビア** arabia	**Arabia** *f.* アラビア	Arabia アレイビア
〜語	**árabe** *m.* アラベ	Arabic アラビク
〜数字	**números arábigos** *m.pl.* ヌメロス アラビゴス	Arabic numerals アラビク ヌメラルズ
あらぶしゅちょうこくれんぽう **アラブ首長国連邦** arabushuchoukoku renpou	**Emiratos Árabes Unidos** *m.pl.* エミラトス アラベス ウニドス	UAE, United Arab Emirates ユーエイイー，ユナイテド アラ ブ イミレツ
あらぶの **アラブの** arabuno	**árabe** アラベ	Arabian アレイビアン
あらゆる **あらゆる** arayuru	**todo(-a)** トド(-ダ)	all, every オール，エヴリ

日	西	英
あらわす **表す** arawasu	**mostrar, manifestar** モストラル, マニフェスタル	show, manifest ショウ, マニフェスト
あらわれる **現れる** arawareru	**aparecer** アパレセル	come out, appear カム アウト, アピア
あり **蟻** ari	**hormiga** *f.* オルミガ	ant アント
ありうる **有り得る** ariuru	**posible** ポシブレ	possible パスィブル
ありえない **有り得ない** arienai	**imposible** インポシブレ	impossible インパスィブル
ありがたい **有り難い** arigatai	**agradecido(-*a*)** アグラデシド(-ダ)	thankful サンクフル
ありのままの **ありのままの** arinomamano	**franco(-*a*)** フランコ(-カ)	frank, plain フランク, プレイン
ありふれた **ありふれた** arifureta	**común** コムン	common, ordinary カモン, オーディネリ
ある **ある** (存在する) aru	**estar, existir, haber** エスタル, エクシスティル, アベル	there is, be ゼア イズ, ビー
(位置する)	**(estar) situado(-*a*)** エスタル シトゥアド(-ダ)	(be) situated (ビ) スィチュエイテド
(持っている)	**tener, poseer** テネル, ポセエル	have, possess ハヴ, ポゼス
あるいは **あるいは** aruiwa	**o ... o, bien ... bien** オ オ, ビエン ビエン	(either) or (イーザ) オー
あるかり **アルカリ** arukari	**álcali** *m.* アルカリ	alkali アルカライ
あるく **歩く** aruku	**caminar** カミナル	walk, go on foot ウォーク, ゴウ オン フト
あるこーる **アルコール** arukooru	**alcohol** *m.* アルコオル	alcohol アルコホール

日	西	英
あるじぇりあ **アルジェリア** arujeria	**Argelia** *f.* アルヘリア	Algeria アルヂアリア
あるぜんちん **アルゼンチン** aruzenchin	**Argentina** *f.* アルヘンティナ	Argentina アーヂェンティーナ
あるつはいまーびょう **アルツハイマー病** arutsuhaimaabyou	**enfermedad de Alzhei-mer** *f.* エンフェルメダド デ アルセイメル	Alzheimer's dis-ease アールツハイマズ ディズィーズ
あるばいと **アルバイト** arubaito	**trabajo por horas** *m.* トラバホ ポル オラス	part-time job パートタイム ヂャブ
あるばむ **アルバム** arubamu	**álbum** *m.* アルブン	album アルバム
あるみにうむ **アルミニウム** aruminiumu	**aluminio** *m.* アルミニオ	aluminum アルーミナム
あれ **あれ** are	**aquél(-la)** アケル(-ジャ)	that, it ザト, イト
あれから **あれから** arekara	**desde entonces** デスデ エントンセス	since then スィンス ゼン
あれほど **あれほど** arehodo	**tanto** タント	so (much) ソウ (マチ)
あれらの **あれらの** arerano	**aquellos(-as)** アケジョス(-ジャス)	those ゾウズ
あれる **荒れる** （天候が） areru	**estar revuelto(-a)** エスタル レブエルト(-タ)	(be) rough, deteri-orate (ビ) ラフ, ディティアリオレイト
（肌が）	**ponerse áspero(-a)** ポネルセ アスペロ(-ラ)	(get) rough (ゲト) ラフ
（荒廃する）	**asolarse** アソラルセ	(be) ruined (ビ) ルインド
あれるぎー **アレルギー** arerugii	**alergia** *f.* アレルヒア	allergy アラヂ

日	西	英
あれんじする **アレンジする** arenjisuru	**arreglar** アレグラル	arrange アレインヂ
あわ **泡** awa	**burbuja** *f.*, **espuma** *f.* ブルブハ, エスプマ	bubble, foam バブル, フォウム
あわせる **合わせる** awaseru	**juntar** フンタル	put together, unite プト トゲザ, ユーナイト
(照合する)	**cotejar, comparar** コテハル, コンパラル	compare コンペア
(設定・調整する)	**ajustar** アフスタル	set, adjust セト, アヂャスト
あわただしい **慌ただしい** awatadashii	**apresurado(-a)** アプレスラド(-ダ)	hurried ハーリド
あわだつ **泡立つ** awadatsu	**burbujear, hacer espu-ma** ブルブヘアル, アセル エスプマ	bubble, foam バブル, フォウム
あわてる **慌てる** (急ぐ) awateru	**precipitarse** プレシピタルセ	(be) hurried, (be) rushed (ビ) ハーリド, (ビ) ラシュト
(動転する)	**quedar perplejo(-a)** ケダル ペルプレホ(-ハ)	(be) upset (ビ) アプセト
あわれな **哀れな** awarena	**triste, pobre** トリステ, ポブレ	sad, poor サド, プア
あわれむ **哀れむ** awaremu	**compadecer** コンパデセル	pity, feel pity for ピティ, フィール ピティ フォ
あん **案** (計画) an	**plan** *m.* プラン	plan プラン
(提案)	**sugerencia** *f.* スヘレンシア	suggestion サグチェスチョン
あんいな **安易な** an-ina	**fácil** ファシル	easy イーズィ

日	西	英

あ

あんきする
暗記する
ankisuru
aprender de memoria
アプレンデル デ メモリア
memorize, learn by heart
メモライズ, ラーン バイ ハート

あんけーと
アンケート
ankeeto
encuesta *f.*
エンクエスタ
questionnaire
クウェスチョネア

あんごう
暗号
angou
código *m.*
コディゴ
cipher, code
サイファ, コウド

あんこーる
アンコール
ankooru
repetición *f.*, **bis** *m.*
レペティシオン, ビス
encore
アーンコー

あんさつ
暗殺
ansatsu
asesinato *m.*
アセシナト
assassination
アサスィネイション

あんざん
暗算
anzan
cálculo mental *m.*
カルクロ メンタル
mental arithmetic
メンタル アリスメティク

あんじ
暗示
anji
sugestión *f.*
スヘスティオン
hint, suggestion
ヒント, サグチェスチョン

あんしょうする
暗唱する
anshousuru
recitar
レシタル
recite
リサイト

あんしょうばんごう
暗証番号
anshoubangou
código secreto *m.*
コディゴ セクレト
code number
コウド ナンバ

あんしんする
安心する
anshinsuru
sentirse aliviado(-a)
センティルセ アリビアド(-ダ)
feel relieved
フィール リリーヴド

あんず
杏
anzu
albaricoque *m.*
アルバリコケ
apricot
アプリカト

あんせい
安静
ansei
reposo *m.*
レポソ
rest
レスト

あんぜん
安全
anzen
seguridad *f.*
セグリダド
security
スィキュアリティ

～な
seguro(-a)
セグロ(-ラ)
safe, secure
セイフ, スィキュア

日	西	英
あんてい **安定** antei	**estabilidad** *f.* エスタビリダド	stability, balance スタビリティ, バランス
あんてぃーく **アンティーク** antiiku	**antigüedades** *f.pl.* アンティグエダデス	antique アンティーク
あんてな **アンテナ** antena	**antena** *f.* アンテナ	antenna, aerial アンテナ, エアリアル
あんな **あんな** anna	**tal, semejante** タル, セメハンテ	such, like that サチ, ライク ザト
あんない **案内** annai	**guía** *f.* ギア	guidance ガイダンス
～する	**guiar** ギアル	guide, show ガイド, ショウ
（通知）	**aviso** *m.* アビソ	information, notification インフォメイション, ノウティフィケイション
～する	**avisar, comunicar** アビサル, コムニカル	notify ノウティファイ
あんに **暗に** anni	**tácitamente** タシタメンテ	tacitly タスィトリ
あんばらんす **アンバランス** anbaransu	**desequilibrio** *m.* デセキリブリオ	imbalance インバランス
あんぺあ **アンペア** anpea	**amperio** *m.* アンペリオ	ampere アンピア
あんもくの **暗黙の** anmokuno	**tácito(-*a*)** タシト(-タ)	tacit タスィト
あんもにあ **アンモニア** anmonia	**amoníaco** *m.* アモニアコ	ammonia アモウニャ

日	西	英

い, イ

い 胃 i	**estómago** *m.* エストマゴ	stomach ス**タ**マク
いい **いい** ii	**bueno(-a)** ブエノ(-ナ)	good, fine, nice グド, **ファ**イン, **ナ**イス
いいあらそう **言い争う** iiarasou	**reñir** *con* レニル	quarrel with ク**ウォ**レル ウィズ
いいえ **いいえ** iie	**no** ノ	no **ノ**ウ
いいかえす **言い返す** iikaesu	**replicar** レプリ**カ**ル	answer back **ア**ンサ **バ**ク
いいかげんな **いい加減な** （無計画な） iikagenna	**al azar** アル ア**サ**ル	haphazard ハプ**ハ**ザド
（無責任な）	**irresponsable** イレスポン**サ**ブレ	irresponsible イリス**パ**ンスィブル
いいすぎ **言い過ぎ** iisugi	**exageración** *f.* エクサヘラ**シオ**ン	exaggeration イグザチャ**レ**イション
いいつけ **言い付け** iitsuke	**orden** *f.*, **instrucción** *f.* **オ**ルデン, インストルク**シオ**ン	order, instruction **オ**ーダ, インスト**ラ**クション
いいつたえ **言い伝え** iitsutae	**tradición (oral)** *f.* トラディ**シオ**ン (**オ**ラル)	tradition, legend トラ**ディ**ション, **レ**チェンド
いいのがれる **言い逃れる** iinogareru	**poner excusas, justifi-carse** ポ**ネ**ル エクス**ク**サス, フスティフィ**カ**ルセ	excuse oneself イクス**キュ**ーズ
いいふらす **言いふらす** iifurasu	**propagar** プロパ**ガ**ル	spread ス**プレ**ド
いいぶん **言い分** iibun	**opinión** *f.* オピ**ニオ**ン	say, opinion **セ**イ, オ**ピ**ニョン

日	西	英
いーゆー **EU** iiyuu	**UE** *f.*, **Unión Europea** *f.* ウエ, ウニオン エウロペア	EU **イーユー**
いいわけ **言い訳** iiwake	**excusa** *f.*, **pretexto** *m.* エクス**ク**サ, プレ**テ**クスト	excuse, pretext イク**スキュ**ース, プリーテクスト
いいん **委員** iin	**miembro de un comité** *m.* ミ**エ**ンブロ デ ウン コミ**テ**	member of a committee **メ**ンバ オヴ ア コ**ミ**ティ
〜会	**comité** *m.* コミ**テ**	committee コ**ミ**ティ
いう **言う** iu	**decir** デ**シ**ル	say, tell **セ**イ, **テ**ル
(称する)	**llamar** ジャ**マ**ル	call, name **コ**ール, **ネ**イム
いえ **家** (住居) ie	**casa** *f.* **カ**サ	house **ハ**ウス
(自宅)	**hogar** *m.* オ**ガ**ル	home **ホ**ウム
(家族)	**familia** *f.* ファ**ミ**リア	family **ファ**ミリ
いえでする **家出する** iedesuru	**escaparse de casa** エスカ**パ**ルセ デ **カ**サ	run away from home ラン ア**ウェ**イ フラム **ホ**ウム
いおう **硫黄** iou	**azufre** *m.* ア**ス**フレ	sulfur **サ**ルファ
いおん **イオン** ion	**ion** *m.* イ**オ**ン	ion **ア**イオン
いか **以下** (そこから後) ika	**siguiente** シギ**エ**ンテ	following **フォ**ロウイング
(それより少ない)	**inferior** *a*, **menos** *de* イン**フェ**リオル, **メ**ノス	less than, under **レ**ス **ザ**ン, **ア**ンダ

日	西	英
いか **烏賊** ika	**calamar** *m.*, **sepia** *f.* カラマル, セピア	squid, cuttlefish スクウィード, カトルフィシュ
いがい **以外** igai	**excepto** エクセプト	except, excepting イクセプト, イクセプティング
いがいな **意外な** igaina	**inesperado(-a)** イネスペラド(-ダ)	unexpected アニクスペクテド
いかいよう **胃潰瘍** ikaiyou	**úlcera gástrica** *f.* ウルセラ ガストリカ	gastric ulcer, stomach ulcer ギャストリク アルサ, スタマク アルサ
いかがわしい **いかがわしい** （疑わしい） ikagawashii	**dudoso(-a)** ドゥドソ(-サ)	doubtful ダウトフル
（わいせつな）	**indecente** インデセンテ	indecent インディーセント
いがく **医学** igaku	**medicina** *f.* メディシナ	medical science メディカル サイエンス
いかす **生かす** （命を保つ） ikasu	**conservar con vida** コンセルバル コン ビダ	keep alive キープ アライヴ
（活用する）	**aprovechar** アプロベチャル	put to good use プト トゥ グド ユース
いかすい **胃下垂** ikasui	**gastroptosis** *f.* ガストロプトシス	gastroptosis ガストラプトウスィス
いかめしい **厳めしい** ikameshii	**solemne** ソレムネ	solemn, stern サレム, スターン
いかり **怒り** ikari	**ira** *f.* イラ	anger, rage アンガ, レイヂ
いき **息** iki	**aliento** *m.* アリエント	breath ブレス
いぎ **意義** igi	**significado** *m.* シグニフィカド	significance スィグニフィカンス

日	西	英
いぎ **異議** igi	**objeción** *f.*, **reparo** *m.* オブヘシオン, レパロ	objection オブ**チェ**クション
いきいきした **生き生きした** ikiikishita	**vivo(-a)** ビボ(-バ)	lively, fresh **ラ**イヴリ, フ**レ**シュ
いきおい **勢い** ikioi	**poder** *m.*, **fuerza** *f.* ポ**デ**ル, フ**エ**ルサ	momentum モウ**メ**ンタム
いきかえる **生き返る** ikikaeru	**revivir** レビ**ビ**ル	come back to life **カ**ム **バ**ク トゥ **ラ**イフ
いきかた **生き方** ikikata	**modo de vida** *m.*, **estilo de vida** *m.* **モ**ド デ **ビ**ダ, エス**ティ**ロ デ **ビ**ダ	lifestyle **ラ**イフスタイル
いきさき **行き先** ikisaki	**destino** *m.* デス**ティ**ノ	destination デスティ**ネ**イション
いきさつ　(事情) ikisatsu	**circunstancias** *f.pl.* シルクンス**タ**ンシアス	circumstances **サ**ーカムスタンセズ
(詳細)	**detalles** *m.pl.* デ**タ**ジェス	details **ディ**ーテイルズ
いきている **生きている** ikiteiru	**vivo(-a)** ビボ(-バ)	alive, living ア**ラ**イヴ, **リ**ヴィング
いきどまり **行き止まり** ikidomari	**callejón sin salida** *m.* カジェ**ホ**ン シン サ**リ**ダ	dead end **デ**ド **エ**ンド
いきなり **いきなり** ikinari	**de repente** デ レ**ペ**ンテ	suddenly, abruptly **サ**ドンリ, アブ**ラ**プトリ
いきぬき **息抜き** ikinuki	**descanso** *m.* デス**カ**ンソ	rest, breather **レ**スト, ブ**リ**ーザ
いきのこる **生き残る** ikinokoru	**sobrevivir** ソブレビ**ビ**ル	survive サ**ヴァ**イヴ
いきもの **生き物** ikimono	**ser vivo** *m.* **セ**ル **ビ**ボ	living thing **リ**ヴィング **ス**ィング

日	西	英
いぎりす **イギリス** igirisu	**Inglaterra** *f.*, **Gran Breta-** **ña** *f.* イングラ**テ**ラ, グ**ラ**ン プレ**タ**ニャ	England, Great Britain **イ**ングランド, グ**レ**イト プ**リ**トン
～人	**inglés(-esa)** *m.f.*, **británi-** **co(-a)** *m.f.* イング**レ**ス(- サ), ブリ**タ**ニコ(- カ)	English (person) **イ**ングリッシュ (**パ**ースン)
いきる **生きる** ikiru	**vivir** ビ**ビ**ル	live, (be) alive **ラ**イヴ, (ビ) ア**ラ**イヴ
いく **行く** iku	**ir** **イ**ル	go **ゴ**ウ
（去る）	**marcharse** マル**チャ**ルセ	leave **リ**ーヴ
いくじ **育児** ikuji	**cuidado de los niños** *m.* クイ**ダ**ド デ ロス **ニ**ニョス	childcare **チャ**イルドケア
いくつ **いくつ** ikutsu	**cuántos(-as)** ク**ア**ントス(- タス)	how many **ハ**ウ **メ**ニ
（年齢が）	**cuántos años** ク**ア**ントス **ア**ニョス	how old **ハ**ウ **オ**ウルド
いくつか **いくつか** ikutsuka	**algunos(-as)** アル**グ**ノス(- ナス)	some, several **サ**ム, **セ**ヴラル
いけ **池** ike	**estanque** *m.* エス**タ**ンケ	pond, pool **パ**ンド, **プ**ール
いけいれん **胃痙攣** ikeiren	**retortijones** *m.pl.* レトルティ**ホ**ネス	stomach cramps ス**タ**マク ク**ラ**ンプス
いけない （悪い） ikenai	**malo(-a)** **マ**ロ(- ラ)	bad, naughty **バ**ド, **ノ**ーティ
（してはならない）	**no hay que** ノ **ア**イ ケ	must not do **マ**スト **ナ**ト
いけん **意見** （考え） iken	**opinión** *f.* オピ**ニ**オン	opinion, idea オ**ピ**ニョン, アイ**ディ**ーア

日	西	英
（忠告）	**consejo** *m.* コンセホ	advice アド**ヴァ**イス
いげん **威厳** igen	**dignidad** *f.* ディグ二**ダ**ド	dignity **ディ**グ二ティ
いご **以後** （今後） igo	**desde ahora** デスデ ア**オ**ラ	from now on フラム **ナ**ウ オン
（その後）	**desde entonces** デスデ エン**ト**ンセス	after, since **ア**フタ，**ス**インス
いこう **意向** ikou	**intención** *f.* インテン**シオ**ン	intention インテンション
いこうする **移行する** ikousuru	**pasar** パ**サ**ル	move, shift **ム**ーヴ，**シ**フト
いざかや **居酒屋** izakaya	**bar** *m.* バル	pub パブ
いざこざ **いざこざ** izakoza	**disputa** *f.* ディス**プ**タ	dispute, quarrel ディス**ピュ**ート，ク**ウォ**レル
いさましい **勇ましい** isamashii	**valiente** バリ**エ**ンテ	brave, courageous ブ**レ**イヴ，カ**レ**イヂャス
いさめる **諫める** isameru	**amonestar, reconvenir** アモネス**タ**ル，レコンベ**ニ**ル	remonstrate リ**マ**ンストレイト
いさん **遺産** isan	**herencia** *f.* エ**レ**ンシア	inheritance, legacy イン**ヘ**リタンス，**レ**ガスィ
いし **意志** ishi	**voluntad** *f.* ボルン**タ**ド	will, volition **ウィ**ル，ヴォウ**リ**ション
いし **意思** ishi	**intención** *f.* インテン**シオ**ン	intention インテンション
いし **石** ishi	**piedra** *f.* ピ**エ**ドラ	stone ス**ト**ウン
いじ **意地** iji	**porfía** *f.* ポル**フィ**ア	obstinacy **ア**ブスティナスィ

日	西	英
いしき **意識** ishiki	**conciencia** *f.* コンシエンシア	consciousness **カ**ンシャスネス
～する	**tener consciencia** *de* テネル コンシエンシア	(be) conscious of (ビ) **カ**ンシャス オヴ
いしつの **異質の** ishitsuno	**heterogéneo(-a)** エテロ**ヘ**ネオ(・ア)	heterogeneous ヘテロ**ヂ**ーニアス
いじめる **いじめる** ijimeru	**maltratar, acosar** マルトラ**タ**ル, アコ**サ**ル	bully, torment **ブ**リ, **ト**ーメント
いしゃ **医者** isha	**médico** *m.f.* **メ**ディコ	doctor **ダ**クタ
いしゃりょう **慰謝料** isharyou	**indemnización** *f.* インデムニサ**シ**オン	compensation カンペン**セ**イション
いじゅう **移住** （他国からの） ijuu	**inmigración** *f.* インミグラ**シ**オン	immigration イミ**グレ**イション
（他国への）	**emigración** *f.* エミグラ**シ**オン	emigration エミ**グレ**イション
いしゅく **萎縮** ishuku	**atrofia** *f.* ア**ト**ロフィア	atrophy **ア**トロフィ
いしょ **遺書** isho	**testamento** *m.* テスタ**メ**ント	will, testament **ウィ**ル, **テ**スタメント
いしょう **衣装** ishou	**vestido** *m.*, **ropa** *f.* ベス**ティ**ド, **ロ**パ	clothes, costume ク**ロ**ウズ, **カ**スチューム
いじょう **以上** ijou	**más de** **マ**ス デ	more than, over **モ**ー ザン, **オ**ウヴァ
いじょうな **異常な** ijouna	**anormal** アノル**マ**ル	abnormal アブ**ノ**ーマル
いしょく **移植** （植物の） ishoku	**tra(n)splante** *m.* ト**ラ**(ン)ス**プ**ランテ	transplantation トランスプラン**テ**イション
（生体の）	**tra(n)splante** *m.* ト**ラ**(ン)ス**プ**ランテ	transplant ト**ラ**ンスプラント

日	西	英
いしょくの **異色の** ishokuno	**único(-a)** ウニコ(-カ)	unique ユーニーク
いじる **いじる** ijiru	**toquetear** トケテアル	finger, fumble with フィンガ, ファンブル ウィズ
いじわるな **意地悪な** ijiwaruna	**malicioso(-a)** マリシオソ(-サ)	ill-natured, nasty イルネイチャド, ナスティ
いじん **偉人** ijin	**gran persona** *f.* グラン ペルソナ	great person グレイト パーソン
いす **椅子** isu	**silla** *f.*, **taburete** *m.* シジャ, タブレテ	chair, stool チェア, ストゥール
いすらえる **イスラエル** isuraeru	**Israel** *m.* イスラエル	Israel イズリエル
いすらむきょう **イスラム教** isuramukyou	**islamismo** *m.* イスラミスモ	Islam イスラーム
～徒	**musulmán(-ana)** *m.f.* ムスルマン(-ナ)	Muslim マズリム
いずれ　（そのうち） **いずれ** izure	**un día de estos** ウン ディア デ エストス	someday サムデイ
いせい **異性** isei	**otro sexo** *m.* オトロ セクソ	opposite sex アポズィト セクス
いせき **遺跡** iseki	**ruinas** *f.pl.* ルイナス	ruins ルーインズ
いぜん **以前** izen	**antes** アンテス	ago, before アゴウ, ビフォー
いぜんとして **依然として** izentoshite	**todavía, aún** トダビア, アウン	still スティル
いそがしい **忙しい** isogashii	**(estar) ocupado(-a)** (エスタル) オクパド(-ダ)	(be) busy (ビ) ビズィ

日	西	英
急ぐ isogu	**darse prisa** ダルセ プリサ	hurry, hasten ハーリ, ヘイスン
遺族 izoku	**familia de una persona difunta** *f.* ファミリア デ ウナ ペルソナ ディフンタ	bereaved family ビリーヴド ファミリ
依存する isonsuru	**depender** *de* デペンデル	depend on ディペンド オン
板 (木などの) ita	**tabla** *f.* タブラ	board ボード
(金属の)	**plancha** *f.*, **chapa** *f.* プランチャ, チャパ	plate プレイト
遺体 itai	**cadáver** *m.* カダベル	dead body デド バディ
痛い itai	**doloroso(-a)** ドロロソ(-サ)	painful ペインフル
偉大な idaina	**grande** グランデ	great, grand グレイト, グランド
抱く idaku	**tener, llevar** テネル, ジェバル	have, bear ハヴ, ベア
委託する itakusuru	**confiar, consignar** コンフィアル, コンシグナル	entrust, consign イントラスト, コンサイン
いたずら itazura	**travesura** *f.* トラベスラ	mischief, trick ミスチフ, トリク
～な	**travieso(-a)** トラビエソ(-サ)	naughty ノーティ
頂く (もらう) itadaku	**recibir** レシビル	receive リスィーヴ
痛み itami	**dolor** *m.* ドロル	pain, ache ペイン, エイク

日	西	英
いたむ **痛む** itamu	**doler** ドレル	ache, hurt **エ**イク, **ハ**ート
いたむ **傷む** （壊れる）	**estropearse** エストロペ**ア**ルセ	(become) damaged (ビカム) **ダ**ミヂド
（腐る）	**pudrirse, pasarse** プド**リ**ルセ, パ**サ**ルセ	rot, go bad **ラ**ト, **ゴ**ウ **バ**ド
いためる **炒める** itameru	**freír** フレ**イ**ル	fry フ**ラ**イ
いたりあ **イタリア** itaria	**Italia** *f.* イ**タ**リア	Italy **イ**タリ
～語	**italiano** *m.* イタリ**ア**ノ	Italian イ**タ**リャン
いたりっく **イタリック** itarikku	**itálica** *f.*, **cursiva** *f.* イ**タ**リカ, ク**ル**シバ	italics イ**タ**リクス
いたる **至る** itaru	**llegar** *a* ジェ**ガ**ル	arrive at ア**ラ**イヴ アト
いたるところに **至る所に** itarutokoroni	**en todas partes** エン **ト**ダス **パ**ルテス	everywhere **エ**ヴリ(ホ)ウェア
いたわる **労る** itawaru	**cuidar** *de* クイ**ダ**ル	take care of, show kindness to **テ**イク **ケ**ア **オ**ヴ, **ショ**ウ **カ**インドネス トゥ
いち **一** ichi	**uno** *m.* **ウ**ノ	one **ワ**ン
いち **位置** ichi	**posición** *f.*, **situación** *f.* ポシ**シ**オン, シトゥア**シ**オン	position ポ**ズィ**ション
いち **市** ichi	**feria** *f.*, **mercado** *m.* **フェ**リア, メル**カ**ド	fair, market **フェ**ア, **マ**ーケト
いちおう **一応** ichiou	**generalmente** ヘネラル**メ**ンテ	generally **チェ**ネラリ

日	西	英
いちおく **一億** ichioku	**cien millones** *m.* シエン ミジョネス	one hundred mil-lion ワン ハンドレド ミリョン
いちがつ **一月** ichigatsu	**enero** *m.* エネロ	January チャニュエリ
いちげき **一撃** ichigeki	**golpe** *m.* ゴルペ	single strike スィングル ストライク
いちご **苺** ichigo	**fresa** *f.*, Ⓐ**frutilla** *f.* フレサ, フルティジャ	strawberry ストローベリ
いちじく **無花果** ichijiku	**higo** *m.* イゴ	fig フィグ
いちじの **一次の** ichijino	**primario(-a), primero(-a)** プリマリオ(-ア), プリメロ(-ラ)	primary, first プライメリ, ファースト
いちじるしい **著しい** ichijirushii	**notable** ノタブレ	remarkable, marked リマーカブル, マークト
いちど **一度** ichido	**una vez** *f.* ウナ ベス	once, one time ワンス, ワン タイム
いちどう **一同** ichidou	**todos(-as)** *m.f.pl.* トドス(-ダス)	all, everyone オール, エヴリワン
いちどに **一度に** ichidoni	**a la vez** ア ラ ベス	at the same time アト ザ セイム タイム
いちにち **一日** ichinichi	**un día** *m.* ウン ディア	(a) day, one day (ア) デイ, ワン デイ
〜おきに	**cada dos días** カダ ドス ディアス	every other day エヴリ アザ デイ
いちにちじゅう **一日中** ichinichijuu	**todo el día** トド エル ディア	all day (long) オール デイ (ローング)
いちねん **一年** ichinen	**un año** *m.* ウン アニョ	(a) year, one year (ア) イア, ワン イア

日	西	英
いちねんじゅう **一年中** ichinenjuu	**todo el año** *m.* トド エル **ア**ニョ	all (the) year **オ**ール (ザ) **イ**ア
いちば **市場** ichiba	**mercado** *m.* メル**カ**ド	market **マ**ーケット
いちばん **一番** ichiban	**primero(-a)** *m.f.*, **número** **uno** *m.* プリ**メ**ロ(-ラ), **ヌ**メロ **ウ**ノ	first, No.1 **ファ**ースト, **ナ**ンバ**ワ**ン
（最も）	**el [la] más, el [la] mejor** エル [ラ] **マ**ス, エル [ラ] メ**ホ**ル	most, best **モ**ウスト, **ベ**スト
いちぶ **一部** ichibu	**una parte** *f.* **ウ**ナ パ**ル**テ	(a) part (ア) **パ**ート
いちまん **一万** ichiman	**diez mil** *m.* ディ**エ**ス **ミ**ル	ten thousand **テ**ン **サ**ウザンド
いちめん **一面** （一つの面） ichimen	**un lado** *m.* **ウ**ン **ラ**ド	one side **ワ**ン **サ**イド
（全面）	**toda la superficie** *f.* **ト**ダ ラ スペル**フィ**シエ	whole surface **ホ**ウル **サ**ーフェス
いちょう **銀杏** ichou	**ginkgo** *m.* **ジ**ンゴ	ginkgo **ギ**ンコウ
いちりゅうの **一流の** ichiryuuno	**de primera (clase)** デ プリ**メ**ラ (ク**ラ**セ)	first-class **ファ**ーストクラス
いつ **いつ** itsu	**cuándo** ク**ア**ンド	when (ホ)**ウェ**ン
いつう **胃痛** itsuu	**dolor de estómago** *m.*, **dolor de vientre** *m.* ド**ロ**ル デ エス**ト**マゴ, ド**ロ**ル デ ビ**エ**ントレ	stomachache ス**タ**マケイク
いっか **一家** ikka	**familia** *f.* ファ**ミ**リア	family **ファ**ミリ
いつか **いつか** itsuka	**algún día** アル**グ**ン **ディ**ア	some time **サ**ム **タ**イム

日	西	英
いっかい **一階** ikkai	**piso bajo** *m.*, **planta baja** *f.* ピソ バホ, プランタ バハ	first floor, ⒷGround floor ファースト フロー, グラウンド フロー
いっきに **一気に** ikkini	**de un tirón** デ ウン ティロン	in one try, Ⓑin one go イン ワン トライ, イン ワン ゴウ
いっけん **一見** ikken	**aparentemente** アパレンテメンテ	apparently アパレントリ
いっこ **一個** ikko	**uno(-a)** *m.f.* ウノ(-ナ)	one, (a) piece ワン, (ア) ピース
いっこう **一行** ikkou	**grupo** *m.* グルポ	party, suite パーティ, スウィート
いっさんかたんそ **一酸化炭素** issankatanso	**monóxido de carbono** *m.* モノクシド デ カルボノ	carbon monoxide カーボン モナクサイド
いっしき **一式** isshiki	**juego** *m.* フエゴ	complete set コンプリート セト
いっしゅ **一種** isshu	**una clase** *f.* ウナ クラセ	a kind, a sort ア カインド, ア ソート
いっしゅん **一瞬** isshun	**un instante** *m.* ウン インスタンテ	(a) moment (ア) モウメント
いっしょう **一生** isshou	**vida** *f.* ビダ	life, whole life ライフ, ホウル ライフ
いっしょうけんめい **一生懸命** isshoukenmei	**con todo el alma, con todas las fuerzas** コン トド エル アルマ, コン トダス ラス フエルサス	with all one's might ウィズ オール マイト
いっしょに **一緒に** isshoni	**junt*os*(-*as*), con** フントス(-タス), コン	together, with トゲザ, ウィズ
いっせいに **一斉に** isseini	**a la vez** ア ラ ベス	all at once オール アト ワンス
いっそう **一層** issou	**(aún) más** (アウン) マス	much more マチ モー

日	西	英
いったいとなって **一体となって** ittaitonatte	**todos(-as) juntos(-as)** トドス(-ダス) フントス(-タス)	together, as one トゲザ, アズ ワン
いっちする **一致する** icchisuru	**coincidir** *con* コインシディル	coincide with コウインサイド ウィズ
いっちょくせんに **一直線に** icchokusenni	**en línea recta** エン リネア レクタ	in a straight line イン ア ストレイト ライン
いっついの **一対の** ittsuino	**un par** *de* ウン パル	a pair of ア ペア オヴ
いっていの **一定の** itteino	**fijo(-a)** フィホ(-ハ)	fixed フィクスト
いつでも **いつでも** itsudemo	**siempre** シエンプレ	always オールウェイズ
いっとう **一等** (賞) ittou	**primer premio** *m.* プリメル プレミオ	first prize ファースト プライズ
(一番良い等級)	**primera clase** *f.* プリメラ クラセ	first class ファースト クラス
いっぱい **一杯** (満杯) ippai	**lleno(-a)** *de* ジェノ(-ナ)	full of フル オヴ
～の	**lleno(-a)** ジェノ(-ナ)	full フル
いっぱん **一般** ippan	**generalidad** *f.* ヘネラリダド	generality ヂェネラリティ
～的な	**general** ヘネラル	general, common ヂェネラル, カモン
～に	**generalmente** ヘネラルメンテ	generally ヂェネラリ
いっぽう **一方** (一方面) ippou	**una dirección** *f.* ウナ ディレクシオン	one side, direction ワン サイド, ディレクション

日	西	英
〜通行	**circulación en sentido único** *f.* シルクラシオン エン センティド ウニコ	one-way traffic ワンウェイ トラフィク
〜的な	**unilateral** ウニラテラル	one-sided ワンサイデド
（他方では）	**mientras tanto** ミエントラス タント	on the other hand, meanwhile オン ズィ アザ ハンド, ミーン(ホ)ワイル
いつまでも **いつまでも** itsumademo	**para siempre** パラ シエンプレ	forever フォレヴァ
いつも **いつも** itsumo	**siempre** シエンプレ	always オールウェイズ
いつわり **偽り** itsuwari	**falsedad** *f.* ファルセダド	lie, falsehood ライ, フォールスフド
いつわる **偽る** itsuwaru	**mentir** メンティル	lie, deceive ライ, ディスィーヴ
いてざ **射手座** iteza	**Sagitario** *m.* サヒタリオ	Archer, Sagittarius アーチャ, サヂテアリアス
いてん **移転** iten	**traslado** *m.* トラスラド	relocation リーロウケイション
いでん **遺伝** iden	**herencia** *f.* エレンシア	heredity ヒレディティ
〜子	**gen** *m.* ヘン	gene チーン
〜子組み換え	**recombinación genética** *f.* レコンビナシオン ヘネティカ	gene recombination チーン リーカンビネイション
いと **糸** ito	**hilo** *m.* イロ	thread, yarn スレド, ヤーン
いど **井戸** ido	**pozo** *m.* ポソ	well ウェル

日	西	英
いどう **移動** idou	**movimiento** *m.* モビミエント	movement ムーヴメント
～する	**moverse** モベルセ	move ムーヴ
いとこ **従兄弟・従姉妹** itoko	**primo(-a)** *m.f.* プリモ(-マ)	cousin カズン
いどころ **居所** idokoro	**paradero** *m.* パラデロ	whereabouts (ホ)ウェラバウツ
いとなむ **営む** itonamu	**llevar, dirigir** ジェバル, ディリヒル	conduct, carry on コンダクト, キャリ オン
いどむ **挑む** idomu	**desafiar** デサフィアル	challenge チャレンヂ
いない **以内** inai	**en menos de, antes de** エン メノス デ, アンテス デ	within, less than ウィズイン, レス ザン
いなか **田舎** inaka	**campo** *m.* カンポ	countryside カントリサイド
いなずま **稲妻** inazuma	**relámpago** *m.* レランパゴ	lightning ライトニング
いにんする **委任する** ininsuru	**delegar** デレガル	entrust, leave イントラスト, リーヴ
いぬ **犬** inu	**perro(-a)** *m.f.* ペロ(-ラ)	dog ドーグ
いね **稲** ine	**arroz** *m.* アロス	rice ライス
いねむり **居眠り** inemuri	**cabezada** *f.* カベサダ	nap, doze ナプ, ドウズ
いのち **命** inochi	**vida** *f.* ビダ	life ライフ
いのり **祈り** inori	**oración** *f.* オラシオン	prayer プレア

い

41

日	西	英
いのる **祈る** inoru	**rezar** *a* レサル	pray to プレイトゥ
（望む）	**desear** デセアル	wish ウィシュ
いばる **威張る** ibaru	**darse aires** ダルセ アイレス	(be) haughty, swagger (ビ) ホーティ, スワガ
いはん **違反** ihan	**infracción** *f.* インフラクシオン	violation ヴァイオレイション
いびき **いびき** ibiki	**ronquido** *m.* ロンキド	snore スノー
いびつな **歪な** ibitsuna	**deformado(-*a*), distor- sionado(-*a*)** デフォルマド(-ダ), ディストルシオナド(-ダ)	distorted ディストーテド
いべんと **イベント** ibento	**acontecimiento** *m.* アコンテシミエント	event イヴェント
いほうの **違法の** ihouno	**ilegal** イレガル	illegal イリーガル
いま **今** ima	**ahora** アオラ	now ナウ
いまいましい **忌々しい** imaimashii	**molesto(-*a*)** モレスト(-タ)	annoying アノイイング
いまごろ **今頃** imagoro	**ahora, a esta hora** アオラ, ア エスタ オラ	at this time アト ズィス タイム
いまさら **今更** imasara	**ya** ジャ	now, at this time ナウ, アト ズィス タイム
いみ **意味** imi	**significado** *m.* シグニフィカド	meaning, sense ミーニング, センス
～する	**querer decir, significar** ケレル デシル, シグニフィカル	mean, signify ミーン, スィグニファイ

日	西	英
いみてーしょん **イミテーション** imiteeshon	**imitación** *f.* イミタシオン	imitation イミテイション
いみん **移民** (他国からの) imin	**inmigrante** *m.f.* インミグランテ	immigrant **イ**ミグラント
(他国への)	**emigrante** *m.f.* エミグランテ	emigrant **エ**ミグラント
いめーじ **イメージ** imeeji	**imagen** *f.* イマヘン	image **イ**ミヂ
いもうと **妹** imouto	**hermana menor** *f.* エルマナ メノル	(younger) sister (**ヤ**ンガ) **ス**ィスタ
いやいや **いやいや** iyaiya	**de mala gana, a regañadientes** デ マラ ガナ, ア レガニャディエンテス	reluctantly, unwillingly リラクタントリ, アン**ウィ**リングリ
いやがらせ **嫌がらせ** iyagarase	**acoso** *m.*, **vejación** *f.* アコソ, ベハシオン	harassment, abuse ハラスメント, ア**ビュ**ース
いやくきん **違約金** iyakukin	**multa** *f.* ムルタ	penalty **ペ**ナルティ
いやしい **卑しい** iyashii	**humilde, bajo(-a)** ウミルデ, バホ(-ハ)	low, humble **ロ**ウ, **ハ**ンブル
いやす **癒す** iyasu	**curar** クラル	heal, cure **ヒ**ール, **キュ**ア
いやな **嫌な** iyana	**repugnante, desagradable** レプグ**ナ**ンテ, デサグラ**ダ**ブレ	disgusting ディス**ガ**スティング
いやほん **イヤホン** iyahon	**auricular** *m.* アウリク**ラ**ル	earphone **イ**アフォウン
いやらしい **いやらしい** iyarashii	**desagradable** デサグラ**ダ**ブレ	disagreeable ディサグ**リ**ーアブル
いやりんぐ **イヤリング** iyaringu	**pendiente** *m.* ペンディ**エ**ンテ	earring **イ**アリング

日	西	英
いよいよ **いよいよ** （ついに） iyoiyo	**por fin** ポル フィン	at last アト ラスト
（ますます）	**cada vez más** カダ ベス マス	more and more モー アンド モー
いよく **意欲** iyoku	**motivación** *f.* モティバシオン	volition, desire ヴォウリション, ディザイア
いらい **以来** irai	**desde entonces** デスデ エントンセス	since, after that スィンス, アフタ ザト
いらい **依頼** irai	**petición** *f.* ペティシオン	request リクウェスト
～する	**pedir** ペディル	ask, request アスク, リクウェスト
いらいらする **いらいらする** irairasuru	**irritarse** イリタルセ	(be) irritated (ビ) イリテイテド
いらく **イラク** iraku	**Irak** *m.* イラク	Iraq イラーク
いらすと **イラスト** irasuto	**ilustración** *f.* イルストラシオン	illustration イラストレイション
いらすとれーたー **イラストレーター** irasutoreetaa	**ilustrador(-a)** *m.f.* イルストラドル(- ラ)	illustrator イラストレイタ
いらん **イラン** iran	**Irán** *m.* イラン	Iran イラン
いりぐち **入り口** iriguchi	**entrada** *f.* エントラダ	entrance エントランス
いりょう **医療** iryou	**tratamiento médico** *m.* トラタミエント メディコ	medical treatment メディカル トリートメント
いりょく **威力** iryoku	**poder** *m.* ポデル	power, might パウア, マイト

日	西	英
いる **居る** iru	**estar, haber** エスタル, アベル	be, there is, there are ビー, ゼア イズ, ゼア アー
いる **要る** iru	**necesitar** ネセシタル	need, want ニード, ワント
いるか **海豚** iruka	**delfín** m. デルフィン	dolphin ダルフィン
いれいの **異例の** ireino	**excepcional** エクセプシオナル	exceptional イクセプショナル
いれかえる **入れ替える** irekaeru	**sustituir** ススティトウイル	replace リプレイス
いれずみ **入れ墨** irezumi	**tatuaje** m. タトゥアヘ	tattoo タトゥー
いれば **入れ歯** ireba	**dentadura postiza** f. デンタドゥラ ポスティサ	false teeth フォールス ティース
いれもの **入れ物** iremono	**recipiente** m. レシピエンテ	receptacle リセプタクル
いれる **入れる** （中に） ireru	**meter** en メテル	put in プト イン
（人を）	**hacer entrar** a アセル エントラル	let into, admit into レト イントゥ, アドミト イントゥ
（受け入れる）	**aceptar** アセプタル	accept, take アクセプト, テイク
いろ **色** iro	**color** m. コロル	color, Ⓑcolour カラ, カラ
いろいろな **色々な** iroirona	**varios(-as), diversos(-as)** バリオス(- アス), ディベルソス(- サス)	various ヴェアリアス
いろけ **色気** iroke	**atracción sexual** f. アトラクシオン セクスアル	sex appeal セクス アピール

日	西	英
いろん **異論** iron	**objeción** *f.* オブヘシオン	objection オブ**チェ**クション
いわ **岩** iwa	**roca** *f.* ロカ	rock ラク
いわう **祝う** iwau	**celebrar** セレブ**ラ**ル	celebrate **セ**レブレイト
いわし **鰯** iwashi	**sardina** *f.* サル**ディ**ナ	sardine サー**ディ**ーン
いわゆる **いわゆる** iwayuru	**llamado(-a)** ジャ**マ**ド(-ダ)	so-called ソウ**コ**ールド
いわれ **いわれ** iware	**razón** *f.*, **origen** *m.* ラ**ソ**ン, オリ**ヘ**ン	reason, origin **リ**ーズン, **オ**ーリヂン
いんかん **印鑑** inkan	**sello** *m.* **セ**ジョ	stamp, seal ス**タ**ンプ, ス**ィ**ール
いんきな **陰気な** inkina	**melancólico(-a)** メラン**コ**リコ(-カ)	gloomy グ**ル**ーミ
いんく **インク** inku	**tinta** *f.* **ティ**ンタ	ink **イ**ンク
いんけんな **陰険な** inkenna	**insidioso(-a)** インシディ**オ**ソ(-サ)	crafty, insidious ク**ラ**フティ, インス**ィ**ディアス
いんこ **インコ** inko	**periquito** *m.* ペリ**キ**ト	parakeet パラ**キ**ート
いんさつ **印刷** insatsu	**imprenta** *f.*, **impresión** *f.* インプ**レ**ンタ, インプレシ**オ**ン	printing プ**リ**ンティング
～する	**imprimir** インプリ**ミ**ル	print プ**リ**ント
いんし **印紙** inshi	**timbre** *m.* **ティ**ンブレ	revenue stamp レ**ヴェ**ニュー ス**タ**ンプ
いんしゅりん **インシュリン** inshurin	**insulina** *f.* インス**リ**ナ	insulin **イ**ンシュリン

日	西	英
いんしょう **印象** inshou	**impresión** *f.* インプレシオン	impression インプレション
いんすたんとの **インスタントの** insutantono	**instantáneo(-a)** インスタンタネオ(-ア)	instant インスタント
いんすとーるする **インストールする** insutoorusuru	**instalar** インスタラル	install インストール
いんすとらくたー **インストラクター** insutorakutaa	**instructor(-a)** *m.f.* インストルクトル(-ラ)	instructor インストラクタ
いんすぴれーしょん **インスピレーション** insupireeshon	**inspiración** *f.* インスピラシオン	inspiration インスピレイション
いんぜい **印税** inzei	**derechos de autor** *m.pl.* デレチョス デ アウトル	royalty ロイアルティ
いんそつする **引率する** insotsusuru	**conducir** コンドゥシル	lead リード
いんたーちぇんじ **インターチェンジ** intaachenji	**intercambiador** *m.* インテルカンビアドル	(travel) interchange (トラヴェル) インタチェインヂ
いんたーねっと **インターネット** intaanetto	**Internet** *f.m.* インテルネト	Internet インタネット
いんたーふぇろん **インターフェロン** intaaferon	**interferón** *m.* インテルフェロン	interferon インタフィラン
いんたい **引退** intai	**retiro** *m.*, **jubilación** *f.* レティロ, フビラシオン	retirement リタイアメント
～する	**retirarse, jubilarse** レティラルセ, フビラルセ	retire リタイア
いんたびゅー **インタビュー** intabyuu	**entrevista** *f.* エントレビスタ	interview インタヴュー
いんち **インチ** inchi	**pulgada** *f.* プルガダ	inch インチ

日	西	英
いんてりあ **インテリア** interia	**decoración de interiores** *f.* デコラシオン デ インテリオレス	interior design インテリアリア ディザイン
いんど **インド** indo	**India** *f.* インディア	India インディア
〜の	**indio(-a)** インディオ(-ア)	Indian インディアン
いんとねーしょん **イントネーション** intoneeshon	**entonación** *f.* エントナシオン	intonation イントネイション
いんどねしあ **インドネシア** indoneshia	**Indonesia** *f.* インドネシア	Indonesia インドニージャ
いんぷっと **インプット** inputto	**entrada** *f.*, **input** *m.* エントラダ, インプト	input インプト
いんふるえんざ **インフルエンザ** infuruenza	**gripe** *f.*, **influenza** *f.* グリペ, インフルエンサ	influenza インフルエンザ
いんふれ **インフレ** infure	**inflación** *f.* インフラシオン	inflation インフレイション
いんぼう **陰謀** inbou	**conspiración** *f.* コンスピラシオン	plot, intrigue プラト, イントリーグ
いんよう **引用** in-you	**cita** *f.* シタ	citation サイテイション
〜する	**citar** シタル	quote, cite クウォウト, サイト
いんりょく **引力** inryoku	**atracción** *f.*, **gravitación** *f.* アトラクシオン, グラビタシオン	attraction, gravitation アトラクション, グラヴィテイション

う, ウ

ういすきー **ウイスキー** uisukii	**whisky** *m.* ウィスキ	whiskey, ®whisky (ホ)ウィスキ, ウィスキ

日	西	英
うぃるす **ウイルス** uirusu	**virus** *m.* ビルス	virus ヴァイアラス
うーる **ウール** uuru	**lana** *f.* ラナ	wool ウル
うえ **上** （上方） ue	**parte de arriba** *f.* パルテ デ アリバ	upper part アパパート
（表面）	**superficie** *f.* スペルフィシエ	surface サーフェス
～に	**sobre, en** ソブレ, エン	on オン
うえいたー **ウエイター** ueitaa	**camarero** *m.*, Ⓐ**mesero** *m.* カマレロ, メセロ	waiter ウェイタ
うえいとれす **ウエイトレス** ueitoresu	**camarera** *f.*, Ⓐ**mesera** *f.* カマレラ, メセラ	waitress ウェイトレス
うえすと **ウエスト** uesuto	**cintura** *f.* シントゥラ	waist ウェイスト
うぇぶさいと **ウェブサイト** webusaito	**sitio web** *m.* シティオ ウェブ	website ウェブサイト
うえる **植える** ueru	**plantar** プランタル	plant プラント
うえる **飢える** ueru	**pasar hambre** パサル アンブレ	go hungry, starve ゴウ ハングリ, スターヴ
うぉーみんぐあっぷ **ウォーミングアップ** woominguappu	**calentamiento** *m.* カレンタミエント	warm-up ウォームアップ
うおざ **魚座** uoza	**Piscis** *m.pl.* ピスシス	Fishes, Pisces フィシェズ, パイスィーズ
うがい **うがい** ugai	**gargarismos** *m.pl.*, **gár-garas** *f.pl.* ガルガリスモス, ガルガラス	gargling ガーグリング

日	西	英
うかいする **迂回する** ukaisuru	**desviarse** デスビアルセ	take a roundabout way テイク ア ラウンダバウト ウェイ
うかがう **伺う** （尋ねる） ukagau	**preguntar** プレグンタル	ask アスク
（訪問する）	**visitar** ビシタル	visit ヴィズィト
うかつな **迂闊な** ukatsuna	**descuidado(-a)** デスクイダド(-ダ)	careless ケアレス
うかぶ **浮かぶ** （水面に） ukabu	**flotar** フロタル	float フロウト
（心に）	**ocurrirse** _a_ オクリルセ	come to カム トゥ
うかる **受かる** ukaru	**aprobar** アプロバル	pass パス
うき **浮き** uki	**flotador** _m._ フロタドル	float フロウト
うきぶくろ **浮き袋** ukibukuro	**flotador** _m._ フロタドル	swimming ring スウィミング リング
（救命用の）	**salvavidas** _m._ サルバビダス	life buoy ライフ ブーイ
うく **浮く** （水面に） uku	**flotar** フロタル	float フロウト
（余る）	**quedar** ケダル	(be) left, (be) not spent (ビ) レフト, (ビ) ナト スペント
うけいれる **受け入れる** ukeireru	**aceptar** アセプタル	receive, accept リスィーヴァ, アクセプト
うけおう **請け負う** ukeou	**contratar** コントラタル	contract, undertake コントラクト, アンダテイク

日	西	英
うけつぐ **受け継ぐ** （後を継ぐ） uketsugu	**suceder** スセデル	succeed to サクスィード トゥ
（相続する）	**heredar** エレダル	inherit インヘリト
うけつけ **受付** （受付所） uketsuke	**recepción** *f.*, **oficina de información** *f.* レセプスィオン, オフィスィナ デ インフォルマスィオン	information office, reception インフォメイション オーフィス, リセプション
（受領）	**recepción** *f.* レセプスィオン	receipt, acceptance リスィート, アクセプタンス
うけつける **受け付ける** uketsukeru	**aceptar** アセプタル	receive, accept リスィーヴ, アクセプト
うけとりにん **受取人** uketorinin	**receptor(-a)** *m.f.* レセプトル(- ラ)	receiver リスィーヴァ
（受給者・受益者）	**beneficiario(-a)** *m.f.* ベネフィシアリオ(- ア)	recipient リスィピアント
うけとる **受け取る** uketoru	**recibir** レシビル	receive, get リスィーヴ, ゲト
うけみ **受け身** （受動態） ukemi	**voz pasiva** *f.* ボス パシバ	passive voice パスィヴ ヴォイス
（受動的態度）	**pasividad** *f.* パシビダド	passivity パスィヴィティ
うけもつ **受け持つ** ukemotsu	**encargarse** *de* エンカルガルセ	take charge of テイク チャーヂ オヴ
うける **受ける** （物などを） ukeru	**recibir** レシビル	receive, get リスィーヴ, ゲト
（損害などを）	**sufrir** スフリル	suffer サファ
（試験を）	**hacer (un examen)** アセル (ウン エクサメン)	take テイク

日	西	英
うごかす **動かす** ugokasu	**mover** モベル	move ムーヴ
（機械を）	**manejar** マネハル	run, work, operate ラン, ワーク, アペレイト
（心を）	**conmover** コンモベル	move, touch ムーヴ, タチ
うごき **動き** ugoki	**movimiento** *m.* モビミエント	movement, motion ムーヴメント, モウション
（活動）	**actividad** *f.* アクティビダド	activity アクティヴィティ
（動向）	**tendencia** *f.* テンデンシア	trend トレンド
うごく **動く** ugoku	**moverse** モベルセ	move ムーヴ
（作動する）	**funcionar** フンシオナル	run, work ラン, ワーク
（心が）	**emocionarse** エモシオナルセ	(be) moved （ビ）ムーヴド
うさぎ **兎** usagi	**conejo** *m.* コネホ	rabbit ラビト
うし **牛** ushi	**ganado vacuno** *m.* ガナド バクノ	cattle キャトル
（子牛）	**ternero** *m.* テルネロ	calf キャフ
（雄牛）	**toro** *m.*, **buey** *m.* トロ, ブエイ	bull, ox ブル, アクス
（雌牛）	**vaca** *f.* バカ	cow カウ
うしなう **失う** ushinau	**perder** ペルデル	lose, miss ルーズ, ミス

日	西	英
うしろ **後ろ** ushiro	**parte de atrás** *f.* パルテ デ アトラス	back, behind バク, ビハインド
うず **渦** uzu	**remolino** *m.*, **torbellino** *m.* レモリノ, トルベジノ	whirlpool (ホ)ワールプール
うすい **薄い** (厚みが) usui	**fino(-a)** フィノ(·ナ)	thin スィン
(色が)	**claro(-a)** クラロ(·ラ)	pale ペイル
(濃度が)	**ligero(-a)** リヘロ(·ラ)	weak ウィーク
うずく **疼く** uzuku	**doler sordamente** ドレル ソルダメンテ	ache, hurt エイク, ハート
うすぐらい **薄暗い** usugurai	**débilmente iluminado(-a),** **sombrío(-a)** デビルメンテ イルミナド(·ダ), ソンブリオ(·ア)	dim, dark, gloomy ディム, ダーク, グルーミ
うずまき **渦巻き** uzumaki	**remolino** *m.*, **torbellino** *m.* レモリノ, トルベジノ	whirlpool (ホ)ワールプール
うすめる **薄める** usumeru	**diluir** ディルイル	thin, dilute スィン, ダイリュート
うせつする **右折する** usetsusuru	**girar a la derecha** ヒラル ア ラ デレチャ	turn right ターン ライト
うそ **嘘** uso	**mentira** *f.* メンティラ	lie ライ
～つき	**mentiroso(-a)** *m.f.* メンティロソ(·サ)	liar ライア
うた **歌** uta	**canción** *f.* カンシオン	song ソーング
うたう **歌う** utau	**cantar** カンタル	sing スィング

日	西	英
うたがい **疑い** （疑念） utagai	**duda** *f.* ドゥダ	doubt ダウト
（不信）	**desconfianza** *f.* デスコンフィアンサ	distrust ディストラスト
（容疑・嫌疑）	**sospecha** *f.* ソスペチャ	suspicion サスピション
うたがう **疑う** （疑念を抱く） utagau	**dudar** *de* ドゥダル	doubt ダウト
（嫌疑をかける）	**sospechar** ソスペチャル	suspect サスペクト
（不信に思う）	**desconfiar** デスコンフィアル	distrust ディストラスト
うたがわしい **疑わしい** utagawashii	**dudoso(-a)** ドゥドソ(-サ)	doubtful ダウトフル
（不審な）	**sospechoso(-a)** ソスペチョソ(-サ)	suspicious サスピシャス
うち **家** （家屋） uchi	**casa** *f.* カサ	house ハウス
（家庭）	**familia** *f.* ファミリア	family, household ファミリ, ハウスホウルド
うち **内** uchi	**interior** *m.* インテリオル	inside, interior インサイド, インティアリア
うちあける **打ち明ける** uchiakeru	**confesar** コンフェサル	confess, confide コンフェス, コンファイド
うちあわせる **打ち合わせる** uchiawaseru	**disponer** ディスポネル	arrange アレインジ
うちがわ **内側** uchigawa	**interior** *m.* インテリオル	inside インサイド
うちきな **内気な** uchikina	**tímido(-a)** ティミド(-ダ)	shy, timid シャイ, ティミド

日	西	英
うちけす **打ち消す** uchikesu	**negar** ネガル	deny ディ**ナ**イ
うちゅう **宇宙** uchuu	**universo** *m.* ウニ**ベ**ルソ	universe **ユ**ーニヴァース
〜飛行士	**astronauta** *m.f.* アストロ**ナ**ウタ	astronaut **ア**ストロノート
うつ **打つ** utsu	**golpear** ゴルペ**ア**ル	strike, hit スト**ラ**イク，**ヒ**ト
うつ **撃つ** utsu	**disparar, tirar** ディスパ**ラ**ル，ティ**ラ**ル	fire, shoot **ファ**イア，**シュ**ート
うっかりして **うっかりして** ukkarishite	**distraídamente, sin cui- dado** ディストラ**イ**ダメンテ，シン クイ**ダ**ド	carelessly **ケ**アレスリ
うつくしい **美しい** utsukushii	**hermoso(-a)** エル**モ**ソ(-サ)	beautiful **ビュ**ーティフル
うつす **写す** utsusu	**copiar** コピ**ア**ル	copy **カ**ピ
（写真を）	**sacar (una foto)** サ**カ**ル（ウナ **フォ**ト）	take a photo **テ**イク ア **フォ**ウトゥ
うつす **移す** utsusu	**mudar, trasladar** ム**ダ**ル，トラスラ**ダ**ル	move, transfer **ム**ーヴ，ト**ラ**ンスファ
（病気を）	**contagiar** コンタヒ**ア**ル	give, infect **ギ**ヴ，イン**フェ**クト
うったえる **訴える**　（裁判に） uttaeru	**demandar** *a* デマン**ダ**ル	sue ス**ー**
（世論に）	**apelar** *a* アペ**ラ**ル	appeal to ア**ピ**ール トゥ
（手段に）	**recurrir** *a* レク**リ**ル	resort to リ**ゾ**ート トゥ

日	西	英
うっとうしい うっとうしい uttoushii	**pesado(-a)** ペサド(-ダ)	bothersome バザサム
うっとりする うっとりする uttorisuru	**embelesarse** エンベレサルセ	(be) mesmerized (ビ) メズメライズド
うつむく うつむく utsumuku	**agachar la cabeza** アガチャル ラ カベサ	hang one's head ハング ヘド
移る うつる utsuru	**trasladarse** トラスラダルセ	move ムーヴ
（病気が）	**contagiarse, coger** コンタヒアルセ, コヘル	catch キャチ
器 うつわ utsuwa	**recipiente** *m.* レシピエンテ	vessel, container ヴェスル, コンテイナ
腕 うで ude	**brazo** *m.* ブラソ	arm アーム
～時計	**reloj de pulsera** *m.* レロフ デ プルセラ	wristwatch リストワチ
（技能）	**habilidad** *f.* アビリダド	ability, skill アビリティ, スキル
鰻 うなぎ unagi	**anguila** *f.* アンギラ	eel イール
うなずく うなずく unazuku	**asentir con la cabeza** アセンティル コン ラ カベサ	nod ナド
唸る うなる unaru	**gruñir** グルニル	groan グロウン
（動物が）	**gruñir** グルニル	growl グラウル
（機械や虫が）	**rugir, zumbar** ルヒル, スンバル	roar, buzz ロー, バズ
海胆 うに uni	**erizo de mar** *m.* エリソ デ マル	sea urchin スイー アーチン

57

日	西	英
うぬぼれる **うぬぼれる** unuboreru	**(ser) vanidoso(-a)** (セル) バニドソ(-サ)	(become) conceited (ビカム) コンスィーテド
うは **右派** uha	**derechista** *m.f.* デレチスタ	right wing ライト ウィング
うばう **奪う** （取り上げる・盗む） ubau	**robar** ロバル	take away, rob テイク アウェイ, ラブ
（剥奪する）	**privar** *de* プリバル	deprive ディプライヴ
うばぐるま **乳母車** （箱形の） ubaguruma	**cochecito** *m.* コチェシト	baby carriage, ⒷPram ベイビ キャリヂ, プラム
（椅子形の）	**cochecito** *m.* コチェシト	stroller, ⒷPushchair ストロウラ, プシュチェア
うぶな **初な** ubuna	**ingenuo(-a)** インヘヌオ(-ア)	innocent, naive イノセント, ナーイーヴ
うま **馬** uma	**caballo** *m.* カバジョ	horse ホース
（子馬）	**potro** *m.* ポトロ	foal, colt フォウル, コウルト
うまい **うまい** （おいしい） umai	**rico(-a), delicioso(-a)** リコ(-カ), デリシオソ(-サ)	good, delicious グド, ディリシャス
（上手だ）	**bueno(-a), hábil** ブエノ(-ナ), アビル	good, skillful グド, スキルフル
うまる **埋まる** umaru	**quedar enterrado(-a)** ケダル エンテラド(-ダ)	(be) buried (ビ) ベリド
うまれる **生[産]まれる** umareru	**nacer** ナセル	(be) born (ビ) ボーン
（生じる）	**venir al mundo** ベニル アル ムンド	come into existence カム イントゥ イグズィステンス

日	西	英
うみ **海** umi	**mar** *m.f.* マル	sea スィー
うみだす **生み出す** umidasu	**producir** プロドゥシル	produce プロデュース
うみべ **海辺** umibe	**playa** *f.* プラジャ	beach ビーチ
うむ **生[産]む** umu	**dar a luz** ダル ア ルス	bear ベア
（生み出す）	**producir** プロドゥシル	produce プロデュース
うめく **うめく** umeku	**gemir** ヘミル	groan, moan グロウン, モウン
うめたてる **埋め立てる** umetateru	**rellenar** レジェナル	fill up, reclaim フィル アプ, リクレイム
うめる **埋める** umeru	**enterrar** エンテラル	bury ベリ
（損失などを）	**cubrir** クブリル	cover カヴァ
（満たす）	**llenar** ジェナル	fill フィル
うもう **羽毛** umou	**pluma** *f.* プルマ	feathers, down フェザズ, ダウン
うやまう **敬う** uyamau	**respetar** レスペタル	respect, honor, Ⓑhonour リスペクト, アナ, アナ
うら **裏** （表面・正面に対する） ura	**reverso** *m.* レベルソ	back バク
（反対側）	**reverso** *m.* レベルソ	reverse リヴァース

日	西	英
うらがえす **裏返す** uragaesu	**dar la vuelta** ダル ラ ブエルタ	turn over ターン オウヴァ
うらがわ **裏側** uragawa	**reverso** *m.* レベルソ	back, reverse side バク, リヴァース サイド
うらぎる **裏切る** uragiru	**traicionar** トライシオナル	betray ビトレイ
うらぐち **裏口** uraguchi	**puerta de atrás** *f.* プエルタ デ アトラス	back door バク ドー
うらごえ **裏声** uragoe	**falsete** *m.* ファルセテ	falsetto フォールセトウ
うらじ **裏地** uraji	**forro** *m.* フォロ	lining ライニング
うらづける **裏付ける** urazukeru	**probar** プロバル	prove, confirm プルーヴ, コンファーム
うらどおり **裏通り** uradoori	**calle secundaria** *f.* カジェ セクンダリア	back street バク ストリート
うらない **占い** uranai	**adivinación** *f.* アディビナシオン	fortune-telling フォーチュンテリング
うらなう **占う** uranau	**adivinar** アディビナル	tell a person's fortune テル フォーチュン
うらにうむ **ウラニウム** uraniumu	**uranio** *m.* ウラニオ	uranium ユアレイニアム
うらむ **恨む** uramu	**guardar rencor, tener rencor** グアルダル レンコル, テネル レンコル	bear a grudge ベア ア グラヂ
うらやましい **羨ましい** urayamashii	**envidiable** エンビディアブレ	enviable エンヴィアブル
うらやむ **羨む** urayamu	**envidiar** エンビディアル	envy エンヴィ

日	西	英

う

うらん
ウラン
uran
uranio *m.*
ウラニオ
uranium
ユアレイニアム

うりあげ
売り上げ
uriage
venta *f.*
ベンタ
amount sold
アマウント ソウルド

うりきれる
売り切れる
urikireru
agotarse
アゴタルセ
(be) sold out
(ビ) ソウルド アウト

うりだす
売り出す
uridasu
sacar a la venta
サカル ア ラ ベンタ
put on sale
プト オン セイル

うりば
売り場
uriba
sección (en una tienda) *f.*
セクシオン (エン ウナ ティエンダ)
department
ディパートメント

うる
売る
uru
vender
ベンデル
sell
セル

うるうどし
閏年
uruudoshi
año bisiesto *m.*
アニョ ビシエスト
leap year
リープ イア

うるおい
潤い
uruoi
humedad *f.*
ウメダド
moisture
モイスチャ

うるおう
潤う
uruou
humedecerse
ウメデセルセ
(be) moistured,
(be) moistened
(ビ) モイスチャド, (ビ) モイス
ンド

うるぐあい
ウルグアイ
uruguai
Uruguay *m.*
ウルグアイ
Uruguay
ユアラグワイ

うるさい
うるさい
urusai
ruidoso(-*a*)
ルイドソ(-サ)
noisy
ノイズィ

(しつこい)
insistente
インシステンテ
pesky, persistent
ペスキ, パスィステント

うるし
漆
urushi
laca japonesa *f.*
ラカ ハポネサ
(Japanese) lacquer
(ヂャパニーズ) ラカ

うれしい
嬉しい
ureshii
feliz, contento(-*a*)
フェリス, コンテント(-タ)
happy, delightful
ハピ, ディライトフル

日	西	英
うれる **売れる** ureru	**venderse bien** ベンデルセ ビエン	sell well セル ウェル
うろたえる **うろたえる** urotaeru	**ponerse nervioso(-a)** ポネルセ ネルビオソ(-サ)	(be) upset (ビ) アプセト
うわき **浮気** uwaki	**aventura amorosa** *f.*, **amorío extraconyugal** *m.* アベントゥラ アモロサ, アモリオ エクストラコンジュガル	(love) affair (ラヴ) アフェア
うわぎ **上着** uwagi	**chaqueta** *f.* チャケタ	jacket, coat ヂャケト, コウト
うわごと **うわごと** uwagoto	**delirio** *m.*, **desvarío** *m.* デリリオ, デスバリオ	delirium ディリリアム
うわさ **噂** uwasa	**rumor** *m.* ルモル	rumor, ⑧rumour ルーマ, ルーマ
うわべ **上辺** uwabe	**superficie** *f.* スペルフィシエ	surface サーフェス
うわまわる **上回る** uwamawaru	**superar, rebasar** スペラル, レバサル	exceed イクスィード
うわやく **上役** uwayaku	**jefe(-a)** *m.f.* ヘフェ(-ファ)	superior, boss スーピアリア, バス
うん **運** (運命) un	**suerte** *f.*, **destino** *m.* スエルテ, デスティノ	fate, destiny フェイト, デスティニ
(幸運)	**buena suerte** *f.* ブエナ スエルテ	fortune, luck フォーチュン, ラク
うんえい **運営** un-ei	**administración** *f.* アドミニストラシオン	management マニヂメント
うんが **運河** unga	**canal** *m.* カナル	canal カナル
うんこう **運行** unkou	**servicio** *m.* セルビシオ	service, operation サーヴィス, アペレイション

日	西	英
うんざりする **うんざりする** unzarisuru	**(estar) harto(-a)** de m. (エスタル) **ア**ルト(-タ)	(be) sick of (ビ) **ス**ィク オヴ
うんせい **運勢** unsei	**ventura** f. ベン**トゥ**ラ	fortune **フォ**ーチュン
うんそう **運送** unsou	**transporte** m. トランス**ポ**ルテ	transportation トランスポー**テ**イション
うんちん **運賃** unchin	**tarifa** f. タ**リ**ファ	fare **フェ**ア
うんてん **運転** unten	**conducción** f. コンドゥク**シ**オン	driving **ド**ライヴィング
～手	**conductor(-a)** m.f. コンドゥク**ト**ル(-ラ)	driver **ド**ライヴァ
～する	**conducir, Ⓐmanejar** コンドゥ**シ**ル, マネ**ハ**ル	drive **ド**ライヴ
～免許証	**carné de conducir** m., Ⓐ**licencia de manejo** f. カル**ネ** デ コンドゥ**シ**ル, リ**セ**ンシア デ マ**ネ**ホ	driver's license **ド**ライヴァズ **ラ**イセンス
(機械の)	**manejo** m. マ**ネ**ホ	operation アペ**レ**イション
～する	**operar** オペ**ラ**ル	operate **ア**ペレイト
うんどう **運動** undou	**ejercicio (físico)** m. エヘル**シ**シオ (**フィ**シコ)	exercise **エ**クササイズ
～する	**hacer ejercicio** ア**セ**ル エヘル**シ**シオ	exercise **エ**クササイズ
(競技としての)	**deportes** m.pl. デ**ポ**ルテス	sports **ス**ポーツ
(行動)	**campaña** f. カン**パ**ニャ	campaign キャン**ペ**イン

日	西	英
うんめい 運命 unmei	**suerte** *f.*, **destino** *m.* ス**エ**ルテ, デス**ティ**ノ	fate, destiny **フェ**イト, **デ**スティニ
うんゆ 運輸 un-yu	**transporte** *m.* トランス**ポ**ルテ	transportation トランスポー**テ**イション
うんよく 運よく un-yoku	**afortunadamente** アフォルトゥナ**ダ**メンテ	fortunately **フォ**ーチュネトリ

え, エ

日	西	英
え 絵 e	**cuadro** *m.* ク**ア**ドロ	picture **ピ**クチャ
え 柄 e	**mango** *m.* **マ**ンゴ	handle **ハ**ンドル
えあこん エアコン eakon	**aire acondicionado** *m.* **ア**イレ アコンディシオ**ナ**ド	air conditioner **エ**ア コン**ディ**ショナ
えいえんの 永遠の eienno	**eterno(-a)** エ**テ**ルノ(-ナ)	eternal イ**タ**ーナル
えいが 映画 eiga	**película** *f.* ペ**リ**クラ	movie, film **ム**ーヴィ, **フィ**ルム
～館	**cine** *m.* **シ**ネ	(movie) theater, Ⓑcinema (**ム**ーヴィ) ス**ィ**アタ, ス**ィ**ネマ
えいきゅうに 永久に eikyuuni	**para siempre** パラ シ**エ**ンプレ	permanently **パ**ーマネントリ
えいきょう 影響 eikyou	**influencia** *f.* インフル**エ**ンシア	influence **イ**ンフルエンス
えいぎょう 営業 eigyou	**negocio** *m.* ネ**ゴ**シオ	business, trade **ビ**ズネス, ト**レ**イド
～する	**hacer negocios** ア**セ**ル ネ**ゴ**シオス	do business **ドゥ**ー **ビ**ズネス

日	西	英
えいご **英語** eigo	**inglés** *m.* イングレス	English イングリシュ
えいこう **栄光** eikou	**gloria** *f.* グロリア	glory グローリ
えいこく **英国** eikoku	**Inglaterra** *f.*, **Gran Breta-ña** *f.* イングラ**テ**ラ, グラン ブレ**タ**ニャ	England, Great Britain イングランド, グレイト ブリトン
えいじゅうする **永住する** eijuusuru	**residir permanentemen-te** レシ**ディ**ル ペルマ**ネ**ンテメンテ	reside permanent-ly リ**ザ**イド パー**マ**ネントリ
えいず **エイズ** eizu	**SIDA** *m.* シダ	AIDS エイヅ
えいせい **衛星** eisei	**satélite** *m.* サ**テ**リテ	satellite **サ**テライト
えいせいてきな **衛生的な** eiseitekina	**higiénico(-a)** イヒ**エ**ニコ(-カ)	hygienic, sanitary ハイ**ヂ**ーニク, **サ**ニテリ
えいぞう **映像** eizou	**imagen** *f.* イ**マ**ヘン	image イ**ミ**ヂ
えいてんする **栄転する** eitensuru	**(ser) ascendido(-a)** (**セ**ル) アスセン**ディ**ド(-ダ)	(be) promoted (ビ) プロ**モ**ウテド
えいゆう **英雄** eiyuu	**héroe** *m.*, **heroína** *f.* **エ**ロエ, エロ**イ**ナ	hero, heroine **ヒ**アロウ, **ヘ**ロウイン
えいよ **栄誉** eiyo	**honor** *m.* オ**ノ**ル	honor, ⑧honour **ア**ナ, **ア**ナ
えいよう **栄養** eiyou	**nutrición** *f.* ヌトリシ**オ**ン	nutrition ニュート**リ**ション
えーかー **エーカー** eekaa	**acre** *m.* **ア**クレ	acre **エ**イカ
えーじぇんと **エージェント** eejento	**agente** *m.f.* ア**ヘ**ンテ	agent **エ**イヂェント

日	西	英
えーす **エース** eesu	**as** *m.* アス	ace エイス
えがお **笑顔** egao	**cara sonriente** *f.* カラ ソンリエンテ	smiling face スマイリング フェイス
えがく **描く** egaku	**dibujar** ディブハル	draw, paint ドロー, ペイント
えき **駅** eki	**estación** *f.* エスタシオン	station ステイション
えきしょう **液晶** ekishou	**cristal líquido** *m.* クリスタル リキド	liquid crystal リクウィド クリスタル
えきす **エキス** ekisu	**extracto** *m.* エクストラクト	extract イクストラクト
えきすとら **エキストラ** ekisutora	**extra** *m.f.* エクストラ	extra エクストラ
えきぞちっくな **エキゾチックな** ekizochikkuna	**exótico(-a)** エクソティコ(- カ)	exotic イグザティク
えきたい **液体** ekitai	**líquido** *m.* リキド	liquid, fluid リクウィド, フルーイド
えくすたしー **エクスタシー** ekusutashii	**éxtasis** *m.* エクスタシス	ecstasy エクスタスィ
えぐぜくてぃぶ **エグゼクティブ** eguzekutibu	**ejecutivo(-a)** エヘクティボ(- バ)	executive イグゼキュティヴ
えくぼ **えくぼ** ekubo	**hoyuelo** *m.* オジュエロ	dimple ディンプル
えごいすと **エゴイスト** egoisuto	**egoísta** *m.f.* エゴイスタ	egoist イーゴウイスト
えごいずむ **エゴイズム** egoizumu	**egoísmo** *m.* エゴイスモ	egoism イーゴウイズム
えこのみーくらす **エコノミークラス** ekonomiikurasu	**clase turista** *f.* クラセ トゥリスタ	economy class イカノミ クラス

日	西	英
えこのみすと **エコノミスト** ekonomisuto	**economista** *m.f.* エコノミスタ	economist イカノミスト
えころじー **エコロジー** ekorojii	**ecología** *f.* エコロヒア	ecology イーカロヂィ
えさ **餌** esa	**comida para animales** *f.*, **pienso** *m.* コミダ パラ アニマレス, ピエンソ	pet food ペト フード
（釣りなどの）	**cebo** *m.* セボ	bait ベイト
えじき **餌食** ejiki	**presa** *f.* プレサ	prey, victim プレイ, ヴィクティム
えじぷと **エジプト** ejiputo	**Egipto** *m.* エヒプト	Egypt イーヂプト
えしゃくする **会釈する** eshakusuru	**saludar con una inclinación** サルダル コン ウナ インクリナシオン	salute, bow サルート, バウ
えすえふ **SF** esuefu	**ciencia ficción** *f.* シエンシア フィクシオン	science fiction サイエンス フィクション
えすかるご **エスカルゴ** esukarugo	**caracol** *m.* カラコル	escargot エスカーゴウ
えすかれーたー **エスカレーター** esukareetaa	**escalera automática** *f.*, **escalera mecánica** *f.* エスカレラ アウトマティカ, エスカレラ メカニカ	escalator, ⒷMoving staircase エスカレイタ, ムーヴィング ステアケイス
えだ **枝** eda	**rama** *f.* ラマ	branch, bough ブランチ, バウ
えちおぴあ **エチオピア** echiopia	**Etiopía** *f.* エティオピア	Ethiopia イースィオウピア
えっせい **エッセイ** essei	**ensayo** *m.* エンサジョ	essay エセイ
えつらんする **閲覧する** etsuransuru	**leer** レエル	read, inspect リード, インスペクト

日	西	英
えなめる **エナメル** enameru	**esmalte** *m.* エスマルテ	enamel イナメル
えねるぎー **エネルギー** enerugii	**energía** *f.* エネルヒア	energy エナヂ
えのぐ **絵の具** enogu	**colores** *m.pl.*, **pinturas** *f.pl.* コロレス, ピントゥラス	paints, colors, Ⓑcolours ペインツ, カラズ, カラズ
えはがき **絵葉書** ehagaki	**tarjeta postal** *f.* タルヘタ ポスタル	picture postcard ピクチャ ポウストカード
えび **海老** ebi	**gamba** *f.*, **langostino** *m.*, Ⓐ**camarón** *m.* ガンバ, ランゴスティノ, カマロン	shrimp, prawn シュリンプ, プローン
（アカザエビ）	**cigala** *f.* シガラ	Japanese lobster チャパニーズ ラブスタ
（ロブスター）	**langosta** *f.* ランゴスタ	lobster ラブスタ
えぴそーど **エピソード** episoodo	**episodio** *m.* エピソディオ	episode エピソウド
えぴろーぐ **エピローグ** epiroogu	**epílogo** *m.* エピロゴ	epilogue エピローグ
えぷろん **エプロン** epuron	**delantal** *m.* デランタル	apron エイプロン
えほん **絵本** ehon	**libro ilustrado** *m.* リブロ イルストラド	picture book ピクチャ ブク
えめらるど **エメラルド** emerarudo	**esmeralda** *f.* エスメラルダ	emerald エメラルド
えらー **エラー** eraa	**error** *m.* エロル	error エラ
えらい **偉い** erai	**grande** グランデ	great グレイト

日	西	英
え		
えらぶ **選ぶ** erabu	**escoger** エスコヘル	choose, select **チューズ**, セレクト
（選出する）	**elegir** エレヒル	elect イレクト
えり **襟** eri	**cuello** *m.* クエジョ	collar カラ
えりーと **エリート** eriito	**élite** *f.* エリテ	elite エイリート
える **得る** eru	**conseguir** コンセギル	get, obtain ゲト, オブテイン
えれがんとな **エレガントな** eregantona	**elegante** エレガンテ	elegant エリガント
えれべーたー **エレベーター** erebeetaa	**ascensor** *m.*, Ⓐ**elevador** *m.* アスセンソル, エレバドル	elevator, Ⓑlift エレヴェイタ, リフト
えん **円** （図形の） en	**círculo** *m.* シルクロ	circle サークル
（通貨の）	**yen** *m.* ジェン	yen イェン
えんかい **宴会** enkai	**banquete** *m.* バンケテ	banquet バンクウェト
えんかくの **遠隔の** enkakuno	**remoto(-a)** レモト(-タ)	remote, distant リモウト, ディスタント
えんがん **沿岸** engan	**costa** *f.* コスタ	coast コウスト
えんき **延期** enki	**aplazamiento** *m.* アプラサミエント	postponement ポウストポウンメント
～する	**aplazar** アプラサル	postpone ポウストポウン

日	西	英
えんぎ **演技** engi	**actuación** *f.* アクトゥアシオン	performance, acting パフォーマンス, アクティング
〜する	**actuar** アクトゥアル	act, perform アクト, パフォーム
えんきょくな **婉曲な** enkyokuna	**eufemístico(-a)** エウフェミスティコ(-カ)	euphemistic ユーフェミスティク
えんきんほう **遠近法** enkinhou	**perspectiva** *f.* ペルスペクティバ	perspective パスペクティヴ
えんげい **園芸** engei	**jardinería** *f.* ハルディネリア	gardening ガードニング
えんげき **演劇** engeki	**drama** *m.* ドラマ	theater, drama, Ⓑtheatre スィアタ, ドラーマ, スィアタ
えんこ **縁故** enko	**relación** *f.* レラシオン	relation リレイション
えんし **遠視** enshi	**hipermetropía** *f.* イペルメトロピア	farsightedness ファーサイテドネス
えんじにあ **エンジニア** enjinia	**ingeniero(-a)** *m.f.* インヘニエロ(-ラ)	engineer エンヂニア
えんしゅう **円周** enshuu	**circunferencia** *f.* シルクンフェレンシア	circumference サカムファレンス
えんしゅつ **演出** enshutsu	**dirección** *f.* ディレクシオン	direction ディレクション
〜家	**director(-a)** *m.f.* ディレクトル(-ラ)	director ディレクタ
〜する	**dirigir** ディリヒル	direct ディレクト
えんじょ **援助** enjo	**ayuda** *f.* アジュダ	help, assistance ヘルプ, アスィスタンス

日	西	英
～する	**ayudar** アジュダル	help, assist ヘルプ, アスィスト
えんしょう **炎症** enshou	**inflamación** *f.* インフラマシオン	inflammation インフラメイション
えんじる **演じる** enjiru	**interpretar** インテルプレタル	perform, play パフォーム, プレイ
えんじん **エンジン** enjin	**motor** *m.* モトル	engine エンヂン
えんしんりょく **遠心力** enshinryoku	**fuerza centrífuga** *f.* フエルサ セントリフガ	centrifugal force セントリフガル フォース
えんすい **円錐** ensui	**cono** *m.* コノ	cone コウン
えんすと **エンスト** ensuto	**fallo del motor** *m.* ファジョ デル モトル	engine stall エンヂン ストール
えんせいする **遠征する** enseisuru	**hacer una expedición** アセル ウナ エクスペディシオン	make an expedition メイク アン エクスペディション
えんぜつ **演説** enzetsu	**discurso** *m.* ディスクルソ	speech スピーチ
えんそ **塩素** enso	**cloro** *m.* クロロ	chlorine クローリーン
えんそう **演奏** ensou	**actuación musical** *f.* アクトゥアシオン ムシカル	musical performance ミューズィカル パフォーマンス
～する	**interpretar** インテルプレタル	play, perform プレイ, パフォーム
えんそく **遠足** ensoku	**excursión** *f.* エクスクルシオン	excursion, field trip イクスカージョン, フィールド トリプ
えんたい **延滞** entai	**retraso** *m.* レトラソ	delay ディレイ

日	西	英
えんだか **円高** endaka	**subida del yen** *f.* スビダ デル ジェン	strong yen rate ストローング **イェン** レイト
えんちゅう **円柱** enchuu	**columna** *f.* コルムナ	column **カ**ラム
えんちょう **延長** enchou	**extensión** *f.* エクステンシオン	extension イクステンション
～する	**extender** エクステンデル	prolong, extend プロローング, イクステンド
～戦	**prórroga** *f.* プロロガ	overtime, Ⓑextra time **オ**ウヴァタイム, **エ**クストラ タイム
えんどうまめ **えんどう豆** endoumame	**guisante** *m.*, Ⓐ**chícharo** *m.* ギサンテ, **チ**チャロ	(green) pea (グリーン) **ピ**ー
えんとつ **煙突** entotsu	**chimenea** *f.* チメネア	chimney **チ**ムニ
えんぴつ **鉛筆** enpitsu	**lápiz** *m.* ラピス	pencil **ペ**ンスル
えんぶん **塩分** enbun	**sal** *f.* サル	salt (content) **ソ**ールト (**コ**ンテント)
えんまんな **円満な** enmanna	**armonioso(-a)** アルモニオソ(-サ)	harmonious ハー**モ**ウニアス
えんやす **円安** en-yasu	**bajada del yen** *f.* バハダ デル ジェン	weak yen rate **ウィ**ーク **イェン** レイト
えんよう **遠洋** en-you	**océano** *m.* オセアノ	ocean **オ**ウシャン
えんりょ **遠慮** (ためらい) enryo	**vacilación** *f.* バシラシオン	hesitation ヘズィ**テ**イション
(謙虚さ)	**modestia** *f.* モデスティア	modesty **マ**デスティ

日	西	英

~する | **rehusar por discreción** レウサル ポル ディスクレシオン | (be) reserved, hold back (ビ) リザーヴド, **ホ**ウルド バク

お, オ

お
尾
o | **cola** *f.* コラ | tail **テ**イル

おい
甥
oi | **sobrino** *m.* ソプリノ | nephew **ネ**フュー

おいかえす
追い返す
oikaesu | **rechazar, despachar** レチャサル, デスパ**チャ**ル | send away **セ**ンド ア**ウェ**イ

おいかける
追いかける
oikakeru | **perseguir** ペルセ**ギ**ル | run after, chase **ラ**ン **ア**フタ, **チェ**イス

おいこしきんし
追い越し禁止
oikoshikinshi | **prohibido adelantar** プロイ**ビ**ド アデラン**タ**ル | no passing **ノ**ウ **パ**スィング

おいこす
追い越す
oikosu | **adelantar** アデラン**タ**ル | overtake オウヴァ**テ**イク

おいしい
美味しい
oishii | **bueno(-a), delicioso(-a)** ブエノ(·ナ), デリシオソ(·サ) | nice, delicious **ナ**イス, ディ**リ**シャス

おいだす
追い出す
oidasu | **echar** *de* エ**チャ**ル | drive out **ド**ライヴ **ア**ウト

おいつく
追いつく
oitsuku | **alcanzar** アルカン**サ**ル | catch up **キャ**チ **ア**プ

おいつめる
追い詰める
oitsumeru | **acorralar** アコラ**ラ**ル | drive into, corner **ド**ライヴ **イ**ントゥ, **コ**ーナ

おいはらう
追い払う
oiharau | **alejar** アレ**ハ**ル | drive away, chase off **ド**ライヴ ア**ウェ**イ, **チェ**イス **オ**ーフ

おいる
オイル
oiru | **aceite** *m.* ア**セ**イテ | oil **オ**イル

日	西	英
おいる 老いる oiru	envejecer エンベヘセル	grow old グロウ オウルド
おう 追う ou	perseguir ペルセギル	run after, chase ラン アフタ, チェイス
（流行を）	seguir セギル	follow ファロウ
おう 負う （背負う） ou	llevar a la espalda ジェバル ア ラ エスパルダ	bear on one's back ベア オン バク
（責任・義務を）	cargar *con* カルガル	take upon oneself テイク アポン
おう 王 ou	rey *m.* レイ	king キング
おうえん 応援 （声援） ouen	animación *f.* アニマシオン	cheering, rooting チアリング, ルーティング
～する	animar アニマル	cheer, root for チア, ルート フォ
おうかくまく 横隔膜 oukakumaku	diafragma *m.* ディアフラグマ	diaphragm ダイアフラム
おうかん 王冠 oukan	corona *f.* コロナ	crown クラウン
おうきゅうてあて 応急手当 oukyuuteate	primeros auxilios *m.pl.* プリメロス アウクシリオス	first aid ファースト エイド
おうこく 王国 oukoku	reino *m.* レイノ	kingdom キングダム
おうじ 王子 ouji	príncipe *m.* プリンシペ	prince プリンス
おうじ 皇子 ouji	príncipe imperial *m.* プリンシペ インペリアル	Imperial prince インピアリアル プリンス
おうしざ 牡牛座 oushiza	Tauro *m.* タウロ	Bull, Taurus ブル, トーラス

日	西	英
おうじて **応じて** oujite	**según** セグン	according to アコーディング トゥ
おうしゅうする **押収する** oushuusuru	**confiscar** コンフィスカル	seize スィーズ
おうじょ **王女** oujo	**princesa** *f.* プリンセサ	princess プリンセス
おうじょ **皇女** oujo	**princesa imperial** *f.* プリンセサ インペリアル	Imperial princess インピアリアル プリンセス
おうじる **応じる** （応える） oujiru	**contestar** *a* コンテスタル	answer, reply to アンサ, リプライ トゥ
（受け入れる）	**acceder** *a* アクセデル	comply with, ac-cept コンプライ ウィズ, アクセプト
おうせつしつ **応接室** ousetsushitsu	**recibidor** *m.* レシビドル	reception room リセプション ルーム
おうだん **横断** oudan	**cruce** *m.* クルセ	crossing クロースィング
～する	**cruzar** クルサル	cross クロース
～歩道	**paso de peatones** *m.* パソ デ ペアトネス	crosswalk, ⑧pe-destrian crossing クロースウォーク, ペデストリアン クロースィング
おうとう **応答** outou	**respuesta** *f.* レスプエスタ	reply リプライ
おうねつびょう **黄熱病** ounetsubyou	**fiebre amarilla** *f.* フィエブレ アマリジャ	yellow fever イェロウ フィーヴァ
おうひ **王妃** ouhi	**reina** *f.* レイナ	queen クウィーン
おうふく **往復** oufuku	**ida** *f.* **y vuelta** *f.* イダ イ ブエルタ	round trip, to and from ラウンド トリプ, トゥー アンド フラム

日	西	英
~する	**ir y venir** イル イ ベニル	go to and back ゴウ トゥ アンド バク
おうぼ **応募** oubo	**inscripción** *f.*, **suscripción** *f.* インスクリプシオン, ススクリプシオン	application アプリケイション
~する	**suscribirse** *a* ススクリビルセ	apply, enter アプライ, エンタ
おうぼうな **横暴な** oubouna	**opresivo(-a)**, **despótico(-a)** オプレシボ(-バ), デスポティコ(-カ)	tyrannical, oppressive ティラニカル, オプレスィヴ
おうむ **鸚鵡** oumu	**loro** *m.* ロロ	parrot パロト
おうよう **応用** ouyou	**aplicación** *f.* アプリカシオン	application, use アプリケイション, ユーズ
~する	**aplicar** アプリカル	apply アプライ
おうりょう **横領** ouryou	**apropiación indebida** *f.* アプロピアシオン インデビダ	embezzlement インベズルメント
おえる **終える** oeru	**terminar** テルミナル	finish, complete フィニシュ, コンプリート
おおあめ **大雨** ooame	**lluvias torrenciales** *f.pl.* ジュビアス トレンシアレス	heavy rain ヘヴィ レイン
おおい **多い** ooi	**mucho(-a)** ムチョ(-チャ)	much マチ
(回数が)	**frecuente** フレクエンテ	frequent フリークウェント
(数が)	**muchos(-as)** ムチョス(-チャス)	many メニ
おおい **覆い** ooi	**funda** *f.*, **cubierta** *f.* フンダ, クビエルタ	cover カヴァ

日	西	英
大いに ooini <small>おおいに</small>	**mucho** ムチョ	greatly, very much グレイトリ, ヴェリ マチ
覆う (かぶせる) oou <small>おおう</small>	**cubrir** クブリル	cover カヴァ
(隠す)	**ocultar** オクルタル	disguise ディスガイズ
大型の oogatano <small>おおがたの</small>	**grande** グランデ	large-scale ラーヂスケイル
狼 ookami <small>おおかみ</small>	**lobo(-a)** *m.f.* ロボ(-バ)	wolf ウルフ
大きい ookii <small>おおきい</small>	**grande** グランデ	big, large ビグ, ラーヂ
大きくする ookikusuru <small>おおきくする</small>	**agrandar** アグランダル	enlarge インラーヂ
大きくなる ookikunaru <small>おおきくなる</small>	**agrandarse** アグランダルセ	(get) bigger, (get) larger (ゲト) ビガ, (ゲト) ラーヂャ
大きさ ookisa <small>おおきさ</small>	**tamaño** *m.* タマーニョ	size サイズ
大きな ookina <small>おおきな</small>	**grande** グランデ	big, large ビグ, ラーヂ
(巨大な・莫大な)	**inmenso(-a), enorme** インメンソ(-サ), エノルメ	huge, enormous ヒューヂ, イノーマス
オークション ookushon <small>おーくしょん</small>	**subasta** *f.* スバスタ	auction オークション
大熊座 oogumaza <small>おおぐまざ</small>	**Osa Mayor** *f.* オサ マジョル	Great Bear グレイト ベア
大袈裟な oogesana <small>おおげさな</small>	**exagerado(-a)** エクサヘラド(-ダ)	exaggerated イグザヂェレイテド

日	西	英
おーけすとら **オーケストラ** ookesutora	**orquesta** *f.* オル**ケ**スタ	orchestra **オ**ーケストラ
おおごえ **大声** oogoe	**voz alta** *f.* ボス **ア**ルタ	loud voice **ラ**ウド **ヴォ**イス
おおざら **大皿** oozara	**fuente** *f.* フ**エ**ンテ	platter **プラ**タ
おーじー **OG** (卒業生) oojii	**graduada** *f.*, **antigua alumna** *f.* グラドゥ**ア**ダ、アン**ティ**グア アル**ム**ナ	graduate グ**ラ**デュエト
おーすとらりあ **オーストラリア** oosutoraria	**Australia** *f.* アウス**トラ**リア	Australia オースト**レ**イリャ
おーすとりあ **オーストリア** oosutoria	**Austria** *f.* **ア**ウストリア	Austria **オ**ーストリア
おおぜいの **大勢の** oozeino	**muchos(-as)**, **gran número de** **ム**チョス(-**チャ**ス)、グラン **ヌ**メロ	(a) large number of (ア) **ラ**ーヂ **ナ**ンバ オヴ
おーそどっくすな **オーソドックスな** oosodokkusuna	**ortodoxo(-a)** オルト**ド**クソ(-**サ**)	orthodox **オ**ーソダクス
おーでぃおの **オーディオの** oodiono	**audio** *m.* **ア**ウディオ	audio **オ**ーディオウ
おーでぃしょん **オーディション** oodishon	**audición** *f.* アウディシ**オ**ン	audition オー**ディ**ション
おーでころん **オーデコロン** oodekoron	**agua de colonia** *f.* **ア**グア デ コ**ロ**ニア	eau de cologne オウ デ コ**ロ**ウン
おおての **大手の** ooteno	**importante** インポル**タ**ンテ	big, major **ビ**グ、**メ**イヂャ
おおどおり **大通り** oodoori	**avenida** *f.*, **calle principal** *f.* アベ**ニ**ダ、**カ**ジェ プリンシ**パ**ル	main road **メ**イン **ロ**ウド
おーとばい **オートバイ** ootobai	**motocicleta** *f.* モトシク**レ**タ	motorcycle **モ**ウタサイクル

日	西	英
おーどぶる **オードブル** oodoburu	**entremés** *m.* エントレメス	hors d'oeuvre オーダーヴル
おーとまちっくの **オートマチックの** ootomachikkuno	**automático(-a)** アウト**マ**ティコ(-カ)	automatic オート**マ**ティク
おーとめーしょん **オートメーション** ootomeeshon	**automatización** *f.* アウトマティサシオン	automation オート**メ**イション
おーなー **オーナー** oonaa	**dueño(-a)** *m.f.* ドゥ**エ**ニョ(-ニャ)	owner **オ**ウナ
おーばー **オーバー** oobaa	**abrigo** *m.* ア**ブ**リゴ	overcoat **オ**ウヴァコウト
おーびー **OB** （卒業生） oobii	**graduado** *m.*, **antiguo** **alumno** *m.*, グラドゥ**ア**ド, アン**ティ**グオ ア**ル**ムノ	graduate グ**ラ**デュエト
おーぷにんぐ **オープニング** oopuningu	**apertura** *f.* アペル**トゥ**ラ	opening **オ**ウプニング
おーぶん **オーブン** oobun	**horno** *m.* **オ**ルノ	oven **ア**ヴン
おーぷんな **オープンな** oopunna	**abierto(-a)** ア**ビエ**ルト(-タ)	open **オ**ウプン
おーぼえ **オーボエ** ooboe	**oboe** *m.* オ**ボ**エ	oboe **オ**ウボウ
おおみそか **大晦日** oomisoka	**Nochevieja** *f.* ノチェ**ビエ**ハ	New Year's Eve ニュー **イ**アズ **イ**ーヴ
おおもじ **大文字** oomoji	**letra mayúscula** *f.* **レ**トラ マ**ジュ**スクラ	capital letter **キャ**ピトル **レ**タ
おおや **大家** ooya	**propietario(-a)** プロピエ**タ**リオ(-ア)	owner **オ**ウナ
おおやけの **公の** （公共の） ooyakeno	**público(-a)** **プ**ブリコ(-カ)	public **パ**ブリク

日	西	英
(公式の)	oficial オフィシアル	official オフィシャル
おおらかな **おおらかな** oorakana	**generoso(-a), de trato fácil** ヘネロソ(-サ), デトラト ファシル	bighearted, magnanimous ビグハーテド, マグナニマス
おかあさん **お母さん** okaasan	**madre** *f.*, **mamá** *f.* マドレ, ママ	mother マザ
おかしい **おかしい** (こっけいな) okashii	**gracioso(-a)** グラシオソ(-サ)	funny ファニ
(楽しい)	**divertido(-a)** ディベルティド(-ダ)	amusing アミューズィング
(奇妙な)	**extraño(-a)** エクストラニョ(-ニャ)	strange ストレインヂ
おかす **犯す** (罪などを) okasu	**cometer (un delito)** コメテル (ウン デリト)	commit コミト
(法律などを)	**violar la ley** ビオラル ラ レイ	violate ヴァイオレイト
(婦女を)	**violar** ビオラル	rape レイプ
おかす **侵す** okasu	**infringir** インフリンヒル	violate, infringe on ヴァイオレイト, インフリンヂ オン
おかす **冒す** okasu	**correr un riesgo** コレル ウン リエスゴ	run ラン
おかず **おかず** okazu	**plato** *m.* プラト	side dish, garnish サイド ディシュ, ガーニシュ
おかね **お金** okane	**dinero** *m.* ディネロ	money マニ
おがわ **小川** ogawa	**arroyo** *m.* アロジョ	brook, stream ブルク, ストリーム

日	西	英
おかん **悪寒** okan	**escalofrío** *m.* エスカロフリオ	chill チル
おき **沖** oki	**alta mar** *f.* アルタ マル	offing オーフィング
おきあがる **起き上がる** okiagaru	**levantarse** レバンタルセ	get up ゲト アプ
おきしだんと **オキシダント** okishidanto	**oxidante** *m.* オクシダンテ	oxidant アクシダント
おぎなう **補う** oginau	**suplir** スプリル	make up for メイク アプ フォ
おきにいり **お気に入り** okiniiri	**favorito(-a)** *m.f.* ファボリト(-タ)	favorite, ⑧favour- ite フェイヴァリト, フェイヴァリト
おきもの **置物** okimono	**adorno** *m.* アドルノ	ornament オーナメント
おきる **起きる** okiru	**levantarse** レバンタルセ	get up, rise ゲト アプ, ライズ
（目を覚ます）	**despertarse** デスペルタルセ	wake up ウェイク アプ
（発生する）	**ocurrir** オクリル	happen, occur ハプン, オカー
おきわすれる **置き忘れる** okiwasureru	**dejar olvidado(-a)** デハル オルビダド(-タ)	forget, leave フォゲト, リーヴ
おく **奥** oku	**interior** *m.*, **fondo** *m.* インテリオル, フォンド	innermost, far back イナモウスト, ファー バク
おく **億** oku	**cien millones** *m.* シエン ミジョネス	one hundred mil- lion ワン ハンドレド ミリョン
おく **置く** oku	**poner** ポネル	put, place プト, プレイス

日	西	英
おくがいの **屋外の** okugaino	**al aire libre** アル アイレ リブレ	outdoor アウトドー
おくさん **奥さん** okusan	**esposa** *f.*, **señora** *f.* エスポサ, セニョラ	Mrs, wife ミスィズ, ワイフ
おくじょう **屋上** okujou	**azotea** *f.*, **techo** *m.* アソテア, テチョ	roof ルーフ
おくそく **憶測** okusoku	**suposición** *f.* スポシシオン	supposition サポジション
おくないの **屋内の** okunaino	**bajo techo, interno(-a)** バホ テチョ, インテルノ(-ナ)	indoor インドー
おくびょうな **臆病な** okubyouna	**cobarde, tímido(-a)** コバルデ, ティミド(-ダ)	cowardly, timid カウアドリ, ティミド
おくふかい **奥深い** okufukai	**profundo(-a)** プロフンド(-ダ)	deep, profound ディープ, プロファウンド
おくゆき **奥行き** okuyuki	**profundidad** *f.* プロフンディダド	depth デプス
おくりさき **送り先**　(届け先) okurisaki	**destino** *m.* デスティノ	destination デスティネイション
おくりじょう **送り状** okurijou	**factura** *f.* ファクトゥラ	invoice インヴォイス
おくりぬし **送り主** okurinushi	**remitente** *m.f.* レミテンテ	sender センダ
おくりもの **贈り物** okurimono	**regalo** *m.* レガロ	present, gift プレズント, ギフト
おくる **送る** okuru	**enviar** エンビアル	send センド
(見送る)	**despedir** デスペディル	see off スィー オーフ
おくる **贈る** okuru	**hacer un regalo** アセル ウン レガロ	present プリゼント

日	西	英
（賞などを）	**otorgar** オトルガル	award アウォード
おくれる 遅れる okureru	**llegar tarde** *a* ジェガル タルデ	(be) late for (ビ) レイト フォ
おくれる 後れる（時代などに） okureru	**quedarse atrasado(-a)** ケダルセ アトラサド(·ダ)	(be) behind (ビ) ビハインド
おこす 起こす okosu	**levantar** レバンタル	raise, set up レイズ, セト アプ
（目覚めさせる）	**despertar** デスペルタル	wake up ウェイク アプ
（引き起こす）	**causar** カウサル	cause コーズ
おこたる 怠る okotaru	**desatender** デサテンデル	neglect ニグレクト
おこない 行い okonai	**acto** *m.*, **acción** *f.* アクト, アクシオン	act, action アクト, アクション
（品行）	**conducta** *f.* コンドゥクタ	conduct カンダクト
おこなう 行う okonau	**hacer, actuar** アセル, アクトゥアル	do, act ドゥー, アクト
（挙行する）	**celebrar** セレブラル	hold, celebrate ホウルド, セレブレイト
（実施する）	**poner en práctica** ポネル エン プラクティカ	put in practice プト イン プラクティス
おこる 起こる okoru	**ocurrir** オクリル	happen, occur ハプン, オカー
（勃発する）	**estallar** エスタジャル	break out ブレイク アウト
おこる 怒る okoru	**enfadarse** エンファダルセ	(get) angry (ゲト) アングリ

日	西	英
おごる 奢る ogoru	**invitar, convidar** インビ**タ**ル, コンビ**ダ**ル	treat ト**リ**ート
おごる 驕る ogoru	**(ser) altivo(-a)** (**セ**ル) アル**ティ**ボ(-バ)	(be) haughty (ビ) **ホ**ーティ
おさえる 押さえる osaeru	**sujetar, oprimir** スヘ**タ**ル, オプリ**ミ**ル	hold down **ホ**ウルド **ダ**ウン
おさえる 抑える (制圧する) osaeru	**suprimir, reprimir** スプリ**ミ**ル, レプリ**ミ**ル	suppress サプ**レ**ス
(阻止する)	**detener, disuadir** *de* デテ**ネ**ル, ディスア**ディ**ル	check, inhibit **チェ**ク, イン**ヒ**ビト
(抑制・制御する)	**controlar** コントロ**ラ**ル	control コント**ロ**ウル
おさない 幼い osanai	**infantil, menor** インファン**ティ**ル, メ**ノ**ル	infant, juvenile **イ**ンファント, **ヂュ**ーヴェナイル
おさまる 治まる (安定している) osamaru	**estabilizarse** エスタビリ**サ**ルセ	(be) settled, (be) stabilized (ビ) **セ**トルド, (ビ) ス**タ**ビライズド
(鎮まる)	**tranquilizarse** トランキリ**サ**ルセ	calm down, subside **カ**ーム **ダ**ウン, サブ**サ**イド
(元に戻る)	**restaurarse** レスタウ**ラ**ルセ	(be) restored to (ビ) リス**ト**ード トゥ
おさまる 納まる (入っている) osamaru	**(estar) encajado(-a)** *en*, **caber** (エス**タ**ル) エンカ**ハ**ド(-ダ), カ**ベ**ル	(be) put in, fit in (ビ) **プ**ト **イ**ン, **フィ**ト **イ**ン
(落着する)	**resolverse** レソル**ベ**ルセ	(be) settled (ビ) **セ**トルド
おさめる 治める (鎮圧する) osameru	**sofocar, reprimir** ソフォ**カ**ル, レプリ**ミ**ル	suppress サプ**レ**ス
(統治する)	**reinar** レイ**ナ**ル	rule, govern **ル**ール, **ガ**ヴァン

日	西	英

お

おさめる
納める （品物を）
osameru
entregar
エントレガル
deliver
ディリヴァ

（金を）
pagar
パガル
pay
ペイ

おじ
伯[叔]父
oji
tío _m._
ティオ
uncle
アンクル

おしい
惜しい
oshii
lamentable
ラメンタブレ
regrettable
リグレタブル

おじいさん （祖父）
ojiisan
abuelo _m._
アブエロ
grandfather
グランドファーザ

（老人）
anciano _m._
アンシアノ
old man
オウルド マン

おしえ
教え
oshie
enseñanza _f._
エンセニャンサ
lesson, teachings
レスン，ティーチングズ

おしえる
教える
oshieru
enseñar
エンセニャル
teach, instruct
ティーチ，インストラクト

（告げる）
decir
デシル
tell
テル

（知らせる）
informar _de_
インフォルマル
inform of
インフォーム オヴ

おじぎ
お辞儀
ojigi
reverencia _f._
レベレンシア
bow
バウ

おしこむ
押し込む
oshikomu
meter apretando _en_
メテル アプレタンド
push in, stuff into
プシュ イン，スタフ イントゥ

おしつける
押しつける
（強制する）
oshitsukeru
forzar
フォルサル
force
フォース

おしべ
雄しべ
oshibe
estambre _m._
エスタンブレ
stamen
ステイメン

日	西	英
おしむ **惜しむ** (残念がる) oshimu	**sentir** センティル	regret リグレト
(出し惜しむ)	**escatimar** エスカティマル	spare スペア
(大切にする)	**estimar** エスティマル	value ヴァリュ
おしゃべりな **お喋りな** oshaberina	**hablador(-a)** アブラドル(-ラ)	talkative トーカティヴ
おしゃれする **お洒落する** osharesuru	**acicalarse, vestirse ele- gantemente** アシカラルセ, ベスティルセ エレガンテメンテ	dress up ドレス アプ
おしゃれな **お洒落な** osharena	**elegante** エレガンテ	stylish スタイリシュ
おじょうさん **お嬢さん** ojousan	**señorita** _f._ セニョリタ	young lady ヤング レイディ
おしょく **汚職** oshoku	**corrupción** _f._ コルプシオン	corruption コラプション
おす **押す** osu	**empujar** エンプハル	push, press プシュ, プレス
おす **雄** osu	**macho** _m._ マチョ	male メイル
おせじ **お世辞** oseji	**halago** _m._ アラゴ	compliment, flat- tery カンプリメント, フラタリ
おせっかいな **お節介な** osekkaina	**entrometido(-a)** エントロメティド(-ダ)	meddlesome メドルサム
おせん **汚染** osen	**contaminación** _f._ コンタミナシオン	pollution ポリューション
おそい **遅い** osoi	**tarde** タルデ	late レイト

日	西	英
（速度が）	**lento(-a)** レント(-タ)	slow スロウ
おそう 襲う osou	**atacar** アタカル	attack アタク
（天災などが）	**azotar** アソタル	hit, strike ヒト, ストライク
おそらく 恐らく osoraku	**tal vez, probablemente** タル ベス, プロバブレメンテ	perhaps パハプス
おそれ おそれ （懸念） osore	**aprensión** *f.* アプレンシオン	apprehension アプリヘンション
（恐怖）	**miedo** *m.* ミエド	fear フィア
おそれる 恐れる osoreru	**tener miedo** *de* テネル ミエド	fear, (be) afraid of フィア, (ビ) アフレイド オヴ
おそろしい 恐ろしい osoroshii	**temible** テミブレ	fearful, awful フィアフル, オーフル
おそわる 教わる osowaru	**aprender** アプレンデル	learn ラーン
おぞん オゾン ozon	**ozono** *m.* オソノ	ozone オウゾウン
おたがいに お互いに otagaini	**mutuamente** ムトゥアメンテ	each other イーチ アザ
おたふくかぜ おたふく風邪 otafukukaze	**paperas** *f.pl.* パペラス	mumps マンプス
おだやかな 穏やかな （平穏な） odayakana	**sereno(-a)** セレノ(-ナ)	calm, tranquil カーム, トランクウィル
（温厚な）	**afable, apacible** アファブレ, アパシブレ	gentle, kind ヂェントル, カインド
おちいる 陥る ochiiru	**caer** カエル	fall into フォール イントゥ

日	西	英
おちつく **落ち着く** ochitsuku	**calmarse** カルマルセ	(become) calm, calm down (ビカム) カーム, カーム ダウン
（定住する）	**instalarse** インスタラルセ	settle down セトル ダウン
おちる **落ちる** ochiru	**caer(se)** カエル(セ)	fall, drop フォール, ドラプ
（汚れ・しみが）	**quitarse** キタルセ	come off カム オーフ
（試験に）	**fracasar** *en* フラカサル	fail フェイル
おっと **夫** otto	**marido** *m.* マリド	husband ハズバンド
おつり **お釣り** otsuri	**cambio** *m.*, Ⓐ**vuelto** *m.* カンビオ, ブエルト	change チェインヂ
おでこ **おでこ** odeko	**frente** *f.* フレンテ	forehead フォーレド
おと **音** oto	**sonido** *m.* ソニド	sound サウンド
おとうさん **お父さん** otousan	**padre** *m.* パドレ	father ファーザ
おとうと **弟** otouto	**hermano menor** *m.* エルマノ メノル	(younger) brother (ヤンガ) ブラザ
おどかす **脅かす** odokasu	**amenazar** アメナサル	threaten, menace スレトン, メナス
おとこ **男** otoko	**hombre** *m.*, **masculino** *m.* オンブレ, マスクリノ	man, male マン, メイル
おとこのこ **男の子** otokonoko	**chico** *m.* チコ	boy ボイ

日	西	英

お

おどし
脅し
odoshi

amenaza *f.*
アメナサ

threat, menace
スレト, メナス

おとしだま
お年玉
otoshidama

aguinaldo de Año Nuevo
m.
アギナルド デ アニョ ヌエボ

New Year's gift
ニュー イアズ ギフト

おとす
落とす
otosu

hacer caer
アセル カエル

drop, let fall
ドラプ, レト フォール

（汚れを）

quitar
キタル

remove
リムーヴ

（信用・人気を）

perder
ペルデル

lose
ルーズ

おどす
脅す
odosu

amenazar
アメナサル

threaten, menace
スレトン, メナス

おとずれる
訪れる
otozureru

visitar
ビシタル

visit
ヴィズィト

おととい
一昨日
ototoi

anteayer
アンテアジェル

day before yester-
day
デイ ビフォー イェスタデイ

おととし
一昨年
ototoshi

hace dos años
アセ ドス アニョス

year before last
イア ビフォー ラスト

おとな
大人
otona

adulto(-a) *m.f.*
アドゥルト(・タ)

adult, grown-up
アダルト, グロウナプ

おとなしい
おとなしい
otonashii

tranquilo(-a)
トランキロ(・ラ)

quiet, docile
クワイエト, ダスィル

おとめざ
乙女座
otomeza

Virgo *m.*
ビルゴ

Virgin, Virgo
ヴァーヂン, ヴァーゴウ

おどり
踊り
odori

baile *m.*
バイレ

dance
ダンス

おとる
劣る
otoru

(ser) inferior *a*
(セル) インフェリオル

(be) inferior to
(ビ) インフィアリア トゥ

日	西	英
おどる 踊る odoru	**bailar** バイラル	dance ダンス
おとろえる 衰える (健康・人気が) otoroeru	**perder fuerzas, debilitarse** ペルデル フエルサス, デビリタルセ	decline ディクライン
(人などが)	**debilitarse** デビリタルセ	(become) weak (ビカム) ウィーク
おどろかす 驚かす odorokasu	**sorprender** ソルプレンデル	surprise, astonish サプライズ, アスタニシュ
おどろき 驚き odoronki	**asombro** *m.* アソンブロ	surprise サプライズ
おどろく 驚く odoroku	**sorprenderse** ソルプレンデルセ	(be) surprised (ビ) サプライズド
おなか お腹 onaka	**estómago** *m.*, **vientre** *m.* エストマゴ, ビエントレ	stomach スタマク
おなじ 同じ (同一) onaji	**mismo(-a)** ミスモ(-マ)	same セイム
(等しい)	**igual** イグアル	equal, equivalent イークワル, イクウィヴァレント
(同様)	**similar** シミラル	similar スィミラ
(共通)	**común** コムン	common カモン
おに 鬼 oni	**ogro** *m.*, **demonio** *m.* オグロ, デモニオ	ogre, demon オウガ, ディーモン
(遊戯の)	**el [la] que pilla** *m.f.* エル [ラ] ケ ピジャ	it イト
～ごっこ	**pillapilla** *m.* ピジャピジャ	(game of) tag (ゲイム オヴ) タグ

日	西	英
おの **斧** ono	**hacha** *f.* アチャ	ax, hatchet, ®axe アクス, ハチト, アクス
おのおの **各々** onoono	**cada uno(-a)** カダ ウノ(-ナ)	each イーチ
おば **伯[叔]母** oba	**tía** *f.* ティア	aunt アント
おばあさん (祖母) obaasan	**abuela** *f.* アブエラ	grandmother グランドマザ
(老女)	**anciana** *f.* アンシアナ	old woman オウルド ウマン
おぱーる **オパール** opaaru	**ópalo** *m.* オパロ	opal オウパル
おばけ **お化け** obake	**fantasma** *m.* ファンタスマ	ghost ゴウスト
おびえる **怯える** obieru	**asustarse** アススタルセ	(be) frightened at (ビ) フライトンド アト
おひつじざ **牡羊座** ohitsujiza	**Aries** *m.* アリエス	Ram, Aries ラム, エアリーズ
おぺら **オペラ** opera	**ópera** *f.* オペラ	opera アパラ
おぺれーたー **オペレーター** opereetaa	**operador(-a)** *m.f.* オペラドル(-ラ)	operator アパレイタ
おぼえている **覚えている** oboeteiru	**recordar** レコルダル	remember リメンバ
おぼえる **覚える** oboeru	**aprender de memoria** アプレンデル デ メモリア	memorize メモライズ
(習得する)	**aprender(se)** アプレンデル(セ)	learn ラーン
おぼれる **溺れる** oboreru	**ahogarse** アオガルセ	(be) drowned (ビ) ドラウンド

日	西	英
おまけ **おまけ** （景品・割り増し） omake	**prima** *f.* プリマ	premium プリーミアム
（付け足し）	**regalo** *m.*, **extra** *m.* レガロ，エクストラ	bonus, extra ボーナス，エクストラ
〜する （割引）	**descontar** デスコンタル	discount ディスカウント
おまもり **お守り** omamori	**amuleto** *m.* アムレト	charm, talisman チャーム，タリスマン
おまわりさん **お巡りさん** omawarisan	**agente de policía** *m.f.* アヘンテ デ ポリシア	police officer, cop, policeman ポリース オーフィサ，カプ，ポリースマン
おむつ **おむつ** omutsu	**pañal** *m.* パニャル	diaper, ⑧nappy ダイアパ，ナピ
おもい **重い** omoi	**pesado(-a)** ペサド(-ダ)	heavy ヘヴィ
（役割・責任が）	**serio(-a), importante** セリオ(-ア)，インポルタンテ	important, grave インポータント，グレイヴ
（病が）	**grave** グラベ	serious スィアリアス
おもいがけない **思いがけない** omoigakenai	**inesperado(-a)** イネスペラド(-ダ)	unexpected アニクスペクテド
おもいきり **思い切り** omoikiri	**hasta más no poder** アスタ マス ノ ポデル	to one's heart's content トゥ ハーツ コンテント
おもいだす **思い出す** omoidasu	**recordar** レコルダル	remember, recall リメンバ，リコール
おもいつく **思いつく** omoitsuku	**ocurrirse** *a* オクリルセ	think of スィンク オヴ
おもいで **思い出** omoide	**recuerdo** *m.* レクエルド	memories メモリズ

日	西	英
思いやり omoiyari	**consideración** *f.* コンシデラシオン	consideration コンシィダレイション
思う omou	**pensar** ペンサル	think スィンク
（見なす）	**tomar** *por* トマル	consider as コンスィダ アズ
（推測する）	**suponer** スポネル	suppose サポウズ
重さ omosa	**peso** *m.* ペソ	weight ウェイト
面白い omoshiroi	**interesante** インテレサンテ	interesting インタレスティング
（奇抜だ）	**extraño(-a)** エクストラニョ(-ニャ)	odd, novel アド, ナヴェル
玩具 omocha	**juguete** *m.* フゲテ	toy トイ
表　　（前面） omote	**parte delantera** *f.*, **frente** *m.* パルテ デランテラ, フレンテ	front, face フラント, フェイス
（表面・正面）	**la parte exterior** *f.*, **fa-chada** *f.* ラ パルテ エクステリオル, ファチャダ	face フェイス
（戸外）	**exterior** *m.*, **aire libre** *m.* エクステリオル, アイレ リブレ	outdoors アウトドーズ
主な omona	**principal** プリンシパル	main, principal メイン, プリンスィパル
主に omoni	**principalmente** プリンシパルメンテ	mainly, mostly メインリ, モウストリ
趣 omomuki	**gusto** *m.* グスト	taste, elegance テイスト, エリガンス

日	西	英
おもり **重り** omori	**contrapeso** *m.* コントラペソ	weight, plumb ウェイト, プラム
おもわく **思惑** omowaku	**expectativa** *f.* エクスペクタティバ	intention, thought インテンション, ソート
おもんじる **重んじる** omonjiru	**dar importancia** *a* ダル インポルタンシア	place importance upon プレイス インポータンス アポン
(尊重する)	**estimar, valorar** エスティマル, バロラル	value ヴァリュ
おや **親** oya	**padre** *m.*, **madre** *f.* パドレ, マドレ	parent ペアレント
(両親)	**padres** *m.pl.* パドレス	parents ペアレンツ
おやつ **おやつ** oyatsu	**merienda** *f.* メリエンダ	snack スナク
おやゆび **親指** oyayubi	**pulgar** *m.* プルガル	thumb サム
(足の)	**dedo gordo del pie** *m.* デド ゴルド デル ピエ	big toe ビグ トウ
およぐ **泳ぐ** oyogu	**nadar** ナダル	swim スウィム
およそ **およそ** oyoso	**aproximadamente** アプロクシマダメンテ	about, nearly アバウト, ニアリ
およぶ **及ぶ** oyobu	**alcanzar** *a* アルカンサル	reach, amount to リーチ, アマウント トゥ
おらんだ **オランダ** oranda	**Países Bajos** *m.pl.* パイセス バホス	Netherlands ネザランツ
おりーぶ **オリーブ** oriibu	**aceituna** *f.* アセイトゥナ	olive アリヴ

日	西	英
～油	**aceite de oliva** *m.* アセイテ デ オリバ	olive oil **ア**リヴ **オ**イル
おりおんざ **オリオン座** orionza	**Orión** *m.* オリ**オ**ン	Orion オ**ラ**イオン
おりじなるの **オリジナルの** orijinaruno	**original** オリ**ヒ**ナル	original オ**リ**ヂナル
おりたたむ **折り畳む** oritatamu	**plegar** プレ**ガ**ル	fold up **フォ**ウルド **ア**プ
おりめ **折り目** orime	**pliegue** *m.* プリ**エ**ゲ	fold **フォ**ウルド
おりもの **織物** orimono	**tejido** *m.* テ**ヒ**ド	textile, fabrics **テ**クスタイル, **ファ**ブリクス
おりる **下りる** oriru	**descender** デスセン**デ**ル	come down **カ**ム **ダ**ウン
おりる **降りる** oriru	**bajar(se)** *de* バ**ハ**ル(セ)	get off, get out of **ゲ**ト **オ**ーフ, **ゲ**ト **ア**ウト オヴ
おりんぴっく **オリンピック** orinpikku	**Juegos Olímpicos** *m.pl.* フ**エ**ゴス オ**リ**ンピコス	Olympic Games オ**リ**ンピク **ゲ**イムズ
おる **折る** oru	**doblar** ド**ブ**ラル	bend **ベ**ンド
（切り離す）	**romper** ロン**ペ**ル	break, snap **ブレ**イク, ス**ナ**プ
おる **織る** oru	**tejer** テ**ヘ**ル	weave **ウィ**ーヴ
おるがん **オルガン** orugan	**órgano** *m.* **オ**ルガノ	organ **オ**ーガン
おれがの **オレガノ** oregano	**orégano** *m.* オ**レ**ガノ	oregano オ**レ**ーガノウ
おれる **折れる** oreru	**romperse** ロン**ペ**ルセ	break, snap **ブレ**イク, ス**ナ**プ

日	西	英
（譲歩する）	**ceder** セデル	give in ギヴ イン
おれんじ **オレンジ** orenji	**naranja** *f.* ナランハ	orange オリンヂ
おろかな **愚かな** orokana	**tonto(-*a*)** トント(-タ)	foolish, silly フーリシュ, スィリ
おろし **卸** oroshi	**venta al por mayor** *f.* ベンタ アル ポル マジョル	wholesale ホウルセイル
～値	**precio al por mayor** *m.* プレシオ アル ポル マジョル	wholesale price ホウルセイル プライス
おろす **降ろす** orosu	**dejar caer, bajar** デハル カエル, バハル	drop off ドラプ オーフ
（積み荷を）	**descargar** デスカルガル	unload アンロウド
おろす **下ろす** orosu	**bajar** バハル	take down テイク ダウン
おわり **終わり** owari	**fin** *m.* フィン	end, close エンド, クロウズ
おわる **終わる** owaru	**terminar** テルミナル	end, close エンド, クロウズ
（完成する）	**acabar** アカバル	finish フィニシュ
（完結する）	**concluir** コンクルイル	conclude コンクルード
おん **恩** on	**obligación** *f.*, **deuda de gratitud** *f.* オブリガシオン, デウダ デ グラティトゥド	obligation, debt of gratitude アブリゲイション, デト オヴ グ ラティテュード
おんかい **音階** onkai	**escala musical** *f.* エスカラ ムシカル	scale スケイル

日	西	英
おんがく **音楽** ongaku	**música** *f.* ムシカ	music ミュージク
おんかん **音感** onkan	**oído** *m.* オイド	ear イア
おんきゅう **恩給** onkyuu	**pensión** *f.* ペンスィオン	pension パーンスィアン
おんけい **恩恵** onkei	**favor** *m.* ファボル	favor, benefit, ®favour フェイヴァ, ベニフィト, フェ イヴァ
おんこうな **温厚な** onkouna	**afable, apacible** アファブレ, アパシブレ	gentle チェントル
おんしつ **温室** onshitsu	**invernadero** *m.* インベルナデロ	greenhouse グリーンハウス
〜効果	**efecto invernadero** *m.* エフェクト インベルナデロ	greenhouse effect グリーンハウス イフェクト
おんじん **恩人** onjin	**bienhechor(-a)** *m.f.* ビエンチョル(・ラ)	benefactor ベネファクタ
おんす **オンス** onsu	**onza** *f.* オンサ	ounce アウンス
おんすい **温水** onsui	**agua caliente** *f.* アグア カリエンテ	hot water ハト ウォータ
おんせい **音声** onsei	**voz** *f.* ボス	voice ヴォイス
おんせつ **音節** onsetsu	**sílaba** *f.* シラバ	syllable スィラブル
おんせん **温泉** onsen	**aguas termales** *f.pl.* アグアス テルマレス	hot spring, spa ハト スプリング, スパー
おんたい **温帯** ontai	**zona templada** *f.* ソナ テンプラダ	temperate zone テンペレト ゾウン

日	西	英
おんだんな **温暖な** ondanna	**templado(-a)** テンプラド(-ダ)	warm, mild ウォーム, マイルド
おんど **温度** ondo	**temperatura** *f.* テンペラトゥラ	temperature テンパラチャ
～計	**termómetro** *m.* テルモメトロ	thermometer サマメタ
おんな **女** onna	**mujer** *f.* ムヘル	woman ウマン
おんなのこ **女の子** onnanoko	**chica** *f.* チカ	girl, daughter ガール, ドータ
おんぷ **音符** onpu	**nota (musical)** *f.* ノタ (ムシカル)	note ノウト
おんぶする **負んぶする** onbusuru	**llevar a cuestas** ジェバル ア クエスタス	carry on one's back キャリ オン バク
おんらいんの **オンラインの** onrainno	**en línea** エン リネア	online アンライン

日	西	英

か，カ

科 (学校・病院の) ka	**departamento** *m.* デパルタメント	department ディパートメント
(学習上の)	**curso** *m.* クルソ	course コース
課 (教科書などの) ka	**lección** *f.* レクシオン	lesson レスン
(組織の区分の)	**sección** *f.* セクシオン	section, division セクション，ディヴィジョン
蚊 ka	**mosquito** *m.*, Ⓐ**zancudo** *m.* モスキート，サンクド	mosquito モスキートウ
蛾 ga	**polilla** *f.* ポリジャ	moth モース
カーソル kaasoru	**cursor** *m.* クルソル	cursor カーサ
カーディガン kaadigan	**rebeca** *f.*, **jersey abierto** *m.* レベカ，ヘルセイ アビエルト	cardigan カーディガン
カーテン kaaten	**cortina** *f.* コルティナ	curtain カートン
カード kaado	**tarjeta** *f.* タルヘタ	card カード
ガードマン gaadoman	**guardia** *m.* グアルディア	guard ガード
カートリッジ kaatorijji	**cartucho** *m.* カルトゥチョ	cartridge カートリヂ
ガーナ gaana	**Ghana** *f.* ガナ	Ghana ガーナ

日	西	英
かーねーしょん **カーネーション** kaaneeshon	**clavel** *m.* クラベル	carnation カーネイション
がーねっと **ガーネット** gaanetto	**granate** *m.* グラナテ	garnet ガーネット
かーぶ **カーブ** kaabu	**curva** *f.* クルバ	curve, turn カーヴ, ターン
かーぺっと **カーペット** kaapetto	**alfombra** *f.* アルフォンブラ	carpet カーペト
がーるふれんど **ガールフレンド** gaarufurendo	**amiga** *f.*, **novia** *f.* アミガ, ノビア	girlfriend ガールフレンド
かい **回** (競技・ゲームの) kai	**turno** *m.* トゥルノ	round, inning ラウンド, イニング
(回数)	**vez** *f.* ベス	time タイム
かい **会** (集まり) kai	**reunión** *f.* レウニオン	meeting, party ミーティング, パーティ
(団体)	**grupo** *m.* グルポ	society ソサイエティ
かい **貝** kai	**almeja** *f.* アルメハ	shellfish シェルフィシュ
がい **害** gai	**daño** *m.* ダニョ	harm, damage ハーム, ダミヂ
かいいん **会員** kaiin	**socio(-a)** *m.f.*, **miembro** *m.* ソシオ(-ア), ミエンブロ	member, membership メンバ, メンバシプ
かいおうせい **海王星** kaiousei	**Neptuno** *m.* ネプトゥノ	Neptune ネプテューン
がいか **外貨** gaika	**divisa** *f.* ディビサ	foreign money フォーリン マニ

日	西	英
かいがい **海外** kaigai	**países extranjeros** *m.pl.* パイセス エクストランヘロス	foreign countries **フォー**リン **カ**ントリズ
かいかく **改革** kaikaku	**reforma** *f.* レフォルマ	reform, innovation リ**フォー**ム，イノ**ヴェ**イション
～する	**reformar** レフォル**マ**ル	reform, innovate リ**フォー**ム，イノ**ヴェ**イト
かいかつな **快活な** kaikatsuna	**alegre, jovial** ア**レ**グレ，ホ**ビ**アル	cheerful **チ**アフル
かいがら **貝殻** kaigara	**concha** *f.* **コ**ンチャ	shell **シェ**ル
かいがん **海岸** kaigan	**costa** *f.*, **playa** *f.* **コ**スタ，プ**ラ**ジャ	coast, seashore **コ**ウスト，**ス**ィーショー
がいかん **外観** gaikan	**aspecto** *m.* アス**ペ**クト	appearance ア**ピ**アランス
かいぎ **会議** kaigi	**reunión** *f.* レウニ**オ**ン	meeting, confer- ence **ミ**ーティング，**カ**ンファレンス
かいきゅう **階級** kaikyuu	**clase** *f.*, **rango** *m.* ク**ラ**セ，**ラ**ンゴ	class, rank ク**ラ**ス，**ラ**ンク
かいきょう **海峡** kaikyou	**estrecho** *m.* エスト**レ**チョ	strait, channel ストレイト，**チャ**ネル
かいぎょう **開業** kaigyou	**apertura de un negocio** *f.* アペル**トゥ**ラ デ ウン ネ**ゴ**シオ	starting a business ス**タ**ーティング ア **ビ**ズネス
かいぐん **海軍** kaigun	**marina** *f.* マ**リ**ナ	navy **ネ**イヴィ
かいけい **会計** （勘定） kaikei	**cuenta** *f.* ク**エ**ンタ	check, Ⓑbill, cheque **チェ**ク，**ビ**ル，**チェ**ク
（経済状況）	**contabilidad** *f.*, **finanzas** *f.pl.* コンタビリ**ダ**ド，フィ**ナ**ンサス	accounting, fi- nance ア**カ**ウンティング，フィ**ナ**ンス

日	西	英
～士	**contador(-a)** *m.f.* コンタドル(-ラ)	accountant アカウンタント
かいけつ **解決** kaiketsu	**arreglo** *m.*, **solución** *f.* アレグロ, ソルシオン	solution, settlement ソルーション, セトルメント
～する	**solucionar** ソルシオナル	solve, resolve サルヴ, リザルヴ
かいけん **会見** kaiken	**entrevista** *f.* エントレビスタ	interview インタヴュー
がいけん **外見** gaiken	**apariencia** *f.* アパリエンシア	appearance アピアランス
かいげんれい **戒厳令** kaigenrei	**ley marcial** *f.* レイ マルシアル	martial law マーシャル ロー
かいご **介護** kaigo	**cuidados** *m.pl.* クイダドス	care ケア
かいごう **会合** kaigou	**reunión** *f.* レウニオン	meeting, gathering ミーティング, ギャザリング
がいこう **外交** gaikou	**diplomacia** *f.* ディプロマシア	diplomacy ディプロウマスィ
～官	**diplomático(-a)** *m.f.* ディプロマティコ(-カ)	diplomat ディプロマト
がいこく **外国** gaikoku	**país extranjero** *m.* パイス エクストランヘロ	foreign country フォーリン カントリ
～人	**extranjero(-a)** *m.f.* エクストランヘロ(-ラ)	foreigner フォーリナ
～の	**extranjero(-a)** エクストランヘロ(-ラ)	foreign フォーリン
がいこつ **骸骨** gaikotsu	**esqueleto** *m.* エスケレト	skeleton スケルトン

日	西	英
かいさいする **開催する** kaisaisuru	**celebrar** セレブラル	hold, open **ホ**ウルド, **オ**ウプン
かいさつぐち **改札口** kaisatsuguchi	**portillo** _m._ ポル**ティ**ジョ	ticket gate **ティ**ケト **ゲ**イト
かいさん **解散** （議会などの） kaisan	**disolución** _f._ ディソル**シ**オン	dissolution ディソ**ルー**ション
（集まりの）	**separación** _f._, **disolución** _f._ セパラ**シ**オン, ディソル**シ**オン	breakup ブ**レ**イカプ
がいさん **概算** gaisan	**cálculo aproximado** _m._ **カ**ルクロ アプロク**シ**マド	rough estimate **ラ**フ **エ**スティメト
かいさんぶつ **海産物** kaisanbutsu	**productos marinos** _m.pl._ プロ**ドゥ**クトス マ**リ**ノス	marine products マ**リー**ン プ**ラ**ダクツ
かいし **開始** kaishi	**principio** _m._ プリン**シ**ピオ	start, beginning ス**タ**ート, **ビ**ギニング
～する	**empezar** エンペ**サ**ル	begin, start **ビ**ギン, ス**タ**ート
かいしめる **買い占める** kaishimeru	**acaparar** アカパ**ラ**ル	buy up, corner **バ**イ **ア**プ, **コ**ーナ
かいしゃ **会社** kaisha	**compañía** _f._, **sociedad** _f._ コン**パ**ニア, ソシエ**ダ**ド	company, firm **カ**ンパニ, **ファ**ーム
～員	**oficinista** _m.f._ オフィシ**ニ**スタ	office worker, em- ployee **オ**ーフィス **ワ**ーカ, インプ**ロ**イ イー
かいしゃく **解釈** kaishaku	**interpretación** _f._ インテルプレタ**シ**オン	interpretation インター**プ**リ**テ**イション
～する	**interpretar** インテルプレ**タ**ル	interpret イン**タ**ープリト
かいしゅう **回収** kaishuu	**recogida** _f._ レコ**ヒ**ダ	recovery, collec- tion リ**カ**ヴァリ, コ**レ**クション

日	西	英
かいしゅう **改宗** kaishuu	**conversión** *f.* コンベルシオン	conversion コンヴァージョン
がいしゅつする **外出する** gaishutsusuru	**salir** サリル	go out ゴウ アウト
かいじょう **会場** kaijou	**lugar** *m.*, **local** *m.* ルガル, ロカル	site, venue サイト, ヴェニュー
かいじょうの **海上の** kaijouno	**marítimo(-a)** マリティモ(-マ)	marine マリーン
がいしょくする **外食する** gaishokusuru	**comer fuera** コメル フエラ	eat out イート アウト
かいじょする **解除する** kaijosuru	**cancelar** カンセラル	cancel キャンセル
かいすい **海水** kaisui	**agua de mar** *f.* アグア デ マル	seawater スィーウォータ
～浴	**baño en el mar** *m.* バニョ エン エル マル	sea bathing スィー ベイズィング
かいすうけん **回数券** kaisuuken	**bono** *m.* ボノ	book of tickets, commutation tickets ブク オヴ ティケツ, カミュテイション ティケツ
がいする **害する** gaisuru	**herir, dañar** エリル, ダニャル	injure インヂャ
かいせい **快晴** kaisei	**buen tiempo** *m.* ブエン ティエンポ	fine weather ファイン ウェザ
かいせいする **改正する** kaiseisuru	**revisar** レビサル	revise, amend リヴァイズ, アメンド
かいせつ **解説** kaisetsu	**explicación** *f.* エクスプリカシオン	explanation エクスプラネイション
～する	**explicar** エクスプリカル	explain, comment イクスプレイン, カメント

日	西	英
かいぜん **改善する** kaizen	**mejorar** メホラル	improve インプルーヴ
かいそう **海草・海藻** kaisou	**alga** *f.* アルガ	seaweed スィーウィード
かいぞう **改造** kaizou	**reorganización** *f.* レオルガニサシオン	reconstruction リーコンストラクション
かいそうする **回送する** kaisousuru	**reenviar, remitir** レエンビアル, レミティル	send on, forward センド オン, フォーワド
かいぞく **海賊** kaizoku	**pirata** *m.f.* ピラタ	pirate パイアレト
～版	**edición pirata** *f.* エディシオン ピラタ	pirated edition パイアレイテド イディション
かいたくする **開拓する** kaitakusuru	**abrir, explotar** アブリル, エクスプロタル	open up, develop オウプン アプ, ディヴェロプ
かいだん **会談** kaidan	**conferencia** *f.*, **conversaciones** *f.pl.* コンフェレンシア, コンベルサシオネス	talk, conference トーク, カンファレンス
かいだん **階段** kaidan	**escalera** *f.* エスカレラ	stairs ステアズ
かいちく **改築** kaichiku	**reconstrucción** *f.*, **reforma** *f.* レコンストルクシオン, レフォルマ	rebuilding リービルディング
がいちゅう **害虫** gaichuu	**insecto dañino** *m.* インセクト ダニノ	harmful insect, vermin ハームフル インセクト, ヴァーミン
かいちゅうでんとう **懐中電灯** kaichuudentou	**linterna eléctrica** *f.* リンテルナ エレクトリカ	flashlight, ®torch フラシュライト, トーチ
かいちょう **会長** kaichou	**presidente(-a)** *m.f.* プレシデンテ(·タ)	president, CEO, chairman プレズィデント, スィーイーオウ, チェアマン
かいつうする **開通する** kaitsuusuru	**abrirse al tráfico** アブリルセ アル トラフィコ	(be) opened to traffic (ビ) オウプンド トゥ トラフィク

日	西	英
かいて **買い手** kaite	**comprador(-a)** *m.f.* コンプラドル(-ラ)	buyer バイア
かいてい **海底** kaitei	**lecho marino** *m.* レチョ マリノ	bottom of the sea バトム オヴ ザ スィー
かいていする **改定する** kaiteisuru	**revisar** レビサル	revise リヴァイズ
かいてきな **快適な** kaitekina	**agradable, cómodo(-a)** アグラダブレ, コモド(-ダ)	agreeable, comfortable アグリーアブル, カンフォタブル
かいてん **回転** kaiten	**giro** *m.* ヒロ	turning, rotation ターニング, ロウテイション
～する	**girar** ヒラル	turn, rotate ターン, ロウテイト
かいてん **開店** kaiten	**inauguración** *f.* イナウグラシオン	opening オウプニング
がいど **ガイド** gaido	**guía** *m.f.* ギア	guide ガイド
～ブック	**guía** *f.* ギア	guidebook ガイドブク
～ライン	**directrices** *f.pl.* ディレクトリセス	guidelines ガイドラインズ
かいとう **解答** kaitou	**solución** *f.* ソルシオン	answer, solution アンサ, ソルーション
～する	**resolver** レソルベル	answer, solve アンサ, サルヴ
かいとう **回答** kaitou	**respuesta** *f.* レスプエスタ	reply リプライ
～する	**contestar** *a*, **responder** *a* コンテスタル, レスポンデル	reply to リプライ トゥ

日	西	英
かいどくする **解読する** kaidokusuru	**descifrar** デスシフラル	decipher, decode ディサイファ, ディコウド
かいなんきゅうじょ **海難救助** kainankyuujo	**salvamento marítimo** *m.* サルバメント マリティモ	sea rescue, salvage スィー レスキュー, サルヴィヂ
かいにゅう **介入** kainyuu	**intervención** *f.* インテルベンシオン	intervention インタヴェンション
〜する	**intervenir** *en* インテルベニル	intervene インタヴィーン
がいねん **概念** gainen	**concepto** *m.* コンセプト	notion, concept ノウション, カンセプト
かいはつ **開発** （商業的な） kaihatsu	**desarrollo** *m.* デサロジョ	(business) exploita-tion (ビズネス) エクスプロイティション
（新製品などの） 	**desarrollo** *m.* デサロジョ	development ディヴェロプメント
〜する	**explotar** エクスプロタル	develop, exploit ディヴェロプ, イクスプロイト
〜途上国	**país en vías de desarro-llo** *m.* パイス エン ビアス デ デサロジョ	developing　coun-try ディヴェロピング カントリ
かいばつ **海抜** kaibatsu	**sobre el nivel del mar** ソブレ エル ニベル デル マル	above the sea アバヴ ザ スィー
かいひ **会費** kaihi	**cuota (de socio)** *f.* クオタ (デ ソシオ)	fee,　membership fee フィー, メンバシプ フィー
がいぶ **外部** gaibu	**exterior** *m.* エクステリオル	outer section, out-er part アウタ セクション, アウタ パート
かいふくする **回復する** kaifukusuru	**recuperarse** レクペラルセ	recover, restore リカヴァ, リストー
かいほう **解放する** kaihou	**liberar** リベラル	release, liberate リリース, リバレイト

日	西	英
かいぼう **解剖** kaibou	**disección** *f.* ディセクシオン	dissection ディセクション
かいほうする **開放する** kaihousuru	**abrir, dejar abierto(-a)** アブリル, デハル アビエルト(-タ)	keep open キープ オウプン
かいまく **開幕** kaimaku	**apertura** *f.*, **inauguración** *f.* アペルトゥラ, イナウグラシオン	opening オウプニング
がいむ **外務** gaimu	**asuntos exteriores** *m.pl.* アスントス エクステリオレス	foreign affairs フォーリン アフェアズ
かいもの **買い物** kaimono	**compras** *f.pl.* コンプラス	shopping シャピング
かいやく **解約** kaiyaku	**cancelación** *f.* カンセラシオン	cancellation キャンセレイション
がいらいご **外来語** gairaigo	**palabra de origen extranjero** *f.* パラブラ デ オリヘン エクストランヘロ	loanword ロウンワード
かいりつ **戒律** kairitsu	**mandamiento** *m.* マンダミエント	commandment コマンドメント
がいりゃく **概略** gairyaku	**resumen** *m.* レスメン	outline, summary アウトライン, サマリ
かいりゅう **海流** kairyuu	**corriente marina** *f.* コリエンテ マリナ	sea current スィー カーレント
かいりょう **改良** kairyou	**mejora** *f.* メホラ	improvement インプルーヴメント
かいろ **回路** kairo	**circuito** *m.* シルクイト	(electronic) circuit (イレクトラニク) サーキト
かいわ **会話** kaiwa	**conversación** *f.* コンベルサシオン	conversation カンヴァセイション
かいん **下院** kain	**Cámara Baja** *f.*, **Cámara de Representantes** *f.* カマラ バハ, カマラ デ レプレセンタンテス	House of Representatives ハウス オヴ レプリゼンタティヴズ

日	西	英
かう **飼う** kau	**criar** クリアル	keep, raise キープ, レイズ
かう **買う** kau	**comprar** コンプラル	buy, purchase バイ, パーチェス
がうん **ガウン** gaun	**bata** *f.* バタ	gown ガウン
かうんせらー **カウンセラー** kaunseraa	**consejero(-a)** *m.f.* コンセヘロ(- ラ)	counselor カウンセラ
かうんせりんぐ **カウンセリング** kaunseringu	**orientación psicológica** *f.* オリエンタシオン シコロヒカ	counseling カウンセリング
かうんたー **カウンター** kauntaa	**mostrador** *m.* モストラドル	counter カウンタ
かえす **返す** kaesu	**devolver** デボルベル	return, send back リターン, センド バク
かえり **帰り** kaeri	**vuelta a casa** *f.* ブエルタ ア カサ	way home ウェイ ホウム
かえりみる **顧みる** kaerimiru	**mirar atrás** ミラル アトラス	look back, reflect on ルク バク, リフレクト オン
かえる **替[換]える** kaeru	**cambiar** *por* カンビアル	exchange for イクスチェインヂ フォ
かえる **蛙** kaeru	**rana** *f.* ラナ	frog フローグ
かえる **帰る** kaeru	**volver a casa** ボルベル ア カサ	come home, go home カム ホウム, ゴウ ホウム
（去る）	**irse** イルセ	leave リーヴ
かえる **変える** kaeru	**cambiar** カンビアル	change チェインヂ

日	西	英
かえる 返る kaeru	volver ボルベル	return, come back リターン, カム バク
かお 顔 kao	cara *f.* カラ	face, look フェイス, ルク
かおり 香り kaori	fragancia *f.*, olor *m.* フラガンシア, オロル	smell, fragrance スメル, フレイグランス
がか 画家 gaka	pintor(-*a*) *m.f.* ピントル(-ラ)	painter ペインタ
かがいしゃ 加害者 kagaisha	agresor(-*a*) *m.f.* アグレソル(-ラ)	assailant アセイラント
かかえる 抱える kakaeru	tener en brazos テネル エン ブラソス	hold in one's arms ホウルド イン アームズ
かかく 価格 kakaku	precio *m.* プレシオ	price, value プライス, ヴァリュ
かがく 化学 kagaku	química *f.* キミカ	chemistry ケミストリ
かがく 科学 kagaku	ciencia *f.* シエンシア	science サイエンス
〜者	científico(-*a*) *m.f.* シエンティフィコ(-カ)	scientist サイエンティスト
かかげる 掲げる kakageru	levantar, izar レバンタル, イサル	hoist, hold up ホイスト, ホウルド アプ
かかと 踵 kakato	talón *m.* タロン	heel ヒール
かがみ 鏡 kagami	espejo *m.* エスペホ	mirror, glass ミラ, グラス
かがむ かがむ kagamu	agacharse アガチャルセ	stoop ストゥープ
かがやかしい 輝かしい kagayakashii	brillante ブリジャンテ	brilliant ブリリアント

日	西	英
かがやき **輝き** kagayaki	**esplendor** *m.* エスプレンドル	brilliance ブリリャンス
かがやく **輝く** kagayaku	**brillar** ブリジャル	shine, glitter シャイン, グリタ
かかりいん **係員** kakariin	**encargado(-a) de** *m.f.* エンカルガド(-ダ)	person in charge of パーソン イン チャーヂ オヴ
かかる **掛かる** （物が） kakaru	**(estar) colgado(-a) en** (エスタ)ル コルガド(-ダ)	hang from ハング フラム
（金が）	**costar** コスタル	cost コスト
（時間が）	**tardar** タルダル	take テイク
かかわる **かかわる** kakawaru	**relacionarse** *con* レラシオナルセ	(be) concerned in (ビ) コンサーンド イン
かき **牡蠣** kaki	**ostra** *f.* オストラ	oyster オイスタ
かき **柿** kaki	**caqui** *m.* カキ	persimmon パースィモン
かぎ **鍵** kagi	**llave** *f.* ジャベ	key キー
かきかえる **書き換える** kakikaeru	**reescribir** レエスクリビル	rewrite リーライト
かきとめる **書き留める** kakitomeru	**anotar** アノタル	write down ライト ダウン
かきとり **書き取り** kakitori	**dictado** *m.* ディクタド	dictation ディクテイション
かきとる **書き取る** kakitoru	**apuntar** アプンタル	write down, jot down ライト ダウン, チャト ダウン

日	西	英
かきなおす **書き直す** kakinaosu	**reescribir** レエスクリビル	rewrite リーライト
かきまぜる **掻き混ぜる** kakimazeru	**revolver** レボルベル	mix up ミクス アプ
かきまわす **掻き回す** kakimawasu	**remover** レモベル	stir スター
かきゅう **下級** kakyuu	**clase baja** *f.* クラセ バハ	lower class ロウア クラス
かぎょう **家業** kagyou	**negocio familiar** *m.* ネゴシオ ファミリアル	family business ファミリ ビズネス
かぎる **限る** kagiru	**limitar** リミタル	limit, restrict リミト, リストリクト
かく **核** kaku	**núcleo** *m.* ヌクレオ	core コー
（原子核）	**núcleo atómico** *m.* ヌクレオ アトミコ	nucleus ニュークリアス
～兵器	**arma nuclear** *f.* アルマ ヌクレアル	nuclear weapon ニュークリア ウェポン
かく **書く** kaku	**escribir** エスクリビル	write ライト
かく **掻く** kaku	**rascar(se)** ラスカル(セ)	scratch スクラチ
かぐ **家具** kagu	**muebles** *m.pl.* ムエブレス	furniture ファーニチャ
かぐ **嗅ぐ** kagu	**oler** オレル	smell, sniff スメル, スニフ
がく **額** gaku	**marco** *m.* マルコ	frame フレイム
がくい **学位** gakui	**título (académico)** *m.* ティトゥロ (アカデミコ)	(university) degree (ユーニヴァースィティ) ディグリー

日	西	英
かくうの **架空の** kakuuno	**imaginario(-a)** イマヒナリオ(- ア)	imaginary イマヂネリ
かくえきていしゃ **各駅停車** kakuekiteisha	**tren local** *m.* トレン ロカル	local train ロウカル トレイン
がくげい **学芸** gakugei	**ciencias** *f.pl.* **y artes** *f.pl.* シエンシアス イ アルテス	arts and sciences アーツ アンド サイエンセズ
かくげん **格言** kakugen	**proverbio** *m.* プロベルビオ	maxim マクスイム
かくご **覚悟** kakugo	**preparación** *f.* プレパラシオン	preparedness プリペアドネス
～する	**(estar) preparado(-a)** *pa-ra* (エスタル) プレパラド(- ダ)	(be) prepared for (ビ) プリペアド フォ
かくさ **格差** kakusa	**diferencia** *f.* ディフェレンシア	difference, gap ディファレンス, ギャップ
かくじつな **確実な** kakujitsuna	**seguro(-a), cierto(-a)** セグロ(- ラ), シエルト(- タ)	sure, certain シュア, サートン
がくしゃ **学者** gakusha	**estudioso(-a)** *m.f.* エストゥディオソ(- サ)	scholar スカラ
がくしゅう **学習** gakushuu	**estudio** *m.*, **aprendizaje** *m.* エストゥディオ, アプレンディサヘ	learning ラーニング
～する	**estudiar** エストゥディアル	study, learn スタディ, ラーン
がくじゅつ **学術** gakujutsu	**ciencia** *f.*, **conocimiento** *m.* シエンシア, コノシミエント	learning, science ラーニング, サイエンス
かくしん **確信** kakushin	**convicción** *f.* コンビクシオン	conviction コンヴィクション
～する	**convencerse** *de* コンベンセルセ	(be) convinced of (ビ) コンヴィンスト オヴ

日	西	英
かくす **隠す** kakusu	**esconder** エスコンデル	hide, conceal ハイド, コンスィール
がくせい **学生** gakusei	**estudiante** *m.f.* エストゥディアンテ	student ステューデント
～証	**carnet de estudiante** *m.* カルネト デ エストゥディアンテ	student ID card ステューデント アイディー カード
かくせいざい **覚醒剤** kakuseizai	**estimulante** *m.* エスティムランテ	stimulant スティミュラント
がくせつ **学説** gakusetsu	**doctrina** *f.*, **teoría** *f.* ドクトリナ, テオリア	doctrine, theory ダクトリン, スィオリ
かくだいする **拡大する** kakudaisuru	**agrandar** アグランダル	magnify, enlarge マグニファイ, インラーヂ
かくちょう **拡張** kakuchou	**ampliación** *f.* アンプリアシオン	extension イクステンション
～する	**ampliar** アンプリアル	extend イクステンド
がくちょう **学長** gakuchou	**rector(-a)** *m.f.* レクトル(-ラ)	president プレズィデント
かくづけ **格付け** kakuzuke	**clasificación** *f.* クラシフィカシオン	rating レイティング
かくていする **確定する** kakuteisuru	**determinar** デテルミナル	decide ディサイド
かくてる **カクテル** kakuteru	**cóctel** *m.* コクテル	cocktail カクテイル
かくど **角度** kakudo	**ángulo** *m.* アングロ	angle アングル
かくとう **格闘** kakutou	**combate** *m.* コンバテ	fight ファイト
かくとくする **獲得する** kakutokusuru	**conseguir** コンセギル	acquire, obtain アクワイア, オブテイン

日	西	英
かくにんする **確認する** kakuninsuru	**confirmar** コンフィルマル	confirm コンファーム
がくねん **学年** gakunen	**curso (escolar)** *m.* クルソ (エスコラル)	school year スクール イア
がくひ **学費** gakuhi	**gastos de estudios** *m.pl.* ガストス デ エストゥディオス	tuition, school expenses テューイション, スクール イクスペンセズ
がくふ **楽譜** (総譜) gakufu	**partitura** *f.* パルティトゥラ	score スコー
(譜面)	**música** *f.* ムシカ	music ミューズィク
がくぶ **学部** gakubu	**facultad** *f.* ファクルタド	faculty, department ファカルティ, ディパートメント
かくほする **確保する** kakuhosuru	**asegurar** アセグラル	secure スィキュア
かくまく **角膜** kakumaku	**córnea** *f.* コルネア	cornea コーニア
かくめい **革命** kakumei	**revolución** *f.* レボルシオン	revolution レヴォルーション
がくもん **学問** gakumon	**estudios** *m.pl.* エストゥディオス	learning, study ラーニング, スタディ
がくや **楽屋** gakuya	**camerino** *m.* カメリノ	dressing room ドレスィング ルーム
かくりつ **確率** kakuritsu	**probabilidad** *f.* プロバビリダド	probability プラバビリティ
かくりつする **確立する** kakuritsusuru	**establecer** エスタブレセル	establish イスタブリシュ
かくりょう **閣僚** kakuryou	**miembro del gabinete** *m.* ミエンブロ デル ガビネテ	cabinet minister キャビネト ミニスタ

日	西	英
がくりょく **学力** gakuryoku	**conocimientos escola-res** *m.pl.* コノシミエントス エスコラレス	scholarship スカラシプ
がくれき **学歴** gakureki	**historial académico** *m.* イストリアル アカデミコ	academic back-ground アカデミク バクグラウンド
かくれる **隠れる** kakureru	**esconderse** エスコンデルセ	hide oneself ハイド
がくわり **学割** gakuwari	**descuento para estu-diantes** *m.* デスクエント パラ エストゥディアンテス	student discount ステューデント ディスカウント
かけ **賭け** kake	**apuesta** *f.*, **juego** *m.* アプエスタ, フエゴ	gambling ギャンブリング
かげ **陰** kage	**sombra** *f.* ソンブラ	shade シェイド
かげ **影** kage	**sombra** *f.*, **silueta** *f.* ソンブラ, シルエタ	shadow, silhouette シャドウ, スィルエト
がけ **崖** gake	**precipicio** *m.* プレシピシオ	cliff クリフ
かけい **家計** kakei	**presupuesto familiar** *m.* プレスプエスト ファミリアル	household budget ハウスホウルド バヂェト
かけざん **掛け算** kakezan	**multiplicación** *f.* ムルティプリカシオン	multiplication マルティプリケイション
かけつする **可決する** kaketsusuru	**aprobar** アプロバル	approve アプルーヴ
かけひき **駆け引き** kakehiki	**táctica** *f.* タクティカ	tactics タクティクス
かけぶとん **掛け布団** kakebuton	**edredón** *m.* エドレドン	quilt, comforter クウィルト, カンフォタ
かけら **かけら** kakera	**trozo** *m.* トロソ	fragment フラグメント

日	西	英
かける **掛ける** kakeru	**colgar, suspender** コルガル, ススペンデル	hang, suspend ハング, サスペンド
（時間・金を）	**invertir, gastar** インベルティル, ガスタル	spend スペンド
（電話を）	**llamar, telefonear** ジャマル, テレフォネアル	call コール
（CD・レコードを）	**poner, reproducir** ポネル, レプロドゥシル	play プレイ
（ラジオなどを）	**poner** ポネル	turn on ターン オン
かける **掛ける**（掛け算する） kakeru	**multiplicar** ムルティプリカル	multiply マルティプライ
かける **架ける** kakeru	**construir** *sobre* コンストルイル	build over ビルド オウヴァ
かける **駆ける** kakeru	**correr** コレル	run ラン
かける **欠ける**（一部が取れる） kakeru	**quebrarse** ケブラルセ	break off ブレイク オーフ
（不足している）	**faltar** ファルタル	lack ラク
かける **賭ける** kakeru	**apostar** *en* アポスタル	bet on ベト オン
かげる **陰る** kageru	**oscurecer** オスクレセル	darken ダークン
かこ **過去** kako	**pasado** *m.* パサド	past パスト
かご **籠** kago	**cesto** *m.* セスト	basket, cage バスケト, ケイヂ

日	西	英
かこう **加工** kakou	**procesamiento** *m.* プロセサミエント	processing プラセスィング
〜する	**procesar** プロセサル	process プラセス
かごう **化合** kagou	**combinación química** *f.* コンビナシオン キミカ	combination カンビネイション
〜する	**combinarse** コンビナルセ	combine コンバイン
かこむ **囲む** kakomu	**rodear** ロデアル	surround, enclose サラウンド, インクロウズ
かさ **傘** kasa	**paraguas** *m.*, Ⓐ**sombrilla** *f.* パラグアス, ソンブリジャ	umbrella アンブレラ
かさい **火災** kasai	**incendio** *m.* インセンディオ	fire ファイア
〜報知機	**alarma contra incendios** *f.* アラルマ コントラ インセンディオス	fire alarm ファイア アラーム
〜保険	**seguro de incendios** *m.* セグロ デインセンディオス	fire insurance ファイア インシュアランス
かさなる **重なる** kasanaru	**amontonarse, apilarse** アモントナルセ, アピラルセ	(be) piled up, overlap (ヒ) パイルド アプ, オウヴァラ プ
（繰り返される）	**repetirse** レペティルセ	(be) repeated (ヒ) リピーテド
（同じ時に起こる）	**caer** *en*, **coincidir** *con* カエル, コインシディル	fall on, overlap フォール オン, オウヴァラプ
かさねる **重ねる** （上に置く） kasaneru	**apilar** アピラル	pile up パイル アプ
（繰り返す）	**repetir** レペティル	repeat リピート

日	西	英
かさばる **かさ張る** kasabaru	**abultar** アブル**タ**ル	(be) bulky (ビ) **バ**ルキ
かざり **飾り** kazari	**adorno** *m.* ア**ド**ルノ	decoration, ornament デコ**レ**イション, **オ**ーナメント
かざる **飾る** （装飾する） kazaru	**adornar** アドル**ナ**ル	decorate, adorn **デ**コレイト, ア**ドー**ン
（陳列する）	**exponer** エクス**ポ**ネル	put on show, display **プ**ト オン **ショ**ウ, ディス**プ**レイ
かざん **火山** kazan	**volcán** *m.* ボル**カ**ン	volcano ヴァル**ケ**イノウ
かし **華氏** kashi	**grado Fahrenheit** *m.* グ**ラ**ド ファレ**ネ**イト	Fahrenheit **ファ**レンハイト
かし **歌詞** kashi	**letra (de una canción)** *f.* **レ**トラ (デ **ウ**ナ カン**シ**オン)	words, lyrics **ワ**ーヅ, **リ**リクス
かし **菓子** kashi	**pastel** *m.*, **dulce** *m.* パス**テ**ル, **ド**ゥルセ	sweets, confectionery ス**ウィ**ーツ, コン**フェ**クショネ リ
かし **樫** kashi	**roble** *m.* **ロ**ブレ	oak **オ**ウク
かし **貸し** kashi	**préstamo** *m.* プ**レ**スタモ	loan **ロ**ウン
かじ **家事** kaji	**faenas domésticas** *f.pl.* ファ**エ**ナス ド**メ**スティカス	housework **ハ**ウスワーク
かじ **火事** kaji	**incendio** *m.* イン**セ**ンディオ	fire **ファ**イア
かしきりの **貸し切りの** kashikirino	**fletado(-a)** フレ**タ**ド(-ダ)	chartered **チャ**ータド
かしこい **賢い** kashikoi	**inteligente** インテリ**ヘ**ンテ	wise, clever **ワ**イズ, ク**レ**ヴァ

119

日	西	英
かしだし **貸し出し** kashidashi	**préstamo** *m.* プレスタモ	lending レンディング
かしつ **過失** kashitsu	**falta** *f.*, **error** *m.* ファルタ, エロル	fault, error フォルト, エラ
かしつけ **貸し付け** kashitsuke	**crédito** *m.* クレディト	loan, credit ロウン, クレディト
かじの **カジノ** kajino	**casino** *m.* カシノ	casino カスィーノウ
かしみや **カシミヤ** kashimiya	**cachemir** *m.* カチェミル	cashmere キャジュミア
かしや **貸家** kashiya	**casa de alquiler** *f.* カサ デ アルキレル	house for rent ハウス フォ レント
かしゃ **貨車** kasha	**vagón de carga** *m.* バゴン デ カルガ	freight car フレイト カー
かしゅ **歌手** kashu	**cantante** *m.f.* カンタンテ	singer スィンガ
かじゅあるな **カジュアルな** kajuaruna	**informal** インフォルマル	casual キャジュアル
かじゅう **果汁** kajuu	**zumo de fruta** *m.*, Ⓐ**jugo de fruta** *m.* スモ デ フルタ, フゴ デ フルタ	fruit juice フルート ヂュース
かじょう **過剰** kajou	**exceso** *m.* エクスセソ	excess, surplus イクセス, サープラス
かしょくしょう **過食症** kashokushou	**bulimia** *f.* ブリミア	bulimia ビュリーミア
かしらもじ **頭文字** kashiramoji	**(letra) inicial** *f.* (レトラ) イニシアル	initial letter, initials イニシャル レタ, イニシャルズ
かじる **かじる** kajiru	**roer, mordisquear** ロエル, モルディスケアル	gnaw at, nibble at ノー アト, ニブル アト

日	西	英
かす **貸す** kasu	**prestar** プレスタル	lend レンド
（家などを）	**alquilar** アルキラル	rent レント
（土地などを）	**arrendar** アレンダル	lease リース
かす **滓** kasu	**residuos** *m.pl.* レシドゥオス	dregs ドレグズ
かず **数** kazu	**número** *m.*, **cifra** *f.* ヌメロ, シフラ	number, figure ナンバ, フィギャ
がす **ガス** gasu	**gas** *m.* ガス	gas ギャス
かすかな **かすかな** kasukana	**débil, ligero(-a)** デビル, リヘロ(-ラ)	faint, slight フェイント, スライト
かすむ **霞む** kasumu	**estar con niebla** エスタル コン ニエブラ	(be) hazy (ビ) ヘイズィ
かすれる **掠れる** （声などが） kasureru	**quedarse ronco(-a)** ケダルセ ロンコ(-カ)	(get) hoarse (ゲト) ホース
かぜ **風** kaze	**viento** *m.*, **brisa** *f.* ビエント, ブリサ	wind, breeze ウィンド, ブリーズ
かぜ **風邪** kaze	**resfriado** *m.* レスフリアド	cold, flu コウルド, フルー
かせい **火星** kasei	**Marte** *m.* マルテ	Mars マーズ
かぜい **課税** kazei	**imposición** *f.* インポシシオン	taxation タクセイション
かせき **化石** kaseki	**fósil** *m.* フォシル	fossil ファスィル
かせぐ **稼ぐ** kasegu	**ganar** ガナル	earn アーン

日	西	英
（時間を）	**ganar** ガナル	gain ゲイン
かせつ **仮説** kasetsu	**hipótesis** *f.* イポテシス	hypothesis ハイパセスィス
かせつ **仮設** （仮設の）	**provisional, temporal** プロビシオナル, テンポラル	temporary テンポレリ
～住宅	**vivienda temporal** *f.*, **vivienda provisional** *f.* ビビエンダ テンポラル, ビビエンダ プロビシオ ナル	temporary houses テンポレリ ハウゼズ
～する	**construir temporalmente** コンストルイル テンポラルメンテ	build temporarily ビルド テンポレリリ
かそう **仮装** kasou	**disfraz** *m.* ディスフラス	disguise ディスガイズ
がぞう **画像** gazou	**imagen** *f.* イマヘン	picture, image ピクチャ, イミヂ
かぞえる **数える** kazoeru	**contar, calcular** コンタル, カルクラル	count, calculate カウント, キャルキュレイト
かぞく **家族** kazoku	**familia** *f.* ファミリア	family ファミリ
かそくする **加速する** kasokusuru	**acelerar** アセレラル	accelerate アクセラレイト
がそりん **ガソリン** gasorin	**gasolina** *f.* ガソリナ	gasoline, gas, Ⓑpetrol ギャソリーン, ギャス, ペトロ ル
～スタンド	**gasolinera** *f.* ガソリネラ	gas station, filling station ギャス ステイション, フィリン グ ステイション
かた **型** （鋳型） kata	**molde** *m.* モルデ	mold, cast モウルド, キャスト
（様式）	**estilo** *m.* エスティロ	style, mode, type スタイル, モウド, タイプ

日	西	英
かた 形 （パターン） kata	**modelo** *m.*, **patrón** *m.* モデロ, パトロン	pattern パタン
（形式・形状）	**forma** *f.* フォルマ	form, shape フォーム, シェイプ
かた 肩 kata	**hombro** *m.* オンブロ	shoulder ショウルダ
かたい 固[堅・硬]い katai	**duro(-a)** ドゥロ(-ラ)	hard, solid ハード, サリド
（態度・状態が）	**firme, sólido(-a)** フィルメ, ソリド(-ダ)	strong, firm ストロング, ファーム
かだい 課題 （任務） kadai	**tarea** *f.* タレア	task タスク
（主題）	**problema** *m.*, **tema** *m.* プロブレマ, テマ	subject, theme サブヂェクト, スィーム
かたがき 肩書 katagaki	**título** *m.* ティトゥロ	title タイトル
かたがみ 型紙 katagami	**patrón** *m.* パトロン	paper pattern ペイパ パタン
かたき 敵 kataki	**enemigo(-a)** *m.f.*, **rival** *m.f.* エネミゴ(-ガ), リバル	enemy, opponent エネミ, オポウネント
かたくちいわし 片口鰯 katakuchiiwashi	**boquerón** *m.*, **anchoa** *f.* ボケロン, アンチョア	anchovy アンチョウヴィ
かたち 形 katachi	**forma** *f.* フォルマ	shape, form シェイプ, フォーム
かたづく 片づく （決着している） katazuku	**arreglarse** アレグラルセ	(be) settled (ビ) セトルド
（終了している）	**terminarse** テルミナルセ	(be) finished, (be) done (ビ) フィニシュト, (ビ) ダン

日	西	英
（整理される）	**ponerse en orden** ポネルセ エン オルデン	(be) put in order (ビ) プト イン オーダ
かたづける **片づける** katazukeru	**ordenar, arreglar** オルデナル, アレグラル	put in order プト イン オーダ
（決着する）	**arreglar** アレグラル	settle セトル
（終了する）	**terminar** テルミナル	finish フィニシュ
かたな **刀** katana	**espada** *f.* エスパダ	sword ソード
かたはば **肩幅** katahaba	**anchura de espaldas** *f.* アンチュラ デ エスパルダス	shoulder length ショウルダ レングス
かたほう **片方** （もう一方） katahou	**miembro de la pareja** *m.* ミエンブロ デ ラ パレハ	one of a pair ワン オヴ ア ペア
（片側）	**un lado** *m.* ウン ラド	one side ワン サイド
かたまり **塊** katamari	**bulto** *m.* ブルト	lump, mass ランプ, マス
かたまる **固まる** （凝固する） katamaru	**cuajar(se)** クアハル(セ)	congeal, coagulate コンチール, コウアギュレイト
（固くなる）	**endurecerse** エンドゥレセルセ	harden ハードン
かたみち **片道** katamichi	**ida** *f.* イダ	one way ワン ウェイ
かたむく **傾く** katamuku	**inclinarse** インクリナルセ	lean, incline リーン, インクライン
かたむける **傾ける** katamukeru	**inclinar** インクリナル	tilt, bend ティルト, ベンド
かためる **固める** （凝固させる） katameru	**cuajar** クアハル	make congeal メイク コンチール

日	西	英
（固くする）	**endurecer** エンドゥレセル	harden ハードン
（強くする）	**fortalecer** フォルタレセル	strengthen, fortify ストレングスン, **フォ**ーティファイ
かたよる **偏る** katayoru	**inclinarse** *a* インクリ**ナ**ルセ	lean to, (be) biased リーン トゥ, (ビ) **バ**イアスト
かたる **語る** kataru	**hablar** ア**ブ**ラル	talk, speak トーク, ス**ピ**ーク
かたろぐ **カタログ** katarogu	**catálogo** *m.* カ**タ**ロゴ	catalog, Ⓑcata-logue **キャ**タローグ, **キャ**タログ
かだん **花壇** kadan	**arriate** *m.* ア**リ**アテ	flowerbed フラ**ウ**アベド
かち **価値** kachi	**valor** *m.* バ**ロ**ル	value, worth **ヴァ**リュ, **ワ**ース
かち **勝ち** kachi	**victoria** *f.* ビク**ト**リア	victory, win **ヴィ**クトリ, **ウィ**ン
かちく **家畜** kachiku	**ganado** *m.* ガ**ナ**ド	livestock **ラ**イヴスタク
かちょう **課長** kachou	**jefe(-a) de sección** *m.f.* **ヘ**フェ(-**ファ**) デ セク**シ**オン	section manager **セ**クション **マ**ニヂャ
かつ **勝つ** katsu	**ganar** ガ**ナ**ル	win **ウィ**ン
かつお **鰹** katsuo	**bonito** *m.* ボ**ニ**ト	bonito ボ**ニ**ートゥ
がっか **学科** （大学の） gakka	**departamento** *m.* デパルタ**メ**ント	department ディ**パ**ートメント
がっか **学課** gakka	**lección** *f.* レク**シ**オン	lesson **レ**スン

日	西	英
がっかい **学会** gakkai	**sociedad académica** *f.* ソシエダド アカデミカ	academic society アカデミック ソサイエティ
がっかりする **がっかりする** gakkarisuru	**desanimarse, desilusio-narse** デサニマルセ, デシルシオナルセ	(be) disappointed (ビ) ディサポインテド
かっき **活気** kakki	**vigor** *m.* ビゴル	liveliness, animation ライヴリネス, アニメイション
がっき **学期** gakki	**trimestre** *m.*, **semestre** *m.* トリメストレ, セメストレ	term, semester ターム, セメスタ
がっき **楽器** gakki	**instrumento (musical)** *m.* インストゥルメント (ムシカル)	musical instrument ミューズィカル インストルメント
かっきてきな **画期的な** kakkitekina	**que hace época** ケ アセ エポカ	epochmaking エポクメイキング
がっきゅう **学級** gakkyuu	**clase** *f.* クラセ	(school) class (スクール) クラス
かつぐ **担ぐ** katsugu	**cargar a cuestas** カルガル ア クエスタス	shoulder ショウルダ
(だます)	**engañar** エンガニャル	deceive ディスィーヴ
かっこいい **かっこいい** kakkoii	**guay, Ⓐgenial** グアイ, ヘニアル	neat, cool ニート, クール
かっこう **格好** kakkou	**figura** *f.* フィグラ	shape, form シェイプ, フォーム
かっこう **郭公** kakkou	**cuclillo** *m.* ククリジョ	cuckoo ククー
がっこう **学校** gakkou	**escuela** *f.* エスクエラ	school スクール
かっさい **喝采** kassai	**ovación** *f.* オバシオン	cheers, applause チアズ, アプローズ

日	西	英
がっしょう **合唱** gasshou	**coro** *m.* コロ	chorus コーラス
かっしょくの **褐色の** kasshokuno	**marrón** マロン	brown ブラウン
がっそう **合奏** gassou	**conjunto (musical)** *m.* コンフント (ムシカル)	ensemble アーンサーンブル
かっそうろ **滑走路** kassouro	**pista** *f.* ピスタ	runway ランウェイ
かつて **かつて** katsute	**una vez, antes** ウナ ベス, アンテス	once, before ワンス, ビフォー
かってな **勝手な** kattena	**egoísta** エゴイスタ	selfish セルフィシュ
かってに **勝手に** katteni	**arbitrariamente** アルビトラリアメンテ	arbitrarily アービトレリリ
かっとう **葛藤** kattou	**conflicto** *m.* コンフリクト	discord, conflict ディスコード, カンフリクト
かつどう **活動** katsudou	**actividad** *f.* アクティビダド	activity アクティヴィティ
かっとなる **かっとなる** kattonaru	**montar en cólera** モンタル エン コレラ	fly into a rage フライ イントゥ ア レイヂ
かっぱつな **活発な** kappatsuna	**activo(-a)** アクティボ(-バ)	active, lively アクティヴ, ライヴリ
かっぷ **カップ** kappu	**taza** *f.* タサ	cup カプ
かっぷる **カップル** kappuru	**pareja** *f.* パレハ	couple カプル
がっぺいする **合併する** gappeisuru	**unir(se), fusionar(se)** ウニル(セ), フシオナル(セ)	merge マーヂ
かつやくする **活躍する** katsuyakusuru	**desplegar gran actividad** デスプレガル グラン アクティビダド	(be) active in (ビ) アクティヴ イン

127

日	西	英
かつよう **活用** katsuyou	**aprovechamiento** *m.*, **utilización** *f.* アプロベチャミエント, ウティリサシオン	practical use, application プラクティカル ユース, アプリケイション
～する	**aprovechar, utilizar** アプロベチャル, ウティリサル	put to practical use プト トゥ プラクティカル ユース
（文法の）	**conjugación** *f.* コンフガシオン	conjugation カンデュゲイション
かつら **かつら** katsura	**peluca** *f.* ペルカ	wig ウィグ
かてい **仮定** katei	**suposición** *f.*, **hipótesis** *f.* スポシシオン, イポテシス	supposition, hypothesis サポズィション, ハイパセスィス
～する	**suponer** スポネル	assume, suppose アスューム, サポウズ
かてい **家庭** katei	**hogar** *m.*, **familia** *f.* オガル, ファミリア	home, family ホウム, ファミリ
かど **角** kado	**esquina** *f.* エスキナ	corner, turn コーナ, ターン
かどう **稼動** kadou	**funcionamiento** *m.* フンシオナミエント	operation アペレイション
かとうな **下等な** katouna	**inferior, bajo(-a)** インフェリオル, バホ(-ハ)	inferior, low インフィアリア, ロウ
かとりっく **カトリック** katorikku	**catolicismo** *m.* カトリシスモ	Catholicism カサリスィズム
かなあみ **金網** kanaami	**alambrera** *f.* アランブレラ	wire netting ワイア ネティング
かなしい **悲しい** kanashii	**triste** トリステ	sad, sorrowful サド, サロウフル
かなしみ **悲しみ** kanashimi	**tristeza** *f.* トリステサ	sorrow, sadness サロウ, サドネス

日	西	英
かなだ **カナダ** kanada	**Canadá** *m.* カナダ	Canada キャナダ
かなづち **金槌** kanazuchi	**martillo** *m.* マルティジョ	hammer ハマ
かなめ **要** kaname	**punto esencial** *m.* プント エセンシアル	(essential) point (イセンシャル) ポイント
かならず **必ず**　（ぜひとも） kanarazu	**a toda costa** ア トダ コスタ	by all means バイ オール ミーンズ
（間違いなく）	**sin falta** シン ファルタ	without fail ウィザウト フェイル
（常に）	**siempre** シエンプレ	always オールウェイズ
かなり **かなり** kanari	**bastante** バスタンテ	fairly, pretty フェアリ，プリティ
かなりあ **カナリア** kanaria	**canario** *m.* カナリオ	canary カネアリ
かなりの **かなりの** kanarino	**considerable** コンシデラブレ	considerable コンスィダラブル
かに **蟹** kani	**cangrejo** *m.* カングレホ	crab クラブ
〜座	**Cáncer** *m.* カンセル	Crab, Cancer クラブ，キャンサ
かにゅうする **加入する** kanyuusuru	**afiliarse** アフィリアルセ	join, enter チョイン，エンタ
かぬー **カヌー** kanuu	**canoa** *f.* カノア	canoe カヌー
かね **金** kane	**dinero** *m.* ディネロ	money マニ
かね **鐘** kane	**campana** *f.* カンパナ	bell ベル

日	西	英
かねつ **加熱** kanetsu	**calentamiento** *m.* カレンタミエント	heating ヒーティング
かねつ **過熱** kanetsu	**recalentamiento** *m.* レカレンタミエント	overheating オウヴァヒーティング
かねもうけ **金儲け** kanemouke	**el ganar dinero, ganan- cia** *f.* エル ガナル ディネロ，ガナンシア	moneymaking マニメイキング
〜する	**ganar dinero** ガナル ディネロ	make money メイク マニ
かねもち **金持ち** kanemochi	**rico(-a)** *m.f.* リコ(-カ)	rich person リチ パースン
かねる **兼ねる**（兼ね備える） kaneru	**combinar** *con* コンビナル	combine with コンバイン ウィズ
（兼務する）	**desempeñar al mismo tiempo, simultanear** デセンペニャル アル ミスモ ティエンポ，シムル タネアル	hold concurrently ホウルド コンカーレントリ
かのうせい **可能性** kanousei	**posibilidad** *f.* ポシビリダド	possibility パスィビリティ
かのうな **可能な** kanouna	**posible** ポシブレ	possible パスィブル
かのじょ **彼女** kanojo	**ella** エジャ	she シー
（恋人）	**novia** *f.* ノビア	girlfriend ガールフレンド
かば **河馬** kaba	**hipopótamo** *m.* イポポタモ	hippopotamus ヒポパタマス
かばー **カバー** kabaa	**cubierta** *f.* クビエルタ	cover カヴァ
〜する	**cubrir** クブリル	cover カヴァ

日	西	英
かばう kabau	**proteger, encubrir** プロテヘル, エンクブリル	protect プロテクト
かばん 鞄 kaban	**bolsa** *f.*, **cartera** *f.* ボルサ, カルテラ	bag バグ
かはんすう 過半数 kahansuu	**mayoría** *f.* マジョリア	majority マチョーリティ
かび kabi	**moho** *m.* モオ	mold, mildew モウルド, ミルデュー
かびん 花瓶 kabin	**florero** *m.* フロレロ	vase ヴェイス
かぶ 蕪 kabu	**nabo** *m.* ナボ	turnip ターニプ
かふぇ カフェ kafe	**cafetería** *f.* カフェテリア	café, coffeehouse キャフェイ, コーフィハウス
かふぇいん カフェイン kafein	**cafeína** *f.* カフェイナ	caffeine キャフィーン
かふぇおれ カフェオレ kafeore	**café con leche** *m.* カフェ コン レチェ	café au lait キャフェイ オウ レイ
かぶけん 株券 kabuken	**título accionarial** *m.* ティトゥロ アクシオナリアル	stock certificate スタク サティフィケト
かぶしき 株式 kabushiki	**acciones** *f.pl.* アクシオネス	stocks スタクス
～会社	**sociedad anónima** *f.* ソシエダド アノニマ	joint-stock corporation チョイントスタク コーポレイション
～市場	**mercado de acciones** *m.* メルカド デ アクシオネス	stock market スタク マーケト
かふすぼたん カフスボタン kafusubotan	**gemelos** *m.pl.* ヘメロス	cuff link カフ リンクス

日	西	英
かぶせる **被せる** kabuseru	**cubrir** *con* クブリル	cover with カヴァ **ウィ**ズ
（罪などを）	**echar la culpa** *a* エチャル ラ **ク**ルパ	charge with **チャー**デ **ウィ**ズ
かぶせる **カプセル** kapuseru	**cápsula** *f.* **カ**プスラ	capsule **キャ**プスル
かぶぬし **株主** kabunushi	**accionista** *m.f.* アクシオ**ニ**スタ	stockholder スタ**ク**ホウルダ
かぶる **被る** kaburu	**ponerse** ポ**ネ**ルセ	put on, wear **プ**ト オン， **ウェ**ア
かぶれ **かぶれ** kabure	**erupciones cutáneas** *f.pl.*, **sarpullidos** *m.pl.* エルプシ**オ**ネス ク**タ**ネアス， サルプ**ジ**ドス	rash **ラ**シュ
かふん **花粉** kafun	**polen** *m.* **ポ**レン	pollen **パ**ルン
～症	**polinosis** *f.*, **alergia al polen** *f.* ポリ**ノ**シス， ア**レ**ルヒア アル **ポ**レン	hay fever **ヘ**イ **フィ**ーヴァ
かべ **壁** kabe	**pared** *f.* パ**レ**ド	wall, partition **ウォ**ール， パー**ティ**ション
～紙	**papel pintado** *m.* パ**ペ**ル ピン**タ**ド	wallpaper **ウォ**ールペイパ
かぼちゃ **南瓜** kabocha	**calabaza** *f.* カラ**バ**サ	pumpkin **パ**ンプキン
かま **釜** kama	**olla** *f.* **オ**ジャ	iron pot **ア**イアン **パ**ト
かま **窯** kama	**horno (alfarero)** *m.* **オ**ルノ （アルファ**レ**ロ）	kiln **キ**ルン
かまう **構う** （干渉する） kamau	**entrometerse** *en* エントロメ**テ**ルセ	meddle in **メ**ドル **イ**ン

日	西	英
（気にかける）	**preocuparse** *por* プレオクパルセ	care about, mind ケア アバウト, マインド
（世話する）	**cuidar** *a*, **atender** *a* クイダル, アテンデル	care for ケア フォ
がまんする **我慢する** gamansuru	**aguantar** アグアンタル	(be) patient (ビ) ペイシェント
かみ **紙** kami	**papel** *m.* パペル	paper ペイパ
かみ **神** kami	**dios** *m.* ディオス	god ガド
（女神）	**diosa** *f.* ディオサ	goddess ガデス
かみ **髪** kami	**pelo** *m.* ペロ	hair ヘア
かみそり **かみそり** kamisori	**navaja de afeitar** *f.* ナバハ デ アフェイタル	razor レイザ
かみつな **過密な**　（人口が） kamitsuna	**superpoblado(-a)** スペルポブラド(-ダ)	overpopulated オウヴァパピュレイテド
（余裕がない）	**apretado(-a)** アプレタド(-ダ)	tight, heavy タイト, ヘヴィ
かみなり **雷** kaminari	**trueno** *m.* トルエノ	thunder サンダ
かみん **仮眠** kamin	**sueñecito** *f.* スエニェシト	doze ドウズ
かむ **噛む** kamu	**morder** モルデル	bite, chew バイト, チュー
がむ **ガム** gamu	**chicle** *m.* チクレ	chewing gum チューイング ガム
かめ **亀** kame	**tortuga** *f.* トルトゥガ	tortoise, turtle トータス, タートル

日	西	英
かめいする **加盟する** kameisuru	**ingresar** *en*, **afiliarse** *a* イングレ**サ**ル，アフィリ**ア**ルセ	(be) affiliated (ビ) ア**フィ**リエイテド
かめら **カメラ** kamera	**cámara** *f.* **カ**マラ	camera **キャ**メラ
～マン（写真家）	**fotógrafo(-a)** *m.f.* フォ**ト**グラフォ(･ファ)	photographer フォ**タ**グラファ
～マン （映画・テレビなどの）	**cámara** *m.f.*, Ⓐ**camaró- grafo(-a)** *m.f.* **カ**マラ，カマ**ロ**グラフォ(･ファ)	cameraman **キャ**メラマン
かめん **仮面** kamen	**máscara** *f.* **マ**スカラ	mask **マ**スク
がめん **画面** gamen	**pantalla** *f.* パン**タ**ジャ	screen, display ス**ク**リーン，ディス**プ**レイ
かも **鴨** kamo	**pato salvaje** *m.* **パ**ト サル**バ**へ	duck **ダ**ク
かもく **科目** kamoku	**asignatura** *f.* アシグナ**トゥ**ラ	subject **サ**ブヂェクト
かもつ **貨物** kamotsu	**carga** *f.*, **cargamento** *m.* **カ**ルガ，カルガ**メ**ント	freight, goods フ**レ**イト，**グ**ッ
～船	**buque de carga** *m.* **ブ**ケ デ **カ**ルガ	freighter フ**レ**イタ
～列車	**tren de mercancías** *m.* ト**レ**ン デ メル**カ**ンシアス	freight train フ**レ**イト ト**レ**イン
かもめ **鴎** kamome	**gaviota** *f.* ガビ**オ**タ	seagull ス**ィ**ーガル
かやく **火薬** kayaku	**pólvora** *f.* **ポ**ルボラ	gunpowder **ガ**ンパウダ
かゆい **痒い** kayui	**que pica**, **que escuece** ケ **ピ**カ，ケ エス**ク**エセ	itchy **イ**チ

日	西	英
<ruby>通<rt>かよ</rt></ruby>う （定期的に） kayou	**ir** *a* イル	commute to, at-tend コミュート トゥ, アテンド
（頻繁に）	**frecuentar** フレクエンタル	visit frequently ヴィズィト フリークウェントリ
<ruby>火曜日<rt>かようび</rt></ruby> kayoubi	**martes** *m.* マルテス	Tuesday テューズデイ
<ruby>殻<rt>から</rt></ruby> （貝の） kara	**concha** *f.* コンチャ	shell シェル
（木の実の）	**cáscara** *f.* カスカラ	shell シェル
（卵の）	**cascarón** *m.* カスカロン	eggshell エグシェル
<ruby>柄<rt>がら</rt></ruby> gara	**diseño** *m.*, **motivo** *m.* ディセニョ, モティボ	pattern, design パタン, ディザイン
<ruby>カラー<rt>からー</rt></ruby> karaa	**color** *m.* コロル	color, Ⓑcolour カラ, カラ
～フィルム	**película en color** *f.* ペリクラ エン コロル	color film カラ フィルム
<ruby>辛<rt>から</rt></ruby>い karai	**picante** ピカンテ	hot, spicy ハト, スパイスィ
（塩辛い）	**salado(-*a*)** サラド(-ダ)	salty ソールティ
<ruby>辛<rt>から</rt></ruby>かう karakau	**burlarse** *de* ブルラルセ	make fun of メイク ファン オヴ
<ruby>がらくた<rt>がらくた</rt></ruby> garakuta	**objetos sin valor** *m.pl.*, **birria** *f.* オブヘトス シン バロル, ビリア	trash, garbage, Ⓑrubbish トラシュ, ガービヂ, ラビシュ
<ruby>辛口<rt>からくち</rt></ruby>の （酒など） karakuchino	**seco(-*a*)** セコ(-カ)	dry ドライ

日	西	英
（批評などが）	**mordaz** モルダス	harsh, sharp ハーシュ，シャープ
からす **カラス** karasu	**cuervo** *m.* クエルボ	crow クロウ
がらす **ガラス** garasu	**cristal** *m.* クリスタル	glass グラス
からだ **体** karada	**cuerpo** *m.* クエルポ	body バディ
（体格）	**constitución** *f.*, **físico** *m.* コンスティトゥシオン，フィシコ	physique フィズィーク
からふるな **カラフルな** karafuruna	**multicolor, de colores vivos** ムルティコロル，デ コロレス ビボス	colorful カラフル
かり **借り** kari	**deuda** *f.* デウダ	debt, loan デト，ロウン
かりいれ **借り入れ** kariire	**préstamo** *m.* プレスタモ	borrowing バロウイング
かりうむ **カリウム** kariumu	**potasio** *m.* ポタシオ	potassium ポタスィアム
かりきゅらむ **カリキュラム** karikyuramu	**currículo** *m.* クリクロ	curriculum カリキュラム
かりすま **カリスマ** karisuma	**carisma** *m.* カリスマ	charisma カリズマ
かりの **仮の** karino	**temporal** テンポラル	temporary テンポレリ
かりふらわー **カリフラワー** karifurawaa	**coliflor** *f.* コリフロル	cauliflower コーリフラウア
かりゅう **下流** karyuu	**curso bajo** *m.* クルソ バホ	downstream ダウンストリーム

日	西	英
かりる **借りる** kariru	**pedir prestado(-*a*), alquilar** ペディル プレスタド(-ダ), アルキラル	borrow, rent バロウ, レント
かる **刈る** （作物を） karu	**cosechar** コセチャル	reap, harvest リープ, ハーヴェスト
（髪を）	**cortar, rapar** コルタル, ラパル	cut, trim カト, トリム
かるい **軽い** karui	**ligero(-*a*)** リヘロ(-ラ)	light, slight ライト, スライト
（気楽な）	**fácil** ファシル	easy イーズィ
かるしうむ **カルシウム** karushiumu	**calcio** *m.* カルシオ	calcium キャルスィアム
かるて **カルテ** karute	**hoja clínica** *f.* オハ クリニカ	(medical) chart (メディカル) チャート
かるてっと **カルテット** karutetto	**cuarteto** *m.* クアルテト	quartet クウォーテト
かれ **彼** kare	**él** エル	he ヒー
（恋人）	**novio** *m.* ノビオ	boyfriend ボイフレンド
かれいな **華麗な** kareina	**magnífico(-*a*)** マグニフィコ(-カ)	splendid, gorgeous スプレンディド, ゴーヂャス
かれー **カレー** karee	**curry** *m.* クリ	curry カーリ
がれーじ **ガレージ** gareeji	**garaje** *m.* ガラヘ	garage ガラージ
かれし **彼氏** kareshi	**novio** *m.* ノビオ	boyfriend ボイフレンド

日	西	英
かれら **彼ら** karera	**ellos** エジョス	they ゼイ
かれる **枯れる** kareru	**secarse, marchitarse** セカルセ, マルチタルセ	wither, die ウィザ, ダイ
かれんだー **カレンダー** karendaa	**calendario** m. カレンダリオ	calendar キャレンダ
かろう **過労** karou	**exceso de trabajo** m. エクスセソ デ トラバホ	overwork オウヴァワーク
がろう **画廊** garou	**galería de arte** f. ガレリア デ アルテ	art gallery アート ギャラリ
かろうじて **辛うじて** karoujite	**a duras penas** ア ドゥラス ペナス	barely ベアリ
かろりー **カロリー** karorii	**caloría** f. カロリア	calorie キャロリ
かわ **川** kawa	**río** m. リオ	river リヴァ
かわ **皮** kawa	（果皮）**cáscara** f., **monda** f. カスカラ, モンダ	peel ピール
	（樹皮）**corteza** f. コルテサ	bark バーク
	（皮膚）**piel** f. ピエル	skin スキン
かわ **革** kawa	**cuero** m., **piel** f. クエロ, ピエル	hide, leather, fur ハイド, レザ, ファー
がわ **側** gawa	**lado** m. ラド	side サイド
かわいい **可愛い** kawaii	**bonito(-a)** ボニト(-タ)	cute キュート
かわいがる **可愛がる** kawaigaru	**querer, tratar con cariño** ケレル, トラタル コン カリニョ	love, cherish ラヴ, チェリシュ

日	西	英
かわいそうな **可哀相な** kawaisouna	**pobre** ポブレ	poor, pitiable プア, ピティアブル
かわかす **乾かす** kawakasu	**secar** セカル	dry ドライ
かわく **乾く** kawaku	**secarse** セカルセ	dry (up) ドライ (アプ)
かわく **渇く** (喉が) kawaku	**tener sed** テネル セド	(become) thirsty (ビカム) サースティ
かわせ **為替** kawase	**giro** *m.*, **cambio** *m.* ヒロ, カンビオ	money order マニ オーダ
～レート	**tipo de cambio** *m.* ティポ デ カンビオ	exchange rate イクスチェインヂ レイト
かわりに **代わりに** kawarini	**en lugar de, en vez de** エン ルガル デ, エン ベス デ	instead of, for インステド オヴ, フォー
かわる **代わる** kawaru	**sustituir** ススティトゥイル	replace リプレイス
かわる **変わる** kawaru	**cambiar, convertirse** *en* カンビアル, コンベルティルセ	change, turn into チェインヂ, ターン イントゥ
かん **勘** kan	**intuición** *f.* イントゥイシオン	intuition インテュイション
かん **缶** kan	**lata** *f.* ラタ	can, tin キャン, ティン
がん **癌** gan	**cáncer** *m.* カンセル	cancer キャンサ
かんえん **肝炎** kan-en	**hepatitis** *f.* エパティティス	hepatitis ヘパタイティス
がんか **眼科** ganka	**oftalmología** *f.* オフタルモロヒア	ophthalmology アフサルマロヂ
かんがえ **考え** kangae	**pensamiento** *m.* ペンサミエント	thought, thinking ソート, スィンキング

139

日	西	英
（アイディア）	**idea** *f.* イデア	idea アイ**ディ**ーア
（意見）	**opinión** *f.* オピ**ニ**オン	opinion オ**ピ**ニョン
かんがえる **考える** kangaeru	**pensar** ペン**サ**ル	think ス**イ**ンク
かんかく **感覚** kankaku	**sensación** *f.*, **sentido** *m.* センサ**シ**オン, セン**ティ**ド	sense, feeling **セ**ンス, **フィ**ーリング
かんかく **間隔** kankaku	**espacio** *m.*, **intervalo** *m.* エス**パ**シオ, インテル**バ**ロ	space, interval ス**ペ**イス, **イ**ンタヴァル
かんかつ **管轄** kankatsu	**jurisdicción** *f.* フリスディク**シ**オン	jurisdiction of デュアリス**ディ**クション オヴ
かんがっき **管楽器** kangakki	**instrumento (musical) de viento** *m.* インストゥル**メ**ント (ム**シ**カル) デ **ビ**エント	wind instrument **ウィ**ンド **イ**ンストルメント
かんきする **換気する** kankisuru	**ventilar** ベンティ**ラ**ル	ventilate **ヴェ**ンティレイト
かんきつるい **柑橘類** kankitsurui	**cítricos** *m.pl.* **シ**トリコス	citrus fruit ス**イ**トラス フ**ル**ート
かんきゃく **観客** kankyaku	**espectador(-a)** *m.f.* エスペクタ**ド**ル(-ラ)	spectator ス**ペ**クテイタ
〜席	**asiento** *m.* ア**シ**エント	seat, stand ス**イ**ート, ス**タ**ンド
かんきょう **環境** kankyou	**medio ambiente** *m.*, **entorno** *m.* **メ**ディオ アン**ビ**エンテ, エン**ト**ルノ	environment イン**ヴァ**イアロンメント
かんきり **缶切り** kankiri	**abrelatas** *m.* アブレ**ラ**タス	can opener **キャ**ン **オ**ウプナ
かんきん **監禁** kankin	**reclusión** *f.* レクル**シ**オン	confinement コン**ファ**インメント

日	西	英
<ruby>元金<rt>がんきん</rt></ruby> gankin	**principal** *m.* プリンシパル	principal, capital プリンシパル, **キャ**ピタル
<ruby>関係<rt>かんけい</rt></ruby> kankei	**relación** *f.* レラシ**オ**ン	relation, relation-ship リ**レ**イション, リ**レ**イションシプ
～する	**relacionarse** *con* レラシオ**ナ**ルセ	(be) related to (ビ) リ**レ**イテド トゥ
～する（かかわる）	**(estar) implicado(-a)** *en* (エス**タ**ル) インプリ**カ**ド(-ダ)	(be) involved in (ビ) イン**ヴァ**ルヴド イン
<ruby>歓迎する<rt>かんげいする</rt></ruby> kangeisuru	**dar la bienvenida** *a* **ダ**ル ラ ビエンベ**ニ**ダ	welcome **ウェ**ルカム
<ruby>感激する<rt>かんげきする</rt></ruby> kangekisuru	**conmoverse** コンモ**ベ**ルセ	(be) deeply moved by (ビ) **ディ**ープリ **ム**ーヴド バイ
<ruby>完結する<rt>かんけつする</rt></ruby> kanketsusuru	**terminar** テルミ**ナ**ル	finish **フィ**ニシュ
<ruby>簡潔な<rt>かんけつな</rt></ruby> kanketsuna	**conciso(-a)** コン**シ**ソ(-サ)	brief, concise ブ**リ**ーフ, コン**サ**イス
<ruby>管弦楽<rt>かんげんがく</rt></ruby> kangengaku	**música de orquesta** *f.* **ム**シカ デ オル**ケ**スタ	orchestral music オー**ケ**ストラル **ミ**ューズィク
<ruby>看護<rt>かんご</rt></ruby> kango	**enfermería** *f.* エンフェル**メ**リア	nursing **ナ**ースィング
～師	**enfermero(-a)** *m.f.* エンフェル**メ**ロ(-ラ)	nurse **ナ**ース
～する	**cuidar** クイ**ダ**ル	nurse **ナ**ース
<ruby>観光<rt>かんこう</rt></ruby> kankou	**visita turística** *f.* ビ**シ**タ トゥ**リ**スティカ	sightseeing **サ**イトスィーイング
～客	**turista** *m.f.* トゥ**リ**スタ	tourist **トゥ**アリスト

日	西	英
かんこうちょう **官公庁** kankouchou	**oficinas gubernamentales y municipales** *f.pl.* オフィシナス グベルナメンタレス イ ムニシパレス	government offices ガヴァンメント オーフィセズ
かんこうへん **肝硬変** kankouhen	**cirrosis** *f.* シロシス	cirrhosis スィロウスィス
かんこく **韓国** kankoku	**Corea del Sur** *f.* コレア デル スル	South Korea サウス コリーア
～語	**coreano** *m.* コレアノ	Korean コリーアン
がんこな **頑固な** gankona	**terco(-a)** テルコ(カ)	stubborn, obstinate スタボン, アブスティネト
かんさ **監査** kansa	**inspección** *f.* インスペクシオン	inspection インスペクション
かんさつ **観察** kansatsu	**observación** *f.* オブセルバシオン	observation アブザヴェイション
～する	**observar** オブセルバル	observe オブザーヴ
かんさんする **換算する** kansansuru	**convertir** コンベルティル	convert コンヴァート
かんし **冠詞** kanshi	**artículo** *m.* アルティクロ	article アーティクル
かんし **監視** kanshi	**vigilancia** *f.* ビヒランシア	surveillance サヴェイランス
かんじ **感じ** kanji	**sensación** *f.* センサシオン	feeling フィーリング
(印象)	**impresión** *f.* インプレシオン	impression インプレション
かんじ **漢字** kanji	**carácter chino** *m.* カラクテル チノ	Chinese character チャイニーズ キャラクタ

日	西	英
かんしゃ **感謝** kansha	**agradecimiento** *m.* アグラデシミエント	thanks, appreciation サンクス, アプリーシエイション
〜**する**	**agradecer** アグラデセル	thank サンク
かんじゃ **患者** kanja	**paciente** *m.f.* パシエンテ	patient, case ペイシェント, ケイス
かんしゅう **観衆** kanshuu	**espectadores** *m.pl.*, **audiencia** *f.* エスペクタドレス, アウディエンシア	spectators, audience スペクテイタズ, オーディエンス
かんじゅせい **感受性** kanjusei	**sensibilidad** *f.* センシビリダド	sensibility センスィビリティ
がんしょ **願書** gansho	**solicitud** *f.* ソリシトゥド	application form アプリケイション フォーム
かんしょう **感傷** kanshou	**sentimentalismo** *m.* センティメンタリスモ	sentiment センティメント
かんじょう **感情** kanjou	**sentimiento** *m.* センティミエント	feeling, emotion フィーリング, イモウション
（情熱）	**pasión** *f.* パシオン	passion パション
かんじょう **勘定** （計算） kanjou	**cálculo** *m.* カルクロ	calculation キャルキュレイション
（支払い）	**pago** *m.* パゴ	payment ペイメント
（請求書）	**cuenta** *f.* クエンタ	bill, check, ®cheque ビル, チェク, チェク
かんしょうする **干渉する** kanshousuru	**entrometerse** *en* エントロメテルセ	interfere インタフィア
かんしょうする **鑑賞する** kanshousuru	**apreciar** アプレシアル	appreciate アプリーシエイト

日	西	英
がんじょうな **頑丈な** ganjouna	**fuerte, resistente** フエルテ, レシステンテ	strong, stout ストロング, スタウト
かんじる **感じる** kanjiru	**sentir** センティル	feel フィール
かんしん **関心** kanshin	**interés** *m.* インテレス	concern, interest コンサーン, インタレスト
かんしんする **感心する** kanshinsuru	**admirar** アドミラル	admire アドマイア
かんしんな **感心な** kanshinna	**admirable** アドミラブレ	admirable アドミラブル
かんじんな **肝心な** kanjinna	**importante, esencial** インポルタンテ, エセンシアル	important, essential インポータント, イセンシャル
かんすう **関数** kansuu	**función** *f.* フンシオン	function ファンクション
かんせい **完成** kansei	**acabamiento** *m.* アカバミエント	completion コンプリーション
〜する	**acabar** アカバル	complete, accomplish コンプリート, アカンプリシュ
かんせい **歓声** kansei	**grito de alegría** *m.* グリト デ アレグリア	shout of joy シャウト オヴ ヂョイ
かんぜい **関税** kanzei	**aduana** *f.* アドゥアナ	customs, duty カスタムズ, デューティ
かんせつ **関節** kansetsu	**articulación** *f.* アルティクラシオン	joint ヂョイント
かんせつの **間接の** kansetsuno	**indirecto(-a)** インディレクト(-タ)	indirect インディレクト
かんせん **感染** kansen	**infección** *f.*, **contagio** *m.* インフェクシオン, コンタヒオ	infection, contagion インフェクション, コンテイヂョン

日	西	英
かんせんする **観戦する** kansensuru	**ver un partido** ベル ウン パルティド	watch a game ワチ ア ゲイム
かんせんどうろ **幹線道路** kansendouro	**autopista** *f.* アウトピスタ	highway ハイウェイ
かんぜんな **完全な** kanzenna	**perfecto(-a)** ペルフェクト(-タ)	perfect パーフェクト
かんそう **感想** kansou	**impresión** *f.* インプレシオン	thoughts, impressions ソーツ, インプレションズ
かんぞう **肝臓** kanzou	**hígado** *m.* イガド	liver リヴァ
かんそうき **乾燥機** kansouki	**secadora** *f.* セカドラ	dryer ドライア
かんそうきょく **間奏曲** kansoukyoku	**intermezzo** *m.* インテルメソ	intermezzo インタメッツォウ
かんそうする **乾燥する** kansousuru	**secarse** セカルセ	dry ドライ
かんそく **観測** kansoku	**observación** *f.* オブセルバシオン	observation アブザヴェイション
～する	**observar** オブセルバル	observe オブザーヴ
かんそな **簡素な** kansona	**sencillo(-a)** センシジョ(-ジャ)	simple スィンプル
かんだいな **寛大な** kandaina	**generoso(-a)** ヘネロソ(-サ)	generous チェネラス
がんたん **元旦** gantan	**día de Año Nuevo** *m.* ディア デ アニョ ヌエボ	New Year's Day ニュー イアズ デイ
かんたんする **感嘆する** kantansuru	**admirar** アドミラル	admire アドマイア

日	西	英
かんたんな **簡単な** kantanna	**sencillo(-a), fácil** センシジョ(-ジャ), ファシル	simple, easy スィンプル, イーズィ
かんちがいする **勘違いする** kanchigaisuru	**confundir(se)** コンフンディル(セ)	mistake ミステイク
かんちょう **官庁** kanchou	**oficinas del gobierno** *f.pl.* オフィシナス デル ゴビエルノ	government offices ガヴァンメント オーフィセズ
かんちょう **干潮** kanchou	**marea baja** *f.* マレア バハ	low tide ロウ タイド
かんづめ **缶詰** kanzume	**conservas** *f.pl.* コンセルバス	canned food, ⒝tinned food キャンド フード, ティンド フード
かんてい **官邸** kantei	**residencia oficial** *f.* レシデンシア オフィシアル	official residence オフィシャル レズィデンス
かんてい **鑑定** kantei	**juicio** *m.*, **peritaje** *m.* フイシオ, ペリタヘ	expert opinion エクスパート オピニョン
かんてん **観点** kanten	**punto de vista** *m.* プント デ ビスタ	viewpoint ヴューポイント
かんでんち **乾電池** kandenchi	**pila (seca)** *f.* ピラ (セカ)	dry cell, battery ドライ セル, バタリ
かんどう **感動** kandou	**emoción** *f.* エモシオン	impression, emotion インプレション, イモウション
～する	**conmoverse** コンモベルセ	(be) moved by (ビ) ムーヴド バイ
～的な	**impresionante** インプレシオナンテ	impressive インプレスィヴ
かんとうし **間投詞** kantoushi	**interjección** *f.* インテルヘクシオン	interjection インタチェクション
かんとく **監督** (スポーツの) kantoku	**entrenador(-a)** *m.f.* エントレナドル(-ラ)	manager マニヂャ

日	西	英
（映画の）	**director(-a)** *m.f.* ディレク**トル**(-ラ)	director ディレクタ
（取り締まること）	**supervisión** *f.* スペルビシ**オン**	supervision スーパ**ヴィ**ジャン
〜する	**supervisar, dirigir** スペルビ**サ**ル, ディリ**ヒ**ル	supervise **スー**パヴァイズ
かんな 鉋 kanna	**cepillo** *m.* セ**ピ**ジョ	plane プレイン
かんにんぐ カンニング kanningu	**trampa** ト**ラ**ンパ	cheating **チー**ティング
かんぬし 神主 kannushi	**sacerdote sintoísta** *m.* サセル**ド**テ シント**イ**スタ	Shinto priest **シ**ントウ プ**リー**スト
かんねん 観念 kannen	**idea** *f.*, **concepto** *m.* イ**デ**ア, コン**セ**プト	idea, conception アイ**ディー**ア, コン**セ**プション
かんぱ 寒波 kanpa	**ola de frío** *f.* **オ**ラ デ フ**リ**オ	cold wave **コ**ウルド **ウェ**イヴ
かんぱい 乾杯 kanpai	**brindis** *m.* ブ**リ**ンディス	toast **ト**ウスト
かんばつ 干ばつ kanbatsu	**sequía** *f.* セ**キ**ア	drought ド**ラ**ウト
がんばる 頑張る ganbaru	**esforzarse** エスフォル**サ**ルセ	work hard **ワ**ーク ハ**ー**ド
（持ちこたえる）	**resistir** レシス**ティ**ル	hold out **ホ**ウルド **ア**ウト
（主張する）	**insistir** *en* インシス**ティ**ル	insist on イン**ス**ィスト **オ**ン
かんばん 看板 kanban	**letrero** *m.* レト**レ**ロ	billboard, sign- board **ビ**ルボード, **サ**インボード

日	西	英
かんびょうする **看病する** kanbyousuru	**cuidar** クイダル	nurse, look after ナース, ルク アフタ
かんぶ **幹部** kanbu	**directivo(-a)** *m.f.* ディレクティボ(-バ)	leader, management リーダ, マニヂメント
かんぺきな **完璧な** kanpekina	**impecable** インペカブレ	flawless, perfect フローレス, パーフェクト
がんぼう **願望** ganbou	**deseo** *m.* デセオ	wish, desire ウィシュ, ディザイア
かんぼじあ **カンボジア** kanhnjia	**Camboya** *f.* カンボジャ	Cambodia キャンボウディア
かんゆうする **勧誘する** kan-yuusuru	**solicitar** ソリシタル	solicit, canvass ソリスィト, キャンヴァス
かんようく **慣用句** kan-youku	**modismo** *m.* モディスモ	idiom イディオム
かんような **寛容な** kan-youna	**tolerante, generoso(-a)** トレランテ, ヘネロソ(-サ)	tolerant, generous タララント, ヂェネラス
かんよする **関与する** kan-yosuru	**participar** *en* パルティシパル	participate パーティスィペイト
かんりする **管理する** （運営する） kanrisuru	**administrar** アドミニストラル	manage マニヂ
（統制する）	**controlar** コントロラル	control コントロウル
（保管する）	**guardar, custodiar** グアルダル, クストディアル	take charge of テイク チャーヂ オヴ
かんりゅう **寒流** kanryuu	**corriente fría** *f.* コリエンテ フリア	cold current コウルド カーレント
かんりょう **完了** kanryou	**terminación** *f.*, **conclusión** *f.* テルミナシオン, コンクルシオン	completion コンプリーション

日	西	英
～する	**terminar** テルミナル	finish, complete フィニシュ, コンプリート
（文法上の）	**tiempo perfecto** *m.* ティエンポ ペルフェクト	perfect form パーフェクト フォーム
かんりょうしゅぎ **官僚主義** kanryoushugi	**burocracia** *f.* ブロクラシア	bureaucratism ビュアロクラティズム
かんれい **慣例** kanrei	**costumbre** *f.*, **uso** *m.* コストゥンブレ, ウソ	custom, convention カスタム, コンヴェンション
かんれん **関連** kanren	**relación** *f.* レラシオン	relation, connection リレイション, コネクション
～する	**relacionarse** *con* レラシオナルセ	(be) related to (ビ) リレイテド トゥ
かんろく **貫禄** kanroku	**dignidad** *f.* ディグニダド	dignity ディグニティ
かんわする **緩和する** kanwasuru	**mitigar** ミティガル	ease, relieve イーズ, リリーヴ

き, キ

日	西	英
き **木** ki	**árbol** *m.* アルボル	tree トリー
（木材）	**madera** *f.* マデラ	wood ウド
ぎあ **ギア** gia	**engranaje** *m.* エングラナヘ	gear ギア
きあつ **気圧** kiatsu	**presión atmosférica** *f.* プレシオン アトモスフェリカ	atmospheric pressure アトモスフェリク プレシャ
きー **キー** kii	**llave** *f.* ジャベ	key キー

日	西	英
きーぼーど **キーボード** kiiboodo	**teclado** *m.* テクラド	keyboard **キーボード**
きーほるだー **キーホルダー** kiihorudaa	**llavero** *m.* ジャベロ	key ring **キー リング**
きいろ **黄色** kiiro	**amarillo** *m.* アマリジョ	yellow **イェロウ**
きーわーど **キーワード** kiiwaado	**palabra clave** *f.* パラブラ クラベ	key word **キー ワード**
ぎいん **議員** giin	**miembro de una asam- blea** *m.* ミエンブロ デ ウナ アサンブレア	member of an as- sembly **メンバ オヴ アン アセンブリ**
きえる　（消滅する） **消える** kieru	**desaparecer** デサパレセル	vanish, disappear **ヴァニシュ, ディサピア**
（火や明かりが）	**apagarse** アパガルセ	go out **ゴウ アウト**
ぎえんきん **義援金** gienkin	**contribución** *f.* コントリブシオン	donation, contri- bution **ドウネイション, カントリビュー ション**
きおく **記憶** kioku	**memoria** *f.* メモリア	memory **メモリ**
〜する	**aprender de memoria** アプレンデル デ メモリア	memorize, remem- ber **メモライズ, リメンバ**
きおん **気温** kion	**temperatura** *f.* テンペラトゥラ	temperature **テンパラチャ**
きか **幾何** kika	**geometría** *f.* ヘオメトリア	geometry **ヂーアメトリ**
きかい **機会** kikai	**ocasión** *f.*, **oportunidad** *f.* オカシオン, オポルトゥニダド	opportunity, chance **アポテューニティ, チャンス**
きかい **機械** kikai	**máquina** *f.*, **aparato** *m.* マキナ, アパラト	machine, appara- tus **マシーン, アパラタス**

日	西	英
〜工学	**ingeniería mecánica** *f.* インヘニエリア メカニカ	mechanical engineering ミキャニカル エンヂニアリング
ぎかい **議会** gikai	**parlamento** *m.*, **asamblea** *f.* パルラメント, アサンブレア	Congress, ⑧Parliament カングレス, パーラメント
きがえ **着替え** kigae	**cambio de ropa** *m.* カンビオ デ ロパ	change of clothes チェインヂ オヴ クロウズ
きかく **企画** kikaku	**plan** *m.*, **proyecto** *m.* プラン, プロジェクト	plan, project プラン, プラヂェクト
〜する	**planear** プラネアル	make a plan メイク ア プラン
きかざる **着飾る** kikazaru	**acicalarse, vestirse de gala** アシカラルセ, ベスティルセ デ ガラ	dress up ドレス アプ
きがつく **気が付く** (わかる) kigatsuku	**darse cuenta** *de* ダルセ クエンタ	notice, become aware ノウティス, ビカム アウェア
(意識が戻る)	**volver en sí** ボルベル エン シ	come to oneself, regain consciousness カム トゥ, リゲイン カンシャスネス
(注意が行き届く)	**(ser) atento(*-a*)** (セル) アテント(·タ)	(be) attentive (ビ) アテンティヴ
きがるな **気軽な** kigaruna	**desenfadado(*-a*)** デセンファダド(·ダ)	lighthearted ライトハーテド
きかん **期間** kikan	**período** *m.* ペリオド	period, term ピアリオド, ターム
きかん **機関** (機械・装置) kikan	**motor** *m.*, **máquina** *f.* モトル, マキナ	engine, machine エンヂン, マシーン
(組織・機構)	**órgano** *m.*, **organización** *f.* オルガノ, オルガニサシオン	organ, institution オーガン, インスティテューション
きかんし **気管支** kikanshi	**bronquio** *m.* ブロンキオ	bronchus ブランカス

日	西	英
~炎	**bronquitis** *f.* ブロンキティス	bronchitis ブランカイティス
きかんしゃ **機関車** kikansha	**locomotora** *f.* ロコモトラ	locomotive ロウコモウティヴ
きかんじゅう **機関銃** kikanjuu	**ametralladora** *f.* アメトラジャドラ	machine gun マシーン ガン
きき **危機** kiki	**crisis** *f.* クリシス	crisis クライスィス
ききめ **効き目** kikime	**efecto** *m.*, **eficacia** *f.* エフェクト, エフィカシア	effect, efficacy イフェクト, エフィカスィ
ききゅう **気球** kikyuu	**globo** *m.* グロボ	balloon バルーン
きぎょう **企業** kigyou	**empresa** *f.* エンプレサ	enterprise エンタプライズ
きぎょうか **起業家** kigyouka	**empresario(-a)** *m.f.* エンプレサリオ	entrepreneur アーントレプレナー
ぎきょく **戯曲** gikyoku	**drama** *m.* ドラマ	drama, play ドラーマ, プレイ
ききん **基金** kikin	**fondos** *m.pl.* フォンドス	fund ファンド
ききん **飢饉** kikin	**hambruna** *f.* アンブルナ	famine ファミン
ききんぞく **貴金属** kikinzoku	**metales preciosos** *m.pl.* メタレス プレシオソス	precious metals プレシャス メトルズ
きく **効く** kiku	**tener efecto** *en* テネル エフェクト	have an effect on ハヴ アン イフェクト オン
きく **聞く** kiku	**oír** オイル	hear ヒア
(尋ねる)	**preguntar** プレグンタル	ask, inquire アスク, インクワイア

日	西	英
きく **聴く** kiku	**escuchar** エスクチャル	listen to リスントゥ
きくばり **気配り** kikubari	**atención** *f.* アテンシオン	care, consideration ケア, コンスィダレイション
きげき **喜劇** kigeki	**comedia** *f.* コメディア	comedy カメディ
きけん **危険** kiken	**riesgo** *m.*, **peligro** *m.* リエスゴ, ペリグロ	danger, risk デインヂャ, リスク
～な	**peligroso(-a)** ペリグロソ(-サ)	dangerous, risky デインヂャラス, リスキ
きげん **期限** kigen	**plazo** *m.* プラソ	term, deadline ターム, デドライン
きげん **機嫌** kigen	**humor** *m.* ウモル	humor, mood, ⑧humour ヒューマ, ムード, ヒューマ
きげん **紀元** kigen	**era** *f.* エラ	era イアラ
きげん **起源** kigen	**origen** *m.* オリヘン	origin オーリヂン
きこう **気候** kikou	**clima** *m.* クリマ	climate, weather クライメト, ウェザ
きごう **記号** kigou	**signo** *m.* スィグノ	mark, sign マーク, サイン
きこえる **聞こえる** kikoeru	**oír(se)** オイル(セ)	hear ヒア
きこく **帰国** kikoku	**regreso al país** *m.* レグレソ アル パイス	homecoming ホウムカミング
～する	**regresar al país** レグレサル アル パイス	return home リターン ホウム

日	西	英
ぎこちない gikochinai	**torpe** トルペ	awkward, clumsy オークワド, クラムズィ
既婚の kikonno	**casado(-a)** カサド(-ダ)	married マリド
ぎざぎざの gizagizano	**serrado(-a)** セラド(-ダ)	serrated サレイテド
気さくな kisakuna	**franco(-a)** フランコ(-カ)	frank フランク
兆し kizashi	**señal** f., **indicio** m. セニャル, インディシオ	sign, indication サイン, インディケイション
きざな kizana	**afectado(-a)** アフェクタド(-ダ)	affected アフェクテド
刻む kizamu	**cortar** コルタル	cut カト
（肉・野菜を）	**picar** ピカル	grind, mince グラインド, ミンス
岸 kishi	**orilla** f. オリジャ	bank, shore バンク, ショー
雉 kiji	**faisán** m. ファイサン	pheasant フェザント
記事 kiji	**artículo** m. アルティクロ	article アーティクル
技師 gishi	**ingeniero(-a)** m.f. インヘニエロ(-ラ)	engineer エンヂニア
議事 giji	**debate** m. デバテ	proceedings プロスィーディングズ
儀式 gishiki	**ceremonia** f. セレモニア	ceremony, rites セレモウニ, ライツ
期日 kijitsu	**fecha** f. フェチャ	date, time limit デイト, タイム リミト

日	西	英
きしゃ **汽車** kisha	**tren** *m.* トレン	train トレイン
きしゅ **騎手** kishu	**jinete** *m.f.* ヒネテ	rider, jockey ライダ, チョキ
きじゅつ **記述** kijutsu	**descripción** *f.* デスクリプシオン	description ディスクリプション
〜**する**	**describir** デスクリビル	describe ディスクライブ
ぎじゅつ **技術** gijutsu	**técnica** *f.* テクニカ	technique, tech- nology テクニーク, テクナロヂ
〜**提携**	**cooperación técnica** *f.* コオペラシオン テクニカ	technical coopera- tion テクニカル コウアペレイション
きじゅん **基準** kijun	**norma** *f.*, **criterio** *m.* ノルマ, クリテリオ	standard, basis スタンダド, ベイスィス
きじゅん **規準** kijun	**norma** *f.* ノルマ	standard スタンダド
きしょう **気象** kishou	**tiempo** *m.*, **meteorología** *f.* ティエンポ, メテオロロヒア	weather, meteorol- ogy ウェザ, ミーティアラロヂ
きす **キス** kisu	**beso** *m.* ベソ	kiss キス
きず **傷** kizu	**herida** *f.* エリダ	wound, injury ウーンド, インヂャリ
（心の）	**trauma** *m.* トラウマ	trauma トラウマ
（品物の）	**defecto** *m.* デフェクト	flaw フロー
きすう **奇数** kisuu	**número impar** *m.* ヌメロ インパル	odd number アド ナンバ

日	西	英
きずく **築く** kizuku	**construir** コンストルイル	build, construct ビルド, コンストラクト
きずつく **傷付く** kizutsuku	**hacerse daño, herirse** アセルセ ダニョ, エリルセ	(be) wounded (ビ) ウーンデド
きずつける **傷付ける** kizutsukeru	**hacer daño, lesionar** アセル ダニョ, レシオナル	wound, injure ウーンド, インヂャ
（心を）	**dañar, hacer daño** ダニャル, アセル ダニョ	hurt ハート
きずな **絆** kizuna	**lazos** *m.pl.*, **vínculo** *m.* ラソス, ビンクロ	bond, tie バンド, タイ
ぎせい **犠牲** gisei	**sacrificio** *m.* サクリフィシオ	sacrifice サクリファイス
～者	**víctima** *f.* ビクティマ	victim ヴィクティム
きせいちゅう **寄生虫** kiseichuu	**parásito** *m.* パラシト	parasite パラサイト
きせいの **既成の** kiseino	**consumado(-a)** コンスマド(-ダ)	accomplished アカンプリシュト
きせき **奇跡** kiseki	**milagro** *m.* ミラグロ	miracle ミラクル
～的な	**milagroso(-a)** ミラグロソ(-サ)	miraculous ミラキュラス
きせつ **季節** kisetsu	**estación** *f.* エスタシオン	season スィーズン
きぜつする **気絶する** kizetsusuru	**desmayarse** デスマジャルセ	faint, swoon フェイント, スウーン
きせる **着せる** kiseru	**vestir** ベスティル	dress ドレス
（罪を）	**echar la culpa** *a* エチャル ラ クルパ	lay on, accuse レイ オン, アキューズ

日	西	英
偽善 ぎぜん gizen	**hipocresía** *f.* イポクレシア	hypocrisy ヒ**パ**クリスィ
〜的な	**hipócrita** イ**ポ**クリタ	hypocritical ヒポ**ク**リティカル
基礎 きそ kiso	**base** *f.*, **cimientos** *m.pl.* バセ, シミ**エ**ントス	base, foundation ベイス, ファウン**デ**イション
〜的な	**fundamental** フンダメン**タ**ル	fundamental, basic ファンダ**メ**ントル, **ベ**イスィク
起訴 きそ kiso	**acusación** *f.* アクサシ**オ**ン	prosecution プラスィ**キュ**ーション
〜する	**acusar** ア**ク**サル	prosecute プ**ラ**スィキュート
競う きそう kisou	**competir** コンペ**ティ**ル	compete コン**ピ**ート
寄贈 きぞう kizou	**donación** *f.* ドナシ**オ**ン	donation ドウ**ネ**イション
偽装 ぎそう gisou	**camuflaje** *m.* カムフ**ラ**ヘ	camouflage **キャ**モフラージュ
偽造する ぎぞうする gizousuru	**falsificar** ファルシフィ**カ**ル	forge **フォ**ーヂ
規則 きそく kisoku	**regla** *f.*, **reglamento** *m.* **レ**グラ, レグラ**メ**ント	rule, regulations **ル**ール, レギュ**レ**イションズ
〜的な	**regular** レグ**ラ**ル	regular, orderly **レ**ギュラ, **オ**ーダリ
貴族 きぞく kizoku	**noble** *m.f.*, **aristócrata** *m.f.* **ノ**ブレ, アリス**ト**クラタ	noble, aristocrat **ノ**ウブル, ア**リ**ストクラト
義足 ぎそく gisoku	**pierna artificial** *f.* ピ**エ**ルナ アルティフィ**シ**アル	artificial leg アーティ**フィ**シャル **レ**グ

日	西	英
きた **北** kita	**norte** *m.* ノルテ	north ノース
〜側	**lado norte** *m.* ラド ノルテ	north side ノース サイド
ぎたー **ギター** gitaa	**guitarra** *f.* ギタラ	guitar ギター
きたあめりか **北アメリカ** kitaamerika	**Norteamérica, América del Norte** ノルテアメリカ, アメリカ デル ノルテ	North America ノース アメリカ
きたい **期待** kitai	**expectativa** *f.* エクスペクタティバ	expectation エクスペクテイション
〜する	**esperar** エスペラル	expect イクスペクト
きたい **気体** kitai	**cuerpo gaseoso** *m.*, **gas** *m.* クエルポ ガセオソ, ガス	gas, vapor ギャス, ヴェイパ
ぎだい **議題** gidai	**tema (de discusión)** *m.* テマ (デ ディスクシオン)	agenda アチェンダ
きたえる **鍛える** kitaeru	**entrenar** エントレナル	train (oneself) トレイン
きたくする **帰宅する** kitakusuru	**volver a casa** ボルベル ア カサ	return home, get home リターン ホウム, ゲト ホウム
きたちょうせん **北朝鮮** kitachousen	**Corea del Norte** *f.* コレア デル ノルテ	North Korea ノース コリーア
きたない **汚い** kitanai	**sucio(-a)** スシオ(-ア)	dirty, soiled ダーティ, ソイルド
(金銭に)	**tacaño(-a)** タカニョ(-ニャ)	stingy スティンヂ
きたはんきゅう **北半球** kitahankyuu	**hemisferio norte** *m.* エミスフェリオ ノルテ	Northern Hemisphere ノーザン ヘミスフィア

日	西	英
きち **基地** kichi	**base** *f.* バセ	base ベイス
きちょう **機長** kichou	**capitán** *m.*, **capitana** *f.* カピタン, カピタナ	captain **キャ**プテン
ぎちょう **議長** gichou	**presidente(-a)** *m.f.* プレシ**デ**ンテ(-タ)	chairperson **チェ**アパースン
きちょうな **貴重な** kichouna	**precioso(-a), de valor** プレシ**オ**ソ(-サ), デ バ**ロ**ル	precious, valuable **プレ**シャス, **ヴァ**リュアブル
きちょうひん **貴重品** kichouhin	**artículos de valor** *m.pl.* アル**ティ**クロス デ バ**ロ**ル	valuables **ヴァ**リュアブルズ
きちょうめんな **几帳面な** kichoumenna	**metódico(-a)** メ**ト**ディコ(-カ)	exact, methodical イグ**ザ**クト, メ**サ**ディカル
きちんと **きちんと** kichinto	**exactamente, con preci-sión** エクサクタ**メ**ンテ, コン プレシ**オ**ン	exactly, accurately イグ**ザ**クトリ, **ア**キュレトリ
きつい **きつい** （窮屈な） kitsui	**apretado(-a)** アプレ**タ**ド(-ダ)	tight **タ**イト
（厳しい・激しい）	**duro(-a)** **ドゥ**ロ(-ラ)	strong, hard スト**ロ**ング, **ハ**ード
きつえん **喫煙** kitsuen	**acción de fumar** *f.* アク**シオ**ン デ フ**マ**ル	smoking ス**モ**ウキング
きづかう **気遣う** kizukau	**preocuparse** *por* プレオク**パ**ルセ	mind, worry **マ**インド, **ワ**ーリ
きっかけ **きっかけ** （機会） kikkake	**ocasión** *f.* オカ**シオ**ン	chance, opportuni-ty **チャ**ンス, アパ**テュ**ーニティ
（手がかり）	**clave** *f.*, **pista** *f.* ク**ラ**ベ, **ピ**スタ	clue, trail ク**ル**ー, ト**レ**イル
きづく **気付く** kizuku	**notar** ノ**タ**ル	notice **ノ**ウティス

159

日	西	英
きっさてん 喫茶店 kissaten	salón de té *m.*, cafetería *f.* サロン デ テ, カフェテリア	coffee shop, tea-room コーフィ シャプ, ティールーム
キッチン kicchin	cocina *f.* コシナ	kitchen キチン
きって 切手 kitte	sello (postal) *m.*, Ⓐestampilla *f.* セジョ (ポスタル), エスタンピジャ	(postage) stamp, Ⓑ(postal) stamp (ポウスティヂ) スタンプ, (ポウストル) スタンプ
きっと kitto	seguramente セグラメンテ	surely, certainly シュアリ, サートンリ
きつね 狐 kitsune	zorro(-a) *m.f.* ソロ(・ラ)	fox ファクス
きっぷ 切符 kippu	billete *m.*, Ⓐboleto *m.* ビジェテ, ボレト	ticket ティケト
きてい 規定 kitei	reglamento *m.*, determinación *f.* レグラメント, デテルミナシオン	regulations レギュレイションズ
きどう 軌道 kidou	órbita *f.* オルビタ	orbit オービト
きとくの 危篤の kitokuno	grave, crítico(-a) グラベ, クリティコ(・カ)	critical クリティクル
きどる 気取る kidoru	(ser) afectado(-a) (セル) アフェクタド(・ダ)	(be) affected (ビ) アフェクテド
きにいる 気に入る kiniiru	gustar グスタル	(be) pleased with (ビ) プリーズド ウィズ
きにする 気にする kinisuru	preocuparse *por* プレオクパルセ	worry about ワーリ アバウト
きにゅうする 記入する kinyuusuru	apuntar *en* アプンタル	fill out, write in フィル アウト, ライト イン
きぬ 絹 kinu	seda *f.* セダ	silk スィルク

日	西	英
きねん **記念** kinen	**conmemoración** *f.* コンメモラシオン	commemoration コメモレイション
〜碑	**monumento** *m.* モヌメント	monument マニュメント
〜日	**día conmemorativo** *m.*, **aniversario** *m.* ディア コンメモラティボ, アニベルサリオ	memorial day, an- niversary メモーリアル デイ, アニヴァー サリ
きのう **機能** kinou	**función** *f.* フンシオン	function ファンクション
きのう **昨日** kinou	**ayer** アジェル	yesterday イェスタディ
ぎのう **技能** ginou	**habilidad** *f.* アビリダド	skill スキル
きのこ **茸** kinoko	**seta** *f.* セタ	mushroom マシュルーム
きのどくな **気の毒な** kinodokuna	**pobre** ポブレ	pitiable, poor ピティアブル, プア
きばつな **奇抜な** kibatsuna	**original** オリヒナル	novel, original ナヴェル, オリヂナル
きばらし **気晴らし** kibarashi	**pasatiempo** *m.* パサティエンポ	pastime, diversion パスタイム, ディヴァージョン
きばん **基盤** kiban	**base** *f.*, **fundamento** *m.* バセ, フンダメント	base, foundation ベイス, ファウンデイション
きびしい **厳しい** kibishii	**severo(-a)**, **riguroso(-a)** セベロ(-ラ), リグロソ(-サ)	severe, strict スィヴィア, ストリクト
きひん **気品** kihin	**elegancia** *f.* エレガンシア	grace, dignity グレイス, ディグニティ
きびんな **機敏な** kibinna	**rápido(-a)** ラピド(-ダ)	smart, quick スマート, クウィク

161

日	西	英
<ruby>寄付<rt>きふ</rt></ruby> kifu	**contribución** *f.*, **donación** *f.* コントリブシオン, ドナシオン	donation ドウネイション
～する	**donar** ドナル	donate, contribute ドウネイト, コントリビュート
<ruby>義父<rt>ぎふ</rt></ruby> gifu	**suegro** *m.* スエグロ	father-in-law ファーザリンロー
<ruby>気分<rt>きぶん</rt></ruby> kibun	**humor** *m.* ウモル	mood, feeling ムード, フィーリング
<ruby>規模<rt>きぼ</rt></ruby> kibo	**escala** *f.* エスカラ	scale, size スケイル, サイズ
<ruby>義母<rt>ぎぼ</rt></ruby> gibo	**suegra** *f.* スエグラ	mother-in-law マザリンロー
<ruby>希望<rt>きぼう</rt></ruby> kibou	**esperanza** *f.* エスペランサ	hope, wish ホウプ, ウィシュ
～する	**esperar, querer** エスペラル, ケレル	hope, wish ホウプ, ウィシュ
<ruby>木彫りの<rt>きぼりの</rt></ruby> kiborino	**tallado(-a) de madera** タジャド(-ダ) デ マデラ	wood carved ウド カーヴド
<ruby>基本<rt>きほん</rt></ruby> kihon	**base** *f.* バセ	basis, standard ベイシス, スタンダド
～的な	**esencial, fundamental** エセンシアル, フンダメンタル	basic, fundamental ベイシク, ファンダメントル
<ruby>気前のよい<rt>きまえのよい</rt></ruby> kimaenoyoi	**generoso(-a)** ヘネロソ(-サ)	generous チェネラス
<ruby>気まぐれな<rt>きまぐれな</rt></ruby> kimagurena	**caprichoso(-a)** カプリチョソ(-サ)	capricious カプリシャス
<ruby>気ままな<rt>きままな</rt></ruby> kimamana	**caprichoso(-a)** カプリチョソ(-サ)	carefree ケアフリー

き

日	西	英
きまり **決まり** kimari	**regla** *f.* レグラ	rule, regulation ルール, レギュレイション
きまる **決まる** kimaru	**fijarse, decidirse** フィハルセ, デシディルセ	(be) decided (ビ) ディサイデド
きみつ **機密** kimitsu	**secreto** *m.* セクレト	secrecy, secret スィークレスィ, スィークレト
きみどりいろ **黄緑色** kimidoriiro	**verde amarillento** *m.* ベルデ アマリジェント	pea green ピー グリーン
きみょうな **奇妙な** kimyouna	**extraño(-a)** エクストラニョ(-ニャ)	strange ストレインヂ
ぎむ **義務** gimu	**deber** *m.*, **obligación** *f.* デベル, オブリガシオン	duty, obligation デューティ, アブリゲイション
～教育	**educación obligatoria** *f.* エドゥカシオン オブリガトリア	compulsory education コンパルソリ エヂュケイション
きむずかしい **気難しい** kimuzukashii	**difícil** ディフィシル	hard to please ハード トゥ プリーズ
ぎめい **偽名** gimei	**nombre falso** *m.* ノンブレ ファルソ	pseudonym スューダニム
きめる **決める** kimeru	**decidir** デシディル	fix, decide on フィクス, ディサイド オン
きもち **気持ち** kimochi	**sensación** *f.* センサシオン	feeling フィーリング
ぎもん **疑問** gimon	**duda** *f.* ドゥダ	question, doubt クウェスチョン, ダウト
きゃく **客** (顧客) kyaku	**cliente** *m.f.* クリエンテ	customer カスタマ
(招待客)	**invitado(-a)** *m.f.* インビタド(-ダ)	guest ゲスト

日	西	英
（訪問者）	**visita** *f.*, **visitante** *m.f.* ビシタ, ビシタンテ	caller, visitor コーラ, ヴィズィタ
きやく **規約** kiyaku	**reglamento** *m.*, **regla** *f.* レグラメント, レグラ	agreement, contract アグリーメント, カントラクト
ぎゃく **逆** gyaku	**lo contrario** *n.* ロ コントラリオ	(the) contrary (ザ) カントレリ
ぎゃぐ **ギャグ** gyagu	**chiste** *m.* チステ	gag, joke ギャグ, ヂョウク
ぎゃくさつ **虐殺** gyakusatsu	**masacre** *f.* マサクレ	massacre マサカ
きゃくしつじょうむいん **客室乗務員** kyakushitsujoumuin	**auxiliar de vuelo** *m.f.* アウクシリアル デ ブエロ	flight attendant フライト アテンダント
ぎゃくしゅう **逆襲** gyakushuu	**contraataque** *m.* コントラアタケ	counterattack カウンタラタク
きゃくせん **客船** kyakusen	**barco de pasajeros** *m.* バルコ デ パサヘロス	passenger boat パセンヂャ ボウト
ぎゃくたい **虐待** gyakutai	**maltrato** *m.* マルトラト	abuse アビュース
ぎゃくてんする **逆転する** gyakutensuru	**invertirse** インベルティルセ	(be) reversed (ビ) リヴァースト
ぎゃくの **逆の** gyakuno	**contrario(-a)** *a* コントラリオ(-ア)	reverse, contrary リヴァース, カントレリ
きゃくほん **脚本** kyakuhon	**guión** *m.* ギオン	play, drama, scenario プレイ, ドラーマ, スィネアリオウ
きゃしゃな **華奢な** kyashana	**delicado(-a)** デリカド(-ダ)	delicate デリケト
きゃすと **キャスト** kyasuto	**reparto** *m.*, **elenco** *m.* レパルト, エレンコ	cast キャスト

日	西	英
きゃっかんてきな **客観的な** kyakkantekina	**objetivo(-a)** オブヘティボ(-バ)	objective オブ**チェ**クティヴ
きゃっしゅかーど **キャッシュカード** kyasshukaado	**tarjeta bancaria** *f.* タルヘタ バンカリア	bank card バンク カード
きゃっちふれーず **キャッチフレーズ** kyacchifureezu	**eslogan** *m.* エスロガン	catchphrase **キャ**チフレイズ
ぎゃっぷ **ギャップ** gyappu	**hueco** *m.* ウエコ	gap **ギャ**プ
きゃばれー **キャバレー** kyabaree	**cabaré** *m.* カバレ	cabaret キャバレイ
きゃびあ **キャビア** kyabia	**caviar** *m.* カビアル	caviar **キャ**ヴィア
きゃべつ **キャベツ** kyabetsu	**col** *f.* コル	cabbage **キャ**ビヂ
ぎゃら **ギャラ** gyara	**garantía** *f.* ガラン**ティ**ア	guarantee ギャラン**ティ**ー
きゃらくたー **キャラクター** kyarakutaa	**personaje** *m.* ペルソ**ナ**へ	character **キャ**ラクタ
ぎゃらりー **ギャラリー** gyararii	**galería** *f.* ガレ**リ**ア	gallery **ギャ**ラリ
きゃりあ **キャリア** （経歴） kyaria	**carrera** *f.*, **trayectoria** **profesional** *f.* カレラ，トラジェク**ト**リア プロフェシオ**ナ**ル	career カリア
ぎゃんぐ **ギャング** gyangu	**banda** *f.* バンダ	gang, gangster **ギャ**ング，**ギャ**ングスタ
きゃんせるする **キャンセルする** kyanserusuru	**cancelar, anular** カンセ**ラ**ル，ア**ヌ**ラル	cancel **キャ**ンセル
きゃんせるまち **キャンセル待ち** kyanserumachi	**lista de espera** *f.* **リ**スタ デ エス**ペ**ラ	standby ス**タ**ンバイ

日	西	英
きゃんぷ **キャンプ** kyanpu	**campamento** *m.* カンパメント	camp **キャンプ**
ぎゃんぶる **ギャンブル** gyanburu	**juego (de apuestas)** *m.* フエゴ (デ アプエスタス)	gambling **ギャンブリング**
きゃんぺーん **キャンペーン** kyanpeen	**campaña** *f.* カンパニャ	campaign キャンペイン
きゅう **九** kyuu	**nueve** *m.* ヌエベ	nine **ナイン**
きゅう **級** kyuu	**clase** *f.* クラセ	class, grade クラス，グレイド
きゅうえん **救援** kyuuen	**socorro** *m.* ソコロ	rescue, relief **レスキュー**，**リリーフ**
〜物資	**ayuda** *f.*, **socorro** *m.* アジュダ，ソコロ	relief supplies リリーフ サプライズ
きゅうか **休暇** kyuuka	**vacaciones** *f.pl.* バカシオネス	holiday ハリデイ
きゅうかん **急患** kyuukan	**paciente de urgencia** *m.f.* パシエンテ デ ウルヘンシア	emergency case イマーヂェンスィ ケイス
きゅうぎ **球技** kyuugi	**juego de pelota** *m.* フエゴ デ ペロタ	ball game **ボール ゲイム**
きゅうきゅうしゃ **救急車** kyuukyuusha	**ambulancia** *f.* アンブランシア	ambulance **アンビュランス**
きゅうぎょう **休業** kyuugyou	**cierre** *m.* シエレ	closure クロウジャ
きゅうくつな **窮屈な** kyuukutsuna	**apretado(-a)** アプレタド(-ダ)	narrow, tight **ナロウ**，**タイト**
（気詰まりな）	**incómodo(-a)** インコモド(-ダ)	uncomfortable, constrained アンカンフォタブル，コンストレインド

日	西	英
きゅうけい **休憩** kyuukei	**recreo** *m.* レクレオ	break ブレイク
〜する	**descansar** デスカンサル	take a break テイク ア ブレイク
きゅうげきな **急激な** kyuugekina	**repentino(-a)** レペンティノ(·ナ)	sudden, abrupt サドン, アブラプト
きゅうこうれっしゃ **急行列車** kyuukouressha	**tren expreso** *m.* トレン エクスプレソ	express train エクスプレス トレイン
きゅうさい **救済** kyuusai	**socorro** *m.*, **ayuda** *f.* ソコロ, アジュダ	relief, aid リリーフ, エイド
きゅうしきの **旧式の** kyuushikino	**anticuado(-a)** アンティクアド(·ダ)	old-fashioned オウルドファション
きゅうじつ **休日** kyuujitsu	**(día) festivo** *m.* (ディア) フェスティボ	holiday, day off ハリデイ, デイ オーフ
きゅうじゅう **九十** kyuujuu	**noventa** *m.* ノベンタ	ninety ナインティ
きゅうしゅうする **吸収する** kyuushuusuru	**absorber** アブソルベル	absorb アブソーブ
きゅうじょ **救助** kyuujo	**salvamento** *m.* サルバメント	rescue, help レスキュー, ヘルプ
きゅうじん **求人** kyuujin	**oferta de empleo** *f.* オフェルタ デ エンプレオ	job offer チャブ オーファ
きゅうしんてきな **急進的な** kyuushintekina	**radical** ラディカル	radical ラディカル
きゅうすい **給水** kyuusui	**suministro de agua** *m.* スミニストロ デ アグア	water supply ウォータ サプライ
きゅうせい **旧姓** （既婚女性の） kyuusei	**apellido de soltera** *m.* アペジド デ ソルテラ	maiden name メイドン ネイム
きゅうせいの **急性の** kyuuseino	**agudo(-a)** アグド(·ダ)	acute アキュート

日	西	英

きゅうせん
休戦
kyuusen
tregua *f.*, **armisticio** *m.*
トレグア, アルミス**ティ**シオ
armistice
アーミスティス

きゅうそくな
急速な
kyuusokuna
rápido(-a)
ラピド(-ダ)
rapid, prompt
ラピド, プ**ラ**ンプト

きゅうち
窮地
kyuuchi
apuro *m.*
ア**プ**ロ
difficult situation
ディフィカルト スィチュ**エ**イ
ション

きゅうてい
宮廷
kyuutei
corte *f.*
コルテ
court
コート

きゅうでん
宮殿
kyuuden
palacio *m.*
パ**ラ**シオ
palace
パレス

きゅうとうする
急騰する
kyuutousuru
subir rápidamente, saltar
ス**ビ**ル ラピダ**メ**ンテ, サル**タ**ル
sharply rise
シャープリ **ラ**イズ

ぎゅうにく
牛肉
gyuuniku
carne de vaca *f.*, Ⓐ**carne de res** *f.*
カルネ デ **バ**カ, **カ**ルネ デ **レ**ス
beef
ビーフ

ぎゅうにゅう
牛乳
gyuunyuu
leche *f.*
レチェ
milk
ミルク

きゅうびょう
急病
kyuubyou
enfermedad repentina *f.*
エンフェルメ**ダ**ド レペン**ティ**ナ
sudden illness
サドン **イ**ルネス

きゅうふ
給付
kyuufu
subsidio *m.*
スプ**シ**ディオ
benefit
ベネフィト

きゅうめい
救命
kyuumei
salvamento *m.*
サル**バ**メント
lifesaving
ライフ**セ**イヴィング

〜胴衣
chaleco salvavidas *m.*
チャ**レ**コ サルバ**ビ**ダス
life jacket
ライフ **ヂャ**ケト

きゅうやくせいしょ
旧約聖書
kyuuyakuseisho
Antiguo Testamento *m.*
アン**ティ**グオ テスタ**メ**ント
Old Testament
オウルド **テ**スタメント

きゅうゆ
給油
kyuuyu
repostaje *m.*
レポス**タ**へ
refueling
リー**フュー**アリング

日	西	英
きゅうゆう **旧友** kyuuyuu	**viejo(-a) amigo(-a)** *m.f.* ビエホ(-ハ) アミゴ(-ガ)	old friend オウルド フレンド
きゅうよう **急用** kyuuyou	**asunto urgente** *m.* アスント ウルヘンテ	urgent business アーヂェント ビズネス
きゅうようする **休養する** kyuuyousuru	**descansar** デスカンサル	take a rest テイク ア レスト
きゅうり **胡瓜** kyuuri	**pepino** *m.* ペピノ	cucumber キューカンバ
きゅうりょう **給料** kyuuryou	**sueldo** *m.* スエルド	pay, salary ペイ, サラリ
きよい **清い** kiyoi	**limpio(-a)** リンピオ(-ア)	clean, pure クリーン, ピュア
きょう **今日** kyou	**hoy** オイ	today トゥデイ
きょうい **驚異** kyoui	**maravilla** *f.* マラビジャ	wonder ワンダ
きょういく **教育** kyouiku	**educación** *f.* エドゥカシオン	education エデュケイション
～する	**educar** エドゥカル	educate エデュケイト
きょういん **教員** kyouin	**maestro(-a)** *m.f.* マエストロ(-ラ)	teacher ティーチャ
きょうか **強化** kyouka	**fortalecimiento** *m.* フォルタレシミエント	strengthening ストレングスニイング
～する	**fortalecer** フォルタレセル	strengthen ストレングスン
きょうか **教科** kyouka	**asignatura** *f.* アシグナトゥラ	subject サブヂェクト

日	西	英
きょうかい **協会** kyoukai	**asociación** *f.*, **sociedad** *f.* アソシアシオン, ソシエダド	association, society アソウスィエイション, ソサイエティ
きょうかい **教会** kyoukai	**iglesia** *f.* イグレシア	church チャーチ
ぎょうかい **業界** gyoukai	**industria** *f.* インドゥストリア	industry インダストリ
きょうがく **共学** kyougaku	**coeducación** *f.*, **enseñanza mixta** *f.* コエドゥカシオン, エンセニャンサ ミクスタ	coeducation コウエデュケイション
きょうかしょ **教科書** kyoukasho	**libro de texto** *m.* リブロ デ テクスト	textbook テクストブク
きょうかつ **恐喝** kyoukatsu	**chantaje** *m.* チャンタヘ	threat, blackmail スレト, ブラクメイル
きょうかん **共感** kyoukan	**simpatía** *f.* シンパティア	sympathy スィンパスィ
きょうき **凶器** kyouki	**arma mortífera** *f.* アルマ モルティフェラ	weapon ウェポン
きょうぎ **競技** kyougi	**competición** *f.* コンペティシオン	competition カンペティション
ぎょうぎ **行儀** gyougi	**comportamiento** *m.*, **modales** *m.pl.* コンポルタミエント, モダレス	behavior, manners ビヘイヴァ, マナズ
きょうきゅう **供給** kyoukyuu	**oferta** *f.*, **suministro** *m.* オフェルタ, スミニストロ	supply サプライ
〜する	**suministrar, abastecer** スミニストラル, アバステセル	supply サプライ
きょうぐう **境遇** kyouguu	**circunstancias** *f.pl.*, **situación** *f.* シルクンスタンシアス, シトゥアシオン	circumstances サーカムスタンセズ
きょうくん **教訓** kyoukun	**lección** *f.* レクシオン	lesson レスン

日	西	英
きょうこう **恐慌** kyoukou	**pánico** *m.* パニコ	panic パニック
きょうこう **教皇** kyoukou	**Papa** *m.* パパ	Pope ポウプ
きょうごうする **競合する** kyougousuru	**competir** *con* コンペティル	compete with コンピート ウィズ
きょうこく **峡谷** kyoukoku	**cañón** *m.* カニョン	canyon キャニョン
きょうこな **強固な** kyoukona	**sólido(-a)** ソリド(-ダ)	firm, solid ファーム, サリド
きょうざい **教材** kyouzai	**material docente** *m.* マテリアル ドセンテ	teaching material ティーチング マティアリアル
きょうさんしゅぎ **共産主義** kyousanshugi	**comunismo** *m.* コムニスモ	communism カミュニズム
きょうし **教師** kyoushi	**maestro(-a)** *m.f.*, **profesor(-a)** *m.f.* マエストロ(-ラ), プロフェソル(-ラ)	teacher, professor ティーチャ, プロフェサ
ぎょうじ **行事** gyouji	**acto** *m.* アクト	event, function イヴェント, ファンクション
きょうしつ **教室** kyoushitsu	**aula** *f.* アウラ	classroom クラスルーム
ぎょうしゃ **業者** gyousha	**comerciante** *m.f.* コメルシアンテ	vendor, trader ヴェンダ, トレイダ
きょうじゅ **教授** kyouju	**catedrático(-a)** *m.f.*, **profesor(-a) universitario(-a)** *m.f.* カテドラティコ(-カ), プロフェソル(-ラ) ウニベルシタリオ(-ア)	professor プロフェサ
きょうしゅう **郷愁** kyoushuu	**nostalgia** *f.* ノスタルヒア	nostalgia ナスタルヂャ
きょうせい **強制** kyousei	**obligación** *f.* オブリガシオン	compulsion コンパルション

日	西	英
きょうてい **協定** kyoutei	**acuerdo** *m.* アクエルド	agreement, convention アグリーメント, コンヴェンション
きょうど **郷土** kyoudo	**tierra natal** *f.* ティエラ ナタル	native district ネイティヴ ディストリクト
きょうとう **教頭** kyoutou	**subdirector(-a)** *m.f.* スブディレクトル(-ラ)	vice-principal, Ⓑdeputy-head- teacher ヴァイスプリンスィパル, デ ピュティヘドティーチャ
きょうどうくみあい **協同組合** kyoudoukumiai	**cooperativa** *f.* コオペラティバ	cooperative コウアペラティヴ
きょうどうの **共同の** kyoudouno	**común** コムン	common, joint カモン, チョイント
きような **器用な** kiyouna	**hábil, diestro(-a)** アビル, ディエストロ(-ラ)	skillful スキルフル
きょうばい **競売** kyoubai	**subasta** *f.* スバスタ	auction オークション
きょうはくする **脅迫する** kyouhakusuru	**amenazar** アメナサル	threaten, menace スレトン, メナス
きょうはん **共犯** kyouhan	**complicidad** *f.* コンプリスィダド	complicity コンプリスィティ
〜者	**cómplice** *m.f.* コンプリセ	accomplice アカンプリス
きょうふ **恐怖** kyoufu	**miedo** *m.* ミエド	fear, fright, terror フィア, フライト, テラ
きょうみ **興味** kyoumi	**interés** *m.* インテレス	interest インタレスト
ぎょうむ **業務** gyoumu	**negocios** *m.pl.* ネゴシオス	business matter, task ビズネス マタ, タスク
きょうゆう **共有** kyouyuu	**copropiedad** *f.* コプロピエダド	joint-ownership チョイントオウナシプ

日	西	英
～する	**obligar** オブリガル	compel, force コンペル, フォース
ぎょうせい **行政** gyousei	**administración** *f.* アドミニストラシオン	administration アドミニストレイション
～機関	**órgano administrativo** *m.* オルガノ アドミニストラティボ	administrative organ アドミニストレイティヴ オーガン
ぎょうせき **業績** gyouseki	**logro** *m.*, **resultados** *m.pl.* ログロ, レスルタドス	achievement, results アチーヴメント, リザルツ
きょうそう **競争** kyousou	**competición** *f.*, **competencia** *f.* コンペティシオン, コンペテンシア	competition, contest カンペティション, カンテスト
～する	**competir** *con* コンペティル	compete コンピート
～力	**competitividad** *f.* コンペティティビダド	competitiveness コンペティティヴネス
きょうそう **競走** kyousou	**carrera** *f.* カレラ	race レイス
きょうそうきょく **協奏曲** kyousoukyoku	**concierto** *m.* コンシエルト	concerto コンチェアトウ
きょうそん **共存** kyouson	**coexistencia** *f.* コエクシステンシア	coexistence コウイグズィステンス
～する	**coexistir** コエクシスティル	coexist コウイグズィスト
きょうだい **兄弟** kyoudai	**hermanos** *m.pl.* **y hermanas** *f.pl.* エルマノス イ エルマナス	siblings スィブリングズ
きょうちょうする **強調する** kyouchousuru	**hacer hincapié** *en*, **recalcar** アセル インカピエ, レカルカル	emphasize, stress エンファサイズ, ストレス
きょうつうの **共通の** kyoutsuuno	**común** コムン	common カモン

日	西	英
きょうよう 教養 kyouyou	**cultura** *f.*, **educación** *f.* クルトゥラ, エドゥカシオン	culture, education カルチャ, エデュケイション
きょうりゅう 恐竜 kyouryuu	**dinosaurio** *m.* ディノサウリオ	dinosaur ダイナソー
きょうりょく 協力 kyouryoku	**colaboración** *f.* コラボラシオン	cooperation コウアペレイション
～する	**colaborar** *con* コラボラル	cooperate with コウアペレイト ウィズ
きょうりょくな 強力な kyouryokuna	**fuerte**, **poderoso(-a)** フエルテ, ポデロソ(-サ)	strong, powerful ストロング, パウアフル
ぎょうれつ 行列 gyouretsu	**cola** *f.* コラ	line, ⓑqueue ライン, キュー
(行進)	**procesión** *f.*, **desfile** *m.* プロセシオン, デスフィレ	procession, parade プロセション, パレイド
きょうれつな 強烈な kyouretsuna	**fuerte**, **intenso(-a)** フエルテ, インテンソ(-サ)	intense インテンス
きょえいしん 虚栄心 kyoeishin	**vanidad** *f.* バニダド	vanity ヴァニティ
きょか 許可 kyoka	**permiso** *m.* ペルミソ	permission パミション
～する	**permitir** ペルミティル	permit パミト
ぎょぎょう 漁業 gyogyou	**pesquería** *f.* ペスケリア	fishery フィシャリ
きょく 曲 kyoku	**melodía** *f.* メロディア	tune, piece テューン, ピース
きょくげん 極限 kyokugen	**límite** *m.* リミテ	limit リミト
きょくせん 曲線 kyokusen	**curva** *f.* クルバ	curve カーヴ

日	西	英
きょくたんな **極端な** kyokutanna	**extremado(-a), excesivo(-a)** エクストレマド(-ダ), エクセシボ(-バ)	extreme, excessive イクストリーム, イクセスィヴ
きょくとう **極東** kyokutou	**Extremo Oriente** *m.* エクストレモ オリエンテ	Far East ファー イースト
きょこう **虚構** kyokou	**ficción** *f.* フィクシオン	fiction フィクション
ぎょこう **漁港** gyokou	**puerto pesquero** *m.* プエルト ペスケロ	fishing port フィシング ポート
きょじゃくな **虚弱な** kyojakuna	**débil** デビル	weak, delicate ウィーク, デリケト
きょじゅうしゃ **居住者** kyojuusha	**residente** *m.f.*, **habitante** *m.f.* レシデンテ, アビタンテ	resident, inhabitant レズィデント, インハビタント
きょしょう **巨匠** kyoshou	**gran maestro** *m.* グラン マエストロ	great master, maestro グレイト マスタ, マイストロウ
きょしょくしょう **拒食症** kyoshokushou	**anorexia** *f.* アノレクシア	anorexia アノレクスィア
きょぜつする **拒絶する** kyozetsusuru	**rechazar** レチャサル	refuse, reject リフューズ, リヂェクト
ぎょせん **漁船** gyosen	**barco pesquero** *m.* バルコ ペスケロ	fishing boat フィシング ボウト
ぎょそん **漁村** gyoson	**pueblo pesquero** *m.* プエブロ ペスケロ	fishing village フィシング ヴィリヂ
きょだいな **巨大な** kyodaina	**gigantesco(-a)** ヒガンテスコ(-カ)	huge, gigantic ヒューヂ, ヂャイギャンティク
きょっかいする **曲解する** kyokkaisuru	**tergiversar** テルヒベルサル	distort, misconstrue ディストート, ミスコンストルー
きょてん **拠点** kyoten	**base** *f.*, **punto de apoyo** *m.* バセ, プント デ アポジョ	base, stronghold ベイス, ストローングホウルド

日	西	英
きょねん **去年** kyonen	**año pasado** *m.* アニョ パサド	last year ラスト イア
きょひ **拒否** kyohi	**rechazo** *m.* レチャソ	denial, rejection ディナイアル, リチェクション
～する	**rechazar** レチャサル	deny, reject ディナイ, リチェクト
ぎょみん **漁民** gyomin	**pescador(-a)** *m.f.* ペスカドル(-ラ)	fisherman フィシャマン
ぎょらい **魚雷** gyorai	**torpedo** *m.* トルペド	torpedo トーピードウ
きょり **距離** kyori	**distancia** *f.* ディスタンシア	distance ディスタンス
きらいな **嫌いな** kiraina	**odioso(-a), detestado(-a)** オディオソ(-サ), デテスタド(-ダ)	disliked ディスライクト
きらきらする **きらきらする** kirakirasuru	**relucir** レルシル	glitter グリタ
きらくな **気楽な** kirakuna	**optimista** オプティミスタ	optimistic, easy アプティミスティク, イーズィ
きらめく **きらめく** kirameku	**brillar** ブリジャル	glitter, sparkle グリタ, スパークル
きり **錐** kiri	**taladro** *m.* タラドロ	drill, gimlet ドリル, ギムレト
きり **霧** kiri	**niebla** *f.* ニエブラ	fog, mist フォーグ, ミスト
ぎり **義理** giri	**deber** *m.*, **obligación** *f.* デベル, オブリガシオン	duty, obligation デューティ, アブリゲイション
きりあげる **切り上げる** （端数を） kiriageru	**redondear por exceso** レドンデアル ポル エクセソ	round up ラウンド アプ

日	西	英
きりかえる **切り替える** kirikaeru	**cambiar** カンビアル	change チェインヂ
きりさめ **霧雨** kirisame	**llovizna** *f.* ジョビスナ	drizzle ドリズル
ぎりしゃ **ギリシャ** girisha	**Grecia** *f.* グレシア	Greece グリース
〜語	**griego** *m.* グリエゴ	Greek グリーク
きりすてる **切り捨てる** （端数を） kirisuteru	**redondear por defecto** レドンデアル ポル デフェクト	round down ラウンド ダウン
（不要な物を）	**desechar** デセチャル	cut away カト アウェイ
きりすと **キリスト** kirisuto	**Jesucristo** *m.* ヘスクリスト	Christ クライスト
〜教	**cristianismo** *m.* クリスティアニスモ	Christianity クリスチアニティ
きりつ **規律** kiritsu	**orden** *m.*, **disciplina** *f.* オルデン, ディスシプリナ	discipline ディスィプリン
きりつめる **切り詰める** kiritsumeru	**reducir** レドゥシル	reduce, cut down リデュース, カト ダウン
きりぬき **切り抜き** kirinuki	**recorte** *m.* レコルテ	clipping クリピング
きりぬける **切り抜ける** kirinukeru	**librarse** *de* リブラルセ	get through ゲト スルー
きりはなす **切り離す** kirihanasu	**cortar** コルタル	cut off, separate カト オーフ, セパレイト
きりひらく **切り開く** kirihiraku	**abrirse paso** アブリルセ パソ	cut open, cut out カト オウプン, カト アウト

日	西	英
きりふだ **切り札** kirifuda	**triunfo** *m.* トリウンフォ	trump トランプ
きりみ **切り身** kirimi	**filete** *m.* フィレテ	slice, fillet スライス, **フィ**レト
きりゅう **気流** kiryuu	**corriente atmosférica [de aire]** *f.* コリ**エ**ンテ アトモス**フェ**リカ [デ **ア**イレ]	air current **エ**ア **カ**ーレント
きりょく **気力** kiryoku	**vigor** *m.* ビ**ゴ**ル	energy, vigor **エ**ナヂ, **ヴィ**ガ
きりん **麒麟** kirin	**jirafa** *f.* ヒ**ラ**ファ	giraffe ヂ**ラ**フ
きる **切る** kiru	**cortar** コル**タ**ル	cut **カ**ト
（薄く）	**rebanar** レバ**ナ**ル	slice スライス
（鋸で）	**serrar** セ**ラ**ル	saw **ソ**ー
（スイッチを）	**apagar** アパ**ガ**ル	turn off **ター**ン **オ**ーフ
（電話を）	**colgar** コル**ガ**ル	hang up **ハ**ング **ア**プ
きる **着る** kiru	**ponerse** ポ**ネ**ルセ	put on **プ**ト **オ**ン
きれ **切れ** kire　　　（布）	**tela** *f.*, **trapo** *m.* **テ**ラ, ト**ラ**ポ	cloth ク**ロ**ース
（個・枚・片）	**trozo** *m.* ト**ロ**ソ	piece, cut **ピ**ース, **カ**ト
きれいな **きれいな** kireina	**bonito(-a)**, Ⓐ**lindo(-a)** ボ**ニ**ト(-タ), **リ**ンド(-タ)	pretty, beautiful プ**リ**ティ, **ビュ**ーティフル

日	西	英
（清潔な）	**limpio(-a)** リンピオ(・ア)	clean クリーン
きれいに **きれいに** （完全に） kireini	**completamente** コンプレタメンテ	completely コンプリートリ
（美しく）	**maravillosamente** マラビジョサメンテ	beautifully ビューティフリ
きれつ **亀裂** kiretsu	**grieta** *f.* グリエタ	crack, fissure クラク, フィシャ
きれる **切れる** （物が） kireru	**cortar bien** コルタル ビエン	cut well カト ウェル
（電話が）	**cortarse** コルタルセ	(be) cut off (ビ) カト オフ
（なくなる）	**acabarse** アカバルセ	(be) out of (ビ) アウト オヴ
（頭が）	**listo(-a)** リスト(・タ)	brilliant, sharp ブリリアント, シャープ
きろく **記録** kiroku	**registro** *m.* レヒストロ	record レコド
〜する	**registrar, grabar** レヒストラル, グラバル	record リコード
きろぐらむ **キログラム** kiroguramu	**kilogramo** *m.* キログラモ	kilogram キログラム
きろめーとる **キロメートル** kiromeetoru	**kilómetro** *m.* キロメトロ	kilometer キラミタ
きろりっとる **キロリットル** kirorittoru	**kilolitro** *m.* キロリトロ	kiloliter キロリータ
きろわっと **キロワット** kirowatto	**kilovatio** *m.* キロバティオ	kilowatt キロワト
ぎろん **議論** giron	**disputa** *f.* ディスプタ	argument アーギュメント

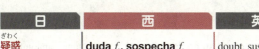

日	西	英
<small>ぎわく</small> **疑惑** giwaku	**duda** *f.*, **sospecha** *f.* ドゥダ, ソスペチャ	doubt, suspicion ダウト, サスピション
<small>きわだつ</small> **際立つ** kiwadatsu	**destacar(se)** デスタカル(セ)	stand out スタンド アウト
<small>きわどい</small> **際どい** kiwadoi	**peligroso(-a)**, **arriesgado(-a)** ペリグロソ(-サ), アリエスガド(-ダ)	dangerous, risky デインヂャラス, リスキ
<small>きわめて</small> **極めて** kiwamete	**muy** ムイ	very, extremely ヴェリ, イクストリームリ
<small>きん</small> **金** kin	**oro** *m.* オロ	gold ゴウルド
〜色の	**dorado(-a)** ドラド(-ダ)	gold ゴウルド
<small>ぎん</small> **銀** gin	**plata** *f.* プラタ	silver スィルヴァ
〜色の	**plateado(-a)** プラテアド(-ダ)	silver スィルヴァ
<small>きんいつの</small> **均一の** kin-itsuno	**uniforme** ウニフォルメ	uniform ユーニフォーム
<small>きんえん</small> **禁煙** kin-en	**Prohibido fumar.** プロイビド フマル	No Smoking. ノウ スモウキング
<small>きんか</small> **金貨** kinka	**moneda de oro** *f.* モネダ デ オロ	gold coin ゴウルド コイン
<small>ぎんか</small> **銀貨** ginka	**moneda de plata** *f.* モネダ デ プラタ	silver coin スィルヴァ コイン
<small>ぎんが</small> **銀河** ginga	**galaxia** *f.*, **Vía Láctea** *f.* ガラクシア, ビア ラクテア	Galaxy ギャラクスィ
<small>きんかい</small> **近海** kinkai	**aguas costeras** *f.pl.*, **zona litoral** *f.* アグアス コステラス, ソナ リトラル	coastal waters コウスタル ウォーターズ

日	西	英
きんがく **金額** kingaku	**suma (de dinero)** *f.*, **im-porte** *m.* スマ (デ ディネロ), インポルテ	sum, amount of money サム, アマウント オヴ マニ
きんがん **近眼** kingan	**miopía** *f.* ミオピア	near-sightedness ニアサイテドネス
きんかんがっき **金管楽器** kinkangakki	**instrumentos metales** *m.pl.* インストゥルメントス メタレス	brass instrument ブラス インストルメント
きんきゅうの **緊急の** kinkyuuno	**urgente** ウルヘンテ	urgent アーヂェント
きんこ **金庫** kinko	**caja fuerte** *f.* カハ フエルテ	safe, vault セイフ, ヴォールト
きんこう **均衡** kinkou	**equilibrio** *m.* エキリブリオ	balance バランス
ぎんこう **銀行** ginkou	**banco** *m.* バンコ	bank バンク
〜員	**empleado(-a) de banca** *m.f.* エンプレアド(-ダ) デ バンカ	bank clerk バンク クラーク
きんし **禁止** kinshi	**prohibición** *f.* プロイビシオン	prohibition, ban プロウヒビション, バン
〜する	**prohibir** プロイビル	forbid, prohibit フォビド, プロヒビト
きんしゅ **禁酒** kinshu	**abstinencia del alcohol** *f.* アブスティネンシア デル アルコオル	abstinence from alcohol アブスティネンス フラム アルコホール
きんしゅく **緊縮** kinshuku	**reducción de gastos** *f.*, **austeridad** *f.* レドゥクシオン デ ガストス, アウステリダド	retrenchment リトレンチメント
きんじょ **近所** kinjo	**vecindad** *f.* ベシンダド	neighborhood ネイバフド
きんじる **禁じる** kinjiru	**prohibir** プロイビル	forbid, prohibit フォビド, プロヒビト

日	西	英
きんせい **近世** kinsei	**comienzos de la era moderna** *m.pl.* コミエンソス デラ エラ モデルナ	early modern ages アーリ マダン エイヂズ
きんせい **金星** kinsei	**Venus** *m.* ベヌス	Venus ヴィーナス
きんぞく **金属** kinzoku	**metal** *m.* メタル	metal メトル
きんだい **近代** kindai	**era moderna** *f.* エラ モデルナ	modern ages マダン エイヂズ
きんちょうする **緊張する** kinchousuru	**(estar) tenso(-a)** (エスタル) テンソ(-サ)	(be) tense (ビ) テンス
きんとう **近東** kintou	**Cercano Oriente** *m.*, **Oriente Próximo** *m.* セルカノ オリエンテ, オリエンテ プロクシモ	Near East ニア イースト
きんにく **筋肉** kinniku	**músculos** *m.pl.* ムスクロス	muscles マスルズ
きんぱつ **金髪** kinpatsu	**pelo rubio** *m.* ペロ ルビオ	blonde hair, fair hair ブランド ヘア, フェア ヘア
きんべんな **勤勉な** kinbenna	**laborioso(-a)** ラボリオソ(-サ)	industrious インダストリアス
ぎんみする **吟味する** ginmisuru	**examinar, escrutar** エクサミナル, エスクルタル	scrutinize スクルーティナイズ
きんむ **勤務** kinmu	**servicio** *m.* セルビシオ	service, duty サーヴィス, デューティ
〜する	**trabajar** トラバハル	serve, work サーヴ, ワーク
きんめだる **金メダル** kinmedaru	**medalla de oro** *f.* メダジャ デ オロ	gold medal ゴウルド メドル
ぎんめだる **銀メダル** ginmedaru	**medalla de plata** *f.* メダジャ デ プラタ	silver medal スィルヴァ メドル

日	西	英
きんゆう **金融** kin-yuu	**finanzas** *f.pl.* フィナンサス	finance フィナンス
きんようび **金曜日** kin-youbi	**viernes** *m.* ビエルネス	Friday フライデイ
きんよくてきな **禁欲的な** kin-yokutekina	**austero(-a)** アウステロ(·ラ)	ascetic, austere アセティク, オースティア
きんり **金利** kinri	**tipo de interés** *m.* ティポ デ インテレス	interest rates インタレスト レイツ
きんりょく **筋力** kinryoku	**fuerza muscular** *f.* フエルサ ムスクラル	muscular power マスキュラ パウア
きんろう **勤労** kinrou	**trabajo** *m.* トラバホ	labor, work, Ⓑ labour レイバ, ワーク, レイバ

く, ク

日	西	英
く **区** ku	**distrito** *m.* ディストリト	ward, district ウォード, ディストリクト
ぐあい **具合** guai	**condición** *f.*, **estado** *m.* コンディシオン, エスタド	condition, state コンディション, ステイト
ぐあむ **グアム** guamu	**Guam** *f.* グアム	Guam グワーム
くい **悔い** kui	**arrepentimiento** *m.* アレペンティミエント	regret, remorse リグレト, リモース
くい **杭** kui	**estaca** *f.* エスタカ	stake, pile ステイク, パイル
くいき **区域** kuiki	**zona** *f.* ソナ	area, zone エアリア, ゾウン
くいず **クイズ** kuizu	**adivinanza** *f.* アディビナンサ	quiz クウィズ

日	西	英
くいちがう **食い違う** kuichigau	**discrepar** *de* ディスクレパル	conflict with カンフリクト ウィズ
くいんてっと **クインテット** kuintetto	**quinteto** *m.* キンテト	quintet クウィンテト
くうぇーと **クウェート** kuweeto	**Kuwait** *m.* クバイト	Kuwait クウェイト
くうかん **空間** kuukan	**espacio** *m.* エスパシオ	space, room スペイス, ルーム
くうき **空気** kuuki	**aire** *m.* アイレ	air エア
くうきょ **空虚** kuukyo	**vacío** *m.* バシオ	emptiness エンプティネス
くうぐん **空軍** kuugun	**ejército del aire** *m.* エヘルシト デル アイレ	air force エア フォース
くうこう **空港** kuukou	**aeropuerto** *m.* アエロプエルト	airport エアポート
くうしゅう **空襲** kuushuu	**ataque aéreo** *m.* アタケ アエレオ	air raid エア レイド
ぐうすう **偶数** guusuu	**número par** *m.* ヌメロ パル	even number イーヴン ナンバ
くうせき **空席** kuuseki	**asiento libre** *m.* アシエント リブレ	vacant seat ヴェイカント スィート
(ポストの)	**puesto vacante** *m.* プエスト バカンテ	vacant position ヴェイカント ポズィション
ぐうぜん **偶然** guuzen	**casualidad** *f.* カスアリダド	chance, accident チャンス, アクスィデント
～に	**por casualidad** ポル カスアリダド	by chance バイ チャンス

日	西	英
くうぜんの **空前の** kuuzenno	**inaudito(-a), sin prece-dentes** イナウディト(-タ), シン プレセデンテス	unprecedented アンプレセデンテド
くうそう **空想** kuusou	**fantasía** f., **ilusión** f. ファンタスィア, イルシオン	fantasy, daydream ファンタスィ, デイドリーム
〜する	**imaginarse, fantasear** イマヒナルセ, ファンタセアル	imagine, fantasize イマヂン, ファンタサイズ
ぐうぞう **偶像** guuzou	**ídolo** m. イドロ	idol アイドル
くーでたー **クーデター** kuudetaa	**golpe de estado** m. ゴルペ デ エスタド	coup (d'état) クー (デイター)
くうはく **空白** kuuhaku	**espacio en blanco** m. エスパシオ エン ブランコ	blank ブランク
くうふくである **空腹である** kuufukudearu	**tener hambre** テネル アンブレ	(be) hungry (ビ) ハングリ
くうゆ **空輸** kuuyu	**transporte aéreo [por avión]** m. トランスポルテ アエレオ [ポル アビオン]	air transport エア トランスポート
くーらー **クーラー** kuuraa	**aire acondicionado** m. アイレ アコンディシオナド	air conditioner エア コンディショナ
くおーつ **クオーツ** kuootsu	**cuarzo** m. クアルソ	quartz クウォーツ
くかく **区画** kukaku	**división** f. ディビシオン	division ディヴィジョン
くがつ **九月** kugatsu	**septiembre** m. セプティエンブレ	September セプテンバ
くかん **区間** kukan	**sección** f. セクシオン	section セクション
くき **茎** kuki	**tallo** m. タジョ	stalk, stem ストーク, ステム

日	西	英
くぎ 釘 kugi	**clavo** *m.* クラボ	nail **ネ**イル
くきょう 苦境 kukyou	**situación difícil** *f.* シトゥアシ**オ**ン ディ**フィ**シル	difficult situation **ディ**フィカルト　スィチュ**エ**イ ション
くぎり 区切り kugiri	**pausa** *f.* パウサ	pause **ポ**ーズ
（終わり）	**final** *m.* フィ**ナ**ル	end **エ**ンド
くぎる 区切る kugiru	**dividir** ディビ**ディ**ル	divide ディ**ヴァ**イド
くさ 草 kusa	**hierba** *f.* イ**エ**ルバ	grass **グ**ラス
くさい 臭い kusai	**maloliente** マロリ**エ**ンテ	smelly, stinking ス**メ**リ，ス**ティ**ンキング
くさり 鎖 kusari	**cadena** *f.* カ**デ**ナ	chain **チェ**イン
くさる 腐る kusaru	**pudrirse** プド**リ**ルセ	rot, go bad **ラ**ト，**ゴ**ウ バド
くし 櫛 kushi	**peine** *m.* **ペ**イネ	comb **コ**ウム
くじ くじ kuji	**sorteo** *m.* ソル**テ**オ	lot, lottery **ラ**ト，**ラ**タリ
くじく 挫く kujiku	**torcer** トル**セ**ル	sprain, wrench ス**プ**レイン，**レ**ンチ
（落胆させる）	**desanimar** デサニ**マ**ル	discourage ディス**カ**ーリヂ
くじける 挫ける kujikeru	**desanimarse** デサニ**マ**ルセ	(be) discouraged (ビ) ディス**カ**ーリヂド
くじゃく 孔雀 kujaku	**pavo real** *m.* **パ**ボ レ**ア**ル	peacock **ピ**ーカク

日	西	英
くしゃみ **くしゃみ** kushami	**estornudo** *m.* エストルヌド	sneeze スニーズ
くじょう **苦情** kujou	**queja** *f.* ケハ	complaint コンプレイント
くしょうする **苦笑する** kushousuru	**sonreír forzadamente** ソンレイル フォルサダメンテ	force a smile フォース ア スマイル
くじら **鯨** kujira	**ballena** *f.* バジェナ	whale (ホ)ウェイル
くしんする **苦心する** kushinsuru	**afanarse** アファナルセ	take pains テイク ペインズ
くず **屑** kuzu	**desechos** *m.pl.* デセチョス	waste, rubbish ウェイスト, ラビシュ
ぐずぐずする **ぐずぐずする** guzuguzusuru	**tardar mucho, vacilar** タルダル ムチョ, バシラル	(be) slow, hesitate (ビ) スロウ, ヘズィテイト
くすぐったい **くすぐったい** kusuguttai	**cosquilloso(-*a*)** コスキジョソ(-サ)	ticklish ティクリシュ
くずす **崩す** kuzusu	**destruir, derribar** デストルイル, デリバル	pull down, break プル ダウン, ブレイク
(お金を)	**cambiar** カンビアル	change チェインヂ
くすり **薬** kusuri	**medicamento** *m.* メディカメント	medicine, drug メディスィン, ドラグ
〜屋	**farmacia** *f.* ファルマシア	pharmacy, drug-store ファーマスィ, ドラグストー
くすりゆび **薬指** kusuriyubi	**dedo anular** *m.* デド アヌラル	ring finger リング フィンガ
くずれる **崩れる** (形が) kuzureru	**deformarse** デフォルマルセ	get out of shape ゲト アウト オヴ シェイプ

日	西	英
(崩れ落ちる)	**derrumbarse** デルンバルセ	crumble, collapse クランブル, コラプス
くすんだ **くすんだ** kusunda	**sombrío(-a)** ソンブリオ(-ア)	somber サンバ
くせ **癖** kuse	**manía** *f.*, **costumbre** *f.* マニア, コストゥンブレ	habit ハビト
ぐたいてきな **具体的な** gutaitekina	**concreto(-a)** コンクレト(-タ)	concrete カンクリート
くだく **砕く** kudaku	**romper** ロンペル	break, smash ブレイク, スマシュ
くだける **砕ける** kudakeru	**romperse** ロンペルセ	break, (be) broken ブレイク, (ビ) ブロウクン
くだもの **果物** kudamono	**fruta** *f.* フルタ	fruit フルート
～店	**frutería** *f.* フルテリア	fruit store フルート ストー
くだらない **下らない** kudaranai	**insignificante** インシグニフィカンテ	trifling, trivial トライフリング, トリヴィアル
くだり **下り** kudari	**bajada** *f.* バハダ	descent ディセント
(下り列車)	**tren descendente** *m.* トレン デセンデンテ	down train ダウン トレイン
くだる **下る** kudaru	**bajar** バハル	go down, descend ゴウ ダウン, ディセンド
くち **口** kuchi	**boca** *f.* ボカ	mouth マウス
ぐち **愚痴** guchi	**queja** *f.* ケハ	gripe, idle complaint グライプ, アイドル コンプレイント

日	西	英
くちげんか **口喧嘩** kuchigenka	**discusión** *f.* ディスクシオン	quarrel クウォレル
くちばし **嘴** kuchibashi	**pico** *m.* ピコ	beak, bill ビーク, ビル
くちびる **唇** kuchibiru	**labio** *m.* ラビオ	lip リプ
くちぶえ **口笛** kuchibue	**silbido** *m.* シルビド	whistle (ホ)**ウィ**スル
くちべに **口紅** kuchibeni	**barra de labios** *f.* バラ デ ラビオス	rouge, lipstick ルージュ, リプスティク
くちょう **口調** kuchou	**tono** *m.* トノ	tone トウン
くつ **靴** kutsu	**zapatos** *m.pl.* サパトス	shoes, boots シューズ, ブーツ
～ひも	**cordón del zapato** *m.* コルドン デル サパト	shoestring シューストリング
くつう **苦痛** kutsuu	**dolor** *m.* ドロル	pain, agony ペイン, アゴニ
くつがえす **覆す** kutsugaesu	**derribar** デリバル	upset, overthrow アプセト, オウヴァスロウ
くっきー **クッキー** kukkii	**galleta** *f.* ガジェタ	cookie, ⑧biscuit クキ, ビスキト
くつした **靴下** kutsushita	**calcetines** *m.pl.* カルセティネス	socks, stockings サクス, スタキングズ
くっしょん **クッション** kusshon	**cojín** *m.* コヒン	cushion クション
くっせつ **屈折** kussetsu	**refracción** *f.* レフラクシオン	refraction リーフラクション
くっつく **くっつく** kuttsuku	**pegarse** *a* ペガルセ	cling to, stick to クリング トゥ, スティク トゥ

日	西	英
くっつける **くっつける** kuttsukeru	**unir** ウニル	join, stick **チョ**イン, ス**ティ**ク
くつろぐ **寛ぐ** kutsurogu	**relajarse, ponerse có-modo(-a)** レラ**ハ**ルセ, ポ**ネ**ルセ コ**モ**ド(-ダ)	relax, make one-self at home リ**ラ**クス, メイク アト **ホ**ウム
くどい **くどい** (味が) kudoi	**demasiado condimenta-do(-a)** デマシ**ア**ド コンディメン**タ**ド(-ダ)	heavy, oily **ヘ**ヴィ, **オ**イリ
(話が)	**prolijo(-a)** プロ**リ**ホ(-ハ)	verbose ヴァー**ボ**ウス
くとうてん **句読点** kutouten	**signos de puntuación** *m.pl.* **シ**グノス デ プントゥァ**シ**オン	punctuation marks パンクチュ**エ**イション **マ**ークス
くどく **口説く** (言い寄る) kudoku	**cortejar, camelar** コルテ**ハ**ル, カメ**ラ**ル	chat up **チャ**ト **ア**プ
(説得する)	**persuadir** ペルスア**ディ**ル	persuade パス**ウェ**イド
くに **国** kuni	**país** *m.* パ**イ**ス	country **カ**ントリ
(祖国)	**patria** *f.* **パ**トリア	home country, homeland, Ⓑfa-therland **ホ**ウム **カ**ントリ, **ホ**ウムランド, **ファ**ーザランド
(政治機構としての)	**estado** *m.* エス**タ**ド	state ス**テ**イト
くばる **配る** (配達する) kubaru	**repartir** レパル**ティ**ル	deliver ディ**リ**ヴァ
(配布する)	**distribuir** ディストリ**ブイ**ル	distribute ディスト**リ**ビュート
くび **首** kubi	**cuello** *m.* ク**エ**ジョ	neck **ネ**ク
(頭部)	**cabeza** *f.* カ**ベ**サ	head **ヘ**ド

日		西	英
	（免職）	**despido** *m.* デスピド	dismissal ディスミサル
くふう **工夫** kufuu		**invención** *f.*, **idea** *f.* インベンシオン, イデア	device, idea ディヴァイス, アイディーア
〜する		**idear, inventar** イデアル, インベンタル	devise, contrive ディヴァイズ, コントライヴ
くぶん **区分** kubun	（分割）	**división** *f.* ディビシオン	division ディヴィジョン
	（分類）	**clasificación** *f.* クラシフィカシオン	classification クラシフィケイション
くべつ **区別** kubetsu		**diferenciación** *f.* ディフェレンシアシオン	distinction ディスティンクション
くぼみ **窪み** kubomi		**hueco** *m.*, **cavidad** *f.* ウエコ, カビダド	dent, hollow デント, ハロウ
くま **熊** kuma		**oso(-a)** *m.f.* オソ(·サ)	bear ベア
くみ **組** kumi	（一対）	**par** *m.* パル	pair ペア
	（一揃い）	**juego** *m.* フエゴ	set セト
	（グループ）	**grupo** *m.* グルポ	group, team グループ, ティーム
	（学級）	**clase** *f.* クラセ	class クラス
くみあい **組合** kumiai		**asociación** *f.* アソシアシオン	association, union アソウスィエイション, ユーニョン
くみあわせ **組み合わせ** kumiawase		**combinación** *f.* コンビナシオン	combination カンビネイション

191

日	西	英
くみたてる **組み立てる** kumitateru	**ensamblar, montar** エンサンブラル, モンタル	put together, assemble プトトゲザ, アセンブル
くむ **汲む** kumu	**sacar** サカル	draw ドロー
くむ **組む** kumu	**unir** *con* ウニル	unite with ユーナイトウィズ
くも **雲** kumo	**nube** *f.* ヌベ	cloud クラウド
くも **蜘蛛** kumo	**araña** *f.* アラニャ	spider スパイダ
くもり **曇り** kumori	**nubosidad** *f.* ヌボシダド	cloudy weather クラウディウェザ
～の	**nublado(-a)** ヌブラド(-ダ)	cloudy クラウディ
くもる **曇る** kumoru	**nublarse** ヌブラルセ	(become) cloudy (ビカム) クラウディ
くやしい **悔しい** kuyashii	**sentirse frustrado(-a) [humillado(-a)]** センティルセ フルストラド(-ダ) [ウミジャド(-ダ)]	mortifying, frustrating モーティファイング, フラストレイティング
くやむ **悔やむ** kuyamu	**arrepentirse** *de* アレペンティルセ	repent, regret リペント, リグレト
くらい **暗い** kurai	**oscuro(-a)** オスクロ(-ラ)	dark, gloomy ダーク, グルーミ
ぐらいだー **グライダー** guraidaa	**planeador** *m.* プラネアドル	glider グライダ
くらいまっくす **クライマックス** kuraimakkusu	**clímax** *m.* クリマクス	climax クライマクス
ぐらうんど **グラウンド** guraundo	**terreno de juego** *m.* テレノ デ フエゴ	ground, field グラウンド, **フィールド**

日	西	英
くらし **暮らし** kurashi	**vida** *f.* ビダ	life, living ライフ, リヴィング
くらしっく **クラシック** kurashikku	**música clásica** *f.* ムシカ クラシカ	classic クラスィク
くらす **暮らす** kurasu	**vivir** ビビル	live, make a living ライヴ, メイク ア リヴィング
ぐらす **グラス** gurasu	**vaso** *m.* バソ	glass グラス
ぐらすふぁいばー **グラスファイバー** gurasufaibaa	**fibra de vidrio** *f.* フィブラ デ ビドリオ	glass fiber グラス ファイバ
くらっち **クラッチ** kuracchi	**embrague** *m.* エンブラゲ	clutch クラチ
ぐらびあ **グラビア** gurabia	**fotograbado** *m.* フォトグラバド	photogravure フォウトグラヴュア
くらぶ **クラブ** （同好会・集会所） kurabu	**club** *m.* クルブ	club クラブ
（ゴルフの）	**palo de golf** *m.* パロ デ ゴルフ	club クラブ
ぐらふ **グラフ** gurafu	**gráfico** *m.* グラフィコ	graph グラフ
くらべる **比べる** kuraberu	**comparar** コンパラル	compare コンペア
ぐらむ **グラム** guramu	**gramo** *m.* グラモ	gram, Ⓑgramme グラム, グラム
くらやみ **暗闇** kurayami	**oscuridad** *f.* オスクリダド	darkness, (the) dark ダークネス, (ザ) ダーク
くらりねっと **クラリネット** kurarinetto	**clarinete** *m.* クラリネテ	clarinet クラリネト

日	西	英
<ruby>グランドピアノ<rt>ぐらんどぴあの</rt></ruby> gurandopiano	**piano de cola** *m.* ピアノ デ コラ	grand piano グランド ピアーノウ
<ruby>栗<rt>くり</rt></ruby> kuri	**castaña** *f.* カスタニャ	chestnut チェスナト
<ruby>クリーニング<rt>くりーにんぐ</rt></ruby> kuriiningu	**limpieza** *f.* リンピエサ	cleaning クリーニング
～店	**lavandería** *f.* ラバンデリア	dry cleaner, laundry service ドライ クリーナ, ローンドリ サーヴィス
<ruby>クリーム<rt>くりーむ</rt></ruby> kuriimu	**crema** *f.* クレマ	cream クリーム
<ruby>繰り返し<rt>くりかえし</rt></ruby> kurikaeshi	**repetición** *f.* レペティシオン	repetition, refrain レペティション, リフレイン
<ruby>繰り返す<rt>くりかえす</rt></ruby> kurikaesu	**repetir** レペティル	repeat リピート
<ruby>繰り越す<rt>くりこす</rt></ruby> kurikosu	**transferir** トランスフェリル	carry forward キャリ フォーワド
<ruby>クリスタル<rt>くりすたる</rt></ruby> kurisutaru	**cristal** *m.* クリスタル	crystal クリスタル
<ruby>クリスチャン<rt>くりすちゃん</rt></ruby> kurisuchan	**cristiano(-a)** *m.f.* クリスティアノ(-ナ)	Christian クリスチャン
<ruby>クリスマス<rt>くりすます</rt></ruby> kurisumasu	**Navidad** *f.* ナビダド	Christmas クリスマス
～イブ	**Nochebuena** *f.* ノチェブエナ	Christmas Eve クリスマス イーヴ
<ruby>クリックする<rt>くりっくする</rt></ruby> kurikkusuru	**hacer clic** アセル クリク	click クリク
<ruby>クリップ<rt>くりっぷ</rt></ruby> kurippu	**clip** *m.* クリプ	clip クリプ

日	西	英
くりにっく **クリニック** kurinikku	**clínica** *f.* クリニカ	clinic クリニク
くる **来る** kuru	**venir** ベニル	come, arrive カム, アライヴ
くるう **狂う** kuruu	**volverse loco(-a)** ボルベルセ ロコ(- カ)	go insane ゴウ インセイン
(調子が)	**ir mal, estropearse** イル マル, エストロペアルセ	go wrong, go out of order ゴウ ローング, ゴウ アウト オヴ オーダ
(計画などが)	**trastornarse** トラストルナルセ	(be) upset (ビ) アプセト
ぐるーぷ **グループ** guruupu	**grupo** *m.* グルポ	group グループ
くるしい **苦しい** (苦痛である) kurushii	**doloroso(-a)** ドロロソ(- サ)	painful, hard ペインフル, ハード
(困難な)	**difícil** ディフィシル	hard, difficult ハード, ディフィカルト
くるしみ **苦しみ** kurushimi	**sufrimiento** *m.* スフリミエント	pain, suffering ペイン, サファリング
くるしむ **苦しむ** (困る) kurushimu	**tener problemas, estar apurado(-a)** テネル プロブレマス, エスタル アプラド(- ダ)	(be) troubled with (ビ) トラブルド ウィズ
(悩む)	**sufrir** *de* スフリル	suffer from サファ フラム
くるしめる **苦しめる** kurushimeru	**atormentar** アトルメンタル	torment トーメント
くるぶし **くるぶし** kurubushi	**tobillo** *m.* トビジョ	ankle アンクル
くるま **車** kuruma	**coche** *m.*, Ⓐ**carro** *m.* コチェ, カロ	car カー

日	西	英
（車輪）	**rueda** *f.* ルエダ	wheel (ホ)**ウィ**ール
くるまいす **車椅子** kurumaisu	**silla de ruedas** *f.* シジャ デル**エ**ダス	wheelchair (ホ)**ウィ**ールチェア
くるまえび **車海老** kurumaebi	**langostino** *m.* ランゴス**ティ**ノ	tiger prawn **タ**イガ プ**ロ**ーン
くるみ **胡桃** kurumi	**nuez** *f.* ヌ**エ**ス	walnut **ウォ**ールナト
くるむ **くるむ** kurumu	**envolver** エンボル**ベ**ル	wrap up **ラ**プ **ア**プ
くれ **暮れ** kure	**fin de año** *m.* **フィ**ン デ **ア**ニョ	year-end **イ**アレンド
（夕暮れ）	**anochecer** *m.* アノチェ**セ**ル	nightfall **ナ**イトフォール
ぐれーぷふるーつ **グレープフルーツ** gureepufuruutsu	**pomelo** *m.*, Ⓐ**toronja** *f.* ポ**メ**ロ，ト**ロ**ンハ	grapefruit グ**レ**イプフルート
くれーむ **クレーム** kureemu	**reclamación** *f.* レクラマ**シオ**ン	claim, complaint ク**レ**イム，コンプ**レ**イント
くれーん **クレーン** kureen	**grúa** *f.* グ**ル**ア	crane ク**レ**イン
くれじっと **クレジット** kurejitto	**crédito** *m.* ク**レ**ディト	credit ク**レ**ディト
〜カード	**tarjeta de crédito** *f.* タル**ヘ**タ デ ク**レ**ディト	credit card ク**レ**ディト **カ**ード
くれそん **クレソン** kureson	**berro** *m.* **ベ**ロ	watercress **ウォ**ータクレス
くれよん **クレヨン** kureyon	**lápiz de cera** *m.* **ラ**ピス デ **セ**ラ	crayon ク**レ**イアン
くれる **くれる** kureru	**dar** **ダ**ル	give, present **ギ**ヴ，プリ**ゼ**ント

日	西	英
くれんざー **クレンザー** kurenzaa	**limpiador** *m.* リンピアドル	cleanser クレンザ
くろ **黒** kuro	**negro** *m.* ネグロ	black ブラク
くろい **黒い** kuroi	**negro(-a)** ネグロ(-ラ)	black ブラク
（日焼けして）	**bronceado(-a)** ブロンセアド(-ダ)	suntanned サンタンド
くろうする **苦労する** kurousuru	**sufrir, esforzarse** スフリル, エスフォルサルセ	suffer, work hard サファ, ワーク ハード
くろうと **玄人** kurouto	**experto(-a)** *m.f.*, **profe-sional** *m.f.* エクスペルト(-タ), プロフェシオナル	expert, profession-al エクスパート, プロフェショナル
くろーく **クローク** kurooku	**guardarropa** *m.* グアルダロパ	cloakroom クロウクルーム
くろーぜっと **クローゼット** kuroozetto	**armario** *m.* アルマリオ	closet, wardrobe クラーゼト, ウォードロウブ
くろーる **クロール** kurooru	**crol** *m.* クロル	crawl クロール
くろじ **黒字** kuroji	**superávit** *m.*, **excedente** *m.* スペラビト, エクスセデンテ	surplus, (the) black サープラス, (ザ) ブラク
くろすわーど **クロスワード** kurosuwaado	**crucigrama** *m.* クルシグラマ	crossword クロースワード
ぐろてすくな **グロテスクな** gurotesukuna	**grotesco(-a)** グロテスコ(-カ)	grotesque グロウテスク
くろの **黒の** kurono	**negro(-a)** ネグロ(-ラ)	black ブラク
くろまく **黒幕** kuromaku	**intrigante** *m.f.* イントリンガンテ	wirepuller ワイアプラ

日	西	英
くわえる **加える** kuwaeru	**añadir** *a* アニャ**ディ**ル	add to **ア**ド トゥ
くわしい **詳しい** kuwashii	**detallado(-a)** デタ**ジャ**ド(-ダ)	detailed ディ**テ**イルド
（よく知っている）	**(estar) versado(-a)** *en*, **conocer bien** (エス**タ**ル) ベル**サ**ド(-ダ), コ**ノ**セル ビエン	(become) acquaint- ed with (ビ**カ**ム) アク**ウェ**インテド ウィ ズ
くわだてる **企てる** kuwadateru	**tramar, planear** トラ**マ**ル, プラネ**ア**ル	plan, plot プ**ラ**ン, プ**ラ**ト
くわわる **加わる** kuwawaru	**participar** *en*, **unirse** パルティシ**パ**ル, ウ**ニ**ルセ	join, enter **ヂョ**イン, **エ**ンタ
ぐん **軍** gun	**ejército** *m.* エ**ヘ**ルシト	army, forces **ア**ーミ, **フォ**ーセズ
ぐん **郡** gun	**distrito** *m.* ディスト**リ**ト	county **カ**ウンティ
ぐんかん **軍艦** gunkan	**buque de guerra** *m.* **ブ**ケ デ **ゲ**ラ	warship **ウォ**ーシプ
ぐんじ **軍事** gunji	**asuntos militares** *m.pl.* ア**ス**ントス ミリ**タ**レス	military affairs **ミ**リテリ ア**フェ**アズ
ぐんしゅう **群衆** gunshuu	**muchedumbre** *f.* ムチェ**ドゥ**ンブレ	crowd ク**ラ**ウド
ぐんしゅく **軍縮** gunshuku	**desarme** *m.*, **reducción** **armamentística** *f.* デ**サ**ルメ, レ**ドゥ**クシ**オ**ン アルママ**メン**ティスティ カ	armaments reduc- tion **アー**マメンツ リ**ダ**クション
くんしょう **勲章** kunshou	**condecoración** *f.* コンデコラシ**オ**ン	decoration デコ**レ**イション
ぐんじん **軍人** gunjin	**soldado** *m.f.*, **militar** *m.f.* ソル**ダ**ド, ミリ**タ**ル	soldier, service- man **ソ**ウルヂャ, **サ**ーヴィスマン
くんせいの **燻製の** kunseino	**ahumado(-a)** アウ**マ**ド(-ダ)	smoked ス**モ**ウクト

日	西	英
ぐんたい **軍隊** guntai	**ejército** *m.* エヘルシト	army, troops アーミ, トループス
ぐんび **軍備** gunbi	**armamentos** *m.pl.* アルマメントス	armaments アーマメンツ
くんれん **訓練** kunren	**entrenamiento** *m.* エントレナミエント	training トレイニング
〜**する**	**entrenar** エントレナル	train, drill トレイン, ドリル

け, ケ

日	西	英
け **毛** ke	**pelo** *m.* ペロ	hair ヘア
(獣毛)	**piel** *f.* ピエル	fur ファー
(羊毛)	**lana** *f.* ラナ	wool ウル
けい **刑** kei	**pena** *f.*, **sentencia** *f.* ペナ, センテンシア	penalty, sentence ペナルティ, センテンス
げい **芸** gei	**arte** *m.* アルテ	art, accomplish-ments アート, アカンプリシュメンツ
けいえい **経営** keiei	**gestión** *f.* ヘスティオン	management マニヂメント
〜**者**	**gerente** *m.f.* ヘレンテ	manager マニヂャ
〜**する**	**gestionar, regentar** ヘスティオナル, レヘンタル	manage, run マニヂ, ラン
けいか **経過** keika	**paso** *m.* パソ	progress プラグレス

日	西	英
けいかい **警戒** keikai	**precaución** *f.* プレカウシオン	caution, precaution コーション, プリコーション
～する	**vigilar** ビヒラル	guard against ガード アゲンスト
けいかいな **軽快な** keikaina	**ligero(-a)** リヘロ(-ラ)	light, nimble ライト, ニンブル
けいかく **計画** keikaku	**plan** *m.* プラン	plan, project プラン, プラヂェクト
～する	**planificar, proyectar** プラニフィカル, プロジェクタル	plan, project プラン, プロヂェクト
けいかん **警官** keikan	**agente de policía** *m.f.* アヘンテ デ ポリシア	police officer ポリース オーフィサ
けいき **景気** (業績) keiki	**situación económica** *f.* シトゥアシオン エコノミカ	economic state イーコナミク ステイト
(市況)	**mercado** *m.* メルカド	market マーケト
けいけん **経験** keiken	**experiencia** *f.* エクスペリエンシア	experience イクスピアリアンス
～する	**tener la experiencia** *de* テネル ラ エクスペリエンシア	experience イクスピアリアンス
けいこ **稽古** (リハーサル) keiko	**ensayo** *m.* エンサジョ	rehearsal リハーサル
(練習・訓練)	**práctica** *f.* プラクティカ	practice, exercise プラクティス, エクササイズ
けいご **敬語** keigo	**lenguaje de cortesía** *m.* レングアヘ デ コルテシア	honorific アナリフィク
けいこう **傾向** keikou	**tendencia** *f.* テンデンシア	tendency テンデンスィ

日	西	英
けいこうぎょう **軽工業** keikougyou	**industria ligera** *f.* インドゥストリア リヘラ	light industries ライト インダストリズ
けいこうとう **蛍光灯** keikoutou	**luz fluorescente** *f.* ルス フルオレスセンテ	fluorescent lamp フルーオレスント ランプ
けいこく **警告** keikoku	**advertencia** *f.* アドベルテンシア	warning, caution ウォーニング, コーション
～する	**advertir** アドベルティル	warn ウォーン
けいざい **経済** keizai	**economía** *f.*, **finanzas** *f.pl.* エコノミア, フィナンサス	economy, finance イカノミ, フィナンス
～学	**economía** *f.* エコノミア	economics イーコナミクス
～的な	**económico(-a)** エコノミコ(-カ)	economical イーコナミカル
けいさいする **掲載する** keisaisuru	**publicar** プブリカル	publish パブリシュ
けいさつ **警察** keisatsu	**policía** *f.* ポリシア	police ポリース
～官	**agente de policía** *m.f.* アヘンテ デ ポリシア	police officer ポリース オーフィサ
～署	**comisaría de policía** *f.* コミサリア デ ポリシア	police station ポリース ステイション
けいさん **計算** keisan	**cálculo** *m.* カルクロ	calculation キャルキュレイション
～機	**calculadora** *f.* カルクラドラ	calculator キャルキュレイタ
～する	**calcular** カルクラル	calculate, count キャルキュレイト, カウント

日	西	英
けいじ **刑事** keiji	**detective (de policía)** *m.f.* デテク**ティ**ベ (デ ポリ**シ**ア)	detective ディ**テ**クティヴ
けいじ **掲示** keiji	**aviso** *m.*, **boletín** *m.* ア**ビ**ソ, ボレ**ティ**ン	notice, bulletin **ノ**ウティス, **ブ**レティン
〜板	**tablón de anuncios** *m.* タブ**ロ**ン デ ア**ヌ**ンシオス	bulletin board **ブ**レティン **ボ**ード
けいしき **形式** keishiki	**forma** *f.*, **formalidad** *f.* **フォ**ルマ, フォルマリ**ダ**ド	form, formality **フォ**ーム, フォー**マ**リティ
〜的な	**formal** フォル**マ**ル	formal **フォ**ーマル
げいじゅつ **芸術** geijutsu	**arte** *m.* **ア**ルテ	art **ア**ート
〜家	**artista** *m.f.* アル**ティ**スタ	artist **ア**ーティスト
けいしょうする **継承する** keishousuru	**suceder** *a* ス**セ**デル	succeed to サク**ス**ィード トゥ
けいしょく **軽食** keishoku	**comida ligera** *f.* コ**ミ**ダ リ**ヘ**ラ	light meal **ラ**イト **ミ**ール
けいず **系図** keizu	**genealogía** *f.* ヘネアロ**ヒ**ア	genealogy ヂーニ**ア**ロヂ
けいせい **形成** keisei	**formación** *f.* フォルマシ**オ**ン	formation フォー**メ**イション
けいぞくする **継続する** keizokusuru	**continuar** コンティヌ**ア**ル	continue コン**ティ**ニュー
けいそつな **軽率な** keisotsuna	**imprudente** インプル**デ**ンテ	careless, rash **ケ**アレス, **ラ**シュ
けいたい **形態** keitai	**forma** *f.* **フォ**ルマ	form, shape **フォ**ーム, **シェ**イプ

日	西	英
けいたいでんわ **携帯電話** keitaidenwa	**teléfono móvil** *m.*, Ⓐ**celular** *m.* テレフォノ モビル、セルラル	cellphone, Ⓑmobile phone セルフォウン、モウバイル フォウン
けいと **毛糸** keito	**hilo de lana** *m.* イロ デ ラナ	(woolen) yarn (ウルン) ヤーン
けいとう **系統** keitou	**sistema** *m.* システマ	system スィステム
げいにん **芸人** geinin	**artista de variedades** *m.f.* アルティスタ デ バリエダデス	variety entertainer ヴァライエティ エンタテイナ
げいのう **芸能** geinou	**espectáculos** *m.pl.* エスペクタクロス	arts and entertainment アーツ アンド エンタテインメント
〜人	**artista** *m.f.* アルティスタ	entertainer エンタテイナ
けいば **競馬** keiba	**carreras de caballos** *f.pl.* カレラス デ カバジョス	horse racing ホース レイスィング
〜場	**hipódromo** *m.* イポドロモ	race track レイストラク
けいはくな **軽薄な** keihakuna	**frívolo(-a)** フリボロ(-ラ)	frivolous フリヴォラス
けいはつ **啓発** keihatsu	**ilustración** *f.* イルストラシオン	enlightenment インライトンメント
〜する	**ilustrar** イルストラル	enlighten インライトン
けいばつ **刑罰** keibatsu	**castigo** *m.* カスティゴ	punishment パニシュメント
けいはんざい **軽犯罪** keihanzai	**falta leve** *f.* ファルタ レベ	minor offense マイナ オフェンス
けいひ **経費** keihi	**gastos** *m.pl.* ガストス	expenses イクスペンセズ

日	西	英
けいび **警備** keibi	**vigilancia** *f.*, **seguridad** *f.* ビヒランシア, セグリダド	defense, guard ディフェンス, ガード
～する	**guardar** グアルダル	defend, guard ディフェンド, ガード
けいひん **景品** keihin	**premio** *m.*, **prima** *f.* プレミオ, プリマ	premium プリーミアム
けいべつする **軽蔑する** keibetsusuru	**despreciar** デスプレシアル	despise, scorn ディスパイズ, スコーン
けいほう **警報** keihou	**alarma** *f.* アラルマ	warning, alarm ウォーニング, アラーム
けいむしょ **刑務所** keimusho	**prisión** *f.* プリシオン	prison プリズン
けいやく **契約** keiyaku	**contrato** *m.* コントラト	contract カントラクト
～書	**contrato** *m.* コントラト	contract カントラクト
～する	**contratar** コントラタル	contract, sign a contract (with) カントラクト, サイン ア カントラクト (ウィズ)
けいゆ **経由** keiyu	**por medio de** ポル メディオ デ	by way of, via バイ ウェイ オヴ, ヴァイア
けいようし **形容詞** keiyoushi	**adjetivo** *m.* アドヘティボ	adjective アヂェクティヴ
けいり **経理** keiri	**contabilidad** *f.* コンタビリダド	accounting アカウンティング
けいりゃく **計略** keiryaku	**estratagema** *f.* エストラタヘマ	stratagem ストラタヂャム
けいりゅう **渓流** keiryuu	**arroyo de montaña** *m.* アロジョ デ モンタニャ	mountain stream マウンテン ストリーム

日	西	英
けいりょう **計量** keiryou	**medición** *f.* メディシオン	measurement メジャメント
けいれき **経歴** keireki	**carrera** *f.*, **trayectoria profesional** *f.* カレラ, トラジェクトリア プロフェシオナル	one's career カリア
けいれん **痙攣** keiren	**calambre** *m.* カランブレ	spasm, cramp スパズム, クランプ
けいろ **経路** keiro	**recorrido** *m.* レコリド	course, route コース, ルート
けーき **ケーキ** keeki	**pastel** *m.* パステル	cake ケイク
けーす **ケース**(場合・事件) keesu	**caso** *m.* カソ	case ケイス
(箱)	**estuche** *m.* エストゥチェ	case ケイス
げーと **ゲート** geeto	**puerta** *f.* プエルタ	gate ゲイト
げーむ **ゲーム** geemu	**juego** *m.* フエゴ	game ゲイム
けおりもの **毛織物** keorimono	**géneros de lana** *m.pl.* ヘネロス デ ラナ	woolen goods ウルン グツ
けが **怪我** kega	**herida** *f.* エリダ	wound, injury ウーンド, インヂャリ
～する	**herirse, hacerse daño** エリルセ, アセルセ ダニョ	(get) hurt (ゲト) ハート
～人	**persona herida** *f.* ペルソナ エリダ	injured person インヂャド パースン
げか **外科** geka	**cirugía** *f.* シルヒア	surgery サーヂャリ

日	西	英
～医	**cirujano(-a)** *m.f.* シルハノ(-ナ)	surgeon サーヂ゙ョン
けがす **汚す** kegasu	**mancillar** マンシジャル	disgrace ディスグレイス
けがれ **汚れ** kegare	**impureza** *f.*, **suciedad** *f.* インプレサ, スシエダド	impurity インピュアリティ
けがわ **毛皮** kegawa	**piel** *f.* ピエル	fur ファー
げき **劇** geki	**teatro** *m.*, **obra teatral** *f.* テアトロ, オブラ テアトラル	play プレイ
げきじょう **劇場** gekijou	**teatro** *m.* テアトロ	theater, ⑧theatre スィアタ, スィアタ
げきだん **劇団** gekidan	**compañía teatral** *f.* コンパニア テアトラル	theatrical company スィアトリカル カンパニ
げきれいする **激励する** gekireisuru	**animar** アニマル	encourage インカーリヂ
けさ **今朝** kesa	**esta mañana** *f.* エスタ マニャナ	this morning ズィス モーニング
げざい **下剤** gezai	**purgante** *m.* プルガンテ	laxative, purgative ラクサティヴ, パーガティヴ
げし **夏至** geshi	**solsticio de verano** *m.* ソルスティシオ デ ベラノ	summer solstice サマ サルスティス
けしいん **消印** keshiin	**matasellos** *m.* マタセジョス	postmark ポウストマーク
けしき **景色** keshiki	**paisaje** *m.* パイサヘ	scenery, view スィーナリ, ヴュー
けしごむ **消しゴム** keshigomu	**goma de borrar** *f.* ゴマ デ ボラル	eraser, ⑧rubber イレイサ, ラバ

日	西	英
けじめ **けじめ** kejime	**distinción** *f.* ディスティンシオン	distinction ディスティンクション
〜をつける	**distinguir** *entre*, **diferen-** **ciar** *entre* ディスティンギル, ディフェレンシアル	distinguish be- tween ディスティングウィシュ ビト ウィーン
げしゃする **下車する** geshasuru	**bajar(se)** バハル(セ)	get off ゲト オーフ
げじゅん **下旬** gejun	**finales de mes** *m.pl.* フィナレス デ メス	end of the month エンド オヴ ザ マンス
けしょう **化粧** keshou	**maquillaje** *m.* マキジャヘ	makeup メイカプ
〜室	**cuarto de aseo** *m.* クアルト デ アセオ	dressing room, bathroom ドレッシング ルーム, バスルー ム
〜水	**loción** *f.* ロシオン	skin lotion スキン ロウション
〜する	**maquillarse** マキジャルセ	put on makeup プト オン メイカプ
〜品	**cosméticos** *m.pl.* コスメティコス	cosmetics カズメティクス
けす **消す**　（文字などを） kesu	**borrar** ボラル	erase イレイス
（明かり・火を）	**apagar** アパガル	put out プト アウト
（スイッチを）	**apagar** アパガル	turn off, switch off ターン オーフ, スウィチ オーフ
げすい **下水** gesui	**aguas residuales** *f.pl.* アグアス レシドゥアレス	sewage water スーイヂ ウォータ
〜道	**alcantarilla** *f.* アルカンタリジャ	drainage ドレイニヂ

日	西	英
けずる **削る** kezuru	**cepillar** セピジャル	shave, whittle シェイヴ, (ホ)**ウィ**トル
（削減する）	**acortar** アコル**タ**ル	curtail カー**テ**イル
けた **桁** （数の） keta	**cifra** *f.* **シ**フラ	figure, digit **フィ**ギャ, **ディ**ヂト
けちな **けちな** kechina	**mezquino(-*a*)**, **tacaño(-*a*)** メス**キ**ノ(-ナ), タ**カ**ニョ(-ニャ)	stingy ス**ティ**ンヂ
けちゃっぷ **ケチャップ** kechappu	**ketchup** *m.* **ケ**チュプ	catsup, ketchup **ケ**チャプ, **ケ**チャプ
けつあつ **血圧** ketsuatsu	**presión arterial** *f.* プレシ**オ**ン アルテリ**ア**ル	blood pressure ブ**ラ**ド プ**レ**シャ
けつい **決意** ketsui	**decisión** *f.* デシシ**オ**ン	resolution レゾ**ル**ーション
～する	**decidirse** デシ**ディ**ルセ	make up one's mind メイク **ア**プ **マ**インド
けつえき **血液** ketsueki	**sangre** *f.* **サ**ングレ	blood ブ**ラ**ド
けつえん **血縁** ketsuen	**parentesco** *m.* パレン**テ**スコ	blood relation ブ**ラ**ド リ**レ**イション
けっか **結果** kekka	**resultado** *m.* レスル**タ**ド	result リ**ザ**ルト
けっかく **結核** kekkaku	**tuberculosis** *f.* トゥベルク**ロ**シス	tuberculosis テュバーキュ**ロ**ウスィス
けっかん **欠陥** kekkan	**defecto** *m.* デ**フェ**クト	defect, fault ディ**フェ**クト, **フォ**ールト
けっかん **血管** kekkan	**vaso sanguíneo** *m.* **バ**ソ サン**ギ**ネオ	blood vessel ブ**ラ**ド **ヴェ**スル

日	西	英
げっかんし **月刊誌** gekkanshi	**revista mensual** *f.* レビスタ メンスアル	monthly (maga-zine) マンスリ (マガズィーン)
げっきゅう **月給** gekkyuu	**salario** *m.* サラリオ	(monthly) salary (マンスリ) サラリ
けっきょく **結局** kekkyoku	**después de todo** デスプエス デ トド	after all, in the end アフタ オール, イン ズィ エンド
けっきん **欠勤** kekkin	**ausencia** *f.* アウセンシア	absence アブセンス
けつごう **結合** ketsugou	**unión** *f.* ウニオン	union, combina-tion ユーニョン, カンビネイション
〜する	**unir, juntar** ウニル, フンタル	unite, combine ユーナイト, コンバイン
けっこうな **結構な** kekkouna	**bueno(-a), excelente** ブエノ(-ナ), エクスセレンテ	excellent, nice エクセレント, ナイス
けっこん **結婚** kekkon	**matrimonio** *m.* マトリモニオ	marriage マリヂ
〜式	**boda** *f.* ボダ	wedding ウェディング
〜する	**casarse** *con* カサルセ	(get) married (ゲト) マリド
けっさく **傑作** kessaku	**obra maestra** *f.* オブラ マエストラ	masterpiece マスタピース
けっさん **決算** kessan	**liquidación de cuentas** *f.* リキダシオン デ クエンタス	settlement of ac-counts セトルメント オヴ アカウンツ
けっして **決して** kesshite	**nunca** ヌンカ	never ネヴァ
げっしゃ **月謝** gessha	**mensualidad** *f.* メンスアリダド	monthly fee マンスリ フィー

日	西	英
げっしゅう **月収** gesshuu	**ingresos mensuales** *m.pl.* イングレソス メンスアレス	monthly income マンスリ インカム
けっしょう **決勝** kesshou	**final** *f.* フィナル	final ファイナル
けっしょう **結晶** kesshou	**cristal** *m.* クリスタル	crystal クリスタル
げっしょく **月食** gesshoku	**eclipse lunar** *m.* エクリプセ ルナル	eclipse of the moon イクリプス オヴ ザ ムーン
けっしん **決心** kesshin	**decisión** *f.*, **determina-** **ción** *f.* デシシオン, デテルミナシオン	determination ディターミネイション
～する	**decidirse** デシディルセ	make up one's mind メイク アプ マインド
けっせい **血清** kessei	**suero** *m.* スエロ	serum スィアラム
けっせき **欠席** kesseki	**ausencia** *f.* アウセンシア	absence アブセンス
～する	**faltar** *a* ファルタル	(be) absent from (ビ) アブセント フラム
けつだん **決断** ketsudan	**decisión** *f.* デシシオン	decision ディスィジョン
～する	**decidir** デシディル	decide ディサイド
けってい **決定** kettei	**decisión** *f.* デシシオン	decision ディスィジョン
～する	**decidir** デシディル	decide ディサイド
けってん **欠点** ketten	**defecto** *m.*, **punto débil** *m.* デフェクト, プント デビル	fault, weak point フォールト, ウィーク ポイント

日	西	英
けっとう **血統** kettou	**sangre** *f.*, **linaje** *m.* サングレ, リナヘ	blood, lineage ブラド, リニイヂ
(動物の)	**raza** *f.* ラサ	pedigree ペディグリー
けっぱく **潔白** keppaku	**inocencia** *f.* イノセンシア	innocence イノセンス
げっぷ **げっぷ** geppu	**eructo** *m.* エルクト	burp バープ
けっぺきな **潔癖な** keppekina	**integro(-a)** インテグロ(-ラ)	fastidious, clean ファスティディアス, クリーン
けつぼう **欠乏** ketsubou	**carencia** *f.* カレンシア	lack, shortage ラク, ショーティヂ
～する	**escasear** エスカセアル	lack ラク
けつまつ **結末** ketsumatsu	**fin** *m.* フィン	end, result エンド, リザルト
げつまつ **月末** getsumatsu	**fin de mes** *m.* フィン デ メス	end of the month エンド オヴ ザ マンス
げつようび **月曜日** getsuyoubi	**lunes** *m.* ルネス	Monday マンデイ
けつれつ **決裂** ketsuretsu	**ruptura** *f.* ルプトゥラ	rupture ラプチャ
けつろん **結論** ketsuron	**conclusión** *f.* コンクルシオン	conclusion コンクルージョン
けなす **けなす** kenasu	**hablar mal** *de*, **criticar** アブラル マル, クリティカル	speak ill of スピーク イル オヴ
けにあ **ケニア** kenia	**Kenia** *f.* ケニア	Kenya ケニャ
げねつざい **解熱剤** genetsuzai	**antipirético** *m.* アンティピレティコ	antipyretic アンティパイレティク

日	西	英
けはい **気配** kehai	**señal** *f.* セニャル	sign, indication **サイン**, インディ**ケイ**ション
けびょう **仮病** kebyou	**enfermedad fingida** *f.* エンフェルメ**ダ**ド フィン**ヒ**ダ	feigned illness **フェ**インド **イ**ルネス
げひんな **下品な** gehinna	**vulgar** ブル**ガ**ル	vulgar, coarse **ヴァ**ルガ, **コ**ース
けむい **煙い** kemui	**lleno(-a) de humo** ジェノ(-ナ) デ **ウ**モ	smoky ス**モ**ウキ
けむし **毛虫** kemushi	**oruga** *f.* オ**ル**ガ	caterpillar **キャ**タピラ
けむり **煙** kemuri	**humo** *m.* **ウ**モ	smoke ス**モ**ウク
げり **下痢** geri	**diarrea** *f.* ディア**レ**ア	diarrhea ダイア**リ**ア
げりら **ゲリラ** gerira	**guerrillero(-a)** *m.f.* ゲリ**ジェ**ロ(-ラ)	guerrilla ゲ**リ**ラ
ける **蹴る** keru	**dar una patada** **ダ**ル ウナ パ**タ**ダ	kick **キ**ク
げるまにうむ **ゲルマニウム** gerumaniumu	**germanio** *m.* ヘル**マ**ニオ	germanium チャー**メイ**ニアム
げれつな **下劣な** geretsuna	**ruin** ル**イ**ン	mean, base **ミ**ーン, **ベ**イス
げれんで **ゲレンデ** gerende	**pista de esquí** *f.* **ピ**スタ デ エス**キ**	(ski) slope (ス**キ**ー) ス**ロ**ウプ
けわしい **険しい** kewashii	**escarpado(-a)** エスカル**パ**ド(-ダ)	steep ス**ティ**ープ
(顔つきが)	**severo(-a)** セ**ベ**ロ(-ラ)	severe スィ**ヴィ**ア
けん **券** ken	**billete** *m.* ビ**ジェ**テ	ticket, coupon **ティ**ケト, **ク**ーパン

日	西	英
けん **県** （日本の） ken	**provincia** *f.* プロビンシア	prefecture プリーフェクチャ
げん **弦** （楽器の） gen	**cuerda** *f.* クエルダ	string ストリング
（弓の）	**cuerda de arco** *f.* クエルダ デ アルコ	bowstring ボウストリング
けんあくな **険悪な** ken-akuna	**amenazador(-a)** アメナサドル(- ラ)	threatening スレトニング
げんあん **原案** gen-an	**primer borrador** *m.* プリメル ボラドル	first draft ファースト ドラフト
けんい **権威** ken-i	**autoridad** *f.* アウトリダド	authority, prestige アソーリティ, プレスティージ
げんいん **原因** gen-in	**causa** *f.*, **motivo** *m.* カウサ, モティボ	cause, origin コーズ, オーリデン
げんえい **幻影** gen-ei	**ilusión** *f.* イルシオン	illusion イルージョン
けんえき **検疫** ken-eki	**cuarentena** *f.* クアレンテナ	quarantine クウォランティーン
げんえき **現役** gen-eki	**servicio activo** *m.* セルビシオ アクティボ	active service アクティヴ サーヴィス
けんえつ **検閲** ken-etsu	**inspección** *f.*, **censura** *f.* インスペクシオン, センスラ	inspection, censor-ship インスペクション, センサシプ
けんか **喧嘩** （殴り合い） kenka	**pelea** *f.* ペレア	fight ファイト
（口論）	**riña** *f.* リニャ	quarrel, dispute クウォレル, ディスピュート
～する	**pelear** *con* ペレアル	quarrel with クウォレル ウィズ

日	西	英
げんか **原価** genka	**precio de coste** *m.* プレシオ デ コステ	cost price コースト プライス
けんかい **見解** kenkai	**opinión** *f.* オピニオン	opinion, view オピニオン, ヴュー
げんかい **限界** genkai	**límite** *m.* リミテ	limit, bounds リミト, バウンヅ
けんがくする **見学する** kengakusuru	**visitar** ビシタル	inspect, visit インスペクト, ヴィズィト
げんかくな **厳格な** genkakuna	**riguroso(-a)** リグロソ(-サ)	strict, rigorous ストリクト, リガラス
げんかしょうきゃく **減価償却** genkashoukyaku	**depreciación** *f.* デプレシアシオン	depreciation ディプリーシエイション
げんがっき **弦楽器** gengakki	**instrumentos de cuerda** *m.pl.* インストゥルメントス デ クエルダ	stringed instruments ストリングド インストルメンツ
げんかん **玄関** genkan	**entrada** *f.* エントラダ	entrance エントランス
げんきな **元気な** genkina	**animado(-a)** アニマド(-ダ)	spirited, lively スピリテド, ライヴリ
けんきゅう **研究** kenkyuu	**estudio** *m.* エストゥディオ	study, research スタディ, リサーチ
～者	**estudioso(-a)** *m.f.* エストゥディオソ(-サ)	student, scholar ステューデント, スカラ
～所	**laboratorio (de investigación)** *m.* ラボラトリオ (デ インベスティガシオン)	laboratory ラボラトーリ
～する	**investigar** *sobre* インベスティガル ソブレ	research, study リサーチ, スタディ
けんきょな **謙虚な** kenkyona	**modesto(-a)** モデスト(-タ)	modest マデスト

日	西	英
けんきん **献金** kenkin	**contribución** *f.*, **donación** *f.* コントリブシオン, ドナシオン	donation ドウネイション
げんきん **現金** genkin	**efectivo** *m.* エフェクティボ	cash キャシュ
げんきんする **厳禁する** genkinsuru	**prohibir terminantemente** プロイビル テルミナンテメンテ	forbid strictly フォビド ストリクトリ
げんけい **原型** genkei	**prototipo** *m.* プロトティポ	prototype プロウトタイプ
げんけい **原形** genkei	**forma original** *f.* フォルマ オリヒナル	original form オリヂナル フォーム
けんけつ **献血** kenketsu	**donación de sangre** *f.* ドナシオン デ サングレ	blood donation ブラド ドウネイション
けんげん **権限** kengen	**competencia** *f.*, **autoridad** *f.* コンペテンシア, アウトリダド	competence カンピテンス
げんご **言語** gengo	**lengua** *f.*, **idioma** *m.* レングア, イディオマ	language ラングウィヂ
～学	**lingüística** *f.* リングイスティカ	linguistics リングウィスティクス
けんこう **健康** kenkou	**salud** *f.* サルド	health ヘルス
～な	**sano(-a)** サノ(-ナ)	healthy, sound ヘルスィ, サウンド
げんこう **原稿** genkou	**manuscrito** *m.* マヌスクリト	manuscript, draft マニュスクリプト, ドラフト
げんこうはん **現行犯** genkouhan	**delito flagrante [in fraganti]** *m.* デリト フラグランテ [イン フラガンティ]	red-handed レドハンデド
げんこく **原告** genkoku	**demandante** *m.f.* デマンダンテ	plaintiff プレインティフ

215

日	西	英
<ruby>検査<rt>けんさ</rt></ruby> kensa	**inspección** *f.*, **examen** *m.* インスペクシオン, エクサメン	inspection インスペクション
～する	**inspeccionar, examinar** インスペクシオナル, エクサミナル	inspect, examine インスペクト, イグザミン
<ruby>現在<rt>げんざい</rt></ruby>の genzaino	**presente** プレセンテ	present プレズント
<ruby>原材料<rt>げんざいりょう</rt></ruby> genzairyou	**materia prima** *f.* マテリア プリマ	raw material ロー マテリアリアル
<ruby>検索<rt>けんさく</rt></ruby> kensaku	**búsqueda** *f.*, **consulta** *f.* ブスケダ, コンスルタ	search, retrieval サーチ, リトリーヴァル
～する	**consultar** コンスルタル	search, retrieve サーチ, リトリーヴ
<ruby>原作<rt>げんさく</rt></ruby> gensaku	**original** *m.* オリヒナル	original オリヂナル
<ruby>原産地<rt>げんさんち</rt></ruby> gensanchi	**procedencia** *f.* プロセデンシア	place of origin プレイス オヴ オリヂン
<ruby>検事<rt>けんじ</rt></ruby> kenji	**fiscal** *m.f.* フィスカル	public prosecutor パブリク プラスィキュータ
<ruby>原子<rt>げんし</rt></ruby> genshi	**átomo** *m.* アトモ	atom アトム
～爆弾	**bomba atómica** *f.* ボンバ アトミカ	atomic bomb アタミク バム
～力	**energía atómica** *f.* エネルヒア アトミカ	nuclear power ニュークリア パウア
～炉	**reactor nuclear** *m.* レアクトル ヌクレアル	nuclear reactor ニュークリア リアクタ
<ruby>現実<rt>げんじつ</rt></ruby> genjitsu	**realidad** *f.* レアリダド	reality, actuality リアリティ, アクチュアリティ
～の	**real** レアル	real, actual リーアル, アクチュアル

け

日	西	英
けんじつな **堅実な** kenjitsuna	**seguro(-a)** セグロ(-ラ)	steady ステディ
げんしの **原始の** genshino	**primitivo(-a)** プリミティボ(-バ)	primitive プリミティヴ
げんしゅ **元首** genshu	**jefe(-a) de Estado** *m.f.*, **soberano(-a)** *m.f.* ヘフェ(-ファ) デ エスタド, ソベラノ(-ナ)	sovereign サヴレン
けんしゅう **研修** kenshuu	**estudio** *m.* エストゥディオ	study スタディ
〜生	**aprendiz(-a)** *m.f.* アプレンディス(-サ)	trainee トレイニー
けんじゅう **拳銃** kenjuu	**pistola** *f.*, **revólver** *m.* ピストラ, レボルベル	handgun, pistol ハンドガン, ピストル
げんじゅうしょ **現住所** genjuusho	**dirección actual** *f.* ディレクシオン アクトゥアル	present address プレズント アドレス
げんじゅうな **厳重な** genjuuna	**severo(-a)** セベロ(-ラ)	strict, severe ストリクト, スィヴィア
げんしゅくな **厳粛な** genshukuna	**solemne** ソレムネ	grave, solemn グレイヴ, サレム
けんしょう **懸賞** kenshou	**premio** *m.* プレミオ	prize プライズ
げんしょう **現象** genshou	**fenómeno** *m.* フェノメノ	phenomenon フィナメノン
げんじょう **現状** genjou	**situación actual** *f.* シトゥアシオン アクトゥアル	present condition プレズント コンディション
げんしょうする **減少する** genshousuru	**disminuir** ディスミヌイル	decrease, decline ディークリース, ディクライン
げんしょく **原色** genshoku	**color primario** *m.* コロル プリマリオ	primary color プライメリ カラ

217

日	西	英
けんしん **検診** kenshin	**revisión médica** *f.*, **reconocimiento médico** *m.* レビシオン メディカ, レコノシミエント メディコ	medical examination メディカル イグザミネイション
けんしんてきに **献身的に** kenshintekini	**abnegadamente** アブネガダメンテ	devotedly ディヴォウテドリ
げんぜい **減税** genzei	**reducción tributaria** *f.* レドゥクシオン トリブタリア	tax reduction タクス リダクション
げんせいりん **原生林** genseirin	**selva virgen** *f.* セルバ ビルヘン	primeval forest プライミーヴァル フォーレスト
けんせつ **建設** kensetsu	**construcción** *f.* コンストルクシオン	construction コンストラクション
～する	**construir** コンストルイル	construct コンストラクト
けんぜんな **健全な** kenzenna	**sano(-*a*)** サノ(-ナ)	sound サウンド
げんそ **元素** genso	**elemento** *m.* エレメント	element エレメント
げんそう **幻想** gensou	**fantasía** *f.* ファンタシア	illusion, vision イルージョン, ヴィジョン
げんそく **原則** gensoku	**principio** *m.* プリンシピオ	principle プリンスィプル
げんそくする **減速する** gensokusuru	**desacelerarse** デサセレラルセ	slow down スロウ ダウン
けんそん **謙遜** kenson	**modestia** *f.* モデスティア	modesty, humility マデスティ, ヒューミリティ
～する	**(ser) humilde** (セル) ウミルデ	(be) modest (ビ) マデスト
げんだいの **現代の** gendaino	**moderno(-*a*)** モデルノ(-ナ)	modern マダン

け

日	西	英
げんち **現地** genchi	**lugar en cuestión** *m.* ルガル エン クエスティオン	spot スパト
けんちく **建築** （建物） kenchiku	**construcción** *f.* コンストルクシオン	building ビルディング
（建築術）	**arquitectura** *f.* アルキテクトゥラ	architecture アーキテクチャ
～家	**arquitecto(-a)** *m.f.* アルキテクト(·タ)	architect アーキテクト
けんちょな **顕著な** kenchona	**notable** ノタブレ	remarkable リマーカブル
げんてい **限定** gentei	**limitación** *f.* リミタシオン	limitation リミテイション
～する	**limitar ... a** リミタル	limit to リミト トゥ
げんてん **原典** genten	**texto original** *m.* テクスト オリヒナル	original text オリヂナル テクスト
げんてん **原点** genten	**punto de partida** *m.* プント デ パルティダ	starting point スターティング ポイント
げんてん **減点** genten	**puntos reducidos** *m.pl.* プントス レドゥシドス	demerit mark ディーメリト マーク
げんど **限度** gendo	**límite** *m.* リミテ	limit リミト
けんとう **検討** kentou	**examen** *m.* エクサメン	examination, dis- cussion イグザミネイション, ディスカ ション
～する	**examinar** エクサミナル	examine イグザミン
けんとう **見当** （推測） kentou	**conjetura** *f.* コンヘトゥラ	guess ゲス

日	西	英
（目標）	**objetivo** *m.*, **meta** *f.* オブヘ**ティ**ボ, **メ**タ	aim **エ**イム
げんどうりょく **原動力** gendouryoku	**fuerza motriz** *f.* フ**エ**ルサ モ**ト**リス	motive power **モ**ウティヴ **パ**ウア
げんば **現場** genba	**lugar (del suceso)** *m.* ル**ガ**ル (デル ス**セ**ソ)	site, scene **サ**イト, **ス**ィーン
けんびきょう **顕微鏡** kenbikyou	**microscopio** *m.* ミクロス**コ**ピオ	microscope **マ**イクロスコウプ
けんぶつ **見物** kenbutsu	**visita turística** *f.* ビ**シ**タ トゥ**リ**スティカ	sightseeing **サ**イトスィーイング
～する	**visitar** ビシ**タ**ル	see, visit **ス**ィー, **ヴィ**ズィト
げんぶん **原文** genbun	**texto original** *m.* **テ**クスト オリ**ヒ**ナル	original text オ**リ**ヂナル **テ**クスト
けんぽう **憲法** kenpou	**constitución** *f.* コンスティトゥ**シオ**ン	constitution カンスティ**テュ**ーション
げんぽん **原本** genpon	**original** *m.* オリ**ヒ**ナル	original オ**リ**ヂナル
げんみつな **厳密な** genmitsuna	**riguroso(-a)** リグ**ロ**ソ(- サ)	strict, close スト**リ**クト, ク**ロ**ウス
けんめいな **賢明な** kenmeina	**sensato(-a)** セン**サ**ト(- タ)	wise, prudent **ワ**イズ, プ**ル**ーデント
けんめいに **懸命に** kenmeini	**con todas** *sus* **fuerzas** コン **ト**ダス フ**エ**ルサス	eagerly, hard **イ**ーガリ, **ハ**ード
けんもん **検問** kenmon	**inspección** *f.* インスペク**シオ**ン	inspection, examination インス**ペ**クション, イグ**ザ**ミネイション
けんやくする **倹約する** ken-yakusuru	**economizar** エコノミ**サ**ル	economize イ**カ**ノマイズ

日	西	英
げんゆ **原油** gen-yu	**petróleo crudo** *m.* ペトロレオ クルド	crude oil クルード オイル
けんり **権利** kenri	**derecho** *m.* デレチョ	right ライト
げんり **原理** genri	**principio** *m.*, **teoría** *f.* プリンシピオ, テオリア	principle, theory プリンスィプル, **ス**ィオリ
げんりょう **原料** genryou	**materias primas** *f.pl.* マテリアス プリマス	raw materials ロー マ**ティ**アリアルズ
けんりょく **権力** kenryoku	**poder** *m.* ポデル	power, authority パウア, オ**サ**リティ

こ, コ

日	西	英
こ **子** ko	**niño(-a)** *m.f.*, **hijo(-a)** *m.f.* ニニョ(-ニャ), イホ(-ハ)	child, infant **チャ**イルド, **イ**ンファント
ご **五** go	**cinco** *m.* シンコ	five **ファ**イヴ
ご **語** go	**palabra** *f.* パラブラ	word, term ワード, **タ**ーム
こい **濃い** (色が) koi	**oscuro(-a)** オスクロ(-ラ)	dark, deep **ダ**ーク, **ディ**ープ
(味が)	**fuerte** フエルテ	strong ストロング
(密度が)	**denso(-a)** デンソ(-サ)	dense デンス
こい **恋** koi	**amor** *m.* アモル	love ラヴ
～する	**enamorarse** *de* エナモラルセ	fall in love (with) **フォ**ール イン **ラ**ヴ (ウィズ)
ごい **語彙** goi	**vocabulario** *m.* ボカブラリオ	vocabulary ヴォウ**キャ**ビュレリ

日	西	英
こいしい **恋しい** koishii	**echar de menos** エチャル デ メノス	miss, long for ミス, ローング フォ
こいぬ **子犬** koinu	**cachorro** *m.* カチョロ	puppy パピ
こいびと **恋人** koibito	**novio(-a)** *m.f.* ノビオ(-ア)	sweetheart, lover スウィートハート, ラヴァ
こいん **コイン** koin	**moneda** *f.* モネダ	coin コイン
〜ロッカー	**consigna automática** *f.* コンシグナ アウトマティカ	coin locker コイン ラカ
こうい **好意** koui	**buena voluntad** *f.* ブエナ ボルンタド	goodwill グドウィル
こうい **行為** koui	**acción** *f.*, **conducta** *f.* アクシオン, コンドゥクタ	act, action, deed アクト, アクション, ディード
ごうい **合意** goui	**acuerdo** *m.* アクエルド	agreement アグリーメント
こういしつ **更衣室** kouishitsu	**vestuario** *m.* ベストゥアリオ	changing room チェインヂング ルーム
こういしょう **後遺症** kouishou	**secuela** *f.* セクエラ	aftereffect アフタリフェクト
ごうう **豪雨** gouu	**lluvia torrencial** *f.* ジュビア トレンシアル	heavy rain ヘヴィ レイン
こううん **幸運** kouun	**buena suerte** *f.* ブエナ スエルテ	fortune, luck フォーチュン, ラク
こうえい **光栄** kouei	**honor** *m.* オノル	honor, glory アナ, グローリ
こうえん **公園** kouen	**parque** *m.* パルケ	park パーク
こうえん **講演** kouen	**conferencia** *f.* コンフェレンシア	lecture レクチャ

日	西	英
～する	dar una conferencia sobre ダル ウナ コンフェレンシア ソブレ	lecture on レクチャ オン
こうおん **高音** kouon	**tono agudo** *m.* トノ アグド	high tone ハイ トゥン
ごうおん **轟音** gouon	**ruido ensordecedor** *m.* ルイド エンソルデセドル	roar ロー
こうか **効果** kouka	**efecto** *m.*, **eficacia** *f.* エフェクト, エフィカシア	effect, efficacy イフェクト, エフィカスィ
こうかい **後悔** koukai	**arrepentimiento** *m.* アレペンティミエント	regret, remorse リグレト, リモース
～する	**arrepentirse** de アレペンティルセ	regret リグレト
こうかい **航海** koukai	**navegación** *f.* ナベガシオン	navigation ナヴィゲイション
こうがい **公害** kougai	**contaminación ambiental** *f.* コンタミナシオン アンビエンタル	pollution ポリューション
こうがい **郊外** kougai	**afueras** *f.pl.* アフエラス	suburbs サバーブス
こうかいする **公開する** koukaisuru	**abrir … (al público)** アブリル (アル プブリコ)	open to the public オウプン トゥ ザ パブリク
こうがく **光学** kougaku	**óptica** *f.* オプティカ	optics アプティクス
ごうかく **合格** goukaku	**aprobación** *f.* アプロバシオン	pass, success パス, サクセス
～する	**aprobar** アプロバル	pass パス
こうかな **高価な** koukana	**caro(-a)** カロ(-ラ)	expensive, costly イクスペンスィヴ, コストリ

日	西	英
ごうかな **豪華な** goukana	**lujoso(-a)** ルホソ(-サ)	gorgeous, deluxe ゴーヂャス, デルクス
こうかん **交換** koukan	**intercambio** *m.* インテルカンビオ	exchange イクスチェインヂ
～する	**cambiar** カンビアル	exchange イクスチェインヂ
こうがんざい **抗癌剤** kouganzai	**medicina anticancerosa** *f.* メディシナ アンティカンセロサ	anticancer agent アンティキャンサ エイヂェント
こうき **後期** (2学期制の) kouki	**segundo semestre** *m.* セグンド セメストレ	second semester セカンド セメスタ
こうぎ **抗議** kougi	**protesta** *f.* プロテスタ	protest プロテスト
～する	**protestar** *contra* プロテスタル コントラ	protest against プロテスト アゲンスト
こうぎ **講義** kougi	**clase** *f.*, **conferencia** *f.* クラセ, コンフェレンシア	lecture レクチャ
～する	**dar una conferencia [clase]** ダル ウナ コンフェレンシア [クラセ]	lecture レクチャ
こうきあつ **高気圧** koukiatsu	**alta presión atmosférica** *f.* アルタ プレシオン アトモスフェリカ	high atmospheric pressure ハイ アトモスフェリク プレシャ
こうきしん **好奇心** koukishin	**curiosidad** *f.* クリオシダド	curiosity キュアリアスィティ
こうきな **高貴な** koukina	**noble** ノブレ	noble ノウブル
こうきゅうな **高級な** koukyuuna	**de primera clase, de lujo** デ プリメラ クラセ, デ ルホ	high-end, luxury ハイエンド, ラクシャリ
こうきょ **皇居** koukyo	**Palacio Imperial** *m.* パラシオ インペリアル	Imperial Palace インピアリアル パレス

日	西	英
こうぎょう **工業** kougyou	**industria** *f.* インドゥストリア	industry インダストリ
～地帯	**zona industrial** *f.* ソナ インドゥストリアル	industrial area インダストリアル エアリア
こうぎょう **鉱業** kougyou	**industria minera** *f.* インドゥストリア ミネラ	mining マイニング
こうきょうきょく **交響曲** koukyoukyoku	**sinfonía** *f.* シンフォニア	symphony スィンフォニ
こうきょうの **公共の** koukyouno	**público(-a)** プブリコ(-カ)	public, common パブリク, カモン
ごうきん **合金** goukin	**aleación** *f.* アレアシオン	alloy アロイ
こうぐ **工具** kougu	**herramienta** *f.* エラミエンタ	tool, implement トゥール, インプレメント
こうくうがいしゃ **航空会社** koukuugaisha	**compañía aérea** *f.* コンパニア アエレア	airline エアライン
こうくうき **航空機** koukuuki	**avión** *m.* アビオン	aircraft エアクラフト
こうくうけん **航空券** koukuuken	**billete de avión** *m.* ビジェテ デ アビオン	airline ticket エアライン ティケト
こうくうびん **航空便** koukuubin	**correo aéreo** *m.* コレオ アエレオ	airmail エアメイル
こうけい **光景** koukei	**espectáculo** *m.*, **escena** *f.* エスペクタクロ, エセナ	spectacle, scene スペクタクル, スィーン
こうげい **工芸** kougei	**artesanía** *f.* アルテサニア	craft クラフト
ごうけい **合計** goukei	**suma** *f.* スマ	sum, total サム, トウトル
～する	**sumar** スマル	total, sum up トウトル, サム アプ

日	西	英
こうけいき **好景気** koukeiki	**prosperidad** *f.* プロスペリダド	prosperity, boom プラスペリティ, ブーム
こうけいしゃ **後継者** koukeisha	**sucesor(-a)** *m.f.* スセソル(-ラ)	successor サクセサ
こうげき **攻撃** kougeki	**ataque** *m.* アタケ	attack, assault アタク, アソールト
〜する	**atacar** アタカル	attack, charge アタク, チャーヂ
こうけつあつ **高血圧** kouketsuatsu	**hipertensión** *f.* イペルテンシオン	high blood pressure ハイ ブラド プレシャ
こうげん **高原** kougen	**meseta** *f.* メセタ	plateau プラトウ
こうけんする **貢献する** koukensuru	**contribuir** *a* コントリブイル	contribute to コントリビュト トゥ
こうこう **高校** koukou	**escuela secundaria superior** *f.* エスクエラ セクンダリア スペリオル	high school ハイ スクール
〜生	**estudiante de bachillerato** *m.f.* エストゥディアンテ デ バチジェラト	high school student ハイ スクール ステューデント
こうごう **皇后** kougou	**emperatriz** *f.* エンペラトリス	empress エンプレス
こうこうする **孝行する** koukousuru	**cumplir los deberes filiales** クンプリル ロス デベレス フィリアレス	(be) good to one's parents (ビ) グド トゥ ペアレンツ
こうこがく **考古学** koukogaku	**arqueología** *f.* アルケオロヒア	archaeology アーキアロヂ
こうこく **広告** koukoku	**anuncio** *m.*, **publicidad** *f.* アヌンシオ, プブリシダド	advertisement アドヴァタイズメント
こうごに **交互に** kougoni	**por turnos** ポル トゥルノス	alternately オールタネトリ

日	西	英
こうさ **交差** kousa	**cruce** *m.* クルセ	crossing クロースィング
〜する	**cruzarse** クルサルセ	cross, intersect クロース, インタセクト
〜点	**cruce** *m.* クルセ	crossing, cross-roads クロースィング, クロースロウヅ
こうざ **講座** kouza	**curso** *m.* クルソ	course コース
こうざ **口座** kouza	**cuenta** *f.* クエンタ	account アカウント
こうさい **交際** kousai	**relación** *f.* レラシオン	company, association カンパニ, アソウスィエイション
〜する	**tener relación** *con* テネル レラシオン	associate with アソウシエイト ウィズ
こうさく **工作** kousaku	**trabajo manual** *m.* トラバホ マヌアル	handicraft ハンディクラフト
〜機械	**máquina herramienta** *f.* マキナ エラミエンタ	machine tool マシーン トゥール
〜する	**hacer [fabricar] (a mano)** アセル [ファブリカル] (ア マノ)	engineer, make エンヂニア, メイク
こうざん **鉱山** kouzan	**mina** *f.* ミナ	mine マイン
こうさんする **降参する** kousansuru	**rendirse** *a* レンディルセ	surrender to サレンダ トゥ
こうし **講師** koushi	**conferenciante** *m.f.*, **profesor(-a) asociado(-a)** *m.f.* コンフェレンシアンテ, プロフェソル(-ラ) アソシアド(-ダ)	lecturer レクチャラ

日	西	英
こうじ 工事 kouji	**obras** *f.pl.* オブラス	work, construction ワーク, コンストラクション
こうしきの 公式の koushikino	**oficial** オフィシアル	official, formal オフィシャル, フォーマル
こうじつ 口実 koujitsu	**pretexto** *m.* プレテクスト	pretext, excuse プリーテクスト, イクスキュース
こうしゃ 後者 kousha	**el [la] último(-a)** *m.f.* エル [ラ] ウルティモ(-マ)	latter ラタ
こうしゃ 校舎 kousha	**edificio escolar** *m.* エディフィシオ エスコラル	schoolhouse スクールハウス
こうしゅう 講習 koushuu	**curso** *m.* クルソ	course コース
こうしゅうの 公衆の koushuuno	**público** *m.* プブリコ	public パブリク
こうじゅつ 口述 koujutsu	**dictado** *m.* ディクタド	dictation ディクテイション
～する	**dictar** ディクタル	dictate ディクテイト
こうじょ 控除 koujo	**deducción** *f.* デドゥクシオン	deduction ディダクション
～する	**deducir** デドゥシル	deduct ディダクト
こうしょう 交渉 koushou	**negociación** *f.* ネゴシアシオン	negotiations ニゴウシエイションズ
～する	**negociar** *con* ネゴシアル	negotiate with ニゴウシエイト ウィズ
こうじょう 工場 koujou	**fábrica** *f.* ファブリカ	factory, plant ファクトリ, プラント
こうしょうな 高尚な koushouna	**noble, elevado(-a)** ノブレ, エレバド(-ダ)	noble, refined ノウブル, リファインド

日	西	英
ごうじょうな **強情な** goujouna	**terco(-a)** テルコ(-カ)	obstinate アブスティネト
こうしょうにん **公証人** koushounin	**notario(-a)** *m.f.*, Ⓐ**escri-bano(-a)** *m.f.* ノタリオ(-ア)、エスクリバノ(-ナ)	notary ノウタリ
こうしょきょうふしょう **高所恐怖症** koushokyoufushou	**acrofobia** *f.* アクロフォビア	acrophobia, fear of heights アクロフォウビア、フィア オヴ ハイツ
こうしん **行進** koushin	**marcha** *f.* マルチャ	march, parade マーチ、パレイド
～する	**marchar** マルチャル	march マーチ
こうしんりょう **香辛料** koushinryou	**especias** *f.pl.* エスペシアス	spices スパイセズ
こうすい **香水** kousui	**perfume** *m.* ペルフメ	perfume パーフューム
こうずい **洪水** kouzui	**inundación** *f.* イヌンダシオン	flood, inundation フラド、イナンデイション
こうせい **恒星** kousei	**estrella fija** *f.* エストレジャ フィハ	fixed star フィクスト スター
こうせい **構成** kousei	**composición** *f.* コンポシシオン	composition カンポズィション
～する	**componer** コンポネル	compose コンポウズ
ごうせい **合成** gousei	**síntesis** *f.* シンテシス	synthesis スィンセスィス
～樹脂	**resina sintética** *f.* レシナ シンテティカ	synthetic resin スィンセティク レズィン
～する	**sintetizar** シンテティサル	synthesize スィンセサイズ

日	西	英
こうせいな **公正な** kouseina	**justo(-a)** フスト(-タ)	just, fair ヂャスト，フェア
こうせいぶっしつ **抗生物質** kouseibusshitsu	**antibiótico** *m.* アンティビオティコ	antibiotic アンティバイアティク
こうせき **鉱石** kouseki	**mineral** *m.* ミネラル	ore オー
こうせん **光線** kousen	**rayo** *m.*, **haz** *m.* ラジョ，アス	ray, beam レイ，ビーム
こうぜんと **公然と** kouzento	**en público** エン プブリコ	openly, publicly オウプンリ，パブリクリ
こうそ **控訴** kouso	**apelación** *f.* アペラシオン	appeal アピール
こうそう **構想** kousou	**plan** *m.* プラン	plan, conception プラン，コンセプション
こうそう **香草** kousou	**hierba aromática** *f.* イエルバ アロマティカ	herb アーブ
こうぞう **構造** kouzou	**estructura** *f.* エストルクトゥラ	structure ストラクチャ
こうそうけんちく **高層建築** kousoukenchiku	**edificio de muchos pisos** *m.* エディフィシオ デ ムチョス ピソス	high-rise ハイライズ
こうそく **高速** kousoku	**alta velocidad** *f.* アルタ ベロシダド	high speed ハイ スピード
～道路	**autopista** *f.* アウトピスタ	expressway, free-way, Ⓑmotorway イクスプレスウェイ，フリーウェイ，モウタウェイ
こうたいし **皇太子** koutaishi	**príncipe heredero** *m.* プリンシペ エレデロ	Crown Prince クラウン プリンス
こうたいする **交替[代]する** koutaisuru	**turnarse, reemplazar** トゥルナルセ，レエンプラサル	take turns テイク ターンズ

日	西	英
こうだいな **広大な** koudaina	**vasto(-a), inmenso(-a)** バスト(-タ), インメンソ(-サ)	vast, immense ヴァスト, イメンス
こうたく **光沢** koutaku	**lustre** *m.* ルストレ	luster, gloss ラスタ, グロス
こうちゃ **紅茶** koucha	**té** *m.* テ	(black) tea (ブラク) ティー
こうちょう **校長** kouchou	**director(-a)** *m.f.* ディレクトル(-ラ)	principal, ⑧head-master プリンスィパル, ヘドマスタ
こうちょうな **好調な** kouchouna	**en buen estado** エン ブエン エスタド	in good condition イン グド コンディション
こうつう **交通** (往来) koutsuu	**tráfico** *m.* トラフィコ	traffic トラフィク
(輸送)	**transporte** *m.* トランスポルテ	transport トランスポート
〜事故	**accidente de tráfico** *m.* アクシデンテ デ トラフィコ	traffic accident トラフィク アクスィデント
こうてい **皇帝** koutei	**emperador** *m.* エンペラドル	emperor エンペラ
こうていする **肯定する** kouteisuru	**afirmar** アフィルマル	affirm アファーム
こうていぶあい **公定歩合** kouteibuai	**tipo de descuento oficial** *m.*, **tasa bancaria** *f.* ティポ デ デスクエント オフィシアル, タサ バンカリア	bank rate バンク レイト
こうてきな **公的な** koutekina	**oficial, público(-a)** オフィシアル, プブリコ(-カ)	official, public オフィシャル, パブリク
こうてつ **鋼鉄** koutetsu	**acero** *m.* アセロ	steel スティール
こうてんする **好転する** koutensuru	**mejorarse** メホラルセ	turn for the better ターン フォ ザ ベタ

日	西	英
こうど **高度** koudo	**altitud** *f.* アルティトゥド	altitude アルティテュード
こうとう **高騰** koutou	**alza** *f.* アルサ	sudden rise サドン ライズ
～する	**alzarse** アルサルセ	rise sharply ライズ シャープリ
こうどう **行動** koudou	**acción** *f.* アクシオン	action, conduct アクション, カンダクト
～する	**actuar** アクトゥアル	act アクト
こうどう **講堂** koudou	**salón de actos** *m.* サロン デ アクトス	hall, auditorium ホール, オーディトーリアム
ごうとう **強盗** goutou	**atracador(-a)** *m.f.* アトラカドル(-ラ)	robber, burglar ラバ, バーグラ
ごうどう **合同** goudou	**unión** *f.* ウニオン	union ユーニョン
こうとうな **高等な** koutouna	**superior, alto(-a)** スペリオル, アルト(-タ)	advanced, high-grade アドヴァンスト, ハイグレイド
こうとうがっこう **高等学校** koutougakkou	**escuela secundaria superior** *f.* エスクエラ セクンダリア スペリオル	high school ハイ スクール
こうとうさいばんしょ **高等裁判所** koutousaibansho	**tribunal superior** *m.* トリブナル スペリオル	high court ハイ コート
こうとうの **口頭の** koutouno	**oral, verbal** オラル, ベルバル	oral, verbal オーラル, ヴァーバル
こうどくりょう **購読料** koudokuryou	**suscripción** *f.* ススクリプシオン	subscription charge サブスクリプション チャーヂ
こうないえん **口内炎** kounaien	**estomatitis** *f.* エストマティティス	mouth ulcer, stomatitis マウス アルサ, ストウマタイティス

日	西	英
こうにゅうする **購入する** kounyuusuru	**comprar** コンプラル	purchase, buy パーチェス, バイ
こうにん **後任** kounin	**sucesor(-a)** *m.f.* スセソル(- ラ)	successor サクセサ
こうにんの **公認の** kouninno	**oficial, aprobado(-a)** オフィシアル, アプロバド(- ダ)	official, approved オフィシャル, アプルーヴド
こうねん **光年** kounen	**año luz** *m.* アニョ ルス	light-year ライトイヤ
こうはい **後輩** kouhai	**menor** *m.f.* メノル	junior ヂューニア
こうばしい **香ばしい** koubashii	**aromático(-a)** アロマティコ(- カ)	fragrant フレイグラント
こうはん **後半** kouhan	**segunda mitad** *f.* セグンダ ミタド	latter half ラタ ハフ
こうばん **交番** kouban	**puesto de policía** *m.* プエスト デ ポリシア	(small) police station, ®police box (スモール) ポリース ステイション, ポリース ボクス
こうひょうの **好評の** kouhyouno	**popular** ポプラル	popular パピュラ
こうふく **幸福** koufuku	**felicidad** *f.* フェリシダド	happiness ハピネス
〜な	**feliz** フェリス	happy ハピ
こうぶつ **好物** koubutsu	**comida preferida** *f.* コミダ プレフェリダ	favorite food フェイヴァリト フード
こうぶつ **鉱物** koubutsu	**mineral** *m.* ミネラル	mineral ミネラル
こうふん **興奮** koufun	**excitación** *f.* エクスシタシオン	excitement イクサイトメント

日	西	英
～する	**excitarse** エクシ**タ**ルセ	(be) excited (ビ) イク**サ**イテド
こうぶん **構文** koubun	**construcción** *f.* コンストルク**シ**オン	construction コンスト**ラ**クション
こうぶんしょ **公文書** koubunsho	**documento oficial** *m.* ド**キュ**メント オフィ**シ**アル	official document オ**フィ**シャル **ダ**キュメント
こうへいな **公平な** kouheina	**equitativo(-a), justo(-a)** エキ**タ**ティボ(-バ), **フ**スト(-タ)	fair, impartial **フェ**ア, イン**パ**ーシャル
ごうべんじぎょう **合弁事業** goubenjigyou	**empresa conjunta** *f.* エン**プ**レサ コン**フ**ンタ	joint venture **チョ**イント **ヴェ**ンチャ
こうほ **候補** kouho	**candidato(-a)** *m.f.* カンディ**ダ**ト(-タ)	candidate **キャ**ンディデイト
～者	**candidato(-a)** *m.f.* カンディ**ダ**ト(-タ)	candidate **キャ**ンディデイト
こうぼ **酵母** koubo	**levadura** *f.* レバ**ド**ゥラ	yeast, leaven **イ**ースト, **レ**ヴン
こうほう **広報** kouhou	**información pública** *f.* インフォルマ**シ**オン **プ**ブリカ	public information **パ**ブリク イン**フォ**メイション
ごうほうてきな **合法的な** gouhoutekina	**legal** レ**ガ**ル	legal **リ**ーガル
ごうまんな **傲慢な** goumanna	**altivo(-a)** アル**ティ**ボ(-バ)	haughty **ホ**ーティ
こうみゃく **鉱脈** koumyaku	**yacimiento** *m.* ジャシミ**エ**ント	vein of ore **ヴェ**イン オヴ **オ**ー
こうみょうな **巧妙な** koumyouna	**hábil, diestro(-a)** **ア**ビル, ディ**エ**ストロ(-ラ)	skillful, dexterous ス**キ**ルフル, **デ**クストラス
こうむ **公務** koumu	**función pública** *f.* フン**シ**オン **プ**ブリカ	official duties オ**フィ**シャル **デュ**ーティズ
～員	**funcionario(-a)** *m.f.* フンシオ**ナ**リオ(-ア)	public official **パ**ブリク オ**フィ**シャル

日	西	英
こうむる **被る** koumuru	**sufrir** スフリル	receive, incur リスィーヴ, インカー
こうもく **項目** koumoku	**punto** *m.*, **artículo** *m.* プント, アルティクロ	item, clause アイテム, クローズ
こうもん **校門** koumon	**puerta de la escuela** *f.* プエルタ デ ラ エスクエラ	school gate スクール ゲイト
ごうもん **拷問** goumon	**tortura** *f.* トルトゥラ	torture トーチャ
こうや **荒野** kouya	**páramo** *m.* パラモ	wilds ワイルヅ
こうらく **行楽** kouraku	**excursión** *f.*, **gira turística** *f.* エクスクルシオン, ヒラ トゥリスティカ	outing アウティング
～客	**turista** *m.f.*, **excursionista** *m.f.* トゥリスタ, エクスクルシオニスタ	vacationer, Ⓑholidaymaker ヴェイケイショナ, ホリデイメイカ
こうり **小売り** kouri	**venta al por menor [al detalle]** *f.* ベンタ アル ポル メノル [アル デタジェ]	retail リーテイル
～する	**vender al por menor** ベンデル アル ポル メノル	retail リーテイル
ごうりか **合理化** gourika	**racionalización** *f.* ラシオナリサシオン	rationalization ラショナリゼイション
こうりつ **効率** kouritsu	**eficiencia** *f.* エフィシエンシア	efficiency イフィシェンスィ
～的な	**eficiente** エフィシエンテ	efficient イフィシェント
ごうりてきな **合理的な** gouritekina	**racional** ラシオナル	rational ラショナル
こうりゅう **交流** kouryuu	**intercambio** *m.* インテルカンビオ	exchange イクスチェインヂ

日	西	英
～する	**intercambiar** インテルカンビアル	exchange イクス**チェ**インヂ
（電流の）	**corriente alterna** *f.* コリ**エ**ンテ アル**テ**ルナ	alternating current **オ**ールタネイティング **カ**ーレント
こうりゅう **合流** gouryuu	**confluencia** *f.* コンフル**エ**ンシア	confluence **カ**ンフルーエンス
～点	**confluencia** *f.* コンフル**エ**ンシア	point of confluence, meeting point **ポ**イント オヴ **カ**ンフルーエンス, **ミ**ーティング **ポ**イント
こうりょうとした **荒涼とした** kouryoutoshita	**desolado(-a)** デソ**ラ**ド(-ダ)	desolate **デ**ソレト
こうりょく **効力** （効果・効能） kouryoku	**efecto** *m.*, **eficacia** *f.* エ**フェ**クト, エフィ**カ**シア	effect, efficacy イ**フェ**クト, **エ**フィカスィ
こうりょする **考慮する** kouryosuru	**considerar** コンシデ**ラ**ル	consider コン**スィ**ダ
こうれい **高齢** kourei	**vejez** *f.* ベ**ヘ**ス	advanced age アド**ヴァ**ンスト **エ**イヂ
～化社会	**envejecimiento demográfico** *m.* エンベヘシミ**エ**ント デモグ**ラ**フィコ	aging society **エ**イヂング ソ**サ**イエティ
こえ **声** koe	**voz** *f.* **ボ**ス	voice **ヴォ**イス
こえる **越える** koeru	**traspasar** トラスパ**サ**ル	go over, cross **ゴ**ウ オウ**ヴァ**, ク**ロ**ース
こえる **超える** koeru	**pasar** パ**サ**ル	exceed, pass イクス**ィ**ード, **パ**ス
ごーぐる **ゴーグル** googuru	**gafas (protectoras)** *f.pl.* **ガ**ファス (プロテク**ト**ラス)	goggles **ガ**グルズ
こーち **コーチ** koochi	**entrenador(-a)** *m.f.* エントレナ**ド**ル(-ラ)	coach, trainer **コ**ウチ, ト**レ**イナ

日		西	英
こーと **コート** kooto	（球技の）	**pista** *f.*, **cancha** *f.* ピスタ, カンチャ	court コート
	（洋服の）	**abrigo** *m.* アブリゴ	coat コウト
こーど **コード** koodo	（暗号）	**código** *m.* コディゴ	code コウド
	（電線）	**cuerda** *f.* クエルダ	cord コード
こーなー **コーナー** koonaa		**esquina** *f.* エスキナ	corner コーナ
こーひー **コーヒー** koohii		**café** *m.* カフェ	coffee コーフィ
～ショップ		**cafetería** *f.* カフェテリア	coffee shop コーフィ シャプ
こーら **コーラ** koora		**(refresco de) cola** *f.* (レフレスコ デ) コラ	Coke, cola コウク, コウラ
こーらす **コーラス** koorasu		**coro** *m.* コロ	chorus コーラス
こおり **氷** koori		**hielo** *m.* イエロ	ice アイス
こおる **凍る** kooru		**helarse, congelarse** エラルセ, コンヘラルセ	freeze フリーズ
ごーる **ゴール** gooru		**meta** *f.* メタ	goal ゴウル
～キーパー		**guardameta** *m.f.* グアルダメタ	goalkeeper ゴウルキーパ
～キック		**saque de meta** *m.* サケ デ メタ	goal kick ゴウル キク
ごかい **誤解** gokai		**malentendido** *m.* マレンテンディド	misunderstanding ミスアンダスタンディング

日	西	英
～する	**entender mal** エンテンデル マル	misunderstand ミスアンダスタンド
こがいしゃ **子会社** kogaisha	**filial** *f.* フィリアル	subsidiary サブスィディエリ
こかいん **コカイン** kokain	**cocaína** *f.* コカイナ	cocaine コウケイン
ごがく **語学** gogaku	**estudio de idiomas** *m.* エストゥディオ デ イディオマス	language study ラングウィッヂ スタディ
ごかくけい **五角形** gokakukei	**pentágono** *m.* ペンタゴノ	pentagon ペンタガン
こがす **焦がす** kogasu	**quemar** ケマル	burn, scorch バーン, スコーチ
こがたの **小型の** kogatano	**pequeño(-a)** ペケニョ(-ニャ)	small, compact スモール, コンパクト
ごがつ **五月** gogatsu	**mayo** *m.* マジョ	May メイ
ごかん **五感** gokan	**los cinco sentidos** *m.pl.* ロス シンコ センティドス	(the) five senses (ザ) ファイヴ センセズ
ごかんせいのある **互換性のある** gokanseinoaru	**compatible** コンパティブレ	compatible コンパティブル
こぎって **小切手** kogitte	**cheque** *m.* チェケ	check, ⒷCheque チェク, チェク
ごきぶり **ゴキブリ** gokiburi	**cucaracha** *f.* クカラチャ	cockroach カクロウチ
こきゃく **顧客** kokyaku	**cliente** *m.f.* クリエンテ	customer, client カスタマ, クライエント
こきゅう **呼吸** kokyuu	**respiración** *f.* レスピラシオン	respiration レスピレイション
～する	**respirar** レスピラル	breathe ブリーズ

日	西	英
こきょう 故郷 kokyou	tierra natal *f.* ティエラ ナタル	home town, home ホウム タウン, ホウム
こぐ 漕ぐ kogu	remar レマル	row ラウ
ごく 語句 goku	palabras *f.pl.* y frases *f.pl.* パラブラス イ フラセス	words and phrases ワーヅ アンド フレイゼズ
こくえいの 国営の kokueino	estatal, nacional エスタタル, ナシオナル	state-run, ⒷGovernment-run ステイトラン, ガヴァメントラン
こくおう 国王 kokuou	rey *m.* レイ	king, monarch キング, マナク
こくがいに 国外に kokugaini	al [en el] extranjero アル [エン エル] エクストランヘロ	abroad アブロード
こくぎ 国技 kokugi	deporte nacional *m.* デポルテ ナシオナル	national sport ナショナル スポーツ
こくさいけっこん 国際結婚 kokusaikekkon	matrimonio internacional *m.* マトリモニオ インテルナシオナル	international marriage インタナショナル マリヂ
こくさいせん 国際線 kokusaisen	línea aérea internacional *f.* リネア アエレア インテルナシオナル	international airline インタナショナル エアライン
こくさいてきな 国際的な kokusaitekina	internacional インテルナシオナル	international インタナショナル
こくさいでんわ 国際電話 kokusaidenwa	conferencia internacional *f.* コンフェレンシア インテルナシオナル	international telephone call インタナショナル テレフォウン コール
こくさいほう 国際法 kokusaihou	derecho internacional *m.* デレチョ インテルナシオナル	international law インタナショナル ロー
こくさんの 国産の kokusanno	nacional ナシオナル	domestically produced ドメスティカリ プロデュースト
こくせき 国籍 kokuseki	nacionalidad *f.* ナシオナリダド	nationality ナショナリティ

日	西	英
こくそする **告訴する** kokusosuru	**acusar** アクサル	accuse アキューズ
こくちする **告知する** kokuchisuru	**notificar** ノティフィカル	notify ノウティファイ
こくどう **国道** kokudou	**carretera nacional** *f.* カレテラ ナシオナル	national highway ナショナル ハイウェイ
こくないせん **国内線** kokunaisen	**línea aérea nacional** *f.* リネア アエレア ナシオナル	domestic ドメスティク
こくないの **国内の** kokunaino	**nacional, interno(-*a*)** ナシオナル, インテルノ(-ナ)	domestic ドメスティク
こくはくする **告白する** kokuhakusuru	**confesar** コンフェサル	confess コンフェス
こくはつする **告発する** kokuhatsusuru	**acusar** アクサル	accuse アキューズ
こくふくする **克服する** kokufukusuru	**vencer** ベンセル	conquer, overcome カンカ, オウヴァカム
こくべつしき **告別式** kokubetsushiki	**ceremonia fúnebre** *f.* セレモニア フネブレ	farewell service フェアウェル サーヴィス
こくほう **国宝** kokuhou	**tesoro nacional** *m.* テソロ ナシオナル	national treasure ナショナル トレジャ
こくぼう **国防** kokubou	**defensa nacional** *f.* デフェンサ ナシオナル	national defense ナショナル ディフェンス
こくみん **国民** kokumin	**nación** *f.*, **pueblo** *m.* ナシオン, プエブロ	nation, people ネイション, ピープル
～の	**nacional** ナシオナル	national ナショナル
こくもつ **穀物** kokumotsu	**cereal** *m.* セレアル	grain, corn グレイン, コーン
こくゆうの **国有の** kokuyuuno	**nacional** ナシオナル	national ナショナル

日	西	英
こくりつの **国立の** kokuritsuno	**nacional, estatal** ナシオナル, エスタタル	national, state **ナ**ショナル, ステイト
こくれん **国連** kokuren	**ONU** *f.*, **Naciones Unidas** *f.pl.* オヌ, ナシオネス ウニダス	UN, United Nations **ユー**エン, ユー**ナ**イテド **ネ**イションズ
こけ **苔** koke	**musgo** *m.* ムスゴ	moss **モ**ス
こげる **焦げる** kogeru	**quemarse** ケマルセ	burn **バ**ーン
ここ **ここ** koko	**aquí**, Ⓐ**acá** ア**キ**, ア**カ**	here, this place **ヒ**ア, **ズ**ィス プ**レ**イス
こご **古語** kogo	**arcaísmo** *m.* アルカイスモ	archaic words アー**ケ**イイク **ワ**ーヅ
ごご **午後** gogo	**tarde** *f.* **タ**ルデ	afternoon アフタ**ヌ**ーン
ここあ **ココア** kokoa	**cacao** *m.*, **chocolate** *m.* カ**カ**オ, チョコ**ラ**テ	cocoa **コ**ウコウ
こごえる **凍える** kogoeru	**helarse, congelarse** エ**ラ**ルセ, コン**ヘ**ラルセ	freeze フ**リ**ーズ
ここちよい **心地よい** kokochiyoi	**agradable, cómodo(-a)** アグラ**ダ**ブレ, **コ**モド(-ダ)	comfortable **カ**ンフォタブル
こごと **小言** kogoto	**reprimenda** *f.* レプリ**メ**ンダ	scolding ス**コ**ウルディング
ここなつ **ココナツ** kokonatsu	**coco** *m.* **コ**コ	coconut **コ**ウコナト
こころ **心** （意向） kokoro	**intención** *f.*, **voluntad** *f.* インテン**シ**オン, ボルン**タ**ド	intention, will インテンション, **ウ**ィル
（感情）	**sentimiento** *m.* センティ**ミ**エント	feeling **フィ**ーリング

日	西	英
（心情）	**mente** *f.*, **corazón** *m.* メンテ, コラソン	mind, heart マインド, ハート
（精神）	**espíritu** *m.* エスピリトゥ	spirit スピリト
こころえる **心得る** kokoroeru	**entender** エンテンデル	know, understand ノウ, アンダスタンド
こころがける **心がける** kokorogakeru	**tomar en cuenta** トマル エン クエンタ	bear in mind ベア イン マインド
こころがまえ **心構え** kokorogamae	**actitud mental** *f.* アクティトゥド メンタル	preparation プレパレイション
こころざし **志** kokorozashi	**voluntad** *f.*, **intención** *f.* ボルンタド, インテンシオン	will, intention ウィル, インテンション
こころざす **志す** kokorozasu	**tener la intención** *de* テネル ラ インテンシオン	intend, aim インテンド, エイム
こころぼそい **心細い** kokorobosoi	**triste, solitario(-a)** トリステ, ソリタリオ(-ア)	forlorn, disheart-ening フォローン, ディスハートニング
こころみる **試みる** kokoromiru	**intentar** インテンタル	try, attempt トライ, アテンプト
こころよい **快い** kokoroyoi	**agradable** アグラダブレ	pleasant, agreeable プレザント, アグリーアブル
こころよく **快く** kokoroyoku	**de buen grado** デ ブエン グラド	with pleasure ウィズ プレジャ
こさめ **小雨** kosame	**llovizna** *f.* ジョビスナ	light rain ライト レイン
こざら **小皿** kozara	**plato pequeño** *m.* プラト ペケニョ	small plate スモール プレイト
ごさん **誤算** gosan	**equivocación** *f.* エキボカシオン	misjudgment ミスチャヂメント

日	西	英
こし 腰 koshi	cintura *f.* シントゥラ	waist ウェイスト
こじ 孤児 koji	huérfano(-a) *m.f.* ウエルファノ(-ナ)	orphan オーファン
こしかける 腰掛ける koshikakeru	sentarse センタルセ	sit, sit down スィト, スィト ダウン
こしつ 個室 koshitsu	habitación propia *f.*, ha- bitación individual *f.* アビタシオン プロピア, アビタシオン インディ ビドゥアル	private room プライヴェト ルーム
ごしっくようしき ゴシック様式 goshikkuyoushiki	gótico *m.* ゴティコ	Gothic ガスィク
こしつする 固執する koshitsusuru	insistir *en* インシスティル	persist パスィスト
ごじゅう 五十 gojuu	cincuenta *m.* シンクエンタ	fifty フィフティ
こしょう 胡椒 koshou	pimienta *f.* ピミエンタ	pepper ペパ
こしょうする 故障する koshousuru	no funcionar ノ フンシオナル	break down ブレイク ダウン
こじん 個人 kojin	individuo *m.* インディビドゥオ	individual インディヴィデュアル
～主義	individualismo *m.* インディビドゥアリスモ	individualism インディヴィデュアリズム
～的な	individual インディビドゥアル	individual, person- al インディヴィデュアル, パーソ ナル
こす 越[超]す kosu	pasar パサル	exceed, pass イクスィード, パス
こすと コスト kosuto	coste *m.* コステ	cost コースト

日	西	英
こする **擦る** kosuru	**frotar** フロタル	rub ラブ
こせい **個性** kosei	**personalidad** *f.* ペルソナリダド	individuality, char-acteristics インディヴィデュアリティ, キャラクタリスティク
〜的な	**original, único(-a)** オリヒナル, ウニコ(-カ)	unique, distinctive ユーニーク, ディスティンクティヴ
こせき **戸籍** koseki	**registro civil** *m.* レヒストロ シビル	family register ファミリ レヂスタ
こぜに **小銭** kozenl	**cambio** *m.* カンビオ	change, coins チェインヂ, コインズ
〜入れ	**monedero** *m.* モネデロ	coin purse, ⑧purse コイン パース, パース
ごぜん **午前** gozen	**mañana** *f.* マニャナ	morning モーニング
〜中	**por la mañana** ポル ラ マニャナ	during the morn-ing デュアリング ザ モーニング
こたい **固体** kotai	**(cuerpo) sólido** *m.* (クエルポ) ソリド	solid サリド
こだい **古代** kodai	**antigüedad** *f.* アンティグエダド	antiquity アンティクウィティ
〜の	**antiguo(-a)** アンティグオ(-ア)	ancient エインシェント
こたえ **答え** (解答) kotae	**solución** *f.* ソルシオン	solution ソルーション
(回答・返事)	**respuesta** *f.* レスプエスタ	answer, reply アンサ, リプライ
こたえる **応える** (応じる) kotaeru	**responder** *a,* **satisfacer** レスポンデル, サティスファセル	respond to, meet リスパンド トゥ, ミート

日	西	英
（反応する）	**reaccionar, responder** レアクシオナル, レスポンデル	respond リスパンド
<ruby>答える<rt>こたえる</rt></ruby> kotaeru	**contestar** コンテスタル	answer, reply アンサ, リプライ
<ruby>こだわる<rt>こだわる</rt></ruby> kodawaru	**aferrarse** *a* アフェラルセ	(be) particular about (ビ) パティキュラ アバウト
<ruby>誇張<rt>こちょう</rt></ruby> kochou	**exageración** *f.* エクサヘラシオン	exaggeration イグザチャレイション
〜する	**exagerar** エクサヘラル	exaggerate イグザチャレイト
<ruby>こつ<rt>こつ</rt></ruby>　（要領） kotsu	**truco** *m.* トルコ	knack ナク
<ruby>国家<rt>こっか</rt></ruby> kokka	**estado** *m.* エスタド	state ステイト
<ruby>国歌<rt>こっか</rt></ruby> kokka	**himno nacional** *m.* イムノ ナシオナル	national anthem ナショナル アンセム
<ruby>国会<rt>こっかい</rt></ruby> kokkai	**Parlamento** *m.*, **Dieta** *f.* パルラメント, ディエタ	Parliament, Diet パーラメント, ダイエット
<ruby>小遣い<rt>こづかい</rt></ruby> kozukai	**dinero de bolsillo** *m.* ディネロ デ ボルシジョ	pocket money パケト マニ
<ruby>骨格<rt>こっかく</rt></ruby> kokkaku	**constitución física** *f.* コンスティトゥシオン フィシカ	frame, build フレイム, ビルド
<ruby>国旗<rt>こっき</rt></ruby> kokki	**bandera nacional** *f.* バンデラ ナシオナル	national flag ナショナル フラグ
<ruby>国境<rt>こっきょう</rt></ruby> kokkyou	**frontera** *f.* フロンテラ	frontier フランティア
<ruby>コック<rt>こっく</rt></ruby> kokku	**cocinero(-a)** *m.f.* コシネロ(-ラ)	cook クク

日	西	英
こっこう **国交** kokkou	**relaciones diplomáticas** *f.pl.* レラシオネス ディプロマティカス	diplomatic relations ディプロマティク リレイションズ
ごつごつした **ごつごつした** gotsugotsushita	**rugoso(-a), áspero(-a)** ルゴソ(-サ), アスペロ(-ラ)	rugged, rough ラゲド, ラフ
こつずい **骨髄** kotsuzui	**médula** *f.* メドゥラ	bone marrow ボウン マロウ
こっせつ **骨折** kossetsu	**fractura** *f.* フラクトゥラ	fracture フラクチャ
～する	**fracturarse** フラクトゥラルセ	break a bone, fracture a bone ブレイク ア ボウン, フラクチャ ア ボウン
こっそり **こっそり** kossori	**a hurtadillas, en secreto** ア ウルタディジャス, エン セクレト	quietly, in secret クワイエトリ, イン スィークレト
こづつみ **小包** kozutsumi	**paquete** *m.* パケテ	parcel パースル
こっとうひん **骨とう品** kottouhin	**curiosidades** *f.pl.*, **antigüedades** *f.pl.* クリオシダデス, アンティグエダデス	curio, antique キュアリオウ, アンティーク
こっぷ **コップ** koppu	**vaso** *m.* バソ	glass グラス
こていする **固定する** koteisuru	**fijar** フィハル	fix フィクス
こてん **古典** koten	**clásico** *m.* クラシコ	classic クラスィク
～的な	**clásico(-a)** クラシコ(-カ)	classic クラスィク
こと **事** koto	**asunto** *m.* アスント	matter, thing, affair マタ, スィング, アフェア
こどく **孤独** kodoku	**soledad** *f.* ソレダド	solitude サリテュード

245

日	西	英
〜な	**solitario(-a)** ソリタリオ(-ア)	solitary サリテリ
ことし **今年** kotoshi	**este año** *m.* エステ アニョ	this year ズィス イア
ことづけ **言付け** kotozuke	**recado** *m.* レカド	message メスィヂ
ことなる **異なる** kotonaru	**(ser) diferente** *de* (セル) ディフェレンテ	differ from ディファ フラム
ことば **言葉** kotoba	**habla** *f.* アブラ	speech スピーチ
（言語）	**lengua** *f.*, **idioma** *m.* レングア, イディオマ	language ラングウィヂ
（単語）	**palabra** *f.* パラブラ	word ワード
こども **子供** kodomo	**niño(-a)** *m.f.*, **hijo(-a)** *m.f.* ニニョ(-ニャ), イホ(-ハ)	child チャイルド
ことわざ **ことわざ** kotowaza	**refrán** *m.* レフラン	proverb プラヴァブ
ことわる **断る** kotowaru	**rechazar, rehusar** レチャサル, レウサル	refuse レフューズ
こな **粉** kona	**polvo** *m.* ポルボ	powder パウダ
（穀類の）	**harina** *f.* アリナ	flour フラウア
こなごなに **粉々に** konagonani	**en añicos** エン アニコス	to pieces トゥ ピーセズ
こにゃっく **コニャック** konyakku	**coñac** *m.* コニャク	cognac コウニャク

日	西	英
こね **コネ** kone	**influencias** *f.pl.*, **enchufe** *m.* インフルエンシアス, エンチュフェ	connections コネクションズ
こねこ **子猫** koneko	**gatito** *m.* ガティト	kitten キトン
こねる **こねる** koneru	**amasar** アマサル	knead ニード
この **この** kono	**este(-a)** エステ(-タ)	this ズィス
このあいだ **この間** konoaida	**el otro día** *m.* エル オトロ ディア	(the) other day (ズィ) アザ デイ
このごろ **このごろ** konogoro	**estos días** *m.pl.* エストス ディアス	now, these days ナウ, ズィーズ デイズ
このましい **好ましい** (よりよい) konomashii	**preferible** プレフェリブレ	preferable プレファラブル
(感じのよい)	**agradable, simpático(-a)** アグラダブレ, シンパティコ(-カ)	agreeable アグリーアブル
(望ましい)	**deseable** デセアブレ	desirable ディザイアラブル
このみ **好み** konomi	**gusto** *m.* グスト	preference, taste プレファランス, テイスト
こはく **琥珀** kohaku	**ámbar** *m.* アンバル	amber アンバ
こばむ **拒む** kobamu	**rechazar** レチャサル	refuse レフューズ
こはん **湖畔** kohan	**orilla de un lago** *f.* オリジャ デウン ラゴ	lakeside レイクサイド
ごはん **御飯** gohan	**comida** *f.* コミダ	meal ミール

日	西	英
（米飯）	**arroz** *m.* アロス	rice ライス
こぴー **コピー** kopii	**fotocopia** *f.*, **copia** *f.* フォトコピア，コピア	photocopy, copy フォウトカピ，カピ
～機	**fotocopiadora** *f.* フォトコピアドラ	copier カピア
～する	**copiar** コピアル	copy カピ
こひつじ **子羊** kohitsuji	**cordero** *m.* コルデロ	lamb ラム
こぶ **こぶ** kobu	**chichón** *m.* チチョン	lump, bump ランプ，バンプ
（木の）	**nudo** *m.* ヌド	(tree) knot (トリー) ナト
こぶし **拳** kobushi	**puño** *m.* プニョ	fist フィスト
こふん **古墳** kofun	**túmulo** *m.* トゥムロ	tumulus テューミュラス
こぶん **子分** kobun	**seguidor(-a)** *m.f.* セギドル(-ラ)	follower, hench-man ファロウア，ヘンチマン
ごぼう **牛蒡** gobou	**bardana** *f.* バルダナ	burdock バーダーク
こぼす **こぼす** kobosu	**derramar** デラマル	spill スピル
こぼれる **こぼれる** koboreru	**derramarse** デラマルセ	fall, drop, spill フォール，ドラプ，スピル
こま **独楽** koma	**peonza** *f.* ペオンサ	top タプ

249

日	西	英
ごま **胡麻** goma	**ajonjolí** *m.*, **sésamo** *m.* アホンホリ, セサモ	sesame セサミ
こまーしゃる **コマーシャル** komaasharu	**anuncio** *m.* アヌンシオ	commercial コマーシャル
こまかい　(小さい) **細かい** komakai	**pequeño(-a)**, **fino(-a)** ペケニョ(-ニャ), フィノ(-ナ)	small, fine スモール, ファイン
(詳細だ)	**detallado(-a)** デタジャド(-ダ)	detailed ディテイルド
ごまかす **ごまかす** gomakasu	**engañar**, **hacer trampa** エンガニャル, アセル トランパ	cheat, swindle チート, スウィンドル
こまく **鼓膜** komaku	**tímpano** *m.* ティンパノ	eardrum イアドラム
こまらせる **困らせる** komaraseru	**poner en un apuro** ポネル エン ウン アプロ	embarrass, annoy インバラス, アノイ
こまる **困る** komaru	**quedarse perplejo(-a)** ケダルセ ペルプレホ(-ハ)	(be) embarrassed (ビ) インバラスト
(悩む)	**tener problemas** テネル プロブレマス	have trouble ハヴ トラブル
ごみ **ごみ** gomi	**basura** *f.* バスラ	garbage, trash, Ⓑrubbish ガービヂ, トラシュ, ラビシュ
～箱	**papelera** *f.*, **basurero** *m.* パペレラ, バスレロ	garbage can, trash can, Ⓑdustbin ガービヂ キャン, トラシュ キャン, ダストビン
こみゅにけーしょん **コミュニケーション** komyunikeeshon	**comunicación** *f.* コムニカシオン	communication コミューニケイション
こむ **込む** komu	**(estar) lleno(-a)** (エスタル) ジェノ(-ナ)	(be) jammed, (be) crowded (ビ) ヂャムド, (ビ) クラウデド
ごむ **ゴム** gomu	**goma** *f.*, **caucho** *m.* ゴマ, カウチョ	rubber ラバ

こ

日	西	英
こむぎ **小麦** komugi	**trigo** *m.* トリゴ	wheat (ホ)**ウィ**ート
～粉	**harina (de trigo)** *f.* アリナ (デ トリゴ)	flour フ**ラ**ウア
こめ **米** kome	**arroz** *m.* ア**ロ**ス	rice **ラ**イス
こめでぃ **コメディ** komedi	**comedia** *f.* コ**メ**ディア	comedy **カ**メディ
こめる **込める** komeru	**cargar** カル**ガ**ル	charge, load **チャ**ーヂ, **ロ**ウド
こめんと **コメント** komento	**comentario** *m.* コメン**タ**リオ	comment **カ**メント
こもじ **小文字** komoji	**letra minúscula** *f.* **レ**トラ ミ**ヌ**スクラ	lowercase letter **ロ**ウアケイス **レ**タ
こもり **子守** komori	**niñero(-a)** *m.f.*, **canguro** *m.f.* ニ**ニェ**ロ(-ラ), カン**グ**ロ	babysitter **ベ**イビスィタ
こもん **顧問** komon	**consejero(-a)** *m.f.*, **ase- sor(-a)** *m.f.* コンセ**ヘ**ロ(-ラ), アセ**ソ**ル(-ラ)	adviser, consultant アド**ヴァ**イザ, コン**サ**ルタント
こや **小屋** koya	**choza** *f.* **チョ**サ	hut, shed **ハ**ト, **シ**ード
ごやく **誤訳** goyaku	**error de traducción** *m.* エ**ロ**ル デ トラ**ドゥ**クシ**オ**ン	mistranslation ミストランス**レ**イション
こゆうの **固有の** koyuuno	**propio(-a)** *de* プ**ロ**ピオ(-ア)	peculiar to ピ**キュ**ーリア トゥ
こゆうめいし **固有名詞** koyuumeishi	**nombre propio** *m.* **ノ**ンブレ プ**ロ**ピオ	proper noun プ**ラ**パ **ナ**ウン
こゆび **小指** (手の) koyubi	**meñique** *m.* メ**ニ**ケ	little finger **リ**トル **フィ**ンガ

日	西	英
（足の）	**meñique** *m.* メニケ	little toe リトル トゥ
こよう **雇用** koyou	**empleo** *m.* エンプレオ	employment インプロイメント
～する	**emplear, contratar** エンプレアル, コントラタル	employ インプロイ
こらえる **こらえる** （耐える） koraeru	**aguantar, soportar** アグアンタル, ソポルタル	bear, endure ベア, インデュア
（抑える）	**controlar, contener** コントロラル, コンテネル	control, suppress コントロウル, サプレス
ごらく **娯楽** goraku	**diversión** *f.* ディベルシオン	amusement アミューズメント
こらむ **コラム** koramu	**columna** *f.* コルムナ	column カラム
こりつする **孤立する** koritsusuru	**aislarse** アイスラルセ	(be) isolated (ビ) アイソレイテド
ごりら **ゴリラ** gorira	**gorila** *m.* ゴリラ	gorilla ゴリラ
こりる **懲りる** koriru	**(estar) harto(-a)** *de* (エスタル) アルト(-タ)	have had enough of ハヴ ハド イナフ オヴ
こる **凝る** （硬直する） koru	**endurecerse, ponerse rígido(-a)** エンドゥレセルセ, ポネルセ リヒド(-ダ)	grow stiff グロウ スティフ
（熱中する）	**entregarse** *a* エントレガルセ	(be) absorbed in (ビ) アブソーブド イン
こるく **コルク** koruku	**corcho** *m.* コルチョ	cork コーク
～抜き	**sacacorchos** *m.* サカコルチョス	corkscrew コークスクルー

日	西	英
ごるふ **ゴルフ** gorufu	**golf** *m.* ゴルフ	golf ガルフ
〜場	**campo de golf** *m.* カンポ デ ゴルフ	golf links ガルフ リンクス
これ **これ** kore	**éste(-a), esto** エステ(-タ)，エスト	this ズィス
これから **これから** korekara	**en adelante** エン アデランテ	after this, hereafter アフタ ズィス，ヒアラフタ
これくしょん **コレクション** korekushon	**colección** *f.* コレクシオン	collection コレクション
これくとこーる **コレクトコール** korekutokooru	**llamada a cobro reverti-do** *f.* ジャマダ ア コブロ レベルティド	collect call コレクト コール
これすてろーる **コレステロール** koresuterooru	**colesterol** *m.* コレステロル	cholesterol コレスタロウル
これら **コレラ** korera	**cólera** *m.* コレラ	cholera カレラ
これらの **これらの** korerano	**estos(-as)** エストス(-タス)	these ズィーズ
ころがる **転がる**　(回る) korogaru	**rodar** ロダル	roll ロウル
（倒れる）	**caer(se)** カエル(セ)	fall over フォール オウヴァ
ころす **殺す** korosu	**matar** マタル	kill, murder キル，マーダ
ころぶ **転ぶ** korobu	**caer(se)** カエル(セ)	tumble down タンブル ダウン
こわい **怖い** kowai	**terrible** テリブレ	terrible, fearful テリブル，フィアフル

日	西	英
こわがる **怖がる** kowagaru	**tener miedo** *a* テネル ミエド	fear, (be) afraid **フィ**ア, (ビ) ア**フレイ**ド
こわす **壊す** kowasu	**romper** ロンペル	break, destroy ブ**レイ**ク, ディスト**ロ**イ
こわれる **壊れる** kowareru	**romperse** ロンペルセ	break, (be) broken ブ**レイ**ク, (ビ) ブ**ロウ**クン
こんいろ **紺色** kon-iro	**azul marino** *m.* アスル マリノ	dark blue **ダ**ーク ブ**ルー**
こんき **根気** konki	**paciencia** *f.*, **perseverancia** *f.* パシ**エ**ンシア, ペルセベ**ラ**ンシア	perseverance, patience パースィ**ヴィ**アランス, **ペイ**シェンス
こんきょ **根拠** konkyo	**fundamento** *m.* フンダメント	ground グ**ラウ**ンド
こんくーる **コンクール** konkuuru	**concurso** *m.* コンクルソ	contest **カ**ンテスト
こんくりーと **コンクリート** konkuriito	**hormigón** *m.*, Ⓐ**concreto** *m.* オルミゴン, コンクレト	concrete **カ**ンクリート
こんげつ **今月** kongetsu	**este mes** *m.* エステ メス	this month **ズィ**ス **マ**ンス
こんご **今後** kongo	**en adelante** エン アデランテ	from now on フラム **ナウ オ**ン
こんごうする **混合する** kongousuru	**mezclar** メスクラル	mix, blend **ミ**クス, ブ**レ**ンド
こんごきょうわこく **コンゴ共和国** kongokyouwakoku	**República del Congo** *f.* レプブリカ デル コンゴ	Republic of Congo リ**パ**ブリク オヴ **カ**ンゴウ
こんさーと **コンサート** konsaato	**concierto** *m.* コンシエルト	concert **カ**ンサト
こんざつする **混雑する** konzatsusuru	**(estar) atestado(-a)** (エスタル) アテスタド(-ダ)	(be) congested with (ビ) コン**チェ**ステド ウィズ

日	西	英
こんさるたんと **コンサルタント** konsarutanto	**asesor(-a)** *m.f.* アセソル(-ラ)	consultant コンサルタント
こんしゅう **今週** konshuu	**esta semana** *f.* エスタ セマナ	this week ズィス ウィーク
こんじょう **根性** （気概） konjou	**ánimo** *m.* アニモ	spirit, grit スピリト, グリト
（性質）	**carácter** *m.*, **naturaleza** *f.* カラクテル, ナトゥラレサ	nature ネイチャ
こんぜつする **根絶する** konzetsusuru	**erradicar** エラディカル	eradicate イラディケイト
こんせぷと **コンセプト** konseputo	**concepto** *m.* コンセプト	concept カンセプト
こんせんさす **コンセンサス** konsensasu	**consenso** *m.* コンセンソ	consensus コンセンサス
こんせんと **コンセント** konsento	**enchufe** *m.* エンチュフェ	outlet, socket アウトレト, サケト
こんそめ **コンソメ** konsome	**consomé** *m.* コンソメ	consommé コンソメイ
こんたくとれんず **コンタクトレンズ** kontakutorenzu	**lentillas** *f.pl.* レンティジャス	contact lenses カンタクト レンゼズ
こんだんかい **懇談会** kondankai	**reunión amistosa** *f.* レウニオン アミストサ	round-table con- ference ラウンドテーブル カンファレン ス
こんちゅう **昆虫** konchuu	**insecto** *m.* インセクト	insect インセクト
こんでぃしょん **コンディション** kondishon	**condición** *f.* コンディシオン	condition コンディション
こんてすと **コンテスト** kontesuto	**concurso** *m.* コンクルソ	contest コンテスト

日	西	英
こんてな **コンテナ** kontena	**contenedor** *m.* コンテネドル	container コン**テ**イナ
こんでんさー **コンデンサー** kondensaa	**condensador** *m.* コンデンサドル	condenser コン**デ**ンサ
こんど **今度** kondo	**esta vez** *f.* エスタ ベス	this time ズィス **タ**イム
こんどうする **混同する** kondousuru	**confundir** コンフン**ディ**ル	confuse コン**フュ**ーズ
こんどーむ **コンドーム** kondoomu	**condón** *m.* コン**ド**ン	condom **カ**ンドム
こんどみにあむ **コンドミニアム** kondominiamu	**propiedad horizontal** *f.*, **apartamento** *m.*, Ⓐ**condominio** *m.* プロピエ**ダ**ド オリソン**タ**ル, アパルタ**メ**ント, コンド**ミ**ニオ	condominium コンド**ミ**ニアム
ごんどら **ゴンドラ** gondora	**góndola** *f.* **ゴ**ンドラ	gondola **ガ**ンドラ
こんとらすと **コントラスト** kontorasuto	**contraste** *m.* コント**ラ**ステ	contrast **カ**ントラスト
こんとろーる **コントロール** kontorooru	**control** *m.* コント**ロ**ル	control コント**ロ**ウル
～する	**controlar** コントロ**ラ**ル	control コント**ロ**ウル
こんとん **混沌** konton	**caos** *m.*, **confusión** *f.* **カ**オス, コンフ**シ**オン	chaos **ケ**イアス
こんな **こんな** konna	**tal**, **tales** *m.f.pl.* **タ**ル, **タ**レス	such **サ**チ
こんなん **困難** konnan	**dificultad** *f.* ディフィクル**タ**ド	difficulty **ディ**フィカルティ
～な	**difícil** ディ**フィ**シル	difficult, hard **ディ**フィカルト, **ハ**ード

日	西	英
こんにち **今日** konnichi	**hoy** オイ	today トゥデイ
こんぱーとめんと **コンパートメント** konpaatomento	**compartimento** *m.* コンパルティメント	compartment コンパートメント
こんぱくとな **コンパクトな** konpakutona	**compacto(-a)** コンパクト(-タ)	compact コンパクト
こんばん **今晩** konban	**esta tarde** *f.*, **esta noche** *f.* エスタ タルデ, エスタ ノチェ	this evening ズィス イーヴニング
こんび **コンビ** konbi	**combinación** *f.* コンビナシオン	combination コンビネイション
こんびーふ **コンビーフ** konbiifu	**carne de vaca (en con-** **serva)** *f.* カルネ デ バカ (エン コンセルバ)	corned beef コーンド ビーフ
こんびなーと **コンビナート** konbinaato	**complejo industrial** *m.* コンプレホ インドゥストリアル	industrial complex インダストリアル カンプレクス
こんびに **コンビニ** konbini	**tienda de conveniencia** *f.* ティエンダ デ コンベニエンシア	convenience store カンヴィーニェンス ストー
こんびねーしょん **コンビネーション** konbineeshon	**combinación** *f.* コンビナシオン	combination コンビネイション
こんぴゅーたー **コンピューター** konpyuutaa	**ordenador** *m.*, Ⓐ**compu-** **tador(-a)** *m.f.* オルデナドル, コンプタドル(-ラ)	computer コンピュータ
こんぶ **昆布** konbu	**alga marina** *f.* アルガ マリナ	kelp, seaweed ケルプ, スィーウィード
こんぷれっくす **コンプレックス** konpurekkusu	**complejo** *m.* コンプレホ	complex カンプレクス
こんぽう **梱包** konpou	**embalaje** *m.* エンバラへ	packing パキング
～する	**embalar** エンバラル	pack up パク アプ

日	西	英
こんぽん **根本** konpon	**cimientos** *m.pl.*, **fundamento** *m.* シミエントス, フンダメント	foundation ファウンデイション
こんま **コンマ** konma	**coma** *f.* コマ	comma カマ
こんや **今夜** kon-ya	**esta noche** *f.* エスタ ノチェ	tonight トゥナイト
こんやく **婚約** kon-yaku	**compromiso** *m.*, **noviazgo** *m.* コンプロミソ, ノビアスゴ	engagement インゲイヂメント
～者	**novio(-a)** *m.f.* ノビオ(-ア)	fiancé, fiancée フィーアーンセイ, フィーアーンセイ
～する	**prometerse** *con* プロメテルセ	(be) engaged to (ビ) インゲイヂド トゥ
こんらん **混乱** konran	**confusión** *f.* コンフシオン	confusion コンフュージョン
～する	**confundirse** コンフンディルセ	(be) confused (ビ) コンフューズド
こんわく **困惑** konwaku	**perplejidad** *f.* ペルプレヒダド	embarrassment インバラスメント

日	西	英

さ, サ

さ **差** sa	**diferencia** *f.* ディフェレンシア	difference **ディ**ファレンス
さーかす **サーカス** saakasu	**circo** *m.* シルコ	circus **サー**カス
さーきっと **サーキット** saakitto	**circuito** *m.* シルク**イ**ト	circuit **サー**キト
さーちえんじん **サーチエンジン** saachienjin	**motor de búsqueda** *m.,* **buscador** *m.* モトル デ**ブ**スケダ, ブスカ**ド**ル	search engine **サー**チ **エン**ヂン
さーちらいと **サーチライト** saachiraito	**reflector** *m.* レフレク**ト**ル	searchlight **サー**チライト
さーばー **サーバー** saabaa	**servidor** *m.* セルビ**ド**ル	server **サー**ヴァ
さーびす **サービス** saabisu	**servicio** *m.* セル**ビ**シオ	service **サー**ヴィス
〜料	**servicio** *m.* セル**ビ**シオ	service charge **サー**ヴィス **チャー**ヂ
さーぶ **サーブ** saabu	**saque** *m.,* **servicio** *m.* **サ**ケ, セル**ビ**シオ	serve, service **サー**ヴ, **サー**ヴィス
さーふぁー **サーファー** saafaa	**surfista** *m.f.* スル**フィ**スタ	surfer **サー**ファ
さーふぃん **サーフィン** saafin	**surf** *m.* ス**ル**フ	surfing **サー**フィング
さーもん **サーモン** saamon	**salmón** *m.* サル**モン**	salmon **サ**モン
さいあくの **最悪の** saiakuno	**el [la] peor, los [las] peo-** **res** *m.f.pl.* エル [ラ] ペ**オ**ル, ロス [ラス] ペ**オ**レス	worst **ワー**スト

日	西	英
さいがい **災害** saigai	**desastre** *m.* デサストレ	calamity, disaster カラミティ, ディザスタ
ざいかい **財界** zaikai	**sector financiero** *m.* セクトル フィナンシエロ	financial world フィナンシャル ワールド
さいかいする **再開する** saikaisuru	**reanudar, volver a abrir** レアヌダル, ボルベル ア アブリル	reopen リーオウプン
さいきん **最近** saikin	**recientemente** レシエンテメンテ	recently リーセントリ
さいきん **細菌** saikin	**bacteria** *f.* バクテリア	bacteria, germs バクティアリア, チャームズ
さいく **細工** saiku	**artesanía** *f.*, **trabajo** *m.* アルテサニア, トラバホ	work, workmanship ワーク, ワークマンシプ
さいくつする **採掘する** saikutsusuru	**explotar, extraer** エクスプロタル, エクストラエル	mine マイン
さいくりんぐ **サイクリング** saikuringu	**ciclismo** *m.* シクリスモ	cycling サイクリング
さいくる **サイクル** saikuru	**ciclo** *m.* シクロ	cycle サイクル
さいけつ **採決** saiketsu	**voto** *m.* ボト	vote ヴォウト
さいけつ **採血** saiketsu	**toma de sangre** *f.* トマ デ サングレ	drawing blood ドローイング ブラド
さいけん **債券** saiken	**bono** *m.* ボノ	bond バンド
ざいげん **財源** zaigen	**fondos** *m.pl.*, **recursos financieros** *m.pl.* フォンドス, レクルソス フィナンシエロス	funds ファンヅ
さいけんとうする **再検討する** saikentousuru	**revisar, volver a examinar** レビサル, ボルベル ア エクサミナル	reexamine リーイグザミン

日	西	英
さいご **最期** saigo	**muerte** *f.*, **fin** *m.* ムエルテ, フィン	death, last moment デス, ラスト モウメント
さいご **最後** saigo	**último(-a)** *m.f.* ウルティモ(-マ)	last, end ラスト, エンド
～の	**último(-a)**, **final** ウルティモ(-マ), フィナル	last, final ラスト, ファイナル
ざいこ **在庫** zaiko	**existencias** *f.pl.* エクシステンシアス	stocks スタクス
さいこうの **最高の** saikouno	**el [la] mejor, los [las] me- jores** *m.f.pl.* エル [ラ] メホル, ロス [ラス] メホレス	best ベスト
さいころ **さいころ** saikoro	**dado** *m.* ダド	dice ダイス
さいさん **採算** saisan	**beneficio** *m.* ベネフィシオ	profit, gain プラフィト, ゲイン
ざいさん **財産** zaisan	**propiedad** *f.* プロピエダド	estate, fortune イステイト, フォーチュン
さいじつ **祭日** saijitsu	**día festivo** *m.* ディア フェスティボ	festival day フェスティヴァル デイ
ざいしつ **材質** zaishitsu	**calidad de los materia- les** *f.* カリダド デ ロス マテリアレス	quality of materi- als クワリティ オヴ マテアリアル ズ
さいしゅうする **採集する** saishuusuru	**coleccionar** コレクシオナル	collect, gather コレクト, ギャザ
さいしゅうの **最終の** saishuuno	**último(-a)** ウルティモ(-マ)	last ラスト
さいしゅつ **歳出** saishutsu	**gastos anuales** *m.pl.* ガストス アヌアレス	annual expendi- ture アニュアル イクスペンディチャ
さいしょ **最初** saisho	**comienzo** *m.*, **principio** *m.* コミエンソ, プリンシピオ	beginning ビギニング

日	西	英
〜の	**primero(-a)** プリメロ(- ラ)	first, initial ファースト, イニシャル
さいしょうげん **最小限** saishougen	**mínimo** *m.* ミニモ	minimum ミニマム
さいじょうの **最上の** saijouno	**el [la] mejor, los [las] mejores** *m.f.pl.* エル [ラ] メホル, ロス [ラス] メホレス	best ベスト
さいしょくしゅぎしゃ **菜食主義者** saishokushugisha	**vegetariano(-a)** *m.f.* ベヘタリアノ(- ナ)	vegetarian ヴェヂテアリアン
さいしんの **最新の** saishinno	**último(-a), actualizado(-a)** ウルティモ(- マ), アクトゥアリサド(- ダ)	latest, up-to-date レイテスト, アプトゥデイト
さいしんの **細心の** saishinno	**cauteloso(-a), prudente** カウテロソ(- サ), プルデンテ	careful, prudent ケアフル, プルーデント
さいず **サイズ** saizu	**talla** *f.* タジャ	size サイズ
ざいせい **財政** zaisei	**finanzas** *f.pl.* フィナンサス	finances フィナンセズ
さいせいき **最盛期** saiseiki	**apogeo** *m.* アポヘオ	prime プライム
さいせいする **再生する** saiseisuru	**resucitar** レスシタル	regenerate リヂェネレイト
（録音したものを）	**reproducir** レプロドゥシル	play back プレイ バク
さいぜんせん **最前線** saizensen	**vanguardia** *f.* バングアルディア	cutting edge, forefront カティング エヂ, フォーフラント
さいそくする **催促する** saisokusuru	**apremiar** アプレミアル	press, urge プレス, アーヂ
さいだいげん **最大限** saidaigen	**máximo** *m.* マクシモ	maximum マクスィマム

日	西	英
さいだいの **最大の** saidaino	**máximo(-a)** マクシモ(・マ)	maximum マクスィマム
さいたく **採択** saitaku	**adopción** *f.* アドプシオン	adoption, choice ア**ダ**プション, **チョ**イス
ざいだん **財団** zaidan	**fundación** *f.* フンダシオン	foundation ファウン**デ**イション
さいていの **最低の** saiteino	**el [la] más bajo(-a)** *m.f.*, **mínimo(-a)** エル [ラ] **マ**ス **バ**ホ(-ハ), **ミ**ニモ(・マ)	minimum **ミ**ニマム
さいてきな **最適な** saitekina	**ideal** イデ**ア**ル	most suitable **モ**ウスト **ス**ータブル
さいてんする **採点する** saitensuru	**calificar** カリフィ**カ**ル	mark, grade **マ**ーク, グ**レ**イド
さいと **サイト** saito	**sitio** *m.* **シ**ティオ	site **サ**イト
さいど **サイド** saido	**lado** *m.* **ラ**ド	side **サ**イド
さいなん **災難** sainan	**desgracia** *f.*, **calamidad** *f.* デスグ**ラ**シア, カラミ**ダ**ド	misfortune, calam- ity ミス**フォ**ーチュン, カ**ラ**ミティ
さいのう **才能** sainou	**talento** *m.*, **capacidad** *f.* タ**レ**ント, カパシ**ダ**ド	talent, ability **タ**レント, ア**ビ**リティ
さいばい **栽培** saibai	**cultivo** *m.* クル**ティ**ボ	cultivation, culture カルティ**ヴェ**イション, **カ**ルチャ
～する	**cultivar** クルティ**バ**ル	cultivate, grow **カ**ルティヴェイト, グ**ロ**ウ
さいはつする **再発する** saihatsusuru	**reaparecer** レアパレ**セ**ル	relapse リ**ラ**プス
さいばん **裁判** saiban	**justicia** *f.*, **juicio** *m.* フス**ティ**シア, フ**イ**シオ	justice, trial **チャ**スティス, ト**ラ**イアル

日	西	英
〜官	**juez(-a)** *m.f.* フ**エ**ス(-サ)	judge **チャ**ヂ
〜所	**juzgado** *m.* フス**ガ**ド	court of justice コート オヴ **チャ**スティス
さいふ **財布** saifu	**monedero** *m.*, **cartera** *f.* モネ**デ**ロ, カル**テ**ラ	purse, wallet **パ**ース, **ワ**レト
さいほう **裁縫** saihou	**costura** *f.* コスト**ゥ**ラ	needlework **ニ**ードルワーク
さいぼう **細胞** saibou	**célula** *f.* **セ**ルラ	cell **セ**ル
さいみんじゅつ **催眠術** saiminjutsu	**hipnotismo** *m.* イプノ**ティ**スモ	hypnotism **ヒ**プノティズム
さいむ **債務** saimu	**deuda** *f.* **デ**ゥダ	debt **デ**ト
ざいむ **財務** zaimu	**asuntos financieros** *m.pl.* ア**ス**ントス フィナンシ**エ**ロス	financial affairs ファイ**ナ**ンシャル ア**フェ**アズ
ざいもく **材木** zaimoku	**madera** *f.* マ**デ**ラ	wood, lumber **ウ**ド, **ラ**ンバ
さいようする **採用する** （案を） saiyousuru	**adoptar** アドプ**タ**ル	adopt ア**ダ**プト
（従業員を）	**emplear, admitir** エンプレ**ア**ル, アドミ**ティ**ル	employ イン**プ**ロイ
ざいりゅうほうじん **在留邦人** zairyuuhoujin	**residentes japoneses(-as)** *m.f.pl.* レシ**デ**ンテス ハポ**ネ**セス(-サス)	Japanese residents チャパ**ニ**ーズ **レ**ズィデンツ
さいりょう **裁量** sairyou	**discreción** *f.*, **juicio** *m.* ディスクレシ**オ**ン, フ**イ**シオ	judgment **チャ**ヂメント
さいりよう **再利用** sairiyou	**reciclaje** *m.* レシク**ラ**ヘ	recycling リー**サ**イクリング

日	西	英
ざいりょう **材料** zairyou	**material** *m.* マテリアル	materials マティアリアルズ
さいりょうの **最良の** sairyouno	**el [la] mejor, los [las] mejores** *m.f.pl.* エル [ラ] メホル, ロス [ラス] メホレス	best ベスト
ざいりょく **財力** zairyoku	**recursos financieros** *m.pl.* レクルソス フィナンシエロス	financial power フィナンシャル パウア
さいれん **サイレン** sairen	**sirena** *f.* シレナ	siren サイアレン
さいわい **幸い** saiwai	**felicidad** *f.* フェリシダド	happiness ハピネス
～な	**feliz, afortunado(-a)** フェリス, アフォルトゥナド(-ダ)	happy, fortunate ハピ, フォーチュネト
さいん **サイン** sain	**firma** *f.* フィルマ	signature スィグナチャ
さうじあらびあ **サウジアラビア** saujiarabia	**Arabia Saudita** *f.* アラビア サウディタ	Saudi Arabia サウディ アレイビア
さうな **サウナ** sauna	**sauna** *f.* サウナ	sauna サウナ
さえぎる **遮る** saegiru	**interrumpir** インテルンピル	interrupt, obstruct インタラプト, オブストラクト
さえる **冴える** saeru	**(ser) brillante** (セル) ブリジャンテ	(be) bright (ビ) ブライト
さか **坂** saka	**cuesta** *f.* クエスタ	slope, hill スロウプ, ヒル
さかい **境** sakai	**límite** *m.* リミテ	boundary, border バウンダリ, ボーダ
さかえる **栄える** sakaeru	**prosperar** プロスペラル	prosper プラスパ

日	西	英
さがす **探[捜]す** sagasu	**buscar** ブスカル	seek for, look for スィーク フォ, ルク フォ
（辞書などで）	**consultar** コンスルタル	look up ルク アプ
（捜し出す）	**encontrar, descubrir** エンコントラル, デスクブリル	look out ルク アウト
さかずき **杯** sakazuki	**copa** *f.* コパ	cup, glass カプ, グラス
さかだちする **逆立ちする** sakadachisuru	**hacer el pino** アセル エル ピノ	do a handstand ドゥーア ハンドスタンド
さかな **魚** sakana	**pez** *m.*, **pescado** *m.* ペス, ペスカド	fish フィシュ
～屋	**pescadería** *f.* ペスカデリア	fish shop フィシュ シャプ
さかのぼる **遡る** sakanoboru	**remontarse** *a* レモンタルセ	go back ゴウ バク
さかや **酒屋** sakaya	**licorería** *f.* リコレリア	liquor store, Ⓑoff-licence リカ ストー, オフライセンス
さからう **逆らう** sakarau	**oponerse** *a* オポネルセ	oppose, go against オポウズ, ゴウ アゲンスト
さかり **盛り** （全盛期） sakari	**flor** *f.* フロル	prime プライム
（頂点）	**auge** *m.* アウヘ	height ハイト
さがる **下がる** （下へ動く） sagaru	**bajar, caer** バハル, カエル	fall, drop フォール, ドラプ
（垂れ下がる）	**inclinarse, colgarse** インクリナルセ, コルガルセ	hang down ハング ダウン

日	西	英
さかんな **盛んな** (活発な) sakanna	**activo(-a)** アクティボ(・バ)	active アクティヴ
(繁栄している)	**próspero(-a)** プロスペロ(・ラ)	prosperous プラスペラス
さき **先** (先端) saki	**punta** *f.* プンタ	point, tip ポイント, ティプ
(先頭)	**cabeza** *f.*, **el [la] prime-ro(-a)** *m.f.* カベサ, エル [ラ] プリメロ(・ラ)	head, top ヘド, タプ
(続き)	**continuación** *f.* コンティヌアシオン	sequel スィークウェル
(未来)	**futuro** *m.* フトゥロ	future フューチャ
さぎ **詐欺** sagi	**fraude** *m.* フラウデ	fraud フロード
〜師	**estafador(-a)** *m.f.* エスタファドル(・ラ)	swindler スウィンドラ
さきおととい **一昨々日** sakiototoi	**hace tres días** アセ トレス ディアス	three days ago スリー デイズ アゴウ
さきそふぉん **サキソフォン** sakisofon	**saxofón** *m.* サクソフォン	saxophone サクソフォウン
さきものとりひき **先物取引** sakimonotorihiki	**comercio de futuros** *m.* コメルシオ デ フトゥロス	futures trading フューチャズ トレイディング
さぎょう **作業** sagyou	**trabajo** *m.* トラバホ	work, operations ワーク, アペレイションズ
〜する	**trabajar** トラバハル	work, operate ワーク, アペレイト
さく **柵** saku	**valla** *f.* バジャ	fence フェンス

日	西	英
さく **割く** saku	**dedicar(se)** デディカル(セ)	spare スペア
さく **咲く** saku	**florecer** フロレセル	bloom, come out ブルーム, カム アウト
さく **裂く** saku	**rasgar, desgarrar** ラスガル, デスガラル	rend, tear, sever レンド, テア, セヴァ
さくいん **索引** sakuin	**índice** *m.* インディセ	index インデクス
さくげん **削減** sakugen	**reducción** *f.* レドゥクシオン	reduction, cut リダクション, カト
さくしする **作詞する** sakushisuru	**componer [escribir] la le- tra de una canción** コンポネル [エスクリビル] ラ レトラ デ ウナ カ ンシオン	write the lyrics ライト ザ リリクス
さくじつ **昨日** sakujitsu	**ayer** アジェル	yesterday イェスタディ
さくしゃ **作者** sakusha	**escritor(-a)** *m.f.*, **autor(-a)** *m.f.* エスクリトル(-ラ), アウトル(-ラ)	writer, author ライタ, オーサ
さくしゅする **搾取する** sakushusuru	**explotar** エクスプロタル	squeeze スクウィーズ
さくじょする **削除する** sakujosuru	**borrar, eliminar** ボラル, エリミナル	delete ディリート
さくせいする **作成する** sakuseisuru	**redactar, preparar** レダクタル, プレパラル	draw up, make out ドロー アプ, メイク アウト
さくせん **作戦** sakusen	**táctica** *f.*, **maniobras** *f.pl.* タクティカ, マニオブラス	operations アペレイションズ
さくねん **昨年** sakunen	**el año pasado** *m.* エル アニョ パサド	last year ラスト イア
さくひん **作品** sakuhin	**obra** *f.* オブラ	work, piece ワーク, ピース

日	西	英
さくぶん **作文** sakubun	**redacción** *f.*, **composición** *f.* レダクシオン, コンポシシオン	essay エセイ
さくもつ **作物** sakumotsu	**cosecha** *f.* コセチャ	crops クラプス
さくや **昨夜** sakuya	**anoche** アノチェ	last night ラスト ナイト
さくら **桜** sakura	**flor del cerezo** *f.* フロル デル セレソ	cherry blossoms チェリ ブラソムズ
(の木)	**cerezo** *m.* セレソ	cherry tree チェリ トリー
さくらそう **桜草** sakurasou	**prímula** *f.* プリムラ	primrose プリムロウズ
さくらんぼ **桜桃** sakuranbo	**cereza** *f.* セレサ	cherry チェリ
さぐりだす **探り出す** saguridasu	**descubrir** デスクブリル	find out ファインド アウト
さくりゃく **策略** sakuryaku	**intriga** *f.* イントリガ	plan, plot プラン, プラト
さぐる **探る** (手探りで) saguru	**palpar** パルパル	feel for フィール フォ
(物や場所などを)	**buscar** ブスカル	search, look for サーチ, ルク フォ
(動向を)	**espiar, indagar** エスピアル, インダガル	spy スパイ
ざくろ **石榴** zakuro	**granada** *f.* グラナダ	pomegranate パムグラネト
さけ **鮭** sake	**salmón** *m.* サルモン	salmon サモン

日	西	英
さけ 酒 sake	**alcohol** *m.*, **bebida alco-hólica** *f.* アルコオル, ベビダ アルコオリカ	alcohol アルコホール
（日本酒）	**sake** *m.* サケ	sake, rice wine サキー, ライス ワイン
さけぶ 叫ぶ sakebu	**gritar** グリタル	shout, cry シャウト, クライ
さける 避ける sakeru	**evitar** エビタル	avoid アヴォイド
さける 裂ける sakeru	**romperse, partirse** ロンペルセ, パルティルセ	split スプリト
さげる 下げる sageru	**bajar** バハル	lower, drop ラウア, ドラプ
さこつ 鎖骨 sakotsu	**clavícula** *f.* クラビクラ	collarbone, clavi-cle カラボウン, クラヴィクル
ささいな 些細な sasaina	**insignificante** インシグニフィカンテ	trifling, trivial トライフリング, トリヴィアル
ささえる 支える sasaeru	**sostener** ソステネル	support, maintain サポート, メインテイン
ささげる 捧げる sasageru	**consagrarse** *a* コンサグラルセ	devote oneself to ディヴォウト トゥ
さざなみ さざ波 sazanami	**escarceo** *m.* エスカルセオ	ripples リプルズ
ささやく ささやく sasayaku	**susurrar** ススラル	whisper (ホ)ウィスパ
ささる 刺さる sasaru	**clavarse** クラバルセ	stick スティク
さしえ 挿絵 sashie	**ilustración** *f.* イルストラシオン	illustration イラストレイション

日	西	英
さしこむ **差し込む** (プラグを) sashikomu	**enchufar** エンチュ**ファ**ル	plug in プラグ **イ**ン
(光が)	**iluminar, penetrar** イル**ミ**ナル, ペネ**トラ**ル	shine in **シャ**イン **イ**ン
(挿入する)	**meter, insertar** **メ**テル, インセル**タ**ル	insert イン**サー**ト
さしずする **指図する** sashizusuru	**dar instrucciones, dirigir** **ダ**ル インストルク**シオ**ネス, ディリ**ヒ**ル	direct, instruct ディ**レ**クト, インス**トラ**クト
さしだしにん **差出人** sashidashinin	**remitente** *m.f.* レミ**テ**ンテ	sender, remitter **セ**ンダ, リ**ミ**タ
さしひく **差し引く** sashihiku	**descontar** *de* デスコン**タ**ル	deduct from ディ**ダ**クト フ**ラ**ム
さしょう **査証** sashou	**visado** *m.*, Ⓐ**visa** *f.* ビ**サ**ド, **ビ**サ	visa **ヴィー**ザ
ざしょうする **座礁する** zashousuru	**encallar** エンカ**ジャ**ル	go aground **ゴ**ウ ア**グラ**ウンド
さす **さす** (光が) sasu	**brillar** ブリ**ジャ**ル	shine **シャ**イン
(水を)	**echar** エ**チャ**ル	pour **ポー**
さす **刺す** (蚊・蜂が) sasu	**picar** ピ**カ**ル	bite, sting **バ**イト, ス**ティ**ング
(尖ったもので)	**perforar, apuñalar** ペルフォ**ラ**ル, アプニャ**ラ**ル	pierce, stab **ピ**アス, ス**タ**ブ
さす **差す** sasu	**insertar** インセル**タ**ル	insert イン**サー**ト
(傘を)	**abrir el paraguas** ア**ブ**リル エル パ**ラ**グアス	put up an umbrella **プ**ト **ア**プ アン アン**ブレ**ラ
さす **指す** sasu	**indicar, apuntar** *a* イン**ディ**カル, アプン**タ**ル	point to **ポ**イント **ト**ゥ

日	西	英
（指名する）	**nombrar** ノンブラル	nominate, name ナミネイト, ネイム
さすぺんす **サスペンス** sasupensu	**suspense** *m.* ススペンセ	suspense サスペンス
さすらう **さすらう** sasurau	**vagar** バガル	wander ワンダ
さする **擦る** sasuru	**frotar** フロタル	rub ラブ
ざせき **座席** zaseki	**asiento** *m.* アシエント	seat スィート
ざせつする **挫折する** zasetsusuru	**fracasar** フラカサル	(be) frustrated （ビ）フラストレイテド
させる **させる** （してもらう） saseru	**pedir a alguien que haga** ペディル ア アルギエン ケ アガ	have a person do ハヴ
（やらせておく）	**dejar** デハル	let a person do レト
（やらせる）	**hacer** アセル	make a person do メイク
さそい **誘い** （招待） sasoi	**invitación** *f.* インビタシオン	invitation インヴィテイション
（誘惑）	**tentación** *f.* テンタシオン	temptation テンプテイション
さそう **誘う** （招く） sasou	**invitar** *a* インビタル	invite インヴァイト
（誘惑する）	**tentar** テンタル	tempt テンプト
さそり **蠍** sasori	**escorpión** *m.* エスコルピオン	scorpion スコーピアン
〜座	**Escorpio** *m.* エスコルピオ	Scorpion, Scorpio スコーピアン, スコーピオウ

日	西	英
さだめる **定める** sadameru	**determinar** デテルミナル	decide on, fix ディサイド オン, フィクス
さつ **冊** satsu	**volumen** *m.*, **ejemplar** *m.* ボルメン, エヘンプラル	volume, copy ヴァリュム, カピ
さつ **札** satsu	**papel moneda** *m.*, **billete** *m.* パペル モネダ, ビジェテ	bill, paper money, ®note ビル, ペイパ マニ, ノウト
〜入れ	**cartera** *f.* カルテラ	wallet ワレト
さつえい **撮影** satsuei	**fotografía** *f.*, **rodaje** *m.* フォトグラフィア, ロダヘ	photographing フォウトグラフィング
〜する	**fotografiar, filmar** フォトグラフィアル, フィルマル	photograph, film フォウトグラフ, フィルム
ざつおん **雑音** zatsuon	**ruido** *m.* ルイド	noise ノイズ
さっか **作家** sakka	**escritor(-a)** *m.f.*, **autor(-a)** *m.f.* エスクリトル(-ラ), アウトル(-ラ)	writer, author ライタ, オーサ
さっかー **サッカー** sakkaa	**fútbol** *m.* フトボル	soccer, ®football サカ, フトボール
さっかく **錯覚** sakkaku	**ilusión** *f.* イルシオン	illusion イルージョン
さっき **さっき** sakki	**hace poco** アセ ポコ	now, just now ナウ, ヂャスト ナウ
さっきょく **作曲** sakkyoku	**composición (musical)** *f.* コンポシシオン (ムシカル)	composition カンポズィション
〜する	**componer música** コンポネル ムシカ	compose コンポウズ
さっきん **殺菌** sakkin	**esterilización** *f.*, **desinfección** *f.* エステリリサシオン, デシンフェクシオン	sterilization ステリリゼイション

日	西	英
ざっし **雑誌** zasshi	**revista** *f.* レビスタ	magazine マガズィーン
ざっしゅ **雑種** zasshu	**cruce** *m.* クルセ	crossbreed, hybrid クロースブリード，ハイブリド
さつじん **殺人** satsujin	**homicidio** *m.*, **asesinato** *m.* オミシディオ，アセシナト	homicide, murder ハミサイド，マーダ
〜犯	**homicida** *m.f.*, **asesi- no(-a)** *m.f.* オミシダ，アセシノ(-ナ)	murderer, killer マーダラ，キラ
さっする **察する** sassuru	**suponer** スポネル	guess, imagine ゲス，イマヂン
ざっそう **雑草** zassou	**malas hierbas** *f.pl.* マラス イエルバス	weeds ウィーヅ
さっそく **早速** sassoku	**enseguida** エンセギダ	immediately イミーディエトリ
ざつだん **雑談** zatsudan	**cháchara** *f.* チャチャラ	gossip, chat ガスィプ，チャト
さっちゅうざい **殺虫剤** sacchuuzai	**insecticida** *m.* インセクティシダ	insecticide インセクティサイド
さっとうする **殺到する** sattousuru	**abalanzarse** アバランサルセ	rush ラシュ
ざつな **雑な** zatsuna	**descuidado(-a)**, **grose- ro(-a)** デスクイダド(-ダ)，グロセロ(-ラ)	rough, rude ラフ，ルード
ざっぴ **雑費** zappi	**gastos diversos** *m.pl.* ガストス ディベルソス	miscellaneous ex- penses ミセレイニアス イクスペンセズ
さつまいも **さつま芋** satsumaimo	**batata** *f.*, Ⓐ**camote** *m.* パタタ，カモテ	sweet potato スウィート ポテイトウ
ざつむ **雑務** zatsumu	**pequeños trabajos** *m.pl.* ペケニョス トラバホス	small jobs スモール ヂャブズ

日	西	英
さてい **査定** satei	**evaluación** *f.*, **tasación** *f.* エバルアシオン, タサシオン	assessment アセスメント
さとう **砂糖** satou	**azúcar** *m.* アスカル	sugar シュガ
さどう **茶道** sadou	**ceremonia del té** *f.* セレモニア デル テ	tea ceremony ティー セレモウニ
さとる **悟る** satoru	**darse cuenta** *de*, **notar** ダルセ クエンタ, ノタル	realize, notice リーアライズ, ノウティス
さは **左派** saha	**izquierdista** *m.f.* イスキエルディスタ	left wing レフト ウィング
さば **鯖** saba	**caballa** *f.* カバジャ	mackerel マクレル
さばいばる **サバイバル** sabaibaru	**supervivencia** *f.* スペルビベンシア	survival サヴァイヴァル
さばく **砂漠** sabaku	**desierto** *m.* デシエルト	desert デザト
さび **錆** sabi	**óxido** *m.*, **orín** *m.* オクシド, オリン	rust ラスト
さびしい **寂しい** sabishii	**solo(-a)**, **solitario(-a)** ソロ(-ラ), ソリタリオ(-ア)	lonely, desolate ロウンリ, デソレト
さびる **錆びる** sabiru	**oxidarse** オクシダルセ	rust ラスト
さふぁいあ **サファイア** safaia	**zafiro** *m.* サフィロ	sapphire サファイア
さべつ **差別** sabetsu	**discriminación** *f.* ディスクリミナシオン	discrimination ディスクリミネイション
～する	**discriminar** ディスクリミナル	discriminate ディスクリミネイト
さほう **作法** sahou	**modales** *m.pl.* モダレス	manners マナズ

日	西	英
さぽーたー **サポーター** （サッカーなどの） sapootaa	**hincha** *m.f.* インチャ	supporter サポータ
さまざまな **様々な** samazamana	**diversos(-as), varios(-as)** ディベルソス(-サス)，バリオス(-アス)	various, diverse ヴェアリアス，ダイヴァース
さます **冷ます** samasu	**enfriar** エンフリアル	cool クール
（気持ちを）	**enfriar** エンフリアル	spoil one's plea- sure スポイル プレジャ
さます **覚ます** samasu	**despertar** デスペルタル	awaken アウェイクン
さまたげる **妨げる** samatageru	**impedir, obstaculizar** インペディル，オブスタクリサル	disturb, interfere with ディスターブ，インタフィア ウィズ
さまよう **さまよう** samayou	**vagar** バガル	wander around ワンダ アラウンド
さみっと **サミット** samitto	**cumbre** *f.* クンブレ	summit サミト
さむい **寒い** samui	**frío(-a)** フリオ(-ア)	cold, chilly コウルド，チリ
さむさ **寒さ** samusa	**frío** *m.* フリオ	cold コウルド
さめ **鮫** same	**tiburón** *m.* ティブロン	shark シャーク
さめる **冷める** sameru	**enfriarse** エンフリアルセ	cool down クール ダウン
（気持ちが）	**enfriarse** エンフリアルセ	cool down クール ダウン
ざやく **座薬** zayaku	**supositorio** *m.* スポシトリオ	suppository サポズィトーリ

日	西	英
<ruby>作用<rt>さよう</rt></ruby> sayou	**acción** *f.*, **función** *f.* アクシオン, フンシオン	action, function ア**ク**ション, **ファ**ンクション
〜する	**actuar** *sobre*, **afectar** アクトゥアル, アフェク**タ**ル	act upon, affect ア**ク**ト ア**ポ**ン, ア**フェ**クト
<ruby>皿<rt>さら</rt></ruby> sara	**plato** *m.* プ**ラ**ト	plate, dish プ**レ**イト, **ディ**シュ
<ruby>再来週<rt>さらいしゅう</rt></ruby> saraishuu	**dentro de dos semanas** デントロ デ ドス セ**マ**ナス	week after next **ウィ**ーク **ア**フタ **ネ**クスト
<ruby>再来年<rt>さらいねん</rt></ruby> sarainen	**dentro de dos años** デントロ デ ドス **ア**ニョス	year after next **イ**ヤ **ア**フタ **ネ**クスト
<ruby>さらう<rt>さらう</rt></ruby> sarau	**secuestrar** セクエス**トラ**ル	kidnap **キ**ドナプ
<ruby>ざらざらの<rt>ざらざらの</rt></ruby> zarazarano	**áspero(-a)** **ア**スペロ(- ラ)	rough, coarse **ラ**フ, **コ**ース
<ruby>さらす<rt>さらす</rt></ruby> sarasu	**exponer** エクスポ**ネ**ル	expose イク**ス**ポウズ
サラダ sarada	**ensalada** *f.* エンサ**ラ**ダ	salad **サ**ラド
<ruby>更に<rt>さらに</rt></ruby> sarani	**todavía más** トダ**ビ**ア **マ**ス	still more, further ス**ティ**ル **モ**ー, **ファ**ーザ
サラリーマン sarariiman	**asalariado(-a)** *m.f.* アサラリ**ア**ド(- ダ)	office worker **オ**ーフィス **ワ**ーカ
<ruby>さりげない<rt>さりげない</rt></ruby> sarigenai	**natural** ナトゥ**ラ**ル	natural, casual **ナ**チュラル, **キャ**ジュアル
<ruby>猿<rt>さる</rt></ruby> saru	**mono** *m.* **モ**ノ	monkey, ape **マ**ンキ, **エ**イプ
<ruby>去る<rt>さる</rt></ruby> saru	**irse** *de*, **abandonar** **イ**ルセ, アバン**ド**ナル	quit, leave ク**ウィ**ト, **リ**ーヴ
サルモネラ<ruby>菌<rt>さるもねらきん</rt></ruby> sarumonerakin	**salmonela** *f.* サルモ**ネ**ラ	salmonella サルモ**ネ**ラ

日	西	英
さわ **沢** sawa	**marisma** *f.*, **ciénaga** *f.* マリスマ, シエナガ	swamp, marsh スワンプ, マーシュ
さわがしい **騒がしい** sawagashii	**ruidoso(-a)** ルイドソ(·サ)	noisy ノイズィ
さわぎ **騒ぎ** sawagi	**alboroto** *m.* アルボロト	clamor クラマ
（騒動）	**disturbio** *m.* ディストゥルビオ	disturbance ディスターバンス
さわぐ **騒ぐ** sawagu	**hacer ruido** アセル ルイド	make noise メイク ノイズ
（騒動を起こす）	**armar alboroto** アルマル アルボロト	make a distur-bance メイク ア ディスターバンス
さわやかな **爽やかな** sawayakana	**refrescante** レフレスカンテ	refreshing リフレシング
さわる **触る** sawaru	**tocar** トカル	touch, feel タチ, フィール
さん **三** san	**tres** *m.* トレス	three スリー
さん **酸** san	**ácido** *m.* アシド	acid アスィド
さんおいる **サンオイル** san-oiru	**bronceador** *m.* ブロンセアドル	suntan oil サンタン オイル
ざんがい **残骸** zangai	**restos** *m.pl.* レストス	remains, wreckage リメインズ, レキヂ
さんかく **三角** sankaku	**triángulo** *m.* トリアングロ	triangle トライアングル
さんかする **参加する** sankasuru	**participar** *en*, **tomar par-te** *en* パルティシパル エン, トマル パルテ	participate, join パーティスィペイト, ヂョイン

日	西	英
さんがつ **三月** sangatsu	**marzo** *m.* マルソ	March マーチ
さんかんする **参観する** sankansuru	**visitar** ビシタル	visit, inspect ヴィズィト, インスペクト
さんきゃく **三脚** sankyaku	**trípode** *m.* トリポデ	tripod トライパド
ざんぎゃくな **残虐な** zangyakuna	**cruel** クルエル	atrocious, brutal アトロウシャス, ブルートル
さんぎょう **産業** sangyou	**industria** *f.* インドゥストリア	industry インダストリ
ざんぎょう **残業** zangyou	**horas extras** *f.pl.* オラス エクストラス	overtime work オウヴァタイム ワーク
さんぐらす **サングラス** sangurasu	**gafas de sol** *f.pl.* ガファス デ ソル	sunglasses サングラセズ
ざんげ **懺悔** zange	**confesión** *f.*, **arrepenti- miento** *m.* コンフェシオン, アレペンティミエント	confession, repen- tance コンフェション, リペンタンス
さんご **珊瑚** sango	**coral** *m.* コラル	coral カラル
〜礁	**arrecife coralino** *m.* アレシフェ コラリノ	coral reef カラル リーフ
さんこう **参考** sankou	**referencia** *f.* レフェレンシア	reference レファレンス
ざんこくな **残酷な** zankokuna	**cruel, despiadado(-a)** クルエル, デスピアダド(-ダ)	cruel, merciless クルエル, マースィレス
さんじゅう **三十** sanjuu	**treinta** *m.* トレインタ	thirty サーティ
さんしょう **参照** sanshou	**referencia** *f.* レフェレンシア	reference レファレンス

日	西	英
〜する	**consultar** コンスル**タ**ル	refer to リ**ファ**ートゥ
ざんしんな **斬新な** zanshinna	**nuevo(-a)** ヌ**エ**ボ(-バ)	new, novel **ニュ**ー，**ナ**ヴェル
さんすう **算数** sansuu	**aritmética** *f.* アリト**メ**ティカ	arithmetic ア**リ**スメティク
さんする **産する** sansuru	**producir** プロ**ドゥ**シル	produce プロ**デュ**ース
さんせい **賛成** sansei	**aprobación** *f.* アプロバシ**オ**ン	approval アプ**ルー**ヴァル
〜する	**aprobar, (estar) de acuer-** **do** *con* アプロ**バ**ル, (エス**タ**ル) デ アク**エ**ルド	approve of アプ**ルー**ヴ オヴ
さんせい **酸性** sansei	**acidez** *f.* ア**シ**デス	acidity ア**ス**ィディティ
〜雨	**lluvia ácida** *f.* **ジュ**ビア **ア**シダ	acid rain **ア**スィド **レ**イン
さんそ **酸素** sanso	**oxígeno** *m.* オク**シ**ヘノ	oxygen **ア**クスィヂェン
〜マスク	**mascarilla de oxígeno** *f.* マスカ**リ**ジャ デ オク**シ**ヘノ	oxygen mask **ア**クスィヂェン **マ**スク
ざんだか **残高** zandaka	**saldo** *m.* **サ**ルド	balance **バ**ランス
さんたくろーす **サンタクロース** santakuroosu	**Santa Claus** *m.*, **Papá** **Noel** *m.* **サ**ンタ ク**ラ**ウス, パパ ノ**エ**ル	Santa Claus, ⒷFa- ther Christmas **サ**ンタ ク**ロ**ーズ, **ファ**ーザ ク**リ** スマス
さんだる **サンダル** sandaru	**sandalias** *f.pl.* サン**ダ**リアス	sandals **サ**ンダルズ
さんだんとび **三段跳び** sandantobi	**triple salto** *m.* ト**リ**プレ **サ**ルト	triple jump ト**リ**プル **チャ**ンプ

日	西	英
さんち **産地** sanchi	**lugar de producción** *m.* ルガル デ プロドゥクシオン	place of production プレイス オヴ プロダクション
さんちょう **山頂** sanchou	**cima** *f.* シマ	summit サミト
ざんねんな **残念な** zannenna	**lamentable** ラメンタブレ	regrettable リグレタブル
さんばい **三倍** sanbai	**triple** トリプレ	triple トリプル
さんばし **桟橋** sanbashi	**embarcadero** *m.* エンバルカデロ	pier ピア
さんぱつ **散髪** sanpatsu	**corte de pelo** *m.* コルテ デ ペロ	haircut ヘアカト
さんびか **賛美歌** sanbika	**himno** *m.* イムノ	hymn ヒム
さんふじんか **産婦人科** sanfujinka	**tocoginecología** *f.*, **obstetricia** *f.* **y ginecología** *f.* トコヒネコロヒア, オブステトリシア イ ヒネコロヒア	obstetrics and gynecology オブステトリクス アンド ガイナカロディ
さんぶつ **産物** sanbutsu	**producto** *m.* プロドゥクト	product, produce プラダクト, プロデュース
さんぷる **サンプル** sanpuru	**muestra** *f.* ムエストラ	sample サンプル
さんぶん **散文** sanbun	**prosa** *f.* プロサ	prose プロウズ
さんぽ **散歩** sanpo	**paseo** *m.* パセオ	walk ウォーク
〜する	**pasear** パセアル	take a walk テイク ア ウォーク
さんまんな **散漫な** sanmanna	**distraído(-a)** ディストライド(-ダ)	loose, slipshod ルース, スリプシャド

281

日	西	英
さんみ **酸味** sanmi	**acidez** *f.* アシデス	acidity アスィディティ
さんみゃく **山脈** sanmyaku	**cordillera** *f.* コルディジェラ	mountain range マウンテン レインヂ
さんらんする **散乱する** sanransuru	**dispersarse** ディスペルサルセ	(be) dispersed (ビ) ディスパースト
さんらんする **産卵する** sanransuru	**desovar, poner huevos** デソバル, ポネル ウエボス	lay eggs レイ エグズ
さんりゅうの **三流の** sanryuuno	**de tercera clase** デ テルセラ クラセ	third-class, third-rate サードクラス, サードレイト
さんれつする **参列する** sanretsusuru	**asistir** *a* アシスティル	attend アテンド

し, シ

し **四** shi	**cuatro** *m.* クアトロ	four フォー
し **市** shi	**ciudad** *f.* シウダド	city, town スィティ, タウン
し **死** shi	**muerte** *f.* ムエルテ	death デス
し **詩** shi	**poema** *m.*, **poesía** *f.* ポエマ, ポエシア	poetry, poem ポウイトリ, ポウイム
じ **字** ji	**letra** *f.*, **carácter** *m.* レトラ, カラクテル	letter, character レタ, キャラクタ
じ **時** ji	**hora** *f.* オラ	hour, time アウア, タイム
じ **痔** ji	**hemorroides** *f.pl.* エモロイデス	hemorrhoids, piles ヘモロイヅ, パイルズ

日	西	英
しあい **試合** shiai	**partido** *m.* パルティド	game, match ゲイム, マチ
しあがる **仕上がる** shiagaru	**terminarse** テルミナルセ	(be) completed (ビ) コンプリーテド
しあげる **仕上げる** shiageru	**terminar** テルミナル	finish, complete フィニシュ, コンプリート
しあさって **しあさって** shiasatte	**dentro de tres días** デントロ デ トレス ディアス	two days after to-morrow トゥー デイズ アフタ トモーロウ
しあわせ **幸せ** shiawase	**felicidad** *f.* フェリシダド	happiness ハピネス
〜な	**feliz** フェリス	happy, fortunate ハピ, フォーチュネト
しいく **飼育** shiiku	**cría** *f.* クリア	breeding ブリーディング
じいしき **自意識** jiishiki	**autoconciencia** *f.* アウトコンシエンシア	self-consciousness セルフカンシャスネス
しーずん **シーズン** shiizun	**época** *f.*, **temporada** *f.* エポカ, テンポラダ	season スィーズン
しーつ **シーツ** shiitsu	**sábana** *f.* サバナ	sheet, bedsheet シート, ベドシート
しーでぃー **CD** shiidii	**disco compacto** *m.*, **CD** *m.* ディスコ コンパクト, セデ	compact disk カンパクト ディスク
しーてぃーすきゃん **CT スキャン** shiitiisukyan	**tomografía computarizada** *f.* トモグラフィア コンプタリサダ	CT scanning スィーティー スキャニング
じーでぃーぴー **GDP** jiidiipii	**producto interno bruto** *m.* プロドゥクト インテルノ ブルト	gross domestic product グロウス ドメスティク プラダクト
しーと **シート** shiito	**asiento** *m.* アシエント	seat スィート

日	西	英
〜ベルト	**cinturón de seguridad** m. シントゥロン デ セグリダド	seatbelt スィートベルト
しーふーど **シーフード** shiifuudo	**marisco** m. マリスコ	seafood スィーフード
しいる **強いる** shiiru	**forzar** フォルサル	force, compel フォース, コンペル
しーる **シール** shiiru	**pegatina** f. ペガティナ	seal, sticker スィール, スティカ
しいれ **仕入れ** shiire	**compra** f., **surtido** m. コンプラ, スルティド	stocking スタキング
しいん **子音** shiin	**consonante** f. コンソナンテ	consonant カンソナント
しーん **シーン** shiin	**escena** f. エスセナ	scene スィーン
じいん **寺院** jiin	**templo budista** m. テンプロ ブディスタ	Buddhist temple ブディスト テンプル
じーんず **ジーンズ** jiinzu	**pantalones vaqueros** m.pl. パンタロネス バケロス	jeans チーンズ
しぇあ **シェア** shea	**cuota (de mercado)** f. クオタ (デ メルカド)	share シェア
じえい **自衛** jiei	**defensa propia** f. デフェンサ プロピア	self-defense セルフディフェンス
しえいの **市営の** shieino	**municipal** ムニシパル	municipal ミューニスィパル
しぇーびんぐくりーむ **シェービング クリーム** sheebingukuriimu	**crema de afeitar** f. クレマ デ アフェイタル	shaving cream シェイヴィング クリーム
じぇすちゃー **ジェスチャー** jesuchaa	**gesto** m. ヘスト	gesture チェスチャ

日	西	英
じぇっとき **ジェット機** jettoki	**reactor** *m.* レアクトル	jet plane ヂェト プレイン
しぇふ **シェフ** shefu	**chef** *m.f.* チェフ	chef シェフ
しぇるたー **シェルター** sherutaa	**refugio** *m.* レフヒオ	shelter シェルタ
しえん **支援** shien	**apoyo** *m.* アポジョ	support サポート
しお **塩** shio	**sal** *f.* サル	salt ソールト
しお **潮** shio	**marea** *f.* マレア	tide タイド
〜風	**brisa marina** *f.* ブリサ マリナ	sea breeze スィー ブリーズ
しおからい **塩辛い** shiokarai	**salado(-*a*)** サラド(-ダ)	salty ソールティ
しおづけ **塩漬け** shiozuke	**salazón** *m.* サラソン	salt pickling ソールト ピクリング
しおどき **潮時** shiodoki	**momento oportuno** *m.* モメント オポルトゥノ	right time, opportune time ライト タイム, アパテューン タイム
しおみず **塩水** shiomizu	**agua salada** *f.* アグア サラダ	saltwater ソールトウォータ
しおり **しおり** shiori	**marcapáginas** *m.* マルカパヒナス	bookmark ブクマーク
しおれる **萎れる** shioreru	**marchitarse** マルチタルセ	droop, wither ドループ, ウィザ
しか **歯科** shika	**odontología** *f.* オドントロヒア	dentistry デンティストリ

日	西	英
～医	**dentista** *m.f.* デンティスタ	dentist デンティスト
しか 鹿 shika	**ciervo** *m.* シエルボ	deer ディア
じか 時価 jika	**precio actual** *m.* プレシオ アクトゥアル	current price カーレント プライス
じが 自我 jiga	**yo** *m.*, **ego** *m.* ジョ, エゴ	self, ego セルフ, エゴウ
しかい 視界 shikai	**campo visual** *m.*, **vista** *f.* カンポ ビスアル, ビスタ	sight, field of vision サイト, フィールド オヴ ヴィジョン
しがい 市外 shigai	**afueras** *f.pl.* **[periferia** *f.*] **de una ciudad** アフエラス [ペリフェリア] デ ウナ シウダド	suburbs サバーブズ
しかいしゃ 司会者 shikaisha	**presidente(-a)** *m.f.* プレシデンテ(-タ)	chairperson チェアパースン
(テレビ・イベントの)	**presentador(-a)** *m.f.* プレセンタドル(-ラ)	MC エムスィー
しかいする 司会する shikaisuru	**presidir** プレシディル	preside at プリザイド アト
しがいせん 紫外線 shigaisen	**rayos ultravioleta** *m.pl.* ラジョス ウルトラビオレタ	ultraviolet rays アルトラヴァイオレト レイズ
しかえしする 仕返しする shikaeshisuru	**vengarse** *de* ベンガルセ	avenge oneself アヴェンヂ
しかく 四角 shikaku	**cuadrado** *m.* クアドラド	square スクウェア
しかく 資格 shikaku	**título** *m.* ティトゥロ	qualification クワリフィケイション
しかく 視覚 shikaku	**sentido de la vista** *f.*, **vista** *f.* センティド デ ラ ビスタ, ビスタ	sight サイト

日	西	英
じかく **自覚** jikaku	**conciencia** *f.* コンシエンシア	consciousness カンシャスネス
〜する	**(ser) consciente** *de* (セル) コンシエンテ	(be) conscious of (ビ) カンシャス オヴ
しかけ **仕掛け** shikake	**dispositivo** *m.* ディスポシティボ	device, mechanism ディヴァイス, メカニズム
しかし **しかし** shikashi	**pero** ペロ	but, however バト, ハウエヴァ
じかせいの **自家製の** jikaseino	**casero(-a)** カセロ(-ラ)	homemade ホウムメイド
じがぞう **自画像** jigazou	**autorretrato** *m.* アウトレトラト	self-portrait セルフポートレト
しかたがない **仕方がない** shikataganai	**no hay más remedio** ノ アイ マス レメディオ	it can't be helped イト キャント ビ ヘルプト
しがつ **四月** shigatsu	**abril** *m.* アブリル	April エイプリル
じかつする **自活する** jikatsusuru	**mantenerse, ganarse la vida** マンテネルセ, ガナルセ ラ ビダ	support oneself サポート
しがみつく **しがみつく** shigamitsuku	**agarrarse** *a* アガラルセ	cling to クリング トゥ
しかも **しかも** shikamo	**además** アデマス	moreover, besides モーロウヴァ, ビサイヅ
しかる **叱る** shikaru	**reñir** レニル	scold, reprove スコウルド, リプルーヴ
じかん **時間** jikan	**tiempo** *m.*, **hora** *f.* ティエンポ, オラ	time, hour タイム, アウア
しがんする **志願する** (願い出る) shigansuru	**desear** デセアル	desire, aspire to ディザイア, アスパイア トゥ

日	西	英
（申し込む）	**solicitar** ソリシタル	apply for アプライ フォ
指揮 shiki	**orden** *f.*, **mandato** *m.* オルデン, マンダト	command コマンド
～者	**director(-a) de orquesta** *m.f.* ディレクトル(-ラ) デ オルケスタ	conductor コンダクタ
式 shiki（儀式・式典）	**ceremonia** *f.* セレモニア	ceremony セレモウニ
（形式）	**estilo** *m.* エスティロ	style, form スタイル, フォーム
（数式）	**fórmula** *f.*, **expresión** *f.* フォルムラ, エクスプレシオン	formula, expression フォーミュラ, イクスプレション
（方式）	**método** *m.*, **sistema** *m.* メトド, システマ	method, system メソド, スィステム
時期 jiki	**época** *f.*, **temporada** *f.* エポカ, テンポラダ	time, season タイム, スィーズン
磁気 jiki	**magnetismo** *m.* マグネティスモ	magnetism マグネティズム
敷石 shikiishi	**losa** *f.* ロサ	pavement ペイヴメント
敷金 shikikin	**depósito** *m.*, **fianza** *f.* デポシト, フィアンサ	deposit ディパズィト
色彩 shikisai	**color** *m.*, **tono** *m.* コロル, トノ	color, tint, ⑧colour カラ, ティント, カラ
式場 shikijou	**sala de ceremonias** *f.* サラ デ セレモニアス	ceremonial hall セレモウニアル ホール
色素 shikiso	**pigmento** *m.* ピグメント	pigment ピグメント

日	西	英
しきちょう **色調** shikichou	**tonalidad** *f.* トナリダド	tone, hue トウン, ヒュー
じきひつ **直筆** jikihitsu	**autógrafo** *m.* アウトグラフォ	autograph オートグラフ
しきべつする **識別する** shikibetsusuru	**distinguir** ディスティンギル	discern, distinguish ディサーン, ディスティングウィシュ
しきもの **敷物** shikimono	**alfombra** *f.*, **moqueta** *f.* アルフォンブラ, モケタ	carpet, rug カーペト, ラグ
しきゅう **子宮** shikyuu	**útero** *m.* ウテロ	uterus, womb ユーテラス, ウーム
じきゅう **時給** jikyuu	**retribución por horas** *f.* レトリブシオン ポル オラス	hourly wage アウアリ ウェイヂ
じきゅうじそく **自給自足** jikyuujisoku	**autosuficiencia** *f.* アウトスフィシエンシア	self-sufficiency セルフサフィシエンスィ
しきょう **司教** shikyou	**obispo** *m.* オビスポ	bishop ビショプ
しきょう **市況** shikyou	**estado del mercado** *m.* エスタド デル メルカド	market マーケト
じきょう **自供** jikyou	**confesión** *f.* コンフェシオン	confession コンフェション
じぎょう **事業** jigyou	**empresa** *f.*, **obra** *f.* エンプレサ, オブラ	enterprise, undertaking エンタプライズ, アンダテイキング
しきり **仕切り** shikiri	**mampara** *f.* マンパラ	partition パーティション
しきん **資金** shikin	**capital** *m.*, **fondos** *m.pl.* カピタル, フォンドス	capital, funds キャピトル, ファンヅ
しく **敷く** shiku	**poner** ポネル	lay, spread レイ, スプレド

日	西	英
じく **軸** jiku	**eje** *m.* エヘ	axis, shaft アクスィス，シャフト
じぐざぐ **ジグザグ** jiguzagu	**zigzag** *m.* シグザグ	zigzag ズィグザグ
しくみ **仕組み** shikumi	**mecanismo** *m.* メカニスモ	mechanism メカニズム
しけ **時化** shike	**temporal** *m.* テンポラル	stormy weather ストーミ ウェザ
しけい **死刑** shikei	**pena de muerte** *f.* ペナ デ ムエルテ	capital punishment キャピトル パニシュメント
しげき **刺激** shigeki	**estímulo** *m.* エスティムロ	stimulus, impulse スティミュラス，インパルス
～する	**estimular** エスティムラル	stimulate, excite スティミュレイト，イクサイト
しげる **茂る** shigeru	**crecer frondosamente** クレセル フロンドサメンテ	grow thick グロウ スィク
しけん **試験** shiken	**examen** *m.*, **prueba** *f.* エクサメン，プルエバ	examination, test イグザミネイション，テスト
しげん **資源** shigen	**recursos** *m.pl.* レクルソス	resources リーソーセズ
じけん **事件** jiken	**caso** *m.*, **incidente** *m.* カソ，インシデンテ	event, incident, case イヴェント，インスィデント，ケイス
じげん **次元** jigen	**dimensión** *f.* ディメンシオン	dimension ディメンション
じこ **事故** jiko	**accidente** *m.* アクシデンテ	accident アクスィデント
じこ **自己** jiko	**sí mismo(-a)** *m.f.* シ ミスモ(-マ)	self, ego セルフ，エゴウ

日	西	英
じこう **時効** jikou	**prescripción** *f.* プレスクリプシオン	prescription プリスクリプション
じこく **時刻** jikoku	**tiempo** *m.*, **hora** *f.* ティエンポ, オラ	time, hour **タ**イム, **ア**ウア
～表	**horario** *m.* オラリオ	timetable **タ**イムテイブル
じごく **地獄** jigoku	**infierno** *m.* インフィエルノ	hell, inferno ヘル, イン**ファ**ーノウ
しごと **仕事** shigoto	**trabajo** *m.*, **negocio** *m.* トラバホ, ネゴシオ	work, business, task ワーク, ビズネス, **タ**スク
しこむ **仕込む** (教える) shikomu	**formar, enseñar** フォルマル, エンセニャル	train, teach トレイン, **ティ**ーチ
(仕入れておく)	**surtirse** *de*, **abastecer** スル**ティ**ルセ, アバステセル	stock, prepare ス**タ**ク, プリ**ペ**ア
しさ **示唆** shisa	**sugerencia** *f.* スヘレンシア	suggestion サグ**チェ**スチョン
～する	**sugerir** スヘリル	suggest サグ**チェ**スト
じさ **時差** jisa	**diferencia horaria** *f.* ディフェレンシア オラリア	difference in time **ディ**ファレンス イン **タ**イム
～ぼけ	**desfase horario** *m.* デス**ファ**セ オラリオ	jet lag **チェ**ト ラグ
しさい **司祭** shisai	**sacerdote** *m.* サセル**ド**テ	priest プリースト
しさつ **視察** shisatsu	**inspección** *f.* インスペクシオン	inspection インスペクション
～する	**inspeccionar** インスペクシオナル	inspect, visit インスペクト, **ヴィ**ズィト

日	西	英
じさつする **自殺する** jisatsusuru	**suicidarse** スイシダルセ	commit suicide コミト スーイサイド
しさん **資産** shisan	**bienes** *m.pl.*, **fortuna** *f.* ビエネス, フォルトゥナ	property, fortune プラパティ, フォーチュン
じさんする **持参する** jisansuru	**traer, llevar** トラエル, ジェバル	take with oneself テイク ウィズ
しじ **指示** shiji	**indicación** *f.* インディカシオン	indication インディケイション
～する	**indicar** インディカル	indicate インディケイト
しじ **支持** shiji	**apoyo** *m.* アポジョ	support, backing サポート, バキング
～する	**apoyar** アポジャル	support, back up サポート, バク アプ
じじ **時事** jiji	**actualidad** *f.* アクトゥアリダド	current events カーレント イヴェンツ
ししざ **獅子座** shishiza	**Leo** *m.* レオ	Lion, Leo ライオン, レオ
ししつ **資質** shishitsu	**cualidad** *f.*, **don** *m.* クアリダド, ドン	nature, temperament ネイチャ, テンペラメント
じじつ **事実** jijitsu	**hecho** *m.* エチョ	fact ファクト
ししゃ **支社** shisha	**sucursal** *f.* スクルサル	branch ブランチ
ししゃ **死者** shisha	**muerto(-a)** *m.f.* ムエルト(·タ)	dead person, (the) dead デド パースン, (ザ) デド
じしゃく **磁石** jishaku	**imán** *m.* イマン	magnet マグネト

日	西	英
ししゃごにゅうする **四捨五入する** shishagonyuusuru	**redondear** レドンデアル	round up ラウンド アプ
ししゅう **刺繍** shishuu	**bordado** *m.* ボルダド	embroidery インブロイダリ
しじゅう **四十** shijuu	**cuarenta** *m.* クアレンタ	forty フォーティ
じしゅする **自首する** jishusuru	**entregarse a la policía** エントレガルセ ア ラ ポリシア	turn oneself in to the police ターン イントゥ ザ ポリース
ししゅつ **支出** shishutsu	**gasto** *m.* ガスト	expenses, expendi- ture イクスペンセズ, イクスペン ディチャ
じしゅてきな **自主的な** jishutekina	**voluntario(-a)** ボルンタリオ(-ア)	voluntary ヴァランテリ
ししゅんき **思春期** shishunki	**adolescencia** *f.*, **puber- tad** *f.* アドレスセンシア, プベルタド	adolescence, pu- berty アドレセンス, ピューバティ
ししょ **司書** shisho	**bibliotecario(-a)** *m.f.* ビブリオテカリオ(-ア)	librarian ライブレアリアン
じしょ **辞書** jisho	**diccionario** *m.* ディクシオナリオ	dictionary ディクショネリ
じじょ **次女** jijo	**segunda hija** *f.* セグンダ イハ	second daughter セコンド ドータ
しじょう **市場** shijou	**mercado** *m.* メルカド	market マーケト
じじょう **事情** （状況） jijou	**circunstancias** *f.pl.* シルクンスタンシアス	circumstances サーカムスタンセズ
（理由・背景）	**razón** *f.* ラソン	reasons リーズンズ
ししょく **試食** shishoku	**degustación** *f.* デグスタシオン	tasting, sampling テイスティング, サンプリング

日	西	英
じしょくする **辞職する** jishokusuru	**dimitir** ディミティル	resign リザイン
じじょでん **自叙伝** jijoden	**autobiografía** f. アウトビオグラフィア	autobiography オートバイアグラフィ
ししょばこ **私書箱** shishobako	**apartado postal** m., Ⓐ**ca-silla postal** f. アパルタド ポスタル, カシジャ ポスタル	post-office box, PO box ポウストオーフィス バクス, ピーオウ バクス
しじん **詩人** shijin	**poeta** m.f., **poetisa** f. ポエタ, ポエティサ	poet, poetess ポウイト, ポウイテス
じしん **自信** jishin	**confianza** f. コンフィアンサ	confidence カンフィデンス
じしん **自身** jishin	**uno(-a) mismo(-a)** m.f. ウノ(-ナ) ミスモ(-マ)	self, oneself セルフ, ワンセルフ
じしん **地震** jishin	**terremoto** m. テレモト	earthquake アースクウェイク
じすいする **自炊する** jisuisuru	**cocinar para uno(-a) mismo(-a)** コシナル パラ ウノ(-ナ) ミスモ(-マ)	cook for oneself ククフォ
しすう **指数** shisuu	**índice** m. インディセ	index number インデクス ナンバ
しずかな **静かな** shizukana	**tranquilo(-a)** トランキロ(-ラ)	silent, still, calm サイレント, スティル, カーム
しずく **滴** shizuku	**gota** f. ゴタ	drop ドラプ
しずけさ **静けさ** shizukesa	**silencio** m., **quietud** f. シレンシオ, キエトゥド	silence, stillness サイレンス, スティルネス
しすてむ **システム** shisutemu	**sistema** m. システマ	system スィステム
じすべり **地滑り** jisuberi	**corrimiento de tierras** m. コリミエント デティエラス	landslide ランドスライド

日	西	英
しずまる **静まる** shizumaru	**tranquilizarse** トランキリサルセ	(become) quiet, calm down (ビカム) クワイエト, カーム ダウン
しずむ **沈む** shizumu	**hundirse** ウンディルセ	sink, go down スィンク, ゴウ ダウン
（太陽などが）	**ponerse** ポネルセ	set セト
しずめる **鎮める** shizumeru	**calmar, sofocar** カルマル, ソフォカル	quell クウェル
しせい **姿勢** shisei	**postura** *f.* ポストゥラ	posture, pose パスチャ, ポウズ
じせいする **自制する** jiseisuru	**dominarse** ドミナルセ	control oneself コントロウル
しせき **史跡** shiseki	**lugar histórico** *m.* ルガル イストリコ	historic site ヒストリク サイト
しせつ **施設** shisetsu	**institución** *f.* インスティトゥシオン	facility, institution ファスィリティ, インスティテューション
しせん **視線** shisen	**mirada** *f.* ミラダ	glance, gaze グランス, ゲイズ
しぜん **自然** shizen	**naturaleza** *f.* ナトゥラレサ	nature ネイチャ
〜科学	**ciencias naturales** *f.pl.* シエンシアス ナトゥラレス	natural science ナチュラル サイエンス
〜に	**naturalmente** ナトゥラルメンテ	naturally ナチュラリ
じぜん **慈善** jizen	**caridad** *f.*, **beneficencia** *f.* カリダド, ベネフィセンシア	charity, benevolence チャリティ, ベネヴォレンス
しそう **思想** shisou	**pensamiento** *m.* ペンサミエント	thought, idea ソート, アイディーア

295

日	西	英
時速 jisoku	**velocidad por hora** *f.* ベロシダド ポル オラ	miles per hour, speed per hour マイルズ パー アウア, スピード パー アウア
持続する jizokusuru	**continuar, durar** コンティヌアル, ドゥラル	continue コンティニュー
子孫 shison	**descendiente** *m.f.* デセンディエンテ	descendant, posterity ディセンダント, パステリティ
自尊心 jisonshin	**amor propio** *m.*, **orgullo** *m.* アモル プロピオ, オルグジョ	pride, self-respect プライド, セルフリスペクト
下 shita	**parte inferior** *f.* パルテ インフェリオル	lower part ロウア パート
（低い所）	**abajo** アバホ	below ビロウ
舌 shita	**lengua** *f.* レングア	tongue タング
事態 jitai	**situación** *f.* シトゥアシオン	situation スィチュエイション
時代 jidai	**período** *m.*, **época** *f.* ペリオド, エポカ	time, period, era タイム, ピアリオド, イアラ
辞退する jitaisuru	**rechazar** レチャサル	decline, refuse ディクライン, レフューズ
次第に shidaini	**gradualmente** グラドゥアルメンテ	gradually グラデュアリ
慕う shitau	**anhelar** アネラル	yearn after, long for ヤーン アフタ, ローング フォ
下請け shitauke	**subcontrato** *m.* スブコントラト	subcontract サブカントラクト
従う （ついて行く） shitagau	**seguir, acompañar** セギル, アコンパニャル	follow, accompany ファロウ, アカンパニ

し

日	西	英
(逆らわない)	**obedecer** オベデセル	obey オベイ
したがき **下書き** shitagaki	**borrador** *m.* ボラドル	draft ドラフト
したぎ **下着** shitagi	**ropa interior** *f.* ロパ インテリオル	underwear アンダウェア
したくする **支度する** shitakusuru	**preparar(se)** *para* プレパラル(セ)	prepare for プリペア フォ
したじ **下地** shitaji	**base** *f.*, **fundamento** *m.* バセ, フンダメント	groundwork グラウンドワーク
したしい **親しい** shitashii	**íntimo(-a)** インティモ(-マ)	close, familiar クロウス, ファミリア
したしらべ **下調べ** shitashirabe	**investigación preliminar** *f.* インベスティガシオン プレリミナル	preliminary inquiry プリリミネリ インクワイアリ
したたる **滴る** shitataru	**gotear** ゴテアル	drop, drip ドロプ, ドリプ
したっぱ **下っ端** shitappa	**subalterno(-a)** *m.f.* スバルテルノ(-ナ)	underling アンダリング
したどり **下取り** shitadori	**entrega como parte de pago** *f.* エントレガ コモ パルテ デ パゴ	trade-in トレイディン
したぬり **下塗り** shitanuri	**primera mano** *f.* [**capa** *f.*] **de pintura** プリメラ マノ [カパ] デ ピントゥラ	undercoating アンダコウティング
したびらめ **舌平目** shitabirame	**lenguado** *m.* レングアド	sole ソウル
したみ **下見** shitami	**examen previo** *m.* エクサメン プレビオ	preliminary inspection プリリミネリ インスペクション
じだん **示談** jidan	**acuerdo privado** *m.* アクエルド プリバド	private settlement プライヴェト セトルメント

日	西	英
しち 七 shichi	**siete** *m.* シエテ	seven セヴン
じち 自治 jichi	**autonomía** *f.* アウトノミア	autonomy オータノミ
しちがつ 七月 shichigatsu	**julio** *m.* フリオ	July ヂュライ
しちじゅう 七十 shichijuu	**setenta** *m.* セテンタ	seventy セヴンティ
しちめんちょう 七面鳥 shichimenchou	**pavo** *m.* パボ	turkey ターキ
しちや 質屋 shichiya	**casa de empeño** *f.* カサ デ エンペニョ	pawnshop ポーンシャプ
しちゃくする 試着する shichakusuru	**probarse** プロバルセ	try on トライ オン
しちゅー シチュー shichuu	**estofado** *m.* エストファド	stew ステュー
しちょう 市長 shichou	**alcalde** *m.*, **alcaldesa** *f.* アルカルデ, アルカルデサ	mayor メイア
しちょうしゃ 視聴者 shichousha	**telespectador(-a)** テレスペクタドル(-ラ)	TV audience ティーヴィー オーディエンス
しつ 質 shitsu	**calidad** *f.* カリダド	quality クワリティ
しつう 歯痛 shitsuu	**dolor de muelas** *m.* ドロル デ ムエラス	toothache トゥーセイク
じっか 実家 jikka	**casa paterna** *f.* カサ パテルナ	parents' home ペアレンツ ホウム
しっかくする 失格する shikkakusuru	**(ser) descalificado(-a)** (セル) デスカリフィカド(-ダ)	(be) disqualified (ビ) ディスクワリファイド

日	西	英
しっかりする (頑丈になる) shikkarisuru	**hacerse fuerte** アセルセ フエルテ	(become) strong (ビカム) ストローング
(元気を出す)	**animarse, armarse de valor** アニマルセ, アルマルセ デ バロル	take courage テイク カーリヂ
質疑応答 shitsugioutou	**preguntas** *f.pl.* **y respuestas** *f.pl.* プレグンタス イ レスプエスタス	questions and answers クウェスチョンズ アンド アンサーズ
失業 shitsugyou	**desempleo** *m.* デセンプレオ	unemployment アニンプロイメント
～者	**desempleado(-a)** *m.f.* デセンプレアド(-ダ)	unemployed アニンプロイド
～する	**perder el trabajo** ペルデル エル トラバホ	lose one's job ルーズ チャブ
実業家 jitsugyouka	**empresario(-a)** *m.f.* エンプレサリオ(-ア)	business person ビズネス パースン
実況中継 jikkyouchuukei	**transmisión en directo** *f.* トランスミシオン エン ディレクト	live broadcast ライヴ ブロードキャスト
湿気 shikke	**humedad** *f.* ウメダド	moisture モイスチャ
躾 shitsuke	**educación** *f.*, **disciplina** *f.* エドゥカシオン, ディスシプリナ	training, discipline トレイニング, ディスィプリン
実験 jikken	**experimento** *m.* エクスペリメント	experiment イクスペリメント
実現する jitsugensuru	**realizar(se)** レアリサル(セ)	realize, come true リーアライズ, カム トルー
しつこい (執念深い) shitsukoi	**insistente** インシステンテ	obstinate, persistent アブスティネト, パスィステント
(味などがきつい)	**pesado(-a)** ペサド(-ダ)	heavy ヘヴィ

日	西	英
しっこう **失効** shikkou	**caducidad** *f.* カドゥシダド	lapse, expiry ラプス, イクスパイアリ
じっこうする **実行する** jikkousuru	**llevar a cabo** ジェバル ア カボ	carry out, practice キャリ アウト, プラクティス
じつざい **実在** jitsuzai	**existencia** *f.* エクシステンシア	actual existence アクチュアル イグズィステンス
じっさいに **実際に** jissaini	**en realidad** エン レアリダド	actually, really アクチュアリ, リーアリ
じっしする **実施する** jisshisuru	**ejecutar** エヘクタル	enforce インフォース
じっしつ **実質** jisshitsu	**sustancia** *f.* ススタンシア	substance サブスタンス
じっしゅう **実習** jisshuu	**práctica** *f.* プラクティカ	practice, training プラクティス, トレイニング
〜生	**aprendiz(-a)** *m.f.* アプレンディス(-サ)	trainee トレイニー
じつじょう **実情** jitsujou	**situación real** *f.* シトゥアシオン レアル	actual circum- stance, state of af- fairs アクチュアル サーカムスタン ス, ステイト オヴ アフェアズ
しっしん **湿疹** shisshin	**eccema** *m.* エクセマ	eczema エクセマ
しっしんする **失神する** shisshinsuru	**desmayarse** デスマジャルセ	faint, swoon フェイント, スウーン
じっせき **実績** jisseki	**resultados** *m.pl.* レスルタドス	results, achieve- ments リザルツ, アチーヴメンツ
しっそうする **失踪する** shissousuru	**desaparecer** デサパレセル	disappear ディサピア
しっそな **質素な** shissona	**sencillo(-a)** センシジョ(-ジャ)	plain, simple プレイン, シンプル

日	西	英
じったい **実態** jittai	**realidad** *f.* レアリダド	actual condition, (the) realities **ア**クチュアル コン**ディ**ション, (ザ) リ**ア**リティーズ
しっと **嫉妬** shitto	**celos** *m.pl.* セロス	jealousy **チェ**ラスィ
～する	**tener celos** *de,* **envidiar** テネル **セ**ロス, エンビ**ディ**アル	(be) jealous of, envy (ビ) **チェ**ラス オヴ, **エ**ンヴィ
しつど **湿度** shitsudo	**humedad** *f.* ウメ**ダ**ド	humidity ヒュー**ミ**ディティ
しつないで **室内で** shitsunaide	**en interior, bajo techo** エン インテリ**オ**ル, **バ**ホ **テ**チョ	indoors イン**ドー**ズ
しっぱい **失敗** shippai	**fracaso** *m.* フラ**カ**ソ	failure **フェ**イリュア
～する	**fracasar** *en* フラカ**サ**ル	fail in **フェ**イル イン
しっぷ **湿布** shippu	**compresa** *f.* コン**プレ**サ	compress **カ**ンプレス
じつぶつ **実物** jitsubutsu	**objeto mismo** *m.* オブ**ヘ**ト **ミ**スモ	real thing **リ**ーアル ス**ィ**ング
しっぽ **尻尾** shippo	**rabo** *m.* **ラ**ボ	tail **テ**イル
しつぼうする **失望する** shitsubousuru	**desilusionarse** デシルシオ**ナ**ルセ	(be) disappointed (ビ) ディサ**ポ**インテド
じつむ **実務** jitsumu	**(ejercicio de un) negocio** *m.* (エヘル**シ**シオ デ ウン) ネ**ゴ**シオ	practical business プ**ラ**クティカル **ビ**ズネス
しつもん **質問** shitsumon	**pregunta** *f.* プレ**グ**ンタ	question ク**ウェ**スチョン
～する	**hacer una pregunta** ア**セ**ル ウナ プレ**グ**ンタ	ask a question **アー**スク ア ク**ウェ**スチョン

日	西	英
じつりょく **実力** jitsuryoku	**capacidad** *f.* カパシダド	ability アビリティ
じつれい **実例** jitsurei	**ejemplo** *m.* エヘンプロ	example イグザンプル
しつれいな **失礼な** shitsureina	**descortés** デスコルテス	rude, impolite ルード, インポライト
しつれんする **失恋する** shitsurensuru	**tener un desengaño amoroso** テネル ウン デセンガニョ アモロソ	(be) disappointed in love (ビ) ディサポインテド イン ラヴ
じつわ **実話** jitsuwa	**caso real** *m.* カソ レアル	true story トルー ストーリ
してい **指定** shitei	**designación** *f.* デシグナシオン	designation デズィグネイション
～する	**designar** デシグナル	appoint, designate アポイント, デズィグネイト
～席	**asiento reservado** *m.* アシエント レセルバド	reserved seat リザーヴド スィート
してきする **指摘する** shitekisuru	**indicar** インディカル	point out, indicate ポイント アウト, インディケイト
してきな **私的な** shitekina	**privado(-a), personal** プリバド(-ダ), ペルソナル	private, personal プライヴェト, パーソナル
してつ **私鉄** shitetsu	**ferrocarril privado** *m.* フェロカリル プリバド	private railroad プライヴェト レイルロウド
してん **支店** shiten	**sucursal** *f.* スクルサル	branch ブランチ
じてん **辞典** jiten	**diccionario** *m.* ディクシオナリオ	dictionary ディクショネリ
じてんしゃ **自転車** jitensha	**bicicleta** *f.* ビシクレタ	bicycle バイスィクル

日	西	英
しどう **指導** shidou	**orientación** *f.* オリエンタシオン	guidance, direction ガイダンス, ディレクション
〜する	**guiar, dirigir** ギアル, ディリヒル	guide, lead, coach ガイド, リード, コウチ
じどう **児童** jidou	**niño(-a)** *m.f.* ニニョ(-ニャ)	child チャイルド
じどうし **自動詞** jidoushi	**verbo intransitivo** *m.* ベルボ イントランシティボ	intransitive verb イントランスィティヴ ヴァーブ
じどうしゃ **自動車** jidousha	**coche** *m.*, Ⓐ**carro** *m.* コチェ, カロ	car, automobile カー, オートモビール
〜事故	**accidente automovilístico** *m.* アクシデンテ アウトモビリスティコ	car accident カー アクスィデント
じどうてきに **自動的に** jidoutekini	**automáticamente** アウトマティカメンテ	automatically オートマティカリ
じどうどあ **自動ドア** jidoudoa	**puerta automática** *f.* プエルタ アウトマティカ	automatic door オートマティク ドー
じどうはんばいき **自動販売機** jidouhanbaiki	**máquina expendedora** *f.* マキナ エクスペンデドラ	vending machine ヴェンディング マシーン
しなぎれ **品切れ** shinagire	**agotado(-a)** アゴタド(-ダ)	sold out ソウルド アウト
しなびる **しなびる** shinabiru	**ajarse** アハルセ	wither ウィザ
しなもの **品物** shinamono	**artículo** *m.*, **objeto** *m.* アルティクロ, オブヘト	article, goods アーティクル, グツ
しなやかな **しなやかな** shinayakana	**flexible** フレクシブレ	flexible フレクスィブル
しなりお **シナリオ** shinario	**guión** *m.* ギオン	scenario, script スィネアリオウ, スクリプト

日	西	英
<ruby>次男<rt>じなん</rt></ruby> jinan	**segundo hijo** *m.* セグンド イホ	second son セカンド サン
<ruby>辞任する<rt>じにんする</rt></ruby> jininsuru	**dimitir** ディミティル	resign リザイン
<ruby>死ぬ<rt>しぬ</rt></ruby> shinu	**morir** モリル	die ダイ
<ruby>地主<rt>じぬし</rt></ruby> jinushi	**terrateniente** *m.f.* テラテニエンテ	landowner ランドオウナ
<ruby>しのぐ<rt>しのぐ</rt></ruby>　（勝る） shinogu	**superar** スペラル	exceed, surpass イクスィード, サーパス
（切り抜ける）	**salir del bache** サリル デル バチェ	tide over タイド オウヴァ
（耐える）	**soportar** ソポルタル	endure, bear インデュア, ベア
<ruby>支配<rt>しはい</rt></ruby> shihai	**gobierno** *m.* ゴビエルノ	management, control マニヂメント, コントロウル
～する	**dominar** ドミナル	manage, control マニヂ, コントロウル
～人	**gerente** *m.f.* ヘレンテ	manager マニヂャ
<ruby>芝居<rt>しばい</rt></ruby> shibai	**(obra** *f.* **de) teatro** *m.* (オブラ デ) テアトロ	play, drama プレイ, ドラーマ
<ruby>自白<rt>じはく</rt></ruby> jihaku	**confesión** *f.* コンフェシオン	self confession セルフ コンフェション
<ruby>地場産業<rt>じばさんぎょう</rt></ruby> jibasangyou	**industria local** *f.* インドゥストリア ロカル	local industry ロウカル インダストリ
<ruby>しばしば<rt>しばしば</rt></ruby> shibashiba	**con frecuencia** コン フレクエンシア	often オーフン

日	西	英
じはつてきな **自発的な** jihatsutekina	**espontáneo(-a), volunta-rio(-a)** エスポンタネオ(-ア), ボルンタリオ(-ア)	spontaneous, vol-untary スパンテイニアス, **ヴァ**ランテリ
しはつでんしゃ **始発電車** shihatsudensha	**primer tren** *m.* プリメル トレン	first train **ファ**ースト トレイン
しばふ **芝生** shibafu	**césped** *m.*, Ⓐ**pasto** *m.* セスペド, パスト	lawn ローン
しはらい **支払い** shiharai	**pago** *m.* パゴ	payment **ペ**イメント
しはらう **支払う** shiharau	**pagar** パガル	pay **ペ**イ
しばらく **しばらく** （ある程度長く） shibaraku	**un buen rato** ウン プエン ラト	for a long time フォ ア ローング **タ**イム
（長くない）	**un rato** ウン ラト	for a while フォ ア (ホ)**ワ**イル
しばる **縛る** shibaru	**atar** ア**タ**ル	bind **バ**インド
じばん **地盤**　（地面） jiban	**suelo** *m.* ス**エ**ロ	ground グ**ラ**ウンド
（土台・基礎）	**cimientos** *m.pl.*, **base** *f.* シミ**エ**ントス, **バ**セ	foundation, base ファ**ウ**ンデイション, **ベ**イス
しはんの **市販の** shihanno	**en venta** エン **ベ**ンタ	on the market オン ザ **マ**ーケト
じびいんこうか **耳鼻咽喉科** jibiinkouka	**otorrinolaringología** *f.* オトリノラリンゴロ**ヒ**ア	otorhinolaryngolo-gy オウトウライノウラリン**ガ**ロヂ
しひで **私費で** shihide	**a** *su* **costa** ア **コ**スタ	at one's own ex-pense アト **オ**ウン イクス**ペ**ンス
しひょう **指標** shihyou	**índice** *m.* **イ**ンディセ	index **イ**ンデクス

日	西	英

じひょう
辞表
jihyou

carte de dimisión *f.*
カルタ デ ディミシオン

resignation
レズィグ**ネ**イション

じびょう
持病
jibyou

enfermedad crónica *f.*
エンフェルメ**ダ**ド ク**ロ**ニカ

chronic disease
ク**ラ**ニク ディ**ズ**ィーズ

しびれる
痺れる
shibireru

entumecerse
エントゥメ**セ**ルセ

(become) numb
(ビカム) **ナ**ム

しぶい
渋い (好みが)
shibui

sobrio(-a), de buen gus-to
ソプリオ(-ア), デ ブ**エ**ン **グ**スト

tasteful, sober
テイストフル, **ソ**ウバ

(味が)

astringente
アストリン**ヘ**ンテ

astringent, bitter
アスト**リ**ンジェント, **ビ**タ

しぶき
しぶき
shibuki

rociada *f.*
ロシ**ア**ダ

spray, splash
スプ**レ**イ, スプ**ラ**シュ

しぶしぶ
しぶしぶ
shibushibu

de mala gana
デ **マ**ラ **ガ**ナ

reluctantly
リ**ラ**クタントリ

しぶとい
しぶとい
shibutoi

tenaz
テ**ナ**ス

tenacious, obsti-nate
ティ**ネ**イシャス, **ア**ブスティネ
ト

しぶる
渋る
shiburu

dudar, vacilar
ドゥ**ダ**ル, バシ**ラ**ル

hesitate, show re-luctance
ヘズィテイト, **ショ**ウ リ**ラ**クタ
ンス

じぶん
自分
jibun

uno(-a) mismo(-a) *m.f.*
ウノ(-ナ) **ミ**スモ(-マ)

self
セルフ

しへい
紙幣
shihei

billete (de banco) *m.*
ビ**ジェ**テ (デ **バ**ンコ)

bill, note
ビル, **ノ**ウト

しほう
四方
shihou

por todas partes
ポル **ト**ダス **パ**ルテス

every direction
エヴリ ディ**レ**クション

しぼう
脂肪
shibou

grasa *f.*
グ**ラ**サ

fat, grease
ファト, グ**リ**ース

じほう
時報
jihou

señal horaria *f.*
セ**ニャ**ル オ**ラ**リア

time signal
タイム ス**ィグ**ナル

日	西	英
しほうけん **司法権** shihouken	**poder judicial** *m.*, **juris-diccíón** *f.* ポデル フディシアル, フリスディクシオン	jurisdiction ヂュアリスディクション
しぼうする **志望する** shibousuru	**desear** デセアル	wish, desire ウィシュ, ディザイア
しぼむ **しぼむ** shibomu	**marchitarse, desinflarse** マルチタルセ, デシンフラルセ	wither, fade ウィザ, フェイド
しぼる **搾る** shiboru	**estrujar, exprimir** エストルハル, エクスプリミル	press, wring, squeeze プレス, リング, スクウィーズ
しほん **資本** shihon	**capital** *m.* カピタル	capital キャピトル
～家	**capitalista** *m.f.* カピタリスタ	capitalist キャピタリスト
～金	**capital** *m.* カピタル	capital キャピトル
～主義	**capitalismo** *m.* カピタリスモ	capitalism キャピタリズム
しま **縞** shima	**rayas** *f.pl.* ラジャス	stripes ストライプス
しま **島** shima	**isla** *f.* イスラ	island アイランド
しまい **姉妹** shimai	**hermanas** *f.pl.* エルマナス	sisters スィスタズ
しまう **しまう** shimau	**guardar** グアルダル	put away プト アウェイ
じまく **字幕** jimaku	**subtítulos** *m.pl.* スブティトゥロス	subtitles サブタイトルズ
しまつ **始末** （結果） shimatsu	**resultado** *m.* レスルタド	result リザルト

日	西	英
（処分）	disposición *f.*, eliminación *f.* ディスポシシオン, エリミナシオン	disposal ディスポウザル
しまる **閉まる** shimaru	cerrarse セラルセ	shut, (be) closed シャト, (ビ) クロウズド
じまん **自慢** jiman	orgullo *m.*, vanidad *f.* オルグジョ, バニダド	boast, vanity ボウスト, **ヴァ**ニティ
～する	presumir *de*, enorgullecerse *de* プレスミル, エノルグジェセルセ	boast of, (be) proud of ボウスト オヴ, (ビ) プラウド オヴ
じみな **地味な** jimina	sobrio(-*a*), discreto(-*a*) ソブリオ(·ア), ディスクレト(·タ)	plain, quiet プレイン, ク**ワ**イアト
しみゅれーしょん **シミュレーション** shimyureeshon	simulación *f.* シムラシオン	simulation スィミュレイション
しみる **染みる** shimiru	penetrar, empapar(se) ペネトラル, エンパパル(セ)	penetrate, soak ペネトレイト, ソウク
しみん **市民** shimin	ciudadano(-*a*) *m.f.* シウダダノ(·ナ)	citizen スィティズン
じむ **事務** jimu	trabajo de oficina *m.* トラバホ デ オフィシナ	business, affairs ビズネス, アフェアズ
～員	oficinista *m.f.* オフィシニスタ	clerk, office worker クラーク, **オ**ーフィス **ワ**ーカ
～的な	práctico(-*a*) プラクティコ(·カ)	businesslike ビズネスライク
しめい **氏名** shimei	nombre *m.* y apellidos *m.pl.* ノンブレ イ アペジドス	name ネイム
しめい **使命** shimei	misión *f.* ミシオン	mission ミション
しめいする **指名する** shimeisuru	nombrar, nominar ノンブラル, ノミナル	name, nominate ネイム, **ナ**ミネイト

日	西	英
しめきり **締め切り** shimekiri	**límite** *m.*, **clausura** *f.* リミテ, クラウスラ	deadline デドライン
しめきる **締め切る** shimekiru	**cerrar** セラル	close クロウズ
じめじめした **じめじめした** jimejimeshita	**húmedo(-a)** ウメド(-ダ)	damp, moist ダンプ, モイスト
しめす **示す** shimesu	**mostrar** モストラル	show, indicate ショウ, イン**ディ**ケイト
しめだす **締め出す** shimedasu	**excluir, dejar a ... fuera** エクスクル**イル**, デ**ハ**ル ア フ**エ**ラ	shut out シャト **ア**ウト
じめつする **自滅する** jimetsusuru	**perderse** ペル**デ**ルセ	ruin oneself ルーイン
しめる **絞める** shimeru	**apretar** アプレ**タ**ル	tighten **タ**イトン
しめる **湿る** shimeru	**humedecerse** ウメデ**セ**ルセ	dampen **ダ**ンプン
しめる **占める** shimeru	**ocupar** オク**パ**ル	occupy **ア**キュパイ
しめる **閉める** shimeru	**cerrar** セ**ラ**ル	shut, close シャト, ク**ロ**ウズ
じめん **地面** jimen	**tierra** *f.*, **suelo** *m.* ティ**エ**ラ, ス**エ**ロ	earth, ground **ア**ース, グ**ラ**ウンド
しも **霜** shimo	**helada** *f.* エ**ラ**ダ	frost フ**ロ**ースト
じもとの **地元の** jimotono	**local** ロ**カ**ル	local **ロ**ウカル
しもん **指紋** shimon	**huella dactilar** *f.* ウ**エ**ジャ ダク**ティ**ラル	fingerprint **フィ**ンガプリント
しや **視野** shiya	**campo visual** *m.* **カ**ンポ ビス**ア**ル	field of vision **フィ**ールド オヴ **ヴィ**ジョン

日	西	英
じゃーじ **ジャージ** jaaji	**chándal** *m.* チャンダル	tracksuit トラクスート
じゃーなりすと **ジャーナリスト** jaanarisuto	**periodista** *m.f.* ペリオ**ディ**スタ	journalist **チャ**ーナリスト
じゃーなりずむ **ジャーナリズム** jaanarizumu	**periodismo** *m.* ペリオ**ディ**スモ	journalism **チャ**ーナリズム
しゃーぷぺんしる **シャープペンシル** shaapupenshiru	**lápiz portaminas** *m.* ラピス ポルタ**ミ**ナス	mechanical pencil メ**キャ**ニカル ペンスル
しゃーべっと **シャーベット** chaabetto	**sorbete** *m.* ソル**ベ**テ	sherbet **シャ**ーベト
しゃいん **社員** shain	**empleado(-a)** *m.f.* エンプレ**ア**ド(-ダ)	employee, staff インプ**ロ**イイー, ス**タ**フ
しゃかい **社会** shakai	**sociedad** *f.* ソシエ**ダ**ド	society ソ**サ**イエティ
〜学	**sociología** *f.* ソシオロ**ヒ**ア	sociology ソウスィ**ア**ロディ
〜主義	**socialismo** *m.* ソシア**リ**スモ	socialism **ソ**ウシャリズム
じゃがいも **じゃが芋** jagaimo	**patata** *f.*, Ⓐ**papa** *f.* パ**タ**タ, **パ**パ	potato ポ**テ**イトウ
しゃがむ **しゃがむ** shagamu	**ponerse en cuclillas** ポ**ネ**ルセ エン ククリ**ジャ**ス	squat down スク**ワ**ト **ダ**ウン
しやくしょ **市役所** shiyakusho	**ayuntamiento** *m.* アジュンタミ**エ**ント	city hall ス**ィ**ティ **ホ**ール
じゃぐち **蛇口** jaguchi	**grifo** *m.* グ**リ**フォ	faucet, Ⓑtap **フォ**ーセト, **タ**プ
じゃくてん **弱点** jakuten	**punto débil** *m.* プント **デ**ビル	weak point **ウィ**ーク **ポ**イント
しゃくど **尺度** shakudo	**medida** *f.* メ**ディ**ダ	measure, scale **メ**ジャ, ス**ケ**イル

日	西	英
しゃくほうする **釈放する** shakuhousuru	**poner en libertad** ポネル エン リベルタド	set free セト フリー
しゃくめいする **釈明する** shakumeisuru	**explicar** エクスプリカル	explain, vindicate イクスプレイン, ヴィンディケイト
しゃくや **借家** shakuya	**casa alquilada** *f.* カサ アルキラダ	rented house レンテド ハウス
しゃげき **射撃** shageki	**disparo** *m.* ディスパロ	shooting, firing シューティング, ファイアリング
じゃけっと **ジャケット** jaketto	**chaqueta** *f.* チャケタ	jacket チャケト
しゃこ **車庫** shako	**garaje** *m.* ガラへ	garage ガラージ
しゃこうかい **社交界** shakoukai	**alta sociedad** *f.* アルタ ソシエダド	high society ハイ ソサイエティ
しゃこうだんす **社交ダンス** shakoudansu	**baile de salón** *m.* バイレ デ サロン	social dance ソウシャル ダンス
しゃざい **謝罪** shazai	**disculpa** *f.* ディスクルパ	apology アパロヂ
〜する	**disculparse** ディスクルパルセ	apologize アパロヂャイズ
しゃじつしゅぎ **写実主義** shajitsushugi	**realismo** *m.* レアリスモ	realism リーアリズム
しゃしょう **車掌** shashou	**revisor(-a)** *m.f.* レビソル(-ラ)	conductor コンダクタ
しゃしん **写真** shashin	**foto** *f.*, **fotografía** *f.* フォト, フォトグラフィア	photograph フォウトグラフ
〜家	**fotógrafo(-a)** *m.f.* フォトグラフォ(-ファ)	photographer フォタグラファ
じゃず **ジャズ** jazu	**jazz** *m.* ジャス	jazz チャズ

日	西	英
しゃせい **写生** shasei	**bosquejo** *m.* ボスケホ	sketch スケチ
しゃせつ **社説** shasetsu	**editorial** *m.* エディトリアル	editorial エディトーリアル
しゃせん **車線** shasen	**carril** *m.* カリル	lane レイン
しゃたく **社宅** shataku	**casa de la empresa** *f.* カサ デラ エンプレサ	company house カンパニ ハウス
しゃだんする **遮断する** shadansuru	**interrumpir, interceptar** インテルンピル, インテルセプタル	block, intercept ブラク, インタセプト
しゃちょう **社長** shachou	**presidente(-a)** *m.f.* プレシデンテ(-タ)	president プレズィデント
しゃつ **シャツ** （下着の） shatsu	**camiseta interior** *f.* カミセタ インテリオル	undershirt, Ⓑvest アンダシャート, ヴェスト
（洋服の）	**camisa** *f.* カミサ	(dress) shirt (ドレス) シャート
しゃっかん **借款** shakkan	**crédito** *m.* クレディト	loan ロウン
じゃっき **ジャッキ** jakki	**gato** *m.* ガト	jack ヂャク
しゃっきん **借金** shakkin	**deuda** *f.* デウダ	debt, loan デト, ロウン
しゃっくり **しゃっくり** shakkuri	**hipo** *m.* イポ	hiccup ヒカプ
しゃったー **シャッター** （カメラの） shattaa	**obturador** *m.* オプトゥラドル	shutter シャタ
（玄関・窓の）	**persiana** *f.*, **cierre** *m.* ペルシアナ, シエレ	shutter シャタ

日	西	英
しゃどう **車道** shadou	**calzada** *f.* カルサダ	roadway ロウドウェイ
しゃぶる **しゃぶる** shaburu	**chupar** チュパル	suck, suckle サク, サクル
しゃべる **シャベル** shaberu	**pala** *f.* パラ	shovel シャヴル
しゃほん **写本** shahon	**manuscrito** *m.* マヌスクリト	manuscript マニュスクリプト
じゃま **邪魔** jama	**estorbo** *m.*, **obstáculo** *m.* エストルボ, オプスタクロ	hindrance, obsta- cle ヒンドランス, アブスタクル
〜する	**estorbar** エストルバル	disturb, hinder ディスターブ, ハインダ
〜な	**molesto(-a)** モレスト(-タ)	obstructive オブストラクティヴ
じゃむ **ジャム** jamu	**mermelada** *f.* メルメラダ	jam チャム
しゃめん **斜面** shamen	**pendiente** *f.*, **rampa** *f.* ペンディエンテ, ランパ	slope スロウプ
しゃもじ **杓文字** shamoji	**paleta** *f.* パレタ	rice paddle ライス パドル
じゃり **砂利** jari	**grava** *f.* グラバ	gravel グラヴェル
しゃりょう **車両** sharyou	**vehículos** *m.pl.* ベイクロス	vehicles, cars ヴィーイクルズ, カーズ
しゃりん **車輪** sharin	**rueda** *f.* ルエダ	wheel (ホ)ウィール
しゃれ **しゃれ** share	**chiste** *m.* チステ	joke, witticism チョウク, ウィティスィズム

日	西	英
しゃれい **謝礼** sharei	**remuneración** *f.* レムネラシオン	remuneration リミューナレイション
しゃれた **しゃれた** （おしゃれな） shareta	**elegante** エレガンテ	chic, elegant シーク, エリガント
（気の利いた）	**ingenioso(-a)** インヘニオソ(-サ)	witty, smart ウィティ, スマート
しゃわー **シャワー** shawaa	**ducha** *f.*, Ⓐ**regadera** *f.* ドゥチャ, レガデラ	shower シャワア
じゃんぱー **ジャンパー** janpaa	**cazadora** *f.* カサドラ	windbreaker ウィンドブレイカ
しゃんぱん **シャンパン** shanpan	**champán** *m.* チャンパン	champagne シャンペイン
しゃんぷー **シャンプー** shanpuu	**champú** *m.* チャンプ	shampoo シャンプー
じゃんる **ジャンル** janru	**género** *m.* ヘネロ	genre ジャーンル
しゅい **首位** shui	**primer puesto** *m.* プリメル プエスト	leading position リーディング ポズィション
しゅう **州** shuu	**comunidad autónoma** *f.*, **estado** *m.* コムニダド アウトノマ, エスタド	state, province ステイト, プラヴィンス
しゅう **週** shuu	**semana** *f.* セマナ	week ウィーク
じゅう **十** juu	**diez** *m.* ディエス	ten テン
じゅう **銃** juu	**fusil** *m.* フシル	gun ガン
じゆう **自由** jiyuu	**libertad** *f.* リベルタド	freedom, liberty フリーダム, リバティ

日	西	英
周囲 (円周・外周) しゅうい shuui	**circunferencia** *f.*, **periferia** *f.* シルクンフェ**レ**ンシア, ペリ**フェ**リア	circumference サーカムフェレンス
(環境・状況)	**entorno** *m.*, **alrededores** *m.pl.* エン**トル**ノ, アルレ**デ**ドレス	surroundings サ**ラ**ウンディングズ
獣医 じゅうい juui	**veterinario(-a)** *m.f.* ベテリ**ナ**リオ(-ア)	veterinarian ヴェテリ**ネ**アリアン
十一 じゅういち juuichi	**once** *m.* **オ**ンセ	eleven イ**レ**ヴン
十一月 じゅういちがつ juuichigatsu	**noviembre** *m.* ノビ**エ**ンブレ	November ノウ**ヴェ**ンバ
収益 しゅうえき shuueki	**ganancias** *f.pl.* ガ**ナ**ンシアス	profits, gains プ**ラ**フィツ, **ゲ**インズ
十億 じゅうおく juuoku	**mil millones** *m.pl.* ミル ミ**ジョ**ネス	billion **ビ**リョン
集会 しゅうかい shuukai	**reunión** *f.* レウニ**オ**ン	meeting, gathering **ミ**ーティング, **ギャ**ザリング
収穫 しゅうかく shuukaku	**cosecha** *f.* コ**セ**チャ	crop, harvest ク**ラ**プ, **ハ**ーヴェスト
～**する**	**cosechar** コセ**チャ**ル	harvest, reap **ハ**ーヴェスト, **リ**ープ
修学旅行 しゅうがくりょこう shuugakuryokou	**viaje de estudios** *m.* ビ**ア**へ デ エス**トゥ**ディオス	school trip ス**ク**ール ト**リ**プ
自由形 じゆうがた jiyuugata	**natación a estilo libre** *f.* ナタシ**オ**ン ア エス**ティ**ロ **リ**ブレ	freestyle swimming フリース**タ**イル ス**ウィ**ミング
十月 じゅうがつ juugatsu	**octubre** *m.* オク**トゥ**ブレ	October アク**ト**ウバ
習慣 しゅうかん shuukan	**costumbre** *f.* コス**トゥ**ンブレ	habit, custom **ハ**ビト, **カ**スタム

日	西	英
しゅうかんし 週刊誌 shuukanshi	revista semanal *f.* レビスタ セマナル	weekly ウィークリ
しゅうき 周期 shuuki	ciclo *m.*, período *m.* シクロ, ペリオド	cycle, period サイクル, ピアリオド
しゅうきゅう 週休 shuukyuu	día de descanso semanal *m.* ディア デ デスカンソ セマナル	weekly holiday ウィークリ ハリデイ
しゅうきゅう 週給 shuukyuu	paga semanal *f.* パガ セマナル	weekly pay ウィークリ ペイ
じゅうきゅう 十九 juukyuu	diecinueve *m.* ディエシヌエベ	nineteen ナインティーン
じゅうきょ 住居 juukyo	vivienda *f.*, residencia *f.* ビビエンダ, レシデンシア	dwelling ドウェリング
しゅうきょう 宗教 shuukyou	religión *f.* レリヒオン	religion リリヂョン
じゅうぎょういん 従業員 juugyouin	empleado(-a) *m.f.*, trabajador(-a) *m.f.* エンプレアド(-ダ), トラバハドル(-ラ)	employee, worker インプロイイー, ワーカ
じゅうきんぞく 重金属 juukinzoku	metal pesado *m.* メタル ペサド	heavy metal ヘヴィ メトル
しゅークリーム シュークリーム shuukuriimu	bollo de crema *m.* ボジョ デ クレマ	cream puff クリーム パフ
しゅうけいする 集計する shuukeisuru	sumar スマル	total トウトル
しゅうげき 襲撃 shuugeki	ataque *m.*, agresión *f.* アタケ, アグレシオン	attack, assault アタク, アソールト
じゅうご 十五 juugo	quince *m.* キンセ	fifteen フィフティーン
じゅうこうぎょう 重工業 juukougyou	industria pesada *f.* インドゥストリア ペサダ	heavy industries ヘヴィ インダストリズ

日	西	英
じゅーさー **ジューサー** juusaa	**exprimidor** *m.* エクスプリミドル	juicer ヂューサ
しゅうさい **秀才** shuusai	**estudiante brillante** *m.f.* エストゥディアンテ ブリジャンテ	brilliant scholar ブリリアント スカラ
しゆうざいさん **私有財産** shiyuuzaisan	**propiedad privada** *f.* プロピエダド プリバダ	private property プライヴェト プラパティ
じゅうさつする **銃殺する** juusatsusuru	**matar a tiros** *a* マタル ア ティロス	shoot dead, gun down シュート デド, ガン ダウン
じゅうさん **十三** juusan	**trece** *m.* トレセ	thirteen サーティーン
しゅうし **修士** shuushi	**máster** *m.* マステル	master マスタ
～課程	**máster** *m.*, Ⓐ**maestría** *f.* マステル, マエストリア	master's course マスタズ コース
～号	**máster** *m.*, **maestría** *f.* マステル, マエストリア	master's degree マスタズ ディグリー
じゅうし **十四** juushi	**catorce** *m.* カトルセ	fourteen フォーティーン
じゅうじ **十字** juuji	**cruz** *f.* クルス	cross クロース
じゅうじか **十字架** juujika	**cruz** *f.* クルス	cross クロース
しゅうじがく **修辞学** shuujigaku	**retórica** *f.* レトリカ	rhetoric レトリク
じゅうしする **重視する** juushisuru	**dar importancia** *a* ダル インポルタンシア	attach importance to アタチ インポータンス トゥ
じゅうしち **十七** juushichi	**diecisiete** *m.* ディエシシエテ	seventeen セヴンティーン

日	西	英
じゅうじつする **充実する** juujitsusuru	**completar, enriquecer** コンプレタル, エンリケセル	fulfill, complete フルフィル, コンプリート
しゅうしふ **終止符** shuushifu	**punto final** *m.* プント フィナル	period, ⒷfuIl stop ピアリオド, フル スタプ
しゅうしゅう **収集** shuushuu	**colección** *f.* コレクシオン	collection コレクション
～する	**coleccionar** コレクシオナル	collect コレクト
しゅうしゅく **収縮** shuushuku	**contracción** *f.* コントラクシオン	contraction コントラクション
じゅうじゅんな **従順な** juujunna	**obediente** オベディエンテ	obedient オビーディエント
じゅうしょ **住所** juusho	**dirección** *f.* ディレクシオン	address アドレス
じゅうしょう **重傷** juushou	**herida grave** *f.* エリダ グラベ	serious wound スィアリアス ウーンド
しゅうしょくする **就職する** shuushokusuru	**conseguir empleo** コンセギル エンプレオ	find employment ファインド インプロイメント
じゅうじろ **十字路** juujiro	**cruce** *m.* クルセ	crossroads クロースロウヅ
じゅうしん **重心** juushin	**centro de gravedad** *m.* セントロ デ グラベダド	center of gravity センタ オヴ グラヴィティ
しゅうしんけい **終身刑** shuushinkei	**cadena perpetua** *f.* カデナ ペルペトゥア	life imprisonment ライフ インプリズンメント
じゅーす **ジュース** juusu	**zumo** *m.*, Ⓐ**jugo** *m.* スモ, フゴ	juice ヂュース
しゅうせい **習性** shuusei	**costumbre** *f.*, **hábito** *m.* コストゥンブレ, アビト	habit ハビト
しゅうせいする **修正する** shuuseisuru	**modificar** モディフィカル	amend, revise アメンド, リヴァイズ

日	西	英
じゆうせき **自由席** jiyuuseki	**asiento no reservado** *m.* アシエント ノ レセルバド	nonreserved seat ナンリザーヴド スィート
しゅうせん **終戦** shuusen	**fin de la guerra** *m.* フィン デ ラ ゲラ	end of war エンド オヴ ウォー
しゅうぜんする **修繕する** shuuzensuru	**reparar** レパラル	repair, mend リペア，メンド
じゆうたい **渋滞** juutai	**atasco** *m.* アタスコ	(traffic) jam (トラフィク) **チャ**ム
じゆうたい **重体** juutai	**estado grave** *m.* エスタド グラベ	serious condition スィアリアス コンディション
じゆうだい **十代** juudai	**adolescente** *m.f.* アドレス**セ**ンテ	teens **ティ**ーンズ
しゅうたいせい **集大成** shuutaisei	**recopilación** *f.* レコピラシ**オ**ン	compilation コンピレイション
じゅうだいな **重大な** juudaina	**grave, serio(-a)** グラベ，**セ**リオ(-ア)	grave, serious グレイヴ，ス**ィ**アリアス
じゅうたく **住宅** juutaku	**vivienda** *f.* ビビ**エ**ンダ	house, housing ハウス，ハウズィング
しゅうだん **集団** shuudan	**grupo** *m.*, **masa** *f.* グルポ，マサ	group, body グループ，バディ
じゅうだんする **縦断する** juudansuru	**atravesar** アトラベサル	traverse トラヴァース
しゅうちしん **羞恥心** shuuchishin	**vergüenza** *f.* ベルグ**エ**ンサ	sense of shame センス オヴ **シェ**イム
しゅうちゃくえき **終着駅** shuuchakueki	**terminal** *f.* テルミ**ナ**ル	terminus, terminal **タ**ーミナス，**タ**ーミナル
しゅうちゃくする **執着する** shuuchakusuru	**insistir** *en* インシス**ティ**ル	(be) fixated on, adhere to (ビ) フィク**セ**イテド オン，アド ヒア トゥ

日	西	英
しゅうちゅうする **集中する** shuuchuusuru	**concentrar** コンセントラル	concentrate カンセントレイト
しゅうてん **終点** shuuten	**final de línea** *m.* フィナル デ リネア	end of a line エンド オヴ ア ライン
しゅうでん **終電** shuuden	**último tren** *m.* ウルティモ トレン	last train (of the day) ラスト トレイン (オヴ ザ デイ)
じゅうてん **重点** juuten	**punto importante** *m.* プント インポルタンテ	emphasis, importance エンファスィス, インポータンス
じゅうでんする **充電する** juudensuru	**cargar** カルガル	charge チャーヂ
しゅーと **シュート** shuuto	**chut** *m.*, **disparo** *m.* チュト, ディスパロ	shot シャト
しゅうどういん **修道院** shuudouin	**monasterio** *m.*, **convento** *m.* モナステリオ, コンベント	monastery, convent マナステリ, カンヴェント
しゅうどうし **修道士** shuudoushi	**monje** *m.* モンヘ	monk マンク
しゅうどうじょ **修道女** shuudoujo	**monja** *f.* モンハ	nun, sister ナン, スィスタ
じゆうな **自由な** jiyuuna	**libre, liberal** リブレ, リベラル	free, liberal フリー, リベラル
じゅうなんな **柔軟な** juunanna	**flexible** フレクシブレ	flexible, supple フレクスィブル, サプル
じゅうに **十二** juuni	**doce** *m.* ドセ	twelve トウェルヴ
じゅうにがつ **十二月** juunigatsu	**diciembre** *m.* ディシエンブレ	December ディセンバ
じゅうにしちょう **十二指腸** juunishichou	**duodeno** *m.* ドゥオデノ	duodenum デューアディーナム

日	西	英
しゅうにゅう **収入** shuunyuu	**ingresos** *m.pl.* イングレソス	income **イ**ンカム
しゅうにん **就任** shuunin	**toma de posesión** *f.* トマ デ ポセシオン	inauguration イノーギュ**レ**イション
しゅうのう **収納** shuunou	**almacenamiento** *m.* アルマセナミ**エ**ント	storage ス**トー**リヂ
しゅうは **宗派** shuuha	**secta** *f.* **セ**クタ	sect **セ**クト
しゅうはすう **周波数** shuuhasuu	**frecuencia** *f.* フレク**エ**ンシア	frequency フ**リー**クウェンスィ
じゅうはち **十八** juuhachi	**dieciocho** *m.* ディエシ**オ**チョ	eighteen エイ**ティー**ン
じゅうびょう **重病** juubyou	**enfermedad grave** *f.* エンフェルメ**ダ**ド グ**ラ**ベ	serious illness ス**ィ**アリアス **イ**ルネス
しゅうふくする **修復する** shuufukusuru	**restaurar** レスタウ**ラ**ル	restore リス**トー**
しゅうぶん **秋分** shuubun	**equinoccio de otoño** *m.* エキ**ノ**クシオ デ オ**ト**ニョ	autumnal equinox オー**タ**ムナル **イー**クウィナス
じゅうぶんな **十分な** juubunna	**bastante** バス**タ**ンテ	sufficient, enough サ**フィ**シェント, **イ**ナフ
しゅうへん **周辺** shuuhen	**afueras** *f.pl.*, **alrededores** *m.pl.* アフ**エ**ラス, アルレデ**ド**レス	vicinity (of), area (of) ヴィス**ィ**ニティ (オヴ), **エ**アリア (オヴ)
〜機器	**periféricos** *m.pl.* ペリ**フェ**リコス	peripherals プリ**フェ**ラルズ
じゆうぼうえき **自由貿易** jiyuuboueki	**comercio libre** *m.* コ**メ**ルシオ **リ**ブレ	free trade フ**リー** ト**レ**イド
しゅうまつ **週末** shuumatsu	**fin de semana** *m.* **フィ**ン デ セ**マ**ナ	weekend **ウィー**ケンド

日	西	英
じゅうまん 十万 juuman	**cien mil** *m.* シエン ミル	one hundred thousand ワン ハンドレト サウザンド
じゅうみん 住民 juumin	**habitantes** *m.f.pl.* アビ**タ**ンテス	inhabitants, residents イン**ハ**ビタンツ, **レ**ズィデンツ
じゅうやく 重役 juuyaku	**director(-a)** *m.f.*, **ejecutivo(-a)** *m.f.* ディレク**ト**ル(-ラ), エヘク**ティ**ボ(-バ)	executive, director イグ**ゼ**キュティヴ, ディ**レ**クタ
じゅうゆ 重油 juuyu	**aceite pesado** *m.* ア**セ**イテ ペ**サ**ド	heavy oil **ヘ**ヴィ **オ**イル
しゅうゆう 周遊 shuuyuu	**viaje de recorrido** *m.* ビ**ア**ヘ デ レコ**リ**ド	tour, round trip **トゥ**ア, **ラ**ウンド トリプ
しゅうようする 収容する shuuyousuru	**acoger** アコ**ヘ**ル	admit, accommodate アド**ミ**ト, ア**カ**モデイト
じゅうような 重要な juuyouna	**importante, esencial** インポル**タ**ンテ, エセン**シ**アル	important, principal イン**ポ**ータント, プ**リ**ンスィパル
しゅうり 修理 shuuri	**reparación** *f.* レパラ**シ**オン	repair, mend リ**ペ**ア, **メ**ンド
～する	**reparar** レパ**ラ**ル	repair, mend リ**ペ**ア, **メ**ンド
じゅうりょう 重量 juuryou	**peso** *m.* **ペ**ソ	weight **ウェ**イト
～挙げ	**halterofilia** *f.* アルテロ**フィ**リア	weightlifting **ウェ**イトリフティング
しゅうりょうする 終了する shuuryousuru	**acabar, terminar** アカ**バ**ル, テルミ**ナ**ル	finish, end, close **フィ**ニシュ, **エ**ンド, ク**ロ**ウズ
じゅうりょく 重力 juuryoku	**gravedad** *f.* グラベ**ダ**ド	gravity, gravitation グ**ラ**ヴィティ, グラヴィ**テ**イション
しゅうろく 収録 shuuroku	**grabación** *f.* グラバ**シ**オン	recording リ**コ**ーディング

日	西	英
じゅうろく **十六** juuroku	**dieciséis** *m.* ディエシセイス	sixteen スィクスティーン
しゅうわい **収賄** shuuwai	**soborno** *m.*, **corrupción** *f.* ソボルノ, コルプシオン	bribery, corruption ブライバリ, コラプション
しゅえい **守衛** shuei	**guardia** *m.f.* グアルディア	guard ガード
しゅえん **主演** shuen	**papel principal [de protagonista]** *m.* パペル プリンシパル [デ プロタゴニスタ]	leading role リーディング ロウル
～俳優	**protagonista** *m.f.* プロタゴニスタ	leading actor リーディング アクタ
しゅかん **主観** shukan	**subjetividad** *f.* スブヘティビダド	subjectivity サブヂェクティヴィティ
～的な	**subjetivo(-a)** スブヘティボ(-バ)	subjective サブヂェクティヴ
しゅぎ **主義** shugi	**principio** *m.*, **doctrina** *f.* プリンシピオ, ドクトリナ	principle, doctrine プリンスィプル, ダクトリン
しゅぎょう **修行** shugyou	**aprendizaje** *m.*, **ascesis** *f.* アプレンディサヘ, アスセシス	apprenticeship アプレンティスシプ
じゅきょう **儒教** jukyou	**confucianismo** *m.* コンフシアニスモ	Confucianism コンフューシャニズム
じゅぎょう **授業** jugyou	**clase** *f.*, **lección** *f.* クラセ, レクシオン	class, lesson クラス, レスン
じゅく **塾** juku	**clases particulares** *f.pl.* クラセス パルティクラレス	juku, private after-school class ジュク, プライヴェト アフタスクール クラス
しゅくがかい **祝賀会** shukugakai	**celebración** *f.* セレブラシオン	formal celebration フォーマル セレブレイション
じゅくご **熟語** jukugo	**modismo** *m.* モディスモ	idiom, phrase イディオム, フレイズ

日	西	英
しゅくじつ **祝日** shukujitsu	**día festivo** *m.* ディア フェス**ティ**ボ	public holiday, festival **パ**ブリク **ハ**リデイ, **フェ**スティヴァル
しゅくしゃ **宿舎** shukusha	**hospedaje** *m.*, **alojamiento** *m.* オスペ**ダ**へ, アロハミ**エ**ント	lodging **ラ**ヂング
しゅくしょうする **縮小する** shukushousuru	**reducir** レドゥ**シ**ル	reduce, curtail リ**デュ**ース, カー**テ**イル
じゅくする **熟する** jukusuru	**madurar** マドゥ**ラ**ル	(become) ripe, mature (ビカム) **ラ**イプ, マ**チュ**ア
しゅくだい **宿題** shukudai	**deberes** *m.pl.*, Ⓐ**tarea** *f.* デ**ベ**レス, タ**レ**ア	homework **ホ**ウムワーク
じゅくねん **熟年** jukunen	**edad madura** *f.* エ**ダ**ド マ**ドゥ**ラ	mature aged マ**チュ**ア **エ**イヂド
しゅくはくする **宿泊する** shukuhakusuru	**alojarse** アロ**ハ**ルセ	lodge, stay **ラ**ヂ, **ス**テイ
じゅくれん **熟練** jukuren	**habilidad** *f.* アビリ**ダ**ド	skill ス**キ**ル
～する	**adquirir una habilidad** アドキ**リ**ル ウナ アビリ**ダ**ド	(become) skilled (ビカム) ス**キ**ルド
しゅげい **手芸** shugei	**artesanía** *f.* アルテサ**ニ**ア	handicraft **ハ**ンディクラフト
しゅけん **主権** shuken	**soberanía** *f.* ソベラ**ニ**ア	sovereignty **サ**ヴレンティ
じゅけんする **受験する** jukensuru	**presentarse a un examen** プレセン**タ**ルセ ア ウン エク**サ**メン	take an examination **テ**イク アン エグザミ**ネ**イション
しゅご **主語** shugo	**sujeto** *m.* ス**ヘ**ト	subject **サ**ブヂェクト
しゅさいする **主催する** shusaisuru	**patrocinar, organizar** パトロシ**ナ**ル, オルガニ**サ**ル	host, organize **ホ**ウスト, **オ**ーガナイズ

323

日	西	英
しゅざいする **取材する** shuzaisuru	**reunir datos** レウニル ダトス	gather information ギャザ インフォメイション
しゅじゅつ **手術** shujutsu	**operación** *f.* オペラシオン	operation アペレイション
〜する	**operar** オペラル	operate, perform surgery アペレイト, パフォーム サー ヂャリ
しゅしょう **主将** shushou	**capitán(-ana)** *m.f.* カピタン(-ナ)	captain キャプテン
しゅしょう **首相** shushou	**primer(-a) ministro(-a)** *m.f.* プリメル(-ラ) ミニストロ(-ラ)	prime minister プライム ミニスタ
じゅしょうしゃ **受賞者** jushousha	**premiado(-a)** *m.f.* プレミアド(-ダ)	prize winner プライズ ウィナ
じゅしょうする **受賞する** jushousuru	**recibir un premio** レシビル ウン プレミオ	win a prize ウィン ア プライズ
じゅしょうする **授賞する** jushousuru	**premiar, conceder un premio** *a* プレミアル, コンセデル ウン プレミオ	award a prize to アウォード ア プライズ トゥ
しゅしょく **主食** shushoku	**alimento básico** *m.* アリメント バシコ	staple food ステイプル フード
しゅじん **主人** （一家の主） shujin	**cabeza de familia** *m.f.* カベサ デ ファミリア	head of a family ヘド オヴ ア ファミリ
（所有者）	**dueño(-a)** *m.f.* ドゥエニョ(-ニャ)	proprietor プロプライアタ
（夫）	**marido** *m.* マリド	husband ハズバンド
じゅしん **受信** jushin	**recepción** *f.* レセプシオン	reception リセプション
〜する	**recibir** レシビル	receive リスィーヴ

日	西	英
しゅじんこう **主人公** shujinkou	**protagonista** *m.f.* プロタゴニスタ	protagonist プロウタガニスト
しゅせき **首席** shuseki	**primer puesto** *m.* プリメル プエスト	head, top of the class ヘド, タプ オヴ ザ クラス
しゅだい **主題** shudai	**tema** *m.* テマ	subject, theme サブヂェクト, スィーム
しゅだん **手段** shudan	**medios** *m.pl.*, **medidas** *f.pl.* メディオス, メディダス	means, way ミーンズ, ウェイ
しゅちょう **主張** shuchou	**reclamación** *f.*, **opinión** *f.* レクラマシオン, オピニオン	assertion, claim アサーション, クレイム
～する	**reclamar, opinar** *de* [*sobre*] レクラマル, オピナル デ [ソブレ]	assert, claim アサート, クレイム
しゅつえんする **出演する** shutsuensuru	**aparecer, actuar** アパレセル, アクトゥアル	appear on stage アピア オン ステイヂ
しゅっか **出荷** shukka	**envío** *m.* エンビオ	shipment, forwarding シプメント, フォーワディング
しゅっきんする **出勤する** shukkinsuru	**ir a trabajar** イル ア トラバハル	go to work ゴウ トゥ ワーク
しゅっけつ **出血** shukketsu	**hemorragia** *f.* エモラヒア	hemorrhage ヘモリヂ
～する	**sangrar** サングラル	bleed ブリード
しゅつげん **出現** shutsugen	**aparición** *f.* アパリシオン	appearance アピアランス
～する	**aparecer** アパレセル	appear アピア
じゅつご **述語** jutsugo	**predicado** *m.* プレディカド	predicate プレディケト

日	西	英
しゅっこくする **出国する** shukkokusuru	**salir del país** サリル デル パイス	leave a country リーヴ ア **カ**ントリ
しゅっさん **出産** shussan	**parto** *m.* パルト	birth, delivery バース, ディ**リ**ヴァリ
〜する	**parir, dar a luz** パリル, ダル ア ルス	give birth to ギヴ バース トゥ
しゅっし **出資** shusshi	**inversión** *f.* インベルシオン	investment インヴェストメント
しゅつじょう **出場** shutsujou	**participación** *f.* パルティシパシオン	participation パーティスィ**ペ**イション
〜する	**participar** *en* パルティシパル	participate in パー**ティ**スィペイト イン
しゅっしんち **出身地** shusshinchi	**lugar de nacimiento** *m.* ルガル デ ナシミ**エ**ント	home town **ホ**ウム **タ**ウン
しゅっせいりつ **出生率** shusseiritsu	**índice de natalidad** *m.* **イ**ンディセ デ ナタリ**ダ**ド	birthrate バースレイト
しゅっせき **出席** shusseki	**asistencia** *f.*, **presencia** *f.* アシス**テ**ンシア, プレ**セ**ンシア	attendance, presence ア**テ**ンダンス, プ**レ**ズンス
〜者	**asistente** *m.f.* アシス**テ**ンテ	attendee アテン**ディ**ー
〜する	**asistir** *a* アシス**ティ**ル	attend, (be) present at アテンド, (ビ) プ**レ**ズント アト
しゅっせする **出世する** shussesuru	**tener éxito profesional**, **hacer carrera** テネル **エ**クシト プロフェシオナル, ア**セ**ル カレラ	make a career メイク ア カ**リ**ア
しゅっちょう **出張** shucchou	**viaje de negocios** *m.* ビ**ア**へ デ ネ**ゴ**シオス	business trip **ビ**ズネス トリプ
しゅっぱつ **出発** shuppatsu	**salida** *f.* サ**リ**ダ	departure ディ**パー**チャ

日	西	英
～する	**salir** サリル	start, depart スタート, ディパート
しゅっぱん **出版** shuppan	**publicación** *f.* プブリカシオン	publication パブリケイション
～社	**editorial** *f.* エディトリアル	publishing company パブリシング カンパニ
～する	**publicar** プブリカル	publish, issue パブリシュ, イシュー
～物	**publicación** *f.* プブリカシオン	publication パブリケイション
しゅっぴ **出費** shuppi	**gastos** *m.pl.* ガストス	expenses イクスペンセズ
しゅつりょくする **出力する** shutsuryokusuru	**imprimir** インプリミル	output アウトプト
しゅと **首都** shuto	**capital** *f.*, **metrópoli** *f.* カピタル, メトロポリ	capital city キャピトル スィティ
しゅどうけん **主導権** shudouken	**iniciativa** *f.* イニシアティバ	initiative イニシャティヴ
じゅどうたい **受動態** judoutai	**voz pasiva** *f.* ボス パシバ	passive voice パスィヴ ヴォイス
しゅどうの **手動の** shudouno	**manual** マヌアル	hand-operated, manual ハンドアパレイテド, マニュアル
しゅとくする **取得する** shutokusuru	**obtener** オブテネル	acquire, obtain アクワイア, オブテイン
じゅなん **受難** junan	**sufrimientos** *m.pl.* スフリミエントス	sufferings サファリングズ
じゅにゅうする **授乳する** junyuusuru	**dar de mamar** ダル デ ママル	nurse, feed ナース, フィード

日	西	英
しゅにん **主任** shunin	**jefe(-a)** *m.f.* ヘフェ(-ファ)	chief, head チーフ, ヘド
しゅのう **首脳** shunou	**jefe(-a)** *m.f.*, **líder** *m.f.* ヘフェ(-ファ), リデル	head, leader ヘド, リーダ
しゅのーける **シュノーケル** shunookeru	**esnórquel** *m.* エスノルケル	snorkel スノーケル
しゅび **守備** shubi	**defensa** *f.* デフェンサ	defense, ®defence ディフェンス, ディフェンス
しゅひん **主賓** shuhin	**invitado(-a) de honor** *m.f.* インビタド(-ダ) デオノル	guest of honor ゲスト オヴ アナ
しゅふ **主婦** shufu	**ama de casa** *f.* アマ デ カサ	housewife ハウスワイフ
しゅみ **趣味** shumi	**gusto** *m.*, **afición** *f.* グスト, アフィシオン	taste, hobby テイスト, ハビ
じゅみょう **寿命** jumyou	**(duración de la) vida** *f.* (ドゥラシオン デ ラ) ビダ	life span ライフ スパン
しゅもく **種目**　(競技の) shumoku	**prueba** *f.* プルエバ	event イヴェント
(項目)	**punto** *m.*, **artículo** *m.* プント, アルティクロ	item アイテム
しゅやく **主役** shuyaku	**papel principal** *m.* パペル プリンシパル	leading part リーディング パート
しゅよう **腫瘍** shuyou	**tumor** *m.* トゥモル	tumor テューマ
じゅよう **需要** juyou	**demanda** *f.* デマンダ	demand ディマンド
しゅような **主要な** shuyouna	**principal** プリンシパル	principal, main プリンスィパル, メイン
じゅりつする **樹立する** juritsusuru	**establecer** エスタブレセル	establish イスタブリシュ

日	西	英
しゅりゅうだん **手榴弾** shuryuudan	granada de mano *f.* グラナダ デ マノ	hand grenade ハンド グリネイド
しゅりょう **狩猟** shuryou	caza *f.* カサ	hunting ハンティング
じゅりょうしょう **受領証** juryoushou	recibo *m.* レシボ	receipt リスィート
しゅりょく **主力** shuryoku	fuerza principal *f.* フエルサ プリンシパル	main force メイン フォース
しゅるい **種類** shurui	clase *f.*, especie *f.* クラセ, エスペシエ	kind, sort カインド, ソート
しゅわ **手話** shuwa	lenguaje de signos *m.* レングアヘ デ シグノス	sign language サイン ラングウィヂ
じゅわき **受話器** juwaki	auricular *m.*, receptor *m.* アウリクラル, レセプトル	receiver リスィーヴァ
じゅん **順** jun	orden *m.* オルデン	order, turn オーダ, ターン
じゅんい **順位** jun-i	clasificación *f.* クラシフィカシオン	grade, ranking グレイド, ランキング
じゅんえき **純益** jun-eki	beneficio neto *m.* ベネフィシオ ネト	net profit ネト プラフィト
しゅんかん **瞬間** shunkan	momento *m.* モメント	moment モウメント
じゅんかんする **循環する** junkansuru	circular シルクラル	circulate, rotate サーキュレイト, ロウテイト
じゅんきょうしゃ **殉教者** junkyousha	mártir *m.f.* マルティル	martyr マータ
じゅんきょうじゅ **准教授** junkyouju	profesor(-a) asociado(-a) *m.f.* プロフェソル(-ラ) アソシアド(-ダ)	associate professor アソウシエイト プロフェサ

日	西	英
じゅんきん **純金** junkin	**oro puro** *m.* オロ プロ	pure gold ピュア ゴウルド
じゅんけつ **純潔** junketsu	**pureza** *f.*, **castidad** *f.* プレサ, カスティダド	purity, chastity ピュアリティ, チャスティティ
じゅんけっしょう **準決勝** junkesshou	**semifinal** *f.* セミフィナル	semifinals セミファイナルズ
じゅんじゅんけっしょう **準々決勝** junjunkesshou	**cuartos de final** *m.pl.* クアルトス デ フィナル	quarterfinals クウォータファイナルズ
じゅんしんな **純真な** junshinna	**ingenuo(-a), inocente** インヘヌオ(-ア), イノセンテ	naive, innocent ナイーヴ, イノセント
じゅんすいな **純粋な** junsuina	**puro(-a)** プロ(-ラ)	pure, genuine ピュア, チェニュイン
じゅんちょうな **順調な** junchouna	**favorable** ファボラブレ	smooth, favorable, favourable スムーズ, フェイヴァラブル, フェイヴァラブル
じゅんのうする **順応する** junnousuru	**adaptarse** *a* アダプタルセ	adapt oneself アダプト
じゅんばん **順番** junban	**orden** *m.*, **turno** *m.* オルデン, トゥルノ	order, turn オーダ, ターン
じゅんび **準備** junbi	**preparación** *f.* プレパラシオン	preparation プレパレイション
～する	**preparar** プレパラル	prepare プリペア
しゅんぶん **春分** shunbun	**equinoccio de primavera** *m.* エキノクシオ デ プリマベラ	spring equinox スプリング イークウィナクス
じゅんれい **巡礼** junrei	**peregrinación** *f.* ペレグリナシオン	pilgrimage ピルグリミヂ
～者	**peregrino(-a)** *m.f.* ペレグリノ(-ナ)	pilgrim ピルグリム

日	西	英
じゅんろ **順路** junro	**ruta** *f.* ルタ	route ルート
しよう **使用** shiyou	**uso** *m.* ウソ	use ユース
〜料	**precio de renta** *m.*, **tarifa** *f.* プレシオ デ レンタ, タリファ	fee フィー
しよう **私用** shiyou	**asuntos privados** *m.pl.* アスントス プリバドス	private business プライヴェト ビズネス
しょう **省** shou	**ministerio** *m.* ミニステリオ	ministry ミニストリ
しょう **章** shou	**capítulo** *m.* カピトゥロ	chapter チャプタ
しょう **賞** shou	**premio** *m.* プレミオ	prize, award プライズ, アウォード
じょういん **上院** jouin	**Cámara Alta** *f.*, **Senado** *m.* カマラ アルタ, セナド	upper house, Senate アパ ハウス, セナト
じょうえいする **上映する** joueisuru	**dar (una película)**, **proyectar** ダル (ウナ ペリクラ), プロジェクタル	put on, show プト オン, ショウ
しょうえね **省エネ** shouene	**ahorro de energía** *m.* アオロ デ エネルヒア	energy conservation エナヂ コンサヴェイション
じょうえんする **上演する** jouensuru	**representar** レプレセンタル	perform パフォーム
しょうか **消化** shouka	**digestión** *f.* ディヘスティオン	digestion ディヂェスチョン
〜する	**digerir** ディヘリル	digest ダイヂェスト
しょうか **消火** shouka	**extinción de incendios** *f.* エクスティンシオン デ インセンディオス	fire fighting ファイア ファイティング

日	西	英
～器	**extintor** *m.* エクスティントル	extinguisher イクスティングウィシャ
しょうが **生姜** shouga	**jengibre** *m.* ヘンヒブレ	ginger ヂンヂャ
しょうがい **傷害** shougai	**herida** *f.* エリダ	injury インヂャリ
しょうがい **障害** shougai	**obstáculo** *m.*, **minusvalía** *f.* オブスタクロ, ミヌスバリア	obstacle アブスタクル
～物競走	**carrera de obstáculos** *f.* カレラ デ オブスタクロス	obstacle race アブスタクル レイス
しょうがい **生涯** shougai	**vida** *f.* ビダ	lifetime ライフタイム
しょうかいする **紹介する** shoukaisuru	**presentar** プレセンタル	introduce イントロデュース
しょうがくきん **奨学金** shougakukin	**beca** *f.* ベカ	scholarship スカラシプ
しょうがくせい **奨学生** shougakusei	**becario(-a)** *m.f.* ベカリオ(-ア)	scholarship stu- dent, scholar スカラシプ ステューデント, ス カラ
しょうがくせい **小学生** shougakusei	**alumno(-a) de primaria** *m.f.* アルムノ(-ナ) デ プリマリア	schoolchild スクールチャイルド
しょうがつ **正月** shougatsu	**Año Nuevo** *m.* アニョ ヌエボ	New Year ニュー イア
しょうがっこう **小学校** shougakkou	**escuela primaria** *f.* エスクエラ プリマリア	elementary school エレメンタリ スクール
じょうき **蒸気** jouki	**vapor** *m.* バポル	vapor, steam ヴェイパ, スティーム
じょうぎ **定規** jougi	**regla** *f.* レグラ	ruler ルーラ

333

日	西	英
じょうきゃく **乗客** joukyaku	**pasajero(-a)** *m.f.* パサヘロ(-ラ)	passenger パセンヂャ
じょうきゅうの **上級の** joukyuuno	**superior** スペリオル	higher, advanced ハイヤ, アドヴァンスト
しょうぎょう **商業** shougyou	**comercio** *m.* コメルシオ	commerce カマス
じょうきょう **状況** joukyou	**situación** *f.* シトゥアシオン	situation スィチュエイション
しょうきょくてきな **消極的な** shoukyokutekina	**negativo(-a), pasivo(-a)** ネガティボ(-バ), パシボ(-バ)	negative, passive ネガティヴ, パスィヴ
しょうぐん **将軍** shougun	**general** *m.* ヘネラル	general ヂェネラル
じょうけい **情景** joukei	**escena** *f.*, **vista** *f.* エスセナ, ビスタ	spectacle, sight スペクタクル, サイト
しょうげき **衝撃** shougeki	**choque** *m.* チョケ	shock, impact シャク, インパクト
じょうげする **上下する** jougesuru	**subir y bajar** スビル イ バハル	rise and fall ライズ アンド フォール
しょうけん **証券** shouken	**valores** *m.pl.*, **títulos** *m.pl.* バロレス, ティトゥロス	bond, securities バンド, スィキュアリティズ
しょうげん **証言** shougen	**testimonio** *m.* テスティモニオ	testimony テスティモウニ
～する	**atestiguar, testificar** アテスティグアル, テスティフィカル	testify テスティファイ
じょうけん **条件** jouken	**condición** *f.* コンディシオン	condition, terms コンディション, タームズ
しょうこ **証拠** shouko	**prueba** *f.* プルエバ	proof, evidence プルーフ, エヴィデンス
しょうご **正午** shougo	**mediodía** *m.* メディオディア	noon ヌーン

日	西	英
じょうこく **上告** joukoku	**apelación** *f.*, **recurso** *m.* アペラシオン, レクルソ	(final) appeal (**ファイ**ナル) ア**ピ**ール
しょうさい **詳細** shousai	**detalles** *m.pl.* デ**タ**ジェス	details ディ**テ**イルズ
じょうざい **錠剤** jouzai	**pastilla** *f.* パス**ティ**ジャ	pill, tablet **ピ**ル, **タ**ブレト
しょうさいな **詳細な** shousaina	**detallado(-a)** デタ**ジャ**ド(-ダ)	detailed ディ**テ**イルド
じょうし **上司** joushi	**superior** *m.f.*, **jefe(-a)** *m.f.* スペリ**オ**ル, **ヘ**フェ(-ファ)	superior, boss スー**ピ**アリア, **バ**ス
じょうしき **常識** joushiki	**sentido común** *m.* セン**ティ**ド コ**ム**ン	common sense **カ**モン **セ**ンス
しょうじきな **正直な** shoujikina	**honrado(-a)** オン**ラ**ド(-ダ)	honest **ア**ネスト
じょうしつの **上質の** joushitsuno	**de buena calidad** デ **ブ**エナ カリ**ダ**ド	of fine quality オヴ **ファ**イン ク**ワ**リティ
しょうしゃ **商社** shousha	**sociedad mercantil** *f.* ソシエ**ダ**ド メルカン**ティ**ル	trading company ト**レ**イディング **カ**ンパニ
じょうしゃけん **乗車券** joushaken	**billete** *m.*, Ⓐ**boleto** *m.* ビ**ジェ**テ, ボ**レ**ト	ticket **ティ**ケト
じょうしゃする **乗車する** joushasuru	**subir** *a* ス**ビ**ル	board, take, get in **ボ**ード, **テ**イク, **ゲ**ト **イ**ン
しょうしゅうする **召集する** （会議などを） shoushuusuru	**convocar** コンボ**カ**ル	convene, call コン**ヴィ**ーン, **コ**ール
（兵隊を）	**convocar, reunir** コンボ**カ**ル, レウ**ニ**ル	muster, call out **マ**スタ, **コ**ール **ア**ウト
じょうじゅん **上旬** joujun	**primeros días de mes** *m.pl.* プリ**メ**ロス **ディ**アス デ **メ**ス	first ten days of a month **ファ**ースト **テ**ン **デ**イズ オヴ ア **マ**ンス

日	西	英
しょうしょ **証書** shousho	**bono** *m.*, **escritura** *f.* ボノ，エスクリトゥラ	bond, deed バンド，ディード
しょうじょ **少女** shoujo	**muchacha** *f.*, **chica** *f.* ムチャチャ，チカ	girl ガール
しょうじょう **症状** shoujou	**síntoma** *m.* シントマ	symptom スィンプトム
しょうじょう **賞状** shoujou	**diploma de honor** *m.* ディプロマ デ オノル	certificate of merit サティフィケト オヴ メリト
じょうしょうする **上昇する** joushousuru	**subir** スビル	rise, go up ライズ，ゴウ アプ
しょうじる **生じる** shoujiru	**ocurrir** オクリル	happen, take place ハプン，テイク プレイス
しょうしんする **昇進する** shoushinsuru	**(ser) ascendido(-a)** (セル) アセンディド(-ダ)	(be) promoted (ビ) プロモウテド
しょうすう **小数** shousuu	**decimal** *m.* デシマル	decimal デスィマル
しょうすう **少数** shousuu	**minoría** *f.* ミノリア	minority ミノーリティ
じょうずな **上手な** jouzuna	**bueno(-a)** ブエノ(-ナ)	skillful スキルフル
しようする **使用する** shiyousuru	**usar** ウサル	use ユーズ
じょうせい **情勢** jousei	**situación** *f.* シトゥアシオン	situation スィチュエイション
しょうせつ **小説** shousetsu	**novela** *f.* ノベラ	novel ナヴェル
〜家	**novelista** *m.f.* ノベリスタ	novelist ナヴェリスト

日	西	英
常設の jousetsuno	permanente ペルマネンテ	standing, permanent スタンディング, パーマネント
肖像 shouzou	retrato *m.* レトラト	portrait ポートレイト
醸造 jouzou	vinificación *f.*, fermentación *f.* ビニフィカシオン, フェルメンタシオン	brewing ブルーイング
消息 shousoku	noticia *f.* ノティシア	news ニュース
招待 shoutai	invitación *f.* インビタシオン	invitation インヴィテイション
～する	invitar インビタル	invite インヴァイト
状態 joutai	estado *m.*, situación *f.* エスタド, シトゥアシオン	state, situation ステイト, スィチュエイション
承諾する shoudakusuru	acceder *a*, consentir アクセデル, コンセンティル	consent, accept コンセント, アクセプト
上達する joutatsusuru	progresar プログレサル	make progress, improve メイク プラグレス, インプルーヴ
商談 shoudan	conversaciones comerciales *f.pl.* コンベルサシオネス コメルシアレス	business talk ビズネス トーク
冗談 joudan	broma *f.* ブロマ	joke, jest ヂョウク, ヂェスト
承知する shouchisuru	consentir コンセンティル	agree, consent アグリー, コンセント
焼酎 shouchuu	shochu *m.*, aguardiente *m.* ショチュ, アグアルディエンテ	shochu, spirits ショウチュウ, スピリツ
小腸 shouchou	intestino delgado *m.* インテスティノ デルガド	small intestine スモール インテスティン

日	西	英
しょうちょう **象徴** shouchou	**símbolo** *m.* シンボロ	symbol スィンボル
〜する	**simbolizar** シンボリサル	symbolize スィンボライズ
しょうてん **焦点** shouten	**foco** *m.* フォコ	focus フォウカス
しょうどうてきな **衝動的な** shoudoutekina	**impulsivo(-*a*)** インプルシボ(-バ)	impulsive インパルスィヴ
じょうとうの **上等の** joutouno	**bueno(-*a*), superior** ブエノ(-ナ), スペリオル	good, superior グド, スーピアリア
しょうどく **消毒** shoudoku	**desinfección** *f.* デシンフェクシオン	disinfection ディスインフェクション
〜する	**desinfectar** デシンフェクタル	disinfect ディスインフェクト
〜薬	**desinfectante** *m.* デシンフェクタンテ	disinfectant ディスインフェクタント
じょうとする **譲渡する** joutosuru	**transferir** トランスフェリル	transfer トランスファ
しょうとつする **衝突する** shoutotsusuru	**chocar** *con* チョカル	collide with コライド ウィズ
しょうにか **小児科** shounika	**pediatría** *f.* ペディアトリア	pediatrics ピーディアトリクス
〜医	**pediatra** *m.f.* ペディアトラ	pediatrician ピーディアトリシャン
しょうにん **商人** shounin	**comerciante** *m.f.* コメルシアンテ	merchant マーチャント
しょうにん **証人** shounin	**testigo** *m.f.* テスティゴ	witness ウィトネス
しようにん **使用人** shiyounin	**empleado(-*a*)** *m.f.* エンプレアド(-ダ)	employee インプロイイー

日	西	英
しょうにんする **承認する** shouninsuru	**aprobar** アプロバル	approve アプルーヴ
じょうにんの **常任の** jouninno	**regular** レグラル	standing, regular スタンディング, レギュラ
じょうねつ **情熱** jounetsu	**pasión** *f.* パシオン	passion パション
しょうねん **少年** shounen	**muchacho** *m.*, **chico** *m.* ムチャチョ, チコ	boy ボイ
じょうば **乗馬** jouba	**equitación** *f.* エキタシオン	(horse) riding (ホース) ライディング
しょうはい **勝敗** shouhai	**victoria** *f.* **o derrota** *f.* ビクトリア オ デロタ	victory or defeat ヴィクトリ オ ディフィート
しょうばい **商売** shoubai	**negocio** *m.* ネゴシオ	trade, business トレイド, ビズネス
じょうはつする **蒸発する** jouhatsusuru	**evaporarse** エバポラルセ	evaporate イヴァポレイト
じょうはんしん **上半身** jouhanshin	**torso** *m.* トルソ	upper half of body アパ ハフ オヴ バディ
しょうひ **消費** shouhi	**consumo** *m.* コンスモ	consumption コンサンプション
～者	**consumidor(-a)** *m.f.* コンスミドル(-ラ)	consumer コンシューマ
～する	**consumir, gastar** コンスミル, ガスタル	consume, spend コンシューム, スペンド
～税	**impuesto de consumo** *m.*, **Impuesto sobre el Valor Añadido** *m.* インプエスト デ コンスモ, インプエスト ソブレ エル バロル アニャディド	consumption tax コンサンプション タクス
しょうひょう **商標** shouhyou	**marca (registrada)** *f.* マルカ (レヒストラダ)	trademark, brand トレイドマーク, ブランド

日	西	英
しょうひん **商品** shouhin	**mercancía** *f.* メルカンシア	commodity, goods コマディティ, グッズ
しょうひん **賞品** shouhin	**premio** *m.* プレミオ	prize プライズ
じょうひんな **上品な** jouhinna	**elegante, refinado(-a)** エレガンテ, レフィナド(-ダ)	elegant, refined エリガント, リファインド
しょうぶ **勝負** shoubu	**partido** *m.* パルティド	game, match ゲイム, マチ
～する	**competir** コンペティル	contest, fight コンテスト, ファイト
じょうぶな **丈夫な** joubuna	**fuerte, robusto(-a)** フエルテ, ロブスト(-タ)	strong, robust ストロング, ロウバスト
しょうほう **商法** shouhou	**derecho mercantil** *m.* デレチョ メルカンティル	commercial law, ⒷCommercial code コマーシャル ロー, コマーシャル コウド
しょうぼう **消防** shoubou	**lucha contra incendios** *f.* ルチャ コントラ インセンディオス	fire fighting ファイア ファイティング
～士	**bombero(-a)** *m.f.* ボンベロ(-ラ)	fire fighter ファイア ファイタ
～車	**coche de bomberos** *m.* コチェ デ ボンベロス	fire engine ファイア エンヂン
～署	**cuartel de bomberos** *m.* クアルテル デ ボンベロス	fire station ファイア ステイション
じょうほう **情報** jouhou	**información** *f.* インフォルマシオン	information インフォメイション
じょうほする **譲歩する** jouhosuru	**ceder** セデル	concede コンスィード
しょうみの **正味の** shoumino	**neto(-a)** ネト(-タ)	net ネト

日	西	英
じょうみゃく **静脈** joumyaku	**vena** *f.* ベナ	vein ヴェイン
じょうむいん **乗務員** joumuin	**tripulante** *m.f.* トリプランテ	crew member クルー メンバ
しょうめい **照明** shoumei	**iluminación** *f.* イルミナシオン	illumination イルーミネイション
しょうめい **証明** shoumei	**prueba** *f.* プルエバ	proof, evidence プルーフ, エヴィデンス
～書	**certificado** *m.* セルティフィカド	certificate サティフィケト
～する	**probar, verificar** プロバル, ベリフィカル	prove, verify プルーヴ, ヴェリファイ
しょうめん **正面** shoumen	**frente** *m.* フレンテ	front フラント
じょうやく **条約** jouyaku	**tratado** *m.*, **pacto** *m.* トラタド, パクト	treaty, pact トリーティ, パクト
しょうゆ **醤油** shouyu	**salsa de soja** *f.* サルサ デ ソハ	soy sauce ソイ ソース
しょうよ **賞与** shouyo	**bonificación** *f.* ボニフィカシオン	bonus ボウナス
じょうようする **常用する** jouyousuru	**usar habitualmente** ウサル アビトゥアルメンテ	use habitually ユーズ ハビチュアリ
しょうらい **将来** shourai	**futuro** *m.* フトゥロ	future フューチャ
しょうり **勝利** shouri	**victoria** *f.* ビクトリア	victory ヴィクトリ
じょうりく **上陸** jouriku	**desembarco** *m.* デセンバルコ	landing ランディング

日	西	英
しょうりつ **勝率** shouritsu	**porcentaje de victorias** *m.* ポルセン**タ**へ デビク**ト**リアス	winning percentage **ウィ**ニング パセン**ティ**ヂ
しょうりゃくする **省略する** shouryakusuru	**omitir, abreviar** オミ**ティ**ル, アプレ**ビ**アル	omit, abridge オウ**ミ**ト, アブ**リ**ヂ
じょうりゅう **上流** jouryuu	**curso superior (de un río)** *m.* **ク**ルソ スペ**リ**オル (デ ウン **リ**オ)	upstream, Ⓑupper stream **ア**プストリーム, **ア**パ ストリーム
じょうりゅう **蒸留** jouryuu	**destilación** *f.* デスティラ**シ**オン	distillation ディスティ**レ**イション
～酒	**aguardiente** *m.*, **licor** *m.* アグアルディ**エ**ンテ, リ**コ**ル	distilled liquor ディス**ティ**ルド **リ**カ
しょうりょうの **少量の** shouryouno	**un poco** *de* ウン **ポ**コ	(a) little (ア) **リ**トル
じょうれい **条例** jourei	**ordenanza** *f.*, **reglamento** *m.* オルデ**ナ**ンサ, レグラ**メ**ント	regulations, rules レギュ**レ**イションズ, **ル**ールズ
しょうれいする **奨励する** shoureisuru	**fomentar** フォメン**タ**ル	encourage イン**カ**ーリヂ
じょうれん **常連** jouren	**cliente(-a) habitual** *m.f.* クリ**エ**ンテ(-タ) アビトゥ**ア**ル	regular **レ**ギュラ
しょー **ショー** shoo	**espectáculo** *m.* エスペク**タ**クロ	show **シ**ョウ
じょおう **女王** joou	**reina** *f.* **レ**イナ	queen ク**ウィ**ーン
しょーういんどー **ショーウインドー** shoouindoo	**escaparate** *m.* エスカパ**ラ**テ	display window ディスプ**レ**イ **ウィ**ンドウ
しょーつ **ショーツ** shootsu	**bragas** *f.pl.* ブ**ラ**ガス	shorts **シ**ョーツ
しょーとぱんつ **ショートパンツ** shootopantsu	**pantalones cortos** *m.pl.* パンタ**ロ**ネス **コ**ルトス	short pants, shorts **シ**ョート **パ**ンツ, **シ**ョーツ

日	西	英
しょーる **ショール** shooru	**chal** *m.* チャル	shawl ショール
しょか **初夏** shoka	**comienzo del verano** *m.* コミエンソ デル ベラノ	early summer アーリ サマ
じょがいする **除外する** jogaisuru	**excluir** エクスクルイル	exclude, except イクスクルード, イクセプト
しょがくしゃ **初学者** shogakusha	**principiante** *m.f.* プリンシピアンテ	beginner ビギナ
しょき **初期** shoki	**fase inicial** *f.* ファセ イニシアル	initial stage イニシャル ステイヂ
しょき **書記** shoki	**secretario(-a)** *m.f.* セクレタリオ(-ア)	clerk, secretary クラーク, セクレテリ
しょきゅう **初級** shokyuu	**clase elemental** *f.* クラセ エレメンタル	beginners' class ビギナズ クラス
じょきょ **除去** jokyo	**eliminación** *f.* エリミナシオン	removal リムーヴァル
～する	**eliminar** エリミナル	remove, eliminate リムーヴ, イリミネイト
じょぎんぐ **ジョギング** jogingu	**footing** *m.* フティン	jogging チャギング
しょく **職** shoku	**empleo** *m.*, **trabajo** *m.* エンプレオ, トラバホ	job, work, position チャプ, ワーク, ポズィション
しょくいん **職員** shokuin	**personal** *m.* ペルソナル	staff スタフ
しょくぎょう **職業** shokugyou	**ocupación** *f.* オクパシオン	occupation アキュペイション
しょくご **食後** shokugo	**después de la comida** デスプエス デ ラ コミダ	after a meal アフタ ア ミール
しょくじ **食事** shokuji	**comida** *f.* コミダ	meal ミール

343

日	西	英
しょくぜん **食前** shokuzen	**antes de la comida** アンテス デ ラ コミダ	before a meal ビフォア ミール
しょくちゅうどく **食中毒** shokuchuudoku	**intoxicación alimentaria** *f.* イントクシカシオン アリメンタリア	food poisoning フード ポイズニング
しょくつう **食通** shokutsuu	**gourmet** *m.f.* グルメ	gourmet グアメイ
しょくどう **食堂** shokudou	**taberna** *f.*, **casa de comidas** *f.* タベルナ, カサ デ コミダス	restaurant レストラント
～車	**vagón restaurante** *m.* バゴン レスタウランテ	dining car ダイニング カー
しょくどう **食道** shokudou	**esófago** *m.* エソファゴ	esophagus, gullet イサファガス, ガレット
しょくにん **職人** shokunin	**artesano(-a)** *m.f.* アルテサノ(-ナ)	workman, artisan ワークマン, アーティザン
しょくば **職場** shokuba	**lugar de trabajo** *m.*, **oficina** *f.* ルガル デ トラバホ, オフィシナ	place of work プレイス オヴ ワーク
しょくひ **食費** shokuhi	**gastos de comida** *m.pl.* ガストス デ コミダ	food expenses フード イクスペンセズ
しょくひん **食品** shokuhin	**alimento** *m.* アリメント	food フード
～添加物	**aditivo alimenticio** *m.* アディティボ アリメンティシオ	food additives フード アディティヴズ
しょくぶつ **植物** shokubutsu	**planta** *f.*, **vegetación** *f.* プランタ, ベヘタシオン	plant, vegetation プラント, ヴェヂテイション
～園	**jardín botánico** *m.* ハルディン ボタニコ	botanical garden ボタニカル ガードン
しょくみんち **植民地** shokuminchi	**colonia** *f.* コロニア	colony カロニ

日	西	英
しょくむ **職務** shokumu	obligación *f.* オブリガシオン	duty, work デューティ, ワーク
しょくもつ **食物** shokumotsu	comida *f.*, alimento *m.* コミダ, アリメント	food フード
しょくようの **食用の** shokuyouno	comestible コメスティブレ	edible エディブル
しょくよく **食欲** shokuyoku	apetito *m.* アペティト	appetite アペタイト
しょくりょう **食糧** shokuryou	alimentos *m.pl.* アリメントス	food, provisions フード, プロヴィジョンズ
しょくりょうひんてん **食料品店** shokuryouhinten	tienda de comestibles *f.* ティエンダ デ コメスティブレス	grocery, ⒷGreengrocer's グロウサリ, グリーングロウサズ
じょげん **助言** jogen	consejo *m.* コンセホ	advice, counsel アドヴァイス, カウンスル
～する	aconsejar アコンセハル	advise, counsel アドヴァイズ, カウンスル
じょこうする **徐行する** jokousuru	ir despacio イル デスパシオ	go slow ゴウ スロウ
しょざいち **所在地** shozaichi	domicilio *m.* ドミシリオ	location ロウケイション
しょしき **書式** shoshiki	fórmula *f.*, formato *m.* フォルムラ, フォルマト	form, format フォーム, フォーマット
じょしゅ **助手** joshu	ayudante *m.f.* アジュダンテ	assistant アスィスタント
しょじょ **処女** shojo	virgen *f.* ビルヘン	virgin, maiden ヴァーヂン, メイドン
じょじょに **徐々に** jojoni	gradualmente グラドゥアルメンテ	gradually, slowly グラデュアリ, スロウリ

日	西	英
しょしんしゃ **初心者** shoshinsha	**principiante** *m.f.* プリンシピアンテ	beginner ビギナ
じょすう **序数** josuu	**número ordinal** *m.* ヌメロ オルディナル	ordinal オーディナル
じょせい **女性** josei	**mujer** *f.*, **dama** *f.* ムヘル, ダマ	woman, lady ウマン, レイディ
じょそう **助走** josou	**carrerilla** *f.* カレリジャ	run up ラン アプ
しょぞくする **所属する** shozokusuru	**pertenecer** *a* ペルテネセル	belong to ビローング トゥ
しょたい **所帯** shotai	**hogar** *m.* オガル	household, family ハウスホウルド, ファミリ
じょたいする **除隊する** jotaisuru	**quedar libre del servicio militar** ケダル リブレ デル セルビシオ ミリタル	(be) discharged from military service (ビ) ディスチャーデド フラム ミリテリ サーヴィス
しょたいめん **初対面** shotaimen	**primer encuentro** *m.* プリメル エンクエントロ	first meeting ファースト ミーティング
しょち (治療) **処置** shochi	**tratamiento** *m.* トラタミエント	treatment トリートメント
(措置・対策)	**medida** *f.* メディダ	disposition, measure ディスポズィション, メジャ
～する (治療する)	**tratar** トラタル	treat トリート
(処理する)	**tomar medidas** トマル メディダス	take measure, administer テイク メジャ, アドミニスタ
しょちょう **所長** shochou	**jefe(-a)** *m.f.*, **director(-a)** *m.f.* ヘフェ(-ファ), ディレクトル(-ラ)	head, director ヘド, ディレクタ
しょちょう **署長** shochou	**jefe(-a)** *m.f.* ヘフェ(-ファ)	head ヘド

日	西	英
しょっかく 触覚 shokkaku	**tacto** *m.* タクト	sense of touch センス オヴ タチ
しょっき 食器 shokki	**vajilla** *f.* バヒジャ	tableware テイブルウェア
～洗い機	**lavaplatos** *m.* ラバプラトス	dishwasher ディシュウォシャ
～棚	**aparador** *m.* アパラドル	cupboard カバド
じょっき ジョッキ jokki	**jarro** *m.* ハロ	jug, mug ヂャグ, マグ
しょっく ショック shokku	**choque** *m.* チョケ	shock シャク
しょっぱい しょっぱい shoppai	**salado(-*a*)** サラド(-ダ)	salty ソールティ
しょてん 書店 shoten	**librería** *f.* リブレリア	bookstore ブクストー
しょとうきょういく 初等教育 shotoukyouiku	**enseñanza primaria** *f.* エンセニャンサ プリマリア	elementary educa- tion エレメンタリ エデュケイション
しょとく 所得 shotoku	**ingresos** *m.pl.* イングレソス	income インカム
～税	**impuesto sobre la renta** *m.* インプエスト ソブレ ラ レンタ	income tax インカム タクス
しょばつする 処罰する shobatsusuru	**castigar** カスティガル	punish バニシュ
じょばん 序盤 joban	**principio** *m.*, **primera fase** *f.* プリンシピオ, プリメラ ファセ	early stage アーリ ステイヂ
しょひょう 書評 shohyou	**reseña** *f.* レセニャ	book review ブク リヴュー

日	西	英
しょぶん **処分** shobun	**eliminación** *f.* エリミナシオン	disposal ディスポウザル
～する	**desechar, deshacerse** *de* デセチャル, デサセルセ	dispose of ディスポウズ オヴ
じょぶん **序文** jobun	**prólogo** *m.* プロロゴ	preface プレファス
しょほ **初歩** shoho	**rudimentos** *m.pl.* ルディメントス	rudiments ルーディメンツ
しょほうせん **処方箋** shohousen	**receta** *f.* レセタ	prescription プリスクリプション
しょみんてきな **庶民的な** shomintekina	**popular** ポプラル	popular パピュラ
しょめい **署名** shomei	**firma** *f.* フィルマ	signature スィグナチャ
～する	**firmar** フィルマル	sign サイン
じょめいする **除名する** jomeisuru	**expulsar** エクスプルサル	strike off a list ストライク オフ ア リスト
しょゆう **所有** shoyuu	**posesión** *f.* ポセシオン	possession, owner- ship ポゼション, オウナシプ
～権	**propiedad** *f.* プロピエダド	ownership, title オウナシプ, タイトル
～者	**dueño(-a)** *m.f.*, **posee- dor(-a)** *m.f.* ドゥエニョ(-ニャ), ポセエドル(-ラ)	owner, proprietor オウナ, プロプライアタ
～する	**poseer** ポセエル	have, possess, own ハヴ, ポゼス, オウン
じょゆう **女優** joyuu	**actriz** *f.* アクトリス	actress アクトレス

日	西	英
しょり **処理** shori	**procesamiento** *m.* プロセサミエント	disposition ディスポズィション
〜する	**resolver, tratar** レソルベル, トラタル	dispose of, treat ディスポウズ オヴ, トリート
じょりょく **助力** joryoku	**ayuda** *f.* アジュダ	help, aid ヘルプ, エイド
しょるい **書類** shorui	**documentos** *m.pl.*, **pape- les** *m.pl.* ドクメントス, パペレス	documents, papers ダキュメンツ, ペイパズ
しょるだーばっぐ **ショルダーバッグ** shorudaabaggu	**bolso** *m.* ボルソ	shoulder bag ショウルダ バグ
じらい **地雷** jirai	**mina** *f.* ミナ	(land) mine (ランド) マイン
しらが **白髪** shiraga	**cana** *f.* カナ	gray hair グレイ ヘア
しらけさせる **白けさせる** shirakesaseru	**aguar** アグアル	chill チル
しらじらしい **白々しい** shirajirashii	**transparente** トランスパレンテ	transparent トランスペアレント
しらせ **知らせ** （案内） shirase	**aviso** *m.*, **información** *f.* アビソ, インフォルマシオン	notice, informa- tion ノウティス, インフォメイション
（前兆）	**augurio** *m.* アウグリオ	omen, sign オウメン, サイン
しらせる **知らせる** shiraseru	**hacer saber, comunicar** アセル サベル, コムニカル	inform, tell, report インフォーム, テル, リポート
しらばくれる **しらばくれる** shirabakureru	**hacerse el sueco [la sue- ca], fingir ignorancia** アセルセ エル スエコ [ラ スエカ], フィンヒル イグノランシア	feign ignorance フェイン イグノランス
しらふ **しらふ** shirafu	**sobriedad** *f.* ソブリエダド	soberness ソウバネス

日	西	英
しらべる **調べる** shiraberu	**examinar** エクサミナル	examine, check up イグザミン, チェク アプ
しらみ **虱** shirami	**piojo** *m.* ピオホ	louse ラウス
しり **尻** shiri	**caderas** *f.pl.*, **nalgas** *f.pl.* カデラス, ナルガス	buttocks, behind バトクス, ビハインド
しりあ **シリア** shiria	**Siria** *f.* シリア	Syria スィリア
しりあい **知り合い** shiriai	**conocido(-a)** *m.f.* コノシド(-ダ)	acquaintance アクウェインタンス
しりあう **知り合う** shiriau	**conocerse** コノセルセ	get to know ゲト トゥ ノウ
しりある **シリアル** shiriaru	**cereales** *m.pl.* セレアレス	cereal スィアリアル
しりーず **シリーズ** shiriizu	**serie** *f.* セリエ	series スィリーズ
しりこん **シリコン** shirikon	**silicio** *m.* シリシオ	silicon スィリコン
しりぞく **退く** shirizoku	**retroceder** レトロセデル	retreat, go back リトリート, ゴウ バク
しりぞける **退ける**（下がらせる） shirizokeru	**rechazar** レチャサル	drive back ドライヴ バク
（受け入れない）	**rechazar** レチャサル	reject, refuse リヂェクト, レフューズ
じりつ **自立** jiritsu	**independencia** *f.* インデペンデンシア	independence インディペンデンス
〜する	**hacerse independiente** アセルセ インデペンディエンテ	(become) independent (ビカム) インディペンデント

日	西	英
しりつの **市立の** shiritsuno	**municipal** ムニシパル	municipal ミューニスィパル
しりつの **私立の** shiritsuno	**privado(-a)** プリバド(-ダ)	private プライヴェト
しりゅう **支流** shiryuu	**afluente** *m.* アフルエンテ	tributary, branch トリビュテリ, ブランチ
しりょ **思慮** shiryo	**pensamiento** *m.*, **consi-** **deración** *f.* ペンサミエント, コンシデラシオン	consideration, dis- cretion コンスィダレイション, ディス クレション
～深い	**prudente** プルデンテ	prudent プルーデント
しりょう **資料** shiryou	**materiales** *m.pl.*, **datos** *m.pl.* マテリアレス, ダトス	materials, data マティアリアルズ, デイタ
しりょく **視力** shiryoku	**visión** *f.* ビシオン	sight, vision サイト, ヴィジョン
じりょく **磁力** jiryoku	**magnetismo** *m.* マグネティスモ	magnetism マグネティズム
しる **知る**　　(学ぶ) shiru	**aprender** アプレンデル	learn ラーン
(気づく)	**darse cuenta** *de* ダルセ クエンタ	(be) aware of (ビ) アウェア オヴ
(認識する・理解する)	**saber** サベル	know ノウ
しるく **シルク** shiruku	**seda** *f.* セダ	silk スィルク
しるし **印** shirushi	**señal** *f.* セニャル	mark, sign マーク, サイン
しるす **記す** shirusu	**poner por escrito** ポネル ポル エスクリト	write down ライト ダウン

日	西	英
しれい **司令** shirei	**mandato** *m.* マンダト	command コマンド
〜官	**comandante** *m.* コマンダンテ	commander コマンダ
〜塔 （チームの中心選手）	**organizador(-a)** *m.f.* オルガニサドル(-ラ)	playmaker プレイメイカ
〜部	**cuartel general** *m.* クアルテル ヘネラル	headquarters ヘドクウォータズ
じれい **辞令** jirei	**nombramiento (por es- crito)** *m.* ノンブラミエント (ポル エスクリト)	written appoint- ment リトン アポイントメント
しれわたる **知れ渡る** shirewataru	**difundirse, saberlo todo el mundo** ディフンディルセ, サベルロ トド エル ムンド	(be) known to all (ビ) ノウントゥ オール
しれん **試練** shiren	**prueba** *f.* プルエバ	trial, ordeal トライアル, オーディール
じれんま **ジレンマ** jirenma	**dilema** *m.* ディレマ	dilemma ディレマ
しろ **城** shiro	**castillo** *m.* カスティジョ	castle **キャ**スル
しろ **白** shiro	**blanco** *m.* ブランコ	white (ホ)**ワ**イト
しろうと **素人** shirouto	**aficionado(-a)** *m.f.* アフィシオナド(-ダ)	amateur **ア**マチャ
しろっぷ **シロップ** shiroppu	**jarabe** *m.* ハラベ	syrup **ス**ィラプ
しろわいん **白ワイン** shirowain	**vino blanco** *m.* ビノ ブランコ	white wine (ホ)**ワ**イト **ワ**イン
しわ **しわ** （皮膚の） shiwa	**arruga** *f.* アルガ	wrinkles リンクルズ

日	西	英
(物の)	**arruga** *f.*, **pliegue** *m.* アルガ, プリエゲ	creases クリーゼズ
しわける **仕分ける** shiwakeru	**clasificar** クラシフィカル	classify, sort クラスィファイ, ソート
しわざ **仕業** shiwaza	**obra** *f.* オブラ	act, deed アクト, ディード
しん **芯** (鉛筆の) shin	**mina (de lápiz)** *f.* ミナ (デ ラピス)	pencil lead ペンスル リード
しんい **真意** shin-i	**verdadera intención** *f.* ベルダデラ インテンシオン	real intention リーアル インテンション
じんいてきな **人為的な** jin-itekina	**artificial** アルティフィシアル	artificial アーティフィシャル
じんいん **人員** jin-in	**personal** *m.* ペルソナル	staff スタフ
しんか **進化** shinka	**evolución** *f.* エボルシオン	evolution エヴォルーション
しんがいする **侵害する** shingaisuru	**infringir** インフリンヒル	infringe インフリンヂ
じんかく **人格** jinkaku	**carácter** *m.*, **personalidad** *f.* カラクテル, ペルソナリダド	personality, individuality パーソナリティ, インディヴィデュアリティ
しんがくする **進学する** shingakusuru	**ingresar en** イングレサル	academic advancement アカデミク アドヴァンスメント
しんかする **進化する** shinkasuru	**evolucionar** エボルシオナル	evolve イヴァルヴ
しんがた **新型** shingata	**nuevo modelo** *m.* ヌエボ モデロ	new model ニュー マドル
しんがっき **新学期** shingakki	**nuevo período escolar** *m.* ヌエボ ペリオド エスコラル	new school term ニュー スクール ターム

日	西	英
シンガポール shingapooru	**Singapur** *m.* シンガプル	Singapore スィンガポ
しんかん 新刊 shinkan	**nueva publicación** *f.* ヌエバ ブブリカスィオン	new publication ニュー パブリケイション
しんぎ 審議 shingi	**discusión** *f.*, **debate** *m.* ディスクスィオン, デバテ	discussion, deliberation ディスカション, ディリバレイション
〜する	**discutir** ディスクティル	discuss ディスカス
しんきの 新規の shinkino	**nuevo(-a)** ヌエボ(-バ)	new, fresh ニュー, フレシュ
しんきょう 心境 shinkyou	**estado mental** *m.* エスタド メンタル	frame of mind フレイム オヴ マインド
しんきろう 蜃気楼 shinkirou	**espejismo** *m.* エスペヒスモ	mirage ミラージュ
しんきろく 新記録 shinkiroku	**nuevo récord** *m.* ヌエボ レコルド	new record ニュー レコド
しんきんかん 親近感 shinkinkan	**simpatía** *f.* シンパティア	affinity アフィニティ
しんぐ 寝具 shingu	**ropa de cama** *f.* ロパ デ カマ	bedding ベディング
しんくう 真空 shinkuu	**vacío** *m.* バスィオ	vacuum ヴァキュアム
じんくす ジンクス jinkusu	**mal [buen] augurio** *m.* マル [ブエン] アウグリオ	jinx ヂンクス
しんくたんく シンクタンク shinkutanku	**think tank** *m.*, **laboratorio de ideas** *m.* シンク タンク, ラボラトリオ デ イデアス	think tank スィンク タンク
しんぐるす シングルス shingurusu	**individuales** *m.pl.* インディビドゥアレス	singles スィングルズ

日	西	英
しんぐるるーむ **シングルルーム** shingururuumu	**habitación individual** *f.* アビタシオン インディビドゥアル	single room **スィングル (ルーム)**
しんくろないずどすいみんぐ **シンクロナイズド** **スイミング** shinkuronaizudosui mingu	**natación sincronizada** *f.* ナタシオン シンクロニサダ	synchronized swimming **スィンクラナイズド スウィミン** **グ**
しんけい **神経** shinkei	**nervio** *m.* ネルビオ	nerve **ナーヴ**
〜痛	**neuralgia** *f.* ネウラルヒア	neuralgia **ニュアラルヂャ**
しんげつ **新月** shingetsu	**luna nueva** *f.* ルナ ヌエバ	new moon **ニュー ムーン**
しんげん **震源** shingen	**hipocentro** *m.* イポセントロ	seismic center, hy- pocenter **サイズミク センタ, ハイポセン** **タ**
じんけん **人権** jinken	**derechos humanos** *m.pl.* デレチョス ウマノス	human rights **ヒューマン ライツ**
しんけんな **真剣な** shinkenna	**serio(-a)** セリオ(-ア)	serious, earnest **スィアリアス, アーネスト**
じんけんひ **人件費** jinkenhi	**gastos de personal** *m.pl.* ガストス デ ペルソナル	personnel expens- es **パーソネル イクスペンセズ**
しんこう **信仰** shinkou	**fe** *f.*, **creencia** *f.* フェ, クレエンシア	faith, belief **フェイス, ビリーフ**
〜する	**creer** *en* クレエル	believe in **ビリーヴ イン**
しんこう **進行** shinkou	**avance** *m.*, **progreso** *m.* アバンセ, プログレソ	progress **プラグレス**
〜する	**avanzar** アバンサル	progress, advance **プラグレス, アドヴァンス**
しんごう **信号** shingou	**semáforo** *m.* セマフォロ	signal **スィグナル**

日	西	英
じんこう **人口** jinkou	**población** *f.* ポブラシオン	population パピュレイション
じんこうえいせい **人工衛星** jinkoueisei	**satélite artificial** *m.* サテリテ アルティフィシアル	artificial satellite アーティフィシャル サテライト
じんこうこきゅう **人工呼吸** jinkoukokyuu	**respiración artificial** *f.* レスピラシオン アルティフィシアル	artificial respiration アーティフィシャル レスピレイション
じんこうてきな **人工的な** jinkoutekina	**artificial** アルティフィシアル	artificial アーティフィシャル
しんこきゅう **深呼吸** shinkokyuu	**respiración profunda** *f.* レスピラシオン プロフンダ	deep breathing ディープ ブリーズィング
しんこく **申告** shinkoku	**declaración** *f.* デクララシオン	report リポート
～する	**declarar** デクララル	report, declare リポート, ディクレア
しんこくな **深刻な** shinkokuna	**grave** グラベ	serious, grave スィアリアス, グレイヴ
しんこん **新婚** shinkon	**recién casados** *m.pl.* レシエン カサドス	newlyweds ニューリウェッヅ
～旅行	**luna de miel** *f.* ルナ デ ミエル	honeymoon ハニムーン
しんさ **審査** shinsa	**inspección** *f.*, **examen** *m.* インスペクシオン, エクサメン	inspection, examination インスペクション, イグザミネイション
しんさい **震災** shinsai	**terremoto catastrófico** *m.* テレモト カタストロフィコ	earthquake, disaster アースクウェイク, ディザスタ
じんざい **人材** jinzai	**persona capacitada** *f.* ペルソナ カパシタダ	talented person タレンテド パースン
しんさつ **診察** shinsatsu	**examen médico** *m.* エクサメン メディコ	medical examination メディカル イグザミネイション

日	西	英
～室	**sala de consulta** *f.* サラ デ コンスルタ	consulting room コンサルティング ルーム
～する	**examinar** エクサミナル	examine イグザミン
しんし 紳士 shinshi	**caballero** *m.* カバジェロ	gentleman チェントルマン
じんじ 人事 jinji	**administración de personal** *f.* アドミニストラシオン デ ペルソナル	personnel matters パーソネル マタズ
しんじけーと シンジケート shinjikeeto	**sindicato** *m.* シンディカト	syndicate スィンディケト
しんしつ 寝室 shinshitsu	**dormitorio** *m.* ドルミトリオ	bedroom ベドルーム
しんじつ 真実 shinjitsu	**verdad** *f.* ベルダド	truth トルース
～の	**verdadero(-a)** ベルダデロ(- ラ)	true, real トルー, リーアル
しんじゃ 信者 shinja	**creyente** *m.f.* クレジェンテ	believer ビリーヴァ
じんじゃ 神社 jinja	**santuario sintoísta** *m.* サントゥアリオ シントイスタ	Shinto shrine シントウ シュライン
しんじゅ 真珠 shinju	**perla** *f.* ペルラ	pearl パール
じんしゅ 人種 jinshu	**raza** *f.* ラサ	race レイス
～差別	**discriminación racial** *f.* ディスクリミナシオン ラシアル	racial discrimination レイシャル ディスクリミネイション
しんしゅつ 進出 shinshutsu	**avance** *m.* アバンセ	advancement, foray アドヴァンスメント, フォーレイ

日	西	英
〜する	**avanzar** アバンサル	advance アド**ヴァ**ンス
しんじょう 信条 shinjou	**credo** *m.*, **principio** *m.* クレド, プリン**シ**ピオ	belief, principle ビ**リ**ーフ, プリン**スィ**プル
しんしょくする 侵食する shinshokusuru	**erosionar** エロシオナル	erode イ**ロ**ウド
しんじる 信じる shinjiru	**creer** クレ**エ**ル	believe ビ**リ**ーヴ
（信頼する）	**confiar** *en* コンフィ**ア**ル	trust ト**ラ**スト
しんじん 新人 shinjin	**novato(-a)** *m.f.*, **nueva estrella** *f.* ノ**バ**ト(-タ), ヌ**エ**バ エスト**レ**ジャ	new face **ニュー フェ**イス
しんすいする 浸水する shinsuisuru	**anegarse** アネ**ガ**ルセ	(be) flooded (ビ) フ**ラ**デド
じんせい 人生 jinsei	**vida** *f.* **ビ**ダ	life **ラ**イフ
しんせいじ 新生児 shinseiji	**niño(-a) recién naci- do(-a)** *m.f.* ニ**ニョ**(-ニャ) レシ**エ**ン ナ**シ**ド(-ダ)	newborn baby **ニューボ**ーン **ベ**イビ
しんせいする 申請する shinseisuru	**solicitar** ソリシ**タ**ル	apply for アプ**ラ**イ フォ
しんせいな 神聖な shinseina	**santo(-a)**, **sagrado(-a)** **サ**ント(-タ), サグ**ラ**ド(-ダ)	holy, sacred **ホ**ウリ, **セ**イクレド
しんせさいざー シンセサイザー shinsesaizaa	**sintetizador** *m.* シンテティサ**ド**ル	synthesizer **ス**ィンセサイザ
しんせつな 親切な shinsetsuna	**amable** ア**マ**ブレ	kind **カ**インド
しんぜん 親善 shinzen	**amistad** *f.* アミス**タ**ド	friendship フ**レ**ンドシプ

日	西	英
しんせんな **新鮮な** shinsenna	**fresco(-a)** フレスコ(・カ)	fresh, new フレシュ, ニュー
しんそう **真相** shinsou	**verdad** f. ベルダド	truth トルース
しんぞう **心臓** shinzou	**corazón** m. コラソン	heart ハート
〜病	**enfermedad cardíaca** f. エンフェルメダド カルディアカ	heart disease ハート ディズィーズ
〜発作	**ataque cardíaco** m. アタケ カルディアコ	heart attack ハート アタク
〜麻痺	**paro cardíaco** m. パロ カルディアコ	heart failure ハート フェイリャ
じんぞう **腎臓** jinzou	**riñón** m. リニョン	kidney キドニ
しんぞく **親族** shinzoku	**pariente** m.f. パリエンテ	relative レラティヴ
じんそくな **迅速な** jinsokuna	**rápido(-a)** ラピド(・ダ)	rapid, prompt ラピド, プランプト
じんたい **人体** jintai	**cuerpo humano** m. クエルポ ウマノ	human body ヒューマン バディ
しんたいしょうがいしゃ **身体障がい者** shintaishougaisha	**minusválido(-a)** m.f. ミヌスバリド(・ダ)	disabled (person) ディセイブルド (パースン)
しんたいそう **新体操** shintaisou	**gimnasia rítmica** f. ヒムナシア リトミカ	rhythmic gymnastics リズミク ヂムナスティクス
しんたく **信託** shintaku	**depósito** m., **fideicomiso** m. デポシト, フィデイコミソ	trust トラスト
しんだん **診断** shindan	**diagnóstico** m. ディアグノスティコ	diagnosis ダイアグノウスィス

日	西	英
～書	**certificado médico** *m.* セルティフィカド メディコ	medical certificate メディカル サティフィケト
じんち **陣地** jinchi	**posición** *f.* ポシシオン	(military) position (ミリタリ) ポズィション
しんちゅう **真鍮** shinchuu	**latón** *m.* ラトン	brass ブラス
しんちょう **身長** shinchou	**altura** *f.* アルトゥラ	stature スタチャ
しんちょうな **慎重な** shinchouna	**cauteloso(-a), prudente** カウテロソ(-サ), プルデンテ	cautious, prudent コーシャス, プルーデント
しんちんたいしゃ **新陳代謝** shinchintaisha	**metabolismo** *m.* メタボリスモ	metabolism メタボリズム
しんつう **心痛** shintsuu	**preocupación** *f.*, **angustia** *f.* プレオクパシオン, アングスティア	anguish アングウィシュ
じんつう **陣痛** jintsuu	**dolores del parto** *m.pl.* ドロレス デル パルト	labor (pains) レイバ (ペインズ)
しんてん **進展** shinten	**evolución** *f.*, **desarrollo** *m.* エボルシオン, デサロジョ	development, progress ディヴェロプメント, プラグレス
～する	**desarrollarse, progresar** デサロジャルセ, プログレサル	develop, progress ディヴェロプ, プラグレス
しんでん **神殿** shinden	**santuario** *m.* サントゥアリオ	shrine シュライン
しんでんず **心電図** shindenzu	**electrocardiograma** *m.* エレクトロカルディオグラマ	electrocardiogram イレクトロウカーディオグラム
しんど **震度** shindo	**intensidad sísmica** *f.* インテンシダド シスミカ	seismic intensity サイズミク インテンスィティ
しんとう **神道** shintou	**sintoísmo** *m.* シントイスモ	Shinto シントウ

日	西	英
しんどう **振動** shindou	**vibración** *f.* ビブラシオン	vibration ヴァイブレイション
～する	**vibrar** ビブラル	vibrate **ヴァ**イブレイト
じんどう **人道** jindou	**humanidad** *f.* ウマニ**ダ**ド	humanity ヒュー**マ**ニティ
～主義	**humanitarismo** *m.* ウマニタ**リ**スモ	humanitarianism ヒューマニ**テ**アリアニズム
～的な	**humanitario(-*a*), humano(-*a*)** ウマニ**タ**リオ(-ア), ウマノ(-ナ)	humane ヒュー**メ**イン
しんどろーむ **シンドローム** shindoroomu	**síndrome** *m.* **シ**ンドロメ	syndrome **ス**ィンドロウム
しんなー **シンナー** shinnaa	**disolvente** *m.*, **diluyente** *m.* ディソル**ベ**ンテ, ディル**ジェ**ンテ	(paint) thinner (ペイント) **ス**ィナ
しんにゅう **侵入** shinnyuu	**invasión** *f.* インバシ**オ**ン	invasion イン**ヴェ**イジョン
～する	**invadir** インバ**ディ**ル	invade イン**ヴェ**イド
しんにゅうせい **新入生** shinnyuusei	**estudiante nuevo(-*a*)** *m.f.* エストゥディ**ア**ンテ ヌ**エ**ボ(-バ)	new student **ニュ**ー ス**テュ**ーデント
しんにん **信任** shinnin	**confianza** *f.* コンフィ**ア**ンサ	confidence **カ**ンフィデンス
～投票	**voto de confianza** *m.* **ボ**ト デ コンフィ**ア**ンサ	vote of confidence **ヴォ**ウト オヴ **カ**ンフィデンス
しんねん **新年** shinnen	**nuevo año** *m.* ヌ**エ**ボ **ア**ニョ	new year **ニュ**ー **イ**ヤ
しんぱい **心配** shinpai	**ansiedad** *f.*, **preocupación** *f.* アンシエ**ダ**ド, プレオクパシ**オ**ン	anxiety, worry アング**ザ**イエティ, **ワ**ーリ

日	西	英
～する	**preocuparse** *por* プレオクパルセ	(be) anxious about (ビ) **ア**ンクシャス ア**バ**ウト
しんばる **シンバル** shinbaru	**címbalo** *m.*, **platillos** *m.pl.* **シ**ンバロ, プラ**ティ**ジョス	cymbals ス**イ**ンバルズ
しんぱん **審判** (判断・判定) shinpan	**juicio** *m.* フ**イ**シオ	judgment **チャ**デメント
(人)	**árbitro(-a)** *m.f.* **ア**ルビトロ(-ラ)	umpire, referee **ア**ンパイア, レフェ**リ**ー
しんぴてきな **神秘的な** shinpitekina	**misterioso(-a)** ミステリ**オ**ソ(-サ)	mysterious ミス**ティ**アリアス
しんぴょうせい **信憑性** shinpyousei	**autenticidad** *f.* アウテンティシ**ダ**ド	authenticity オーセン**ティ**スィティ
しんぴん **新品** shinpin	**nuevo artículo** *m.* ヌ**エ**ボ アル**ティ**クロ	new article **ニュー ア**ーティクル
しんぷ **新婦** shinpu	**novia** *f.* **ノ**ビア	bride ブ**ラ**イド
しんぷ **神父** shinpu	**padre** *m.*, **sacerdote** *m.* **パ**ドレ, サセル**ド**テ	father **ファ**ーザ
じんぶつ **人物** jinbutsu	**persona** *f.*, **ser humano** *m.* ペル**ソ**ナ, セル ウ**マ**ノ	person **パ**ースン
(性格・人柄)	**carácter** *m.*, **personalidad** *f.* カ**ラ**クテル, ペルソナリ**ダ**ド	character, personality **キャ**ラクタ, パーソ**ナ**リティ
しんぶん **新聞** shinbun	**periódico** *m.*, **prensa** *f.* ペリ**オ**ディコ, プ**レ**ンサ	newspaper, (the) press **ニュ**ーズペイパ, (ザ) プ**レ**ス
～記者	**periodista** *m.f.*, **reportero(-a)** *m.f.* ペリオ**ディ**スタ, レポル**テ**ロ(-ラ)	reporter, Ⓑpressman リ**ポ**ータ, プ**レ**スマン
～社	**editora del periódico** *f.* エディ**ト**ラ デル ペリ**オ**ディコ	newspaper publishing company **ニュ**ーズペイパ パブリシング **カ**ンパニ

日	西	英
じんぶんかがく **人文科学** jinbunkagaku	**humanidades** *f.pl.* ウマニダデス	humanities ヒューマニティズ
しんぽ **進歩** shinpo	**progreso** *m.*, **avance** *m.* プログレソ, アバンセ	progress, advance プラグレス, アドヴァンス
〜する	**hacer progresos, avanzar** アセル プログレソス, アパンサル	make progress, advance メイク プラグレス, アドヴァンス
〜的な	**avanzado(-a), progresista** アバンサド(-ダ), プログレシスタ	advanced, progressive アドヴァンスト, プログレスィヴ
じんぼう **人望** jinbou	**popularidad** *f.* ポプラリダド	popularity パピュラリティ
しんぽうしゃ **信奉者** shinpousha	**devoto(-a)** *m.f.*, **fiel** *m.f.* デボト(-タ), フィエル	believer, follower ビリーヴァ, ファロウア
しんぼうする **辛抱する** shinbousuru	**aguantar** アグアンタル	endure, bear インデュア, ベア
しんぼく **親睦** shinboku	**amistad** *f.* アミスタド	friendship フレンドシプ
しんぽじうむ **シンポジウム** shinpojiumu	**simposio** *m.* シンポシオ	symposium スィンポウズィアム
しんぼる **シンボル** shinboru	**símbolo** *m.* シンボロ	symbol スィンボル
しんまい **新米** shinmai	**arroz nuevo** *m.* アロス ヌエボ	new rice ニュー ライス
(初心者)	**novato(-a)** *m.f.*, **principiante** *m.f.* ノバト(-タ), プリンシピアンテ	novice, newcomer ナヴィス, ニューカマ
じんましん **じんましん** jinmashin	**urticaria** *f.* ウルティカリア	nettle rash, hives ネトル ラシュ, ハイヴズ
しんみつな **親密な** shinmitsuna	**íntimo(-a)** インティモ(-マ)	close, intimate クロウス, インティメト

363

日	西	英
じんみゃく **人脈** jinmyaku	**contactos** *m.pl.* コン**タ**クトス	connections コ**ネ**クションズ
じんめい **人名** jinmei	**nombre de persona** *m.* **ノ**ンブレ デ ペル**ソ**ナ	name of a person **ネ**イム オヴァ **パ**ースン
じんもん **尋問** jinmon	**interrogatorio** *m.* インテロガ**ト**リオ	interrogation インテロ**ゲ**イション
しんや **深夜** shin-ya	**medianoche** *f.* メディア**ノ**チェ	midnight **ミ**ドナイト
しんやくせいしょ **新約聖書** shin-yakuseisho	**Nuevo Testamento** *m.* ヌ**エ**ボ テスタ**メ**ント	New Testament ニュー **テ**スタメント
しんゆう **親友** shin-yuu	**amigo(-*a*) íntimo(-*a*)** *m.f.* ア**ミ**ゴ(-ガ) **イ**ンティモ(-マ)	close friend ク**ロ**ウス フレンド
しんよう **信用** shin-you	**confianza** *f.* コンフィ**ア**ンサ	reliance, trust リ**ラ**イアンス, ト**ラ**スト
～する	**confiar** *en* コンフィ**ア**ル	trust, believe in ト**ラ**スト, ビ**リ**ーヴ イン
しんようじゅ **針葉樹** shin-youju	**conífera** *f.* コ**ニ**フェラ	conifer **カ**ニファ
しんらいする **信頼する** shinraisuru	**confiar** *en* コンフィ**ア**ル	trust, rely ト**ラ**スト, リ**ラ**イ
しんらつな **辛辣な** shinratsuna	**riguroso(-*a*), mordaz** リグ**ロ**ソ(-サ), モル**ダ**ス	biting **バ**イティング
しんり **心理** shinri	**psicología** *f.*, **estado mental** *m.* シコロ**ヒ**ア, エス**タ**ド メン**タ**ル	mental state **メ**ンタル ス**テ**イト
～学	**psicología** *f.* シコロ**ヒ**ア	psychology サイ**カ**ロディ
～学者	**(p)sicólogo(-*a*)** *m.f.* シ**コ**ロゴ(-ガ)	psychologist サイ**カ**ロデスト

日	西	英
しんりゃく **侵略** shinryaku	**invasión** *f.* インバシオン	invasion インヴェイジョン
〜する	**invadir** インバディル	invade, raid インヴェイド, レイド
しんりょうじょ **診療所** shinryoujo	**clínica** *f.* クリニカ	clinic クリニク
しんりん **森林** shinrin	**bosque** *m.* ボスケ	forest, woods フォーレスト, ウヅ
しんるい **親類** shinrui	**pariente** *m.f.* パリエンテ	relative レラティヴ
じんるい **人類** jinrui	**especie humana** *f.* エスペシエ ウマナ	mankind マンカインド
〜学	**antropología** *f.* アントロポロヒア	anthropology アンスロパロヂ
しんろ **進路** shinro	**camino** *m.*, **paso** *m.* カミノ, パソ	course, way コース, ウェイ
しんろう **新郎** shinrou	**novio** *m.* ノビオ	bridegroom ブライドグルーム
しんわ **神話** shinwa	**mito** *m.* ミト	myth, mythology ミス, ミサロヂ

す, ス

日	西	英
す **巣** su	(蜘蛛の) **telaraña** *f.* テララニャ	cobweb カブウェブ
	(鳥・昆虫の) **nido** *m.* ニド	nest ネスト
	(蜂の) **panal** *m.*, **colmena** *f.* パナル, コルメナ	beehive ビーハイヴ
す **酢** su	**vinagre** *m.* ビナグレ	vinegar ヴィニガ

日	西	英
ず **図** zu	**figura** *f.* フィグラ	picture, figure ピクチャ, フィギャ
ずあん **図案** zuan	**diseño** *m.* ディセニョ	design, sketch ディザイン, スケチ
すいい **推移** suii	**cambio** *m.* カンビオ	change チェインヂ
すいい **水位** suii	**nivel de agua** *m.* ニベル デ アグア	water level ウォータ レヴル
すいーとぴー **スイートピー** suiitopii	**guisante de olor** *m.* ギサンテ デ オロル	sweet pea スウィート ピー
すいえい **水泳** suiei	**natación** *f.* ナタシオン	swimming スウィミング
すいおん **水温** suion	**temperatura del agua** *f.* テンペラトゥラ デル アグア	water temperature ウォータ テンパラチャ
すいか **西瓜** suika	**sandía** *f.* サンディア	watermelon ウォータメロン
すいがい **水害** suigai	**inundación** *f.* イヌンダシオン	flood, flood disas- ter フラド, フラド ディザスタ
すいぎん **水銀** suigin	**mercurio** *m.* メルクリオ	mercury マーキュリ
すいさいが **水彩画** suisaiga	**acuarela** *f.* アクアレラ	watercolor ウォータカラ
すいさんぎょう **水産業** suisangyou	**industria pesquera** *f.* インドゥストリア ペスケラ	fisheries フィシャリズ
すいさんぶつ **水産物** suisanbutsu	**productos marítimos** *m.pl.* プロドゥクトス マリティモス	marine products マリーン プラダクツ
すいしつ **水質** suishitsu	**calidad del agua** *f.* カリダド デル アグア	water quality ウォータ クワリティ

日	西	英
すいしゃ **水車** suisha	**noria** f., **molino de agua** m. ノリア, モリノ デ アグア	water mill ウォータ ミル
すいじゃくする **衰弱する** suijakusuru	**debilitarse** デビリタルセ	grow weak グロウ ウィーク
すいじゅん **水準** suijun	**nivel** m. ニベル	level, standard レヴル, スタンダド
すいしょう **水晶** suishou	**cristal** m. クリスタル	crystal クリスタル
すいじょうき **水蒸気** suijouki	**vapor** m. バポル	steam スティーム
すいしんする **推進する** suishinsuru	**impulsar** インプルサル	drive forward ドライヴ フォーワド
すいす **スイス** suisu	**Suiza** f. スイサ	Switzerland スウィツァランド
すいせい **水星** suisei	**Mercurio** m. メルクリオ	Mercury マーキュリ
すいせん **推薦** suisen	**recomendación** f. レコメンダシオン	recommendation レコメンデイション
～する	**recomendar** レコメンダル	recommend レコメンド
すいせん **水仙** suisen	**narciso** m. ナルシソ	narcissus, daffodil ナースィサス, ダフォディル
すいそ **水素** suiso	**hidrógeno** m. イドロヘノ	hydrogen ハイドロヂェン
すいそう **水槽** suisou	**cisterna** f. システルナ	water tank, cistern ウォータ タンク, スィスタン
（熱帯魚などの）	**acuario** m. アクアリオ	aquarium アクウェアリアム

日	西	英
すいぞう **膵臓** suizou	**páncreas** *m.* パンクレアス	pancreas パンクリアス
すいそうがく **吹奏楽** suisougaku	**música de viento** *f.* ムシカ デ ビエント	wind music ウィンド ミューズィク
すいそく **推測** suisoku	**conjetura** *f.* コンヘ**トゥ**ラ	guess, conjecture ゲス, コン**チェ**クチャ
〜する	**hacer una suposición** アセル ウナ スポシシオン	guess, conjecture ゲス, コン**チェ**クチャ
すいぞくかん **水族館** suizokukan	**acuario** *m.* アク**ア**リオ	aquarium アク**ウェ**アリアム
すいたいする **衰退する** suitaisuru	**decaer, declinar** デカ**エ**ル, デクリ**ナ**ル	decline ディク**ラ**イン
すいちょくな **垂直な** suichokuna	**vertical** ベルティカル	vertical **ヴァー**ティカル
すいっち **スイッチ** suicchi	**interruptor** *m.* インテルプ**ト**ル	switch ス**ウィ**チ
すいていする **推定する** suiteisuru	**presumir** プレス**ミ**ル	presume プリ**ジュ**ーム
すいでん **水田** suiden	**arrozal** *m.* アロ**サ**ル	rice paddy ライス パディ
すいとう **水筒** suitou	**cantimplora** *f.* カンティンプ**ロ**ラ	water bottle, canteen **ウォ**ータ バトル, キャン**ティー**ン
すいどう **水道** suidou	**sistema de abastecimiento de agua** *m.* シス**テ**マ デ アバステシミ**エ**ント デ **ア**グア	water service **ウォ**ータ **サー**ヴィス
すいはんき **炊飯器** suihanki	**olla arrocera** *f.* **オ**ジャ アロ**セ**ラ	rice cooker ライス ク**カ**
ずいひつ **随筆** zuihitsu	**ensayo** *m.* エン**サ**ジョ	essay **エ**セイ

日	西	英
〜家	**ensayista** *m.f.* エンサジスタ	essayist エセイイスト
すいぶん **水分** suibun	**agua** *f.*, **humedad** *f.* アグア, ウメダド	water, moisture ウォータ, モイスチャ
ずいぶん **随分** zuibun	**bastante, muy** バスタンテ, ムイ	fairly, extremely フェアリ, イクストリームリ
すいへいせん **水平線** suiheisen	**horizonte** *m.* オリソンテ	horizon ホライズン
すいへいの **水平の** suiheino	**horizontal** オリソンタル	level, horizontal レヴル, ホーリザントル
すいみん **睡眠** suimin	**sueño** *m.* スエニョ	sleep スリープ
〜薬	**somnífero** *m.* ソムニフェロ	sleeping drug スリーピング ドラグ
すいめん **水面** suimen	**superficie del agua** *f.* スペルフィシエ デル アグア	surface of the water サーフェス オヴ ザ ウォータ
すいようび **水曜日** suiyoubi	**miércoles** *m.* ミエルコレス	Wednesday ウェンズデイ
すいり **推理** suiri	**razonamiento** *m.* ラソナミエント	reasoning, inference リーズニング, インファレンス
〜小説	**novela policíaca** *f.* ノベラ ポリシアカ	detective story ディテクティヴ ストーリ
〜する	**razonar, deducir** ラソナル, デドゥシル	reason, infer リーズン, インファー
すいれん **睡蓮** suiren	**nenúfar** *m.* ネヌファル	water lily ウォタ リリ
すう **吸う** （液体を） suu	**sorber, chupar** ソルベル, チュパル	sip, suck スィプ, サク

日	西	英
（煙草を）	**fumar** フマル	smoke スモウク
（息を）	**respirar, aspirar** レスピラル, アスピラル	breathe in, inhale ブリーズ イン, インヘイル
すうぇーでん **スウェーデン** suweeden	**Suecia** *f.* スエシア	Sweden スウィードン
すうがく **数学** suugaku	**matemáticas** *f.pl.* マテマティカス	mathematics マセマティクス
すうこうな **崇高な** suukouna	**sublime** スブリメ	sublime サブライム
すうじ **数字** suuji	**número** *m.*, **cifra** *f.* ヌメロ, シフラ	figure, numeral フィギャ, ニューメラル
すうしき **数式** suushiki	**fórmula** *f.*, **expresión** *f.* フォルムラ, エクスプレシオン	formula, expression フォーミュラ, イクスプレション
ずうずうしい **図々しい** zuuzuushii	**descarado(-a), audaz** デスカラド(-ダ), アウダス	impudent, audacious インピュデント, オーデイシャス
すーつ **スーツ** suutsu	**traje** *m.* トラヘ	suit スート
すーつけーす **スーツケース** suutsukeesu	**maleta** *f.* マレタ	suitcase スートケイス
すうにん **数人** suunin	**varias personas** *f.pl.* バリアス ペルソナス	several people セヴラル ピープル
すうねん **数年** suunen	**varios años** *m.pl.* バリオス アニョス	several years セヴラル イアズ
すーぱーまーけっと **スーパーマーケット** suupaamaaketto	**supermercado** *m.* スペルメルカド	supermarket スーパマーケト
すうはいする **崇拝する** suuhaisuru	**adorar** アドラル	worship, adore ワーシプ, アドー

日	西	英
すーぷ **スープ** suupu	**sopa** *f.* ソパ	soup スープ
すえーど **スエード** sueedo	**ante** *m.* アンテ	suede スウェイド
すえっこ **末っ子** suekko	**el [la] menor** *m.f.*, **benja-** **mín(-ina)** *m.f.* エル [ラ] メノル, ベンハミン(-ナ)	youngest child ヤンゲスト チャイルド
すえる **据える** sueru	**colocar** コロカル	place, lay, set プレイス, レイ, セト
すかーと **スカート** sukaato	**falda** *f.* ファルダ	skirt スカート
すかーふ **スカーフ** sukaafu	**bufanda** *f.* ブファンダ	scarf スカーフ
ずがいこつ **頭蓋骨** zugaikotsu	**cráneo** *m.* クラネオ	skull スカル
すかいだいびんぐ **スカイダイビング** sukaidaibingu	**paracaidismo** *m.* パラカイディスモ	skydiving スカイダイヴィング
すかうと **スカウト** sukauto	**cazatalentos** *m.f.* カサタレントス	scout スカウト
すがお **素顔** sugao	**rostro sin maquillaje** *m.* ロストロ シン マキジャヘ	face without makeup フェイス ウィザウト メイカプ
すがすがしい **清々しい** sugasugashii	**refrescante** レフレスカンテ	refreshing, fresh リフレシング, フレシュ
すがた **姿** sugata	**figura** *f.* フィグラ	figure, shape フィギャ, シェイプ
ずかん **図鑑** zukan	**libro ilustrado** *m.* リブロ イルストラド	illustrated book イラストレイテド ブク
すぎ **杉** sugi	**cedro japonés** *m.* セドロ ハポネス	Japanese cedar チャパニーズ スィーダ

日	西	英
すきー **スキー** sukii	**esquí** *m.* エスキ	skiing, ski スキーイング，スキー
すききらい **好き嫌い** sukikirai	**gustos** *m.pl.* **y antipatías** *f.pl.* グストス イ アンティパティアス	likes and dislikes ライクス アンド ディスライクス
すきとおった **透き通った** sukitootta	**transparente** トランスパレンテ	transparent, clear トランスペアレント，クリア
すきな **好きな** sukina	**favorito(-a)** ファボリト(-タ)	favorite, Ⓑfavourite フェイヴァリト，フェイヴァリト
すきま **透き間** sukima	**abertura** *f.* アベルトゥラ	opening, gap オウプニング，ギャプ
すきむみるく **スキムミルク** sukimumiruku	**leche desnatada** *f.* レチェ デスナタダ	skim milk スキム ミルク
すきゃなー **スキャナー** sukyanaa	**escáner** *m.* エスカネル	scanner スキャナ
すきゃんだる **スキャンダル** sukyandaru	**escándalo** *m.* エスカンダロ	scandal スキャンダル
すきゅーばだいびんぐ **スキューバダイビング** sukyuubadaibingu	**submarinismo** *m.* スプマリニスモ	scuba diving スキューバ ダイヴィング
すぎる **過ぎる**　（期限が） sugiru	**expirar** エクスピラル	(be) out, expire (ビ) アウト，イクスパイア
（更に先へ）	**pasar** パサル	pass, go past パス，ゴウ パスト
（時が）	**transcurrir** トランスクリル	pass, elapse パス，イラプス
（数量などが）	**exceder** エクスセデル	(be) over, exceed (ビ) オウヴァ，イクスィード
（程度を）	**ir demasiado lejos, exceder** イル デマシアド レホス，エクスセデル	go too far ゴウ トゥー ファー

日	西	英
すきんしっぷ **スキンシップ** sukinshippu	**contacto físico** *m.* コンタクト フィシコ	physical contact フィズィカル カンタクト
すきんだいびんぐ **スキンダイビング** sukindaibingu	**buceo** *m.* ブセオ	skin diving スキン ダイヴィング
すく **空く** (人が) suku	**quedarse libre** ケダルセ リブレ	(become) less crowded (ビカム) レス クラウデド
(手が)	**(estar) libre** (エスタル) リブレ	(be) free (ビ) フリー
(腹が)	**tener hambre** テネル アンブレ	feel hungry フィール ハングリ
すくう **掬う** sukuu	**sacar** *con* サカル	scoop, ladle スクープ, レイドル
すくう **救う** sukuu	**salvar** サルバル	rescue, save レスキュー, セイヴ
すくーたー **スクーター** sukuutaa	**escúter** *m.* エスクテル	scooter スクータ
すくない **少ない** sukunai	**poco(-a)** ポコ(-カ)	few, little フュー, リトル
すくなくとも **少なくとも** sukunakutomo	**por lo menos** ポル ロ メノス	at least アト リースト
すぐに **直ぐに** suguni	**en seguida** エン セギダ	at once, immedi- ately アト ワンス, イミーディエトリ
すくむ **すくむ** sukumu	**encogerse** エンコヘルセ	cower, cringe カウア, クリンヂ
すくらんぶるえっぐ **スクランブルエッグ** sukuranburueggu	**huevos revueltos** *m.pl.* ウエボス レブエルトス	scrambled eggs スクランブルド エグズ
すくりーん **スクリーン** sukuriin	**pantalla** *f.* パンタジャ	screen スクリーン

日	西	英
すくりゅー **スクリュー** sukuryuu	**hélice** *f.* エリセ	screw スクルー
すぐれた **優れた** sugureta	**excelente** エクセレンテ	excellent, fine エクセレント, ファイン
すぐれる **優れる** sugureru	**(ser) mejor** *que* (セル) メホル	(be) better, (be) superior to (ビ) ベタ, (ビ) スピアリア トゥ
すくろーる **スクロール** sukurooru	**desplazamiento** *m.* デスプラサミエント	scroll スクロウル
ずけい **図形** zukei	**figura** *f.* フィグラ	figure, diagram フィギャ, ダイアグラム
すけーと **スケート** sukeeto	**patinaje** *m.* パティナヘ	skating スケイティング
〜靴	**patines** *m.pl.* パティネス	skates スケイツ
すけーる **スケール** (規模) sukeeru	**escala** *f.* エスカラ	scale スケイル
(尺度)	**medida** *f.* メディダ	scale スケイル
すけじゅーる **スケジュール** sukejuuru	**programa** *m.* プログラマ	schedule スケデュル
すけっち **スケッチ** sukecchi	**esbozo** *m.* エスボソ	sketch スケチ
すける **透ける** sukeru	**(ser) transparente** (セル) トランスパレンテ	(be) transparent (ビ) トランスペアレント
すこあ **スコア** sukoa	**tanteo** *m.* タンテオ	score スコー
〜ボード	**marcador** *m.* マルカドル	scoreboard スコーボード

日	西	英
すごい **すごい** sugoi	**maravilloso(-a)** マラビジョソ(-サ)	wonderful, great ワンダフル，グレイト
すこし **少し** sukoshi	**un poco** ウン ポコ	a few, a little ア フュー，ア リトル
すごす **過ごす** sugosu	**pasar** パサル	pass, spend パス，スペンド
すこっぷ **スコップ** sukoppu	**pala** *f.* パラ	scoop, shovel スクープ，シャヴル
すこやかな **健やかな** sukoyakana	**sano(-a)** サノ(-ナ)	healthy ヘルスィ
すさまじい **すさまじい** susamajii	**terrible, espantoso(-a)** テリブレ，エスパントソ(-サ)	dreadful, terrible ドレドフル，テリブル
ずさんな **杜撰な** zusanna	**descuidado(-a)** デスクイダド(-ダ)	careless, slipshod ケアレス，スリプシャド
すじ **筋** suji	**línea** *f.* リネア	line ライン
（物事の道理）	**razón** *f.*, **lógica** *f.* ラソン，ロヒカ	reason, logic リーズン，ラヂク
（話のあらすじ）	**intriga** *f.*, **trama** *f.* イントリガ，トラマ	plot プラト
すじょう **素性** sujou	**nacimiento** *m.*, **origen** *m.* ナシミエント，オリヘン	birth, origin バース，オーリヂン
すず **錫** suzu	**estaño** *m.* エスタニョ	tin ティン
すず **鈴** suzu	**cascabel** *m.* カスカベル	bell ベル
すすぐ **すすぐ** susugu	**enjuagar** エンフアガル	rinse リンス
すずしい **涼しい** suzushii	**fresco(-a)** フレスコ(-カ)	cool クール

日	西	英
すすむ **進む** susumu	**avanzar** アバンサル	go forward ゴウ フォーワド
（物事が）	**progresar** プログレサル	progress プラグレス
すずむ **涼む** suzumu	**tomar el fresco** トマル エル フレスコ	enjoy the cool air インチョイ ザ クール エア
すずめ **雀** suzume	**gorrión** *m.* ゴリオン	sparrow スパロウ
すすめる **勧める** susumeru	**aconsejar** アコンセハル	advise アドヴァイズ
すすめる **進める** susumeru	**adelantar, seguir adelan- te** アデランタル，セギル アデランテ	advance, push on アドヴァンス，プシュ オン
すすめる **薦める** susumeru	**recomendar** レコメンダル	recommend レコメンド
すずらん **鈴蘭** suzuran	**lirio de los valles** *m.* リリオ デ ロス バジェス	lily of the valley リリ オヴ ザ ヴァリ
すする **啜る** susuru	**beber a sorbitos** ベベル ア ソルビトス	sip, slurp スィプ，スラープ
（鼻水を）	**sorber por la nariz** ソルベル ポル ラ ナリス	sniff スニフ
すそ **裾** suso	**bajos** *m.pl.* バホス	skirt, train スカート，トレイン
すたー **スター** sutaa	**estrella** *f.* エストレジャ	star スター
すたーと **スタート** sutaato	**salida** *f.* サリダ	start スタート
〜ライン	**línea de salida** *f.* リネア デ サリダ	starting line スターティング ライン

日	西	英
すたいる **スタイル** sutairu	**figura** *f.* フィグラ	figure **フィ**ギャ
（様式・やり方）	**estilo** *m.* エス**ティ**ロ	style ス**タ**イル
すたじあむ **スタジアム** sutajiamu	**estadio** *m.* エス**タ**ディオ	stadium ス**テ**イディアム
すたじお **スタジオ** sutajio	**estudio** *m.* エス**トゥ**ディオ	studio ス**テュー**ディオウ
すたっふ **スタッフ** sutaffu	**personal** *m.* ペルソ**ナ**ル	staff ス**タ**フ
すたれる **廃れる** sutareru	**caer en desuso** カ**エ**ル エン デ**ス**ソ	go out of use **ゴ**ウ **ア**ウト オヴ **ユー**ス
すたんど **スタンド** **（観覧席）** sutando	**tribuna** *f.* トリ**ブ**ナ	grandstand **グ**ランドスタンド
（照明器具）	**flexo** *m.,* **lámpara de es- critorio** *f.* フ**レ**クソ，**ラ**ンパラ デ エスクリ**ト**リオ	desk lamp **デ**スク **ラ**ンプ
すたんぷ **スタンプ** sutanpu	**sello** *m.,* Ⓐ**estampilla** *f.* **セ**ジョ，エスタン**ピ**ジャ	stamp, postmark ス**タ**ンプ，**ポ**ウストマーク
すちーむ **スチーム** suchiimu	**vapor** *m.* バ**ポ**ル	steam ス**ティー**ム
ずつう **頭痛** zutsuu	**dolor de cabeza** *m.* ド**ロ**ル デ カ**ベ**サ	headache **ヘ**デイク
すっかり **すっかり** sukkari	**completamente** コンプレタ**メ**ンテ	all, entirely **オー**ル，イン**タ**イアリ
すづけ **酢漬け** suzuke	**encurtidos** *m.pl.* エンクル**ティ**ドス	pickling **ピ**クリング
すっぱい **酸っぱい** suppai	**agrio(-a), ácido(-a)** **ア**グリオ(-ア)，**ア**シド(-ダ)	sour, acid **サ**ウア，**ア**スィド

日	西	英
すてーじ **ステージ** suteeji	**escenario** *m.* エスセナリオ	stage ステイヂ
すてきな **素敵な** sutekina	**magnífico(-a)** マグニフィコ(-カ)	great, fine グレイト, **ファ**イン
すてっぷ **ステップ** suteppu	**paso** *m.* パソ	step ステプ
すでに **既に** sudeni	**ya** ジャ	already オール**レ**ディ
すてる **捨てる** suteru	**tirar,** Ⓐ**botar** ティラル, ボタル	throw away, dump スロウ アウェイ, ダンプ
すてれお **ステレオ** sutereo	**estéreo** *m.* エステレオ	stereo ステイアリオウ
すてんどぐらす **ステンドグラス** sutendogurasu	**vidriera** *f.* ビドリエラ	stained glass ステインド グ**ラ**ス
すとーかー **ストーカー** sutookaa	**acosador(-a)** *m.f.* アコサドル(-ラ)	stalker ストーカ
すとーぶ **ストーブ** sutoobu	**calefactor** *m.*, **estufa** *f.* カレファクトル, エストゥファ	heater, stove ヒータ, ストウヴ
すとーりー **ストーリー** sutoorii	**argumento** *m.* アルグメント	story ストーリ
すとーる **ストール** sutooru	**estola** *f.* エストラ	stole ストウル
すとっきんぐ **ストッキング** sutokkingu	**medias** *f.pl.* メディアス	stockings スタキングズ
すとっく **ストック**（スキーの） sutokku	**bastón de esquí** *m.* バストン デ エスキ	ski pole スキー ポウル
すとっぷうぉっち **ストップウォッチ** sutoppuwocchi	**cronómetro** *m.* クロノメトロ	stopwatch スタプワチ
すとらいき **ストライキ** sutoraiki	**huelga** *f.* ウエルガ	strike ストライク

日	西	英
すとらいぷ **ストライプ** sutoraipu	**rayas** *f.pl.* ラジャス	stripes ストライプス
すとれす **ストレス** sutoresu	**estrés** *m.* エストレス	stress ストレス
すとれっち **ストレッチ** sutorecchi	**estiramiento** *m.* エスティラミエント	stretch ストレチ
すとろー **ストロー** sutoroo	**paja** *f.* パハ	straw ストロー
すとろーく **ストローク** sutorooku	**brazada** *f.* ブラサダ	stroke ストロウク
すな **砂** suna	**arena** *f.* アレナ	sand サンド
すなおな **素直な** sunaona	**dócil, obediente** ドシル, オベディエンテ	docile, obedient ダスィル, オビーディエント
すなっぷ **スナップ** sunappu	**broche** *m.*, **cierre** *m.* ブロチェ, シエレ	snap スナプ
すなわち **すなわち** sunawachi	**es decir** エス デシル	namely, that is ネイムリ, ザト イズ
すにーかー **スニーカー** suniikaa	**zapatillas de deporte** *f.pl.* サパティジャス デ デポルテ	sneakers, Ⓑtrain-ers スニーカズ, トレイナズ
すね **脛** sune	**espinilla** *f.* エスピニジャ	shin シン
すねる **すねる** suneru	**estar de mal humor, en-furruñarse** エスタル デ マル ウモル, エンフルニャルセ	sulk サルク
ずのう **頭脳** zunou	**cerebro** *m.* セレブロ	brains, head ブレインズ, ヘド
すのーぼーど **スノーボード** sunooboodo	**snowboard** *m.* スノウボル	snowboard スノウボード

日	西	英
すぱーくりんぐわいん **スパークリングワイン** supaakuringuwain	**vino espumoso** *m.* ビノ エスプモソ	sparkling wine スパークリング ワイン
すぱい **スパイ** supai	**espía** *m.f.* エスピア	spy, secret agent スパイ, スィークレト エイヂェント
すぱいす **スパイス** supaisu	**especia** *f.* エスペシア	spice スパイス
すぱげってぃ **スパゲッティ** supagetti	**espaguetis** *m.pl.* エスパゲティス	spaghetti スパゲティ
すばしこい **すばしこい** subashikoi	**ágil** アヒル	nimble, agile ニンブル, アヂル
すはだ **素肌** suhada	**piel desnuda** *f.* ピエル デスヌダ	bare skin ベア スキン
すぱな **スパナ** supana	**llave inglesa** *f.* ジャベ イングレサ	wrench, spanner レンチ, スパナ
ずばぬけて **ずば抜けて** zubanukete	**extraordinariamente** エクストラオルディナリアメンテ	by far, exceptionally バイ ファー, イクセプショナリ
すばやい **素早い** subayai	**rápido(-a)** ラピド(-ダ)	nimble, quick ニンブル, クウィク
すばらしい **素晴らしい** subarashii	**magnífico(-a)** マグニフィコ(-カ)	wonderful, splendid ワンダフル, スプレンディド
すぴーかー **スピーカー** supiikaa	**altavoz** *m.* アルタボス	speaker スピーカ
すぴーち **スピーチ** supiichi	**discurso** *m.* ディスクルソ	speech スピーチ
すぴーど **スピード** supiido	**velocidad** *f.* ベロシダド	speed スピード
ずひょう **図表** zuhyou	**gráfico** *m.*, **diagrama** *m.* グラフィコ, ディアグラマ	chart, diagram チャート, ダイアグラム

日	西	英
すぷーん **スプーン** supuun	**cuchara** *f.* クチャラ	spoon スプーン
すぷりんくらー **スプリンクラー** supurinkuraa	**aspersor** *m.* アスペルソル	sprinkler スプリンクラ
すぷれー **スプレー** supuree	**pulverizador** *m.* プルベリサ**ド**ル	spray スプレイ
すぺいん **スペイン** supein	**España** *f.* エス**パ**ニャ	Spain スペイン
〜語	**español** *m.* エスパ**ニョ**ル	Spanish スパニシュ
すぺーす **スペース** supeesu	**espacio** *m.* エス**パ**シオ	space スペイス
すべすべした **すべすべした** subesubeshita	**suave, liso(-*a*)** ス**ア**ベ, **リ**ソ(-サ)	smooth, slippery ス**ムー**ズ, ス**リ**パリ
すべての **すべての** subeteno	**todo(-*a*)** **ト**ド(-ダ)	all, every, whole **オー**ル, **エ**ヴリ, **ホ**ウル
すべる **滑る** suberu	**deslizarse** デスリ**サ**ルセ	slip, slide ス**リ**プ, ス**ラ**イド
（床が）	**(ser) resbaladizo(-*a*)** (**セ**ル) レスバラ**ディ**ソ(-サ)	(be) slippery (ビ) ス**リ**パリ
（スケートで）	**patinar** パティ**ナ**ル	skate ス**ケ**イト
すぺる **スペル** superu	**ortografía** *f.* オルトグラ**フィ**ア	spelling ス**ペ**リング
すぽーくすまん **スポークスマン** supookusuman	**portavoz** *m.f.*, Ⓐ**vocero(-*a*)** *m.f.* ポルタ**ボ**ス, ボ**セ**ロ(-ラ)	spokesman ス**ポ**ウクスマン
すぽーつ **スポーツ** supootsu	**deporte** *m.* デ**ポ**ルテ	sports ス**ポー**ツ

日	西	英
ずぼん **ズボン** zubon	**pantalones** *m.pl.* パンタロネス	trousers トラウザズ
すぽんさー **スポンサー** suponsaa	**patrocinador** *m.* パトロシナドル	sponsor スパンサ
すぽんじ **スポンジ** suponji	**esponja** *f.* エスポンハ	sponge スパンヂ
すまい **住まい** sumai	**casa** *f.* カサ	house ハウス
すます **済ます** （終わらす） sumasu	**acabar** アカバル	finish フィニシュ
（代用する）	**arreglárselas** *con* アレグラルセラス	substitute for サブスティテュート フォ
すみ **隅** sumi	**rincón** *m.* リンコン	nook, corner ヌク, コーナ
すみ **炭** sumi	**carbón (de leña)** *m.* カルボン (デ レニャ)	charcoal チャーコウル
すみ **墨** sumi	**tinta china** *f.* ティンタ チナ	China ink チャイナ インク
すみれ **菫** sumire	**violeta** *f.* ビオレタ	violet ヴァイオレト
すむ **済む** sumu	**acabar(se)** アカバル(セ)	(be) finished (ビ) フィニシュト
すむ **住む** sumu	**vivir** ビビル	live ライヴ
すむ **澄む** sumu	**aclararse** アクララルセ	(become) clear (ビカム) クリア
すもーくさーもん **スモークサーモン** sumookusaamon	**salmón ahumado** *m.* サルモン アウマド	smoked salmon スモウクト サモン
すもっぐ **スモッグ** sumoggu	**esmog** *m.* エスモグ	smog スマグ

日	西	英
ずらす **ずらす** (物を) zurasu	**mover** モベル	shift, move シフト, ムーヴ
(時間を)	**escalonar** エスカロナル	stagger スタガ
すらんぐ **スラング** surangu	**jerga** *f.* ヘルガ	slang スラング
すらんぷ **スランプ** suranpu	**baja forma** *f.* バハ **フォ**ルマ	slump スランプ
すり **すり** suri	**ratero(-a)** *m.f.*, **carterista** *m.f.* ラ**テ**ロ(-ラ), カルテ**リ**スタ	pickpocket ピクパケト
すりおろす **擦り下ろす** suriorosu	**rallar** ラ**ジャ**ル	grind, grate グ**ライ**ンド, グ**レ**イト
すりきず **擦り傷** surikizu	**raspadura** *f.*, **arañazo** *m.* ラスパ**ドゥ**ラ, アラ**ニャ**ソ	abrasion アブ**レ**イジョン
すりきれる **擦り切れる** surikireru	**gastarse** ガス**タ**ルセ	wear out **ウェ**ア **ア**ウト
すりっと **スリット** suritto	**raja** *f.* **ラ**ハ	slit スリト
すりっぱ **スリッパ** surippa	**zapatillas** *f.pl.* サパ**ティ**ジャス	slippers ス**リ**パズ
すりっぷ **スリップ** (下着) surippu	**combinación** *f.* コンビナシ**オ**ン	slip スリプ
すりっぷする **スリップする** surippusuru	**resbalar** レスバ**ラ**ル	slip, skid スリプ, ス**キ**ド
すりむな **スリムな** surimuna	**esbelto(-a)** エス**ベ**ルト(-タ)	slim スリム
すりらんか **スリランカ** suriranka	**Sri Lanka** *m.* スリ **ラ**ンカ	Sri Lanka ス**リ**ー **ラ**ーンカ

日	西	英

すりる
スリル
suriru
intriga *f.*, **suspense** *m.*
イントリガ, ススペンセ
thrill
スリル

する
する
suru
hacer
アセル
do, try, play
ドゥー, トライ, プレイ

する
擦る (こする)
suru
frotar
フロタル
rub, chafe
ラブ, チェイフ

ずるい
ずるい
zurui
ladino(-a)
ラディノ(-ナ)
sly
スライ

ずるがしこい
ずる賢い
zurugashikoi
astuto(-a)
アストゥト(-タ)
cunning
カニング

するどい
鋭い
surudoi
afilado(-a), puntiagudo(-a)
アフィラド(-ダ), プンティアグド(-ダ)
sharp, pointed
シャープ, ポインテド

ずるやすみ
ずる休み
zuruyasumi
absentismo *m.*
アブセンティスモ
truancy
トルーアンスィ

すれちがう
擦れ違う
surechigau
cruzarse
クルサルセ
pass each other
パス イーチ アザ

ずれる
ずれる (逸脱する)
zureru
desviarse
ディスビアルセ
deviate
ディーヴィエイト

(移動する)
deslizarse
デスリサルセ
shift, deviate
シフト, ディーヴィエイト

すろーがん
スローガン
suroogan
eslogan *m.*
エスロガン
slogan, motto
スロウガン, マトウ

すろーぷ
スロープ
suroopu
cuesta *f.*, **pendiente** *f.*
クエスタ, ペンディエンテ
slope
スロウプ

すろーもーしょん
スローモーション
suroomooshon
cámara lenta *f.*
カマラ レンタ
slow motion
スロウ モウション

すろっとましん
スロットマシン
surottomashin
tragamonedas *m.*
トラガモネダス
slot machine
スラト マシーン

すろばきあ
スロバキア
surobakia
Eslovaquia
エスロバキア
Slovakia
スロウヴァーキア

日	西	英
すろべにあ **スロベニア** surobenia	**Eslovenia** *f.* エスロベニア	Slovenia スロウ**ヴィ**ーニア
すわる **座る** suwaru	**sentarse** センタルセ	sit down, take a seat **スィ**ト **ダ**ウン, テイク ア **スィ**ート

せ, セ

日	西	英
せ **背** se	**altura** *f.* アル**トゥ**ラ	height **ハ**イト
せい **姓** sei	**apellido** *m.* アペ**ジ**ド	family name, sur-name **ファ**ミリ **ネ**イム, **サ**ーネイム
せい **性** sei	**sexo** *m.* **セ**クソ	sex **セ**クス
せい **生** sei	**vida** *f.* **ビ**ダ	life, living **ラ**イフ, **リ**ヴィング
ぜい **税** zei	**impuesto** *m.* イン**プエ**スト	tax **タ**クス
～込み	**en bruto** エン ブ**ル**ト	including tax インク**ルー**ディング **タ**クス
～別	**en netos** エン **ネ**トス	without tax ウィ**ザ**ウト **タ**クス
せいい **誠意** seii	**sinceridad** *f.* シンセリ**ダ**ド	sincerity スィン**セ**リティ
せいいっぱい **精一杯** seiippai	**con todas las fuerzas** コン **ト**ダス ラス フ**エ**ルサス	as hard as possible アズ **ハ**ード アズ **パ**スィブル
せいえん **声援** seien	**ánimo** *m.* **ア**ニモ	cheering **チ**アリング
～する	**animar** アニ**マ**ル	cheer **チ**ア

日	西	英
せいおう **西欧** seiou	**Europa occidental** *f.* エウロパ オクシデンタル	West Europe ウェスト ユアロプ
せいか **成果** seika	**resultado** *m.*, **fruto** *m.* レスルタド, フルト	result, (the) fruits リザルト, (ザ) フルーツ
せいかい **政界** seikai	**mundo de la política** *m.* ムンド デ ラ ポリティカ	political world ポリティカル ワールド
せいかい **正解** seikai	**respuesta correcta** *f.* レスプエスタ コレクタ	correct answer コレクト アンサ
せいかく **性格** seikaku	**carácter** *m.*, **personalidad** *f.* カラクテル, ペルソナリダド	personality, nature パーソナリティ, ネイチャ
せいがく **声楽** seigaku	**música vocal** *f.* ムシカ ボカル	vocal music ヴォウカル ミューズィク
せいかくな **正確な** seikakuna	**exacto(-a), correcto(-a)** エクサクト(・タ), コレクト(・タ)	exact, correct イグザクト, コレクト
せいかつ **生活** seikatsu	**vida** *f.* ビダ	life, livelihood ライフ, ライヴリフド
～する	**vivir** ビビル	live ライヴ
ぜいかん **税関** zeikan	**aduana** *f.* アドゥアナ	customs, customs office カスタムズ, カスタムズ オーフィス
せいかんする **静観する** seikansuru	**esperar y ver** エスペラル イ ベル	wait and see ウェイト アンド スィー
せいかんする **生還する** seikansuru	**volver vivo(-a)** ボルベル ビボ(・バ)	return alive リターン アライヴ
せいき **世紀** seiki	**siglo** *m.* シグロ	century センチュリ
せいぎ **正義** seigi	**justicia** *f.* フスティシア	justice チャスティス

日	西	英
せいきゅう **請求** seikyuu	**reclamación** *f.* レクラマシオン	demand, claim ディマンド, クレイム
～書	**factura** *f.* ファクトゥラ	bill, invoice ビル, インヴォイス
～する	**pedir, reclamar** ペディル, レクラマル	claim, demand クレイム, ディマンド
せいぎょ **制御** seigyo	**control** *m.* コントロル	control コントロウル
～する	**controlar** コントロラル	control コントロウル
せいきょく **政局** seikyoku	**situación política** *f.* シトゥアシオン ポリティカ	political situation ポリティカル スィチュエイション
ぜいきん **税金** zeikin	**impuesto** *m.* インプエスト	tax タクス
せいくうけん **制空権** seikuuken	**dominio aéreo** *m.* ドミニオ アエレオ	air superiority エア スピアリオーリティ
せいけい **生計** seikei	**vida** *f.* ビダ	living リヴィング
せいけいげか **整形外科** seikeigeka	**ortopedia** *f.* オルトペディア	orthopedic surgery オーソピーディク サーヂャリ
せいけつな **清潔な** seiketsuna	**limpio(-a)** リンピオ(-ア)	clean, neat クリーン, ニート
せいけん **政権** seiken	**poder político** *m.* ポデル ポリティコ	political power ポリティカル パウア
せいげん **制限** seigen	**restricción** *f.*, **limitación** *f.* レストリクシオン, リミタシオン	restriction, limit リストリクション, リミト
～する	**limitar** リミタル	limit, restrict リミト, リストリクト

日	西	英
せいこう **成功** seikou	**éxito** *m.* エクシト	success サク**セ**ス
～する	**tener éxito** テネル エクシト	succeed, succeed in サク**スィ**ード, サク**スィ**ード イン
せいざ **星座** seiza	**constelación** *f.* コンステラ**シオ**ン	constellation カンステ**レ**イション
せいさい **制裁** seisai	**castigo** *m.*, **sanción** *f.* カス**ティ**ゴ, サン**シオ**ン	sanctions, punishment **サ**ンクションズ, **パ**ニシュメント
せいさく **制[製]作** seisaku	**producción** *f.*, **fabricación** *f.* プロドゥク**シオ**ン, ファブリカ**シオ**ン	production, manufacture プロ**ダ**クション, マニュ**ファ**クチャ
～する	**hacer, producir** ア**セ**ル, プロドゥ**シ**ル	make, produce **メ**イク, プロ**デュ**ース
せいさく **政策** seisaku	**política** *f.* ポ**リ**ティカ	policy **パ**リスィ
せいさん **生産** seisan	**producción** *f.* プロドゥク**シオ**ン	production, manufacture プロ**ダ**クション, マニュ**ファ**クチャ
～する	**producir, fabricar** プロドゥ**シ**ル, ファブリ**カ**ル	produce, manufacture プロ**デュ**ース, マニュ**ファ**クチャ
せいし **生死** seishi	**vida** *f.* **y muerte** *f.* **ビ**ダ イ ム**エ**ルテ	life and death **ラ**イフ アンド **デ**ス
せいし **静止** seishi	**quietud** *f.* キエ**トゥ**ド	standstill, motionlessness ス**タ**ンドスティル, **モ**ウションレスネス
～する	**pararse, detenerse** パ**ラ**ルセ, デテ**ネ**ルセ	rest, stand still **レ**スト, ス**タ**ンド ス**ティ**ル
せいじ **政治** seiji	**política** *f.* ポ**リ**ティカ	politics **パ**リティクス

日	西	英
〜家	**político(-a)** *m.f.* ポリティコ(-カ)	statesman, politician ステイツマン，パリティシャン
せいしきな **正式な** seishikina	**formal, oficial** フォルマル，オフィシアル	formal, official フォーマル，オフィシャル
せいしつ **性質** seishitsu	**naturaleza** *f.*, **carácter** *m.* ナトゥラレサ，カラクテル	nature, disposition ネイチャ，ディスポズィション
せいじつな **誠実な** seijitsuna	**sincero(-a)** シンセロ(-ラ)	sincere, honest スィンスィア，アネスト
せいじゃく **静寂** seijaku	**quietud** *f.*, **silencio** *m.* キエトゥド，シレンシオ	silence, stillness サイレンス，スティルネス
せいしゅく **静粛** seishuku	**silencio** *m.* シレンシオ	silence サイレンス
せいじゅくする **成熟する** seijukusuru	**madurar** マドゥラル	ripen, mature ライプン，マチュア
せいしゅん **青春** seishun	**juventud** *f.* フベントゥド	youth ユース
せいしょ **聖書** seisho	**Biblia** *f.* ビブリア	Bible バイブル
せいじょうな **正常な** seijouna	**normal** ノルマル	normal ノーマル
せいしょうねん **青少年** seishounen	**juventud** *f.*, **jóvenes** *m.pl.* フベントゥド，ホベネス	younger generation ヤンガ ヂェネレイション
せいしょくしゃ **聖職者** seishokusha	**eclesiástico** *m.* エクレシアスティコ	clergy クラーヂ
せいしん **精神** seishin	**espíritu** *m.* エスピリトゥ	spirit, mind スピリット，マインド
せいじん **成人** seijin	**adulto(-a)** *m.f.* アドゥルト(-タ)	adult, grown-up アダルト，グロウナプ

日	西	英
〜する	**llegar a la mayoría de edad** ジェガル ア ラ マジョリア デ エダド	grow up グロウ アプ
せいじん 聖人 seijin	**santo(-a)** *m.f.* サント(-タ)	saint セイント
せいしんか 精神科 seishinka	**psiquiatría** *f.* シキアトリア	psychiatry サイカイアトリ
〜医	**psiquiatra** *m.f.* シキアトラ	psychiatrist サイカイアトリスト
せいず 製図 seizu	**borrador de diseño** *m.* ボラドル デ ディセニョ	drafting, drawing ドラフティング, ドローイング
せいすう 整数 seisuu	**número entero** *m.* ヌメロ エンテロ	integer インティヂャ
せいせき 成績 seiseki	**nota** *f.*, **calificación** *f.* ノタ, カリフィカシオン	result, record リザルト, リコード
せいせんしょくりょうひん 生鮮食料品 seisenshokuryouhin	**productos perecederos** *m.pl.* プロドゥクトス ペレセデロス	perishables ペリシャブルズ
せいぜんと 整然と seizento	**en orden** エン オルデン	orderly, regularly オーダリ, レギュラリ
せいぞう 製造 seizou	**fabricación** *f.* ファブリカシオン	manufacture, production マニュファクチャ, プロダクション
〜業	**industria fabril** *f.* インドゥストリア ファブリル	manufacturing industry マニュファクチャリング インダストリ
せいそうけん 成層圏 seisouken	**estratosfera** *f.* エストラトスフェラ	stratosphere ストラトスフィア
せいそな 清楚な seisona	**arreglado(-a), pulcro(-a)** アレグラド(-タ), プルクロ(-ラ)	neat ニート
せいぞん 生存 seizon	**existencia** *f.*, **vida** *f.* エクシステンシア, ビダ	existence, life イグズィステンス, ライフ

日	西	英
〜する	**existir, sobrevivir** エクシスティル, ソブレビビル	exist, survive イグズィスト, サヴァイヴ
せいたいがく **生態学** seitaigaku	**ecología** *f.* エコロヒア	ecology イーカロヂィ
せいだいな **盛大な** seidaina	**próspero(-a), grandio-so(-a)** プロスペロ(-ラ), グランディオソ(-サ)	prosperous, grand プラスペラス, グランド
ぜいたく **贅沢** zeitaku	**lujo** *m.* ルホ	luxury ラクシャリ
〜な	**de lujo** デ ルホ	luxurious ラグジュアリアス
せいち **聖地** seichi	**tierra sagrada** *f.* ティエラ サグラダ	sacred ground セイクリド グラウンド
せいちょう **成長** seichou	**crecimiento** *m.* クレシミエント	growth グロウス
〜する	**crecer** クレセル	grow グロウ
せいてきな **静的な** seitekina	**estático(-a)** エスタティコ(-カ)	static スタティク
せいてつ **製鉄** seitetsu	**siderurgia** *f.* シデルルヒア	iron manufactur-ing アイアン マニュファクチャリング
せいてん **晴天** seiten	**buen tiempo** *m.* ブエン ティエンポ	fine weather ファイン ウェザ
せいでんき **静電気** seidenki	**electricidad estática** *f.* エレクトリシダド エスタティカ	static electricity スタティク イレクトリスィティ
せいと **生徒** seito	**alumno(-a)** *m.f.* アルムノ(-ナ)	student, pupil ステューデント, ピューピル
せいど **制度** seido	**sistema** *m.*, **institución** *f.* システマ, インスティトゥシオン	system, institution スィステム, インスティテュージョン

日	西	英
せいとう **政党** seitou	**partido político** *m.* パルティド ポリティコ	political party ポリティカル パーティ
せいとうな **正当な** seitouna	**justo(-a)** フスト(-タ)	just, proper, legal チャスト, プラパ, リーガル
せいとうぼうえい **正当防衛** seitoubouei	**legítima defensa** *f.* レヒティマ デフェンサ	self-defense セルフディフェンス
せいとんする **整頓する** seitonsuru	**ordenar** オルデナル	put in order プト イン オーダ
せいなん **西南** seinan	**suroeste** *m.*, **sudoeste** *m.* スロエステ, スドエステ	southwest サウスウェスト
せいねん **成年** seinen	**mayoría de edad** *f.* マジョリア デ エダド	adult age アダルト エイヂ
せいねん **青年** seinen	**joven** *m.f.* ホベン	young man, youth ヤング マン, ユース
せいねんがっぴ **生年月日** seinengappi	**fecha de nacimiento** *f.* フェチャ デ ナシミエント	date of birth デイト オヴ バース
せいのう **性能** seinou	**capacidad** *f.*, **rendimiento** *m.* カパシダド, レンディミエント	performance, capability パフォーマンス, ケイパビリティ
せいはんたい **正反対** seihantai	**opuesto exacto** *m.* オプエスト エクサクト	exact opposite イグザクト アポズィト
せいびする **整備する** seibisuru	**arreglar** アレグラル	maintain, adjust メインテイン, アチャスト
せいびょう **性病** seibyou	**enfermedad venérea** *f.* エンフェルメダド ベネレア	venereal disease ヴィニアリアル ディズィーズ
せいひん **製品** seihin	**producto** *m.* プロドゥクト	product プラダクト
せいふ **政府** seifu	**gobierno** *m.* ゴビエルノ	government ガヴァンメント

日	西	英
せいぶ **西部** seibu	**oeste** *m.*, **parte occiden-tal** *f.* オエステ, パルテ オクシデンタル	western part ウェスタン パート
せいふく **制服** seifuku	**uniforme** *m.* ウニフォルメ	uniform ユーニフォーム
せいふくする **征服する** seifukusuru	**conquistar** コンキスタル	conquer カンカ
せいぶつ **生物** seibutsu	**ser vivo** *m.*, **ser viviente** *m.* セル ビボ, セル ビビエンテ	living thing, life リヴィング スィング, ライフ
~学	**biología** *f.* ビオロヒア	biology バイアロディ
せいぶつが **静物画** seibutsuga	**bodegón** *m.* ボデゴン	still life スティル ライフ
せいぶん **成分** seibun	**ingrediente** *m.* イングレディエンテ	ingredient イングリーディエント
せいべつ **性別** seibetsu	**distinción de sexo** *f.* ディスティンシオン デ セクソ	gender distinction ヂェンダ ディスティンクション
せいほうけい **正方形** seihoukei	**cuadrado** *m.* クアドラド	square スクウェア
せいほく **西北** seihoku	**noroeste** *m.* ノロエステ	northwest ノースウェスト
せいみつな **精密な** seimitsuna	**preciso(-a)**, **minucio-so(-a)** プレシソ(-サ), ミヌシオソ(-サ)	precise, minute プリサイス, マイニュート
ぜいむしょ **税務署** zeimusho	**oficina de impuestos** *f.* オフィシナ デ インプエストス	tax office タクス オーフィス
せいめい **姓名** seimei	**nombre** *m.* **y apellidos** *m.pl.* ノンブレ イ アペジドス	(full) name (フル) ネイム
せいめい **生命** seimei	**vida** *f.* ビダ	life ライフ

日	西	英
～保険	**seguro de vida** *m.* セグロ デ ビダ	life insurance ライフ インシュアランス
せいめい **声明** seimei	**declaración** *f.*, **comuni-** **cado** *m.* デクララシオン, コムニカド	declaration デクラレイション
せいもん **正門** seimon	**puerta principal** *f.* プエルタ プリンシパル	front gate フラント ゲイト
せいやく **制約** seiyaku	**restricción** *f.*, **limitación** *f.* レストリクシオン, リミタシオン	restriction, limita- tion リストリクション, リミテイショ ン
せいやく **誓約** seiyaku	**juramento** *m.*, **voto** *m.* フラメント, ボト	oath, pledge オウス, プレヂ
せいよう **西洋** seiyou	**Occidente** *m.* オクシデンテ	(the) West, (the) Occident (ザ) ウェスト,(ズィ) アクスィ デント
せいようする **静養する** seiyousuru	**descansar** デスカンサル	take a rest テイク ア レスト
せいり **整理** seiri	**arreglo** *m.* アレグロ	arrangement アレインヂメント
～する	**arreglar** アレグラル	put in order, ar- range プト イン オーダ, アレインヂ
せいり **生理** (月経) seiri	**menstruación** *f.*, **período** *m.* メンストルアシオン, ペリオド	menstruation, pe- riod メンストルエイション, ピアリ オド
～痛	**dolor menstrual** *m.* ドロル メンストルアル	menstrual pain メンストルアル ペイン
～用品	**compresa higiénica** *f.* コンプレサ イヒエニカ	sanitary napkin サニテリ ナプキン
(生命現象)	**fisiología** *f.* フィシオロヒア	physiology フィズィアロヂ
～学	**fisiología** *f.* フィシオロヒア	physiology フィズィアロヂ

日	西	英
税理士 ぜいりし zeirishi	**contable fiscal titulado** *m.* コンタブレ フィスカル ティトゥラド	licensed tax accountant ライセンスト タクス アカウンタント
成立 せいりつ seiritsu	**formación** *f.* フォルマシオン	formation フォーメイション
～する	**formarse** フォルマルセ	(be) formed (ビ) フォームド
税率 ぜいりつ zeiritsu	**tipo impositivo** *m.* ティポ インポシティボ	tax rates タクス レイツ
清涼飲料 せいりょういんりょう seiryouinryou	**refresco** *m.* レフレスコ	soft drink, beverage ソフト ドリンク, ベヴァリヂ
勢力 せいりょく seiryoku	**poder** *m.,* **influencia** *f.* ポデル, インフル**エ**ンシア	influence, power インフルエンス, パウア
精力 せいりょく seiryoku	**energía** *f.,* **vitalidad** *f.* エネル**ヒ**ア, ビタリ**ダ**ド	energy, vitality エナヂ, ヴァイ**タ**リティ
～的な	**enérgico(-a)**, **vigoroso(-a)** エネル**ヒ**コ(-カ), ビゴ**ロ**ソ(-サ)	energetic, vigorous エナ**チェ**ティク, **ヴィ**ゴラス
西暦 せいれき seireki	**era cristiana** *f.,* **d.C.** **エ**ラ クリスティ**ア**ナ, デスプ**エ**ス デク**リ**スト	Christian Era, AD クリスチャン **イ**アラ, **エ**イ**ディー**
整列する せいれつする seiretsusuru	**poner(se) en fila** ポ**ネ**ル(セ) エン **フィ**ラ	form a line **フォ**ーム ア **ラ**イン
セーター せーたー seetaa	**jersey** *m.,* Ⓐ**suéter** *m.* ヘル**セ**イ, ス**エ**テル	sweater, pullover, Ⓑjumper ス**ウェ**タ, プロ**ヴァ**, **チャ**ンパ
セール せーる seeru	**venta de saldo** *f.,* **liquidación** *f.* ベンタ デ **サ**ルド, リキダシ**オ**ン	sale セイル
セールスマン せーるすまん seerusuman	**vendedor(-a) a domicilio** *m.f.* ベンデ**ド**ル(-ラ) ア ドミ**シ**リオ	salesman セイルズマン
背負う せおう seou	**llevar a la espalda** ジェ**バ**ル ア ラ エス**パ**ルダ	carry on one's back **キャ**リ オン バク

日	西	英
せおよぎ **背泳ぎ** seoyogi	**natación estilo espalda** *f.* ナタシオン エスティロ エスパルダ	backstroke バクストロウク
せかい **世界** sekai	**mundo** *m.* ムンド	world ワールド
～遺産	**Patrimonio de la Humanidad** *m.* パトリモニオ デ ラ ウマニダド	World Heritage ワールド ヘリテヂ
～史	**historia universal** *f.* イストリア ウニベルサル	world history ワールド ヒストリ
～的な	**mundial** ムンディアル	worldwide ワールドワイド
せかす **急かす** sekasu	**meter prisa** メテル プリサ	expedite, hurry エクスペダイト, ハーリ
せき **咳** seki	**tos** *f.* トス	cough コーフ
～止め	**remedio contra la tos** *m.* レメディオ コントラ ラ トス	cough remedy コーフ レメディ
せき **席** seki	**asiento** *m.* アシエント	seat スィート
せきがいせん **赤外線** sekigaisen	**rayos infrarrojos** *m.pl.* ラジョス インフラロホス	infrared rays インフラレド レイズ
せきじゅうじ **赤十字** sekijuuji	**Cruz Roja** *f.* クルス ロハ	Red Cross レド クロース
せきずい **脊髄** sekizui	**médula espinal** *f.* メドゥラ エスピナル	spinal cord スパイナル コード
せきたん **石炭** sekitan	**carbón** *m.* カルボン	coal コウル
せきどう **赤道** sekidou	**ecuador** *m.* エクアドル	equator イクウェイタ

日	西	英
せきにん **責任** sekinin	**responsabilidad** *f.* レスポンサビリダド	responsibility リスパンスィビリティ
せきぶん **積分** sekibun	**cálculo integral** *m.* カルクロ インテグラル	integral calculus, integration インテグラル キャルキュラス, インテグレイション
せきゆ **石油** sekiyu	**petróleo** *m.* ペトロレオ	oil, petroleum オイル, ペトロウリアム
せきり **赤痢** sekiri	**disentería** *f.* ディセンテリア	dysentery ディセンテアリ
せくしーな **セクシーな** sekushiina	**sexy** セクシ	sexy セクスィ
せくはら **セクハラ** sekuhara	**acoso sexual** *m.* アコソ セクスアル	sexual harassment セクシュアル ハラスメント
せけん **世間** seken	**mundo** *m.*, **sociedad** *f.* ムンド, ソシエダド	society ソサイエティ
せしゅう **世襲** seshuu	**herencia** *f.* エレンシア	heredity ヘレディティ
ぜせいする **是正する** zeseisuru	**corregir** コレヒル	correct コレクト
せそう **世相** sesou	**condiciones sociales** *f.pl.* コンディシオネス ソシアレス	social conditions ソウシャル コンディションズ
せだい **世代** sedai	**generación** *f.* ヘネラシオン	generation ヂェネレイション
せつ **説**　（意見・見解） setsu	**opinión** *f.* オピニオン	opinion オピニョン
（学説）	**teoría** *f.* テオリア	theory スィオリ
ぜつえんする **絶縁する** zetsuensuru	**romper las relaciones** *con* ロンペル ラス レラシオネス	break off relations ブレイク オフ リレイションズ

日	西	英
（電気を）	**aislar** アイスラル	insulate **イ**ンシュレイト
せっかい **石灰** sekkai	**cal** *f.* カル	lime **ラ**イム
せっかく **折角** sekkaku	**a pesar de** *sus* **esfuer-zos** ア ペ**サ**ル デ エスフ**エ**ルソス	in spite of all one's trouble イン ス**パ**イト オヴ **オ**ール ト**ラ**ブル
せっかちな **せっかちな** sekkachina	**apresurado(-a)** アプレス**ラ**ド(-ダ)	hasty, impetuous **ヘ**イスティ, イン**ペ**チュアス
せっきょうする **説教する** sekkyousuru	**sermonear** セルモネ**ア**ル	preach プ**リ**ーチ
せっきょくせい **積極性** sekkyokusei	**actitud positiva** *f.* アクティ**トゥ**ド ポシ**ティ**バ	positiveness, pro-activeness **パ**ズィティヴネス, プロア**ク**ティヴネス
せっきょくてきな **積極的な** sekkyokutekina	**positivo(-a), activo(-a)** ポシ**ティ**ボ(-バ), アク**ティ**ボ(-バ)	positive, active **パ**ズィティヴ, **ア**クティヴ
せっきん **接近** sekkin	**acercamiento** *m.* アセルカミ**エ**ント	approach アプ**ロ**ウチ
～する	**acercarse** *a* アセル**カ**ルセ	approach, draw near アプ**ロ**ウチ, ド**ロ**ー **ニ**ア
せっくす **セックス** sekkusu	**sexo** *m.* **セ**クソ	sex **セ**クス
せっけい **設計** sekkei	**plano** *m.*, **diseño** *m.* プ**ラ**ノ, ディ**セ**ニョ	plan, design プ**ラ**ン, ディ**ザ**イン
～図	**plano** *m.*, **diseño** *m.* プ**ラ**ノ, ディ**セ**ニョ	plan, blueprint プ**ラ**ン, ブ**ル**ープリント
～する	**planificar, diseñar** プラニフィ**カ**ル, ディセ**ニャ**ル	plan, design プ**ラ**ン, ディ**ザ**イン
せっけっきゅう **赤血球** sekkekkyuu	**glóbulo rojo** *m.* グ**ロ**ブロ **ロ**ホ	red blood cell **レ**ド ブ**ラ**ド **セ**ル

日	西	英
せっけん **石鹸** sekken	**jabón** *m.* ハボン	soap ソウプ
せっこう **石膏** sekkou	**yeso** *m.* ジェソ	gypsum, plaster ヂプサム, プラスタ
ぜっこうする **絶交する** zekkousuru	**romper** *con* ロンペル	cut contact with カト カンタクト ウィズ
ぜっこうの **絶好の** zekkouno	**el [la] mejor, idóneo(-a)** エル [ラ] メホル, イドネオ(-ア)	best, ideal ベスト, アイディーアル
ぜっさんする **絶賛する** zessansuru	**encomiar** エンコミアル	extol イクストウル
せっしゅする **摂取する** sesshusuru	**tomar, asimilar** トマル, アシミラル	take in テイク イン
せっしょう **折衝** sesshou	**negociación** *f.* ネゴシアシオン	negotiation ニゴウシエイション
～する	**negociar** ネゴシアル	negotiate ニゴウシエイト
せっしょく **接触** sesshoku	**contacto** *m.* コンタクト	contact, touch カンタクト, タチ
～する	**tocar, establecer contacto** *con* トカル, エスタブレセル コンタクト	touch, make contact with タチ, メイク カンタクト ウィズ
せつじょく **雪辱** setsujoku	**desquite** *m.* デスキテ	revenge リヴェンヂ
ぜっしょく **絶食** zesshoku	**ayuno** *m.* アジュノ	fasting, fast ファスティング, ファスト
せっする **接する** sessuru	**tocar, lindar** *con* トカル, リンダル	touch, come into contact with タチ, カム イントゥ カンタクト ウィズ
（隣接する）	**lindar** *con* リンダル	adjoin アヂョイン

日	西	英
せっせい **節制** sessei	**moderación** *f.* モデラシオン	temperance テンペランス
～する	**moderarse** モデラルセ	(be) moderate in (ビ) マダレト イン
せっせん **接戦** sessen	**partido reñido** *m.* パルティド レニド	close game クロウス ゲイム
せつぞく **接続** setsuzoku	**conexión** *f.* コネクシオン	connection コネクション
～詞	**conjunción** *f.* コンフンシオン	conjunction コンチャンクション
～する	**conectar** コネクタル	join, connect with チョイン, コネクト ウィズ
せったい **接待** settai	**agasajo** *m.* アガサホ	reception, welcome リセプション, ウェルカム
～する	**agasajar** アガサハル	entertain, host エンタテイン, ホウスト
ぜつだいな **絶大な** zetsudaina	**enorme, inconmensurable** エノルメ, インコンメンスラブレ	immeasurable イメジャラブル
ぜったいの **絶対の** zettaino	**absoluto(-a)** アブソルト(-タ)	absolute アブソリュート
せつだんする **切断する** setsudansuru	**cortar** コルタル	cut off カト オーフ
せっちゃくざい **接着剤** secchakuzai	**adhesivo** *m.* アデシボ	adhesive アドヒースィヴ
せっちゅうあん **折衷案** secchuuan	**término medio** *m.* テルミノ メディオ	compromise カンプロマイズ
ぜっちょう **絶頂** zecchou	**cima** *f.*, **apogeo** *m.* シマ, アポヘオ	summit, height サミト, ハイト

日	西	英
せってい **設定** settei	**establecimiento** *m.* エスタブレシミエント	setting up セティング アプ
～する	**establecer** エスタブレセル	establish, set up イスタブリシュ, セト アプ
せってん **接点** setten	**punto de contacto** *m.* プント デ コンタクト	point of contact ポイント オヴ カンタクト
せっと **セット** setto	**juego** *m.* フエゴ	set セト
せつど **節度** setsudo	**moderación** *f.* モデラシオン	moderation モダレイション
せっとくする **説得する** settokusuru	**convencer, persuadir** コンベンセル, ペルスアディル	persuade パスウェイド
せっぱく **切迫** seppaku	**urgencia** *f.* ウルヘンシア	urgency アーヂェンスィ
せつび **設備** setsubi	**equipo** *m.* エキポ	equipment イクウィプメント
～投資	**inversión en maquinaria y equipos** *f.* インベルシオン エン マキナリア イ エキポス	plant and equipment investment プラント アンド イクウィプメント インヴェストメント
ぜつぼう **絶望** zetsubou	**desesperación** *f.* デセスペラシオン	despair ディスペア
～する	**desesperarse** *de* デセスペラルセ	despair of ディスペア オヴ
～的な	**desesperado(-*a*)** デセスペラド(-ダ)	desperate デスパレト
せつめい **説明** setsumei	**explicación** *f.* エクスプリカシオン	explanation エクスプラネイション
～書	**manual de instrucciones** *m.* マヌアル デ インストルクシオネス	explanatory note, instructions イクスプラナトーリ ノウト, インストラクションズ

日	西	英
〜する	**explicar** エクスプリ**カル**	explain イクスプ**レ**イン
ぜつめつ **絶滅** zetsumetsu	**extinción** *f.* エクスティン**シ**オン	extinction イクス**ティ**ンクション
〜する	**extinguir** エクスティン**ギル**	(become) extinct (ビカム) イクス**ティ**ンクト
せつやく **節約** setsuyaku	**ahorro** *m.* ア**オ**ロ	economy, saving イ**カ**ノミ, **セ**イヴィング
〜する	**economizar** エコノミ**サル**	economize in, save イ**カ**ノマイズ イン, **セ**イヴ
せつりつする **設立する** setsuritsusuru	**establecer** エスタブレ**セル**	establish, found イス**タ**ブリシュ, **ファ**ウンド
せなか **背中** senaka	**espalda** *f.* エス**パ**ルダ	back **バ**ク
せねがる **セネガル** senegaru	**Senegal** *m.* セネ**ガ**ル	Senegal セ二**ゴ**ール
せのびする **背伸びする** senobisuru	**ponerse de puntillas** ポ**ネ**ルセ デ プン**ティ**ジャス	stand on tiptoe ス**タ**ンド オン **ティ**プトウ
せぴあいろ **セピア色** sepiairo	**color sepia** *m.* コ**ロ**ル **セ**ピア	sepia ス**ィ**ーピア
ぜひとも **是非とも** zehitomo	**a toda costa** ア **ト**ダ **コ**スタ	by all means バイ **オ**ール **ミ**ーンズ
せびる **せびる** sebiru	**pedir con insistencia** ペ**ディ**ル コン インシス**テ**ンシア	scrounge, mooch スク**ラ**ウンヂ, **ム**ーチ
せぼね **背骨** sebone	**columna vertebral** *f.* コ**ル**ムナ ベルテブ**ラ**ル	backbone **バ**クボウン
せまい **狭い** semai	**estrecho(-a)** エスト**レ**チョ(-チャ)	narrow, small **ナ**ロウ, ス**モ**ール
せまる **迫る** (強いる) semaru	**exigir** エクシ**ヒ**ル	press, urge プ**レ**ス, **ア**ーヂ

日	西	英
（近づく）	**acercarse** アセルカルセ	approach アプロウチ
（切迫する）	**(ser) apremiante, (estar) a punto** *de* (セル) アプレミアンテ, (エスタル) ア プント	(be) on the verge of (ビ) オン ザ **ヴァー**ヂ オヴ
せめる **攻める** semeru	**atacar, asaltar** アタカル, アサルタル	attack, assault ア**タ**ク, ア**ソ**ールト
せめる **責める** semeru	**culpar, reprochar** クルパル, レプロチャル	blame, reproach ブレイム, リプ**ロ**ウチ
せめんと **セメント** semento	**cemento** *m.* セメント	cement セメント
ぜらちん **ゼラチン** zerachin	**gelatina** *f.* ヘラ**ティ**ナ	gelatin **チェ**ラティン
せらぴすと **セラピスト** serapisuto	**terapeuta** *m.f.* テラ**ペ**ウタ	therapist **セ**ラピスト
せらみっく **セラミック** seramikku	**cerámica** *f.* セ**ラ**ミカ	ceramics セ**ラ**ミクス
ぜりー **ゼリー** zerii	**gelatina** *f.* ヘラ**ティ**ナ	jelly **チェ**リ
せりふ **せりふ** serifu	**diálogo** *m.* ディ**ア**ロゴ	speech, dialogue ス**ピ**ーチ, **ダ**イアローグ
せるふさーびす **セルフサービス** serufusaabisu	**autoservicio** *m.* アウトセル**ビ**シオ	self-service **セ**ルフ**サ**ーヴィス
ぜろ **ゼロ** (0) zero	**cero** *m.* **セ**ロ	zero **ズィ**アロウ
せろり **セロリ** serori	**apio** *m.* **ア**ピオ	celery **セ**ラリ
せろん **世論** seron	**opinión pública** *f.* オピ**ニ**オン **プ**ブリカ	public opinion **パ**ブリク オ**ピ**ニョン

日	西	英
せわ **世話** sewa	**cuidado** *m.* クイダド	care, aid ケア, エイド
〜する	**cuidar** クイダル	take care テイク ケア
せん **千** sen	**mil** ミル	(a) thousand (ア) サウザンド
せん **栓** sen	**tapón** *m.* タポン	stopper, plug スタパ, プラグ
せん **線** sen	**línea** *f.* リネア	line ライン
ぜん **善** zen	**bien** *m.* ビエン	good, goodness グド, グドネス
ぜんあく **善悪** zen-aku	**el bien** *m.* **y el mal** *m.* エル ビエン イ エル マル	good and evil グド アンド イーヴィル
せんい **繊維** sen-i	**fibra** *f.* フィブラ	fiber ファイバ
ぜんい **善意** zen-i	**buena fe** *f.* ブエナ フェ	goodwill グドウィル
ぜんいん **全員** zen-in	**todos los miembros** *m.pl.* トドス ロス ミエンブロス	all members オール メンバズ
ぜんえい **前衛** zen-ei	**vanguardia** *f.* バングアルディア	vanguard, advance guard ヴァンガード, アドヴァンス ガード
ぜんかい **前回** zenkai	**la última vez** *f.* ラ ウルティマ ベス	last time ラスト タイム
せんかん **戦艦** senkan	**acorazado** *m.* アコラサド	battleship バトルシプ
ぜんき **前期** zenki	**primer período** *m.* プリメル ペリオド	first term ファースト ターム

日	西	英
せんきょ **選挙** senkyo	**elección** *f.* エレクシオン	election イレクション
〜する	**elegir** エレヒル	elect イレクト
せんきょうし **宣教師** senkyoushi	**misionero(-a)** *m.f.* ミシオネロ(-ラ)	missionary ミショネリ
せんくしゃ **先駆者** senkusha	**precursor(-a)** *m.f.*, **pione-** **ro(-a)** *m.f.* プレクルソル(-ラ), ピオネロ(-ラ)	pioneer パイオニア
せんげつ **先月** sengetsu	**el mes pasado** *m.* エル メス パサド	last month ラスト マンス
せんげん **宣言** sengen	**declaración** *f.* デクララシオン	declaration デクラレイション
〜する	**declarar, proclamar** デクララル, プロクラマル	declare, proclaim ディクレア, プロクレイム
せんご **戦後** sengo	**posguerra** *f.* ポスゲラ	after the war アフタ ザ ウォー
ぜんご **前後** (位置の) zengo	**delante y detrás** デランテ イ デトラス	front and rear フラント アンド リア
(時間の)	**antes y después** アンテス イ デスプエス	before and after ビフォー アンド アフタ
(およそ)	**aproximadamente** アプロクシマダメンテ	about, or so アバウト, オー ソウ
(順序)	**orden** *m.* オルデン	order, sequence オーダ, スィークウェンス
せんこう **専攻** senkou	**especialidad** *f.* エスペシアリダド	speciality スペシアリティ
〜する	**especializarse** *en* エスペシアリサルセ	major in メイチャ イン

405

日	西	英
ぜんこく **全国** zenkoku	**todo el país** *m.* トド エル パイス	whole country ホウル カントリ
〜的な	**nacional** ナシオナル	national ナショナル
せんこくする **宣告する** senkokusuru	**declarar, sentenciar** デクララル, センテンシアル	sentence センテンス
せんさー **センサー** sensaa	**sensor** *m.* センソル	sensor センサ
せんさい **戦災** sensai	**daños de la guerra** *m.pl.* ダニョス デ ラ ゲラ	war damage ウォー ダミヂ
せんざい **洗剤** senzai	**detergente** *m.* デテルヘンテ	detergent, cleanser ディターヂェント, クレンザ
ぜんさい **前菜** zensai	**entremeses** *m.pl.* エントレメセス	hors d'oeuvre オーダーヴル
せんさいな **繊細な** sensaina	**fino(-a)** フィノ(-ナ)	delicate デリケト
せんし **先史** senshi	**prehistoria** *f.* プレイストリア	prehistory プリヒストリ
せんし **戦死** senshi	**muerte en el combate** *f.* ムエルテ エン エル コンバテ	death in battle デス イン バトル
せんじつ **先日** senjitsu	**el otro día** *m.* エル オトロ ディア	(the) other day (ズィ) アザ デイ
ぜんじつ **前日** zenjitsu	**el día anterior** *m.* エル ディア アンテリオル	(the) day before (ザ) デイ ビフォー
せんしゃ **戦車** sensha	**carro de combate** *m.*, **tanque** *m.* カロ デ コンバテ, タンケ	tank タンク
ぜんしゃ **前者** zensha	**el [la] primero(-a)** *m.f.*, **el [la] anterior** *m.f.* エル [ラ] プリメロ(-ラ), エル [ラ] アンテリオル	former フォーマ

せ

日	西	英
せんしゅ **選手** senshu	**atleta** *m.f.,* **jugador(-a)** *m.f.* アトレタ, フガ**ド**ル(-ラ)	athlete, player **ア**スリート, プ**レ**イア
〜権	**campeonato** *m.* カンペオ**ナ**ト	championship **チャ**ンピオンシプ
せんしゅう **先週** senshuu	**la semana pasada** *f.* ラ セ**マ**ナ パ**サ**ダ	last week **ラ**スト **ウィ**ーク
せんじゅうみん **先住民** senjuumin	**indígenas** *m.f.pl.,* **aborígenes** *m.f.pl.* イン**ディ**ヘナス, アボリ**ヘ**ネス	indigenous peoples, aborigines イン**ディ**ヂェナス **ピ**ープルズ, **ア**ボリヂニーズ
せんしゅつ **選出** senshutsu	**elección** *f.* エレク**シ**オン	election イ**レ**クション
せんじゅつ **戦術** senjutsu	**táctica** *f.* **タ**クティカ	tactics **タ**クティクス
せんしゅつする **選出する** senshutsusuru	**elegir** エレ**ヒ**ル	elect イ**レ**クト
ぜんじゅつの **前述の** zenjutsuno	**dicho(-a)** **ディ**チョ(-チャ)	above-mentioned ア**バ**ヴメンションド
せんじょう **戦場** senjou	**campo de batalla** *m.* **カ**ンポ デ バ**タ**ジャ	battlefield **バ**トルフィールド
せんしょく **染色** senshoku	**tinte** *m.* **ティ**ンテ	dyeing **ダ**イング
〜体	**cromosoma** *m.* クロモ**ソ**マ	chromosome ク**ロ**ウモソウム
ぜんしん **前進** zenshin	**progreso** *m.,* **avance** *m.* プロ**グ**レソ, ア**バ**ンセ	progress, advance プ**ラ**グレス, アド**ヴァ**ンス
ぜんしん **全身** zenshin	**todo el cuerpo** *m.* **ト**ド エル ク**エ**ルポ	whole body **ホ**ウル **バ**ディ
せんしんこく **先進国** senshinkoku	**países desarrollados** *m.pl.* パ**イ**セス デサロ**ジャ**ドス	developed countries ディ**ヴェ**ロップト **カ**ントリズ

日	西	英
ぜんしんする **前進する** zenshinsuru	**avanzar** アバンサル	advance アドヴァンス
せんす **扇子** sensu	**abanico** *m.* アバニコ	folding fan フォウルディング ファン
せんすいかん **潜水艦** sensuikan	**submarino** *m.* スブマリノ	submarine サブマリーン
せんせい **先生** sensei	**profesor(-a)** *m.f.*, **instructor(-a)** *m.f.* プロフェソル(- ラ), インストルクトル(- ラ)	teacher, instructor ティーチャ, インストラクタ
せんせい **専制** sensei	**despotismo** *m.*, **tiranía** *f.* デスポティスモ, ティラニア	despotism, autocracy デスポティズム, オータクラスィ
ぜんせい **全盛** zensei	**apogeo** *m.* アポヘオ	height of prosperity ハイト オヴ プラスペリティ
せんせいじゅつ **占星術** senseijutsu	**astrología** *f.* アストロロヒア	astrology アストラロヂィ
せんせいする **宣誓する** senseisuru	**prestar juramento, jurar** プレスタル フラメント, フラル	take an oath, swear テイク アン オウス, スウェア
せんせーしょなるな **センセーショナルな** senseeshonaruna	**sensacional** センサシオナル	sensational センセイショナル
せんせん **戦線** sensen	**frente** *m.* フレンテ	front (line) フラント (ライン)
せんぜん **戦前** senzen	**preguerra** *f.* プレゲラ	prewar プリーウォー
ぜんせん **前線** (気象) zensen	**frente** *m.* フレンテ	(weather) front (ウェザ) フラント
(軍事)	**frente** *m.* フレンテ	front (line) フラント (ライン)
ぜんぜん **全然** zenzen	**nada, de ninguna manera** ナダ, デ ニングナ マネラ	not at all ナト アト オール

日	西	英
せんせんしゅう **先々週** sensenshuu	**hace dos semanas** アセ ドス セマナス	week before last ウィーク ビフォ **ラ**スト
せんぞ **先祖** senzo	**antepasado(-a)** *m.f.* アンテパ**サ**ド(・ダ)	ancestor **ア**ンセスタ
せんそう **戦争** sensou	**guerra** *f.* **ゲ**ラ	war, warfare ウォー, **ウォ**ーフェア
ぜんそうきょく **前奏曲** zensoukyoku	**preludio** *m.* プレ**ル**ディオ	overture, prelude **オ**ウヴァチャ, **プ**レリュード
ぜんそく **喘息** zensoku	**asma** *f.* **ア**スマ	asthma **ア**ズマ
ぜんたい **全体** zentai	**total** *m.*, **todo** *m.* ト**タ**ル, **ト**ド	whole, entirety **ホ**ウル, **イ**ンタイアティ
せんたく **洗濯** sentaku	**lavado** *m.*, **colada** *f.* ラ**バ**ド, コ**ラ**ダ	wash, laundry **ワ**シュ, **ロ**ーンドリ
〜**機**	**lavadora** *f.* ラバ**ド**ラ	washing machine **ワ**シング マ**シ**ーン
〜**する**	**lavar** ラ**バ**ル	wash **ワ**シュ
せんたく **選択** sentaku	**selección** *f.*, **elección** *f.* セレク**シオ**ン, エレク**シオ**ン	selection, choice セ**レ**クション, **チョ**イス
せんたん **先端** sentan	**punta** *f.* **プ**ンタ	point, tip **ポ**イント, **テ**ィプ
せんちめーとる **センチメートル** senchimeetoru	**centímetro** *m.* セン**ティ**メトロ	centimeter, Ⓑcen-timetre **セ**ンティミータ, **セ**ンティミー タ
せんちめんたるな **センチメンタルな** senchimentaruna	**sentimental** センティメン**タ**ル	sentimental センティ**メ**ンタル
せんちょう **船長** senchou	**capitán(-ana)** *m.f.* カピ**タ**ン(・ナ)	captain **キャ**プテン

日	西	英

ぜんちょう
前兆
zenchou

augurio *m.*, **síntoma** *m.*
アウグリオ, シントマ

omen, sign, symptom
オウメン, サイン, スィンプトム

ぜんてい
前提
zentei

premisa *f.*
プレミサ

premise
プレミス

せ

せんでんする
宣伝する
sendensuru

anunciar
アヌンシアル

advertise
アドヴァタイズ

ぜんと
前途
zento

futuro *m.*, **perspectivas** *f.pl.*
フトゥロ, ペルスペクティバス

future, prospects
フューチャ, プラスペクツ

せんとう
先頭
sentou

cabeza *f.*
カベサ

head, top
ヘド, タプ

せんとうき
戦闘機
sentouki

caza *m.*, **avión de combate** *m.*
カサ, アビオン デ コンバテ

fighter
ファイタ

せんどうする
扇動する
sendousuru

agitar
アヒタル

stir up, agitate
スター アプ, アヂテイト

せんにゅうかん
先入観
sennyuukan

prejuicio *m.*, **idea preconcebida** *f.*
プレフイシオ, イデア プレコンセビダ

preconception
プリーコンセプション

ぜんにん
善人
zennin

buena persona *f.*
ブエナ ペルソナ

good man
グド マン

ぜんにんしゃ
前任者
zenninsha

antecesor(-a) *m.f.*
アンテセソル(- ラ)

predecessor
プレデセサ

せんぬき
栓抜き
sennuki

sacacorchos *m.*
サカコルチョス

corkscrew, bottle opener
コークスクルー, ボトル オウプナ

ぜんねん
前年
zennen

año anterior *m.*
アニョ アンテリオル

previous year
プリーヴィアス イヤ

せんねんする
専念する
sennensuru

consagrarse *a*, **centrarse** *en*
コンサグラルセ, セントラルセ

devote oneself to
ディヴォウト トゥ

せんのうする
洗脳する
sennousuru

lavar el cerebro
ラバル エル セレブロ

brainwash
ブレインウォーシュ

日	西	英
せんばい **専売** senbai	**monopolio** *m.* モノポリオ	monopoly モナポリ
せんぱい **先輩** senpai	**mayor** *m.f.* マジョル	senior, elder スィーニア, エルダ
ぜんはん **前半** zenhan	**primera mitad** *f.* プリメラ ミタド	first half ファースト ハフ
ぜんぱんの **全般の** zenpanno	**general** ヘネラル	general チェネラル
ぜんぶ **全部** zenbu	**todo** *m.*, **totalidad** *f.* トド, トタリダド	all, (the) whole オール, (ザ) ホウル
せんぷうき **扇風機** senpuuki	**ventilador** *m.* ベンティラドル	electric fan イレクトリク ファン
せんぷくする **潜伏する** senpukusuru	**ocultarse** オクルタルセ	lie hidden ライ ヒドン
ぜんぶん **全文** zenbun	**texto completo** *m.* テクスト コンプレト	whole sentence ホウル センテンス
せんぽう **先方** senpou	**la otra parte** *f.* ラ オトラ パルテ	(the) other party (ズィ) アザ パーティ
ぜんぽうの **前方の** zenpouno	**delante** デランテ	before, in front of ビフォー, イン フラント オヴ
せんめいな **鮮明な** senmeina	**nítido(-a)**, **claro(-a)** ニティド(-ダ), クラロ(-ラ)	clear クリア
ぜんめつする **全滅する** zenmetsusuru	**(ser) aniquilado(-a)** (セル) アニキラド(-ダ)	(be) annihilated (ビ) アナイアレイテド
せんめんじょ **洗面所** senmenjo	**aseo** *m.* アセオ	washroom, bath-room, ⑧lavatory, toilet ワシュルーム, バスルーム, ラヴァトーリ, トイレト
せんめんだい **洗面台** senmendai	**lavabo** *m.* ラバボ	washbasin, ⑧sink ワシュベイスン, スィンク

411

日	西	英
せんもん **専門** senmon	**especialidad** *f.* エスペシアリダド	specialty スペシャルティ
～家	**especialista** *m.f.* エスペシアリスタ	specialist スペシャリスト
～学校	**escuela especializada** *f.* エスクエラ エスペシアリサダ	vocational school, ⓑtechnical college ヴォケイショナル スクール, テクニカル コレヂ
～的な	**especializado(-a)** エスペシアリサド(-ダ)	professional, special プロフェショナル, スペシャル
ぜんや **前夜** zon-ya	**víspera** *f.*, **noche anterior** *f.* ビスペラ, ノチェ アンテリオル	(the) previous night (ザ) プリーヴィアス ナイト
せんやく **先約** sen-yaku	**compromiso anterior** *m.* コンプロミソ アンテリオル	previous engagement プリーヴィアス インゲイヂメント
せんゆう **占有** sen-yuu	**posesión** *f.* ポセシオン	possession, occupancy ポゼション, アキュパンスィ
～する	**adueñarse** *de* アドゥエニャルセ	possess, occupy ポゼス, アキュパイ
せんようの **専用の** sen-youno	**exclusivo(-a)** エクスクルシボ(-バ)	exclusive イクスクルースィヴ
ぜんりつせん **前立腺** zenritsusen	**próstata** *f.* プロスタタ	prostate プラステイト
せんりゃく **戦略** senryaku	**estrategia** *f.* エストラテヒア	strategy ストラテヂ
せんりょう **占領** senryou	**ocupación** *f.* オクパシオン	occupation アキュペイション
～する	**ocupar, capturar** オクパル, カプトゥラル	occupy, capture アキュパイ, キャプチャ
ぜんりょうな **善良な** zenryouna	**bueno(-a), virtuoso(-a)** ブエノ(-ナ), ビルトゥオソ(-サ)	good, virtuous グド, ヴァーチュアス

せ

日	西	英
ぜんりょく **全力** zenryoku	**todo lo posible** トド ロ ポシブレ	all one's strength オール ストレングス
せんれい **洗礼** senrei	**bautismo** *m.* バウティスモ	baptism バプティズム
ぜんれい **前例** zenrei	**precedente** *m.* プレセデンテ	precedent プレスィデント
せんれんされた **洗練された** senrensareta	**refinado(-a)** レフィナド(・ダ)	refined リファインド
せんれんする **洗練する** senrensuru	**refinar** レフィナル	refine リファイン
せんろ **線路** senro	**vía férrea** *f.*, **línea de fe-** **rrocarril** *f.* ビア フェレア, リネア デ フェロカリル	railroad line, Ⓑrailway line レイルロウド ライン, レイル ウェイ ライン

そ, ソ

日	西	英
そあくな **粗悪な** soakuna	**de poca calidad** デ ポカ カリダド	crude, poor クルード, プア
そう **添う** sou	**acompañar** アコンパニャル	accompany アカンパニ
ぞう **象** zou	**elefante** *m.* エレファンテ	elephant エレファント
ぞう **像** zou	**imagen** *f.*, **figura** *f.* イマヘン, フィグラ	image, figure, stat- ue イミヂ, フィギャ, スタチュー
そうい **相違** soui	**diferencia** *f.*, **variación** *f.* ディフェレンシア, バリアシオン	difference, varia- tion ディファレンス, ヴェアリエイ ション
ぞうお **憎悪** zouo	**odio** *m.* オディオ	hatred ヘイトレド
そうおん **騒音** souon	**ruido** *m.* ルイド	noise ノイズ

413

日	西	英
ぞうか **増加** zouka	**aumento** *m.* アウメント	increase インクリース
～する	**aumentar** アウメンタル	increase, augment インクリース, オーグメント
そうかい **総会** soukai	**asamblea general** *f.* アサンブレア ヘネラル	general meeting ヂェネラル ミーティング
そうがく **総額** sougaku	**total** *m.* トタル	total (amount) トウトル (アマウント)
そうがんきょう **双眼鏡** sougankyou	**binoculares** *m.pl.* ビノクラレス	binoculars バイナキュラズ
そうぎ **葬儀** sougi	**funeral** *m.* フネラル	funeral フューネラル
そうきん **送金** soukin	**envío de dinero** *m.* エンビオ デ ディネロ	remittance リミタンス
～する	**enviar dinero** エンビアル ディネロ	send money センド マニ
ぞうきん **雑巾** zoukin	**trapo del polvo** *m.*, **bayeta** *f.* トラポ デル ポルボ, バジェタ	dustcloth, ⒷDuster ダストクロース, ダスタ
ぞうげ **象牙** zouge	**marfil** *m.* マルフィル	ivory アイヴォリ
そうけい **総計** soukei	**total** *m.* トタル	total amount トウトル アマウント
そうげん **草原** sougen	**prado** *m.*, **llanura** *f.* プラド, ジャヌラ	plain, prairie プレイン, プレアリ
そうこ **倉庫** souko	**almacén** *m.* アルマセン	warehouse ウェアハウス
そうこうきょり **走行距離** soukoukyori	**kilometraje** *m.* キロメトラヘ	mileage マイリヂ

日	西	英
そうごうする **総合する** sougousuru	**sintetizar** シンテティサル	synthesize ス**ィ**ンセサイズ
そうごうてきな **総合的な** sougoutekina	**sintético(-a)** シンテティコ(-カ)	synthetic, compre- hensive スィン**セ**ティク，カンプリ**ヘ**ン スィヴ
そうごんな **荘厳な** sougonna	**solemne** ソレムネ	solemn **サ**レム
そうさ **捜査** sousa	**investigación** *f.* インベスティガシオン	investigation, search インヴェスティ**ゲ**イション，**サ**ー チ
～する	**investigar** インベスティガル	investigate イン**ヴェ**スティゲイト
そうさ **操作** sousa	**manejo** *m.* マネホ	operation アペ**レ**イション
～する	**manejar** マネハル	operate **ア**ペレイト
そうさいする **相殺する** sousaisuru	**compensar** コンペンサル	offset, cancel out **オ**ーフセト，**キャ**ンセル **ア**ウト
そうさく **創作** sousaku	**creación** *f.* クレアシオン	creation クリ**エ**イション
～する	**crear, componer** クレアル，コンポネル	create, compose クリ**エ**イト，コン**ポ**ウズ
そうさくする **捜索する** sousakusuru	**buscar** ブスカル	search for **サ**ーチ フォ
そうじ **掃除** souji	**limpieza** *f.* リンピエサ	cleaning ク**リ**ーニング
～機	**aspiradora** *f.* アスピラドラ	vacuum cleaner **ヴァ**キュアム ク**リ**ーナ
～する	**limpiar** リンピアル	clean, sweep ク**リ**ーン，ス**ウィ**ープ

日	西	英
そうしゃ **走者** sousha	**corredor(-a)** *m.f.* コレドル(-ラ)	runner **ラ**ナ
そうじゅうする **操縦する** （乗り物・装置を） soujuusuru	**manejar** マネハル	handle, operate **ハ**ンドル，**ア**ペレイト
（飛行機を）	**pilotar** ピロ**タ**ル	pilot **パ**イロト
（船を）	**navegar** ナベ**ガ**ル	steer ス**ティ**ア
そうじゅくな **早熟な** soujukuna	**precoz** プレ**コ**ス	precocious プリ**コ**ウシャス
そうしょく **装飾** soushoku	**decoración** *f.* デコラシ**オ**ン	decoration デコ**レ**イション
～**する**	**decorar** デコ**ラ**ル	adorn, ornament ア**ドー**ン，**オ**ーナメント
そうしん **送信** soushin	**tra(n)smisión** *f.* トラ(ン)スミシ**オ**ン	transmission トランス**ミ**ション
～**する**	**transmitir** トランスミ**ティ**ル	transmit トランス**ミ**ト
ぞうぜい **増税** zouzei	**subida de impuestos** *f.* ス**ビ**ダ デ インプ**エ**ストス	tax increase **タ**クス インク**リ**ース
そうせつする **創設する** sousetsusuru	**fundar, crear** フン**ダ**ル，クレ**ア**ル	found **ファ**ウンド
ぞうせん **造船** zousen	**construcción naval** *f.* コンストルクシ**オ**ン ナ**バ**ル	shipbuilding **シ**プビルディング
そうぞう **創造** souzou	**creación** *f.* クレアシ**オ**ン	creation クリ**エ**イション
～**する**	**crear** クレ**ア**ル	create クリ**エ**イト

そ

日	西	英
〜的な	**creativo(-a)** クレアティボ(-バ)	creative, original クリエイティヴ, オリヂナル
そうぞう 想像 souzou	**imaginación** *f.*, **fantasía** *f.* イマヒナシオン, ファンタシア	imagination, fancy イマヂネイション, ファンスィ
〜する	**imaginar** イマヒナル	imagine, fancy イマヂン, ファンスィ
そうぞうしい 騒々しい souzoushii	**imaginar** イマヒナル	imagine, fancy イマヂン, ファンスィ
そうぞく 相続 souzoku	**herencia** *f.*, **sucesión** *f.* エレンシア, スセシオン	inheritance, succession インヘリタンス, サクセション
〜する	**heredar** エレダル	inherit, succeed インヘリト, サクスィード
〜税	**impuesto de sucesión** *m.* インプエスト デ スセシオン	inheritance tax インヘリタンス タクス
〜人	**heredero(-a)** *m.f.* エレデロ(-ラ)	heir, heiress エア, エアレス
そうそふ 曾祖父 sousofu	**bisabuelo** *m.* ビサブエロ	great-grandfather グレイトグランドファーザ
そうそば 曾祖母 sousobo	**bisabuela** *f.* ビサブエラ	great-grandmother グレイトグランドマザ
そうたいてきな 相対的な soutaitekina	**relativo(-a)** レラティボ(-バ)	relative レラティヴ
そうだいな 壮大な soudaina	**magnífico(-a)** マグニフィコ(-カ)	magnificent, grand マグニフィセント, グランド
そうだん 相談 soudan	**consulta** *f.* コンスルタ	consultation カンサルテイション
〜する	**consultar** *con* コンスルタル	consult with コンサルト ウィズ

日	西	英
そうち **装置** souchi	**dispositivo** *m.*, **mecanismo** *m.* ディスポシ**ティ**ボ, メカ**ニ**スモ	device, equipment ディ**ヴァ**イス, イク**ウィ**プメント
そうちょう **早朝** souchou	**temprano por la mañana** テン**プラ**ノ ポル ラ マ**ニャ**ナ	early in the morning **アー**リ イン ザ **モー**ニング
そうどう **騒動** soudou	**disturbio** *m.* ディス**トゥ**ルビオ	disturbance, confusion ディス**ター**バンス, コン**フュー**ジョン
そうとうする **相当する** soutousuru	**corresponder** *a* コレスポン**デ**ル	correspond to, (be) fit for コーレス**パ**ンド トゥ, (ビ) **フィ**ト フォ
そうとうな **相当な** soutouna	**considerable** コンシデ**ラ**ブレ	considerable, fair コン**スィ**ダラブル, **フェ**ア
そうなん **遭難** sounan	**desastre** *m.* デ**サ**ストレ	accident, disaster **ア**クスィデント, ディ**ザ**スタ
～者	**víctima** *f.* **ビ**クティマ	victim, sufferer **ヴィ**クティム, **サ**ファラ
そうにゅうする **挿入する** sounyuusuru	**insertar** インセル**タ**ル	insert イン**サー**ト
そうば **相場** souba	**cotización** *f.* コティサシ**オ**ン	market price **マー**ケト プ**ラ**イス
(投機的取引)	**especulación** *f.* エスペクラシ**オ**ン	speculation スペキュ**レ**イション
そうび **装備** soubi	**equipo** *m.* エ**キ**ポ	equipment, outfit イク**ウィ**プメント, **ア**ウトフィト
～する	**equiparse** *de* エキ**パ**ルセ	equip with イク**ウィ**プ ウィズ
そうふする **送付する** soufusuru	**enviar** エンビ**ア**ル	send **セ**ンド
そうべつかい **送別会** soubetsukai	**fiesta de despedida** *f.* フィ**エ**スタ デ デスペ**ディ**ダ	farewell party **フェ**アウェル **パー**ティ

日	西	英
そうめいな **聡明な** soumeina	**brillante, inteligente** ブリジャンテ，インテリヘンテ	bright, intelligent ブライト，インテリヂェント
ぞうよぜい **贈与税** zouyozei	**impuesto sobre dona-ciones** *m.* インプエスト ソブレ ドナシオネス	gift tax ギフト **タ**クス
そうりだいじん **総理大臣** souridaijin	**primer(-a) ministro(-a)** *m.f.* プリメル(-ラ) ミニストロ(-ラ)	Prime Minister プライム ミニスタ
そうりつしゃ **創立者** souritsusha	**fundador(-a)** *m.f.* フンダドル(-ラ)	founder **ファ**ウンダ
そうりつする **創立する** souritsusuru	**fundar** フン**ダ**ル	found, establish **ファ**ウンド，イス**タ**ブリシュ
そうりょ **僧侶** souryo	**monje(-a) budista** *m.f.* モンヘ(-ハ) ブ**ディ**スタ	monk, priest **マ**ンク，プ**リ**ースト
そうりょう **送料** souryou	**franqueo** *m.* フラン**ケ**オ	postage, carriage **ポ**ウスティヂ，**キャ**リヂ
そうりょうじ **総領事** souryouji	**cónsul general** *m.f.* コンスル ヘネ**ラ**ル	consul general **カ**ンスル **ヂェ**ネラル
ぞうわい **贈賄** zouwai	**soborno** *m.* ソ**ボ**ルノ	bribery ブ**ラ**イバリ
そえる **添える** soeru	**adjuntar** アドフン**タ**ル	affix, attach ア**フィ**クス，ア**タ**チ
そーす **ソース** soosu	**salsa** *f.* **サ**ルサ	sauce **ソ**ース
そーせーじ **ソーセージ** sooseeji	**salchicha** *f.* サル**チ**チャ	sausage **ソ**スィヂ
そーだ **ソーダ** sooda	**soda** *f.* **ソ**ダ	soda **ソ**ウダ
ぞくご **俗語** zokugo	**argot** *m.* アル**ゴ**ト	slang ス**ラ**ング

日	西	英
そくしする **即死する** sokushisuru	**morir en el acto** モリル エン エル アクト	die instantly ダイ インスタントリ
そくしん **促進** sokushin	**promoción** *f.* プロモシオン	promotion プロモウション
〜する	**promover** プロモベル	promote プロモウト
ぞくする **属する** zokusuru	**pertenecer** *a* ペルテネセル	belong to ビローング トゥ
そくたつ **速達** sokutatsu	**correo urgente** *m.* コレオ ウルヘンテ	express mail, special delivery イクスプレス メイル, スペシャル デリヴァリ
そくてい **測定** sokutei	**medida** *f.* メディダ	measurement メジャメント
〜する	**medir** メディル	measure メジャ
そくど **速度** sokudo	**velocidad** *f.* ベロシダド	speed, velocity スピード, ヴェラスィティ
〜計	**velocímetro** *m.* ベロシメトロ	speedometer スピダメタ
〜制限	**límite de velocidad** *m.* リミテ デ ベロシダド	speed limit スピード リミト
そくばい **即売** sokubai	**venta en el lugar** *f.* ベンタ エン エル ルガル	spot sale スパト セイル
そくばく **束縛** sokubaku	**restricción** *f.* レストリクシオン	restraint, restriction リストレイント, リストリクション
〜する	**restringir, limitar** レストリンヒル, リミタル	restrain, restrict リストレイン, リストリクト
そくほう **速報** sokuhou	**últimas noticias** *f.pl.* ウルティマス ノティシアス	newsflash, breaking news ニューズフラシュ, ブレイキング ニューズ

日	西	英
そくめん **側面** sokumen	**lado** *m.* ラド	side サイド
そくりょう **測量** sokuryou	**medición** *f.* メディシオン	measurement メジャメント
～する	**medir** メディル	measure, survey メジャ，サーヴェイ
そくりょく **速力** sokuryoku	**velocidad** *f.* ベロシダド	speed, velocity スピード，ヴェラスィティ
そけっと **ソケット** soketto	**enchufe** *m.* エンチュフェ	socket サケト
そこ **底** （容器などの） soko	**fondo** *m.* フォンド	bottom バトム
（靴の）	**suela** *f.* スエラ	sole ソウル
そこく **祖国** sokoku	**patria** *f.* パトリア	motherland, fatherland マザランド，ファーザランド
そこぢから **底力** sokojikara	**reserva de fuerzas** *f.* レセルバ デ フエルサス	reserve strength リザーヴ ストレングス
そこなう **損なう** sokonau	**dañar** ダニャル	hurt, harm ハート，ハーム
そざい **素材** sozai	**material** *m.* マテリアル	material マティアリアル
そしき **組織** soshiki	**organización** *f.* オルガニサシオン	organization オーガニゼイション
そしする **阻止する** soshisuru	**detener, obstaculizar** デテネル，オブスタクリサル	hinder, obstruct ハインダ，オブストラクト
そしつ **素質** soshitsu	**talento** *m.*, **cualidades** *f.pl.* タレント，クアリダデス	aptitude, gift アプティテュード，ギフト

日	西	英
そして **そして** soshite	**y, luego** イ, ルエゴ	and, then アンド, ゼン
そしょう **訴訟** soshou	**pleito** *m.*, **acción** *f.* プレイト, アクシオン	lawsuit, action ロースート, アクション
そしょく **粗食** soshoku	**dieta sencilla** *f.* ディエタ センジャ	simple diet スィンプル ダイエト
そせん **祖先** sosen	**antepasado(-a)** *m.f.* アンテパサド(-ダ)	ancestor アンセスタ
そそぐ **注ぐ** sosogu	**verter** ベルテル	pour ポー
そそっかしい **そそっかしい** sosokkashii	**descuidado(-a)** デスクイダド(-ダ)	careless ケアレス
そそのかす **唆す** sosonokasu	**tentar, seducir** テンタル, セドゥシル	tempt, seduce テンプト, スィデュース
そだつ **育つ** sodatsu	**crecer** クレセル	grow グロウ
そだてる **育てる** sodateru	**criar** クリアル	bring up ブリング アプ
	(動物を) **criar** クリアル	rear, raise リア, レイズ
	(植物を) **cultivar** クルティバル	cultivate カルティヴェイト
そち **措置** sochi	**medidas** *f.pl.* メディダス	measure, step メジャ, ステプ
そちら **そちら** sochira	**ahí** アイ	that way, there ザト ウェイ, ゼア
そっき **速記** sokki	**taquigrafía** *f.* タキグラフィア	shorthand ショートハンド
そっきょう **即興** sokkyou	**improvisación** *f.* インプロビサシオン	improvisation インプロヴィゼイション

日	西	英
そつぎょう **卒業** sotsugyou	**graduación** *f.* グラドゥアシオン	graduation グラデュ**エ**イション
〜する	**graduarse** *en* グラドゥ**ア**ルセ	graduate from グラデュエイト フラム
〜生	**graduado(-a)** *m.f.* グラドゥア**ド**(-ダ)	graduate グラデュエト
そっくす **ソックス** sokkusu	**calcetines** *m.pl.* カルセ**ティ**ネス	socks **サ**クス
そっくり **そっくり** sokkuri	**igual** *a* イグ**ア**ル	just like **チャ**スト ライク
(全部)	**todo, totalmente** トド, トタル**メ**ンテ	all, entirely **オ**ール, インタ**イ**アリ
そっけない **そっけない** sokkenai	**frío(-a), brusco(-a)** フ**リ**オ(-ア), ブ**ル**スコ(-カ)	blunt, curt ブラント, **カ**ート
そっちょくな **率直な** socchokuna	**franco(-a)** フ**ラ**ンコ(-カ)	frank, outspoken フランク, アウトス**ポ**ウクン
そっと **そっと** sotto	**sin hacer ruido, suave-mente** シン ア**セ**ル ル**イ**ド, スア**ベ**メンテ	quietly, softly ク**ワ**イエトリ, **ソ**ーフトリ
ぞっとする **ぞっとする** zottosuru	**temblar** テンブ**ラ**ル	shudder, shiver **シャ**ダ, **シ**ヴァ
そつろん **卒論** sotsuron	**tesina** *f.* テ**シ**ナ	graduation thesis グラデュ**エ**イション **ス**ィースィス
そで **袖** sode	**manga** *f.* **マ**ンガ	sleeve ス**リ**ーヴ
そと **外** soto	**exterior** *m.* エクステリ**オ**ル	outside アウト**サ**イド
そとの **外の** sotono	**exterior** エクステリ**オ**ル	outdoor, external **ア**ウトドー, エクス**タ**ーナル

日	西	英

そなえる
備える
（準備を整える）
sonaeru

prepararse *para*
プレパラルセ パラ

prepare oneself for
プリペア フォ

（用意する）

proveer *de*, **equiparse**
プロベエル, エキパルセ

provide, equip
プロヴァイド, イクウィプ

そなた
ソナタ
sonata

sonata *f.*
ソナタ

sonata
ソナータ

その
その
sono

ese(-*a*)
エセ(-サ)

that
ザト

そのうえ
その上
sonoue

además
アデマス

besides
ビサイヅ

そのうち
その内
sonouchi

pronto
プロント

soon
スーン

そのかわり
その代わり
sonokawari

en su lugar, en cambio
エン ス ルガル, エン カンビオ

instead
インステド

そのご
その後
sonogo

desde entonces
デスデ エントンセス

after that
アフタ ザト

そのころ
その頃
sonokoro

por aquel entonces
ポル アケル エントンセス

about that time
アバウト ザト タイム

そのた
その他
sonota

etcétera, etc.
エトセテラ, エトセテラ

et cetera, and so on
イト セテラ, アンド ソウ オン

そのとき
その時
sonotoki

entonces
エントンセス

then, at that time
ゼン, アト ザト タイム

そば
そば
（近く）
soba

lado *m.*
ラド

side
サイド

そばに
そばに
sobani

al lado *de*
アル ラド

by, beside
バイ, ビサイド

そびえる
そびえる
sobieru

elevarse, alzarse
エレバルセ, アルサルセ

tower, rise
タウア, ライズ

日	西	英
そふ **祖父** sofu	**abuelo** *m.* アブエロ	grandfather グランドファーザ
そふぁー **ソファー** sofaa	**sofá** *m.* ソファ	sofa ソウファ
そふとうぇあ **ソフトウェア** sofutowea	**software** *m.* ソフウェル	software ソーフトウェア
そぷらの **ソプラノ** sopurano	**soprano** *m.* ソプラノ	soprano ソプラーノウ
そぶり **素振り** soburi	**ademán** *m.*, **actitud** *f.* アデマン，アクティトゥド	behavior, attitude ビヘイヴァ，アティテュード
そぼ **祖母** sobo	**abuela** *f.* アブエラ	grandmother グランドマザ
そぼくな **素朴な** sobokuna	**simple, sencillo(-a)** シンプレ，センシジョ(-ジャ)	simple, artless スィンプル，アートレス
そまつな **粗末な** somatsuna	**pobre, humilde** ポブレ，ウミルデ	coarse, humble コース，ハンブル
そむく **背く** somuku	**desobedecer, traicionar** デソベデセル，トライシオナル	disobey, betray ディスオベイ，ビトレイ
そむける **背ける** somukeru	**apartar la mirada** アパルタル ラ ミラダ	avert, turn away アヴァート，ターン アウェイ
そむりえ **ソムリエ** somurie	**sumiller** *m.f.* スミジェル	sommelier サムリエイ
そめる **染める** someru	**teñir** テニル	dye, color, Ⓑcolour ダイ，カラ，カラ
そよかぜ **そよ風** soyokaze	**brisa** *f.* ブリサ	breeze ブリーズ
そら **空** sora	**cielo** *m.* シエロ	sky スカイ
そり **そり** sori	**trineo** *m.* トリネオ	sled, sledge スレド，スレヂ

日	西	英
そる **剃る** soru	**afeitar(se)** アフェイ**タ**ル(セ)	shave **シェ**イヴ
それ **それ** sore	**eso** エソ	it, that **イ**ト，**ザ**ト
それから **それから** sorekara	**y, desde entonces** イ，デスデ エン**ト**ンセス	and, since then **アン**ド，スィンス **ゼ**ン
それぞれ **それぞれ** sorezore	**respectivamente** レスペク**ティ**パメンテ	respectively リス**ペ**クティヴリ
それぞれの **それぞれの** sorezoreno	**respectivo(-a), de cada uno(-a)** レスペク**ティ**ボ(バ)，デ **カ**ダ **ウ**ノ(-ナ)	respective, each リス**ペ**クティヴ，**イ**ーチ
それまで **それまで** soremade	**hasta entonces** ア**ス**タ エン**ト**ンセス	till then **ティ**ル **ゼ**ン
それる **それる** soreru	**desviarse, apartarse** ディスビ**ア**ルセ，アパル**タ**ルセ	deviate, veer off **ディ**ーヴィエイト，**ヴィ**ア オフ
そろう **揃う** （等しくなる） sorou	**igualarse** イグア**ラ**ルセ	(be) even (ビ) **イ**ーヴン
（集まる）	**juntarse** フン**タ**ルセ	gather **ギャ**ザ
（整う）	**completarse** コンプレ**タ**ルセ	(become) complete (ビカム) コン**プ**リート
そろえる **揃える** （等しくする） soroeru	**igualar** イグア**ラ**ル	make even **メ**イク **イ**ーヴン
（まとめる）	**completar** コンプレ**タ**ル	complete, collect コン**プ**リート，コ**レ**クト
（整える）	**arreglar(se), ordenar(se)** アレグ**ラ**ル(セ)，オルデ**ナ**ル(セ)	arrange ア**レ**インジ
そろばん **算盤** soroban	**ábaco** *m.* **ア**バコ	abacus **ア**バカス

日	西	英
そわそわする **そわそわする** sowasowasuru	**agitarse** アヒタルセ	(be) nervous (ビ) **ナ**ーヴァス
そん **損** son	**pérdida** *f.*, **desventaja** *f.* ペルディダ, デスペン**タ**ハ	loss, disadvantage ロース, ディサド**ヴァ**ンティヂ
〜をする	**perder** ペル**デ**ル	lose, suffer a loss ルーズ, **サ**ファ ア ロース
そんがい **損害** songai	**daño** *m.* **ダ**ニョ	damage, loss **ダ**ミヂ, ロース
そんけい **尊敬** sonkei	**respeto** *m.* レス**ペ**ト	respect リス**ペ**クト
〜する	**respetar, estimar** レスペ**タ**ル, エスティ**マ**ル	respect, esteem リス**ペ**クト, イス**ティ**ーム
そんげん **尊厳** songen	**dignidad** *f.* ディグニ**ダ**ド	dignity, prestige **ディ**グニティ, プレス**ティ**ーヂ
そんざい **存在** sonzai	**existencia** *f.* エクシス**テ**ンシア	existence イグ**ズィ**ステンス
〜する	**existir** エクシス**ティ**ル	exist, (be) existent イグ**ズィ**スト, (ビ) イグ**ズィ**ステ ント
そんしつ **損失** sonshitsu	**pérdida** *f.* **ペ**ルディダ	loss ロース
そんぞくする **存続する** sonzokusuru	**continuar** コンティヌ**ア**ル	continue コン**ティ**ニュー
そんだいな **尊大な** sondaina	**arrogante** アロ**ガ**ンテ	arrogant **ア**ロガント
そんちょう **尊重** sonchou	**respeto** *m.*, **estima** *f.* レス**ペ**ト, エス**ティ**マ	respect, esteem リス**ペ**クト, イス**ティ**ーム
〜する	**respetar, estimar** レスペ**タ**ル, エスティ**マ**ル	respect, esteem リス**ペ**クト, イス**ティ**ーム
そんな **そんな** sonna	**tal, tales** **タ**ル, **タ**レス	such **サ**チ

427

日	西	英

た, タ

た **田** ta	**arrozal** *m.* アロサル	rice field ライス **フィ**ールド
たーとるねっく **タートルネック** taatorunekku	**cuello vuelto** *m.* ク**エ**ジョ ブ**エ**ルト	turtleneck **タ**ートルネク
たーぼ **ターボ** taabo	**turbo** *m.* ト**ゥ**ルボ	turbo **タ**ーボ
たい **タイ** tai	**Tailandia** *f.* タイ**ラ**ンディア	Thailand **タ**イランド
たい **鯛** tai	**besugo** *m.* ベ**ス**ゴ	sea bream ス**ィ**ー ブリーム
だい **台** dai	**base** *f.*, **pedestal** *m.* **バ**セ, ペデ**スタ**ル	stand, pedestal ス**タ**ンド, **ペ**デストル
たいあたりする **体当たりする** taiatarisuru	**lanzarse** *contra*, **embestir** ラン**サ**ルセ コントラ, エンベス**ティ**ル	tackle, ram **タ**クル, **ラ**ム
たいあっぷ **タイアップ** taiappu	**asociación** *f.* アソシア**シオ**ン	tie-up **タ**イアプ
たいいく **体育** taiiku	**educación física** *f.* エドゥカ**シオ**ン **フィ**シカ	physical education **フィ**ズィカル エデュ**ケ**イション
だいいちの **第一の** daiichino	**primero(-a)** プリ**メ**ロ(- ラ)	first **ファ**ースト
たいいんする **退院する** taiinsuru	**(ser) dado(-a) de alta** (**セ**ル) **ダ**ド(- ダ) デ ア**ル**タ	(be) discharged from hospital (ビ) ディス**チャ**ーデド フラム **ハ**スピトル
たいえきする **退役する** taiekisuru	**retirarse** レティ**ラ**ルセ	retire リ**タ**イア
だいえっと **ダイエット** daietto	**dieta** *f.* ディ**エ**タ	diet **ダ**イエト

日	西	英
たいおうする **対応する** taiousuru	**corresponder** *a* コレスポンデル	correspond to コーレスパンド トゥ
だいおきしん **ダイオキシン** daiokishin	**dioxina** *f.* ディオクシナ	dioxin ダイアクスィン
たいおん **体温** taion	**temperatura** *f.* テンペラトゥラ	temperature テンペラチャ
〜計	**termómetro** *m.* テルモメトロ	thermometer サモメタ
たいか **大家** taika	**autoridad** *f.* アウトリダド	great master, authority グレイト マスタ, オサリティ
たいかく **体格** taikaku	**constitución** *f.* コンスティトゥシオン	physique, build フィズィーク, ビルド
だいがく **大学** daigaku	**universidad** *f.* ウニベルシダド	university, college ユーニヴァースィティ, カレヂ
〜院	**curso de posgrado** *m.* クルソ デ ポスグラド	graduate school グラヂュエト スクール
〜生	**estudiante universitario(-a)** *m.f.* エストゥディアンテ ウニベルシタリオ(-ア)	university student ユーニヴァースィティ ステューデント
たいがくする **退学する** taigakusuru	**dejar los estudios** デハル ロス エストゥディオス	leave school リーヴ スクール
たいき **大気** taiki	**aire** *m.*, **atmósfera** *f.* アイレ, アトモスフェラ	air, atmosphere エア, アトモスフィア
〜汚染	**contaminación atmosférica** *f.* コンタミナシオン アトモスフェリカ	air pollution エア ポリューション
〜圏	**atmósfera** *f.* アトモスフェラ	atmosphere アトモスフィア
だいきぼな **大規模な** daikibona	**de gran escala** デ グラン エスカラ	large-scale ラーデスケイル

日	西	英
たいきゃくする **退却する** taikyakusuru	**retirarse** *de* レティラルセ	retreat from リトリート フラム
たいきゅうせい **耐久性** taikyuusei	**durabilidad** *f.* ドゥラビリダド	durability デュアラビリティ
だいきん **代金** daikin	**importe** *m.* インポルテ	price プライス
たいぐう **待遇** taiguu	**trato** *m.*, **tratamiento** *m.* トラト, トラタミエント	treatment トリートメント
たいくつ **退屈** taikutsu	**aburrimiento** *m.* アブリミエント	boredom ボーダム
～な	**aburrido(-*a*)** アブリド(-ダ)	boring, tedious ボーリング, ティーディアス
たいけい **体形** taikei	**figura** *f.* フィグラ	figure フィギャ
たいけい **体系** taikei	**sistema** *m.* システマ	system スィステム
たいけつする **対決する** taiketsusuru	**confrontarse** *con*, **enfrentarse** *a* コンフロンタルセ, エンフレンタルセ	confront コンフラント
たいけん **体験** taiken	**experiencia** *f.* エクスペリエンシア	experience イクスピアリアンス
～する	**experimentar** エクスペリメンタル	experience, go through イクスピアリアンス, ゴウ スルー
たいこうする **対抗する** taikousuru	**oponerse** *a*, **hacer frente** *a* オポネルセ, アセル フレンテ	oppose, confront オポウズ, コンフラント
だいこうする **代行する** daikousuru	**actuar en nombre** *de*, **representar** *a* アクトゥアル エン ノンブレ, レプレセンタル	act for アクト フォー
だいごの **第五の** daigono	**quinto(-*a*)** キント(-タ)	fifth フィフス

日	西	英
たいざいする **滞在する** taizaisuru	**quedarse** *en* ケダルセ	stay ステイ
たいさく **対策** taisaku	**medidas** *f.pl.* メディダス	measures メジャズ
だいさんの **第三の** daisanno	**tercero(-*a*)** テルセロ(-ラ)	third サード
たいし **大使** taishi	**embajador(-*a*)** *m.f.* エンバハドル(-ラ)	ambassador アンバサダ
～館	**embajada** *f.* エンバハダ	embassy エンバスィ
たいしつ **体質** taishitsu	**constitución** *f.* コンスティトゥシオン	constitution カンスティテューション
だいじな **大事な** daijina	**importante** インポルタンテ	important, pre- cious インポータント，プレシャス
だいじにする **大事にする** daijinisuru	**cuidar (bien), tratar bien** クイダル (ビエン)，トラタル ビエン	take care of テイク ケア オヴ
たいしゅう **大衆** taishuu	**público** *m.* プブリコ	general public チェネラル パブリク
たいじゅう **体重** taijuu	**peso** *m.* ペソ	body weight バディ ウェイト
たいしょう **対照** taishou	**contraste** *m.*, **compara-** **ción** *f.* コントラステ，コンパラシオン	contrast, compari- son カントラスト，コンパリスン
～する	**contrastar, comparar** コントラスタル，コンパラル	contrast, compare コントラスト，コンペア
たいしょう **対象** taishou	**objeto** *m.* オブヘト	object アブチェクト
だいしょう **代償** daishou	**compensación** *f.* コンペンサシオン	compensation カンペンセイション

日	西	英
たいじょうする **退場する** taijousuru	**irse, salir** イルセ, サリル	leave, exit リーヴ, エグズィット
たいしょく **退職** taishoku	**jubilación** *f.* フビラシオン	retirement リタイアメント
〜する	**jubilarse** *de* フビラルセ	retire from リタイア フラム
だいじん **大臣** daijin	**ministro(-a)** *m.f.* ミニストロ(-ラ)	minister ミニスタ
たいしんの **耐震の** taishinno	**antisísmico(-a)** アンティシスミコ(-カ)	earthquake-proof アースクウェイクプルーフ
だいず **大豆** daizu	**soja** *f.* ソハ	soybean, Ⓑsoyabean ソイビーン, ソヤビーン
たいすいの **耐水の** taisuino	**impermeable** インペルメアブレ	waterproof ウォータプルーフ
たいすう **対数** taisuu	**logaritmo** *m.* ロガリトモ	logarithm ロガリズム
だいすう **代数** daisuu	**álgebra** *f.* アルヘブラ	algebra アルヂブラ
たいせい **体制** taisei	**sistema** *m.*, **régimen** *m.* システマ, レヒメン	organization オーガニゼイション
たいせい **大勢** taisei	**tendencia general** *f.* テンデンシア ヘネラル	general trend ヂェネラル トレンド
たいせいよう **大西洋** taiseiyou	**(Océano) Atlántico** *m.* (オセアノ) アトランティコ	Atlantic Ocean アトランティク オーシャン
たいせき **体積** taiseki	**volumen** *m.* ボルメン	volume ヴァリュム
たいせつな **大切な** taisetsuna	**importante** インポルタンテ	important, precious インポータント, プレシャス

431

た

日	西	英
たいせんする **対戦する** taisensuru	**jugar** *con* フガル	fight with ファイト ウィズ
たいそう **体操** taisou	**gimnasia** *f.* ヒムナシア	gymnastics ヂムナスティクス
だいたい **大体** (およそ) daitai	**más o menos** マス オ メノス	about アバウト
(概略)	**resumen** *m.* レスメン	outline, summary アウトライン, サマリ
(大抵)	**en general** エン ヘネラル	generally チェネラリ
だいたすう **大多数** daitasuu	**gran mayoría** *f.* グラン マジョリア	large majority ラーヂ マチョーリティ
たいだな **怠惰な** taidana	**perezoso(-a)** ペレソソ(-サ)	lazy レイズィ
たいだん **対談** taidan	**conversación** *f.* コンベルサシオン	talk トーク
～**する**	**dialogar** *con* ディアロガル	have a talk with ハヴ ア トーク ウィズ
だいたんな **大胆な** daitanna	**atrevido(-a)** アトレビド(-ダ)	bold, daring ボウルド, デアリング
たいちょう **体調** taichou	**estado físico** *m.*, **forma** **física** *f.* エスタド フィシコ, フォルマ フィシカ	physical condition フィズィカル コンディション
だいちょう **大腸** daichou	**intestino grueso** *m.* インテスティノ グルエソ	large intestine ラーヂ インテスティン
たいつ **タイツ** taitsu	**leotardos** *m.pl.* レオタルドス	tights タイツ
たいてい **大抵** (大体) taitei	**generalmente** ヘネラルメンテ	generally チェネラリ

日	西	英
（大部分）	**casi** カシ	almost オールモウスト
たいど **態度** taido	**actitud** *f.* アクティトゥド	attitude, manner アティテュード, マナ
たいとうの **対等の** taitouno	**igual** イグアル	equal, even イークワル, イーヴン
だいどうみゃく **大動脈** daidoumyaku	**aorta** *f.* アオルタ	aorta エイオータ
だいとうりょう **大統領** daitouryou	**presidente(-a)** *m.f.* プレシデンテ(-タ)	president プレズィデント
だいどころ **台所** daidokoro	**cocina** *f.* コシナ	kitchen キチン
だいとし **大都市** daitoshi	**gran ciudad** *f.* グラン シウダド	big city ビグ スィティ
たいとる **タイトル** taitoru	**título** *m.* ティトゥロ	title タイトル
だいなみっくな **ダイナミックな** dainamikkuna	**dinámico(-a)** ディナミコ(-カ)	dynamic ダイナミク
だいにの **第二の** dainino	**segundo(-a)** セグンド(-ダ)	second セカンド
だいにんぐ **ダイニング** dainingu	**comedor** *m.* コメドル	dining room ダイニング ルーム
たいねつの **耐熱の** tainetsuno	**termorresistente, resistente al calor** テルモレシステンテ, レシステンテ アル カロル	heat resistant ヒート レズィスタント
だいばー **ダイバー** daibaa	**buzo** *m.* ブソ	diver ダイヴァ
たいばつ **体罰** taibatsu	**castigo corporal** *m.* カスティゴ コルポラル	corporal punishment コーポラル パニシュメント

日	西	英
たいはん **大半** taihan	**mayoría** *de f.*, **mayor parte** *de f.* マジョリア, マジョル パルテ	(the) greater part of (ザ) グレイタ パート オヴ
たいひ **堆肥** taihi	**compost** *m.* コンポスト	compost カンポウスト
だいひょう **代表** daihyou	**representante** *m.f.* レプレセンタンテ	representative レプリゼンタティヴ
～する	**representar** レプレセンタル	represent レプリゼント
～的な	**representativo(-a)**, **típico(-a)** レプレセンタティボ(-バ), ティピコ(-カ)	representative レプリゼンタティヴ
～取締役	**director(-a) general** *m.f.* ディレクトル(-ラ) ヘネラル	CEO, company president スィーイーオウ, カンパニ プレズィデント
だいびんぐ **ダイビング** daibingu	**buceo** *m.* ブセオ	diving ダイヴィング
だいぶ **大分** daibu	**bastante** バスタンテ	very, pretty ヴェリ, プリティ
たいふう **台風** taifuu	**tifón** *m.* ティフォン	typhoon タイフーン
たいへいよう **太平洋** taiheiyou	**(Océano) Pacífico** *m.* (オセアノ) パシフィコ	Pacific Ocean パスィフィク オーシャン
たいへん **大変** taihen	**muy** ムイ	very, extremely ヴェリ, イクストリームリ
だいべん **大便** daiben	**heces** *f.pl.* エセス	feces フィースィーズ
たいへんな **大変な** (すばらしい) taihenna	**magnífico(-a)** マグニフィコ(-カ)	wonderful, splendid ワンダフル, スプレンディド
(やっかいな)	**fastidioso(-a)**, **difícil** ファスティディオソ(-サ), ディフィシル	troublesome, hard トラブルサム, ハード

日	西	英
（重大な・深刻な）	**serio(-a), grave** セリオ(-ア), グラベ	serious, grave スィアリアス, グレイヴ
たいほ **逮捕** taiho	**detención** *f.* デテンシオン	arrest, capture アレスト, **キャプチャ**
～する	**detener** デテネル	arrest, capture アレスト, **キャプチャ**
たいほう **大砲** taihou	**cañón** *m.* カニョン	cannon **キャノン**
たいぼうの **待望の** taibouno	**largamente esperado(-a)** ラルガメンテ エスペラド(-ダ)	long-awaited ロングアウェイテド
だいほん **台本** （映画・劇の） daihon	**guión** *m.* ギオン	scenario, script サネアリオウ, スクリプト
（歌劇の）	**libreto** *m.* リブレト	libretto リブレトウ
たいま **大麻** taima	**marihuana** *f.* マリウアナ	marijuana マリワーナ
たいまー **タイマー** taimaa	**temporizador** *m.* テンポリサドル	timer **タイマ**
たいまんな **怠慢な** taimanna	**negligente** ネグリヘンテ	negligent **ネグリ**ヂェント
たいみんぐ **タイミング** taimingu	**momento oportuno** *m.* モメント オポルトゥノ	timing **タイミング**
だいめい **題名** daimei	**título** *m.* ティトゥロ	title **タイトル**
だいめいし **代名詞** daimeishi	**pronombre** *m.* プロノンブレ	pronoun プロウナウン
たいや **タイヤ** taiya	**neumático** *m.*, Ⓐ**llanta** *f.* ネウマティコ, ジャンタ	tire タイア

日	西	英
だいや **ダイヤ** （運行表） daiya	**horario de ferrocarriles** m. オラリオ デ フェロカリレス	timetable タイムテイブル
だいやもんど **ダイヤモンド** daiyamondo	**diamante** m. ディアマンテ	diamond ダイアモンド
たいよう **太陽** taiyou	**sol** m. ソル	sun サン
だいようする **代用する** daiyousuru	**sustituir** ススティトウイル	substitute for サブスティテュート フォ
だいよんの **第四の** daiyonno	**cuarto(-a)** クアルト(-タ)	fourth フォース
たいらな **平らな** tairana	**llano(-a), plano(-a)** ジャノ(-ナ), プラノ(-ナ)	even, level, flat イーヴン, レヴェル, フラト
だいり **代理** dairi	**representante** m.f., **apoderado(-a)** m.f. レプレセンタンテ, アポデラド(-ダ)	representative, proxy レプリゼンタティヴ, プラクスィ
～店	**agencia** f. アヘンシア	agency エイヂェンスィ
たいりく **大陸** tairiku	**continente** m. コンティネンテ	continent カンティネント
だいりせき **大理石** dairiseki	**mármol** m. マルモル	marble マーブル
たいりつ **対立** tairitsu	**oposición** f. オポシシオン	opposition アポズィション
～する	**oponerse** a オポネルセ	(be) opposed to (ヒ) オポウズド トゥ
たいりょう **大量** tairyou	**gran cantidad** f. グラン カンティダド	mass, large quantities マス, ラーヂ クワンティティズ
～生産	**producción en masa** f. プロドゥクシオン エン マサ	mass production マス プロダクション

日	西	英
たいりょく **体力** tairyoku	**fuerza física** *f.* フエルサ フィシカ	physical strength フィズィカル ストレングス
たいる **タイル** tairu	**azulejo** *m.* アスレホ	tile **タ**イル
たいわする **対話する** taiwasuru	**conversar** コンベルサル	have a dialogue ハヴ ア ダイアローグ
たいわん **台湾** taiwan	**Taiwán** *m.* タイワン	Taiwan タイ**ワ**ーン
だうんじゃけっと **ダウンジャケット** daunjaketto	**plumífero** *m.* プルミフェロ	down jacket **ダ**ウン **チャ**ケト
だうんろーどする **ダウンロードする** daunroodosuru	**descargar** デスカルガル	download ダウン**ロ**ウド
たえず **絶えず** taezu	**siempre, continuamente** シエンプレ, コンティヌアメンテ	always, all the time **オ**ールウェイズ, **オ**ール ザ **タ**イム
たえる **絶える** taeru	**extinguirse** エクスティンギルセ	cease, die out **ス**ィース, **ダ**イ **ア**ウト
たえる **耐える** （我慢する） taeru	**aguantar** アグアン**タ**ル	bear, stand **ベ**ア, ス**タ**ンド
（持ちこたえる）	**resistir** レシス**ティ**ル	withstand ウィズス**タ**ンド
だえん **楕円** daen	**óvalo** *m.*, **elipse** *f.* **オ**バロ, エ**リ**プセ	ellipse, oval イ**リ**プス, **オ**ウヴァル
たおす **倒す** （打ち倒す） taosu	**derribar** デリ**バ**ル	knock down **ナ**ク **ダ**ウン
（相手を負かす）	**derrotar** *a*, **ganar** *a* デロ**タ**ル, ガ**ナ**ル	defeat, beat ディ**フィ**ート, **ビ**ート
（崩壊させる）	**derrocar** デロ**カ**ル	overthrow オウヴァス**ロ**ウ

日	西	英
たおる **タオル** taoru	**toalla** *f.* トアジャ	towel タウエル
たおれる **倒れる** taoreru	**caer(se)** カエル(セ)	fall, collapse フォール, コラプス
たか **鷹** taka	**halcón** *m.* アルコン	hawk ホーク
たかい **高い** takai	**alto(-a)** アルト(-タ)	high, tall ハイ, トール
(値段が)	**caro(-a)** カロ(-ラ)	expensive イクスペンスィヴ
だかいする **打開する** dakaisuru	**superar** スペラル	break, make a breakthrough ブレイク, メイク ア ブレイクスルー
たがいに **互いに** tagaini	**mutuamente** ムトゥアメンテ	mutually ミューチュアリ
たがいの **互いの** tagaino	**mutuo(-a)** ムトゥオ(-ア)	mutual ミューチュアル
だがっき **打楽器** dagakki	**instrumento de percusión** *m.* インストルメント デ ペルクシオン	percussion instrument パーカション インストルメント
たかまる **高まる** (上昇する) takamaru	**subir** スビル	rise ライズ
(高ぶる)	**emocionarse** エモシオナルセ	(get) excited (ゲト) イクサイテド
たかめる **高める** takameru	**aumentar** アウメンタル	raise, increase レイズ, インクリース
たがやす **耕す** tagayasu	**cultivar, arar** クルティバル, アラル	cultivate, plow カルティヴェイト, プラウ
たから **宝** takara	**tesoro** *m.* テソロ	treasure トレジャ

日	西	英
〜くじ	**lotería** *f.* ロテリア	lottery ラタリ
たかる **たかる** takaru	**extorsionar** エクストルシオナル	extort イクストート
たき **滝** taki	**catarata** *f.* カタラタ	waterfall, falls **ウォ**ータフォール, **フォ**ールズ
だきょうする **妥協する** dakyousuru	**comprometerse** コンプロメテルセ	compromise with カンプロマイズ ウィズ
たく **炊く** taku	**cocer** コセル	cook, boil クク, ボイル
だく **抱く** daku	**abrazar** アブラサル	embrace インブレイス
たくさんの **沢山の** takusanno	**mucho(-a), muchos(-as)** ムチョ(-チャ), ムチョス(-チャス)	many, much メニ, マチ
たくしー **タクシー** takushii	**taxi** *m.* タクシ	cab, taxi **キャ**ブ, **タ**クスィ
たくはい **宅配** takuhai	**servicio (de entrega) a domicilio** *m.* セルビシオ (デ エントレガ) ア ドミシリオ	door-to-door de-livery ドータドー ディリヴァリ
たくましい **たくましい** takumashii	**robusto(-a)** ロブスト(-タ)	sturdy, stout スターディ, スタウト
たくみな **巧みな** takumina	**hábil, diestro(-a)** アビル, ディエストロ(-ラ)	skillful スキルフル
たくらむ **企む** takuramu	**conspirar, planear** コンスピラル, プラネアル	scheme, plot スキーム, プラト
たくわえ **蓄え** takuwae	**provisión** *f.*, **reserva** *f.* プロビシオン, レセルバ	store, reserve ストー, リザーヴ
(貯金)	**ahorros** *m.pl.* アオロス	savings セイヴィングズ

日	西	英
たくわえる **蓄える** takuwaeru	**reservar, guardar** レセルバル, グアルダル	store, keep ストー, キープ
（貯金する）	**ahorrar** アオラル	save セイヴ
だげき **打撃** dageki	**golpe** *m.* ゴルペ	blow, shock ブロウ, シャク
だけつする **妥結する** daketsusuru	**llegar a un acuerdo** ジェガル ア ウン アクエルド	reach an agree- ment リーチ アン アグリーメント
たこ **凧** tako	**cometa** *f.* コメタ	kite カイト
たこ **蛸** tako	**pulpo** *m.* プルポ	octopus アクトパス
たこくせきの **多国籍の** takokusekino	**multinacional** ムルティナシオナル	multinational マルティナショナル
たさいな **多彩な** tasaina	**multicolor** ムルティコロル	colorful カラフル
ださんてきな **打算的な** dasantekina	**calculador(-*a*)** カルクラドル(-ラ)	calculating キャルキュレイティング
たしか **確か** tashika	**probablemente** プロバブレメンテ	probably プラバブリ
～な	**cierto(-*a*), seguro(-*a*)** シエルト(-タ), セグロ(-ラ)	sure, certain シュア, サートン
～に	**ciertamente** シエルタメンテ	certainly サートンリ
たしかめる **確かめる** tashikameru	**comprobar** コンプロバル	make sure of メイク シュア オヴ
たしざん **足し算** tashizan	**suma** *f.* スマ	addition アディション

日	西	英
たしなみ **嗜み** （素養・心得） tashinami	**cultura** *f.*, **conocimientos** *m.pl.* クル**トゥ**ラ，コノシミ**エ**ントス	knowledge **ナ**リヂ
（好み・趣味）	**gusto** *m.* **グ**スト	taste **テ**イスト
だじゃれ **駄洒落** dajare	**juego de palabras** *m.* フ**エ**ゴ デ パ**ラ**ブラス	pun **パ**ン
だしんする **打診する** （意向を） dashinsuru	**tantear** タンテ**ア**ル	sound out **サ**ウンド **ア**ウト
たす **足す** tasu	**añadir** アニャ**ディ**ル	add **ア**ド
だす **出す** （中から） dasu	**sacar** *de* サ**カ**ル	take out **テ**イク **ア**ウト
（露出する）	**exponer** エクスポ**ネ**ル	expose イクス**ポ**ウズ
（提出する）	**presentar** プレセン**タ**ル	hand in **ハ**ンド **イ**ン
（手紙などを）	**enviar** エンビ**ア**ル	mail, Ⓑpost **メ**イル，**ポ**ウスト
（発行する）	**publicar** プブリ**カ**ル	publish **パ**ブリシュ
たすう **多数** tasuu	**mayoría** *f.* マ**ジョ**リア	majority マ**ヂョ**ーリティ
～決	**decisión por mayoría** *f.* デシシ**オ**ン ポル マ**ジョ**リア	decision by majority ディ**スィ**ジョン バイ マ**ヂョ**ーリティ
～の	**numerso(-*a*), muchos(-*as*)** ヌ**メ**ロソ(-**サ**)，**ム**チョス(-**チャ**ス)	numerous, many **ニュ**ーメラス，**メ**ニ
たすかる **助かる** tasukaru	**salvarse** サル**バ**ルセ	(be) rescued (ビ) **レ**スキュード

日	西	英
（助けになる）	**servirse** セルビルセ	(be) helped (ビ) ヘルプト
たすける **助ける** tasukeru	**salvar** サルバル	save セイヴ
（援助する）	**ayudar** アジュダル	help ヘルプ
たずねる **尋ねる** tazuneru	**preguntar** プレグンタル	ask アスク
たずねる **訪ねる** tazuneru	**visitar** ビシタル	visit ヴィズィト
だせい **惰性** dasei	**inercia** *f.* イネルシア	inertia イナーシャ
たたえる **称える** tataeru	**elogiar** エロヒアル	praise プレイズ
たたかい **戦い** （戦争・紛争） tatakai	**guerra** *f.* ゲラ	war ウォー
（戦闘）	**combate** *m.*, **batalla** *f.* コンバテ, バタジャ	battle バトル
（けんか・抗争）	**pelea** *f.*, **lucha** *f.* ペレア, ルチャ	fight ファイト
たたかう **戦う** tatakau	**luchar** ルチャル	fight ファイト
たたく **叩く** tataku	**golpear** ゴルペアル	strike, hit, knock ストライク, ヒト, ナク
ただし **但し** tadashi	**pero, sin embargo** ペロ, シン エンバルゴ	but, however バト, ハウエヴァ
ただしい **正しい** tadashii	**correcto(-a)** コレクト(-タ)	right, correct ライト, コレクト
ただちに **直ちに** tadachini	**de inmediato** デインメディアト	at once アト ワンス

日	西	英
ただの (普通の) tadano	**simple, ordinario(-a)** シンプレ, オルディナリオ(-ア)	ordinary オーディネリ
(無料の)	**gratis** グラティス	free, gratis フリー, グラティス
たたむ 畳む tatamu	**doblar** ドブラル	fold フォウルド
ただれる tadareru	**inflamarse, (estar) inflamado(-a)** インフラマルセ, (エスタル) インフラマド(-ダ)	(be) inflamed (ビ) インフレイムド
たちあがる 立ち上がる tachiagaru	**levantarse** レバンタルセ	stand up スタンド アプ
たちあげる 立ち上げる tachiageru	**empezar, ponerse en marcha** エンペサル, ポネルセ エン マルチャ	start up スタート アプ
たちいりきんし 立ち入り禁止 tachiirikinshi	**Prohibido el paso.** プロイビド エル パソ	No Entry., Keep Out. ノウ エントリ, キープ アウト
たちさる 立ち去る tachisaru	**irse** イルセ	leave リーヴ
たちどまる 立ち止まる tachidomaru	**pararse** パラルセ	stop, halt スタプ, ホールト
たちなおる 立ち直る tachinaoru	**recuperarse** レクペラルセ	get over, recover ゲト オウヴァ, リカヴァ
たちのく 立ち退く tachinoku	**desalojar** デサロハル	leave, move out リーヴ, ムーヴ アウト
たちば 立場 tachiba	**posición** *f.* ポシシオン	standpoint スタンドポイント
たつ 立つ tatsu	**levantarse** レバンタルセ	stand, rise スタンド, ライズ
たつ 経つ tatsu	**pasar, transcurrir** パサル, トランスクリル	pass, elapse パス, イラプス

日	西	英
たつ **発つ** tatsu	**salir, marcharse** サリル, マルチャルセ	set out, depart セト アウト, ディパート
たつ **建つ** tatsu	**construirse** コンストルイルセ	(be) built (ビ) ビルト
たっきゅう **卓球** takkyuu	**tenis de mesa** *m.* テニス デ メサ	table tennis テイブル テニス
だっこする **抱っこする** dakkosuru	**llevar en los brazos** ジェバル エン ロス ブラソス	carry キャリ
たっしゃな **達者な** (健康な) tasshana	**sano(-a)** サノ(-ナ)	healthy ヘルスィ
(上手な)	**competente** コンペテンテ	skilled, proficient スキルド, プロフィシェント
だっしゅする **ダッシュする** dasshusuru	**lanzarse** ランサルセ	dash ダシュ
だっしゅつする **脱出する** dasshutsusuru	**escaparse** *de* エスカパルセ	escape from イスケイプ フラム
たっする **達する** tassuru	**llegar** *a*, **alcanzar** ジェガル, アルカンサル	reach, arrive at リーチ, アライヴ アト
だつぜい **脱税** datsuzei	**evasión de impuestos** *f.* エバシオン デ インプエストス	tax evasion タクス イヴェイジョン
〜する	**evadir impuestos** エバディル インプエストス	evade a tax イヴェイド ア タクス
たっせいする **達成する** tasseisuru	**alcanzar, conseguir** アルカンサル, コンセギル	accomplish, achieve アカンプリシュ, アチーヴ
だっせんする **脱線する** dassensuru	**descarrilar** デスカリラル	(be) derailed (ビ) ディレイルド
(話が)	**divagar** ディバガル	digress from ダイグレス フラム

日	西	英
たった **たった** tatta	**sólo** ソロ	only, just **オ**ウンリ, **チ**ャスト
だったいする **脱退する** dattaisuru	**separarse** *de*, **retirarse** *de* セパラルセ, レティラルセ	withdraw from ウィズ**ド**ロー フラム
たったいま **たった今** tattaima	**en este mismo momento** エン **エ**ステ ミスモ モ**メ**ント	just now **チ**ャスト **ナ**ウ
たつまき **竜巻** tatsumaki	**tornado** *m.* トル**ナ**ド	tornado トー**ネ**イドウ
だつもう **脱毛**　　(除毛) datsumou	**depilación** *f.* デピラ**シオ**ン	hair removal, de- pilation ヘア リ**ムー**ヴァル, デピ**レ**イ ション
（毛が抜け落ちる）	**pérdida de cabello** *f.* **ペ**ルディダ デ カ**ベ**ジョ	hair loss ヘア **ロ**ース
だつらくする **脱落する** datsurakusuru	**(ser) omitido(-*a*)** (**セ**ル) オ**ミ**ティド(-ダ)	(be) omitted, fall off (ビ) オウ**ミ**テド, **フォ**ール オフ
たて **縦** tate	**longitud** *f.* ロンヒ**トゥ**ド	length **レ**ングス
たて **盾** tate	**escudo** *m.* エス**ク**ド	shield **シ**ールド
たてまえ **建て前** tatemae	**principio** *m.*, **intención** **declarada** *f.* プリン**シ**ピオ, インテン**シオ**ン デクラ**ラ**ダ	professed inten- tion, official stance プロ**フェ**スト イン**テ**ンション, オ**フィ**シャル ス**タ**ンス
たてもの **建物** tatemono	**edificio** *m.* エディ**フィ**シオ	building **ビ**ルディング
たてる **立てる** tateru	**levantar** レバン**タ**ル	stand, put up ス**タ**ンド, **プ**ト ア**プ**
（計画などを）	**planificar** プラニフィ**カ**ル	form, make **フォ**ーム, **メ**イク
たてる **建てる**　(建築する) tateru	**construir** コンストル**イ**ル	build, construct **ビ**ルド, コンスト**ラ**クト

日	西	英
（設立する）	**fundar** フンダル	establish, found イス**タ**ブリシュ，**ファ**ウンド
たどうし **他動詞** tadoushi	**verbo transitivo** *m.* ベルボ トランシ**ティ**ボ	transitive verb トラン**スィ**ティヴ **ヴァ**ーブ
だとうする **打倒する** datousuru	**derrotar, derribar** デロ**タ**ル，デリ**バ**ル	defeat ディ**フィ**ート
だとうな **妥当な** datouna	**apropiado(-a)** アプロピ**ア**ド(·ダ)	appropriate, proper ア**プロ**ウプリエト，**プラ**パ
たとえば **例えば** tatoeba	**por ejemplo** ポル エ**ヘ**ンプロ	for example フォ イグ**ザ**ンプル
たとえる **例える** tatoeru	**comparar** *a* コンパ**ラ**ル	compare to コン**ペ**ア トゥ
たどる **たどる** tadoru	**seguir** セ**ギ**ル	follow, trace **ファ**ロウ，ト**レ**イス
たな **棚** tana	**estante** *m.* エス**タ**ンテ	shelf, rack **シェ**ルフ，**ラ**ク
たに **谷** tani	**valle** *m.* **バ**ジェ	valley **ヴァ**リ
だに **ダニ** dani	**garrapata** *f.* ガラ**パ**タ	tick **ティ**ク
たにん **他人** tanin	**otro(-a)** *m.f.* **オ**トロ(·ラ)	other people **ア**ザ **ピ**ープル
（知らない人）	**desconocido(-a)** *m.f.*, **extraño(-a)** *m.f.* デスコノ**シ**ド(·ダ)，エクスト**ラ**ニョ(·ニャ)	stranger スト**レ**インヂャ
たね **種** tane	**semilla** *f.* セ**ミ**ジャ	seed **スィ**ード
たのしい **楽しい** tanoshii	**alegre, divertido(-a)** ア**レ**グレ，ディベル**ティ**ド(·ダ)	fun, enjoyable **ファ**ン，イン**ヂョ**イアブル

日	西	英
たのしみ **楽しみ** tanoshimi	**placer** *m.*, **disfrute** *m.* プラセル, ディスフルテ	pleasure, joy プレジャ, **チョ**イ
たのしむ **楽しむ** tanoshimu	**disfrutar** ディスフル**タ**ル	enjoy イン**チョ**イ
たのみ **頼み** tanomi	**petición** *f.*, **favor** *m.* ペティ**シオ**ン, ファ**ボ**ル	request, favor, Ⓑfavour リク**ウェ**スト, **フェ**イヴァ, **フェ** イヴァ
たのむ **頼む** tanomu	**pedir** ペ**ディ**ル	ask, request **ア**スク, リク**ウェ**スト
たのもしい **頼もしい** （信頼できる） tanomoshii	**digno(-a) de confianza** **ディ**グノ(-ナ) デ コン**フィア**ンサ	reliable リ**ラ**イアブル
（有望な）	**prometedor(-a)** プロメテ**ド**ル(-ラ)	promising プ**ラ**ミスィング
たば **束** taba	**manojo** *m.* マ**ノ**ホ	bundle, bunch **バ**ンドル, **バ**ンチ
たばこ **煙草** tabako	**tabaco** *m.* タ**バ**コ	tobacco, cigarette ト**バ**コウ, ス**ィガレ**ト
たび **旅** tabi	**viaje** *m.* ビ**ア**へ	travel, journey ト**ラ**ヴェル, **チャ**ーニ
たびだつ **旅立つ** tabidatsu	**salir de viaje** サ**リ**ル デ ビ**ア**へ	embark on a jour- ney イン**バ**ーク オン ア **チャ**ーニ
たびたび **度々** tabitabi	**con frecuencia** コン フレク**エ**ンスィア	often **オ**ーフン
たぶー **タブー** tabuu	**tabú** *m.* タ**ブ**	taboo タ**ブ**ー
だぶだぶの **だぶだぶの** dabudabuno	**holgado(-a)** オル**ガ**ド(-ダ)	loose-fitting **ル**ースフィティング
たふな **タフな** tafuna	**duro(-a)** **ドゥ**ロ(-ラ)	tough, hardy **タ**フ, **ハ**ーディ

日	西	英
だぶる **ダブる** daburu	**solaparse, superponerse** ソラパルセ, スペルポネルセ	overlap オウヴァラプ
だぶるくりっくする **ダブルクリックする** daburukurikkusuru	**hacer doble clic** アセル ドブレ クリク	double-click ダブルクリク
たぶん **多分** tabun	**quizá(s), tal vez** キサ(ス), タル ベス	perhaps, maybe パハプス, メイビ
たべもの **食べ物** tabemono	**alimento** *m.*, **comida** *f.* アリメント, コミダ	food, provisions フード, プロヴィジョンズ
たべる **食べる** taberu	**comer** コメル	eat イート
たほう **他方** tahou	**por otra parte** ポル オトラ パルテ	on the other hand オン ズィ アザ ハンド
たぼうな **多忙な** tabouna	**ocupado(-a)** オクパド(-ダ)	busy ビズィ
だぼく **打撲** daboku	**golpe** *m.* ゴルペ	blow ブロウ
たま **玉** tama	**bola** *f.* ボラ	bead, gem ビード, ヂェム
たま **球** tama	**pelota** *f.* ペロタ	ball, sphere ボール, スフィア
たま **弾** tama	**bala** *f.*, **proyectil** *m.* バラ, プロジェクティル	bullet, shell ブレト, シェル
たまご **卵** tamago	**huevo** *m.* ウエボ	egg エグ
たましい **魂** tamashii	**alma** *f.*, **espíritu** *m.* アルマ, エスピリトゥ	soul, spirit ソウル, スピリト
だます **騙す** damasu	**engañar** エンガニャル	deceive, trick ディスィーヴ, トリク

日	西	英
だまって **黙って** （静かに） damatte	**silenciosamente** シレンシオサメンテ	silently **サ**イレントリ
（無断で）	**sin permiso** シン ペルミソ	without leave ウィザウト **リ**ーヴ
たまに **たまに** tamani	**de vez en cuando** デ ベス エン ク**ア**ンド	occasionally オ**ケ**イジョナリ
たまねぎ **玉葱** tamanegi	**cebolla** *f.* セボジャ	onion **ア**ニョン
たまる **溜まる** tamaru	**acumularse** アクム**ラ**ルセ	accumulate, gather ア**キュ**ーミュレイト，**ギャ**ザ
だまる **黙る** damaru	**callarse** カ**ジャ**ルセ	(become) silent (ビカム) **サ**イレント
だみー **ダミー** damii	**hombre de paja** *m.*, **tes-** **taferro** *m.* **オ**ンブレ デ **パ**ハ，テスタ**フェ**ロ	dummy **ダ**ミ
だむ **ダム** damu	**presa** *f.* **プレ**サ	dam **ダ**ム
だめーじ **ダメージ** dameeji	**daño** *m.* **ダ**ニョ	damage **ダ**ミヂ
ためす **試す** tamesu	**probar** プロ**バ**ル	try, test ト**ラ**イ，**テ**スト
だめな **駄目な** damena	**inútil** イ**ヌ**ティル	useless, no use **ユ**ースレス，ノウ **ユ**ース
ためになる **ためになる** tameninaru	**bueno(-a)** *para*, **benefi-** **cioso(-a)** *para* ブ**エ**ノ(·ナ)，ベネフィシ**オ**ソ(·サ)	good for, profit- able **グ**ド フォ，プ**ラ**フィタブル
ためらう **ためらう** tamerau	**vacilar, titubear** バシ**ラ**ル，ティトゥベ**ア**ル	hesitate **ヘ**ズィテイト
ためる **貯める** tameru	**ahorrar, almacenar** アオ**ラ**ル，アルマセ**ナ**ル	save, store **セ**イヴ，ス**ト**ー

日	西	英
たもつ **保つ** tamotsu	**mantener** マンテネル	keep キープ
たより **便り** （手紙） tayori	**carta** *f.* カルタ	letter レタ
（知らせ）	**noticia** *f.* ノティシア	news ニューズ
たより **頼り** tayori	**confianza** *f.* コンフィアンサ	reliance, confidence リライアンス, カンフィデンス
たよる **頼る** tayoru	**depender** *de* デペンデル	rely on, depend on リライ オン, ディペンド オン
だらくする **堕落する** darakusuru	**corromperse, degradarse** コロンペルセ, デグラダルセ	degenerate into ディチェネレイト イントゥ
だらしない **だらしない** darashinai	**descuidado(-a), desaliñado(-a)** デスクイダド(-ダ), デサリニャド(-ダ)	untidy, slovenly アンタイディ, スラヴンリ
たらす **垂らす** （ぶら下げる） tarasu	**suspender** ススペンデル	hang down ハング ダウン
（こぼす）	**derramar** デラマル	drop, spill ドラプ, スピル
たりない **足りない** tarinai	**faltar, no bastar, andar escaso** *de* ファルタル, ノ バスタル, アンダル エスカソ	(be) short of (ビ) ショート オヴ
たりょうに **多量に** taryouni	**abundantemente, en abundancia** アブンダンテメンテ, エン アブンダンシア	abundantly アバンダントリ
たりる **足りる** tariru	**bastar** バスタル	(be) enough (ビ) イナフ
だるい **だるい** darui	**sentirse fatigado(-a)** センティルセ ファティガド(-ダ)	feel heavy, (be) dull フィール ヘヴィ, (ビ) ダル
たるむ **弛む** tarumu	**aflojarse** アフロハルセ	(be) loose, slacken (ビ) ルース, スラクン

日	西	英
だれ **誰** dare	**quién** キエン	who フー
だれか **誰か** dareka	**alguien** アルギエン	someone, some-body サムワン, サムバディ
たれる **垂れる** （ぶら下がる） tareru	**colgar** コルガル	hang, drop ハング, ドラプ
（こぼれる） 	**gotear** ゴテアル	drop, drip ドラプ, ドリプ
だれる **だれる** （だらける） dareru	**decaer, aflojarse** デカエル, アフロハルセ	dull ダル
たれんと **タレント** tarento	**artista** *m.f.* アルティスタ	personality パーソナリティ
たわむ **たわむ** tawamu	**doblarse** ドブラルセ	bend ベンド
たわむれる **戯れる** tawamureru	**jugar, divertirse** フガル, ディベルティルセ	play プレイ
たん **痰** tan	**flema** *f.* フレマ	phlegm, sputum フレム, スピュータム
だん **段** dan	**escalón** *m.* エスカロン	step, stair ステプ, ステア
だんあつする **弾圧する** dan-atsusuru	**reprimir** レプリミル	suppress サプレス
たんい **単位** tan-i	**unidad** *f.* ウニダド	unit ユーニト
（履修単位） 	**crédito** *m.* クレディト	credit クレディト
たんいつの **単一の** tan-itsuno	**solo(-a), único(-a)** ソロ(- ラ), ウニコ(- カ)	single, sole スィングル, ソウル

日	西	英
たんか **担架** tanka	**angarillas** *f.pl.* アンガリジャス	stretcher ストレチャ
たんかー **タンカー** tankaa	**petrolero** *m.* ペトロレロ	tanker タンカ
だんかい **段階** dankai	**paso** *m.*, **etapa** *f.* パソ, エタパ	step, stage ステプ, ステイヂ
だんがい **断崖** dangai	**precipicio** *m.* プレシピシオ	cliff クリフ
たんき **短期** tanki	**breve período** *m.*, **a cor- to plazo** ブレベ ペリオド, ア コルト プラソ	short term ショート ターム
たんきな **短気な** tankina	**impaciente, impulsivo(-a)** インパシエンテ, インプルシボ(-バ)	short-tempered, quick-tempered ショートテンパド, クウィクテ ンパド
たんきゅうする **探究する** tankyuusuru	**investigar** インベスティガル	study, investigate スタディ, インヴェスティゲイ ト
たんきょりきょうそう **短距離競走** tankyorikyousou	**carrera de velocidad** *f.* カレラ デ ベロシダド	short-distance race ショートディスタンス レイス
たんく **タンク** tanku	**cisterna** *f.* システルナ	tank タンク
だんけつする **団結する** danketsusuru	**unirse** ウニルセ	unite ユーナイト
たんけん **探検** tanken	**expedición** *f.*, **explora- ción** *f.* エクスペディシオン, エクスプロラシオン	exploration エクスプロレイション
〜する	**explorar** エクスプロラル	explore イクスプロー
だんげんする **断言する** dangensuru	**afirmar** アフィルマル	assert, affirm アサート, アファーム
たんご **単語** tango	**palabra** *f.* パラブラ	word ワード

日	西	英
たんこう **炭坑** tankou	**mina de carbón** *f.* ミナ デ カルボン	coal mine コウル マイン
だんごうする **談合する** dangousuru	**hacer componenda** アセル コンポネンダ	rig a bid リグ ア ビド
だんさー **ダンサー** dansaa	**bailarín(-ina)** *m.f.* バイラリン(-ナ)	dancer ダンサ
たんさん **炭酸** tansan	**ácido carbónico** *m.* アシド カルボニコ	carbonic acid カーバニク **ア**スィド
〜ガス	**gas carbónico** *m.* ガス カルボニコ	carbonic acid gas カーバニク **ア**スィド **ギャ**ス
〜水	**agua con gas** *f.* アグア コン ガス	soda water ソウダ **ウォ**ータ
たんしゅくする **短縮する** tanshukusuru	**acortar** アコルタル	shorten, reduce ショートン, リデュース
たんじゅんな **単純な** tanjunna	**simple** シンプレ	plain, simple プレイン, **ス**ィンプル
たんしょ **短所** tansho	**defecto** *m.*, **carencia** *f.* デフェクト, カレンシア	shortcoming ショートカミング
たんじょう **誕生** tanjou	**nacimiento** *m.* ナシミエント	birth バース
〜する	**nacer** ナセル	(be) born (ビ) ボーン
〜日	**cumpleaños** *m.* クンプレ**ア**ニョス	birthday バースデイ
たんす **箪笥** tansu	**cómoda** *f.*, **armario** *m.* コモダ, アルマリオ	chest of drawers **チェ**スト オヴ ドローズ
だんす **ダンス** dansu	**baile** *m.*, **danza** *f.* バイレ, ダンサ	dancing, dance ダンスィング, ダンス
たんすい **淡水** tansui	**agua dulce** *f.* アグア ドゥルセ	fresh water フレシュ **ウォ**ータ

た

日	西	英
たんすう **単数** tansuu	**singular** *m.* シングラル	singular ス**イ**ンギュラ
だんせい **男性** dansei	**hombre** *m.*, **varón** *m.* オンブレ，バロン	male メイル
たんせき **胆石** tanseki	**cálculo biliar** *m.* カルクロ ビリアル	gallstone ゴールストウン
たんそ **炭素** tanso	**carbono** *m.* カルボノ	carbon カーボン
だんそう **断層** dansou	**falla** *f.* ファジャ	fault フォルト
たんだい **短大** tandai	**universidad de dos años** *f.* ウニベルシダド デ ドス アニョス	two-year college トゥーイヤ カレヂ
だんたい **団体** dantai	**grupo** *m.*, **organización** *f.* グルポ，オルガニサシオン	group, organiza- tion グループ，オーガニ**ゼ**イション
だんだん **だんだん** dandan	**gradualmente** グラドゥアルメンテ	gradually グ**ラ**デュアリ
だんち **団地** danchi	**urbanización** *f.* ウルバニサシオン	housing develop- ment ハウズィング ディ**ヴェ**ロプメン ト
たんちょう **短調** tanchou	**(tono) menor** *m.* (トノ) メノル	minor key マイナ キー
たんちょうな **単調な** tanchouna	**monótono(-a)** モ**ノ**トノ(-ナ)	monotonous, dull モ**ナ**トナス，**ダ**ル
たんてい **探偵** tantei	**detective** *m.f.* デテク**ティ**ベ	detective ディ**テ**クティヴ
たんとうする **担当する** tantousuru	**encargarse** *de* エンカル**ガ**ルセ	take charge of テイク **チャ**ーヂ オヴ
たんどくの **単独の** tandokuno	**solo(-a)**, **individual** ソロ(-ラ)，インディビドゥアル	sole, individual **ソ**ウル，インディ**ヴィ**デュアル

日	西	英
たんなる **単なる** tannaru	**mero(-a), simple** メロ(-ラ), シンプレ	mere, simple ミア, ス**イ**ンプル
たんに **単に** tanni	**sólo, solamente** ソロ, ソラメンテ	only, merely オ**ウ**ンリ, ミアリ
だんねんする **断念する** dannensuru	**renunciar** *a*, **abandonar** レヌンシアル, アバンド**ナ**ル	give up, abandon ギヴ ア**プ**, アバンドン
たんのうする **堪能する** tannousuru	**(estar) satisfecho(-a)** *con* (エス**タ**ル) サティス**フェ**チョ(-チャ)	(be) satisfied with (ビ) サ**ティ**スファイド ウィズ
たんのうな **堪能な** tannouna	**bueno(-a)** ブエノ(-ナ)	proficient, good プロ**フィ**シェント, **グ**ド
たんぱ **短波** tanpa	**onda corta** *f.* オンダ コルタ	shortwave ショートウェイヴ
たんぱくしつ **たんぱく質** tanpakushitsu	**proteína** *f.* プロテイナ	protein プロウティーン
たんぱくな **淡白な** tanpakuna	**ligero(-a), simple** リ**ヘ**ロ(-ラ), シンプレ	light, simple **ラ**イト, ス**イ**ンプル
(性格が)	**sencillo(-a)** センシジョ(-ジャ)	frank, indifferent フ**ラ**ンク, イン**ディ**ファレント
たんぺん **短編** tanpen	**cuento** *m.*, **novela corta** *f.* クエント, ノベラ コルタ	short work ショート ワーク
だんぺん **断片** danpen	**fragmento** *m.* フラグメント	fragment フラグメント
たんぼ **田んぼ** tanbo	**arrozal** *m.* アロサル	rice field **ラ**イス **フィ**ールド
たんぽ **担保** tanpo	**garantía** *f.* ガラン**ティ**ア	security, mortgage ス**イキュ**アリティ, **モ**ーギヂ
だんぼう **暖房** danbou	**calefacción** *f.* カレファクシ**オ**ン	heating **ヒ**ーティング

日	西	英
だんぼーる **段ボール** danbooru	**cartón ondulado** *m.*, Ⓐ**cartón corrugado** *m.* カルトン オンドゥラド, カルトン コルガド	corrugated paper コーラゲイテド ペイパ
たんぽん **タンポン** tanpon	**tampón** *m.* タンポン	tampon タンパン
たんまつ **端末** tanmatsu	**terminal** *m.* テルミナル	terminal ターミナル
だんめん **断面** danmen	**sección** *f.*, **fase** *f.* セクシオン, ファセ	cross section クロース セクション
だんらく **段落** danraku	**párrafo** *m.* パラフォ	paragraph パラグラフ
だんりゅう **暖流** danryuu	**corriente cálida** *f.* コリエンテ カリダ	warm current ウォーム カーレント
だんりょく **弾力** danryoku	**elasticidad** *f.* エラスティシダド	elasticity イラスティスィティ
だんろ **暖炉** danro	**chimenea** *f.* チメネア	fireplace ファイアプレイス
だんわ **談話** danwa	**conversación** *f.* コンベルサシオン	talk, conversation トーク, カンヴァセイション

ち, チ

日	西	英
ち **血** chi	**sangre** *f.* サングレ	blood ブラド
ちあのーぜ **チアノーゼ** chianooze	**cianosis** *f.* シアノシス	cyanosis サイアノウスィス
ちあん **治安** chian	**orden público** *m.* オルデン プブリコ	(public) peace, (public) order (パブリク) ピース, (パブリク) オーダ
ちい **地位** (階級・等級) chii	**rango** *m.* ランゴ	rank ランク

日	西	英
（役職・立場）	**posición** *f.* ポシシオン	position ポズィション
ちいき **地域** chiiki	**región** *f.*, **zona** *f.* レヒオン, ソナ	region, zone リーヂョン, ゾウン
ちいさい **小さい** chiisai	**pequeño(-a)** ペケニョ(-ニャ)	small, little スモール, リトル
（微細な）	**menudo(-a)** メヌド(-ダ)	minute, fine マイニュート, ファイン
（幼い）	**pequeño(-a)** ペケニョ(-ニャ)	little, young リトル, ヤング
ちーず **チーズ** chiizu	**queso** *m.* ケソ	cheese チーズ
ちーむ **チーム** chiimu	**equipo** *m.* エキポ	team ティーム
〜ワーク	**trabajo en equipo** *m.* トラバホ エン エキポ	teamwork ティームワーク
ちえ **知恵** chie	**sabiduría** *f.*, **inteligencia** *f.* サビドゥリア, インテリヘンシア	wisdom, intelligence ウィズダム, インテリヂェンス
ちぇーん **チェーン** cheen	**cadena** *f.* カデナ	chain チェイン
〜店	**cadena de tiendas** *f.* カデナ デ ティエンダス	chain store チェイン ストー
ちぇこ **チェコ** cheko	**República Checa** *f.* レプブリカ チェカ	Czech Republic チェク リパブリク
ちぇっくする **チェックする** chekkusuru	**controlar, comprobar** コントロラル, コンプロバル	check チェク
ちぇろ **チェロ** chero	**violoncelo** *m.* ビオロンセロ	cello チェロウ

ち

日	西	英
ちぇんばろ **チェンバロ** chenbaro	**clavicémbalo** *m.* クラビ**セン**バロ	cembalo **チェ**ンバロウ
ちかい **近い** chikai	**cercano(-a)** *a* セル**カ**ノ(-ナ)	near, close to ニア, ク**ロ**ウストゥ
ちかい **地階** chikai	**sótano** *m.* **ソ**タノ	basement **ベ**イスメント
ちがい **違い** chigai	**diferencia** *f.* ディフェ**レ**ンシア	difference **ディ**ファレンス
ちがいほうけん **治外法権** chigaihouken	**jurisdicción extraterrito-rial** *f.* フリスディク**シオ**ン エクストラテリト**リ**アル	extraterritorial rights エクストラテリ**ト**ーリアル **ラ**イツ
ちかう **誓う** chikau	**jurar** フ**ラ**ル	vow, swear **ヴァ**ウ, ス**ウェ**ア
ちがう **違う** chigau	**(ser) diferente** *a* (**セ**ル) ディフェ**レ**ンテ	differ from **ディ**ファ フラム
ちかく **知覚** chikaku	**percepción** *f.* ペルセプ**シオ**ン	perception パ**セ**プション
ちがく **地学** chigaku	**geografía física** *f.* ヘオグラ**フィ**ア **フィ**シカ	physical geogra-phy **フィ**ズィカル ヂ**ア**グラフィ
ちかごろ **近頃** chikagoro	**últimamente, estos días** *m.pl.* **ウ**ルティマメンテ, **エ**ストス **ディ**アス	recently, these days **リ**ーセントリ, **ズ**ィーズ **デ**イズ
ちかしつ **地下室** chikashitsu	**sótano** *m.* **ソ**タノ	basement, cellar **ベ**イスメント, **セ**ラ
ちかづく **近付く** chikazuku	**acercarse** *a* アセル**カ**ルセ	approach ア**プロ**ウチ
ちかてつ **地下鉄** chikatetsu	**metro** *m.* **メ**トロ	subway, Ⓑunder-ground, Tube **サ**ブウェイ, **ア**ンダグラウンド, **テュ**ーブ
ちかどう **地下道** chikadou	**paso subterráneo** *m.* **パ**ソ スプテ**ラ**ネオ	underpass, subway **ア**ンダパス, **サ**ブウェイ

日	西	英
ちかの **地下の** chikano	**subterráneo(-a)** スブテラネオ(-ア)	underground, sub-terranean アンダグラウンド, サブタレイニアン
ちかみち **近道** chikamichi	**atajo** m. アタホ	shortcut ショートカト
ちかよる **近寄る** chikayoru	**acercarse** a アセルカルセ	approach アプロウチ
ちから **力** (権力・活力) chikara	**potencia** f., **energía** f. ポテンシア, エネルヒア	power, energy パウア, エナヂ
(能力)	**capacidad** f. カパシダド	ability, power アビリティ, パウア
ちきゅう **地球** chikyuu	**Tierra** f. ティエラ	earth アース
～儀	**globo terráqueo** m. グロボ テラケオ	globe グロウブ
ちぎる **千切る** chigiru	**arrancar** アランカル	tear off テア オーフ
ちく **地区** chiku	**zona** f., **distrito** m. ソナ, ディストリト	district, section ディストリクト, セクション
ちくさん **畜産** chikusan	**ganadería** f. ガナデリア	stockbreeding スタクブリーディング
ちくせき **蓄積** chikuseki	**acumulación** f. アクムラシオン	accumulation アキューミュレイション
ちくのうしょう **蓄膿症** chikunoushou	**empiema** m. エンピエマ	empyema エンピイーマ
ちけい **地形** chikei	**relieve** m., **topografía** f. レリエベ, トポグラフィア	terrain, topography テレイン, トパグラフィ
ちけっと **チケット** chiketto	**billete** m., Ⓐ**tiquete** m. ビジェテ, ティケテ	ticket ティケト

ち

日	西	英
ちこくする **遅刻する** chikokusuru	**llegar tarde** *a* ジェガル **タ**ルデ	(be) late for (ビ) **レ**イト フォ
ちじ **知事** chiji	**gobernador(-a)** *m.f.* ゴベルナ**ド**ル(- ラ)	governor **ガ**ヴァナ
ちしき **知識** chishiki	**conocimiento** *m.* コノシ**ミ**エント	knowledge **ナ**リヂ
ちしつ **地質** chishitsu	**naturaleza del suelo** *f.* ナトゥラ**レ**サ デル ス**エ**ロ	nature of the soil **ネ**イチャ オヴ ザ **ソ**イル
ちじょう **地上** chijou	**suelo** *m.* ス**エ**ロ	ground グ**ラ**ウンド
ちじん **知人** chijin	**conocido(-a)** *m.f.* コノ**シ**ド(- ダ)	acquaintance アク**ウェ**インタンス
ちず **地図** chizu	**mapa** *m.*, **plano** *m.* **マ**パ, プ**ラ**ノ	map, atlas **マ**プ, **ア**トラス
ちせい **知性** chisei	**intelecto** *m.* インテ**レ**クト	intellect, intelligence **イ**ンテレクト, インテリ**ヂェ**ンス
ちそう **地層** chisou	**estrato** *m.*, **capa** *f.* エスト**ラ**ト, **カ**パ	stratum, layer スト**レ**イタム, **レ**イア
ちたい **地帯** chitai	**zona** *f.*, **área** *f.* **ソ**ナ, **ア**レア	zone, region **ゾ**ウン, **リ**ーヂョン
ちたん **チタン** chitan	**titanio** *m.* ティ**タ**ニオ	titanium タイ**テ**ィニアム
ちち **乳**　　(乳房) chichi	**pecho** *m.* **ペ**チョ	breasts ブ**レ**スツ
(母乳)	**leche materna** *f.* **レ**チェ マ**テ**ルナ	mother's milk **マ**ザズ **ミ**ルク
ちち **父** chichi	**padre** *m.* **パ**ドレ	father **ファ**ーザ

日	西	英
～方	**parte de padre** *f.* パルテ デ パドレ	father's side ファーザズ サイド
ちぢまる **縮まる** chijimaru	**encogerse** エンコヘルセ	(be) shortened (ビ) ショートンド
ちぢむ **縮む** chijimu	**encogerse** エンコヘルセ	shrink シュリンク
ちぢめる **縮める** chijimeru	**acortar, abreviar** アコルタル, アブレビアル	shorten, abridge ショートン, アブリヂ
ちちゅうかい **地中海** chichuukai	**(Mar) Mediterráneo** *m.* (マル) メディテラネオ	Mediterranean メディタレイニアン
ちぢれる **縮れる** chijireru	**rizarse** リサルセ	(be) curled, wrinkle (ビ) カールド, リンクル
ちつじょ **秩序** chitsujo	**orden** *m.* オルデン	order オーダ
ちっそ **窒素** chisso	**nitrógeno** *m.* ニトロヘノ	nitrogen ナイトロヂェン
ちっそくする **窒息する** chissokusuru	**asfixiarse** アスフィクシアルセ	(be) suffocated (ビ) サフォケイテド
ちてきな **知的な** chitekina	**intelectual** インテレクトゥアル	intellectual インテレクチュアル
ちのう **知能** chinou	**inteligencia** *f.* インテリヘンシア	intellect, intelligence インテレクト, インテリヂェンス
ちぶさ **乳房** chibusa	**pecho** *m.* ペチョ	breasts ブレスツ
ちへいせん **地平線** chiheisen	**horizonte** *m.* オリソンテ	horizon ホライズン
ちほう **地方** chihou	**región** *f.* レヒオン	locality, (the) country ロウキャリティ, (ザ) カントリ

ち

日	西	英
ちみつな **緻密な** chimitsuna	**detallado(-a)** デタジャド(-ダ)	minute, fine マイニュート, ファイン
ちめい **地名** chimei	**topónimo** *m.*, **nombre de lugar** *m.* トポニモ, ノンブレ デ ルガル	place-name プレイスネイム
ちめいど **知名度** chimeido	**notoriedad** *f.* ノトリエダド	recognizability レカグナイザビリティ
ちゃ **茶** cha	**té** *m.* テ	tea ティー
ちゃーたーする **チャーターする** chaataasuru	**fletar** フレタル	charter チャータ
ちゃーみんぐな **チャーミングな** chaaminguna	**encantador(-a)** エンカンタドル(-ラ)	charming チャーミング
ちゃいろ **茶色** chairo	**marrón** *m.* マロン	brown ブラウン
ちゃくじつな **着実な** chakujitsuna	**firme, constante** フィルメ, コンスタンテ	steady ステディ
ちゃくじつに **着実に** chakujitsuni	**firmemente, regularmente** フィルメメンテ, レグラルメンテ	steadily ステディリ
ちゃくしょくする **着色する** chakushokusuru	**colorear** コロレアル	color, paint カラ, ペイント
ちゃくせきする **着席する** chakusekisuru	**sentarse** センタルセ	sit down スィト ダウン
ちゃくちする **着地する** chakuchisuru	**aterrizar, tomar tierra** アテリサル, トマル ティエラ	land ランド
ちゃくちゃくと **着々と** chakuchakuto	**progresivamente** プログレシバメンテ	steadily ステディリ
ちゃくばらい **着払い** chakubarai	**envío contra reembolso** *m.* エンビオ コントラ レエンボルソ	collect on delivery コレクト オン ディリヴァリ

ち

日	西	英
ちゃくようする **着用する** chakuyousuru	**ponerse** ポネルセ	wear ウェア
ちゃくりく **着陸** chakuriku	**aterrizaje** *m.* アテリサヘ	landing ランディング
〜する	**aterrizar** アテリサル	land ランド
ちゃりてぃー **チャリティー** charitii	**beneficencia** *f.* ベネフィセンシア	charity チャリティ
ちゃれんじする **チャレンジする** charenjisuru	**desafiar** デサフィアル	challenge チャレンヂ
ちゃわん **茶碗** chawan	**taza de té** *f.*, **cuenco de arroz** *m.* タサ デ テ, クエンコ デ アロス	rice bowl ライス ボウル
ちゃんす **チャンス** chansu	**ocasión** *f.* オカシオン	chance, opportunity チャンス, アポテューニティ
ちゃんと **ちゃんと** (きちんと) chanto	**con pulcritud, con esmero** コン プルクリトゥド, コン エスメロ	neatly ニートリ
(正しく)	**correctamente** コレクタメンテ	properly プラパリ
(まちがいなく)	**sin falta** シン ファルタ	without fail ウィザウト フェイル
ちゃんねる **チャンネル** channeru	**canal** *m.* カナル	channel チャネル
ちゃんぴおん **チャンピオン** chanpion	**campeón(-ona)** *m.f.* カンペオン(-ナ)	champion チャンピオン
ちゅうい **注意** (留意) chuui	**atención** *f.* アテンシオン	attention アテンション
〜する (留意する)	**prestar atención** *a* プレスタル アテンシオン	pay attention to ペイ アテンション トゥ

日	西	英
（警告）	**advertencia** *f.* アドベルテンシア	caution, warning コーション，ウォーニング
～する （警告する）	**advertir** アドベルティル	warn ウォーン
（忠告）	**consejo** *m.* コンセホ	advice アドヴァイス
～する （忠告する）	**aconsejar** アコンセハル	advise アドヴァイズ
ちゅうおう **中央** chuuou	**centro** *m.* セントロ	center, Ⓑcentre センタ，センタ
ちゅうおうあめりか **中央アメリカ** chuuouamerika	**América Central** *f.* アメリカ セントラル	Central America セントラル アメリカ
ちゅうかい **仲介** chuukai	**mediación** *f.* メディアシオン	mediation ミーディエイション
～者	**intermediario(-a)** *m.f.* インテルメディアリオ(- ア)	mediator ミーディエイタ
～する	**mediar** *entre*, **interme- diar** *en* メディアル エントレ，インテルメディアル	mediate between ミーディエイト ビトウィーン
ちゅうがく **中学** chuugaku	**escuela secundaria** *f.* エスクエラ セクンダリア	junior high school ヂューニア ハイ スクール
～生	**estudiante de secunda- ria** *m.f.* エストゥディアンテ デ セクンダリア	junior high school student ヂューニア ハイ スクール ス テューデント
ちゅうかりょうり **中華料理** chuukaryouri	**comida china** *f.* コミダ チナ	Chinese food チャイニーズ フード
ちゅうかん **中間** chuukan	**medio** *m.* メディオ	middle ミドル
ちゅうきゅうの **中級の** chuukyuuno	**intermedio(-a)** インテルメディオ(- ア)	intermediate インタミーディエト

日	西	英
ちゅうけい **中継** chuukei	**retransmisión** *f.* レトランスミシ**オ**ン	relay リーレイ
〜する	**retransmitir** レトランスミ**ティ**ル	relay リーレイ
〜放送	**retransmisión** *f.* レトランスミシ**オ**ン	relay broadcast リーレイ ブ**ロ**ードキャスト
ちゅうごく **忠告** chuukoku	**consejo** *m.* コン**セ**ホ	advice アド**ヴァ**イス
〜する	**aconsejar** アコンセ**ハ**ル	advise アド**ヴァ**イズ
ちゅうごく **中国** chuugoku	**China** *f.* **チ**ナ	China **チャ**イナ
〜語	**chino** *m.* **チ**ノ	Chinese チャイ**ニ**ーズ
ちゅうこの **中古の** chuukono	**de segunda mano** デ セ**グ**ンダ **マ**ノ	used, secondhand **ユ**ーズド, **セ**カンドハンド
ちゅうざい **駐在** chuuzai	**residencia** *f.* レシ**デ**ンシア	residence **レ**ズィデンス
ちゅうさいする **仲裁する** chuusaisuru	**arbitrar** アルビト**ラ**ル	arbitrate **ア**ービトレイト
ちゅうし **中止** chuushi	**cese** *m.*, **suspensión** *f.* **セ**セ, ススペンシ**オ**ン	suspension, cancellation サス**ペ**ンション, キャンセ**レ**イション
〜する	**cesar, suspender** セ**サ**ル, ススペン**デ**ル	stop, suspend ス**タ**プ, サス**ペ**ンド
ちゅうじえん **中耳炎** chuujien	**otitis media** *f.* オ**ティ**ティス **メ**ディア	otitis media オウ**タ**イティス **ミ**ーディア
ちゅうじつな **忠実な** chuujitsuna	**fiel** フィ**エ**ル	faithful **フェ**イスフル

日	西	英
ちゅうしゃ **注射** chuusha	**inyección** *f.* インジェクシオン	injection, shot インチェクション，シャト
ちゅうしゃ **駐車** chuusha	**aparcamiento** *m.*, Ⓐ**esta-** **cionamiento** *m.* アパルカミエント，エスタシオナミエント	parking パーキング
～禁止	**Prohibido aparcar.** プロイビド アパルカル	No Parking. ノウ パーキング
～場	**aparcamiento** *m.* アパルカミエント	parking lot パーキング ラト
ちゅうしゃく **注釈** chuushaku	**nota** *f.*, **comentarios** *m.* ノタ，コメンタリオス	notes, annotation ノウツ，アノテイション
ちゅうじゅん **中旬** chuujun	**mediados de mes** *m.pl.* メディアドス デ メス	middle of ミドル オヴ
ちゅうしょう **抽象** chuushou	**abstracción** *f.* アブストラクシオン	abstraction アブストラクション
～画	**pintura abstracta** *f.* ピントゥラ アブストラクタ	abstract painting アブストラクト ペインティング
～的な	**abstracto(-a)** アブストラクト(-タ)	abstract アブストラクト
ちゅうしょうきぎょう **中小企業** chuushoukigyou	**pequeñas y medianas** **empresas** *f.pl.* ペケニャス イ メディアナス エンプレサス	small and medi- um-sized business スモール アンド ミーディアムサ イズド ビズネス
ちゅうしょうする **中傷する** chuushousuru	**calumniar, hablar mal** *de* カルムニアル，アブラル マル	slander, speak ill of スランダ，スピーク イル オヴ
ちゅうしょく **昼食** chuushoku	**comida** *f.*, **almuerzo** *m.* コミダ，アルムエルソ	lunch ランチ
ちゅうしん **中心** chuushin	**centro** *m.* セントロ	center, core, Ⓑcen- tre センタ，コー，センタ
ちゅうすいえん **虫垂炎** chuusuien	**apendicitis** *f.* アペンディシティス	appendicitis アペンディサイティス

ち

日	西	英
ちゅうすう **中枢** chuusuu	**centro** m. セントロ	center, ⑧centre センタ, センタ
ちゅうせい **中世** chuusei	**la Edad Media** f. ラ エダド メディア	Middle Ages ミドル エイヂェズ
～の	**medieval** メディエバル	medieval メディイーヴァル
ちゅうせいし **中性子** chuuseishi	**neutrón** m. ネウトロン	neutron ニュートラン
ちゅうぜつ **中絶** (妊娠の) chuuzetsu	**aborto** m. アボルト	abortion アボーション
ちゅうせん **抽選** chuusen	**sorteo** m. ソルテオ	lottery ラタリ
ちゅうたいする **中退する** chuutaisuru	**dejar los estudios** デハル ロス エストゥディオス	dropout, leave school ドラパウト, リーヴ スクール
ちゅうだんする **中断する** chuudansuru	**interrumpir** インテルンピル	interrupt インタラプト
ちゅうちょする **躊躇する** chuuchosuru	**vacilar** バシラル	hesitate ヘズィテイト
ちゅうとう **中東** chuutou	**Medio Oriente** m. メディオ オリエンテ	Middle East ミドル イースト
ちゅうとうきょういく **中等教育** chuutoukyouiku	**enseñanza secundaria** f. エンセニャンサ セクンダリア	secondary education セカンデリ エデュケイション
ちゅうどく **中毒** chuudoku	**envenenamiento** m. エンベネナミエント	poisoning ポイズニング
ちゅうとで **中途で** chuutode	**a medio camino** ア メディオ カミノ	halfway ハフウェイ
ちゅーにんぐ **チューニング** chuuningu	**sintonización** f. シントニサシオン	tuning テューニング

日	西	英
ちゅうねん **中年** chuunen	**mediana edad** *f.* メディアナ エダド	middle age ミドル エイデ
ちゅうもくする **注目する** chuumokusuru	**prestar atención** *a*, **observar** プレスタル アテンシオン，オブセルバル	take notice of, pay attention to テイク ノウティス オヴ，ペイ アテンション トゥ
ちゅうもん **注文** chuumon	**pedido** *m.* ペディド	order オーダ
～する	**encargar, pedir** エンカルガル，ペディル	order オーダ
ちゅうりつの **中立の** chuuritsuno	**neutral** ネウトラル	neutral ニュートラル
ちゅうりゅうかいきゅう **中流階級** chuuryuukaikyuu	**clase media** *f.* クラセ メディア	middle classes ミドル クラセズ
ちゅうわする **中和する** chuuwasuru	**neutralizar** ネウトラリサル	neutralize ニュートララ イズ
ちゅにじあ **チュニジア** chunijia	**Túnez** *m.* トゥネス	Tunisia テューニージャ
ちょう **腸** chou	**intestino** *m.* インテスティノ	intestines インテスティンズ
ちょう **蝶** chou	**mariposa** *f.* マリポサ	butterfly バタフライ
ちょういんする **調印する** chouinsuru	**firmar** フィルマル	sign サイン
ちょうえつする **超越する** chouetsusuru	**trascender** トラスセンデル	transcend トランセンド
ちょうおんぱ **超音波** chouonpa	**ultrasonido** *m.* ウルトラソニド	ultrasound アルトラサウンド
ちょうかく **聴覚** choukaku	**(sentido del) oído** *m.* (センティド デル) オイド	sense of hearing センス オヴ ヒアリング

日	西	英
ちょうかする **超過する** choukasuru	**exceder** エクスセデル	exceed イクスィード
ちょうかん **朝刊** choukan	**periódico de la mañana** *m.* ペリオディコ デ ラ マニャナ	morning paper モーニング ペイパ
ちょうきの **長期の** choukino	**a largo plazo, de larga duración** ア ラルゴ プラソ, デ ラルガ ドゥラシオン	long term ローング ターム
ちょうきょうする **調教する** choukyousuru	**amaestrar** アマエストラル	train in, break in トレイン イン, ブレイク イン
ちょうきょり **長距離** choukyori	**larga distancia** *f.* ラルガ ディスタンシア	long distance ローング ディスタンス
ちょうこう **聴講** choukou	**asistencia a un curso** *f.* アシステンシア ア ウン クルソ	auditing オーディティング
〜生	**oyente** *m.f.* オジェンテ	auditor オーディタ
ちょうごうする **調合する** chougousuru	**preparar** プレパラル	prepare, mix プリペア, ミクス
ちょうこうそうびる **超高層ビル** choukousoubiru	**rascacielos** *m.* ラスカシエロス	skyscraper スカイスクレイパ
ちょうこく **彫刻** choukoku	**escultura** *f.* エスクルトゥラ	sculpture スカルプチャ
ちょうさする **調査する** chousasuru	**examinar, investigar** エクサミナル, インベスティガル	investigate, examine インヴェスティゲイト, イグザミン
ちょうし **調子**（具合・加減） choushi	**condición** *f.* コンディシオン	condition コンディション
（拍子）	**ritmo** *m.*, **tiempo** *m.* リトモ, ティエンポ	time, rhythm タイム, リズム
ちょうしゅう **聴衆** choushuu	**público** *m.* プブリコ	audience オーディエンス

日	西	英
ちょうしょ **長所** chousho	**punto fuerte** *m.*, **mérito** *m.* プント フエルテ, メリト	strong point, merit ストローング ポイント, メリト
ちょうじょ **長女** choujo	**hija mayor** *f.* イハ マジョル	oldest daughter オウルデスト ドータ
ちょうじょう **頂上** choujou	**cima** *f.* シマ	summit サミト
ちょうしょうする **嘲笑する** choushousuru	**burlarse** *de* ブルラルセ	laugh at, ridicule ラフ アト, リディキュール
ちょうしょく **朝食** choushoku	**desayuno** *m.* デサジュノ	breakfast ブレクファスト
ちょうせいする **調整する** chouseisuru	**ajustar** アフスタル	adjust アヂャスト
ちょうせつ **調節** chousetsu	**ajuste** *m.*, **control** *m.* アフステ, コントロル	regulation, control レギュレイション, コントロウル
〜する	**ajustar, controlar** アフスタル, コントロラル	regulate, control レギュレイト, コントロウル
ちょうせん **挑戦** chousen	**desafío** *m.* デサフィオ	challenge チャレンヂ
〜者	**aspirante** *m.f.* アスピランテ	challenger チャレンヂャ
〜する	**desafiar, intentar** デサフィアル, インテンタル	challenge チャレンヂ
ちょうたつする **調達する** choutatsusuru	**proveer** プロベエル	supply, provide サプライ, プロヴァイド
ちょうちふす **腸チフス** chouchifusu	**fiebre tifoidea** *f.* フィエブレ ティフォイデア	typhoid タイフォイド
ちょうちょう **町長** chouchou	**alcalde** *m.*, **alcaldesa** *f.* アルカルデ, アルカルデサ	mayor メイア
ちょうていする **調停する** chouteisuru	**arbitrar, mediar** アルビトラル, メディアル	arbitrate アービトレイト

日	西	英
ちょうてん **頂点** chouten	**pico** *m.*, **cima** *f.* ピコ, シマ	peak ピーク
ちょうど **丁度** choudo	**justo, exactamente** フスト, エクサクタメンテ	just, exactly ヂャスト, イグザクトリ
ちょうなん **長男** chounan	**hijo mayor** *m.* イホ マジョル	oldest son オウルデスト サン
ちょうのうりょく **超能力** chounouryoku	**poderes sobrenaturales** *m.pl.* ポデレス ソブレナトゥラレス	extrasensory perception, ESP エクストラセンソリ パセプション, イーエスピー
ちょうふくする **重複する** choufukusuru	**repetirse** レペティルセ	(be) repeated (ビ) リピーテド
ちょうへい **徴兵** chouhei	**reclutamiento** *m.* レクルタミエント	conscription, draft コンスクリプション, ドラフト
ちょうへんしょうせつ **長編小説** chouhenshousetsu	**novela (larga)** *f.* ノベラ (ラルガ)	long novel ロング ナヴェル
ちょうほうけい **長方形** chouhoukei	**rectángulo** *m.* レクタングロ	rectangle レクタングル
ちょうほうな **重宝な** chouhouna	**práctico(-a), conveniente** プラクティコ(-カ), コンベニエンテ	handy, convenient ハンディ, コンヴィーニェント
ちょうみりょう **調味料** choumiryou	**condimento** *m.* コンディメント	seasoning スィーズニング
ちょうやく **跳躍** chouyaku	**salto** *m.* サルト	jump ヂャンプ
ちょうり **調理** chouri	**cocina** *f.* コシナ	cooking クキング
～する	**cocinar** コシナル	cook クク
ちょうりつ **調律** chouritsu	**afinación** *f.* アフィナシオン	tuning テューニング

日	西	英
ちょうりゅう **潮流** chouryuu	**corriente marina** *f.*, **ma-rea** *f.* コリエンテ マリナ, マレア	tide, tidal current タイド, タイダル カーレント
ちょうりょく **聴力** chouryoku	**audición** *f.* アウディシオン	listening ability リスニング アビリティ
ちょうれい **朝礼** chourei	**reunión matinal** *f.* レウニオン マティナル	morning meeting モーニング ミーティング
ちょうわする **調和する** chouwasuru	**armonizar** *con*, **(estar) en armonía** *con* アルモニサル, (エスタル) エン アルモニア	(be) in harmony with (ビ) イン ハーモニ ウィズ
ちょきん **貯金** chokin	**ahorros** *m.pl.* アオロス	savings, deposit セイヴィングズ, ディパズィト
～する	**ahorrar** アオラル	save セイヴ
ちょくしんする **直進する** chokushinsuru	**ir derecho** イル デレチョ	go straight ahead ゴウ ストレイト アヘド
ちょくせつぜい **直接税** chokusetsuzei	**impuesto directo** *m.* インプエスト ディレクト	direct tax ディレクト タクス
ちょくせつの **直接の** chokusetsuno	**directo(-a)** ディレクト(-タ)	direct ディレクト
ちょくせん **直線** chokusen	**línea recta** *f.* リネア レクタ	straight line ストレイト ライン
ちょくちょう **直腸** chokuchou	**recto** *m.* レクト	rectum レクタム
ちょくつうの **直通の** chokutsuuno	**directo(-a)** ディレクト(-タ)	direct, nonstop ディレクト, ナンスタプ
ちょくばい **直売** chokubai	**venta directa** *f.* ベンタ ディレクタ	direct sales ディレクト セイルズ
ちょくめんする **直面する** chokumensuru	**afrontar** アフロンタル	face, confront フェイス, コンフラント

日	西	英
ちょくやく **直訳** chokuyaku	**traducción literal** *f.* トラドゥクシオン リテラル	literal translation リタラル トランスレイション
ちょくりつの **直立の** chokuritsuno	**vertical** ベルティカル	vertical, erect **ヴァー**ティカル, イレクト
ちょくりゅう **直流** chokuryuu	**corriente continua** *f.*, **CC** *f.* コリエンテ コンティヌア, セセ	direct current, DC ディレクト カーレント, ディースィー
ちょこれーと **チョコレート** chokoreeto	**chocolate** *m.* チョコラテ	chocolate **チャ**コレト
ちょさくけん **著作権** chosakuken	**derechos de autor** *m.pl.* デレチョス デ アウトル	copyright **カ**ピライト
ちょしゃ **著者** chosha	**autor(-a)** *m.f.* アウトル(-ラ)	author, writer **オー**サ, **ラ**イタ
ちょすいち **貯水池** chosuichi	**embalse** *m.*, **depósito de agua** *m.* エンバルセ, デポシト デ アグア	reservoir レザヴワ
ちょぞうする **貯蔵する** chozousuru	**almacenar** アルマセナル	store, keep ス**トー**, **キー**プ
ちょちくする **貯蓄する** chochikusuru	**ahorrar** アオラル	save **セ**イヴ
ちょっかく **直角** chokkaku	**ángulo recto** *m.* アングロ レクト	right angle **ラ**イト **ア**ングル
ちょっかん **直感** chokkan	**intuición** *f.* イントゥイシオン	intuition インテュイション
～的な	**intuitivo(-a)** イントゥイ**ティ**ボ(-バ)	intuitive イン**テュー**イティヴ
ちょっけい **直径** chokkei	**diámetro** *m.* ディアメトロ	diameter ダイ**ア**メタ
ちょっこうする **直行する** chokkousuru	**ir directamente** イル ディレクタメンテ	go direct ゴウ ディ**レ**クト

日	西	英
ちょっと **ちょっと** (少し) chotto	**un poco** ウン ポコ	a little ア リトル
(短い時間)	**un momento** ウン モメント	for a moment フォア モウメント
ちらかる **散らかる** chirakaru	**(estar) desparramado(-a)** (エスタル) デスパラマド(-ダ)	(be) scattered (ビ) スキャタド
ちり **地理** chiri	**geografía** f. ヘオグラフィア	geography ヂアグラフィ
ちり **チリ** chiri	**Chile** m. チレ	Chile チリ
ちりょう **治療** chiryou	**tratamiento médico** m. トラタミエント メディコ	medical treatment メディカル トリートメント
〜する	**tratar** トラタル	treat, cure トリート, キュア
ちんかする **沈下する** chinkasuru	**hundirse** ウンディルセ	sink スィンク
ちんぎん **賃金** chingin	**salario** m. サラリオ	wages, pay ウェイヂェズ, ペイ
ちんじゅつする **陳述する** chinjutsusuru	**exponer, declarar** エクスポネル, デクララル	state ステイト
ちんじょう **陳情** chinjou	**petición** f. ペティシオン	petition ピティション
ちんせいざい **鎮静剤** chinseizai	**sedante** m. セダンテ	sedative セダティヴ
ちんたい **賃貸** chintai	**alquiler** m. アルキレル	rent レント
ちんつうざい **鎮痛剤** chintsuuzai	**analgésico** m. アナルヘシコ	analgesic アナルヂーズィク
ちんでんする **沈殿する** chindensuru	**sedimentarse** セディメンタルセ	settle セトル

日	西	英
ちんぱんじー **チンパンジー** chinpanjii	**chimpancé** *m.* チンパンセ	chimpanzee チンパンズィー
ちんぼつする **沈没する** chinbotsusuru	**hundirse** ウンディルセ	sink スィンク
ちんもく **沈黙** chinmoku	**silencio** *m.* シレンシオ	silence サイレンス
ちんれつする **陳列する** chinretsusuru	**exponer, mostrar** エクスポネル, モストラル	exhibit, display イグズィビト, ディスプレイ

つ, ツ

日	西	英
つい **対** tsui	**par** *m.*, **pareja** *f.* パル, パレハ	pair, couple ペア, カプル
ついか **追加** tsuika	**adición** *f.* アディシオン	addition アディション
～する	**añadir** *a* アニャディル	add to アド トゥ
ついきゅうする **追及する** tsuikyuusuru	**investigar, interrogar** インベスティガル, インテロガル	cross-examine クロースイグザミン
ついきゅうする **追求する** tsuikyuusuru	**buscar, perseguir** ブスカル, ペルセギル	pursue, seek after パスー, スィーク アフタ
ついきゅうする **追究する** tsuikyuusuru	**investigar** インベスティガル	investigate インヴェスティゲイト
ついせきする **追跡する** tsuisekisuru	**perseguir** ペルセギル	pursue, chase パスー, チェイス
ついたち **一日** tsuitachi	**el primer día del mes** *m.* エル プリメル ディア デル メス	first day of the month ファースト デイ オヴ ザ マンス
ついている **ついている** tsuiteiru	**tener suerte** テネル スエルテ	(be) lucky (ビ) ラキ

日	西	英
ついとうする **追悼する** tsuitousuru	**llorar la muerte** *de* ジョラル ラ ムエルテ	mourn モーン
ついとつする **追突する** tsuitotsusuru	**chocar por detrás** チョカル ポル デトラス	crash into the rear of クラシュ イントゥ ザ リア オヴ
ついに **ついに** tsuini	**por fin** ポル フィン	at last アト ラスト
ついほうする **追放する** tsuihousuru	**desterrar** デステラル	banish, expel バニシュ, イクスペル
ついやす **費やす** tsuiyasu	**gastar** ガスタル	spend スペンド
ついらくする **墜落する** tsuirakusuru	**estrellarse** エストレジャルセ	crash クラシュ
ついんるーむ **ツインルーム** tsuinruumu	**habitación doble** *f.* アビタシオン ドブレ	twin room トウィン ルーム
つうがくする **通学する** tsuugakusuru	**ir a la escuela** イル ア ラ エスクエラ	go to school ゴウ トゥ スクール
つうかする **通過する** tsuukasuru	**pasar** *por* パサル	pass by パス バイ
つうきんする **通勤する** tsuukinsuru	**ir al trabajo** イル アル トラバホ	commute to work コミュート トゥ ワーク
つうこうにん **通行人** tsuukounin	**transeúnte** *m.f.* トランセウンテ	passer-by パサバイ
つうじょうの **通常の** tsuujouno	**habitual** アビトゥアル	usual, ordinary ユージュアル, オーディネリ
つうじる　（道などが） **通じる** tsuujiru	**llevar** *a* ジェバル	go to, lead to ゴウ トゥ, リード トゥ
（電話が）	**comunicarse** *con* コムニカルセ	get through to ゲト スルー トゥ

日	西	英
つうしん **通信** tsuushin	**correspondencia** *f.*, **co-municación** *f.* コレスポンデンシア, コムニカシオン	communication コミューニ**ケ**イション
つうち **通知** tsuuchi	**aviso** *m.*, **notificación** *f.* ア**ビ**ソ, ノティフィカシオン	notice, notification **ノ**ウティス, ノウティフィ**ケ**イション
～する	**anunciar, notificar** アヌンシ**ア**ル, ノティフィ**カ**ル	inform, notify イン**フォ**ーム, **ノ**ウティファイ
つうちょう **通帳** tsuuchou	**libreta de ahorros** *f.* リブ**レ**タ デ ア**オ**ロス	passbook **パ**スブク
つうやく **通訳** tsuuyaku	**intérprete** *m.f.* イン**テ**ルプレテ	interpreter イン**タ**ープリタ
～する	**interpretar** インテルプレ**タ**ル	interpret イン**タ**ープリト
つうようする **通用する** tsuuyousuru	**(ser) válido(-a)** (**セ**ル) **バ**リド(-ダ)	pass for, (be) valid **パ**ス フォ, (ビ) **ヴァ**リド
つうれつな **痛烈な** tsuuretsuna	**duro(-a), violento(-a)** **ドゥ**ロ(-ラ), ビオ**レ**ント(-タ)	severe, bitter スィ**ヴィ**ア, **ビ**タ
つうろ **通路** tsuuro	**paso** *m.* **パ**ソ	passage, path **パ**スィヂ, **パ**ス
つえ **杖** tsue	**bastón** *m.* バス**ト**ン	stick, cane ス**ティ**ク, **ケ**イン
つかい **使い** (使者) tsukai	**mensajero(-a)** *m.f.*, **reca-dero(-a)** *m.f.* メンサ**ヘ**ロ(-ラ), レカ**デ**ロ(-ラ)	messenger **メ**スィンヂャ
つかいかた **使い方** tsukaikata	**modo de empleo** *m.* **モ**ド デ エンプ**レ**オ	how to use ハ**ウ** トゥ **ユ**ーズ
つかいこなす **使いこなす** tsukaikonasu	**manejar** マネ**ハ**ル	have a good com-mand of ハ**ヴ** ア **グ**ド コ**マ**ンド オヴ
つかう **使う** (使用する) tsukau	**usar** ウ**サ**ル	use, employ **ユ**ーズ, インプ**ロ**イ

日	西	英
（費やす）	**gastar** ガスタル	spend スペンド
つかえる **仕える** tsukaeru	**servir** セルビル	serve サーヴ
つかのまの **束の間の** tsukanomano	**momentáneo(-a)** モメンタネオ(-ア)	momentary モウメンテリ
つかまえる **捕まえる**　（つかむ） tsukamaeru	**agarrar** アガラル	catch キャチ
（逮捕する）	**detener** デテネル	arrest アレスト
（捕獲する）	**capturar** カプトゥラル	capture キャプチャ
つかまる **掴まる** tsukamaru	**agarrarse** a アガラルセ	grasp, hold on to グラスプ, **ホウルド オン トゥ**
つかむ **掴む** tsukamu	**coger, Ⓐagarrar** コヘル, アガラル	seize, catch **スィーズ**, キャチ
つかれ **疲れ** tsukare	**cansancio** m. カンサンシオ	fatigue ファ**ティー**グ
つかれる **疲れる** tsukareru	**cansarse** カンサルセ	(be) tired (ビ) **タ**イアド
つき **月** tsuki	**luna** f. ルナ	moon ムーン
（暦の）	**mes** m. メス	month マンス
つきあい **付き合い** tsukiai	**relación** f. レラシオン	association アソウスィ**エ**イション
つきあう **付き合う** tsukiau	**frecuentar** a フレクエンタル	keep company with **キ**ープ **カ**ンパニ ウィズ

日	西	英

つきあたり
突き当たり
tsukiatari
final *m.*
フィナル
end
エンド

つきそう
付き添う
tsukisou
acompañar, asistir
アコンパニャル, アシスティル
attend on, accompany
アテンド オン, アカンパニ

つぎたす
継ぎ足す
tsugitasu
añadir *a*
アニャディル
add to
アドトゥ

つきづき
月々
tsukizuki
cada mes
カダ メス
every month
エヴリ マンス

つぎつぎ
次々
tsugitsugi
uno tras otro
ウノ トラス オトロ
one after another
ワン アフタ アナザ

つきとめる
突き止める
tsukitomeru
descubrir
デスクブリル
find out, trace
ファインド アウト, トレイス

つきなみな
月並みな
tsukinamina
común, trivial, banal,
コムン, トリビアル, バナル
common
カモン

つぎに
次に
tsugini
después
デスプエス
next, secondly
ネクスト, セカンドリ

つぎの
次の
tsugino
siguiente
シギエンテ
next, following
ネクスト, ファロウイング

つきひ
月日
tsukihi
días *m.pl.*, **tiempo** *m.*
ディアス, ティエンポ
days, time
デイズ, タイム

つきまとう
付きまとう
tsukimatou
perseguir *a*
ペルセギル
follow about
ファロウ アバウト

つぎめ
継ぎ目
tsugime
junta *f.*
フンタ
joint, juncture
チョイント, チャンクチャ

つきよ
月夜
tsukiyo
noche de luna *f.*
ノチェ デ ルナ
moonlit night
ムーンリト ナイト

つきる
尽きる
tsukiru
acabarse
アカバルセ
(be) exhausted, run out
(ビ) イグゾーステド, ラン アウト

日	西	英
つく **付く** tsuku	**pegarse** *a* ペガルセ	stick to, attach to スティク トゥ, アタチ トゥ
つく **突く** tsuku	**pinchar, clavar** ピンチャル, クラバル	thrust, pierce スラスト, ピアス
つく **着く** tsuku	**llegar** *a* ジェガル	arrive at アライヴ アト
(席に)	**tomar asiento** トマル アシエント	take one's seat テイク スィート
つぐ **注ぐ** tsugu	**verter, echar** ベルテル, エチャル	pour ポー
つくえ **机** tsukue	**escritorio** *m.*, **mesa** *f.* エスクリトリオ, メサ	desk, bureau デスク, ビュアロウ
つくす **尽くす** tsukusu	**consagrarse** *a* コンサグラルセ	devote oneself ディヴォウト
つぐなう **償う** tsugunau	**compensar** コンペンサル	compensate for カンペンセイト フォ
つくりかた **作り方** tsukurikata	**manera de hacer** *f.* マネラ デ アセル	how to make ハウ トゥ メイク
つくりばなし **作り話** tsukuribanashi	**historia inventada** *f.* イストリア インベンタダ	made-up story メイダプ ストーリ
つくる **作る** tsukuru	**hacer** アセル	make メイク
(創作する)	**crear** クレアル	create クリエイト
(形成する)	**formar** フォルマル	form フォーム
つくろう **繕う** tsukurou	**reparar, remendar** レパラル, レメンダル	repair, mend リペア, メンド
(うわべを)	**salvar las apariencias** サルバル ラス アパリエンシアス	save セイヴ

481

日	西	英
つけあわせ **付け合わせ** tsukeawase	**guarnición** *f.* グアルニシオン	garnish ガーニシュ
つけくわえる **付け加える** tsukekuwaeru	**añadir** アニャディル	add アド
つけもの **漬物** tsukemono	**verduras en salmuera** *f.pl.* ベルドゥラス エン サルムエラ	pickles ピクルズ
つける **付ける** tsukeru	**poner** ポネル	put, attach プト, アタチ
つける **着ける** tsukeru	**ponerse** ポネルセ	put on, wear プト オン, ウェア
つける **点ける** tsukeru	**encender, prender** エンセンデル, プレンデル	light, set fire ライト, セト ファイア
つげる **告げる** tsugeru	**decir, informar** デシル, インフォルマル	tell, inform テル, インフォーム
つごう **都合** tsugou	**conveniencia** *f.* コンベニエンシア	convenience コンヴィーニェンス
〜のよい	**conveniente** コンベニエンテ	convenient コンヴィーニェント
つじつまがあう **辻褄が合う** tsujitsumagaau	**(ser) coherente** (セル) コエレンテ	(be) consistent with (ビ) コンスィステント ウィズ
つたえる **伝える** tsutaeru	**decir, transmitir** デシル, トランスミティル	tell, report テル, リポート
(伝授する)	**enseñar, iniciar** エンセニャル, イニシアル	teach, initiate ティーチ, イニシエイト
(伝承する)	**transmitir** *a* トランスミティル	hand down to ハンド ダウン トゥ
つたわる **伝わる** tsutawaru	**divulgarse** ディブルガルセ	(be) conveyed (ビ) コンヴェイド

つ

日	西	英
(噂などが)	**difundirse** ディフンディルセ	spread, pass スプレド，パス
(代々)	**transmitirse** トランスミティルセ	(be) handed down from (ビ) ハンデド ダウン フラム
つち **土** tsuchi	**tierra** *f.*, **suelo** *m.* ティエラ，スエロ	earth, soil アース，ソイル
つづき **続き** tsuzuki	**continuación** *f.* コンティヌアシオン	sequel, continua-tion スィークウェル，コンティニュエイション
つづく **つづく** tsutsuku	**picar, dar golpecitos** *en* ピカル，ダル ゴルペシトス	poke at ポウク アト
つづく **続く** tsuzuku	**durar** ドゥラル	continue, last コンティニュー，ラスト
(後に)	**seguir** *a* セギル	follow, succeed to ファロウ，サクスィード トゥ
つづける **続ける** tsuzukeru	**continuar** コンティヌアル	continue コンティニュー
つっこむ **突っ込む** tsukkomu	**meter** *en* メテル	thrust into スラスト イントゥ
つつしむ **慎む** tsutsushimu	**abstenerse** *de* アブステネルセ	refrain from リフレイン フラム
つつみ **包み** tsutsumi	**paquete** *m.* パケテ	parcel, package パースル，パキヂ
つつむ **包む** tsutsumu	**envolver** *en* エンボルベル	wrap, envelop in ラプ，インヴェロプ イン
つづり **綴り** tsuzuri	**ortografía** *f.* オルトグラフィア	spelling スペリング
つとめ **勤め** tsutome	**trabajo** *m.* トラバホ	business, work ビズネス，ワーク

日	西	英
つとめ **務め** tsutome	**deber** *m.* デベル	duty, service デューティ, サーヴィス
つとめる **勤める** tsutomeru	**trabajar** トラバハル	work ワーク
つとめる **努める** tsutomeru	**tratar** *de* トラタル	try to トライ トゥ
つとめる **務める** tsutomeru	**servir** セルビル	serve サーヴ
つながる **繋がる** tsunagaru	**conectarse** *con* コネクタルセ	(be) connected with (ビ) コネクテド ウィズ
つなぐ **繋ぐ** tsunagu	**atar** アタル	tie, connect タイ, コネクト
つなみ **津波** tsunami	**tsunami** *m.*, **maremoto** *m.* ツナミ, マレモト	tsunami, tidal wave ツナーミ, タイドル ウェイヴ
つねに **常に** tsuneni	**siempre** シエンプレ	always オールウェイズ
つねる **つねる** tsuneru	**pellizcar** ペジスカル	pinch, nip ピンチ, ニプ
つの **角** tsuno	**cuerno** *m.* クエルノ	horn ホーン
つば **唾** tsuba	**saliva** *f.* サリバ	spittle, saliva スピトル, サライヴァ
つばき **椿** tsubaki	**camelia** *f.* カメリア	camellia カミーリア
つばさ **翼** tsubasa	**ala** *f.* アラ	wing ウィング
つばめ **燕** tsubame	**golondrina** *f.* ゴロンドリナ	swallow スワロウ

日	西	英
つぶ **粒** tsubu	**grano** *m.* グラノ	grain, drop グレイン, ドラプ
つぶす **潰す** tsubusu	**romper, aplastar** ロンペル, アプラスタル	break, crush ブレイク, クラシュ
(暇・時間を)	**matar** マタル	kill キル
つぶやく **つぶやく** tsubuyaku	**susurrar** ススラル	murmur マーマ
つぶれる **潰れる** tsubureru	**hundirse, (ser) aplasta- do(-*a*)** ウンディルセ, (セル) アプラスタド(-ダ)	break, (be) crushed ブレイク, (ビ) クラシュト
(店などが)	**quebrar** ケブラル	go bankrupt ゴウ バンクラプト
つま **妻** tsuma	**esposa** *f.*, **mujer** *f.* エスポサ, ムヘル	wife ワイフ
つまさき **爪先** tsumasaki	**punta del pie** *f.* プンタ デル ピエ	tiptoe ティプトウ
つまずく **つまずく** tsumazuku	**tropezar** *con* トロペサル	stumble スタンブル
つまみ **つまみ** tsumami	**asa** *f.*, **pomo** *m.* アサ, ポモ	knob ナブ
(酒の)	**tapa** *f.*, **aperitivo** *m.* タパ, アペリティボ	finger food, snacks フィンガ フード, スナクス
つまむ **つまむ** tsumamu	**pinchar** ピンチャル	pick, pinch ピク, ピンチ
つまらない **つまらない** tsumaranai	**sin valor, insignificante** シン バロル, インシグニフィカンテ	worthless, trivial ワースレス, トリヴィアル
つまり **つまり** tsumari	**en fin** エン フィン	in short, that is to say イン ショート, ザト イズ トゥ セイ

日	西	英
つまる **詰まる** tsumaru	**llenarse** ジェナルセ	(be) packed (ビ) パクト
つみ **罪** tsumi	**crimen** *m.*, **delito** *m.* クリメン, デリト	criminal offense クリミナル オフェンス
つみかさねる **積み重ねる** tsumikasaneru	**amontonar** アモントナル	pile up パイル アプ
つみき **積み木** tsumiki	**cubos (de madera)** *m.pl.* クボス (デ マデラ)	toy blocks トイ ブラクス
つみたてる **積み立てる** tsumitateru	**depositar** デポシタル	deposit ディパズィト
つむ **積む** tsumu	**amontonar** アモントナル	pile, lay パイル, レイ
(積載する)	**cargar** カルガル	load ロウド
つむ **摘む** tsumu	**recoger** レコヘル	pick, pluck ピク, プラク
つめ **爪** tsume	**uña** *f.* ウニャ	nail ネイル
(動物の)	**garra** *f.* ガラ	claw クロー
〜切り	**cortaúñas** *m.* コルタウニャス	nail clipper ネイル クリパ
つめあわせ **詰め合わせ** tsumeawase	**surtido** *m.* スルティド	assortment アソートメント
つめこむ **詰め込む** tsumekomu	**empaquetar** *en* エンパケタル	pack with, stuff パク ウィズ, スタフ
(知識を)	**empollar** エンポジャル	cram クラム
つめたい **冷たい** tsumetai	**frío(-a)** フリオ(- ア)	cold, chilly コウルド, チリ

日	西	英
つめもの **詰め物** tsumemono	**relleno** *m.* レジェノ	stuffing スタフィング
つめる **詰める** tsumeru	**llenar, envasar** ジェナル, エンバサル	stuff, fill スタフ, **フィル**
（席を）	**hacer sitio, dar paso** アセル シティオ, ダル パソ	move over, make room ムーヴ **オ**ウヴァ, メイク **ル**ーム
つもる **積もる** tsumoru	**acumularse** アクム**ラ**ルセ	accumulate ア**キュ**ーミュレイト
つや **艶** tsuya	**lustre** *m.* ル**ス**トレ	gloss, luster グロス, **ラ**スタ
つゆ **梅雨** tsuyu	**estación de lluvias** *f.* エスタシ**オ**ン デ ジュ**ビ**アス	rainy season レイニ ス**ィ**ーズン
つゆ **露** tsuyu	**rocío** *m.* ロ**シ**オ	dew, dewdrop **デュ**ー, **デュ**ードラプ
つよい **強い** tsuyoi	**fuerte** フ**エ**ルテ	strong, powerful スト**ロ**ング, **パ**ウアフル
つよきの **強気の** tsuyokino	**agresivo(-a), potente** アグレ**シ**ボ(-バ), ポ**テ**ンテ	strong, aggressive スト**ロ**ング, アグ**レ**スィヴ
つよさ **強さ** tsuyosa	**fuerza** *f.* フ**エ**ルサ	strength スト**レ**ングス
つよび **強火** tsuyobi	**fuego vivo** *m.* フ**エ**ゴ **ビ**ボ	high flame ハイ フ**レ**イム
つよみ **強み** tsuyomi	**punto fuerte** *m.*, **ventaja** *f.* **プ**ント フ**エ**ルテ, ベン**タ**ハ	strong point スト**ロ**ーング ポイント
つらい **辛い** tsurai	**penoso(-a)** ペ**ノ**ソ(-サ)	hard, painful **ハ**ード, **ペ**インフル
つらなる **連なる** tsuranaru	**extenderse** エクステン**デ**ルセ	stretch, run スト**レ**チ, **ラ**ン

日	西	英
つらぬく **貫く** tsuranuku	**perforar, penetrar** ペルフォラル, ペネトラル	pierce, penetrate ピアス, ペネトレイト
(一貫する)	**cumplir** クンプリル	accomplish, achieve アカンプリシュ, アチーヴ
つらら **氷柱** tsurara	**carámbano** *m.* カランバノ	icicle アイスィクル
つり **釣り** tsuri	**pesca** *f.* ペスカ	fishing フィシング
つりあう **釣り合う** tsuriau	**equilibrarse** エキリブラルセ	balance, match バランス, マチ
つる **釣る** tsuru	**pescar** ペスカル	fish フィシュ
つる **鶴** tsuru	**grulla** *f.* グルジャ	crane クレイン
つるす **吊るす** tsurusu	**colgar, suspender** コルガル, ススペンデル	hang, suspend ハング, サスペンド
つれ **連れ** tsure	**acompañante** *m.f.* アコンパニャンテ	companion コンパニョン
つれていく **連れて行く** tsureteiku	**llevar** ジェバル	take, bring along テイク, ブリング アロング
つわり **つわり** tsuwari	**náuseas del embarazo** *f.pl.* ナウセアス デル エンバラソ	morning sickness モーニング スィクネス

て, テ

て **手** te	**mano** *f.*, **brazo** *m.* マノ, ブラソ	hand, arm ハンド, アーム
(手段・方法)	**medio** *m.* メディオ	way, means ウェイ, ミーンズ

日	西	英
であう **出会う** deau	**encontrarse** エンコントラルセ	meet, come across ミート，カム アクロス
てあつい **手厚い** teatsui	**cariñoso(-a)** カリニョソ(・サ)	cordial, warm コーヂャル，ウォーム
てあて **手当て** teate	**tratamiento médico** *m.* トラタミエント メディコ	medical treatment メディカル トリートメント
ていあん **提案** teian	**propuesta** *f.*, **sugerencia** *f.* プロプエスタ，スヘレンシア	proposal プロポウザル
～する	**proponer** プロポネル	propose, suggest プロポウズ，サグチェスト
でぃーづいでぃー **DVD** diivuidii	**DVD** *m.* デウベデ	DVD ディーヴィーディー
てぃーしゃつ **ティーシャツ** tiishatsu	**camiseta** *f.* カミセタ	T-shirt ティーシャート
ていいん **定員** teiin	**capacidad** *f.* カパシダド	capacity カパスィティ
ていか **定価** teika	**precio fijo** *m.* プレシオ フィホ	fixed price フィクスト プライス
ていかん **定款** teikan	**estatutos** *m.pl.* エスタトゥトス	articles of association アーティクルズ オヴ アソウスィエイション
ていかんし **定冠詞** teikanshi	**artículo definido** *m.* アルティクロ デフィニド	definite article デフィニト アーティクル
ていぎ **定義** teigi	**definición** *f.* デフィニシオン	definition デフィニション
ていきあつ **低気圧** teikiatsu	**baja presión atmosférica** *f.* バハ プレシオン アトモスフェリカ	low pressure, depression ロウ プレシャ，ディプレション
ていきけん **定期券** teikiken	**abono** *m.* アボノ	commutation ticket カミュテイション ティケト

日	西	英
ていきてきな **定期的な** teikitekina	**regular, periódico(-a)** レグラル，ペリオディコ(·カ)	regular, periodic レギュラ，ピアリアディク
ていきゅうな **低級な** teikyuuna	**inferior, vulgar** インフェリオル，ブルガル	inferior, low インフィアリア，ロウ
ていきゅうび **定休日** teikyuubi	**día fijo de descanso** *m.* ディア フィホ デ デスカンソ	regular holiday レギュラ ハリデイ
ていきょうする **提供する** teikyousuru	**ofrecer** オフレセル	offer, supply オファ，サプライ
ていきよきん **定期預金** teikiyokin	**depósito a plazo fijo** *m.* デポシト ア プラソ フィホ	deposit account ディパズィト アカウント
ていけいする **提携する** teikeisuru	**cooperar** *con* コオペラル	cooperate with コウアペレイト ウィズ
ていけつあつ **低血圧** teiketsuatsu	**baja presión arterial** *f.* バハ プレシオン アルテリアル	low blood pressure ロウ ブラド プレシャ
ていこう **抵抗** teikou	**resistencia** *f.* レシステンシア	resistance レズィスタンス
〜**する**	**resistir(se)** *a,* **oponerse** *a* レシスティル(セ)，オポネルセ	resist, oppose リズィスト，オポウズ
ていさい **体裁** teisai	**apariencia** *f.* アパリエンシア	appearance アピアランス
ていさつする **偵察する** teisatsusuru	**explorar, reconocer** エクスプロラル，レコノセル	reconnoiter リーコノイタ
ていし **停止** teishi	**parada** *f.,* **suspensión** *f.* パラダ，ススペンシオン	stop, suspension スタプ，サスペンション
〜**する**	**parar, interrumpir** パラル，インテルンピル	stop, suspend スタプ，サスペンド
ていしゃする **停車する** teishasuru	**parar** パラル	stop スタプ

日	西	英
ていしゅ **亭主** teishu	**patrón** *m.* パトロン	master, host マスタ, ホウスト
(夫)	**marido** *m.* マリド	husband ハズバンド
ていしゅつする **提出する** teishutsusuru	**presentar** プレセンタル	present, submit プリゼント, サブミト
ていしょうする **提唱する** teishousuru	**abogar** アボガル	advocate, propose アドヴォケイト, プロポウズ
ていしょく **定食** teishoku	**menú del día** *m.* メヌ デル ディア	set meal, table d'hote セト ミール, テイブル ドウト
ていすう **定数** teisuu	**número fijo** *m.* ヌメロ フィホ	fixed number フィクスト ナンバ
でぃすかうんと **ディスカウント** disukaunto	**descuento** *m.* デスクエント	discount ディスカウント
でぃすく **ディスク** disuku	**disco** *m.* ディスコ	disk ディスク
でぃすぷれい **ディスプレイ** disupurei	**pantalla** *f.* パンタジャ	display ディスプレイ
ていせいする **訂正する** teiseisuru	**corregir, revisar** コレヒル, レビサル	correct, revise コレクト, リヴァイズ
ていせつ **定説** teisetsu	**teoría establecida** *f.* テオリア エスタブレシダ	established theory イスタブリシュト スィオリ
ていせん **停戦** teisen	**cese del fuego** *m.*, **tregua** *f.* セセ デル フエゴ, トレグア	cease-fire, truce スィースファイア, トルース
ていぞくな **低俗な** teizokuna	**vulgar** ブルガル	vulgar, lowbrow ヴァルガ, ロウブラウ
ていそする **提訴する** teisosuru	**llevar a los tribunales** ジェバル ア ロス トリブナレス	file a suit ファイル ア スート

日	西	英
ていたいする **停滞する** teitaisuru	**estancarse** エスタン**カ**ルセ	stagnate ス**タ**グネイト
ていちゃくする **定着する** teichakusuru	**establecerse** エスタブレ**セ**ルセ	fix **フィ**クス
ていちょうな **低調な** teichouna	**inactivo(-a)** イナク**ティ**ボ(-バ)	inactive, dull イ**ナ**クティヴ, **ダ**ル
ていっしゅ **ティッシュ** tisshu	**pañuelo de papel** *m.* パニュ**エ**ロ デ パ**ペ**ル	tissue **ティ**シュー
ていでん **停電** teiden	**apagón** *m.* アパ**ゴ**ン	power failure **パ**ウア **フェ**イリュア
ていど **程度** teido	**grado** *m.* グ**ラ**ド	degree, grade ディグ**リ**ー, グ**レ**イド
ていとう **抵当** teitou	**hipoteca** *f.* イポ**テ**カ	mortgage **モ**ーギヂ
ていねいな **丁寧な** teineina	**educado(-a), cortés** エドゥ**カ**ド(-ダ), コル**テ**ス	polite, courteous ポ**ラ**イト, **カ**ーティアス
ていねいに **丁寧に** teineini	**con cortesía** コン コルテ**シ**ア	politely, courteously ポ**ラ**イトリ, **カ**ーティアスリ
ていねん **定年** teinen	**edad de jubilación** *f.* エ**ダ**ド デ フビラ**シ**オン	retirement age リ**タ**イアメント **エ**イヂ
ていはくする **停泊する** teihakusuru	**anclar** アンク**ラ**ル	anchor **ア**ンカ
ていぼう **堤防** teibou	**dique** *m.* **ディ**ケ	bank, embankment **バ**ンク, イン**バ**ンクメント
ていめいする **低迷する** teimeisuru	**marchar mal, estancarse** マル**チャ**ル **マ**ル, エスタン**カ**ルセ	(be) sluggish (ビ) ス**ラ**ギシュ
ていり **定理** teiri	**teorema** *m.* テオ**レ**マ	theorem **スィ**オレム

日	西	英
ていれする **手入れする** teiresuru	**arreglar, cuidar** アレグラル, クイダル	take care of テイク ケア オヴ
てぃんぱにー **ティンパニー** tinpanii	**timbal** *m.* ティンバル	timpani ティンパニ
でーた **データ** deeta	**datos** *m.pl.* ダトス	data デイタ
～ベース	**base de datos** *f.* バセ デ ダトス	database デイタベイス
でーと **デート** deeto	**cita** *f.* シタ	date デイト
てーぷ **テープ** teepu	**cinta** *f.* シンタ	tape テイプ
てーぶる **テーブル** teeburu	**mesa** *f.* メサ	table テイブル
てーま **テーマ** teema	**tema** *m.* テマ	theme, subject スィーム, サブチェクト
てがかり **手掛かり** tegakari	**pista** *f.*, **clave** *f.* ピスタ, クラベ	clue, key クルー, キー
てがきの **手書きの** tegakino	**manuscrito(-*a*)** マヌスクリト(-タ)	handwritten ハンドリトン
でかける **出かける** dekakeru	**salir** サリル	go out ゴウ アウト
てがみ **手紙** tegami	**carta** *f.* カルタ	letter レタ
てがら **手柄** tegara	**proeza** *f.*, **hazaña** *f.* プロエサ, アサニャ	exploit, achievement イクスプロイト, アチーヴメント
てがるな **手軽な** tegaruna	**fácil** ファシル	easy, light イーズィ, ライト

日	西	英
てき **敵** teki	**enemigo(-a)** *m.f.*, **rival** *m.f.* エネミゴ(-ガ), リバル	enemy, opponent エネミ, オポウネント
できあいする **溺愛する** dekiaisuru	**idolatrar** イドラトラル	dote ドウト
できあがる **出来上がる** dekiagaru	**acabarse** アカバルセ	(be) completed (ビ) コンプリーテド
てきい **敵意** tekii	**hostilidad** *f.* オスティリダド	hostility ハスティリティ
てきおうする **適応する** tekiousuru	**adaptarse** *a* アダプタルセ	adjust oneself to アヂャスト トゥ
てきかくな **的確な** tekikakuna	**preciso(-a)** プレシソ(-サ)	precise, exact プリサイス, イグザクト
できごと **出来事** dekigoto	**suceso** *m.* スセソ	event, incident イヴェント, インスィデント
てきしする **敵視する** tekishisuru	**(ser) hostil** *hacia* (セル) オスティル アシア	(be) hostile to (ビ) ハストル トゥ
てきしゅつする **摘出する** tekishutsusuru	**extraer** エクストラエル	remove, extract リムーヴ, イクストラクト
てきすと **テキスト** tekisuto	**libro de texto** *m.* リブロ デ テクスト	text テクスト
てきする **適する** tekisuru	**(ser) adecuado(-a)** (セル) アデクアド(-ダ)	fit, suit フィト, スート
てきせい **適性** tekisei	**aptitud** *f.* アプティトゥド	aptitude アプティテュード
てきせつな **適切な** tekisetsuna	**adecuado(-a)** アデクアド(-ダ)	proper, adequate プラパ, アディクワト
できだか **出来高** dekidaka	**producción** *f.* プロドゥクシオン	output, yield アウトプト, イールド

日	西	英
てきとうな **適当な** tekitouna	**adecuado(-a)** *para* , **con- veniente** *para* アデクアド(-ダ), コンベニエンテ	fit for, suitable for フィト フォ, スータブル フォ
てきどの **適度の** tekidono	**moderado(-a)** モデラド(-ダ)	moderate, temper- ate マダレト, テンパレト
てきぱきと **てきぱきと** tekipakito	**con diligencia** コン ディリヘンシア	promptly プランプトリ
てきようする **適用する** tekiyousuru	**aplicar** アプリカル	apply アプライ
できる **出来る** （することができる） dekiru	**poder** ポデル	can キャン
（可能である）	**(ser) posible** (セル) ポシブレ	(be) possible (ビ) パシブル
（能力がある）	**(ser) capaz** (セル) カパス	(be) able, (be) good (ビ) エイブル, (ビ) グド
（形成される）	**formarse** フォルマルセ	(be) made, (be) formed (ビ) メイド, (ビ) フォームド
（生じる）	**surgir, producirse** スルヒル, プロドゥシルセ	(be) born, form (ビ) ボーン, フォーム
（生産する・産出する）	**producirse** プロドゥシルセ	(be) produced (ビ) プロデュースト
てぎわのよい **手際のよい** tegiwanoyoi	**hábil, diestro(-a)** アビル, ディエストロ(-ラ)	skillful, deft スキルフル, デフト
でぐち **出口** deguchi	**salida** *f.* サリダ	exit エグズィト
てくび **手首** tekubi	**muñeca** *f.* ムニェカ	wrist リスト
てこ **てこ** teko	**palanca** *f.* パランカ	lever レヴァ

日	西	英
てごたえがある **手応えがある** tegotaegaaru	**reaccionar, tener efecto** レアクシオナル, テネル エフェクト	have effect ハヴ イフェクト
でこぼこな **凸凹な** dekobokona	**desigual** デシグアル	uneven, bumpy アニーヴン, バンピ
てごろな **手頃な** tegorona	**manejable, razonable** マネハブレ, ラソナブレ	handy, reasonable ハンディ, リーズナブル
てごわい **手強い** tegowai	**duro(-a)** ドゥロ(-ラ)	tough, formidable タフ, フォーミダブル
でざーと **デザート** dezaato	**postre** *m.* ポストレ	dessert ディザート
でざいなー **デザイナー** dezainaa	**diseñador(-a)** *m.f.* ディセニャドル(-ラ)	designer ディザイナ
でざいん **デザイン** dezain	**diseño** *m.* ディセニョ	design ディザイン
てさぐりする **手探りする** tesagurisuru	**andar a tientas** アンダル ア ティエンタス	grope グロウプ
てざわり **手触り** tezawari	**tacto** *m.* タクト	touch, feel タチ, フィール
でし **弟子** deshi	**alumno(-a)** *m.f.*, **discípulo(-a)** *m.f.* アルムノ(-ナ), ディスシプロ(-ラ)	pupil, disciple ピューピル, ディサイプル
てしごと **手仕事** teshigoto	**trabajo manual** *m.* トラバホ マヌアル	manual work マニュアル ワーク
でじたるの **デジタルの** dejitaruno	**digital** ディヒタル	digital ディデタル
てじな **手品** tejina	**prestidigitación** *f.* プレスティディヒタシオン	magic tricks マヂク トリクス
でしゃばる **出しゃばる** deshabaru	**meter las narices** *en*, **entrometerse** *en* メテル ラス ナリセス, エントロメテルセ	butt in バト イン

日	西	英
てじゅん **手順** tejun	**procedimiento** *m.* プロセディミエント	order, process オーダ, プロセス
てすう **手数** tesuu	**molestia** *f.* モレスティア	trouble トラブル
～料	**comisión** *f.* コミシオン	commission コミション
ですく **デスク** desuku	**mesa** *f.*, **escritorio** *m.* メサ, エスクリトリオ	desk デスク
～トップ	**ordenador de sobremesa** *m.* オルデナドル デ ソブレメサ	desktop デスクタプ
～ワーク	**trabajo de oficina** *m.* トラバホ デ オフィシナ	desk work デスク ワーク
てすと **テスト** tesuto	**examen** *m.*, **test** *m.* エクサメン, テスト	exam, test イグザム, テスト
てすり **手摺り** tesuri	**pasamanos** *m.* パサマノス	handrail ハンドレイル
でたらめな **でたらめな** detaramena	**irresponsable** イレスポンサブレ	irresponsible イリスパンシィブル
てちがい **手違い** techigai	**error** *m.* エロル	mistake ミステイク
てつ **鉄** tetsu	**hierro** *m.*, Ⓐ**fierro** *m.* イエロ, フィエロ	iron アイアン
てっかいする **撤回する** tekkaisuru	**retractar(se)** レトラクタル(セ)	withdraw ウィズドロー
てつがく **哲学** tetsugaku	**filosofía** *f.* フィロソフィア	philosophy フィロソフィ
てづくりの **手作りの** tezukurino	**hecho(-a) a mano** エチョ(-チャ) ア マノ	handmade ハンドメイド

日	西	英
てっこつ **鉄骨** tekkotsu	**armazón de hierro** *m.* アルマ**ソン** デ イ**エ**ロ	iron frame **ア**イアン フ**レ**イム
でっさん **デッサン** dessan	**esbozo** *m.* エス**ボ**ソ	sketch ス**ケ**チ
てつだい **手伝い** tetsudai	**ayuda** *f.* ア**ジュ**ダ	help **ヘ**ルプ
(人)	**ayudante** *m.f.*, **asistente** *m.f.* アジュ**ダン**テ, アシス**テン**テ	helper, assistant **ヘ**ルパ, ア**シ**スタント
てったいする **撤退する** tettaisuru	**retirarse** レティ**ラ**ルセ	withdraw, pull out ウィズド**ロー**, プル **ア**ウト
てつだう **手伝う** tetsudau	**ayudar** アジュ**ダ**ル	help, assist **ヘ**ルプ, ア**シ**スト
てつづき **手続き** tetsuzuki	**procedimiento** *m.* プロセディミ**エ**ント	procedure プロ**ス**ィーヂャ
てっていてきな **徹底的な** tetteitekina	**perfecto(-a)**, **exhausti-** **vo(-a)** ペル**フェ**クト(-タ), エクサウス**ティ**ボ(-バ)	thorough, com- plete **サ**ロ, コンプ**リー**ト
てつどう **鉄道** tetsudou	**ferrocarril** *m.* フェロカ**リ**ル	railroad, ®railway **レ**イルロウド, **レ**イルウェイ
てっぱん **鉄板** teppan	**plancha de hierro** *f.* プ**ラン**チャ デ イ**エ**ロ	iron plate **ア**イアン プ**レ**イト
てつぼう **鉄棒** tetsubou	**barra de hierro** *f.* **バ**ラ デ イ**エ**ロ	iron bar **ア**イアン **バー**
(体操の)	**barra fija** *f.* **バ**ラ **フ**ィハ	horizontal bar ホリ**ザン**トル **バー**
てつや **徹夜** tetsuya	**vela** *f.* **ベ**ラ	staying up all night ス**テ**ィング アプ **オー**ル **ナ**イト
～する	**velar, pasar la noche en** **blanco** ベ**ラ**ル, パ**サ**ル ラ ノチェ エン ブ**ラン**コ	stay up all night ス**テ**イ アプ **オー**ル **ナ**イト

日	西	英
てなんと **テナント** tenanto	**inquilino(-a)** *m.f.* インキリノ(-ナ)	tenant **テ**ナント
てにす **テニス** tenisu	**tenis** *m.* テニス	tennis **テ**ニス
てにもつ **手荷物** tenimotsu	**equipaje de mano** *m.* エキパヘ デ マノ	baggage, hand luggage **バ**ギヂ, **ハ**ンド **ラ**ギヂ
てのーる **テノール** tenooru	**tenor** *m.* テノル	tenor **テ**ナ
てのひら **掌・手の平** tenohira	**palma** *f.* パルマ	palm of the hand **パ**ーム オヴ ザ **ハ**ンド
でのみねーしょん **デノミネーション** denomineeshon	**redenominación** *f.* レデノミナシオン	redenomination リーディナミ**ネ**イション
でぱーと **デパート** depaato	**grandes almacenes** *m.pl.* グランデス アルマ**セ**ネス	department store ディ**パ**ートメント ス**ト**ー
てはいする **手配する** tehaisuru	**arreglar** アレグラル	arrange ア**レ**インヂ
てばなす **手放す** tebanasu	**deshacerse** *de* デサ**セ**ルセ	dispose of ディス**ポ**ウズ オヴ
でびゅー **デビュー** debyuu	**debut** *m.*, **estreno** *m.* デブト, エスト**レ**ノ	debut デイ**ビ**ュー
てぶくろ **手袋** tebukuro	**guantes** *m.pl.* グ**ア**ンテス	gloves グ**ラ**ヴズ
でふれ **デフレ** defure	**deflación** *f.* デフラシ**オ**ン	deflation ディフ**レ**イション
てほん **手本** tehon	**ejemplo** *m.*, **modelo** *m.* エ**ヘ**ンプロ, モ**デ**ロ	example, model イグ**ザ**ンプル, **マ**ドル
てま **手間** tema	**tiempo** *m.* **y trabajo** *m.* ティ**エ**ンポ イ トラ**バ**ホ	time and labor **タ**イム アンド **レ**イバ

日	西	英
でま **デマ** dema	**rumor infundado** *m.*, **ru-mor falso** *m.* ルモル インフンダド，ルモル ファルソ	false rumor フォルス ルーマ
でまえ **出前** demae	**servicio a domicilio** *m.*, **reparto de comida** *m.* セルビシオ ア ドミシリオ，レパルト デ コミダ	delivery service ディリヴァリ サーヴィス
でむかえる **出迎える** demukaeru	**recoger, salir a recibir** レコヘル，サリル ア レシビル	go and welcome ゴウ アンド ウェルカム
でも **デモ** demo	**manifestación** *f.* マニフェスタシオン	demonstration デモンストレイション
でもくらしー **デモクラシー** demokurashii	**democracia** *f.* デモクラシア	democracy ディマクラスィ
てもとに **手元に** temotoni	**a mano** ア マノ	at hand アト ハンド
でゅえっと **デュエット** dyuetto	**dúo** *m.* ドゥオ	duet デュエト
てら **寺** tera	**templo** *m.* テンプロ	temple テンプル
てらす **照らす** terasu	**iluminar** イルミナル	light, illuminate ライト，イリューミネイト
でらっくすな **デラックスな** derakkusuna	**de lujo** デ ルホ	deluxe デルクス
でりけーとな **デリケートな** derikeetona	**delicado(-*a*)** デリカド(-ダ)	delicate デリケト
てりとりー **テリトリー** teritorii	**territorio** *m.* テリトリオ	territory テリトーリ
でる **出る**　　（現れる） deru	**aparecer** アパレセル	come out, appear カム アウト，アピア
（出て行く）	**salir** サリル	go out ゴウ アウト

日	西	英
（出席する・参加する）	**asistir** *a* アシスティル	attend, join アテンド, ヂョイン
てれび **テレビ** terebi	**televisión** *f.* テレビシオン	television テレヴィジョン
～ゲーム	**videojuego** *m.* ビデオフエゴ	video game ヴィディオウ ゲイム
てれる **照れる** tereru	**avergonzarse, sentir vergüenza** アベルゴンサルセ, センティル ベルグエンサ	(be) shy, (be) embarrassed (ビ) シャイ, (ビ) インバラスト
てろ **テロ** tero	**terrorismo** *m.* テロリスモ	terrorism テラリズム
てろりすと **テロリスト** terorisuto	**terrorista** *m.f.* テロリスタ	terrorist テラリスト
てわたす **手渡す** tewatasu	**entregar** エントレガル	hand ハンド
てん **天**　　　　　（空） ten	**cielo** *m.* シエロ	sky スカイ
（天国・神）	**Cielo** *m.*, **Dios** *m.* シエロ, ディオス	Heaven, God ヘヴン, ガド
てん **点** ten	**punto** *m.* プント	dot, point ダト, ポイント
（点数）	**punto** *m.*, **nota** *f.* プント, ノタ	score, point スコー, ポイント
（品物の数）	**pieza** *f.* ピエサ	piece, item ピース, アイテム
でんあつ **電圧** den-atsu	**voltaje** *m.* ボルタヘ	voltage ヴォウルティヂ
てんい **転移**　　　（医学） ten-i	**metástasis** *f.* メタスタシス	metastasis メタスタスィス

日	西	英
～する	**metastatizar** メタスタティサル	metastasize メタスタサイズ
てんいん **店員** ten-in	**dependiente(-a)** *m.f.* デペンディエンテ(-タ)	clerk, salesclerk クラーク, セイルズクラーク
でんか **電化** denka	**electrificación** *f.* エレクトリフィカシオン	electrification イレクトリフィケイション
てんかい **展開** tenkai	**desarrollo** *m.* デサロジョ	development ディヴェロプメント
～する	**desarrollar(se)** デサロジャル(セ)	develop ディヴェロプ
てんかぶつ **添加物** tenkabutsu	**aditivo** *m.* アディティボ	additive アディティヴ
てんき **天気** tenki	**tiempo** *m.* ティエンポ	weather ウェザ
～予報	**pronóstico del tiempo** *m.* プロノスティコ デル ティエンポ	weather forecast ウェザ フォーキャスト
(晴天)	**buen tiempo** *m.* ブエン ティエンポ	fine weather ファイン ウェザ
でんき **伝記** denki	**biografía** *f.* ビオグラフィア	biography バイアグラフィ
でんき **電気** denki	**electricidad** *f.* エレクトリシダド	electricity イレクトリスィティ
(電灯)	**luz eléctrica** *f.* ルス エレクトリカ	electric light イレクトリク ライト
でんきゅう **電球** denkyuu	**bombilla** *f.*, Ⓐ**bombillo** *m.* ボンビジャ, ボンビジョ	lightbulb ライトバルブ
てんきん **転勤** tenkin	**traslado** *m.* トラスラド	(job) transfer (チャブ) トランスファ
てんけいてきな **典型的な** tenkeitekina	**modelo, ideal** モデロ, イデアル	typical, ideal ティピカル, アイディーアル

日	西	英
でんげん **電源** dengen	**fuente de alimentación eléctrica** *f.* フエンテ デ アリメンタシオン エレクトリカ	power supply パウア サプライ
てんけんする **点検する** tenkensuru	**inspeccionar** インスペクシオナル	inspect, check インスペクト，チェク
てんこう **天候** tenkou	**tiempo** *m.* ティエンポ	weather ウェザ
てんこう **転向** tenkou	**conversión** *f.* コンベルシオン	conversion コンヴァーション
〜する	**convertirse** *en* コンベルティルセ	(be) converted to (ビ) コンヴァーテド トゥ
でんこう **電光** denkou	**luz eléctrica** *f.* ルス エレクトリカ	flash of lightning フラシュ オヴ ライトニング
てんこうする **転校する** tenkousuru	**cambiar de escuela** カンビアル デ エスクエラ	change one's school チェインヂ スクール
てんごく **天国** tengoku	**cielo** *m.*, **paraíso** *m.* シエロ，パライソ	heaven, paradise ヘヴン，パラダイス
でんごん **伝言** dengon	**mensaje** *m.* メンサヘ	message メスィヂ
てんさい **天才** tensai	**genio** *m.* ヘニオ	genius チーニアス
てんさい **天災** tensai	**calamidad natural** *f.*, **desastre natural** *m.* カラミダド ナトゥラル，デサストレ ナトゥラル	calamity, disaster カラミティ，ディザスタ
てんさくする **添削する** tensakusuru	**corregir** コレヒル	correct コレクト
てんし **天使** tenshi	**ángel** *m.* アンヘル	angel エインヂェル
てんじ **展示** tenji	**exposición** *f.* エクスポシシオン	exhibition エクスィビション

日	西	英
てんじ **点字** tenji	**braille** *m.* ブライジェ	Braille ブレイル
でんし **電子** denshi	**electrón** *m.* エレクトロン	electron イレクトラン
～工学	**electrónica** *f.* エレクトロニカ	electronics イレクトラニクス
～レンジ	**horno microondas** *m.* オルノ ミクロオンダス	microwave oven マイクロウェイヴ アヴン
でんじしゃく **電磁石** denjishaku	**electroimán** *m.* エレクトロイマン	electromagnet イレクトロウマグネット
でんじは **電磁波** denjiha	**onda electromagnética** *f.* オンダ エレクトロマグネティカ	electromagnetic wave イレクトロウマグネティク ウェ イヴ
でんしゃ **電車** densha	**tren (eléctrico)** *m.* トレン (エレクトリコ)	electric train イレクトリク トレイン
てんじょう **天井** tenjou	**techo** *m.* テチョ	ceiling スィーリング
でんしょう **伝承** denshou	**tradición** *f.* トラディシオン	tradition トラディション
てんじょういん **添乗員** tenjouin	**guía de grupo (de viaje)** *m.f.* ギア デ グルポ (デ ビアヘ)	tour conductor トゥア コンダクタ
てんしょくする **転職する** tenshokusuru	**cambiar de profesión** カンビアル デ プロフェシオン	change one's occu- pation チェインヂ アキュペイション
てんすう **点数** tensuu	**puntos** *m.pl.* プントス	marks, score マークス, スコー
てんせいの **天性の** tenseino	**natural, nato(-a)** ナトゥラル, ナト(-タ)	natural ナチュラル
でんせつ **伝説** densetsu	**leyenda** *f.* レジェンダ	legend レヂェンド

日	西	英
てんせん **点線** tensen	**línea punteada** *f.* リネア プンテアダ	dotted line ダテド ライン
でんせん **伝染** densen	**infección** *f.* インフェクシオン	contagion, infection コンテイヂョン, インフェクション
～する	**infectar, contagiar** インフェクタル, コンタヒアル	infect インフェクト
～病	**enfermedad infecciosa** *f.* エンフェルメダド インフェクシオサ	infectious disease インフェクシャス ディズィーズ
でんせん **電線** densen	**línea eléctrica** *f.* リネア エレクトリカ	electric wire イレクトリク ワイア
てんそうする **転送する** tensousuru	**remitir, reenviar** レミティル, レエンビアル	forward フォーワド
てんたい **天体** tentai	**cuerpo celeste** *m.*, **astro** *m.* クエルポ セレステ, アストロ	heavenly body ヘヴンリ バディ
でんたく **電卓** dentaku	**calculadora** *f.* カルクラドラ	calculator キャルキュレイタ
でんたつする **伝達する** dentatsusuru	**comunicar** コムニカル	communicate コミューニケイト
でんち **電池** denchi	**pila** *f.* ピラ	battery, cell バタリ, セル
でんちゅう **電柱** denchuu	**poste eléctrico** *m.* ポステ エレクトリコ	utility pole ユーティリティ ポウル
てんてき **点滴** tenteki	**gota a gota** *f.*, **perfusión** *f.*, **gotero** *m.* ゴタ ア ゴタ, ペルフシオン, ゴテロ	intravenous drip イントラヴィーナス ドリプ
てんと **テント** tento	**tienda** *f.* ティエンダ	tent テント
でんとう **伝統** dentou	**tradición** *f.* トラディシオン	tradition トラディション

日	西	英
〜の	**tradicional** トラディシオナル	traditional トラ**ディ**ショナル
でんどう **伝導** dendou	**conducción** *f.* コンドゥック**シ**オン	conduction コン**ダ**クション
でんどう **伝道** dendou	**misión** *f.* ミ**シ**オン	missionary work **ミ**ショネリ **ワ**ーク
てんねんの **天然の** tennenno	**natural** ナトゥ**ラ**ル	natural **ナ**チュラル
てんのう **天皇** tennou	**emperador de Japón** *m.,* **tenno** *m.* エンペラ**ド**ル デ ハ**ポ**ン, **テ**ンノ	Emperor of Japan エン**ペ**ラ オヴ チャ**パ**ン
てんのうせい **天王星** tennousei	**Urano** *m.* **ウ**ラノ	Uranus **ユ**アラナス
でんぱ **電波** denpa	**onda eléctrica** *f.* **オ**ンダ エ**レ**クトリカ	electric wave イ**レ**クトリク **ウェ**イヴ
でんぴょう **伝票** denpyou	**nota** *f.* **ノ**タ	(sales) slip (**セ**イルズ) ス**リ**プ
てんびんざ **天秤座** tenbinza	**Libra** *f.* **リ**ブラ	Scales, Libra ス**ケ**イルズ, **ラ**イブラ
てんぷくする **転覆する** tenpukusuru	**volcarse** ボル**カ**ルセ	turn over **タ**ーン **オ**ウヴァ
てんぷする **添付する** tenpusuru	**adjuntar** アドフン**タ**ル	attach ア**タ**チ
てんぷふぁいる **添付ファイル** tenpufairu	**archivo adjunto** *m.* アル**チ**ボ アド**フ**ント	attachment ア**タ**チメント
てんぼう **展望** tenbou	**vista** *f.*, **panorama** *m.* **ビ**スタ, パノ**ラ**マ	view, prospect **ヴュ**ー, プ**ラ**スペクト
でんぽう **電報** denpou	**telegrama** *m.* テレグ**ラ**マ	telegram **テ**レグラム

日	西	英
でんまーく **デンマーク** denmaaku	**Dinamarca** *f.* ディナマルカ	Denmark デンマーク
てんまつ **顛末** tenmatsu	**todo lo ocurrido** トド ロ オクリド	whole story ホウル ストーリ
てんめつする **点滅する** tenmetsusuru	**parpadear** パルパデアル	blink, flash ブリンク, フラシュ
てんもんがく **天文学** tenmongaku	**astronomía** *f.* アストロノミア	astronomy アストロナミ
てんもんだい **天文台** tenmondai	**observatorio astronómico** *m.* オブセルバトリオ アストロノミコ	astronomical observatory アストロナミカル オブザーヴァトリ
てんらくする **転落する** tenrakusuru	**caer** カエル	fall フォール
てんらんかい **展覧会** tenrankai	**exposición** *f.* エクスポシシオン	exhibition エクスィビション
でんりゅう **電流** denryuu	**corriente eléctrica** *f.* コリエンテ エレクトリカ	electric current イレクトリク カーレント
でんりょく **電力** denryoku	**energía eléctrica** *f.* エネルヒア エレクトリカ	electric power イレクトリク パウア
でんわ **電話** denwa	**teléfono** *m.* テレフォノ	telephone テレフォウン
～する	**llamar (por teléfono)** ジャマル (ポル テレフォノ)	call コール
～番号	**número de teléfono** *m.* ヌメロ デ テレフォノ	telephone number テレフォウン ナンバ

と, ト

日	西	英
と **戸** to	**puerta** *f.* プエルタ	door ドー

日	西	英
とい **問い** toi	**pregunta** *f.* プレグンタ	question クウェスチョン
といあわせる **問い合わせる** toiawaseru	**preguntar** *por* プレグンタル	inquire インクワイア
どいつ **ドイツ** doitsu	**Alemania** *f.* アレマニア	Germany ヂャーマニ
〜語	**alemán** *m.* アレマン	German ヂャーマン
といれ **トイレ** toire	**servicio** *m.*, Ⓐ**baño** *m.* セルビシオ, バニョ	bathroom, toilet バスルーム, トイレト
といれっとぺーぱー **トイレットペーパー** toirettopeepaa	**papel higiénico** *m.* パペル イヒエニコ	toilet paper トイレト ペイパ
とう **党** tou	**partido** *m.* パルティド	(political) party (ポリティカル) パーティ
とう **塔** tou	**torre** *f.* トレ	tower タウア
とう **等**　　(賞) tou	**premio** *m.* プレミオ	prize プライズ
（等級）	**clase** *f.* クラセ	grade, rank グレイド, ランク
どう **銅** dou	**cobre** *m.* コブレ	copper カパ
〜メダル	**medalla de bronce** *f.* メダジャ デ ブロンセ	bronze medal ブランズ メドル
とうあんようし **答案用紙** touan-youshi	**hoja de examen** *f.* オハ デ エクサメン	(examination) pa-per (イグザミネイション) ペイパ
どうい **同意** doui	**acuerdo** *m.* アクエルド	agreement アグリーメント

日	西	英
〜する	**(estar) de acuerdo** *con* (エスタル) デ アクエルド	agree with, consent アグリー ウィズ, コンセント
とういつ **統一** touitsu	**unidad** *f.*, **unificación** *f.* ウニダド, ウニフィカシオン	unity, unification ユーニティ, ユーニフィケイション
〜する	**unificar** ウニフィカル	unite, unify ユーナイト, ユーニファイ
どういつの **同一の** douitsuno	**idéntico(-a)** イデンティコ(-カ)	identical アイデンティカル
どういんする **動員する** douinsuru	**movilizar** モビリサル	mobilize モウビライズ
とうおう **東欧** touou	**Europa oriental** *f.* エウロパ オリエンタル	East Europe イースト ユアロプ
どうかく **同格** doukaku	**mismo rango** *m.* ミスモ ランゴ	(the) same rank (ザ) セイム ランク
どうかする **同化する** doukasuru	**asimilar(se)** *a* アシミラル(セ)	assimilate アスィミレイト
とうがらし **唐辛子** tougarashi	**pimiento rojo** *m.* ピミエント ロホ	red pepper レド ペパ
どうかんである **同感である** doukandearu	**(estar) de acuerdo** *con* (エスタル) デ アクエルド	agree with アグリー ウィズ
とうき **冬期** touki	**invierno** *m.* インビエルノ	wintertime ウィンタタイム
とうき **投機** touki	**especulación** *f.* エスペクラシオン	speculation スペキュレイション
とうき **陶器** touki	**cerámica** *f.*, **loza** *f.* セラミカ, ロサ	earthenware, ceramics アースンウェア, スィラミクス
とうぎ **討議** tougi	**discusión** *f.*, **debate** *m.* ディスクシオン, デバテ	discussion ディスカション

日	西	英
〜する	**discutir, debatir** *sobre* ディスク**ティ**ル, デバ**ティ**ル ソブレ	discuss ディス**カ**ス
どうき **動機** douki	**motivo** *m.* モ**ティ**ボ	motive **モ**ウティヴ
どうぎ **動議** dougi	**moción** *f.* モ**シオ**ン	motion **モ**ウション
どうぎご **同義語** dougigo	**sinónimo** *m.* シ**ノ**ニモ	synonym **ス**ィノニム
とうきゅう **等級** toukyuu	**clase** *f.*, **rango** *m.* **クラ**セ, **ラ**ンゴ	class, rank **クラ**ス, **ラ**ンク
とうぎゅう **闘牛** tougyuu	**corrida de toros** *f.* コ**リ**ダ デ**ト**ロス	bullfight **ブ**ルファイト
〜士	**torero(-a)** *m.f.* ト**レ**ロ(-ラ)	bullfighter, mata- dor **ブ**ルファイタ, **マ**タド
どうきゅうせい **同級生** doukyuusei	**compañero(-a) de clase** *m.f.* コンパ**ニェ**ロ(-ラ) デ**クラ**セ	classmate **クラ**スメイト
どうきょする **同居する** doukyosuru	**cohabitar** *con,* **vivir** *con* コアビ**タ**ル, ビ**ビ**ル	live with **リ**ヴ ウィズ
どうぐ **道具** dougu	**herramienta** *f.* エラミ**エ**ンタ	tool **トゥ**ール
とうけい **統計** toukei	**estadística** *f.* エスタ**ディ**スティカ	statistics スタ**ティ**スティクス
〜学	**estadística** *f.* エスタ**ディ**スティカ	statistics スタ**ティ**スティクス
とうげい **陶芸** tougei	**cerámica** *f.* セ**ラ**ミカ	ceramics ス**ィ**ラミクス
とうけつする **凍結する** touketsusuru	**helar, congelar** エ**ラ**ル, コン**ヘ**ラル	freeze フ**リ**ーズ

日	西	英
（賃金・物価を）	**congelar** コンヘ**ラ**ル	freeze フ**リー**ズ
とうごう **統合** tougou	**unidad** *f.*, **unificación** *f.* ウ**ニ**ダド，ウニフィカ**シオ**ン	unity, unification **ユー**ニティ，ユーニフィ**ケイ**ション
～する	**integrar, unificar** インテグ**ラ**ル，ウニフィ**カ**ル	unite, unify ユー**ナイ**ト，**ユー**ニファイ
どうこう **動向** doukou	**tendencia** *f.* テン**デ**ンシア	trend, tendency ト**レ**ンド，**テ**ンデンスィ
とうこうする **登校する** toukousuru	**ir a la escuela** **イ**ル ア ラ エス**クエ**ラ	go to school **ゴ**ウ トゥ ス**クー**ル
どうこうする **同行する** doukousuru	**acompañar** アコンパ**ニャ**ル	go together **ゴ**ウ トゥ**ゲ**ザ
どうさ **動作** dousa	**gesto** *m.*, **movimiento** *m.* **ヘ**スト，モビ**ミエ**ント	action **ア**クション
どうさつりょく **洞察力** dousatsuryoku	**perspicacia** *f.* ペルスピ**カ**シア	insight **イ**ンサイト
とうざよきん **当座預金** touzayokin	**cuenta corriente** *f.* ク**エ**ンタ コ**リエ**ンテ	current deposit **カー**レント ディ**パ**ズィト
どうさん **動産** dousan	**bienes muebles** *m.pl.* ビ**エ**ネス ム**エ**ブレス	movables **ムー**ヴァブルズ
とうさんする **倒産する** tousansuru	**quebrar** ケブ**ラ**ル	go bankrupt **ゴ**ウ バンク**ラ**プト
とうし **投資** toushi	**inversión** *f.* インベル**シオ**ン	investment イン**ヴェ**ストメント
～家	**inversor(-a)** *m.f.* インベル**ソ**ル(- ラ)	investor イン**ヴェ**スタ
～する	**invertir** *en* インベル**ティ**ル	invest イン**ヴェ**スト
とうし **闘志** toushi	**combatividad** *f.* コンバティビ**ダ**ド	fighting spirit **ファ**イティング ス**ピ**リット

日	西	英
とうじ **冬至** touji	**solsticio de invierno** *m.* ソルスティシオ デ インビエルノ	winter solstice **ウィンタ サ**ルスティス
とうじ **当時** touji	**entonces, a la sazón** エントンセス, ア ラ サソン	at that time アト ザト **タ**イム
どうし **動詞** doushi	**verbo** *m.* ベルボ	verb **ヴァ**ーブ
どうし **同志** doushi	**camaradas** *m.f.pl.* カマラダス	comrades **カ**ムラヅ
とうしする **凍死する** toushisuru	**morir de frío** モリル デ フリオ	(be) frozen to death (ビ) フロウズン トゥ **デ**ス
どうじだいの **同時代の** doujidaino	**contemporáneo(-*a*)** コンテンポラネオ(-ア)	contemporary コン**テ**ンポレリ
とうじつ **当日** toujitsu	**ese día** *m.* エセ ディア	that day **ザ**ト デイ
どうしつの **同質の** doushitsuno	**homogéneo(-*a*)** オモヘネオ(-ア)	homogeneous ホウモ**チ**ーニアス
どうして **どうして** (なぜ) doushite	**por qué** ポル ケ	why (ホ)**ワ**イ
(どのように)	**cómo** コモ	how **ハ**ウ
どうしても **どうしても** doushitemo	**cueste lo que cueste, por todos los medios** クエステ ロ ケ クエステ, ポル トドス ロス メ ディオス	by all means バイ **オー**ル ミーンズ
どうじに **同時に** doujini	**al mismo tiempo** アル ミスモ ティエンポ	at the same time アト ザ **セ**イム タイム
とうじの **当時の** toujino	**entonces, de aquel en- tonces** エントンセス, デ アケル エントンセス	of those days オヴ ゾウズ **デ**イズ
とうじょう **搭乗** toujou	**embarque** *m.* エンバルケ	boarding **ボー**ディング

日	西	英
〜する	subir *a*, embarcarse *en* スビル, エンバルカルセ	board ボード
どうじょう **同情** doujou	**compasión** *f.* コンパシオン	sympathy スィンパスィ
〜する	tener compasión *de*, **compadecerse** *de* テネル コンパシオン, コンパデセルセ	sympathize with スィンパサイズ ウィズ
とうじょうする **登場する** toujousuru	**entrar, aparecer** エントラル, アパレセル	enter, appear エンタ, アピア
とうしょする **投書する** toushosuru	**enviar una carta, colabo- rar en una publicación** エンビアル ウナ カルタ, コラボラル エン ウナ プブリカシオン	write a letter to ライト ア レタ トゥ
とうすいする **陶酔する** tousuisuru	**embriagarse** *de* エンブリアガルセ	(be) intoxicated with (ビ) インタクスィケイテド ウィ ズ
どうせ　(どのみち) **どうせ** douse	**de todos modos** デ トドス モドス	anyway エニウェイ
（結局）	**después de todo** デスプエス デ トド	after all アフタ オール
とうせい **統制** tousei	**control** *m.*, **regulación** *f.* コントロル, レグラシオン	control, regulation コントロウル, レギュレイショ ン
〜する	**controlar, regular** コントロラル, レグラル	control, regulate コントロウル, レギュレイト
どうせい **同性** dousei	**mismo sexo** *m.* ミスモ セクソ	same sex セイム セクス
どうせいする **同棲する** douseisuru	**vivir** *con* ビビル	cohabit with コウハビト ウィズ
とうぜん **当然** touzen	**naturalmente** ナトゥラルメンテ	naturally ナチュラリ
〜の	**natural, justo(-a)** ナトゥラル, フスト(-タ)	natural, right ナチュラル, ライト

日	西	英
とうせんする **当選する** （賞に） tousensuru	**ganar el premio** ガナル エル プレミオ	win the prize **ウィン ザ プライズ**
（選挙で）	**(ser) elegido(-a)** (セル) エレヒド(-ダ)	(be) elected (ビ) イレクテド
どうぞ **どうぞ** douzo	**por favor** ポル ファボル	please プリーズ
とうそう **闘争** tousou	**pelea** *f.* ペレア	fight, struggle **ファイト, ストラグル**
どうぞう **銅像** douzou	**estatua de bronce** *f.* エスタトゥア デ ブロンセ	bronze statue ブランズ スタチュー
どうそうかい **同窓会** dousoukai	**reunión de antiguos alumnos** *f.* レウニオン デ アンティグオス アルムノス	class reunion クラス リーユーニャン
どうそうせい **同窓生** dousousei	**condiscípulo(-a)** *m.f.* コンディスシプロ(-ラ)	alumni アラムナイ
とうだい **灯台** toudai	**faro** *m.* ファロ	lighthouse ライトハウス
どうたい **胴体** doutai	**tronco** *m.* トロンコ	body, trunk **バディ, トランク**
とうち **統治** touchi	**gobierno** *m.*, **reinado** *m.* ゴビエルノ, レイナド	rule, reign **ルール, レイン**
～する	**gobernar** ゴベルナル	govern ガヴァン
とうちゃく **到着** touchaku	**llegada** *f.* ジェガダ	arrival アライヴァル
～する	**llegar** *a* ジェガル	arrive at アライヴ アト
とうちょうする **盗聴する** touchousuru	**escuchar clandestina-mente** エスクチャル クランデスティナメンテ	wiretap, bug **ワイアタプ, バグ**

日	西	英
とうてい **到底** toutei	**jamás, de ningún modo** ハマス, デ ニングン モド	not at all **ナ**ト アト **オ**ール
どうてん **同点** douten	**empate** *m.* エンパテ	tie, draw **タ**イ, ド**ロ**ー
とうとい **尊い** toutoi	**precioso(-a)** プレシ**オ**ソ(-サ)	precious プ**レ**シャス
（身分の高い）	**respetable** レスペ**タ**ブレ	noble **ノ**ウブル
とうとう **とうとう** toutou	**al fin** アル **フ**ィン	at last アト **ラ**スト
どうどうと **堂々と** doudouto	**grandiosamente** グランディオ**サ**メンテ	with great dignity ウィズ グ**レ**イト **デ**ィグニティ
どうとうの **同等の** doutouno	**igual** イグ**ア**ル	equal **イ**ークワル
どうとく **道徳** doutoku	**moral** *f.* モ**ラ**ル	morality モ**ラ**リティ
～的な	**moral** モ**ラ**ル	moral **モ**ーラル
とうなん **東南** tounan	**sureste** *m.*, **sudeste** *m.* ス**レ**ステ, ス**デ**ステ	southeast **サ**ウスウェスト
とうなん **盗難** tounan	**robo** *m.* **ロ**ボ	robbery **ラ**バリ
とうなんあじあ **東南アジア** tounan-ajia	**sureste asiático** *m.* ス**レ**ステ アシ**ア**ティコ	Southeast Asia **サ**ウス**イ**ースト **エ**イジャ
どうにゅうする **導入する** dounyuusuru	**introducir** イントロドゥ**シ**ル	introduce イントロ**デュ**ース
とうにょうびょう **糖尿病** tounyoubyou	**diabetes** *f.* ディア**ベ**テス	diabetes ダイア**ビ**ーティーズ
どうねんぱいの **同年輩の** dounenpaino	**de la misma edad** デ ラ **ミ**スマ エ**ダ**ド	of the same age オヴ ザ **セ**イム **エ**イヂ

日	西	英
とうばん **当番** touban	**turno** *m.* トゥルノ	turn ターン
どうはんする **同伴する** douhansuru	**acompañar** アコンパニャル	accompany アカンパニ
とうひ **逃避** touhi	**huida** *f.* ウイダ	escape イスケイプ
とうひょう **投票** touhyou	**voto** *m.* ボト	voting ヴォウティング
～する	**votar** *a* ボタル	vote for ヴォウト フォ
とうぶ **東部** toubu	**este** *m.*, **parte oriental** *f.* エステ, パルテ オリエンタル	eastern part イースタン パート
どうふうする **同封する** doufuusuru	**adjuntar** アドフンタル	enclose インクロウズ
どうぶつ **動物** doubutsu	**animal** *m.* アニマル	animal アニマル
～園	**parque zoológico** *m.*, **zoo** *m.* パルケ ソオロヒコ, ソオ	zoo ズー
とうぶん **当分** toubun	**de momento** デ モメント	for the time being フォ ザ タイム ビーイング
とうぶん **糖分** toubun	**(contenido de) azúcar** *m.* (コンテニド デ) アスカル	sugar content シュガ コンテント
どうほう **同胞** douhou	**compatriota** *m.f.* コンパトリオタ	countryman, compatriot カントリマン, コンペイトリオト
とうぼうする **逃亡する** toubousuru	**huir** *de* ウイル	escape from イスケイプ フラム
とうほく **東北** touhoku	**noreste** *m.* ノレステ	northeast ノースイースト

日	西	英
どうみゃく **動脈** doumyaku	**arteria** *f.* アルテリア	artery アータリ
とうみん **冬眠** toumin	**hibernación** *f.* イベルナシオン	hibernation ハイバネイション
どうめい **同盟** doumei	**alianza** *f.* アリアンサ	alliance アライアンス
とうめいな **透明な** toumeina	**transparente** トランスパレンテ	transparent トランスペアレント
とうめん **当面** toumen	**de momento** デ モメント	for the present フォ ザ プレズント
とうもろこし **玉蜀黍** toumorokoshi	**maíz** *m.* マイス	corn, maize コーン, メイズ
とうゆ **灯油** touyu	**queroseno** *m.*, **parafina** *f.* ケロセノ, パラフィナ	kerosene, ⑧paraf- fin ケロスィーン, パラフィン
とうよう **東洋** touyou	**Oriente** *m.* オリエンテ	(the) East, (the) Orient (ズィ) イースト, (ズィ) オーリ エント
どうようする **動揺する** douyousuru	**agitarse** アヒタルセ	(be) agitated (ビ) アヂテイテド
どうように **同様に** douyouni	**igualmente** イグアルメンテ	in the same way イン ザ セイム ウェイ
どうようの **同様の** douyouno	**similar, parecido(-a)** シミラル, パレシ(-ダ)	similar, like スィミラ, ライク
どうらく **道楽** douraku	**diversión** *f.*, **pasatiempo** *m.* ディベルシオン, パサティエンポ	hobby, pastime ハビ, パスタイム
どうり **道理** douri	**razón** *f.* ラソン	reason リーズン
どうりょう **同僚** douryou	**colega** *m.f.* コレガ	colleague カリーグ

517

日	西	英
どうりょく **動力** douryoku	**fuerza motriz** *f.* フエルサ モトリス	power, motive power パウア, モウティヴ パウア
どうろ **道路** douro	**carretera** *f.* カレテラ	road ロウド
とうろくする **登録する** tourokusuru	**registrar** レヒストラル	register, enter in レデスタ, エンタ イン
とうろん **討論** touron	**debate** *m.* デバテ	discussion ディスカション
～する	**debatir** デバティル	discuss ディスカス
どうわ **童話** douwa	**cuento de hadas** *m.* クエント デ アダス	fairy tale フェアリ テイル
とうわくする **当惑する** touwakusuru	**turbarse** トゥルバルセ	(be) embarrassed (ビ) インバラスト
とおい **遠い** tooi	**lejano(-a)** レハノ(-ナ)	far, distant ファー, ディスタント
とおくに **遠くに** tookuni	**lejos** レホス	far away ファー アウェイ
とおざかる **遠ざかる** toozakaru	**alejarse** アレハルセ	go away ゴウ アウェイ
とおざける **遠ざける** toozakeru	**alejar, mantener lejos** アレハル, マンテネル レホス	keep away キープ アウェイ
とおす **通す** （人・乗り物などを） toosu	**dejar pasar** デハル パサル	let [pass] through レト [パス] スルー
（部屋に）	**hacer pasar** アセル パサル	show in ショウ イン
とーすと **トースト** toosuto	**tostada** *f.* トスタダ	toast トウスト

と

日	西	英
とーなめんと **トーナメント** toonamento	**torneo** *m.* トルネオ	tournament トゥアナメント
どーぴんぐ **ドーピング** doopingu	**dopaje** *m.* ドパヘ	doping ドウピング
とおまわしに **遠回しに** toomawashini	**con rodeos** コン ロデオス	indirectly インディレクトリ
とおまわり **遠回り** toomawari	**rodeo** *m.* ロデオ	detour ディートゥア
～する	**dar un rodeo** ダル ウン ロデオ	make a detour メイク ア ディートゥア
どーむ **ドーム** doomu	**cúpula** *f.* クプラ	dome ドウム
とおり **通り** toori	**calle** *f.* カジェ	road, street ロウド, ストリート
とおりかかる **通り掛かる** toorikakaru	**pasar** *por* パサル	happen to pass ハプン トゥ パス
とおりすぎる **通り過ぎる** toorisugiru	**pasar** パサル	pass by パス バイ
とおりぬける **通り抜ける** toorinukeru	**atravesar** アトラベサル	go through, cut through ゴウ スルー, カト スルー
とおりみち **通り道** toorimichi	**camino** *m.*, **paso** *m.* カミノ, パソ	way to ウェイ トゥ
とおる **通る** tooru	**pasar** パサル	pass パス
とかい **都会** tokai	**ciudad** *f.* シウダド	city, town スィティ, タウン
とかげ **蜥蜴** tokage	**lagarto** *m.* ラガルト	lizard リザド

日	西	英
とかす **梳かす** tokasu	**peinar(se)** ペイナル(セ)	comb コウム
とかす **溶かす** tokasu	**disolver** ディソルベル	melt, dissolve メルト, ディザルヴ
とがった **尖った** togatta	**puntiagudo(-a)** プンティアグド(-ダ)	pointed ポインテド
とがめる **とがめる** togameru	**reprochar** レプロチャル	blame ブレイム
とき **時** toki	**tiempo** *m.*, **hora** *f.* ティエンポ, オラ	time, hour タイム, アウア
どぎつい **どぎつい** dogitsui	**estridente** エストリデンテ	loud, gaudy ラウド, ゴーディ
どきっとする **どきっとする** dokittosuru	**asustarse, conmocio-narse** アススタルセ, コンモシオナルセ	(be) shocked (ビ) シャクト
ときどき **時々** tokidoki	**de vez en cuando** デ ベス エン クアンド	sometimes サムタイムズ
どきどきする **どきどきする** dokidokisuru	**latir, palpitar** ラティル, パルピタル	beat, throb ビート, スラブ
どきゅめんたりー **ドキュメンタリー** dokyumentarii	**documental** *m.* ドクメンタル	documentary ダキュメンタリ
どきょう **度胸** dokyou	**valor** *m.* バロル	courage, bravery カーリヂ, ブレイヴァリ
とぎれる **途切れる** togireru	**interrumpirse** インテルンピルセ	break, stop ブレイク, スタプ
とく **解く**　（ほどく） toku	**desatar** デサタル	untie, undo アンタイ, アンドゥー
（解除する）	**cancelar** カンセラル	cancel, release キャンセル, リリース

日		西	英
	(解答する)	**solucionar** ソルシオナル	solve, answer サルヴ, アンサ
とく 得 toku	(儲け)	**ganancia** *f.* ガナンシア	profit, gains プラフィト, ゲインズ
	(有利)	**ventaja** *f.* ベンタハ	advantage, benefit アドヴァンティヂ, ベニフィト
とぐ 研ぐ togu		**afilar** アフィラル	grind, whet グラインド, (ホ)ウェト
どく 退く doku		**apartarse** アパルタルセ	get out of the way ゲト アウト オヴ ザ ウェイ
どく 毒 doku		**veneno** *m.* ベネノ	poison ポイズン
とくい 得意 tokui	(得手)	**punto fuerte** *m.* プント フエルテ	forte, specialty フォート, スペシャルティ
～先		**cliente** *m.f.* クリエンテ	customer, patron カスタマ, ペイトロン
～である		**dársele bien, (ser) bueno(-a) en** ダルセレ ビエン, (セル) ブエノ(-ナ)	(be) good at (ビ) グド アト
とくいな 特異な tokuina		**singular** シングラル	peculiar ピキューリア
どくがす 毒ガス dokugasu		**gas tóxico** *m.* ガス トクシコ	poison gas ポイズン ギャス
とくぎ 特技 tokugi		**especialidad** *f.* エスペシアリダド	specialty スペシャルティ
どくさい 独裁 dokusai		**dictadura** *f.* ディクタドゥラ	dictatorship ディクテイタシプ
～者		**dictador(-a)** *m.f.* ディクタドル(-ラ)	dictator ディクテイタ

日	西	英
とくさつ **特撮** tokusatsu	**efectos especiales** *m.pl.* エフェクトス エスペシアレス	special effects スペシャル イフェクツ
とくさんひん **特産品** tokusanhin	**producto especial** *m.* プロドゥクト エスペシアル	special product スペシャル プラダクト
どくじの **独自の** dokujino	**original, particular** オリヒナル, パルティクラル	original, unique オリヂナル, ユーニーク
どくしゃ **読者** dokusha	**lector(-a)** *m.f.* レクトル(-ラ)	reader リーダ
とくしゅう **特集** tokushuu	**tema de portada** *m.*, **artículos especiales** *m.pl.* テマ デ ポルタダ, アルティクロス エスペシアレス	feature articles フィーチャ アーティクルズ
とくしゅな **特殊な** tokushuna	**especial, particular** エスペシアル, パルティクラル	special, unique スペシャル, ユーニーク
どくしょ **読書** dokusho	**lectura** *f.* レクトゥラ	reading リーディング
とくしょく **特色** tokushoku	**característica** *f.* カラクテリスティカ	characteristic キャラクタリスティク
どくしんの **独身の** dokushinno	**soltero(-a)** ソルテロ(-ラ)	unmarried, single アンマリド, スィングル
どくぜつ **毒舌** dokuzetsu	**lengua viperina** *f.* レングア ビペリナ	spiteful tongue スパイトフル タング
どくせんする **独占する** dokusensuru	**monopolizar** モノポリサル	monopolize モナポライズ
どくそうてきな **独創的な** dokusoutekina	**original** オリヒナル	original オリヂナル
とくそくする **督促する** tokusokusuru	**requerir, solicitar** レケリル, ソリシタル	press, urge プレス, アーヂ
どくだんで **独断で** dokudande	**arbitrariamente, según** *su* **propio criterio** アルビトラリアメンテ, セグン ス プロピオ クリテリオ	on one's own judgment オン オウン ヂャヂメント

日	西	英
とくちょう **特徴** tokuchou	**característica** *f.* カラクテリスティカ	characteristic キャラクタリスティク
とくちょう **特長** （長所） tokuchou	**punto fuerte** *m.*, **mérito** *m.* プント フエルテ, メリト	merit, strong point メリト, ストローング ポイント
とくていの **特定の** tokuteino	**determinado(-a)** デテルミナド(-ダ)	specific, specified スペスィフィク, スペスィファイド
とくてん **得点** tokuten	**punto** *m.*, **puntuación** *f.* プント, プントゥアシオン	score, points スコー, ポインツ
どくとくの **独特の** dokutokuno	**único(-a)**, **particular** ウニコ(-カ), パルティクラル	unique, peculiar ユーニーク, ピキューリア
とくに **特に** tokuni	**especialmente** エスペシアルメンテ	especially イスペシャリ
とくはいん **特派員** tokuhain	**corresponsal** *m.f.* コレスポンサル	(special) corre- spondent (スペシャル) コレスパンデント
とくべつの **特別の** tokubetsuno	**especial**, **excepcional** エスペシアル, エクスセプシオナル	special, exception- al スペシャル, イクセプショナル
とくめい **匿名** tokumei	**anonimato** *m.* アノニマト	anonymity アノニミティ
とくゆうの **特有の** tokuyuuno	**peculiar** *de* ペクリアル	peculiar to ピキューリア トゥ
どくりつ **独立** dokuritsu	**independencia** *f.* インデペンデンシア	independence インディペンデンス
〜の	**independiente** インデペンディエンテ	independent インディペンデント
どくりょくで **独力で** dokuryokude	**por sí mismo(-a)** ポル シ ミスモ(-マ)	by oneself バイ
とげ **棘** toge	**espina** *f.* エスピナ	thorn, prickle ソーン, プリクル

日	西	英
とけい **時計** tokei	**reloj** *m.* レロフ	watch, clock ワチ, クラク
とける **溶ける** tokeru	**derretirse** デレティルセ	melt, dissolve メルト, ディザルヴ
とける **解ける**　（紐などが） tokeru	**desatarse** デサタルセ	(get) loose (ゲト) ルース
（問題が）	**resolverse** レソルベルセ	(be) solved (ビ) ソルヴド
とげる **遂げる** togeru	**lograr** ログラル	accomplish, complete アカンプリシュ, コンプリート
どける **退ける** dokeru	**quitar, eliminar** キタル, エリミナル	remove リムーヴ
どこ **どこ** doko	**dónde** ドンデ	where (ホ)ウェア
どこか **どこか** dokoka	**alguna parte** アルグナ パルテ	somewhere サム(ホ)ウェア
とこや **床屋** tokoya	**peluquería** *f.* ペルケリア	barbershop バーバシャプ
ところ **所**　（場所） tokoro	**lugar** *m.* ルガル	place, spot プレイス, スパト
（部分）	**parte** *f.* パルテ	part パート
ところどころ **所々** tokorodokoro	**aquí y allá** アキ イ アジャ	here and there ヒア アンド ゼア
とざす **閉ざす** tozasu	**cerrar** セラル	shut, close シャト, クロウズ
とざん **登山** tozan	**montañismo** *m.* モンタニスモ	mountain climbing マウンテン クライミング

日	西	英
〜家	**alpinista** *m.f.*, **montañero(-a)** *m.f.* アルピニスタ，モンタニェロ(-ラ)	mountaineer マウティニア
とし **都市** toshi	**ciudad** *f.* シウダド	city スィティ
とし **年** toshi	**año** *m.* アニョ	year イヤ
（歳・年齢）	**edad** *f.* エダド	age, years エイヂ, イヤズ
〜を取る	**envejecer** エンベヘセル	grow old グロウ オウルド
としうえの **年上の** toshiueno	**mayor** マジョル	older オウルダ
とじこめる **閉じ込める** tojikomeru	**encerrar** エンセラル	shut, confine シャト, コンファイン
とじこもる **閉じこもる** tojikomoru	**recluirse** レクルイルセ	shut oneself up シャト アプ
とししたの **年下の** toshishitano	**menor** メノル	younger ヤンガ
としつき **年月** toshitsuki	**años** *m.pl.* アニョス	years イヤズ
どしゃ **土砂** dosha	**tierra** *f.* **y arena** *f.* ティエライ アレナ	earth and sand アース アンド サンド
〜崩れ	**corrimiento** [**derrumbamiento**] **de tierras** *m.* コリミエント [デルンバミエント] デ ティエラス	landslide ランドスライド
としょ **図書** tosho	**libros** *m.pl.* リブロス	books ブクス
〜館	**biblioteca** *f.* ビブリオテカ	library ライブレリ

日	西	英
どじょう **土壌** dojou	**suelo** *m.* スエロ	soil ソイル
としより **年寄り** toshiyori	**anciano(-a)** *m.f.* アンシアノ(·ナ)	elderly (people) エルダリ (ピープル)
とじる **綴じる** tojiru	**archivar** アルチバル	bind, file バインド, ファイル
とじる **閉じる** tojiru	**cerrar** セラル	shut, close シャト, クロウズ
としん **都心** toshin	**centro de la ciudad** *m.* セントロ デラ シウダド	city center, down-town スィティ センタ, ダウンタウン
どせい **土星** dosei	**Saturno** *m.* サトゥルノ	Saturn サタン
とそう **塗装** tosou	**pintura** *f.* ピントゥラ	painting, coating ペインティング, コウティング
どだい **土台** dodai	**base** *f.* バセ	foundation, base ファウンデイション, ベイス
とだえる **途絶える** todaeru	**cesar** セサル	stop, cease スタプ, スィース
とだな **戸棚** todana	**armario** *m.* アルマリオ	cabinet, cupboard キャビネト, カバド
どたんば **土壇場** dotanba	**último momento** *m.* ウルティモ モメント	(the) last moment (ザ) ラスト モメント
とち **土地** tochi	**tierra** *f.*, **terreno** *m.* ティエラ, テレノ	land ランド
とちゅうで **途中で** tochuude	**en el camino, de camino** エン エル カミノ, デ カミノ	on one's way オン ウェイ
どちら **どちら** (どこ) dochira	**dónde** ドンデ	where (ホ) ウェア

日	西	英
(どれ)	**cuál, qué** クアル, ケ	which (ホ)**ウィ**チ
とっか **特価** tokka	**precio especial** *m.* プレシオ エスペシアル	special price スペシャル プライス
どっかいりょく **読解力** dokkairyoku	**competencia lectora** *f.* コンペテンシア レクトラ	reading ability リーディング アビリティ
とっきゅう **特急** tokkyuu	**tren rápido** *m.* トレン ラピド	special express (train) スペシャル イクスプレス (トレイン)
とっきょ **特許** tokkyo	**patente** *f.* パテンテ	patent パテント
とっくん **特訓** tokkun	**formación especial** *f.* フォルマシオン エスペシアル	special training スペシャル トレイニング
とっけん **特権** tokken	**privilegio** *m.* プリビレヒオ	privilege プリヴィリヂ
どっしりした **どっしりした** dosshirishita	**macizo(-a)** マシソ(-サ)	heavy, dignified ヘヴィ, ディグニファイド
とっしんする **突進する** tosshinsuru	**lanzarse** *a* ランサルセ	rush at, dash at ラシュ アト, ダシュ アト
とつぜん **突然** totsuzen	**de repente** デ レペンテ	suddenly サドンリ
とって **取っ手** totte	**asa** *f.* アサ	handle, knob ハンドル, ナブ
どっと **ドット** dotto	**punto** *m.* プント	dot ダト
とつにゅうする **突入する** totsunyuusuru	**arremeter, irrumpir** *en* アレメテル, イルンピル	rush into ラシュ イントゥ
とっぱする **突破する** toppasuru	**romper** ロンペル	break through ブレイク スルー

日	西	英
とっぷ **トップ** toppu	**primer puesto** *m.*, **cabe-za** *f.* プリメル プエスト, カベサ	top タプ
とても **とても** totemo	**muy** ムイ	very ヴェリ
とどく **届く** （達する） todoku	**alcanzar** アルカンサル	reach リーチ
（到着する）	**llegar** *a* ジェガル	arrive at アライヴ アト
とどけ **届け** todoke	**informe** *m.* インフォルメ	report, notice リポート, ノウティス
とどける **届ける** （送る） todokeru	**enviar** エンビアル	send, deliver センド, ディリヴァ
（届け出る）	**informar, notificar** インフォルマル, ノティフィカル	report to, notify リポート トゥ, ノウティファイ
とどこおる **滞る** todokooru	**estar [ir] retrasado(-*a*)** エスタル [イル] レトラサド(-ダ)	(be) delayed (ビ) ディレイド
ととのう **整う** （準備される） totonou	**(estar) listo(-*a*)** (エスタル) リスト(-タ)	(be) ready (ビ) レディ
（整理される）	**(estar) ordenado(-*a*)** (エスタル) オルデナド(-ダ)	(be) in good order (ビ) イン グド オーダ
ととのえる **整える** （準備する） totonoeru	**preparar** プレパラル	prepare プリペア
（整理する）	**poner en orden** ポネル エン オルデン	put in order プト イン オーダ
（調整する）	**ajustar** アフスタル	adjust, fix アヂャスト, フィクス
とどまる **止[留]まる** todomaru	**quedarse** ケダルセ	stay, remain ステイ, リメイン

日	西	英
とどめる **止[留]める** todomeru	**mantener** マンテネル	retain リテイン
どなー **ドナー** donaa	**donante** *m.f.* ドナンテ	donor ドゥナ
となえる **唱える** tonaeru	**recitar** レシタル	recite, chant リサイト, **チャント**
となり **隣** tonari	**casa vecina** *f.* カサ ベシナ	next door ネクスト ドー
どなる **怒鳴る** donaru	**gritar** グリタル	shout, yell シャウト, **イェル**
とにかく **とにかく** tonikaku	**de todos modos** デ トドス モドス	anyway エニウェイ
どの **どの** dono	**cuál, qué** クアル, ケ	which (ホ)**ウィチ**
とばく **賭博** tobaku	**juego** *m.* フエゴ	gambling ギャンブリング
とばす **飛ばす** tobasu	**hacer volar** アセル ボラル	fly フライ
(抜かす)	**omitir** オミティル	skip スキプ
とびあがる **跳び上がる** tobiagaru	**saltar** サルタル	jump up, leap チャンプ アプ, リープ
とびおりる **飛び降りる** tobioriru	**bajar de un salto, tirarse** *a* バハル デウン サルト, ティラルセ	jump down チャンプ ダウン
とびこえる **飛び越える** tobikoeru	**saltar(se), pasar por encima** サルタル(セ), パサル ポル エンシマ	jump over チャンプ オウヴァ
とびこむ **飛び込む** tobikomu	**tirarse** *a* ティラルセ	jump into, dive into チャンプ イントゥ, ダイヴィン トゥ

日	西	英
とびだす **飛び出す** tobidasu	**saltar** *de* サル**タ**ル	fly out, jump out of フ**ラ**イ **ア**ウト, **チャ**ンプ **ア**ウト オヴ
とびちる **飛び散る** tobichiru	**esparcirse** エスパル**シ**ルセ	scatter ス**キャ**タ
とびつく **飛びつく** tobitsuku	**saltar** *a* サル**タ**ル	jump at, fly at **チャ**ンプ **ア**ト, フ**ラ**イ **ア**ト
とびっく **トピック** topikku	**tema** *m.*, **asunto** *m.* **テ**マ, ア**ス**ント	topic **タ**ピク
とびのる **飛び乗る** tobinoru	**saltar** *a* サル**タ**ル	jump onto, hop **チャ**ンプ **オ**ントゥ, **ハ**プ
とびはねる **跳び跳ねる** tobihaneru	**saltar** サル**タ**ル	hop, jump **ハ**プ, **チャ**ンプ
とびら **扉** tobira	**puerta** *f.* プ**エ**ルタ	door **ド**ー
とぶ **跳ぶ** tobu	**saltar** サル**タ**ル	jump, leap **チャ**ンプ, **リ**ープ
とぶ **飛ぶ** tobu	**volar** ボ**ラ**ル	fly, soar フ**ラ**イ, **ソ**ー
どぶ **どぶ** dobu	**cuneta** *f.* ク**ネ**タ	ditch **ディ**チ
どぼく **土木** doboku	**obras públicas** *f.pl.* **オ**ブラス **プ**ブリカス	public works **パ**ブリク **ワ**ークス
とぼける **とぼける** tobokeru	**hacerse el sueco, fingir ignorancia** ア**セ**ルセ エル ス**エ**コ, フィン**ヒ**ル イグノ**ラ**ンシア	feign ignorance **フェ**イン **イ**グノランス
とほで **徒歩で** tohode	**a pie** ア **ピエ**	on foot **オ**ン **フ**ト
とまと **トマト** tomato	**tomate** *m.* ト**マ**テ	tomato ト**メ**イトウ

日	西	英
とまどう **戸惑う** tomadou	**desconcertarse** デスコンセル**タ**ルセ	(be) at a loss (ビ) アト ア **ロ**ース
とまる **止まる** tomaru	**pararse** パ**ラ**ルセ	stop, halt ス**タ**プ, **ホ**ールト
とまる **泊まる** tomaru	**hospedarse** *en* オスペ**ダ**ルセ	stay at ス**テ**イ アト
とみ **富** tomi	**riqueza** *f.* リ**ケ**サ	wealth **ウェ**ルス
とむ **富む** tomu	**enriquecerse** エンリケ**セ**ルセ	(become) rich (ビカム) **リ**チ
とめがね **留め金** tomegane	**broche** *m.* ブ**ロ**チェ	clasp, hook ク**ラ**スプ, **フ**ク
とめる **止める** (停止させる) tomeru	**parar** パ**ラ**ル	stop ス**タ**プ
(スイッチを切る)	**apagar** アパ**ガ**ル	turn off **ター**ン **オ**ーフ
(禁止する)	**prohibir** プロイ**ビ**ル	forbid, prohibit フォ**ビ**ド, プロ**ヒ**ビト
(制止する)	**disuadir, impedir** ディスア**ディ**ル, インペ**ディ**ル	hold, check **ホ**ウルド, **チェ**ク
とめる **泊める** tomeru	**alojar, hospedar** *a* アロ**ハ**ル, オスペ**ダ**ル	take in **テ**イク **イ**ン
とめる **留める** tomeru	**fijar** フィ**ハ**ル	fasten, fix **ファ**スン, **フィ**クス
ともだち **友達** tomodachi	**amigo(-a)** *m.f.* ア**ミ**ゴ(- ガ)	friend フ**レ**ンド
ともなう **伴う** tomonau	**acompañar** アコンパ**ニャ**ル	accompany, follow ア**カ**ンパニ, **ファ**ロウ
ともに **共に** (どちらも) tomoni	**ambos(-as)** *m.f.pl.* **ア**ンボス(- バス)	both **ボ**ウス

日	西	英
（一緒に）	**junto con** フント コン	with ウィズ
どようび **土曜日** doyoubi	**sábado** *m.* サバド	Saturday サタデイ
とら **虎** tora	**tigre** *m.*, **tigresa** *f.* ティグレ, ティグレサ	tiger タイガ
とらいあんぐる **トライアングル** toraianguru	**triángulo** *m.* トリアングロ	triangle トライアングル
どらいくりーにんぐ **ドライクリーニング** doraikuriiningu	**limpieza en seco** *f.* リンピエサ エン セコ	dry cleaning ドライ クリーニング
どらいばー **ドライバー** （ねじ回し） doraibaa	**destornillador** *m.* デストルニジャドル	screwdriver スクルードライヴァ
（運転手）	**conductor(-a)** *m.f.* コンドゥクトル(- ラ)	driver ドライヴァ
どらいぶ **ドライブ** doraibu	**paseo en coche** *m.* パセオ エン コチェ	drive ドライヴ
～イン	**drive-in** *m.*, **autorrestaurante** *m.* ドライブイン, アウトレスタウランテ	drive-in ドライヴイン
どらいやー **ドライヤー** doraiyaa	**secador** *m.* セカドル	dryer ドライア
とらっく **トラック** torakku	**camión** *m.* カミオン	truck, ⓑlorry トラク, ローリ
（競走路の）	**pista** *f.* ピスタ	track トラク
とらぶる **トラブル** toraburu	**problema** *m.* プロブレマ	trouble トラブル
とらべらーずちぇっく **トラベラーズ チェック** toraberaazuchekku	**cheque de viaje** *m.* チェケ デ ビアヘ	traveler's check トラヴラズ チェク

日	西	英
どらま **ドラマ** dorama	**drama** *m.* ドラマ	drama ドラーマ
どらむ **ドラム** doramu	**tambor** *m.* タンボル	drum ドラム
とらんく **トランク** toranku	**baúl** *m.* バウル	trunk, suitcase トランク, **ス**ートケイス
(車の)	**portaequipajes** *m.*, **male- tero** *m.* ポルタエキパヘス, マレテロ	trunk トランク
とらんくす **トランクス** torankusu	**calzón** *m.* カルソン	trunks トランクス
とらんぷ **トランプ** toranpu	**naipes** *m.pl.* ナイペス	cards カーヅ
とらんぺっと **トランペット** toranpetto	**trompeta** *f.* トロンペタ	trumpet トランペト
とり **鳥** tori	**ave** *f.*, **pájaro** *m.* アベ, パハロ	bird バード
とりあえず **取りあえず** toriaezu	**por el momento** ポル エル モメント	for the time being フォ ザ **タ**イム ビーイング
とりあげる **取り上げる** (奪い取る) toriageru	**llevarse, quitar** ジェバルセ, キタル	take away テイク ア**ウェ**イ
(採用する)	**adoptar** アドプタル	adopt ア**ダ**プト
とりあつかう **取り扱う** toriatsukau	**manejar, tratar** マネハル, トラタル	handle, treat ハンドル, トリート
とりーとめんと **トリートメント** toriitomento	**tratamiento capilar** *m.*, **acondicionador** *m.* トラタミエント カピラル, アコンディシオナドル	treatment トリートメント
とりえ **取り柄** torie	**mérito** *m.* メリト	merit メリト

日	西	英
とりおこなう **執り行う** toriokonau	**celebrar** セレブラル	perform パフォーム
とりかえす **取り返す** torikaesu	**recuperar** レクペラル	take back, recover テイク バク, リカヴァ
とりかえる **取り替える** torikaeru	**cambiar** カンビアル	exchange, replace イクスチェインヂ, リプレイス
とりかわす **取り交わす** torikawasu	**intercambiar** インテルカンビアル	exchange イクスチェインヂ
とりきめ **取り決め** torikime	**acuerdo** *m.* アクエルド	agreement アグリーメント
とりくむ **取り組む** torikumu	**trabajar** *en*, **afrontar** トラバハル, アフロンタル	tackle, take on タクル, テイク オン
とりけす **取り消す** torikesu	**cancelar** カンセラル	cancel キャンセル
とりこ **虜** toriko	**prisionero(-a)** *m.f.* プリシオネロ(- ラ)	captive キャプティヴ
とりしまりやく **取締役** torishimariyaku	**director(-a)** *m.f.* ディレクトル(- ラ)	director ディレクタ
とりしまる **取り締まる** torishimaru	**controlar** コントロラル	control, regulate コントロウル, レギュレイト
とりしらべる **取り調べる** torishiraberu	**investigar, interrogar** インベスティガル, インテロガル	investigate, inquire インヴェスティゲイト, インクワイア
とりだす **取り出す** toridasu	**sacar** サカル	take out テイク アウト
とりたてる **取り立てる** toritateru	**cobrar, recaudar** コブラル, レカウダル	collect コレクト
とりっく **トリック** torikku	**truco** *m.* トルコ	trick トリク
とりつける **取り付ける** toritsukeru	**instalar** インスタラル	install インストール

日	西	英
とりとめのない **取り留めのない** toritomenonai	**incoherente** インコエレンテ	incoherent インコウ**ヒ**アレント
とりにく **鶏肉** toriniku	**carne de pollo** *f.* カルネ デ ポジョ	chicken **チ**キン
とりのぞく **取り除く** torinozoku	**eliminar** エリミナル	remove リ**ムー**ヴ
とりひき **取り引き** torihiki	**negocio** *m.*, **transacción** *f.* ネゴシオ, トランサクシオン	transactions トラン**サ**クションズ
とりぶん **取り分** toribun	**parte** *f.*, **cuota** *f.* パルテ, ク**オ**タ	share **シェ**ア
とりまく **取り巻く** torimaku	**rodear** ロデアル	surround サ**ラ**ウンド
とりみだす **取り乱す** torimidasu	**perturbarse, trastornarse** ペルトゥルバルセ, トラストルナルセ	(be) confused (ビ) コン**フュー**ズド
とりみんぐ **トリミング** torimingu	**recorte** *m.* レコルテ	trimming ト**リ**ミング
とりもどす **取り戻す** torimodosu	**recobrar** レコブラル	take back, recover **テ**イク **バ**ク, リ**カ**ヴァ
とりやめる **取り止める** toriyameru	**cancelar** カンセラル	cancel, call off **キャ**ンセル, **コ**ール **オ**ーフ
とりゅふ **トリュフ** toryufu	**trufa** *f.* ト**ル**ファ	truffle ト**ラ**フル
とりょう **塗料** toryou	**pintura** *f.* ピン**トゥ**ラ	paint **ペ**イント
どりょく **努力** doryoku	**esfuerzo** *m.* エスフエルソ	effort **エ**フォト
〜する	**hacer un esfuerzo** アセル ウン エスフ**エ**ルソ	make an effort **メ**イク アン **エ**フォト
とりよせる **取り寄せる** toriyoseru	**pedir** ペ**ディ**ル	order **オ**ーダ

日	西	英
どりる **ドリル** （工具の） doriru	**taladro** *m.* タラドロ	drill ドリル
とりわける **取り分ける** toriwakeru	**repartir, distribuir** レパルティル, ディストリブイル	distribute, serve ディストリビュト, **サ**ーヴ
とる **取る** （手にする） toru	**tomar** トマル	take, hold **テ**イク, **ホ**ウルド
（受け取る）	**recibir** レシビル	get, receive **ゲ**ト, リス**ィ**ーヴ
（除去する）	**eliminar** エリミ**ナ**ル	take off, remove **テ**イク **オ**ーフ, リ**ム**ーヴ
（盗む）	**robar** ロ**バ**ル	steal, rob ス**テ**ィール, **ラ**ブ
とる **採る** （採集する） toru	**recoger, Ⓐagarrar** レコ**ヘ**ル, アガ**ラ**ル	gather, pick **ギャ**ザ, **ピ**ク
（採用する）	**adoptar** アドプ**タ**ル	adopt, take ア**ダ**プト, **テ**イク
とる **捕る** toru	**coger** コ**ヘ**ル	catch, capture **キャ**チ, **キャ**プチャ
どる **ドル** doru	**dólar** *m.* **ド**ラル	dollar **ダ**ラ
とるこ **トルコ** toruko	**Turquía** *f.* トゥル**キ**ア	Turkey **タ**ーキ
どれ **どれ** dore	**cuál, qué** ク**ア**ル, **ケ**	which (ホ)**ウィ**チ
どれい **奴隷** dorei	**esclavo(-a)** *m.f.* エスク**ラ**ボ(-バ)	slave ス**レ**イヴ
とれーど **トレード** toreedo	**intercambio** *m.* インテル**カ**ンビオ	trading ト**レ**イディング
とれーなー **トレーナー** （服） toreenaa	**sudadera** *f.* スダ**デ**ラ	sweat shirt ス**ウェ**ト **シャ**ート

日	西	英
（運動の指導者）	**entrenador(-a)** *m.f.* エントレナドル(-ラ)	trainer トレイナ
とれーにんぐ **トレーニング** toreeningu	**entrenamiento** *m.* エントレナミエント	training トレイニング
とれーらー **トレーラー** toreeraa	**remolque** *m.* レモルケ	trailer トレイラ
どれす **ドレス** doresu	**vestido** *m.* ベスティド	dress ドレス
どれっしんぐ **ドレッシング** doresshingu	**aliño (para ensaladas)** *m.* アリニョ (パラ エンサラダス)	dressing ドレスィング
とれる **取れる** toreru	**despegarse** デスペガルセ	come off カム オーフ
どろ **泥** doro	**barro** *m.* バロ	mud マド
どろどろの **どろどろの** dorodorono	**fangoso(-a), lodoso(-a)** ファンゴソ(-サ), ロドソ(-サ)	pulpy パルピ
とろふぃー **トロフィー** torofii	**trofeo** *m.* トロフェオ	trophy トロウフィ
どろぼう **泥棒** dorobou	**ladrón(-ona)** *m.f.* ラドロン(-ナ)	thief, burglar スィーフ, バーグラ
とろりーばす **トロリーバス** tororiibasu	**trolebús** *m.* トロレブス	trolley bus トラリ バス
とろんぼーん **トロンボーン** toronboon	**trombón** *m.* トロンボン	trombone トランボウン
どわすれする **度忘れする** dowasuresuru	**fallar la memoria** ファジャル ラ メモリア	slip from one's memory スリプ フラム メモリ
とん **トン** ton	**tonelada** *f.* トネラダ	ton タン

日	西	英
どんかんな **鈍感な** donkanna	**obtuso(-a), torpe** オブトゥソ(-サ), トルペ	dull, thickheaded, stupid ダル, スィクヘデド, ステューピド
どんこう **鈍行** donkou	**tren ómnibus** *m.* トレン オムニブス	local train ロウカル トレイン
どんつう **鈍痛** dontsuu	**dolor sordo** *m.* ドロル ソルド	dull pain ダル ペイン
とんでもない **とんでもない** tondemonai	**terrible** テリブレ	awful, terrible オーフル, テリブル
(思いがけない)	**inesperado(-a)** イネスペラド(-ダ)	surprising, shocking サプライズィング, シャキング
どんな **どんな** donna	**qué** ケ	what (ホ)ワト
どんなに **どんなに** donnani	**cómo, cuánto, por mucho** コモ, クアント, ポル ムチョ	however ハウエヴァ
トンネル **トンネル** tonneru	**túnel** *m.* トゥネル	tunnel タネル
とんぼ **蜻蛉** tonbo	**libélula** *f.*, **caballito del diablo** *m.* リベルラ, カバジト デル ディアブロ	dragonfly ドラゴンフライ
とんや **問屋** ton-ya	**mayorista** *m.f.* マジョリスタ	wholesale store ホウルセイル ストー
どんよくな **貪欲な** don-yokuna	**avaro(-a), ávido(-a)** アバロ(-ラ), アビド(-ダ)	greedy グリーディ

日	西	英

な, ナ

な
名
na
nombre *m.*
ノンブレ
name
ネイム

ない
無い （持っていない）
nai
no tener
ノ テネル
have no
ハヴ ノウ

（存在しない）
No hay
ノ アイ
There is no
ゼア イズ ノウ

ないか
内科
naika
medicina interna *f.*
メディシナ インテルナ
internal medicine
インターナル メディスィン

〜医
internista *m.f.*
インテルニスタ
physician
フィズィシャン

ないかく
内閣
naikaku
gabinete ministerial *m.*
ガビネテ ミニステリアル
Cabinet, Ministry
キャビネト, ミニストリ

ないこうてきな
内向的な
naikoutekina
introvertido(-a)
イントロベルティド(-ダ)
introverted
イントロヴァーテド

ないじぇりあ
ナイジェリア
naijeria
Nigeria *f.*
ニヘリア
Nigeria
ナイヂアリア

ないじゅ
内需
naiju
demanda interna *f.*, **de-manda nacional** *f.*
デマンダ インテルナ, デマンダ ナシオナル
domestic demand
ドメスティク ディマンド

ないしょ
内緒
naisho
secreto *m.*
セクレト
secret
スィークレト

ないしん
内心
naishin
su **interior** *m.*
インテリオル
one's mind, one's heart
マインド, ハート

ないせい
内政
naisei
asuntos internos *m.pl.*
アスントス インテルノス
domestic affairs
ドメスティク アフェアズ

ないせん
内戦
naisen
guerra civil *f.*
ゲラ シビル
civil war
スィヴィル ウォー

日	西	英
ないぞう **内臓** naizou	**vísceras** *f.pl.*, **órganos internos** *m.pl.* ビセラス，オルガノス インテルノス	internal organs インターナル オーガンズ
ないたー **ナイター** naitaa	**partido nocturno** *m.* パルティド ノクトゥルノ	night game ナイト ゲイム
ないてい **内定** naitei	**decisión oficiosa** *f.* デシシオン オフィシオサ	unofficial decision アナフィシャル ディスィジョン
ないてきな **内的な** naitekina	**interior, interno(-a)** インテリオル，インテルノ(-ナ)	inner, internal イナ，インターナル
ないふ **ナイフ** naifu	**cuchillo** *m.* クチジョ	knife ナイフ
ないぶ **内部** naibu	**interior** *m.*, **dentro** インテリオル，デントロ	inside, interior インサイド，インティアリア
ないふん **内紛** naifun	**discordia intestina** *f.*, **luchas intestinas** *f.pl.* ディスコルディア インテスティナ，ルチャス インテスティナス	internal trouble インターナル トラブル
ないめん **内面** naimen	**interior** *m.* インテリオル	inside インサイド
ないよう **内容** naiyou	**contenido** *m.* コンテニド	contents, substance カンテンツ，サブスタンス
ないらん **内乱** nairan	**guerra civil** *f.* ゲラ シビル	civil war スィヴィル ウォー
ないろん **ナイロン** nairon	**nailon** *m.* ナイロン	nylon ナイラン
なえ **苗** nae	**plantón** *m.* プラントン	seedling スィードリング
なおさら **なおさら** naosara	**aún más** アウン マス	still more スティル モー
なおざりにする **なおざりにする** naozarinisuru	**descuidar** デスクイダル	neglect ニグレクト

な

日	西	英
なおす **治す** naosu	**curar** クラル	cure キュア
なおす **直す** （修正する） naosu	**corregir** コレヒル	correct, amend コレクト，アメンド
（修理する）	**reparar** レパラル	mend, repair メンド，リペア
なおる **治る** naoru	**curarse** クラルセ	get well ゲト ウェル
なおる **直る** （修正される） naoru	**corregirse** コレヒルセ	(be) corrected (ビ) コレクテド
（修理される）	**repararse** レパラルセ	(be) repaired (ビ) リペアド
なか **中** naka	**interior** *m.* インテリオル	inside インサイド
なか **仲** naka	**relaciones** *f.pl.*, **amistades** *f.pl.* レラシオネス，アミスタデス	relations, relationship リレイションズ，リレイションシプ
ながい **長い** nagai	**largo(-a)** ラルゴ(-ガ)	long ローング
ながいきする **長生きする** nagaikisuru	**vivir muchos años** ビビル ムチョス アニョス	live long リヴ ローング
なかがいにん **仲買人** nakagainin	**corredor(-a)** *m.f.*, **agente** *m.f.* コレドル(-ラ)，アヘンテ	broker ブロウカ
ながぐつ **長靴** nagagutsu	**botas** *f.pl.* ボタス	boots ブーツ
ながさ **長さ** nagasa	**longitud** *f.* ロンヒトゥド	length レングス
ながす **流す** （液体などを） nagasu	**hacer correr, verter** アセル コレル，ベルテル	pour, drain ポー，ドレイン

日	西	英
（物を）	**hacer flotar** アセル フロタル	float フロウト
ながそで **長袖** nagasode	**mangas largas** *f.pl.* マンガス ラルガス	long sleeves ローング スリーヴズ
なかなおりする **仲直りする** nakanaorisuru	**reconciliarse** *con* レコンシリアルセ	reconcile with レコンサイル ウィズ
なかなか **中々** nakanaka	**muy, bastante** ムイ, バスタンテ	very, quite ヴェリ, クワイト
なかに **中に** nakani	**en** エン	in, within イン, ウィズイン
なかにわ **中庭** nakaniwa	**patio** *m.* パティオ	courtyard コートヤード
ながねん **長年** naganen	**durante muchos años** ドゥランテ ムチョス アニョス	for years フォ イヤズ
なかば **半ば** nakaba	**en medio, a medio cami- no** エン メディオ, ア メディオ カミノ	halfway ハフウェイ
ながびく **長引く** nagabiku	**durar mucho** ドゥラル ムチョ	(be) prolonged (ビ) プロローングド
なかま **仲間** nakama	**compañero(-a)** *m.f.* コンパニェロ(-ラ)	comrade, compan- ion カムラド, コンパニョン
なかみ **中身** nakami	**contenido** *m.* コンテニド	contents, substance カンテンツ, サブスタンス
ながめ **眺め** nagame	**vista** *f.* ビスタ	view, scene ヴュー, スィーン
ながめる **眺める** nagameru	**mirar, contemplar** ミラル, コンテンプラル	see, look at スィー, ルク アト
ながもちする **長持ちする** nagamochisuru	**(ser) duradero(-a)** (セル) ドゥラデロ(-ラ)	(be) durable (ビ) デュアラブル

な

日	西	英
なかゆび **中指** nakayubi	**dedo corazón** *m.* デド コラソン	middle finger ミドル フィンガ
なかよし **仲良し** nakayoshi	**amigo(-a) íntimo(-a)** *m.f.* アミゴ(-ガ) インティモ(-マ)	close friend, chum クロウス フレンド, **チャム**
ながれ **流れ** nagare	**corriente** *f.*, **flujo** *m.* コリエンテ, フルホ	stream, current ストリーム, **カ**ーレント
ながれぼし **流れ星** nagareboshi	**estrella fugaz** *f.* エストレジャ フガス	shooting star シューティング スター
ながれる **流れる** nagareru	**correr** コレル	flow, run フロウ, **ラ**ン
(時が)	**pasar, transcurrir** パサル, トランスクリル	pass パス
なきごえ **泣き声** nakigoe	**llanto** *m.* ジャント	cry クライ
なきむし **泣き虫** nakimushi	**llorón(-ona)** *m.f.* ジョロン(-ナ)	crybaby クライベイビ
なきわめく **泣きわめく** nakiwameku	**chillar** チジャル	bawl, scream **ボ**ール, スクリーム
なく **泣く** naku	**llorar** ジョラル	cry, weep クライ, **ウィ**ープ
なく **鳴く** (犬が) naku	**ladrar** ラド**ラ**ル	bark バーク
(猫が)	**maullar** マウジャル	mew, meow, mi-aow ミュー, ミアウ, ミアウ
(小鳥が)	**cantar, piar** カン**タ**ル, ピ**ア**ル	sing ス**イ**ング
なぐさめる **慰める** nagusameru	**consolar** コンソ**ラ**ル	console, comfort コンソウル, **カ**ムファト

日	西	英
なくす **無くす** nakusu	**perder** ペルデル	lose ルーズ
なくなる **無くなる** nakunaru	**perderse** ペルデルセ	(get) lost (ゲト) ロースト
（消失する）	**desaparecer** デサパレセル	disappear ディサピア
（尽きる）	**acabarse** アカバルセ	run short ラン ショート
なぐりあい **殴り合い** naguriai	**pelea** *f.* ペレア	fight ファイト
なぐる **殴る** naguru	**golpear** ゴルペアル	strike, beat ストライク, ビート
なげかわしい **嘆かわしい** nagekawashii	**deplorable, lamentable** デプロラブレ, ラメンタブレ	deplorable ディプローラブル
なげく **嘆く** nageku	**lamentar** ラメンタル	lament, grieve ラメント, グリーヴ
なげすてる **投げ捨てる** nagesuteru	**tirar, Ⓐbotar** ティラル, ボタル	throw away スロウ アウェイ
なげる **投げる** （飛ばす） nageru	**tirar** ティラル	throw, cast スロウ, キャスト
（放棄する）	**abandonar** アバンドナル	give up ギヴ アプ
なごやかな **和やかな** nagoyakana	**pacífico(-a)** パシフィコ(- カ)	peaceful, friendly ピースフル, フレンドリ
なごり **名残** nagori	**huella** *f.*, **vestigio** *m.* ウエジャ, ベスティヒオ	trace, vestige トレイス, ヴェスティヂ
なさけ **情け** （あわれみ） nasake	**lástima** *f.* ラスティマ	pity ピティ
（思いやり）	**compasión** *f.* コンパシオン	sympathy スィンパスィ

な

日	西	英
（慈悲）	**misericordia** *f.* ミセリコルディア	mercy マースィ
なさけない **情けない** nasakenai	**miserable, lamentable** ミセラブレ, ラメンタブレ	miserable, lamen-table ミザラブル, ラメンタブル
なし **梨** nashi	**pera** *f.* ペラ	pear ペア
なしとげる **成し遂げる** nashitogeru	**realizar** レアリサル	accomplish アカンプリシュ
なじむ **馴染む** najimu	**acostumbrarse** *a,* **fami-liarizarse** *con* アコストゥンブラルセ, ファミリアリサルセ	(become) attached to (ビカム) アタチト トゥ
なしょなりずむ **ナショナリズム** nashonarizumu	**nacionalismo** *m.* ナシオナリスモ	nationalism ナショナリズム
なじる **なじる** najiru	**reprochar, culpar** レプロチャル, クルパル	rebuke, blame リビューク, ブレイム
なす **茄子** nasu	**berenjena** *f.* ベレンヘナ	eggplant, Ⓑauber-gine エグプラント, オウバジーン
なぜ **何故** naze	**por qué** ポル ケ	why (ホ)ワイ
なぜなら **何故なら** nazenara	**porque, pues** ポルケ, プエス	because, for ビコズ, フォー
なぞ **謎** nazo	**enigma** *m.,* **misterio** *m.* エニグマ, ミステリオ	riddle, mystery リドル, ミスタリ
なぞなぞ **謎々** nazonazo	**acertijo** *m.,* **adivinanza** *f.* アセルティホ, アディビナンサ	riddle リドル
なだめる **なだめる** nadameru	**tranquilizar** トランキリサル	calm, soothe カーム, スーズ
なだらかな **なだらかな** nadarakana	**suave** スアベ	easy, gentle イーズィ, チェントル

日	西	英
なだれ **雪崩** nadare	**avalancha** *f.* アバランチャ	avalanche アヴァランチ
なつ **夏** natsu	**verano** *m.* ベラノ	summer サマ
なついんする **捺印する** natsuinsuru	**sellar** セジャル	seal スィール
なつかしい **懐かしい** natsukashii	**añorado(-*a*), nostálgi-co(-*a*)** アニョラド(-ダ), ノスタルヒコ(-カ)	longed for, nostal-gic ローングド フォ, ノスタルヂク
なつかしむ **懐かしむ** natsukashimu	**añorar** アニョラル	long for ローング フォ
なづけおや **名付け親** nazukeoya	**padrino** *m.*, **madrina** *f.* パドリノ, マドリナ	godfather, god-mother ガドファーザ, ガドマザ
なづける **名付ける** nazukeru	**nombrar** ノンブラル	name, call ネイム, コール
なっつ **ナッツ** nattsu	**nuez** *f.* ヌエス	nut ナト
なっとくする **納得する** nattokusuru	**comprender, convencer-se** コンプレンデル, コンベンセルセ	consent to コンセント トゥ
なつめぐ **ナツメグ** natsumegu	**nuez moscada** *f.* ヌエス モスカダ	nutmeg ナトメグ
なでる **撫でる** naderu	**frotar, acariciar** フロタル, アカリシアル	stroke, pat ストロウク, パト
など **など** nado	**etcétera** エトセテラ	and so on アンド ソウ オン
なとりうむ **ナトリウム** natoriumu	**sodio** *m.* ソディオ	sodium ソウディアム
なな **七** nana	**siete** *m.* シエテ	seven セヴン

日	西	英
ななじゅう **七十** nanajuu	**setenta** *m.* セテンタ	seventy セヴンティ
ななめの **斜めの** nanameno	**oblicuo(-a), inclinado(-a)** オブリクオ(-ア), インクリナド(-ダ)	slant, oblique スラント, オブリーク
なにか **何か** nanika	**algo** アルゴ	something サムスィング
なにげない **何気ない** nanigenai	**involuntario(-a)** インボルンタリオ(-ア)	casual キャジュアル
なのる **名乗る** nanoru	**presentarse** *como* プレセンタルセ コモ	introduce oneself as イントロデュース アズ
なびく **なびく**　　(傾く) nabiku	**ondear** オンデアル	flutter フラタ
	(屈する) **ceder** *a* セデル	yield to イールド トゥ
なびげーたー **ナビゲーター** nabigeetaa	**navegante** *m.f.* ナベガンテ	navigator ナヴィゲイタ
なぷきん **ナプキン** napukin	**servilleta** *f.* セルビジェタ	napkin, Ⓑserviette ナプキン, サーヴィエト
なふだ **名札** nafuda	**etiqueta de identifica-** **ción** *f.* エティケタ デ イデンティフィカシオン	name tag ネイム タグ
なべ **鍋** nabe	**cacerola** *f.* カセロラ	pan パン
なまあたたかい **生暖かい** namaatatakai	**tibio(-a)** ティビオ(-ア)	lukewarm, tepid ルークウォーム, テピド
なまいきな **生意気な** namaikina	**descarado(-a)** デスカラド(-ダ)	insolent, saucy インソレント, ソースィ
なまえ **名前** namae	**nombre** *m.* ノンブレ	name ネイム

日	西	英
なまぐさい **生臭い** namagusai	**oler a pescado** オレル ア ペスカド	fishy フィシ
なまけもの **怠け者** namakemono	**persona perezosa** *f.* ペルソナ ペレソサ	lazy person レイズィ パースン
なまける **怠ける** namakeru	**holgazanear** オルガサネアル	(be) idle (ビ) アイドル
なまず **鯰** namazu	**siluro** *m.* シルロ	catfish キャトフィシュ
なまなましい **生々しい** namanamashii	**vivo(-a)** ビボ(-バ)	fresh, vivid フレシュ, **ヴィヴィド**
なまぬるい **生ぬるい** namanurui	**tibio(-a)** ティビオ(-ア)	lukewarm ルークウォーム
なまの **生の** namano	**crudo(-a)** クルド(-ダ)	raw ロー
なまびーる **生ビール** namabiiru	**cerveza de barril** *f.* セルベサ デ バリル	draft beer ドラフト ビア
なまほうそう **生放送** namahousou	**emisión en vivo** *f.* エミシオン エン ビボ	live broadcast ライヴ ブロードキャスト
なまもの **生物** namamono	**alimentos no cocinados** *m.pl.* アリメントス ノ コシナドス	uncooked food アンククト フード
なまり **鉛** namari	**plomo** *m.* プロモ	lead リード
なみ **波** nami	**ola** *f.* オラ	wave ウェイヴ
なみき **並木** namiki	**hilera de árboles** *f.* イレラ デ アルボレス	roadside trees ロウドサイド トリーズ
なみだ **涙** namida	**lágrima** *f.* ラグリマ	tears ティアズ

な

日	西	英
なみの **並の** namino	**ordinario(-a)** オルディナリオ(-ア)	ordinary, common **オ**ーディネリ, **カ**モン
なみはずれた **並外れた** namihazureta	**extraordinario(-a)** エクストラオルディ**ナ**リオ(-ア)	extraordinary イクスト**ロ**ーディネリ
なめす **なめす** namesu	**curtir** クル**ティ**ル	tan **タ**ン
なめらかな **滑らかな** namerakana	**liso(-a), suave** リソ(-サ), ス**ア**ベ	smooth ス**ムー**ズ
なめる **舐める** nameru	**lamer** ラ**メ**ル	lick, lap **リ**ク, **ラ**プ
(あなどる)	**menospreciar** メノスプレシ**ア**ル	belittle ビ**リ**トル
なやます **悩ます** nayamasu	**molestar, atormentar** モレス**タ**ル, アトルメン**タ**ル	torment, worry **トー**メント, **ワー**リ
なやみ **悩み** nayami	**preocupación** *f.* プレオクパシ**オ**ン	anxiety, worry アング**ザ**イエティ, **ワー**リ
なやむ **悩む** nayamu	**preocuparse, sufrir** *de* プレオク**パ**ルセ, ス**フ**リル	suffer, (be) trou- bled **サ**ファ, (ビ) ト**ラ**ブルド
ならう **習う** narau	**aprender** アプレン**デ**ル	learn **ラー**ン
ならす **慣らす** narasu	**acostumbrar** *a* アコストゥンブ**ラ**ル	accustom ア**カ**スタム
ならす **鳴らす** narasu	**tocar, (hacer) sonar** ト**カ**ル, (ア**セ**ル) ソ**ナ**ル	make ring, sound **メ**イク **リ**ング, **サ**ウンド
ならぶ **並ぶ** narabu	**ponerse en fila** ポ**ネ**ルセ エン **フィ**ラ	line up **ラ**イン **ア**プ
ならべる **並べる** (配列する) naraberu	**alinear, disponer** アリネ**ア**ル, ディスポ**ネ**ル	arrange アレ**イ**ンヂ

549

日	西	英
（列挙する）	**enumerar** エヌメ**ラ**ル	enumerate イ**ニュー**メレイト
ならわし **習わし** narawashi	**costumbre** *f.* コスト**ゥ**ンブレ	custom **カ**スタム
なりきん **成金** narikin	**nuevo(-a) rico(-a)** *m.f.* ヌ**エ**ボ(- バ) **リ**コ(- カ)	nouveau riche **ヌー**ヴォウ **リ**ーシュ
なりたち **成り立ち** （起源） naritachi	**origen** *m.* オ**リ**ヘン	origin **オー**リヂン
	（構造） **formación** *f.* フォルマ**シオ**ン	formation フォー**メ**イション
なりゆき **成り行き** nariyuki	**curso** *m.* **ク**ルソ	course of **コ**ース オヴ
なる **成る** （結果として） naru	**hacerse** ア**セ**ルセ	become ビ**カ**ム
	（変わる） **convertirse** *en* コンベル**ティ**ルセ	turn into **ター**ン イントゥ
なる **生る** （実が） naru	**dar fruto** **ダ**ル フ**ル**ト	grow, bear グ**ロ**ウ，ベア
なる **鳴る** naru	**sonar** ソ**ナ**ル	sound, ring **サ**ウンド，**リ**ング
なるしすと **ナルシスト** narushisuto	**narcisista** *m.f.* ナルシ**シ**スタ	narcissist **ナ**ースィスィスト
なるべく **なるべく** narubeku	**si es posible** シ エス ポ**シ**ブレ	if possible イフ **パ**スィブル
なるほど **なるほど** naruhodo	**en efecto, de hecho** エン エ**フェ**クト，デ **エ**チョ	indeed イン**ディー**ド
なれーしょん **ナレーション** nareeshon	**narración** *f.* ナラ**シオ**ン	narration ナ**レ**イション
なれーたー **ナレーター** nareetaa	**narrador(-a)** *m.f.* ナラ**ド**ル(- ラ)	narrator **ナ**レイタ

な

日	西	英
なれなれしい **馴れ馴れしい** narenareshii	**demasiado familiar** デマシアド ファミリアル	overly familiar オウヴァリ ファミリア
なれる **慣れる** nareru	**acostumbrarse** *a* アコストゥンブラルセ	get used to ゲト ユースト トゥ
なわ **縄** nawa	**soga** *f.* ソガ	rope ロウプ
〜跳び	**salto a la comba** *m.* サルト ア ラ コンバ	jump rope チャンプ ロウプ
なわばり **縄張** nawabari	**territorio** *m.* テリトリオ	territory, (one's) turf, ⓔdomain テリトーリ, ターフ, ドウメイ ン
なんかいな **難解な** nankaina	**muy difícil** ムイ ディフィシル	very difficult ヴェリ ディフィカルト
なんきょく **南極** nankyoku	**Polo Sur** *m.* ポロ スル	South Pole サウス ポウル
なんこう **軟膏** nankou	**pomada** *f.* ポマダ	ointment オイントメント
なんじ **何時** nanji	**qué hora** ケ オラ	what time, when (ホ)ワト タイム, (ホ)ウェン
なんせい **南西** nansei	**suroeste** *m.*, **sudoeste** *m.* スロエステ, スドエステ	southwest サウスウェスト
なんせんす **ナンセンス** nansensu	**disparate** *m.* ディスパラテ	nonsense ナンセンス
なんちょう **難聴** nanchou	**discapacidad auditiva** *f.* ディスカパシダド アウディティバ	hearing impair- ment ヒアリング インペアメント
なんとう **南東** nantou	**sureste** *m.*, **sudeste** *m.* スレステ, スデステ	southeast サウスイースト
なんばー **ナンバー** nanbaa	**número** *m.* ヌメロ	number ナンバ

551

日	西	英
なんぱする **難破する** nanpasuru	**naufragar** ナウフラガル	(be) wrecked (ビ) レクト
なんびょう **難病** nanbyou	**enfermedad grave [de difícil curación]** *f.* エンフェルメダド グラベ [デ ディフィシル クラシオン]	serious disease, incurable disease スィアリアス ディズィーズ, インキュアラブル ディズィーズ
なんぴょうよう **南氷洋** nanpyouyou	**(Océano) Antártico** *m.* (オセアノ) アンタルティコ	Antarctic Ocean アンタクティク オーシャン
なんぶ **南部** nanbu	**sur** *m.*, **parte meridional** *f.* スル, パルテ メリディオナル	southern part サザン パート
なんぼく **南北** nanboku	**norte** *m.* **y sur** *m.* ノルテ イ スル	north and south ノース アンド サウス
なんみん **難民** nanmin	**refugiados(-as)** *m.f.pl.* レフヒアドス(-ダス)	refugees レフュチーズ

に, ニ

日	西	英
に **二** ni	**dos** *m.* ドス	two トゥー
に **荷** ni	**carga** *f.* カルガ	load ロウド
にあう **似合う** niau	**caer [sentar] bien** *a* カエル [センタル] ビエン	look good with, suit ルク グド ウィズ, スート
にあげ **荷揚げ** niage	**descarga** *f.* デスカルガ	unload アンロウド
にあみす **ニアミス** niamisu	**casi una colisión** *f.* カシ ウナ コリシオン	near miss ニア ミス
にーず **ニーズ** niizu	**necesidad** *f.* ネセシダド	necessity, needs ネセスィティ, ニーヅ
にえきらない **煮えきらない** （はっきりしない） niekiranai	**incierto(-a)** インシエルト(-タ)	vague ヴェイグ

日	西	英
（決断しない）	**indeciso(-a)** インデンシソ(- サ)	irresolute イレゾルート
にえる **煮える** nieru	**hervir** エルビル	boil ボイル
におい **匂[臭]い** nioi	**olor** *m.* オロル	smell, odor スメル, **オ**ウダ
におう **臭う** niou	**apestar** アペスタル	stink スティンク
におう **匂う** niou	**oler** オレル	smell スメル
にかい **二階** nikai	**primer piso** *m.*, Ⓐ**segun- do piso** *m.* プリメル ピソ, セグンド ピソ	second floor, Ⓑfirst floor **セ**カンド フロー, **ファ**ースト フ ロー
にがい **苦い** nigai	**amargo(-a)** アマルゴ(- ガ)	bitter ビタ
にがす **逃がす** nigasu	**dejar libre** *a* デハル リブレ	let go, set free レト ゴウ, セト フリー
（取り逃がす）	**dejar escapar** *a* デハル エスカパル	let escape, miss レト エスケイプ, ミス
にがつ **二月** nigatsu	**febrero** *m.* フェブレロ	February **フェ**ブルエリ
にがてである **苦手である** nigatedearu	**(ser) débil** *en* (セル) デビル	(be) weak in (ビ) **ウィ**ーク イン
にがにがしい **苦々しい** niganigashii	**desagradable** デサグラ**ダ**ブレ	unpleasant アンプレ**ザ**ント
にがわらい **苦笑い** nigawarai	**sonrisa amarga** *f.* ソンリサ アマルガ	bitter smile ビタ スマイル
にきび **にきび** nikibi	**grano** *m.* グラノ	pimple ピンプル

日	西	英
にぎやかな **賑やかな** nigiyakana	**animado(-a)** アニマド(-ダ)	lively ライヴリ
（込み合った）	**muy concurrido(-a)** ムイ コンクリド(-ダ)	crowded クラウデド
にぎる **握る** nigiru	**agarrar** アガラル	grasp グラスプ
にぎわう **賑わう** nigiwau	**(estar) muy concurrido(-a)** (エスタル) ムイ コンクリド(-ダ)	(be) crowded, (be) lively (ビ) クラウデド, (ビ) ライヴリ
にく **肉** niku	**carne** *f.* カルネ	flesh, meat フレシュ, ミート
～屋	**carnicería** *f.* カルニセリア	butcher's ブチャズ
にくい **憎い** nikui	**odioso(-a)** オディオソ(-サ)	hateful, detestable ヘイトフル, ディテスタブル
にくがん **肉眼** nikugan	**simple vista** *f.* シンプレ ビスタ	naked eye ネイキド アイ
にくしみ **憎しみ** nikushimi	**odio** *m.* オディオ	hatred ヘイトレド
にくしん **肉親** nikushin	**consanguíneo(-a)** *m.f.*, **pariente carnal** *m.f.* コンサンギネオ(-ア), パリエンテ カルナル	blood relatives ブラド レラティヴズ
にくたい **肉体** nikutai	**cuerpo** *m.* クエルポ	body, (the) flesh バディ, (ザ) フレシュ
～労働	**trabajo físico** *m.* トラバホ フィシコ	physical labor フィズィカル レイバ
にくむ **憎む** nikumu	**odiar** オディアル	hate ヘイト
にげる **逃げる** nigeru	**huir, escapar(se)** ウイル, エスカパル(セ)	run away, escape ラン アウェイ, イスケイプ

日	西	英
にごす **濁す** nigosu	**enturbiar** エントゥルビアル	make unclear, make murky メイク アンクリア, メイク マー キ
にこやかな **にこやかな** nikoyakana	**risueño(-a)** リスエニョ(-ニャ)	cheerful, smiling チアフル, スマイリング
にごる **濁る** nigoru	**enturbiarse** エントゥルビアルセ	(become) muddy (ビカム) マディ
にさんかたんそ **二酸化炭素** nisankatanso	**dióxido de carbono** *m.* ディオクシド デ カルボノ	carbon dioxide カーボン ダイアクサイド
にし **西** nishi	**oeste** *m.* オエステ	west ウェスト
にじ **虹** niji	**arco iris** *m.* アルコ イリス	rainbow レインボウ
にしがわ **西側** nishigawa	**lado oeste** *m.* ラド オエステ	west side ウェスト サイド
にしはんきゅう **西半球** nishihankyuu	**hemisferio occidental** *m.* エミスフェリオ オクシデンタル	Western Hemi- sphere ウェスタン ヘミスフィア
にじます **虹鱒** nijimasu	**trucha arco iris** *f.* トルチャ アルコ イリス	rainbow trout レインボウ トラウト
にじむ **にじむ** nijimu	**correrse, emborronarse** コレルセ, エンボロナルセ	blot, ooze ブラト, ウーズ
にじゅう **二十** nijuu	**veinte** *m.* ベインテ	twenty トウェンティ
にじゅうの **二重の** nijuuno	**doble** ドブレ	double, dual ダブル, デュアル
にしん **鰊** nishin	**arenque** *m.* アレンケ	herring ヘリング
にす **ニス** nisu	**barniz** *m.* バルニス	varnish ヴァーニシュ

日	西	英
にせい **二世** nisei	**segunda generación** *f.* セグンダ ヘネラシオン	second generation セカンド ヂェネレイション
にせの **偽の** niseno	**falso(-a)** ファルソ(-サ)	imitation イミテイション
にせもの **偽物** nisemono	**imitación** *f.* イミタシオン	imitation, counterfeit イミテイション, カウンタフィト
にそう **尼僧** nisou	**monja** *f.* モンハ	nun, sister ナン, スィスタ
にちじ **日時** nichiji	**fecha** *f.* **y hora** *f.* フェチャ イ オラ	time and date タイム アンド デイト
にちじょうの **日常の** nichijouno	**cotidiano(-a)** コティディアノ(-ナ)	daily デイリ
にちぼつ **日没** nichibotsu	**puesta de sol** *f.* プエスタ デ ソル	sunset サンセト
にちや **日夜** nichiya	**día** *m.* **y noche** *f.* ディア イ ノチェ	night and day ナイト アンド デイ
にちようだいく **日曜大工** nichiyoudaiku	**bricolaje** *m.* ブリコラヘ	do-it-yourself, DIY ドゥーイトユアセルフ, ディーアイワイ
にちようび **日曜日** nichiyoubi	**domingo** *m.* ドミンゴ	Sunday サンデイ
にちようひん **日用品** nichiyouhin	**objetos de uso cotidiano** *m.pl.* オブヘトス デ ウソ コティディアノ	daily necessities デイリ ネセスィティズ
にっか **日課** nikka	**tarea diaria** *f.* タレア ディアリア	daily work デイリ ワーク
にっかん **日刊** nikkan	**diario(-a)** ディアリオ(-ア)	daily デイリ
にっき **日記** nikki	**diario** *m.* ディアリオ	diary ダイアリ

日	西	英
にっきゅう **日給** nikkyuu	**jornal** *m.* ホルナル	day's wage デイズ ウェイヂ
にづくりする **荷造りする** nizukurisuru	**empacar, empaquetar** エンパカル, エンパケタル	pack パク
にっける **ニッケル** nikkeru	**níquel** *m.* ニケル	nickel ニクル
にっこう **日光** nikkou	**luz solar** *f.* ルス ソラル	sunlight, sunshine サンライト, サンシャイン
にっしゃびょう **日射病** nisshabyou	**insolación** *f.* インソラシオン	sunstroke サンストロウク
にっしょく **日食** nisshoku	**eclipse solar** *m.* エクリプセ ソラル	solar eclipse ソウラ イクリプス
にっすう **日数** nissuu	**número de días** *m.* ヌメロ デ ディアス	number of days ナンバ オヴ デイズ
にってい **日程** nittei	**programa del día** *m.* プログラマ デル ディア	schedule, itinerary スケヂュル, アイティナレリ
にっとう **日当** nittou	**jornal** *m.*, **dietas** *f.* ホルナル, ディエタス	daily allowance デイリ アラウアンス
にっとうえあ **ニットウエア** nittouea	**artículos de punto** *m.pl.* アルティクロス デ プント	knitwear ニトウェア
につめる **煮詰める** nitsumeru	**condensar** コンデンサル	boil down ボイル ダウン
にとろぐりせりん **ニトログリセリン** nitoroguriserin	**nitroglicerina** *f.* ニトログリセリナ	nitroglycerine ナイトログリセリン
になう **担う** ninau	**asumir, llevar** アスミル, ジェバル	carry, bear キャリ, ベア
にばい **二倍** nibai	**doble** *m.* ドブレ	double ダブル
にばん **二番** niban	**segundo** セグンド	second セカンド

日	西	英
にひるな **ニヒルな** nihiruna	**nihilista** ニイリスタ	nihilistic ナイイリスティク
にぶい **鈍い** nibui	**torpe, lento(-a)** トルペ, レント(-タ)	slow, thick スロウ, スィク
にぶんのいち **二分の一** nibunnoichi	**mitad** *f.* ミタド	(a) half (ア) ハフ
にほん **日本** nihon	**Japón** *m.* ハポン	Japan ヂャパン
～海	**Mar del Japón** *m.* マル デル ハポン	Sea of Japan スィー オヴ ヂャパン
～語	**japonés** *m.* ハポネス	Japanese ヂャパニーズ
～酒	**sake** *m.* サケ	sake, rice wine サーキ, ライス ワイン
～人	**japonés** *m.*, **japonesa** *f.* ハポネス, ハポネサ	Japanese ヂャパニーズ
～料理	**cocina japonesa** *f.* コシナ ハポネサ	Japanese cooking ヂャパニーズ クキング
にもつ **荷物** nimotsu	**equipaje** *m.* エキパヘ	baggage, luggage バギヂ, ラギヂ
にやにやする **にやにやする** niyaniyasuru	**sonreír** ソンレイル	grin グリン
にゅういんする **入院する** nyuuinsuru	**hospitalizarse** オスピタリサルセ	(be) admitted to hospital (ビ) アドミテド トゥ ハスピタル
にゅうえき **乳液** nyuueki	**leche facial** *f.* レチェ ファシアル	emulsion イマルション
にゅうか **入荷** nyuuka	**llegada de mercancías** *f.* ジェガダ デ メルカンシアス	arrival of goods アライヴァル オヴ グヅ

日	西	英
にゅうかい **入会** nyuukai	**entrada** *f.*, **ingreso** *m.* エントラダ, イングレソ	admission アドミション
～する	**ingresar** *en* イングレサル	join チョイン
にゅうがく **入学** nyuugaku	**ingreso en una escuela** *m.* イングレソ エン ウナ エスクエラ	entrance, enroll-ment エントランス, インロウルメント
～金	**derechos de matrícula** *m.pl.* デレチョス デ マトリクラ	entrance fee エントランス フィー
～する	**ingresar en una escuela** イングレサル エン ウナ エスクエラ	get into a school ゲト イントゥ ア スクール
にゅうがん **乳癌** nyuugan	**cáncer de mama** *m.* カンセル デ ママ	breast cancer ブレスト キャンサ
にゅうきん **入金** nyuukin	**dinero recibido** *m.* ディネロ レシビド	money received マニ リスィーヴド
にゅうこく **入国** nyuukoku	**entrada en un país** *f.* エントラダ エン ウン パイス	entry into a coun-try エントリ イントゥ ア カントリ
～管理	**inmigración** *f.* インミグラシオン	immigration イミグレイション
にゅうさつ **入札** nyuusatsu	**licitación** *f.* リシタシオン	bid, tender ビド, テンダ
にゅうさんきん **乳酸菌** nyuusankin	**lactobacteria** *f.* ラクトバクテリア	lactic acid bacteria ラクティク アスィド バクティアリア
にゅうし **入試** nyuushi	**examen de admisión** *m.* エクサメン デ アドミシオン	entrance examina-tion エントランス イグザミネイション
にゅーじーらんど **ニュージーランド** nyuujiirando	**Nueva Zelanda** *f.* ヌエバ セランダ	New Zealand ニューズィーランド
にゅうしゃする **入社する** nyuushasuru	**entrar en una compañía** エントラル エン ウナ コンパニア	join a company チョイン ア カンパニ

日	西	英
にゅうしゅする **入手する** nyuushusuru	**adquirir** アドキリル	get, acquire ゲト，アクワイア
にゅうじょう **入場** nyuujou	**entrada** *f.* エントラダ	entrance エントランス
～券	**billete de entrada** *m.*, Ⓐ**boleto de entrada** *m.* ビジェテ デ エントラダ，ボレト デ エントラダ	admission ticket アドミション **チ**ケト
～する	**entrar** *en* エント**ラ**ル	enter, get in **エ**ンタ，**ゲ**ト イン
～料	**derechos de entrada** *m.pl.* デ**レ**チョス デ エント・**ラ**ダ	admission fee アドミション **フ**ィー
にゅーす **ニュース** nyuusu	**noticias** *f.pl.* ノ**ティ**シアス	news **ニ**ューズ
～キャスター	**locutor(-a)** *m.f.*, **presen-** **tador(-a) de informativos** *m.f.* ロ**ク**トル(-ラ)，プレセンタ**ド**ル(-ラ) デ インフォ ル**マ**ティボス	newscaster **ニ**ューズキャスタ
にゅうせいひん **乳製品** nyuuseihin	**productos lácteos** *m.pl.* プロ**ドゥ**クトス **ラ**クテオス	dairy products **デ**アリ プ**ラ**ダクツ
にゅうもんする **入門する** nyuumonsuru	**hacerse discípulo(-a)** *de* ア**セ**ルセ ディス**シ**プロ(-ラ)	become a pupil of ビ**カ**ム ア **ピ**ュービル オヴ
にゅうよくする **入浴する** nyuuyokusuru	**bañarse** バ**ニャ**ルセ	take a bath **テ**イク ア **バ**ス
にゅうりょく **入力** nyuuryoku	**entrada** *f.* エント**ラ**ダ	input **イ**ンプト
～する	**entrar** エント**ラ**ル	input **イ**ンプト
にょう **尿** nyou	**orina** *f.* オ**リ**ナ	urine **ユ**アリン
にらむ **睨む** niramu	**mirar fijamente** ミ**ラ**ル **フ**ィハメンテ	glare at グ**レ**ア アト

日	西	英
にりゅうの **二流の** niryuuno	**de segunda clase** デ セグンダ クラセ	second-class セカンドクラス
にる **似る** niru	**parecerse** *a* パレセルセ	resemble リゼンブル
にる **煮る** niru	**cocer** コセル	boil, cook ボイル, クク
にわ **庭** niwa	**jardín** *m.* ハルディン	garden, yard ガードン, ヤード
にわかあめ **にわか雨** niwakaame	**chubasco** *m.* チュバスコ	rain shower レイン シャウア
にわとり **鶏** niwatori	**gallo** *m.*, **gallina** *f.*, **pollo** *m.* ガジョ, ガジナ, ポジョ	fowl, chicken ファウル, チキン
にんかする **認可する** ninkasuru	**autorizar** アウトリサル	authorize オーソライズ
にんき **人気** ninki	**popularidad** *f.* ポプラリダド	popularity パピュラリティ
〜のある	**popular** ポプラル	popular パピュラ
にんぎょう **人形** ningyou	**muñeca** *f.* ムニェカ	doll ダル
にんげん **人間** ningen	**ser humano** *m.* セル ウマノ	human being ヒューマン ビーイング
にんしき **認識** ninshiki	**reconocimiento** *m.* レコノシミエント	recognition レコグニション
〜する	**reconocer** レコノセル	recognize レコグナイズ
にんじょう **人情** ninjou	**naturaleza humana** *f.* ナトゥラレサ ウマナ	human nature ヒューマン ネイチャ

日	西	英
にんじん**人参** ninjin	**zanahoria** *f.* サナオリア	carrot キャロト
にんしんする**妊娠する** ninshinsuru	**quedar(se) embarazada** ケダル(セ) エンバラサダ	conceive コンスィーヴ
にんずう**人数** ninzuu	**número de personas** *m.* ヌメロ デ ペルソナス	(the) number (ザ) ナンバ
にんそう**人相** ninsou	**fisonomía** *f.*, **facciones** *f.pl.* フィソノミア, ファクシオネス	physiognomy フィズィアグノミ
にんたい**忍耐** nintai	**paciencia** *f.* パシエンシア	patience ペイシェンス
にんちしょう**認知症** ninchishou	**demencia** *f.* デメンシア	dementia ディメンシャ
にんていする**認定する** ninteisuru	**certificar, reconocer** セルティフィカル, レコノセル	certify, recognize サーティファイ, レコグナイズ
にんにく**にんにく** ninniku	**ajo** *m.* アホ	garlic ガーリク
にんぷ**妊婦** ninpu	**embarazada** *f.* エンバラサダ	pregnant woman プレグナント ウマン
にんむ**任務** ninmu	**deber** *m.*, **cometido** *m.* デベル, コメティド	duty, office デューティ, オフィス
にんめい**任命** ninmei	**nombramiento** *m.* ノンブラミエント	appointment アポイントメント
〜する	**nombrar** ノンブラル	appoint アポイント

日	西	英

ぬ, ヌ

縫いぐるみ
nuiguruми
peluche *m.*
ペルチェ
stuffed toy
スタフト トイ

縫う
nuu
coser
コセル
sew, stitch
ソウ, スティチ

ヌード
nuudo
desnudo *m.*
デスヌド
nude
ヌード

ぬかるみ
nukaruми
barro *m.*
バロ
mud
マド

抜きんでる
nukinderu
sobresalir, distinguirse
ソブレサリル, ディスティンギルセ
surpass, excel
サーパス, イクセル

抜く (引き抜く)
nuku
sacar
サカル
pull out
プル アウト

(取り除く)
quitar
キタル
remove
リムーヴ

(省く)
suprimir, omitir
スプリミル, オミティル
omit, skip
オウミト, スキプ

(追い抜く)
adelantar
アデランタル
outrun
アウトラン

脱ぐ
nugu
quitarse
キタルセ
take off
テイク オーフ

拭う
nuguu
limpiar(se)
リンピアル(セ)
wipe
ワイプ

抜ける
nukeru
salir, caerse
サリル, カエルセ
fall out
フォール アウト

(組織などから)
retirarse *de*
レティラルセ
leave, withdraw
リーヴ, ウィズドロー

日	西	英

ぬし
主
nushi
dueño(-a) *m.f.*, **amo(-a)** *m.f.*
ドゥ**エ**ニョ(-ニャ), **ア**モ(-マ)
master, owner
マスタ, **オ**ウナ

ぬすむ
盗む （物などを）
nusumu
robar
ロ**バ**ル
steal, rob
ス**ティ**ール, **ラ**ブ

（文章などを）
copiar, plagiar
コ**ピ**アル, プラ**ヒ**アル
plagiarize
プ**レ**イヂアライズ

ぬの
布
nuno
tela *f.*, **paño** *m.*
テラ, **パ**ニョ
cloth
ク**ロ**ス

ぬま
沼
numa
pantano *m.*, **ciénaga** *f.*
パン**タ**ノ, シ**エ**ナガ
marsh, bog
マーシュ, **バ**グ

ぬらす
濡らす
nurasu
mojar
モ**ハ**ル
wet, moisten
ウェット, **モ**イスン

ぬる
塗る （色を）
nuru
pintar
ピン**タ**ル
paint
ペイント

（薬などを）
aplicar
アプリ**カ**ル
apply
アプ**ラ**イ

ぬるい
ぬるい
nurui
tibio(-a)
ティビオ(-ア)
tepid, lukewarm
テピド, **ルー**クウォーム

ぬれる
濡れる
nureru
mojarse
モ**ハ**ルセ
(get) wet
(ゲト) **ウェ**ット

ね, ネ

ね
根
ne
raíz *f.*
ライス
root
ルート

ねあげする
値上げする
neagesuru
aumentar los precios
アウメン**タ**ル ロス プ**レ**シオス
raise prices
レイズ プ**ラ**イセズ

ねうち
値打ち
neuchi
valor *m.*, **mérito** *m.*
バ**ロ**ル, **メ**リト
value, merit
ヴァリュ, **メ**リト

ね

日	西	英
ねーむばりゅー **ネームバリュー** neemubaryuu	**celebridad** *f.*, **valor de marca** *m.* セレブリダド, バロル デ マルカ	brand value ブランド ヴァリュー
ねおん **ネオン** neon	**neón** *m.* ネオン	neon ニーアン
ねがい **願い** negai	**deseo** *m.* デセオ	wish, desire ウィシュ, ディザイア
ねがう **願う** negau	**desear, querer** デセアル, ケレル	wish ウィシュ
ねかす **寝かす**　(横にする) nekasu	**acostar, tender** アコスタル, テンデル	lay down レイ ダウン
(寝かしつける)	**acostar** アコスタル	put to bed プト トゥ ベド
(熟成させる)	**madurar** マドゥラル	mature, age マチュア, エイヂ
ねぎ **葱** negi	**puerro** *m.* プエロ	leek リーク
ねぎる **値切る** negiru	**regatear** レガテアル	bargain バーゲン
ねくたい **ネクタイ** nekutai	**corbata** *f.* コルバタ	necktie, tie ネクタイ, タイ
ねこ **猫** neko	**gato(-a)** *m.f.* ガト(-タ)	cat キャト
ねごとをいう **寝言を言う** negotowoiu	**hablar en sueños** アブラル エン スエニョス	talk in one's sleep トーク イン スリープ
ねこむ **寝込む**　(寝入る) nekomu	**dormirse profundamen-te** ドルミルセ プロフンダメンテ	fall into a deep sleep フォール イントゥ ア ディープ スリープ
(病気で)	**guardar cama** グアルダル カマ	(be) bedridden (ビ) ベドリドン

日	西	英
ねころぶ **寝転ぶ** nekorobu	**tumbarse** トゥンバルセ	lie down ライ ダウン
ねさがり **値下がり** nesagari	**bajada de precio** *f.* バハダ デ プレシオ	fall in price フォール イン プライス
ねさげ **値下げ** nesage	**rebaja** *f.* レバハ	(price) reduction (プライス) リダクション
～する	**rebajar** レバハル	reduce prices リデュース プライセズ
ねじ **ねじ** neji	**tornillo** *m.* トルニジョ	screw スクルー
ねじる **捻じる** nejiru	**torcer, retorcer** トルセル, レトルセル	twist, turn トウィスト, ターン
ねすごす **寝過ごす** nesugosu	**quedarse dormido(-a)** ケダルセ ドルミド(-ダ)	oversleep オウヴァスリープ
ねずみ **鼠** nezumi	**rata** *f.*, **ratón** *m.* ラタ, ラトン	rat, mouse ラト, マウス
ねたむ **妬む** netamu	**envidiar** エンビディアル	(be) jealous of, envy (ビ) ヂェラス オヴ, エンヴィ
ねだん **値段** nedan	**precio** *m.* プレシオ	price プライス
ねつ **熱** netsu	**calor** *m.*, **fiebre** *f.* カロル, フィエブレ	heat, fever ヒート, フィーヴァ
ねつい **熱意** netsui	**entusiasmo** *m.* エントゥシアスモ	zeal, eagerness ズィール, イーガネス
ねつききゅう **熱気球** netsukikyuu	**globo de aire caliente** *m.* グロボ デ アイレ カリエンテ	hot-air balloon ハテア バルーン
ねっきょうてきな **熱狂的な** nekkyoutekina	**entusiasta** エントゥシアスタ	fanatical, enthusiastic ファナティカル, インスューズィアスティク

日	西	英
ねっくれす **ネックレス** nekkuresu	**collar** *m.* コジャル	necklace ネクリス
ねっしんな **熱心な** nesshinna	**fervoroso(-a)** フェルボロソ(- サ)	eager, ardent イーガ，アーデント
ねっする **熱する** nessuru	**calentar** カレンタル	heat ヒート
ねったい **熱帯** nettai	**zona tropical** *f.*, **trópicos** *m.pl.* ソナ トロピカル，トロピコス	tropics, Torrid Zone トラピクス，トーリド ゾウン
～の	**tropical** トロピカル	tropical トラピカル
ねっちゅうしょう **熱中症** necchuushou	**ataque de fiebre** *m.*, **golpe de calor** *m.* アタケ デ フィエブレ，ゴルペ デ カロル	heat stroke ヒート ストロウク
ねっちゅうする **熱中する** necchuusuru	**(estar) absorto(-a) en** (エスタル) アプソルト(- タ)	(be) absorbed in (ビ) アブソーブド イン
ねっと **ネット** netto	**red** *f.* レド	net ネト
ねっとう **熱湯** nettou	**agua hirviendo** *f.* アグア イルビエンド	boiling water ボイリング ウォータ
ねっとわーく **ネットワーク** nettowaaku	**red** *f.* レド	network ネトワーク
ねつびょう **熱病** netsubyou	**fiebre** *f.* フィエブレ	fever フィーヴァ
ねづよい **根強い** nezuyoi	**profundamente arraigado(-a)** プロフンダメンテ アライガド(- タ)	deep-rooted ディープルーテド
ねつれつな **熱烈な** netsuretsuna	**apasionado(-a), ardiente** アパシオナド(- タ)，アルディエンテ	passionate, ardent パショネト，アーデント
ねぱーる **ネパール** nepaaru	**Nepal** *m.* ネパル	Nepal ネパール

日	西	英
ねばねばの **ねばねばの** nebanebano	**pegajoso(-a)** ペガホソ(-サ)	sticky スティキ
ねばり **粘り** nebari	**pegajosidad** *f.* ペガホシダド	stickiness スティキネス
ねばりづよい **粘り強い** nebarizuyoi	**perseverante** ペルセベランテ	tenacious, per- sistent ティネイシャス, パスィステン ト
ねばる **粘る**　（べとつく） nebaru	**(ser) pegajoso(-a)** (セル) ペガホソ(-サ)	(be) sticky (ビ) スティキ
（根気よく続ける）	**persistir** ペルシスティル	persevere パースィヴィア
ねびき **値引き** nebiki	**descuento** *m.* デスクエント	discount ディスカウント
〜する	**descontar** デスコンタル	discount ディスカウント
ねぶそく **寝不足** nebusoku	**falta de sueño** *f.* ファルタ デ スエニョ	want of sleep ワント オヴ スリープ
ねふだ **値札** nefuda	**etiqueta** *f.* エティケタ	price tag プライス タグ
ねぼうする **寝坊する** nebousuru	**levantarse tarde** レバンタルセ タルデ	get up late ゲト アプ レイト
ねぼける **寝ぼける** nebokeru	**(estar) medio dormi- do(-a)** (エスタル) メディオ ドルミド(-ダ)	(be) half asleep (ビ) ハフ アスリープ
ねまわしする **根回しする** nemawashisuru	**preparar el terreno** プレパラル エル テレノ	lay the ground- work レイ ザ グラウンドワーク
ねむい **眠い** nemui	**tener sueño** テネル スエニョ	(be) sleepy (ビ) スリーピ
ねむけ **眠気** nemuke	**sueño** *m.*, **somnolencia** *f.* スエニョ, ソンノレンシア	drowsiness ドラウズィネス

日	西	英
ねむる **眠る** nemuru	**dormir** ドルミル	sleep スリープ
ねらい **狙い** nerai	**objetivo** *m.* オブヘティボ	aim エイム
ねらう **狙う** nerau	**apuntar** *a* アプンタル	aim at エイム アト
ねる **寝る** （横になる） neru	**acostarse** アコスタルセ	lie down ライ ダウン
（寝床に入る）	**irse a la cama** イルセ ア ラ カマ	go to bed ゴウ トゥ ベド
（就寝する）	**dormir(se)** ドルミル(セ)	sleep スリープ
ねる **練る** （こねる） neru	**amasar** アマサル	knead ニード
（構想などを）	**elaborar, pulir** エラボラル，プリル	polish パリシュ
ねん **年** nen	**año** *m.* アニョ	year イヤ
ねんいりな **念入りな** nen-irina	**cuidadoso(-a), minucio-** **so(-a)** クイダドソ(-サ)，ミヌシオソ(-サ)	careful, deliberate ケアフル，ディリバレト
ねんがじょう **年賀状** nengajou	**tarjeta de Año Nuevo** *f.* タルヘタ デ アニョ ヌエボ	New Year's card ニュー イヤズ カード
ねんがっぴ **年月日** nengappi	**fecha** *f.* フェチャ	date デイト
ねんかん **年鑑** nenkan	**anuario** *m.* アヌアリオ	almanac, annual オールマナク，アニュアル
ねんかんの **年間の** nenkanno	**anual** アヌアル	annual, yearly アニュアル，イヤリ

569

日	西	英
ねんきん **年金** nenkin	**pensión** *f.* ペンシオン	pension, annuity ペンション, アニュイティ
ねんげつ **年月** nengetsu	**tiempo** *m.*, **años** *m.pl.* ティエンポ, アニョス	time, years タイム, イヤズ
ねんこうじょれつ **年功序列** nenkoujoretsu	**orden de antigüedad** *m.* オルデン デ アンティグエダド	seniority スィーニョーリティ
ねんざ **捻挫** nenza	**esguince** *m.* エスキンセ	sprain スプレイン
ねんしゅう **年収** nenshuu	**ingresos anuales** *m.pl.* イングレソス アヌアレス	annual income アニュアル インカム
ねんじゅう **年中** nenjuu	**todo el año** トド エル アニョ	all year オール イヤ
ねんしゅつする **捻出する** nenshutsusuru	**arreglárselas** アレグラルセラス	manage to raise マニヂ トゥ レイズ
ねんしょう **燃焼** nenshou	**combustión** *f.* コンブスティオン	combustion コンバスチョン
ねんすう **年数** nensuu	**años** *m.pl.* アニョス	years イヤズ
ねんだい **年代** nendai	**época** *f.*, **era** *f.* エポカ, エラ	age, era エイヂ, イアラ
ねんちゅうぎょうじ **年中行事** nenchuugyouji	**evento anual** *m.* エベント アヌアル	annual event アニュアル イヴェント
ねんちょうの **年長の** nenchouno	**mayor, más viejo(-a)** マジョル, マス ビエホ(-ハ)	senior スィーニア
ねんど **粘土** nendo	**arcilla** *f.* アルシジャ	clay クレイ
ねんぱいの **年配の** nenpaino	**de edad avanzada** デ エダド アバンサダ	elderly, middle-aged エルダリ, ミドルエイヂド

ね

日	西	英
ねんぴょう **年表** nenpyou	**tabla cronológica** *f.* タブラ クロノロヒカ	chronological table クラノラヂカル テイブル
ねんぽう **年俸** nenpou	**salario anual** *m.* サラリオ アヌアル	annual salary アニュアル サラリ
ねんまつ **年末** nenmatsu	**fin de año** *m.* フィン デ アニョ	end of the year エンド オヴ ザ イヤ
ねんりょう **燃料** nenryou	**combustible** *m.* コンブスティブレ	fuel フュエル
ねんりん **年輪** nenrin	**anillo anual (de árbol)** *m.* アニジョ アヌアル (デ アルボル)	annual growth ring アニュアル グロウス リング
ねんれい **年齢** nenrei	**edad** *f.* エダド	age エイヂ

の, ノ

日	西	英
のう **脳** nou	**cerebro** *m.* セレブロ	brain ブレイン
のうえん **農園** nouen	**granja** *f.*, **plantación** *f.* グランハ, プランタシオン	farm, plantation ファーム, プランテイション
のうか **農家** nouka	**casa de labranza** *f.* カサ デ ラブランサ	farmhouse ファームハウス
のうがく **農学** nougaku	**agricultura** *f.*, **agronomía** *f.* アグリクルトゥラ, アグロノミア	(science of) agriculture (サイエンス オヴ) アグリカルチャ
のうき **納期** (支払いの) nouki	**fecha de pago** *f.* フェチャ デ パゴ	date of payment デイト オヴ ペイメント
(品物の)	**fecha de entrega** *f.* フェチャ デ エントレガ	delivery date デリヴァリ デイト
のうぎょう **農業** nougyou	**agricultura** *f.* アグリクルトゥラ	agriculture アグリカルチャ

571

日	西	英
のうぐ **農具** nougu	**aperos de labranza** *m.pl.* アペロス デ ラブランサ	farming tool ファーミング トゥール
のうこうそく **脳梗塞** noukousoku	**infarto cerebral** *m.* インファルト セレブラル	cerebral infarction セレブラル インファークション
のうさんぶつ **農産物** nousanbutsu	**productos agrícolas** *m.pl.* プロドゥクトス アグリコラス	farm products, farm produce ファーム プラダクツ, ファーム プロデュース
のうしゅくする **濃縮する** noushukusuru	**concentrar** コンセントラル	concentrate カンセントレイト
のうしゅっけつ **脳出血** noushukketsu	**hemorragia cerebral** *f.* エモラヒア セレブラル	cerebral hemor-rhage セレブラル ヘモリヂ
のうじょう **農場** noujou	**granja** *f.* グランハ	farm ファーム
のうしんとう **脳震盪** noushintou	**conmoción cerebral** *f.* コンモシオン セレブラル	concussion of brain コンカション オヴ ブレイン
のうぜい **納税** nouzei	**pago de impuestos** *m.* パゴ デ インプエストス	payment of taxes ペイメント オヴ タクセズ
のうそっちゅう **脳卒中** nousocchuu	**apoplejía** *f.* アポプレヒア	stroke, apoplexy ストロウク, アポプレクスィ
のうそん **農村** nouson	**pueblo agrícola** *m.* プエブロ アグリコラ	farm village ファーム ヴィリヂ
のうたん **濃淡** noutan	**claroscuro** *m.* クラロスクロ	shading シェイディング
のうち **農地** nouchi	**tierras de labranza** *f.pl.* ティエラス デ ラブランサ	farmland, agricul-tural land ファームランド, アグリカルチュラル ランド
のうど **濃度** noudo	**densidad** *f.* デンシダド	density デンスィティ
のうどうたい **能動態** noudoutai	**voz activa** *f.* ボス アクティバ	active voice アクティヴ ヴォイス

の

日	西	英
のうどうてきな **能動的な** noudoutekina	**activo(-a)** アクティボ(-バ)	active アクティヴ
のうにゅうする **納入する** nounyuusuru	**abastecer, suministrar** アバステセル, スミニストラル	pay, supply ペイ, サプライ
のうはう **ノウハウ** nouhau	**habilidad técnica** *f.* アビリダド テクニカ	know-how ノウハウ
のうひんする **納品する** nouhinsuru	**entregar** エントレガル	deliver goods ディリヴァ グヅ
のうみん **農民** noumin	**agricultor(-a)** *m.f.* アグリクルトル(-ラ)	farmer, peasant ファーマ, ペザント
のうむ **濃霧** noumu	**niebla densa** *f.* ニエブラ デンサ	dense fog デンス フォーグ
のうやく **農薬** nouyaku	**agroquímicos** *m.pl.* アグロキミコス	agricultural chemicals アグリカルチュラル ケミカルズ
のうりつ **能率** nouritsu	**eficacia** *f.*, **eficiencia** *f.* エフィカシア, エフィシエンシア	efficiency イフィシエンスィ
〜的な	**eficiente** エフィシエンテ	efficient イフィシェント
のうりょく **能力** nouryoku	**capacidad** *f.* カパシダド	ability, capacity アビリティ, カパスィティ
のーすりーぶの **ノースリーブの** noosuriibuno	**sin mangas** シン マンガス	sleeveless スリーヴレス
のーと **ノート** nooto	**cuaderno** *m.* クアデルノ	notebook ノウトブク
〜パソコン	**ordenador portátil** *m.* オルデナドル ポルタティル	laptop, notebook computer ラプタプ, ノウトブク コンピュータ
のがす **逃す** (逃がす) nogasu	**dejar libre** デハル リブレ	let go, set free レト ゴウ, セト フリー

日	西	英
（捕らえ損なう）	**dejar escapar** デハル エスカパル	fail to catch フェイル トゥ キャチ
のがれる **逃れる** （脱出する・離れる） nogareru	**huir, escapar(se)** ウイル，エスカパル(セ)	escape イスケイプ
（避ける）	**evitar** エビタル	avoid アヴォイド
のき **軒** noki	**alero** *m.* アレロ	eaves イーヴズ
のこぎり **鋸** nokogiri	**sierra** *f.* シエラ	saw ソー
のこす **残す**　（置いてゆく） nokosu	**dejar** デハル	leave behind, save リーヴ ビハインド，セイヴ
（遺産を）	**legar** レガル	bequeath ビクウィーズ
のこり **残り** nokori	**resto** *m.* レスト	rest, remnants レスト，レムナンツ
のこる **残る** nokoru	**quedarse** ケダルセ	stay, remain ステイ，リメイン
のずる **ノズル** nozuru	**tobera** *f.* トベラ	nozzle ナズル
のせる **乗せる** noseru	**llevar, recoger** ジェバル，レコヘル	give a lift, pick up ギヴ ア リフト，ピク アプ
のせる **載せる**　（置く） noseru	**colocar** コロカル	put, set プト，セト
（積む）	**cargar** *en* カルガル	load on ロウド オン
（記載する）	**mencionar, publicar** メンシオナル，プブリカル	record, publish リコード，パブリシュ

日		西	英
のぞく **除く**	（取り去る）	**quitar** キタル	remove リムーヴ
	（除外する）	**excluir** エクスクルイル	exclude, omit イクスクルード, オウミト
のぞく **覗く** nozoku		**mirar, asomarse** ミラル, アソマルセ	peep ピープ
のぞみ **望み** nozomi	（願望）	**deseo** *m.* デセオ	wish, desire ウィシュ, ディザイア
	（期待）	**esperanza** *f.*, **expectati-** **va** *f.* エスペランサ, エクスペクタティバ	hope, expectation ホウプ, エクスペクテイション
	（見込み）	**perspectiva** *f.*, **posibili-** **dad** *f.* ペルスペクティバ, ポシビリダド	prospect, chance プラスペクト, **チャンス**
のぞむ **望む** nozomu	（願う）	**querer, desear** ケレル, デセアル	want, wish ワント, **ウィシュ**
	（期待する）	**esperar** エスペラル	hope, expect ホウプ, イクスペクト
のちに **後に** nochini		**después** デスプエス	afterward, later アフタワド, レイタ
のちほど **後ほど** nochihodo		**más tarde** マス タルデ	later レイタ
のっくあうと **ノックアウト** nokkuauto		**K.O.** *m.*, **fuera de comba-** **te** カ **オ**, フエラ デ コンバテ	knockout ナカウト
のっとる **乗っ取る** nottoru	（会社を）	**apoderarse** *de*, **adueñar-** **se** *de* アポデラルセ, アドゥエニャルセ	take over テイク オウヴァ
	（飛行機を）	**secuestrar** セクエストラル	hijack ハイヂャク
のど **喉** nodo		**garganta** *f.* ガルガンタ	throat スロウト

日	西	英
のどかな **のどかな** nodokana	**tranquilo(-a), sereno(-a)** トランキロ(-ラ), セレノ(-ナ)	peaceful, quiet ピースフル, クワイエト
ののしる **罵る** nonoshiru	**insultar** インスルタル	insult, curse インサルト, カース
のばす **伸ばす** （長くする） nobasu	**alargar** アラルガル	lengthen, stretch レングスン, ストレチ
（まっすぐにする）	**enderezar** エンデレサル	straighten ストレイトン
（成長させる）	**desarrollar** デサロジャル	develop ディヴェロプ
のばす **延ばす** （延長する） nobasu	**prolongar** プロロンガル	lengthen, extend レングスン, イクステンド
（延期する）	**posponer, retrasar** ポスポネル, レトラサル	put off, delay プト オーフ, ディレイ
のはら **野原** nohara	**campo** *m.* カンポ	fields フィールヅ
のびのびと **伸び伸びと** nobinobito	**a** *su* **aire, despreocupa-** **damente** ア アイレ, デスプレオクパダメンテ	free and easy フリー アンド イーズィ
のびる **伸びる** （延長する） nobiru	**alargarse** アラルガルセ	extend, stretch イクステンド, ストレチ
（成長する）	**desarrollarse** デサロジャルセ	develop, grow ディヴェロプ, グロウ
のびる **延びる** （延期される） nobiru	**aplazarse** アプラサルセ	(be) put off, (be) postponed (ビ) プト オフ, (ビ) ポウストポ ウンド
（延長させる）	**prolongarse** プロロンガルセ	(be) prolonged (ビ) プロローングド
のべ **延べ** nobe	**total** トタル	total トウタル

日	西	英
のべる **述べる** noberu	**decir, contar** デシル, コンタル	tell, state テル, ステイト
のぼせる **のぼせる** noboseru	**marearse** マレアルセ	have a head rush ハヴア ヘド ラシュ
（夢中になる）	**(estar) loco(-a)** *por* (エスタル) ロコ(-カ)	(be) crazy about (ビ) クレイズィ アバウト
のぼり **上り** nobori	**subida** *f.* スビダ	rise, ascent ライズ, アセント
のぼる **上る**　（人・物が） noboru	**ascender** アスセンデル	go up ゴウ アプ
（ある数量に）	**alcanzar** *a* アルカンサル	amount to, reach アマウント トゥ, リーチ
のぼる **昇る**　（太陽が） noboru	**salir, subir** サリル, スビル	rise ライズ
（ある地位に）	**ascender** アスセンデル	(be) promoted (ビ) プロモウテド
のぼる **登る** noboru	**subir, escalar** スビル, エスカラル	climb クライム
のみ **蚤** nomi	**pulga** *f.* プルガ	flea フリー
のみぐすり **飲み薬** nomigusuri	**medicina por vía oral** *f.* メディシナ ポル ビア オラル	oral medication オーラル メディケイション
のみこむ **飲み込む** nomikomu	**tragar** トラガル	swallow スワロウ
のみねーとする **ノミネートする** nomineetosuru	**nombrar** ノンブラル	nominate ナミネイト
のみほす **飲み干す** nomihosu	**beberse, vaciar** ベベルセ, バシアル	gulp down ガルプ ダウン
のみもの **飲み物** nomimono	**bebida** *f.* ベビダ	drink, beverage ドリンク, ベヴァリヂ

日	西	英
のみや **飲み屋** nomiya	**bar** *m.*, **taberna** *f.* バル, タベルナ	tavern, bar タヴァン, バー
のむ **飲む** nomu	**beber, tomar** ベベル, トマル	drink, take ドリンク, テイク
のり **糊** nori	**pegamento** *m.* ペガメント	paste, starch ペイスト, スターチ
のりおくれる **乗り遅れる** noriokureru	**perder** ペルデル	miss ミス
(時代に)	**quedarse desfasado(-a), quedarse atrás** ケダルセ デスファサド(-ダ), ケダルセ アトラス	(be) behind the times (ビ) ビハインド ザ タイムズ
のりかえ **乗り換え** norikae	**transbordo** *m.*, **cambio** *m.* トランスボルド, カンビオ	change, transfer チェインヂ, トランスファ
のりかえる **乗り換える** norikaeru	**cambiar, hacer transbordo** カンビアル, アセル トランスボルド	change チェインヂ
のりくみいん **乗組員** norikumiin	**tripulante** *m.f.* トリプランテ	crew クルー
のりこす **乗り越す** norikosu	**pasar(se) de** パサル(セ)	pass パス
のりば **乗り場** noriba	**parada** *f.*, **andén** *m.* パラダ, アンデン	stop, platform スタプ, プラトフォーム
のりもの **乗り物** norimono	**vehículo** *m.* ベイクロ	vehicle ヴィーイクル
のる **乗る** noru	(上に) **montarse** *en*, **subirse** *a* モンタルセ, スビルセ	get on ゲト オン
	(乗り物に) **subir** *a* スビル	ride, take ライド, テイク
のる **載る** noru	**salir, aparecer** サリル, アパレセル	appear アピア

日	西	英
のるうぇー **ノルウェー** noruwee	**Noruega** *f.* ノルエガ	Norway ノーウェイ
のるま **ノルマ** noruma	**carga de trabajo** *f.*, **asig- nación** *f.* カルガ デ トラバホ, アシグナシオン	quota クウォウタ
のろまな **のろまな** noromana	**lerdo(-a), torpe** レルド(-ダ), トルペ	stupid, dull ステューピド, ダル
のんあるこーるの **ノンアルコールの** non-arukooruno	**sin alcohol** シン アルコオル	non-alcoholic ナンアルコホーリク
のんきな **のんきな** nonkina	**tranquilo(-a)** トランキロ(-ラ)	easy, carefree イーズィ, ケアフリー
のんびりと **のんびりと** nonbirito	**tranquilamente** トランキラメンテ	free from care, lei- surely フリー フラム ケア, レヂャリ
のんふぃくしょん **ノンフィクション** nonfikushon	**no ficción** *f.* ノ フィクシオン	nonfiction ナンフィクション

日	西	英

は, ハ

は **歯** ha	**diente** *m.* ディエンテ	tooth トゥース
は **刃** ha	**filo** *m.*, **hoja** *f.* フィロ, オハ	edge, blade エヂ, ブレイド
は **葉** ha	**hoja** *f.* オハ	leaf, blade リーフ, ブレイド
ばー **バー**　　　(酒場) baa	**bar** *m.* バル	bar, tavern バー, タヴァン
ばあい **場合** baai	**caso** *m.*, **ocasión** *f.* カソ, オカシオン	case, occasion ケイス, オケイジョン
はあくする **把握する** haakusuru	**comprender** コンプレンデル	grasp, comprehend グラスプ, カンプリヘンド
ばーげん **バーゲン** baagen	**saldos** *m.pl.*, **rebajas** *f.pl.* サルドス, レバハス	sale, bargain セイル, バーゲン
ばーじょん **バージョン** baajon	**versión** *f.* ベルシオン	version ヴァージョン
ばーたーとりひき **バーター取り引き** baataatorihiki	**trueque** *m.* トルエケ	barter バータ
ばーちゃるな **バーチャルな** baacharuna	**virtual** ビルトゥアル	virtual ヴァーチュアル
はーと **ハート** haato	**corazón** *m.* コラソン	heart ハート
ぱーと **パート** paato	**tiempo parcial** *m.* ティエンポ パルシアル	part-time パートタイム
～タイマー	**empleado(-*a*) a tiempo parcial** *m.f.* エンプレアド(-ダ) ア ティエンポ パルシアル	part-timer パートタイマ

は

日	西	英
はーどうぇあ **ハードウェア** haadowea	**hardware** *m.* ハルウェル	hardware ハードウェア
はーどでぃすく **ハードディスク** haadodisuku	**disco duro** *m.* ディスコ ドゥロ	hard disk ハード ディスク
ぱーとなー **パートナー** paatonaa	**compañero(-a)** *m.f.* コンパニェロ(-ラ)	partner パートナ
はーどる **ハードル** haadoru	**valla** *f.* バジャ	hurdle ハードル
〜競走	**carrera de vallas** *f.* カレラ デ バジャス	hurdle race ハードル レイス
はーふ **ハーフ** haafu	**mestizo(-a)** *m.f.* メスティソ(-サ)	mixed race ミクスト レイス
はーぶ **ハーブ** haabu	**hierba aromática** *f.* イエルバ アロマティカ	herb アーブ
ばーべきゅー **バーベキュー** baabekyuu	**barbacoa** *f.* バルバコア	barbecue バービキュー
ばーぼん **バーボン** baabon	**bourbon** *m.* ブルボン	bourbon バーボン
ぱーま **パーマ** paama	**permanente** *f.* ペルマネンテ	permanent パーマネント
はーもにか **ハーモニカ** haamonika	**armónica** *f.* アルモニカ	harmonica ハーマニカ
はい **灰** hai	**ceniza** *f.* セニサ	ash アシュ
はい **肺** hai	**pulmón** *m.* プルモン	lung ラング
はい **胚** hai	**embrión** *m.* エンブリオン	embryo エンブリオウ
ばい **倍** bai	**doble** *m.*, **dos veces** *f.pl.* ドブレ, ドス ベセス	twice, double トワイス, ダブル

日	西	英
ぱい **パイ** pai	**tarta** *f.* タルタ	pie, tart パイ, タート
ばいあすろん **バイアスロン** baiasuron	**biatlón** *m.* ビアトロン	biathlon バイ**ア**スロン
はいいろ **灰色** haiiro	**gris** *m.* グリス	gray, Ⓑgrey グ**レ**イ, グ**レ**イ
〜の	**gris** グリス	gray, Ⓑgrey グ**レ**イ, グ**レ**イ
はいえい **背泳** haiei	**natación estilo espalda** *f.* ナタシオン エス**ティ**ロ エス**パ**ルダ	backstroke バックストロウク
はいえん **肺炎** haien	**pulmonía** *f.* プルモ**ニ**ア	pneumonia ニュ**モ**ウニア
ばいおてくのろじー **バイオテクノロジー** baiotekunorojii	**biotecnología** *f.* ビオテクノロ**ヒ**ア	biotechnology バイオウテク**ナ**ロディ
ばいおにあ **バイオニア** paionia	**pionero(-a)** *m.f.* ピオ**ネ**ロ(-ラ)	pioneer パイオ**ニ**ア
ばいおりん **バイオリン** baiorin	**violín** *m.* ビオ**リ**ン	violin ヴァイオ**リ**ン
ばいかいする **媒介する** baikaisuru	**transmitir, portar** トランス**ミ**ティル, ポル**タ**ル	transmit, carry トランス**ミ**ト, **キャ**リ
はいかつりょう **肺活量** haikatsuryou	**capacidad pulmonar** *f.* カパシ**ダ**ド プルモ**ナ**ル	lung capacity **ラ**ング カパ**シ**ティ
はいがん **肺癌** haigan	**cáncer de pulmón** *m.* **カ**ンセル デ プル**モ**ン	lung cancer **ラ**ング **キャ**ンサ
はいきがす **排気ガス** haikigasu	**gas de escape** *m.* **ガ**ス デ エス**カ**ペ	exhaust gas イグ**ゾ**ースト **ギャ**ス
はいきぶつ **廃棄物** haikibutsu	**desechos** *m.pl.* デ**セ**チョス	waste **ウェ**イスト
はいきょ **廃虚** haikyo	**ruinas** *f.pl.* ル**イ**ナス	ruins **ル**ーインズ

日	西	英
ばいきん **ばい菌** baikin	**bacteria** *f.*, **microbio** *m.* バクテリア, ミクロビオ	bacteria, germ バク**テ**リア, **チャ**ーム
ばいく **バイク** baiku	**moto** *f.*, **motocicleta** *f.* モト, モトシク**レ**タ	motorbike モウタバイク
はいぐうしゃ **配偶者** haiguusha	**cónyuge** *m.f.* コンジュヘ	spouse ス**パ**ウズ
はいけい **背景** (出来事の) haikei	**fondo** *m.* フォンド	background バクグラウンド
(物語の)	**antecedentes** *m.pl.* アンテセ**デ**ンテス	setting **セ**ティング
はいけっかく **肺結核** haikekkaku	**tuberculosis** *f.* トゥベルク**ロ**シス	tuberculosis テュパーキュ**ロ**ウスィス
はいけつしょう **敗血症** haiketsushou	**septicemia** *f.* セプティ**セ**ミア	septicemia セプティス**ィ**ーミア
はいご **背後** haigo	**espalda** *f.*, **parte de atrás** *f.* エス**パ**ルダ, **パ**ルテ デ アト**ラ**ス	back, rear バク, リア
はいざら **灰皿** haizara	**cenicero** *m.* セニ**セ**ロ	ashtray **ア**シュトレイ
はいしする **廃止する** haishisuru	**abolir** アボ**リ**ル	abolish, repeal ア**ボ**リシュ, リ**ピ**ール
はいしゃ **歯医者** haisha	**dentista** *m.f.* デン**ティ**スタ	dentist **デ**ンティスト
はいじゃっく **ハイジャック** haijakku	**secuestro** *m.* セク**エ**ストロ	hijack **ハ**イヂャク
～する	**secuestrar un avión** セクエスト**ラ**ル ウン アピ**オ**ン	hijack **ハ**イヂャク
ばいしゅうする **買収する** baishuusuru	**comprar** コンプ**ラ**ル	purchase, bribe **パ**ーチェス, ブ**ラ**イブ

日	西	英
ばいしゅん **売春** baishun	**prostitución** *f.* プロスティトゥシ**オン**	prostitution プラスティ**テュ**ーション
ばいしょう **賠償** baishou	**compensación** *f.* コンペンサシ**オン**	reparation, compensation レパ**レ**イション, カンペン**セイ**ション
〜する	**compensar** コンペン**サル**	compensate **カ**ンペンセイト
はいしょく **配色** haishoku	**combinación de colores** *f.* コンビナシ**オン** デ コ**ロ**レス	color scheme **カ**ラ ス**キ**ーム
はいすい **排水** haisui	**drenaje** *m.* ドレ**ナ**へ	drainage ド**レ**イニヂ
はいせきする **排斥する** haisekisuru	**expulsar** エクスプル**サル**	exclude イクスク**ル**ード
はいせつ **排泄** haisetsu	**excreción** *f.* エクスクレシ**オン**	excretion イクスク**リ**ーション
はいせん **敗戦** haisen	**derrota** *f.* デ**ロ**タ	defeat ディ**フィ**ート
はいた **歯痛** haita	**dolor de muelas** *m.* ド**ロ**ル デ ム**エ**ラス	toothache **トゥ**ーセイク
ばいたい **媒体** baitai	**medio** *m.* **メ**ディオ	medium **ミ**ーディアム
はいたつ **配達** haitatsu	**reparto** *m.*, **distribución** *f.* レ**パ**ルト, ディストリブシ**オン**	delivery ディ**リ**ヴァリ
〜する	**repartir, distribuir** レパル**ティ**ル, ディストリ**ブイ**ル	deliver ディ**リ**ヴァ
はいたてきな **排他的な** haitatekina	**exclusivo(-a)** エクスクル**シ**ボ(-バ)	exclusive イクスク**ル**ースィヴ
ばいたりてぃー **バイタリティー** baitaritii	**vitalidad** *f.* ビタリ**ダ**ド	vitality ヴァイ**タ**リティ

日	西	英
はいち **配置** haichi	**disposición** *f.* ディスポシシオン	arrangement アレインヂメント
〜する	**colocar, disponer** コロカル, ディスポネル	arrange, dispose アレインヂ, ディスポウズ
はいてく **ハイテク** haiteku	**alta tecnología** *f.* アルタ テクノロヒア	high tech ハイ テク
ばいてん **売店** baiten	**puesto** *m.* プエスト	stall, stand ストール, スタンド
はいとう **配当** haitou	**dividendo** *m.* ディビデンド	dividend ディヴィデンド
ぱいなっぷる **パイナップル** painappuru	**piña** *f.* ピニャ	pineapple パイナプル
ばいばい **売買** baibai	**compraventa** *f.*, **comercio** *m.* コンプラベンタ, コメルシオ	dealing ディーリング
〜する	**comerciar** *con* コメルシアル	deal in ディール イン
ぱいぱす **バイパス** baipasu	**desvío** *m.* デスビオ	bypass バイパス
はいひーる **ハイヒール** haihiiru	**zapatos de tacón alto** *m.pl.* サパトス デ タコン アルト	high heels ハイ ヒールズ
はいふ **配布** haifu	**reparto** *m.* レパルト	distribution ディストリビューション
〜する	**repartir, distribuir** レパルティル, ディストリブイル	distribute ディストリビュト
ぱいぷ **パイプ** （管） paipu	**tubo** *m.* トゥボ	pipe パイプ
（煙草の）	**pipa** *f.* ピパ	pipe パイプ

日	西	英

ぱいぷおるがん
パイプオルガン
paipuorugan

órgano tubular *m.*
オルガノ トゥブラル

pipe organ
パイプ **オ**ーガン

はいぶつ
廃物
haibutsu

material de desecho *m.*
マテリアル デ デセチョ

waste materials
ウェイスト マ**ティ**アリアルズ

はいふん
ハイフン
haifun

guión *m.*
ギオン

hyphen
ハイフン

はいぼく
敗北
haiboku

derrota *f.*
デ**ロ**タ

defeat
ディ**フィ**ート

はいやく
配役
haiyaku

reparto *m.*
レパルト

cast
キャスト

はいゆう
俳優
haiyuu

actor *m.*, **actriz** *f.*
アク**ト**ル, アク**ト**リス

actor, actress
アクタ, **アク**トレス

はいりょ
配慮
hairyo

atenciones *f.pl.*, **conside-
ración** *f.*
アテンシ**オ**ネス, コンシデラシ**オ**ン

consideration
コンスィダ**レ**イション

～する

tener en cuenta
テネル エン ク**エ**ンタ

take into consider-
ation
テイク イントゥ コンスィダ**レ**イ
ション

はいる
入る （中へ行く）
hairu

entrar *en*
エン**ト**ラル

enter, go in
エンタ, **ゴ**ウ イン

（加入する）

ingresar *en*, **adherirse**
イング**レ**サル, アデ**リ**ルセ

join
ヂョイン

（収容できる）

caber, acoger
カ**ベ**ル, アコ**ヘ**ル

accommodate,
hold
ア**カ**モデイト, **ホ**ウルド

はいれつ
配列
hairetsu

colocación *f.*
コロカシ**オ**ン

arrangement
ア**レ**インヂメント

ぱいろっと
パイロット
pairotto

piloto *m.f.*
ピ**ロ**ト

pilot
パイロット

はう
這う
hau

arrastrarse
アラス**トラ**ルセ

crawl, creep
ク**ロ**ール, ク**リ**ープ

日	西	英
はえ **蝿** hae	**mosca** *f.* モスカ	fly フライ
はえる **生える** haeru	**crecer** クレセル	grow, come out グロウ, カム アウト
はか **墓** haka	**tumba** *f.* トゥンバ	grave, tomb グレイヴ, トゥーム
ばか **馬鹿** baka	**tonto(-*a*)** *m.f.* トント(-タ)	idiot イディオト
〜な	**tonto(-*a*), estúpido(-*a*)** トント(-タ), エストゥピド(-ダ)	foolish フーリシュ
〜馬鹿しい	**absurdo(-*a*)** アブスルド(-ダ)	ridiculous, absurd リディキュラス, アプサード
はかいする **破壊する** hakaisuru	**destruir** デストルイル	destroy ディストロイ
はがき **葉書** hagaki	**postal** *f.* ポスタル	postcard ポウストカード
はがす **剥がす** hagasu	**desprender** デスプレンデル	tear, peel テア, ピール
はかせ **博士** hakase	**doctor(-*a*)** *m.f.* ドクトル(-ラ)	doctor ダクタ
はかどる **捗る** hakadoru	**progresar, avanzar** プログレサル, アバンサル	make progress メイク プラグレス
はかない **はかない** hakanai	**efímero(-*a*), vano(-*a*)** エフィメロ(-ラ), バノ(-ナ)	transient, vain トランシェント, ヴェイン
はがゆい **歯痒い** hagayui	**(estar) impaciente** (エスタル) インパシエンテ	(be) impatient (ビ) インペイシェント
はからう **計らう** hakarau	**procurar, arreglar, dis-poner** プロクラル, アレグラル, ディスポネル	manage, arrange マニヂ, アレインヂ

は

日	西	英
はかり **秤** hakari	**balanza** *f.* バランサ	balance, scales バランス, スケイルズ
はかりうり **量り売り** hakariuri	**venta al peso** *f.*, **venta a la medida** *f.* ベンタ アル ペソ, ベンタ ア ラ メディダ	sale by measure セイル バイ メジャ
はかる **計る** hakaru	**medir, pesar** メディル, ペサル	measure, weigh メジャ, ウェイ
はかる **図る** hakaru	**planear, intentar** プラネアル, インテンタル	plan, attempt プラン, アテンプト
はき **破棄** (判決の) haki	**casación** *f.*, **revocación** *f.* カサシオン, レボカシオン	reversal リヴァーサル
(約束の)	**cancelación** *f.* カンセラシオン	cancellation, annulment キャンセレイション, アナルメント
～する	**romper, anular** ロンペル, アヌラル	cancel キャンセル
はきけ **吐き気** hakike	**náuseas** *f.pl.* ナウセアス	nausea ノーズィア
ぱきすたん **パキスタン** pakisutan	**Pakistán** *m.* パキスタン	Pakistan パキスタン
はきゅうする **波及する** hakyuusuru	**extenderse** *a*, **influir** *en* エクステンデルセ, インフルイル	spread, influence スプレド, インフルエンス
はきょく **破局** hakyoku	**catástrofe** *f.* カタストロフェ	catastrophe カタストロフィ
はく **吐く** haku	**vomitar** ボミタル	vomit ヴァミト
(唾を)	**escupir** エスクピル	spit スピト
はく **掃く** haku	**barrer** バレル	sweep, clean スウィープ, クリーン

日	西	英
はく **履く** haku	**ponerse, calzar** ポネルセ, カルサル	put on, wear プト オン, ウェア
はぐ **剥ぐ** hagu	**arrancar, desollar** アランカル, デソジャル	peel, skin ピール, スキン
ばぐ **バグ** bagu	**error** *m.* エロル	bug バグ
ばくが **麦芽** bakuga	**malta** *f.* マルタ	malt モルト
はくがいする **迫害する** hakugaisuru	**perseguir** ペルセギル	persecute パースィキュート
はぐき **歯茎** haguki	**encía** *f.* エンシア	gums ガムズ
ばくげき **爆撃** bakugeki	**bombardeo** *m.* ボンバルデオ	bombing バミング
～機	**bombardero** *m.* ボンバルデロ	bomber バマ
～する	**bombardear** ボンバルデアル	bomb バム
はくし **白紙** hakushi	**papel en blanco** *m.* パペル エン ブランコ	blank paper ブランク ペイパ
はくしかてい **博士課程** hakushikatei	**curso de doctorado** *m.* クルソ デ ドクトラド	doctor's course ダクタズ コース
はくしごう **博士号** hakushigou	**título de doctor(-a)** *m.* ティトゥロ デ ドクトル(- ラ)	doctorate, Ph.D. ダクタレト, ピーエイチディー
はくしゃく **伯爵** hakushaku	**conde** *m.* コンデ	count カウント
はくしゅする **拍手する** hakushusuru	**aplaudir** アプラウディル	clap one's hands クラプ ハンヅ
はくしょ **白書** hakusho	**libro blanco** *m.* リブロ ブランコ	white book (ホ)ワイト ブク

日	西	英
はくじょうする **白状する** hakujousuru	**confesar** コンフェサル	confess コン**フェ**ス
はくじょうな **薄情な** hakujouna	**frío(-a)** フリオ(-ア)	coldhearted コウルド**ハー**テド
ばくぜんと **漠然と** bakuzento	**vagamente** バガメンテ	vaguely **ヴェ**イグリ
～した	**vago(-a), impreciso(-a)** バゴ(-ガ), インプレシソ(-サ)	vague, obscure **ヴェ**イグ, オブス**キュ**ア
ばくだいな **莫大な** bakudaina	**enorme, inmenso(-a)** エノルメ, インメンソ(-サ)	vast, immense **ヴァ**スト, イ**メ**ンス
ばくだん **爆弾** bakudan	**bomba** *f.* ボンバ	bomb バム
ばくてりあ **バクテリア** bakuteria	**bacteria** *f.* バクテリア	bacterium バク**ティ**アリアム
ばくはする **爆破する** bakuhasuru	**volar, hacer estallar, dinamitar** ボラル, アセル エスタジャル, ディナミタル	blow up, blast ブロウ **ア**プ, ブ**ラ**スト
ばくはつ **爆発** bakuhatsu	**explosión** *f.* エクスプロシオン	explosion イクスプ**ロ**ウジョン
～する	**explotar** エクスプロタル	explode イクスプ**ロ**ウド
はくぶつかん **博物館** hakubutsukan	**museo** *m.* ムセオ	museum ミュー**ズィ**アム
はくらんかい **博覧会** hakurankai	**exposición** *f.* エクスポシシオン	exposition エクスポ**ズィ**ション
はけ **刷毛** hake	**brocha** *f.*, **cepillo** *m.* ブロチャ, セピジョ	brush ブ**ラ**シュ
はげしい **激しい** hageshii	**violento(-a), intenso(-a)** ビオレント(-タ), インテンソ(-サ)	violent, intense **ヴァ**イオレント, イン**テ**ンス

日	西	英
ばけつ **バケツ** baketsu	**cubo** *m.* クボ	pail, bucket ペイル, バケト
はげます **励ます** hagemasu	**animar** アニマル	encourage インカーリヂ
はげむ **励む** hagemu	**trabajar mucho** トラバハル ムチョ	strive, work hard ストライヴ, ワーク ハード
はげる **禿げる** hageru	**quedarse calvo(-a)** ケダルセ カルボ(-バ)	(become) bald (ビカム) ボールド
はげる **剥げる** hageru	**desconcharse** デスコンチャルセ	come off カム オフ
はけんする **派遣する** hakensuru	**enviar** エンビアル	send, dispatch センド, ディスパチ
はこ **箱** hako	**caja** *f.* カハ	box, case バクス, ケイス
はこぶ **運ぶ** hakobu	**transportar** トランスポルタル	carry キャリ
ばざー **バザー** bazaa	**venta benéfica** *f.* ベンタ ベネフィカ	charity bazaar チャリティ バザー
はさまる **挟まる** hasamaru	**(estar) atrapado(-a)** *entre* (エスタル) アトラパド(-ダ)	(get) put between (ゲト) プト ビトウィーン
はさみ **鋏** hasami	**tijeras** *f.pl.* ティヘラス	scissors スィザズ
はさむ **挟む** hasamu	**meter** *entre*, **insertar** *en-tre* メテル, インセルタル	put between プト ビトウィーン
はさん **破産** hasan	**quiebra** *f.* キエブラ	bankruptcy バンクラプツィ
はし **橋** hashi	**puente** *m.* プエンテ	bridge ブリヂ

日	西	英
はし **端** hashi	**borde** *m.* ボルデ	edge, corner エヂ, コーナ
（先端・末端）	**extremo** *m.*, **punta** *f.* エクストレモ, プンタ	end, tip エンド, ティプ
はし **箸** hashi	**palillos** *m.pl.* パリジョス	chopsticks チャプスティクス
はじ **恥** haji	**vergüenza** *f.*, **humilla- ción** *f.* ベルグエンサ, ウミジャシオン	shame, humilia- tion シェイム, ヒューミリエイショ ン
～をかく	**deshonrarse, sentirse humillado(-a)** デソンラルセ, センティルセ ウミジャド(-ダ)	(be) put to shame (ビ) プト トゥ シェイム
はしか **はしか** hashika	**sarampión** *m.* サランピオン	measles ミーズルズ
はしご **梯子** hashigo	**escalera de mano** *f.* エスカレラ デ マノ	ladder ラダ
はじまる **始まる** hajimaru	**empezar** エンペサル	begin, start ビギン, スタート
はじめ **初め** hajime	**principio** *m.* プリンシピオ	beginning, start ビギニング, スタート
はじめて **初めて** hajimete	**por primera vez** ポル プリメラ ベス	for the first time フォ ザ ファースト タイム
はじめての **初めての** hajimeteno	**primero(-a)** プリメロ(-ラ)	first ファースト
はじめる **始める** hajimeru	**empezar** エンペサル	begin, start, open ビギン, スタート, オウプン
ぱじゃま **パジャマ** pajama	**pijama** *m.*, Ⓐ**piyama** *m.* ピハマ, ピジャマ	pajamas, Ⓑpyja- mas パチャーマズ, パチャーマズ
ばしょ **場所** basho	**lugar** *m.*, **sitio** *m.* ルガル, シティオ	place, site プレイス, サイト

日	西	英
はしょうふう **破傷風** hashoufuu	**tétanos** *m.* テタノス	tetanus テタナス
はしら **柱** hashira	**pilar** *m.* ピラル	pillar, post ピラ, ポウスト
はしりたかとび **走り高跳び** hashiritakatobi	**salto de altura** *m.* サルト デ アルトゥラ	high jump ハイ チャンプ
はしりはばとび **走り幅跳び** hashirihabatobi	**salto de longitud** *m.* サルト デ ロンヒトゥド	long jump, broad jump ローング チャンプ, ブロード チャンプ
はしる **走る** hashiru	**correr** コレル	run, dash ラン, ダシュ
はじる **恥じる** hajiru	**avergonzarse** *de* アベルゴンサルセ	(be) ashamed (ビ) アシェイムド
はす **蓮** hasu	**loto** *m.* ロト	lotus ロウタス
ばす **バス** basu	**autobús** *m.*, Ⓐ**ómnibus** *m.*, **colectivo** *m.* アウトブス, オムニブス, コレクティボ	bus, coach バス, コウチ
～停	**parada del autobús** *f.* パラダ デル アウトブス	bus stop バス スタプ
(低い音域)	**bajo** *m.* バホ	bass バス
ぱす **パス** pasu	**pase** *m.* パセ	pass パス
～する	**pasar** パサル	pass パス
はずかしい **恥ずかしい** hazukashii	**(estar) abochornado(-a)** (エスタル) アボチョルナド(-ダ)	(be) ashamed (ビ) アシェイムド
(不道徳な)	**vergonzoso(-a)** ベルゴンソソ(-サ)	shameful シェイムフル

日	西	英
はすきーな **ハスキーな** hasukiina	**ronco(-a)** ロンコ(-カ)	husky ハスキ
ばすけっとぼーる **バスケットボール** basukettobooru	**baloncesto** *m.* バロンセスト	basketball バスケットボール
はずす **外す** hazusu	**quitarse** キタルセ	take off, remove テイク オーフ, リムーヴ
(席を)	**dejar el asiento, ausen-tarse** デハル エル アシエント, アウセンタルセ	leave one's seat, (be) away リーヴ スィート, (ビ) アウェイ
ぱすた **パスタ** pasuta	**pasta** *f.* パスタ	pasta パースタ
ばすと **バスト** basuto	**busto** *m.* ブスト	bust バスト
ぱすぽーと **パスポート** pasupooto	**pasaporte** *m.* パサポルテ	passport パスポート
はずみ **弾み** hazumi	**impulso** *m.* インプルソ	bound, momentum バウンド, モウメンタム
はずむ **弾む** hazumu	**rebotar** レボタル	bounce, bound バウンス, バウンド
(話などが)	**animarse** アニマルセ	(become) lively (ビカム) ライヴリ
ぱずる **パズル** pazuru	**rompecabezas** *m.* ロンペカベサス	puzzle パズル
はずれ **外れ** (くじなどの) hazure	**número no premiado** *m.* ヌメロ ノ プレミアド	losing ticket, los-ing number ルーズィング ティケト, ルーズィング ナンバ
(町の)	**afueras** *f.pl.*, **extrarradio** *m.* アフエラス, エクストララディオ	suburbs サバーブズ
はずれる **外れる** (取れる) hazureru	**soltarse** ソルタルセ	come off カム オフ

は

日	西	英
（当たらない）	**no acertar** ノ アセルタル	miss, fail ミス, フェイル
ぱすわーど **パスワード** pasuwaado	**contraseña** f. コントラセニャ	password パスワード
はせい **派生** hasei	**derivación** f. デリバシオン	derivation デリヴェイション
～する	**derivarse** de デリバルセ	derive from ディライヴ フラム
ぱせり **パセリ** paseri	**perejil** m. ペレヒル	parsley パースリ
ぱそこん **パソコン** pasokon	**ordenador personal** m., Ⓐ**computadora personal** f. オルデナドル ペルソナル, コンプタドラ ペルソ ナル	personal comput- er, PC パーソナル コンピュータ, ピー スィー
はそんする **破損する** hasonsuru	**sufrir daños** スフリル ダニョス	(be) damaged (ビ) ダミヂド
はた **旗** hata	**bandera** f., **estandarte** m. バンデラ, エスタンダルテ	flag, banner フラグ, バナ
はだ **肌** hada	**piel** f. ピエル	skin スキン
ばたー **バター** bataa	**mantequilla** f. マンテキジャ	butter バタ
ぱたーん **パターン** pataan	**modelo** m. モデロ	pattern パタン
はだか **裸** hadaka	**desnudez** f. デスヌデス	nakedness ネイキドネス
～の	**desnudo(-a)** デスヌド(-ダ)	naked ネイキド
はたけ **畑** hatake	**campo** m. カンポ	field, farm フィールド, ファーム

日	西	英
はだしで **裸足で** hadashide	**descalzo(-a)** デスカルソ(-サ)	barefoot ベアフト
はたす **果たす** （実行する） hatasu	**realizar** レアリサル	realize, carry out リーアライズ，キャリ アウト
（達成する）	**alcanzar, lograr** アルカンサル，ログラル	achieve アチーヴ
はためく **はためく** hatameku	**ondear** オンデアル	flutter フラタ
はたらき **働き** hataraki	**trabajo** *m.* トラバホ	work, labor, Ⓑlabour ワーク，レイバ，レイバ
（活動）	**acción** *f.*, **actividad** *f.* アクシオン，アクティビダド	action, activity アクション，アクティヴィティ
（機能）	**función** *f.* フンシオン	function ファンクション
（功績）	**mérito** *m.* メリト	achievement アチーヴメント
はたらく **働く** hataraku	**trabajar** トラバハル	work ワーク
（作用する）	**actuar, tener efecto** *sobre* アクトゥアル，テネル エフェクト	act on アクト オン
はち **八** hachi	**ocho** *m.* オチョ	eight エイト
はち **鉢** hachi	**tazón** *m.* タソン	bowl, pot ボウル，パト
はち **蜂** （蜜蜂） hachi	**abeja** *f.* アベハ	bee ビー
～の巣	**panal** *m.*, **colmena** *f.* パナル，コルメナ	beehive, honeycomb ビーハイヴ，ハニコウム

日	西	英
～蜜	**miel** *f.* ミエル	honey ハニ
ばち 罰 bachi	**castigo divino** *m.* カスティゴ ディビノ	divine punishment ディヴァイン パニシュメント
はちがつ 八月 hachigatsu	**agosto** *m.* アゴスト	August オーガスト
ばちかん バチカン bachikan	**Ciudad del Vaticano** *f.*, **el Vaticano** *m.* シウダド デル バティカノ, エル バティカノ	Vatican ヴァティカン
はちじゅう 八十 hachijuu	**ochenta** *m.* オチェンタ	eighty エイティ
はちゅうるい 爬虫類 hachuurui	**reptiles** *m.pl.* レプティレス	reptiles レプティルズ
はちょう 波長 hachou	**longitud de onda** *f.* ロンヒトゥド デ オンダ	wavelength ウェイヴレングス
ばつ 罰 batsu	**castigo** *m.*, **sanción** *f.* カスティゴ, サンシオン	punishment, penalty パニシュメント, ペナルティ
はついく 発育 hatsuiku	**crecimiento** *m.* クレシミエント	growth グロウス
～する	**crecer** クレセル	grow グロウ
はつおん 発音 hatsuon	**pronunciación** *f.* プロヌンシアシオン	pronunciation プロナンスィエイション
はつが 発芽 hatsuga	**germinación** *f.* ヘルミナシオン	germination ヂャーミネイション
はっかー ハッカー hakkaa	**pirata informático** *m.* ピラタ インフォルマティコ	hacker ハカ
はっきする 発揮する hakkisuru	**demostrar** デモストラル	display, show ディスプレイ, ショウ

日	西	英
はっきり **はっきり** hakkiri	**claramente** クララメンテ	clearly クリアリ
〜する	**ponerse claro(-*a*), aclararse** ポネルセ クラロ(- ラ)，アクララルセ	(become) clear (ビカム) クリア
ばっきん **罰金** bakkin	**multa** *f.* ムルタ	fine ファイン
ばっく **バック** （後部） bakku	**parte trasera** *f.*, **parte posterior** *f.* パルテ トラセラ，パルテ ポステリオル	back, rear バク，リア
（背景）	**fondo** *m.*, **segundo plano** *m.* フォンド，セグンド プラノ	background バクグラウンド
（後援）	**respaldo** *m.*, **apoyo** *m.* レスパルド，アポジョ	backing, support バキング，サポート
〜アップ	**apoyo** *m.*, **respaldo** *m.* アポジョ，レスパルド	backup バカプ
ばっぐ **バッグ** baggu	**bolso** *m.* ボルソ	bag バグ
ばっく **パック** （包み） pakku	**envase** *m.* エンバセ	packaging パケヂング
（美容法の）	**mascarilla** *f.* マスカリジャ	pack パク
（アイスホッケーの）	**disco** *m.* ディスコ	puck パク
はっくつ **発掘** hakkutsu	**excavación** *f.* エクスカバシオン	excavation エクスカヴェイション
〜する	**desenterrar** デセンテラル	excavate エクスカヴェイト
ばつぐんの **抜群の** batsugunno	**destacado(-*a*)** デスタカド(- ダ)	outstanding アウトスタンディング

は

597

日	西	英
パッケージ pakkeeji	paquete *m.* パケテ	package パケヂ
はっけっきゅう 白血球 hakkekkyuu	glóbulo blanco *m.* グロブロ ブランコ	white blood cell (ホ)ワイト ブラド セル
はっけつびょう 白血病 hakketsubyou	leucemia *f.* レウセミア	leukemia ルーキーミア
はっけん 発見 hakken	descubrimiento *m.* デスクブリミエント	discovery ディス**カ**ヴァリ
～する	descubrir デスクブリル	discover, find out ディス**カ**ヴァ, **ファ**インド **ア**ウト
はつげんする 発言する hatsugensuru	hablar アブラル	speak ス**ピ**ーク
はつこい 初恋 hatsukoi	primer amor *m.* プリメル アモル	first love **ファ**ースト **ラ**ヴ
はっこうする 発行する hakkousuru	publicar, emitir ププリカル, エミティル	publish, issue **パ**ブリシュ, **イ**シュー
はっさんする 発散する hassansuru	emitir エミ**ティ**ル	emit イ**ミ**ト
ばっじ バッジ bajji	pin *m.* ピン	badge バヂ
はっしゃ 発射 hassha	disparo *m.*, descarga *f.* ディスパロ, デスカルガ	firing **ファ**イアリング
～する	disparar ディスパラル	fire, shoot **ファ**イア, **シュ**ート
はっしゃ 発車 hassha	salida *f.* サリダ	departure ディ**パ**ーチャ
～する	salir *de* サリル	depart ディ**パ**ート
ばっしんぐ バッシング basshingu	vapuleo *m.* バプレオ	bashing **バ**シング

日	西	英
はっしんする **発信する** hasshinsuru	**enviar, despachar, remitir** エンビ**ア**ル, デスパ**チャ**ル, レミ**ティ**ル	transmit トランス**ミ**ト
ばっすい **抜粋** bassui	**extracto** *m.* エクスト**ラ**クト	extract, excerpt **エ**クスト**ラ**クト, **エ**ク**サー**プト
～する	**extraer** エクスト**ラ**エル	extract イクスト**ラ**クト
はっする **発する** （光・熱を） hassuru	**dar, emitir** **ダ**ル, エ**ミ**ティル	give off, emit **ギ**ヴ **オー**フ, イ**ミ**ト
（声を）	**pronunciar** プロヌンシ**ア**ル	utter **ア**タ
ばっする **罰する** bassuru	**castigar** カスティ**ガ**ル	punish **パ**ニシュ
はっせい **発生** hassei	**aparición** *f.*, **nacimiento** *m.* アパリシ**オ**ン, ナシ**ミエ**ント	outbreak, birth **ア**ウトブレイク, **バー**ス
～する	**ocurrir** オク**リ**ル	occur オ**カー**
はっそう **発送** hassou	**envío** *m.* エン**ビ**オ	sending out **セ**ンディング **ア**ウト
～する	**enviar** エンビ**ア**ル	send out **セ**ンド **ア**ウト
ばった **バッタ** batta	**saltamontes** *m.* サルタ**モ**ンテス	grasshopper グ**ラ**スハパ
はったつ **発達** hattatsu	**desarrollo** *m.* デサ**ロ**ジョ	development ディ**ヴェ**ロプメント
～する	**desarrollarse** デサロ**ジャ**ルセ	develop, advance ディ**ヴェ**ロプ, アド**ヴァ**ンス
はっちゅう **発注** hacchuu	**pedido** *m.* ペ**ディ**ド	order **オー**ダ

日	西	英
~する	**hacer un pedido** アセル ウン ペディド	order オーダ
はってん **発展** hatten	**desarrollo** *m.* デサロジョ	development ディヴェロプメント
~する	**desarrollarse, expandir-se** デサロジャルセ, エクスパンディルセ	develop, expand ディヴェロプ, イクスパンド
はつでんしょ **発電所** hatsudensho	**central eléctrica** *f.* セントラル エレクトリカ	power plant パウア プラント
はつでんする **発電する** hatsudensuru	**generar electricidad** ヘネラル エレクトリシダド	generate electricity ヂェナレイト イクレクトリシティ
はっぱ **発破** happa	**voladura** *f.*, **demolición** *f.* ボラドゥラ, デモリシオン	explosive blast イクスプロウスィヴ ブラスト
はつばい **発売** hatsubai	**venta** *f.* ベンタ	sale セイル
~する	**poner en venta** ポネル エン ベンタ	put on sale プト オン セイル
はっぴょう **発表** happyou	**anuncio** *m.* アヌンシオ	announcement アナウンスメント
~する	**anunciar** アヌンシアル	announce アナウンス
(説明)	**presentación** *f.* プレセンタシオン	presentation プリーゼンテイション
~する	**presentar** プレセンタル	present プリゼント
はつびょうする **発病する** hatsubyousuru	**ponerse [caer] enfermo(-a)** ポネルセ [カエル] エンフェルモ(-マ)	fall ill フォール イル
はっぽうせいの **発泡性の** happouseino	**con gas** コン ガス	sparkling スパークリング

日	西	英
はつめい **発明** hatsumei	**invención** *f.* インベンシオン	invention インヴェンション
～する	**inventar** インベンタル	invent, devise インヴェント, ディヴァイズ
はてしない **果てしない** hateshinai	**sin fin** シン フィン	endless エンドレス
はでな **派手な** hadena	**llamativo(-*a*)** ジャマティボ(-バ)	showy, garish ショウイ, ゲアリシュ
はと **鳩** hato	**paloma** *f.* パロマ	pigeon, dove ピヂョン, ダヴ
ばとうする **罵倒する** batousuru	**vituperar, injuriar** ビトゥペラル, インフリアル	denounce, vilify ディナウンス, ヴィリファイ
ぱとかー **パトカー** patokaa	**coche patrulla** *m.* コチェ パトルジャ	squad car, patrol car スクワド カー, パトロウル カー
ばどみんとん **バドミントン** badominton	**bádminton** *m.* バドミントン	badminton バドミントン
ぱとろーる **パトロール** patorooru	**patrulla** *f.* パトルジャ	patrol パトロウル
はな **花** hana	**flor** *f.* フロル	flower フラウア
はな **鼻** hana	**nariz** *f.* ナリス	nose ノウズ
～血	**hemorragia nasal** *f.* エモラヒア ナサル	nosebleed ノウズブリード
～水	**moco** *m.* モコ	snot, mucus スナト, ミューカス
はなし **話** hanashi	**charla** *f.*, **conversación** *f.* チャルラ, コンベルサシオン	talk, conversation トーク, カンヴァセイション

日	西	英
（物語）	**historia** *f.* イストリア	story ストーリ
はなしあい **話し合い** hanashiai	**conversación** *f.*, **diálogo** *m.* コンベルサシ**オ**ン, ディ**ア**ロゴ	talk, discussion ト**ー**ク, ディス**カ**ション
はなしあう **話し合う** hanashiau	**conversar** *con* コンベル**サ**ル	talk with, discuss with ト**ー**ク ウィズ, ディス**カ**ス ウィズ
はなす **放す** hanasu	**soltar** ソル**タ**ル	free, release フ**リ**ー, リ**リ**ース
はなす **離す** hanasu	**separar** セパ**ラ**ル	separate, detach **セ**パレイト, ディ**タ**チ
はなす **話す** hanasu	**hablar** ア**ブラ**ル	speak, talk ス**ピ**ーク, ト**ー**ク
ばなな **バナナ** banana	**plátano** *m.*, Ⓐ**banana** *f.* プ**ラ**タノ, バ**ナ**ナ	banana バ**ナ**ナ
はなばなしい **華々しい** hanabanashii	**brillante** ブリ**ジャ**ンテ	brilliant ブ**リ**リアント
はなび **花火** hanabi	**fuegos artificiales** *m.pl.* フ**エ**ゴス アルティフィシ**ア**レス	fireworks **ファ**イアワークス
はなむこ **花婿** hanamuko	**novio** *m.* **ノ**ビオ	bridegroom ブ**ラ**イドグルーム
はなやかな **華やかな** hanayakana	**espléndido(-a)** エスプ**レ**ンディド(-ダ)	gorgeous, bright **ゴ**ーヂャス, ブ**ラ**イト
はなよめ **花嫁** hanayome	**novia** *f.* **ノ**ビア	bride ブ**ラ**イド
はなれる **離れる** hanareru	**separarse** *de*, **apartarse** *de* セパ**ラ**ルセ, アパル**タ**ルセ	leave, go away from **リ**ーヴ, **ゴ**ウ ア**ウェ**イ フラム
はにかむ **はにかむ** hanikamu	**mostrarse tímido(-a)** モスト**ラ**ルセ **ティ**ミド(-ダ)	(be) shy, (be) bashful (ビ) **シャ**イ, (ビ) **バ**シュフル

日	西	英
ぱにっく **パニック** panikku	**pánico** *m.* パニコ	panic パニク
はね **羽**　　（羽毛） hane	**pluma** *f.* プルマ	feather, plume フェザ, プルーム
（翼）	**ala** *f.* アラ	wing ウィング
ばね **ばね** bane	**muelle** *m.* ムエジェ	spring スプリング
はねむーん **ハネムーン** hanemuun	**luna de miel** *f.* ルナ デ ミエル	honeymoon ハニムーン
はねる **跳ねる**　（飛び散る） haneru	**salpicar** サルピカル	splash スプラシュ
（飛び上がる）	**saltar** サルタル	leap, jump リープ, チャンプ
はは **母** haha	**madre** *f.* マドレ	mother マザ
～方	**lado maternal** *m.* ラド マテルナル	mother's side マザズ サイド
はば **幅** haba	**anchura** *f.* アンチュラ	width, breadth ウィドス, ブレドス
はばたく **羽ばたく** habataku	**aletear** アレテアル	flutter, flap フラタ, フラプ
はばつ **派閥** habatsu	**facción** *f.* ファクシオン	faction ファクション
はばとび **幅跳び** habatobi	**salto de longitud** *m.* サルト デ ロンヒトゥド	broad jump, long jump ブロード チャンプ, ローング チャンプ
はばひろい **幅広い** habahiroi	**ancho(-*a*), amplio(-*a*)** アンチョ(-チャ), アンプリオ(-ア)	wide, broad ワイド, ブロード

は

日	西	英
はばむ **阻む** habamu	**impedir** インペディル	prevent from, block プリヴェント フラム, ブラク
ぱぷあにゅーぎにあ **パプアニューギニア** papuanyuuginia	**Papúa Nueva Guinea** f. パプア ヌエバ ギネア	Papua New Guin- ea パピュア ニュー ギニア
ぱふぉーまんす **パフォーマンス** pafoomansu	**espectáculo** m., **actua- ción** f. エスペクタクロ, アクトゥアシオン	performance パフォーマンス
はぶく **省く** （省略する） habuku	**omitir, suprimir** オミティル, スプリミル	omit, exclude オウミト, イクスクルード
（削減する）	**reducir** レドゥシル	save, reduce セイヴ, リデュース
はぷにんぐ **ハプニング** hapuningu	**suceso inesperado** m. スセソ イネスペラド	happening, unex- pected event ハプニング, アニクスペクテド イヴェント
はぶらし **歯ブラシ** haburashi	**cepillo de dientes** m. セピジョ デ ディエンテス	toothbrush トゥースブラシュ
はまき **葉巻** hamaki	**puro** m. プロ	cigar スィガー
はまぐり **蛤** hamaguri	**almeja** f. アルメハ	clam クラム
はまべ **浜辺** hamabe	**playa** f. プラジャ	beach, seashore ビーチ, スィーショー
はまる **はまる** hamaru	**encajar** en, **caber** en エンカハル, カベル	fit into フィト イントゥ
はみがき **歯磨き** hamigaki	**pasta de dientes [dentí- frica]** f. パスタ デ ディエンテス [デンティフリカ]	toothpaste トゥースペイスト
はめつする **破滅する** hametsusuru	**perderse, arruinarse** ペルデルセ, アルイナルセ	(be) ruined (ビ) ルーインド
はめる **はめる** （内側に入れる） hameru	**encajar, incrustar** エンカハル, インクルスタル	put in, set プト イン, セト

605

日	西	英
（着用する）	**llevar, ponerse** ジェバル, ポネルセ	wear, put on ウェア, プト オン
ばめん **場面** bamen	**escena** *f.* エスセナ	scene スィーン
はもの **刃物** hamono	**cuchillo** *m.*, **objeto afila- do** *m.* クチジョ, オブヘト アフィラド	edged tool エヂド トゥール
はもん **波紋** hamon	**onda** *f.* オンダ	ripple リプル
はもんする **破門する** hamonsuru	**expulsar** エクスプルサル	expel イクスペル
はやい **早い** hayai	**temprano(-a)** テンプラノ(-ナ)	early アーリ
はやい **速い** hayai	**rápido(-a)** ラピド(-ダ)	quick, fast クウィク, ファスト
はやく **早く** hayaku	**temprano** テンプラノ	early, soon アーリ, スーン
はやく **速く** hayaku	**rápidamente** ラピダメンテ	quickly, fast クウィクリ, ファスト
はやし **林** hayashi	**bosque** *m.* ボスケ	forest, woods フォリスト, ウヅ
はやす **生やす** hayasu	**dejar crecer** デハル クレセル	grow, cultivate グロウ, カルティヴェイト
はやめに **早めに** hayameni	**un poco antes** ウン ポコ アンテス	early, in advance アーリ, イン アドヴァンス
はやめる **早める** hayameru	**adelantar** アデランタル	quicken, hasten クウィクン, ヘイスン
はやる **流行る** hayaru	**ponerse de moda** ポネルセ デ モダ	(be) in fashion, (be) popular (ビ) イン ファション,(ビ) パ ピュラ

は

日	西	英
（繁盛する）	**prosperar** プロスペラル	(be) prosperous (ヒ) プラスペラス
（病気などが）	**propagarse** プロパガルセ	(be) prevalent (ヒ) プレヴァレント
はら **腹** （胃） hara	**estómago** *m.* エストマゴ	stomach スタマク
（腸）	**intestinos** *m.pl.* インテスティノス	bowels バウエルズ
（腹部）	**vientre** *m.* ビエントレ	belly ベリ
ばら **バラ** bara	**rosa** *f.* ロサ	rose ロウズ
はらいもどし **払い戻し** haraimodoshi	**reembolso** *m.*, **devolución** *f.* レエンボルソ, デボルシオン	repayment, refund リペイメント, リファンド
はらう **払う** harau	**pagar** パガル	pay ペイ
ばらぐあい **パラグアイ** paraguai	**Paraguay** *m.* パラグアイ	Paraguay パラグワイ
はらぐろい **腹黒い** haraguroi	**solapado(-a), ladino(-a)** ソラパド(-ダ), ラディノ(-ナ)	wicked, malicious ウィキド, マリシャス
はらす **晴らす** （疑いを） harasu	**disipar** ディシパル	dispel ディスペル
（恨みを）	**vengarse** ベンガルセ	avenge oneself アヴェンヂ
（憂さを）	**divertirse, distraerse** ディベルティルセ, ディストラエルセ	forget one's troubles フォゲト トラブルズ
ばらす **ばらす** （分解する） barasu	**desmontar** デスモンタル	take to pieces テイク トゥ ピーセズ

日	西	英
（暴露する）	**divulgar, revelar** ディブルガル, レベラル	disclose, expose ディスクロウズ, イクスポウズ
ばらばらの **ばらばらの** barabarano	**disperso(-a)** ディスペルソ(-サ)	separate, scattered セパレイト, スキャタド
ばらふぃん **パラフィン** parafin	**parafina** *f.* パラフィナ	paraffin パラフィン
ばらまく **ばら撒く** baramaku	**dispersar** ディスペルサル	scatter スキャタ
ばらんす **バランス** baransu	**equilibrio** *m.* エキリブリオ	balance バランス
はり **針** hari	**aguja** *f.* アグハ	needle ニードル
ばりえーしょん **バリエーション** barieeshon	**variación** *f.* バリアシオン	variation ヴェアリエイション
はりがね **針金** harigane	**alambre** *m.* アランブレ	wire ワイア
はりがみ **貼り紙** harigami	**cartel** *m.* カルテル	bill, poster ビル, ポウスタ
ばりき **馬力** bariki	**caballo de vapor** *m.* カバジョ デ バポル	horsepower ホースパウア
はりきる **張り切る** harikiru	**entusiasmarse, animar-se** エントゥシアスマルセ, アニマルセ	(be) vigorous (ヒ) ヴィゴラス
ばりとん **バリトン** bariton	**barítono** *m.* バリトノ	baritone バリトウン
はる **春** haru	**primavera** *f.* プリマベラ	spring スプリング
はる **張る** （伸ばす） haru	**estirar, extender** エスティラル, エクステンデル	stretch, extend ストレチ, イクステンド

は

日	西	英
はる **貼る** haru	**pegar, poner** ペガル, ポネル	stick, put on スティク, プト オン
はるかな **遥かな** harukana	**lejano(-a)** レハノ(-ナ)	distant, far-off ディスタント, ファーロフ
はるかに （遠くに） **遥かに** harukani	**a lo lejos** ア ロ レホス	far, far away ファー, ファー アウェイ
はるばる **遥々** harubaru	**desde muy lejos** デスデ ムイ レホス	all the way from オール ザ ウェイ フラム
ばるぶ **バルブ** barubu	**válvula** *f.* バルブラ	valve ヴァルヴ
ぱるぷ **パルプ** parupu	**pulpa** *f.*, **pasta (de papel)** *f.* プルパ, パスタ (デ パペル)	pulp パルプ
はれ **晴れ** hare	**buen tiempo** *m.* ブエン ティエンポ	fine weather ファイン ウェザ
ばれえ **バレエ** baree	**ballet** *m.* バレ	ballet バレイ
ぱれーど **パレード** pareedo	**desfile** *m.*, **cabalgata** *f.* デスフィレ, カバルガタ	parade パレイド
ばれーぼーる **バレーボール** bareebooru	**voleibol** *m.* ボレイボル	volleyball ヴァリボール
はれつする **破裂する** haretsusuru	**reventar(se)** レベンタル(セ)	explode, burst イクスプロウド, バースト
ぱれっと **パレット** paretto	**paleta** *f.* パレタ	palette パレト
ばれりーな **バレリーナ** bareriina	**bailarina** *f.* バイラリナ	ballerina バレリーナ
はれる （空が） **晴れる** hareru	**despejar(se)** デスペハル(セ)	clear up クリア アプ

日	西	英
（疑いが）	**disiparse** ディシパルセ	(be) cleared (ヒ) クリアド
はれる **腫れる** hareru	**hincharse** インチャルセ	(become) swollen (ビカム) スウォウルン
ばれる **ばれる** bareru	**descubrirse, salir a la luz** デスクブリルセ, サリル ア ラ ルス	(be) exposed, come to light (ビ) イクスポウズド, カム トゥ ライト
ばろっく **バロック** barokku	**barroco** *m.* バロコ	Baroque バロウク
ばろでぃー **パロディー** parodii	**parodia** *f.* パロディア	parody パロディ
ばろめーたー **バロメーター** baromeetaa	**barómetro** *m.* バロメトロ	barometer バラミタ
はわい **ハワイ** hawai	**Hawai** *m.* アワイ	Hawaii ハワイイー
はん **判** han	**sello** *m.* セジョ	(personal) seal, seal, stamp (パーソナル) スィール, スィール, スタンプ
ばん **晩** ban	**tarde** *f.*, **noche** *f.* タルデ, ノチェ	evening, night イーヴニング, ナイト
ぱん **パン** pan	**pan** *m.* パン	bread ブレド
〜屋	**panadería** *f.* パナデリア	bakery ベイカリ
はんい **範囲** han-i	**límite** *m.*, **ámbito** *m.* リミテ, アンビト	limit, sphere リミト, スフィア
はんいご **反意語** han-igo	**antónimo** *m.* アントニモ	antonym アントニム
はんえい **繁栄** han-ei	**prosperidad** *f.* プロスペリダド	prosperity プラスペリティ

日	西	英
～する	**prosperar** プロスペラル	(be) prosperous (ビ) プラスペラス
はんが **版画** hanga	**grabado** *m.* グラバド	print, woodcut プリント，ウドカト
はんがー **ハンガー** hangaa	**percha** *f.* ペルチャ	(coat) hanger (コウト) ハンガ
はんかがい **繁華街** hankagai	**calle comercial** *f.*, **calle concurrida** *f.* カジェ コメルシアル，カジェ コンクリダ	busy street ビズィ ストリート
はんがく **半額** hangaku	**mitad de precio** *f.* ミタド デ プレシオ	half price ハーフ プライス
はんかち **ハンカチ** hankachi	**pañuelo** *m.* パニュエロ	handkerchief ハンカチフ
はんがりー **ハンガリー** hangarii	**Hungría** *f.* ウングリア	Hungary ハンガリ
はんかん **反感** hankan	**antipatía** *f.* アンティパティア	antipathy アンティパスィ
はんぎゃくする **反逆する** hangyakusuru	**rebelarse** *contra* レベラルセ コントラ	rebel リベル
はんきょう **反響** hankyou	**eco** *m.* エコ	echo エコウ
ぱんく **パンク** panku	**pinchazo** *m.* ピンチャソ	puncture, flat tire パンクチャ，フラト タイア
ばんぐみ **番組** bangumi	**programa** *m.* プログラマ	program, ⑧programme プロウグラム，プロウグラム
ばんぐらでしゅ **バングラデシュ** banguradeshu	**Bangladesh** *m.* バングラデス	Bangladesh バングラデシュ
はんぐりーな **ハングリーな** hanguriina	**hambriento(-a)** アンブリエント(-タ)	hungry ハングリ

日	西	英
はんけい **半径** hankei	**radio** *m.* ラディオ	radius レイディアス
はんげき **反撃** hangeki	**contraataque** *m.* コントラアタケ	counterattack カウンタラタク
～する	**contraatacar** コントラアタカル	strike back ストライク バク
はんけつ **判決** hanketsu	**juicio** *m.* フイシオ	judgment チャデメント
はんげつ **半月** hangetsu	**media luna** *f.* メディア ルナ	half-moon ハフムーン
はんご **反語** hango	**pregunta retórica** *f.* プレグンタ レトリカ	rhetorical question リトリカル クウェスチョン
ばんごう **番号** bangou	**número** *m.* ヌメロ	number ナンバ
はんこうする **反抗する** hankousuru	**resistir, oponerse** *a* レシスティル, オポネルセ	resist, oppose リズィスト, オポウズ
はんざい **犯罪** hanzai	**delito** *m.* デリト	crime クライム
～者	**delincuente** *m.f.*, **criminal** *m.f.* デリンクエンテ, クリミナル	criminal クリミナル
ハンサムな hansamuna	**guapo** グアポ	handsome ハンサム
はんさよう **反作用** hansayou	**reacción** *f.* レアクシオン	reaction リアクション
はんじ **判事** hanji	**juez(-a)** *m.f.* フエス(-サ)	judge チャヂ
はんしゃ **反射** hansha	**reflexión** *f.*, **reflejo** *m.* レフレクシオン, レフレホ	reflection, reflex リフレクション, リーフレクス

日	西	英
～する	**reflejar(se)** レフレハル(セ)	reflect リフレクト
はんじゅくたまご **半熟卵** hanjukutamago	**huevo pasado por agua** *m.* ウエボ パサド ポル **ア**グア	soft-boiled egg ソフトボイルド **エ**グ
はんしょく **繁殖** hanshoku	**reproducción** *f.*, **prolife-ración** *f.* レプロドゥクシオン，プロリフェラシオン	propagation プラパ**ゲ**イション
～する	**reproducirse, propagar-se** レプロドゥシルセ，プロパ**ガ**ルセ	propagate プラパ**ゲ**イト
はんすと **ハンスト** hansuto	**huelga de hambre** *f.* ウ**エ**ルガ デ **アン**ブレ	hunger strike **ハン**ガ スト**ラ**イク
はんする **反する** hansuru	**(ser) contrario(-a) a** (**セ**ル) コント**ラ**リオ(-ア)	(be) contrary to (ビ) **カ**ントレリ トゥ
はんせいする **反省する** hanseisuru	**reflexionar** *sobre* レフレクシオ**ナ**ル	reflect on one's actions リフ**レ**クト オン **ア**クションズ
ばんそう **伴奏** bansou	**acompañamiento** *m.* アコンパニャミ**エ**ント	accompaniment ア**カン**パニメント
～する	**acompañar** アコンパ**ニャ**ル	accompany ア**カン**パニ
ばんそうこう **絆創膏** bansoukou	**esparadrapo** *m.* エスパラド**ラ**ポ	adhesive bandage アド**ヒ**ースィヴ **バン**ディチ
はんそく **反則** （スポーツなどの） hansoku	**falta** *f.* **ファ**ルタ	foul **ファ**ウル
はんそで **半袖** hansode	**mangas cortas** *f.pl.* **マン**ガス **コ**ルタス	short sleeves **ショ**ート ス**リ**ーヴズ
はんたー **ハンター** hantaa	**cazador(-a)** *m.f.* カサ**ド**ル(-ラ)	hunter **ハン**タ
はんたい **反対**　（逆の関係） hantai	**lo [la] opuesto(-a)** *m.f.* ロ [ラ] オプ**エ**スト(-タ)	(the) opposite, (the) contrary (ズィ) **ア**ポズィト，(ザ) **カ**ントレリ

日	西	英
～側	**otro lado** *m.* オトロ ラド	opposite side, other side アポズィト **サ**イド, **ア**ザ サイド
（抵抗・異議）	**oposición** *f.*, **objeción** *f.* オポシシ**オ**ン, オブヘシ**オ**ン	opposition, objection アポ**ズ**ィション, オブ**チェ**クション
～する	**oponerse** *a* オポ**ネ**ルセ	oppose, object to オ**ポ**ウズ, オブ**チェ**クト トゥ
<ruby>判断<rt>はんだん</rt></ruby> handan	**juicio** *m.* フ**イ**シオ	judgment **チャ**ヂメント
～する	**juzgar** フス**ガ**ル	judge **チャ**ヂ
<ruby>番地<rt>ばんち</rt></ruby> banchi	**número de casa** *m.* **ヌ**メロ デ **カ**サ	street number ストリート **ナ**ンバ
<ruby>範疇<rt>はんちゅう</rt></ruby> hanchuu	**categoría** *f.* カテゴ**リ**ア	category **キャ**ティゴーリ
<ruby>パンツ<rt>ぱんつ</rt></ruby> （下着の） pantsu	**calzoncillos** *m.pl.* カルソン**シ**ジョス	briefs, underwear ブリーフス, **ア**ンダウェア
（洋服の）	**pantalones** *m.pl.* パンタ**ロ**ネス	pants, trousers パンツ, ト**ラ**ウザズ
<ruby>判定<rt>はんてい</rt></ruby> hantei	**juicio** *m.* フ**イ**シオ	judgment, decision **チャ**ヂメント, ディ**ス**ィジョン
<ruby>パンティー<rt>ぱんてぃー</rt></ruby> pantii	**bragas** *f.pl.*, Ⓐ**calzones** *m.pl.* ブ**ラ**ガス, カル**ソ**ネス	panties **パ**ンティズ
～ストッキング	**medias** *f.pl.* **メ**ディアス	pantyhose, tights **パ**ンティホウズ, **タ**イツ
<ruby>ハンディキャップ<rt>はんでぃきゃっぷ</rt></ruby> handikyappu	**hándicap** *m.* **ア**ンディカプ	handicap **ハ**ンディキャプ
<ruby>判定する<rt>はんていする</rt></ruby> hanteisuru	**juzgar** フス**ガ**ル	judge **チャ**ヂ

日	西	英
はんてん **斑点** hanten	**mancha** *f.* マンチャ	spot, speck スパト，スペク
ばんど **バンド** bando	**grupo musical** *m.* グルポ ムシカル	band バンド
はんとう **半島** hantou	**península** *f.* ペニンスラ	peninsula ペニンシュラ
はんどうたい **半導体** handoutai	**semiconductor** *m.* セミコンドゥク**トル**	semiconductor セミコン**ダ**クタ
はんどばっぐ **ハンドバッグ** handobaggu	**bolso** *m.* ボルソ	handbag, purse ハンドバグ，パース
はんどぶっく **ハンドブック** handobukku	**manual** *m.* マヌアル	handbook ハンドブク
はんどる **ハンドル** 　　　（自転車の） handoru	**manillar** *m.* マニジャル	handlebars ハンドルバーズ
（自動車の）	**volante** *m.* ボランテ	steering wheel スティアリング（ホ）**ウィ**ール
はんにち **半日** hannichi	**medio día** *m.* メディオ **ディ**ア	half a day ハフ ア **デ**イ
はんにん **犯人** hannin	**culpable** *m.f.*, **delincuen- te** *m.f.* クル**パ**ブレ，デリンク**エ**ンテ	offender, criminal オ**フェ**ンダ，クリミナル
ばんねん **晩年** bannen	**últimos años (de la vida)** *m.pl.* **ウ**ルティモス **ア**ニョス（デ ラ **ビ**ダ）	last years **ラ**スト イヤズ
はんのう **反応** hannou	**reacción** *f.* レアク**シ**オン	reaction, response リ**ア**クション，リス**パ**ンス
〜する	**reaccionar** *a* レアクシオ**ナ**ル	react to, respond to リ**ア**クト トゥ，リス**パ**ンド トゥ
ばんのうの **万能の** bannouno	**polifacético(-a)** ポリファ**セ**ティコ(-カ)	all-around, univer- sally talented **オ**ールアラウンド，ユー二**ヴァ**ー サリ **タ**レンテド

日	西	英
ばんぱー **バンパー** banpaa	**parachoques** *m.*, Ⓐ**para-golpes** *m.* パラチョケス，パラゴルペス	bumper バンパ
はんばーがー **ハンバーガー** hanbaagaa	**hamburguesa** *f.* アンブルゲサ	hamburger ハンバーガ
はんばい **販売** hanbai	**venta** *f.* ベンタ	sale セイル
〜する	**vender** ベンデル	sell, deal in セル，ディール イン
ばんぱく **万博** banpaku	**exposición universal** *f.* エクスポシシオン ウニベルサル	Expo エクスポウ
はんぱつする **反発する** hanpatsusuru	**rechazar** レチャサル	repulse, repel リパルス，リペル
はんぱな **半端な** hanpana	**incompleto(-a)** インコンプレト(-タ)	odd, incomplete アド，インコンプリート
はんぷくする **反復する** hanpukusuru	**repetir** レペティル	repeat リピート
ぱんぷす **パンプス** panpusu	**zapatos de salón** *m.pl.*, **escarpines** *m.pl.* サパトス デ サロン，エスカルピネス	pumps パンプス
ぱんふれっと **パンフレット** panfuretto	**panfleto** *m.*, **folleto** *m.* パンフレト，フォジェト	pamphlet, bro-chure パンフレト，ブロウシュア
はんぶん **半分** hanbun	**mitad** *f.* ミタド	half ハフ
はんまー **ハンマー** hanmaa	**martillo** *m.* マルティジョ	hammer ハマ
〜投げ	**lanzamiento de martillo** *m.* ランサミエント デ マルティジョ	hammer throw ハマ スロウ
はんもく **反目** hanmoku	**rivalidad** *f.*, **antagonismo** *m.* リバリダド，アンタゴニスモ	antagonism アンタゴニズム

は

日	西	英
はんらん **反乱** hanran	**rebelión** *f.*, **revuelta** *f.* レベリオン, レブエルタ	revolt リヴォウルト
はんらんする **氾濫する** hanransuru	**inundarse, desbordarse** イヌンダルセ, デスボルダルセ	flood, overflow フラド, オウヴァフロウ
はんれい **凡例** hanrei	**nota preliminar** *f.*, **notas explicativas** *f.pl.* ノタ プレリミナル, ノタス エクスプリカティバス	explanatory notes イクスプラナトーリ ノウツ
はんろん **反論** hanron	**objeción** *f.*, **refutación** *f.* オブヘシオン, レフタシオン	refutation レフュテイション
〜する	**objetar, oponerse** *a* オブヘタル, オポネルセ	argue against アーギュー アゲンスト

ひ, ヒ

日	西	英
ひ **火** hi	**fuego** *m.* フエゴ	fire ファイア
ひ **日** （太陽・日光） hi	**sol** *m.*, **luz solar** *f.* ソル, ルス ソラル	sun, sunlight サン, サンライト
（日にち）	**día** *m.*, **fecha** *f.* ディア, フェチャ	day, date デイ, デイト
び **美** bi	**belleza** *f.* ベジェサ	beauty ビューティ
ひあい **悲哀** hiai	**pena** *f.*, **tristeza** *f.* ペナ, トリステサ	sadness サドネス
ぴあす **ピアス** piasu	**pendientes** *m.pl.*, **piercings** *m.pl.* ペンディエンテス, ピルシンス	(pierced) earrings (ピアスト) イアリングズ
ひあたりのよい **日当たりのよい** hiatarinoyoi	**soleado(-a)** ソレアド(-ダ)	sunny サニ
ぴあにすと **ピアニスト** pianisuto	**pianista** *m.f.* ピアニスタ	pianist ピアニスト

日	西	英
ぴあの **ピアノ** piano	**piano** *m.* ピアノ	piano ピアーノウ
ひありんぐ **ヒアリング** hiaringu	**comprensión oral** *f.* コンプレンシオン オラル	listening comprehension リスニング カンプリヘンション
（公聴会）	**audiencia pública** *f.* アウディエンシア プブリカ	public hearing パブリク ヒアリング
ひいきする **ひいきする** hiikisuru	**favorecer** ファボレセル	favor, patronage フェイヴァ, パトラニヂ
ぴーく **ピーク** piiku	**punto culminante** *m.*, **cima** *f.* プント クルミナンテ, シマ	peak ピーク
びいしき **美意識** biishiki	**sentido de la estética** *m.* センティド デラ エステティカ	sense of beauty, esthetic sense センス オヴ ビューティ, エステティク センス
びーず **ビーズ** biizu	**cuenta** *f.* クエンタ	beads ビーヅ
ひーたー **ヒーター** hiitaa	**calentador** *m.* カレンタドル	heater ヒータ
ぴーなつ **ピーナツ** piinatsu	**cacahuete** *m.*, Ⓐ**maní** *m.* カカウエテ, マニ	peanut ピーナト
びーふ **ビーフ** biifu	**carne de vaca [ternera]** *f.*, Ⓐ**carne de res** *f.* カルネ デ バカ [テルネラ], カルネ デ レス	beef ビーフ
ぴーまん **ピーマン** piiman	**pimiento verde** *m.* ピミエント ベルデ	green pepper, bell pepper グリーン ペパ, ベル ペパ
びーる **ビール** biiru	**cerveza** *f.* セルベサ	beer ビア
ひーろー **ヒーロー** hiiroo	**héroe** *m.* エロエ	hero ヒアロウ
ひえこむ **冷え込む** hiekomu	**hacer mucho frío** アセル ムチョ フリオ	(get) very cold (ゲト) ヴェリ コウルド

日	西	英
ひえる **冷える** hieru	**enfriarse** エンフリアルセ	(get) cold (ゲト) コウルド
びえん **鼻炎** bien	**inflamación nasal** *f.* インフラマシオン ナサル	nasal inflamma-tion ネイザル インフラメイション
びおら **ビオラ** biora	**viola** *f.* ビオラ	viola ヴァイオラ
ひがい **被害** higai	**daño** *m.* ダニョ	damage ダミヂ
～者	**víctima** *f.* ビクティマ	sufferer, victim サファラ, ヴィクティム
ひかえ **控え** （覚書） hikae	**nota** *f.*, **apunte** *m.* ノタ, アプンテ	note ノウト
（写し）	**copia** *f.*, **duplicado** *m.* コピア, ドゥプリカド	copy, duplicate カピ, デュープリケト
（予備）	**reserva** *f.* レセルバ	reserve リザーヴ
ひかえめな **控えめな** hikaemena	**moderado(-a)** モデラド(-ダ)	moderate, unas-suming マダレト, アナスューミング
ひかえる **控える** （自制する） hikaeru	**abstenerse** *de* アブステネルセ	refrain from リフレイン フラム
（書き留める）	**anotar** アノタル	write down ライト ダウン
（待機する）	**esperar** エスペラル	wait ウェイト
ひかく **比較** hikaku	**comparación** *f.* コンパラシオン	comparison コンパリスン
～する	**comparar** コンパラル	compare コンペア

619

日	西	英
びがく 美学 bigaku	**estética** *f.* エステティカ	aesthetics エスセティクス
ひかげ 日陰 hikage	**sombra** *f.* ソンブラ	shade シェイド
ひがさ 日傘 higasa	**sombrilla** *f.* ソンブリジャ	sunshade, parasol サンシェイド, パラソル
ひがし 東 higashi	**este** *m.* エステ	east イースト
ひがしがわ 東側 higashigawa	**lado este** *m.* ラド エステ	east side イースト サイド
ひがしはんきゅう 東半球 higashihankyuu	**hemisferio oriental** *m.* エミスフェリオ オリエンタル	Eastern Hemisphere イースタン ヘミスフィア
ぴかぴかする ぴかぴかする pikapikasuru	**reluciente** レルシエンテ	sparkly, glittering スパークリ, グリタリング
ひかり 光 hikari	**luz** *f.*, **rayo** *m.* ルス, ラジョ	light, ray ライト, レイ
ひかる 光る hikaru	**brillar** ブリジャル	shine, flash シャイン, フラシュ
ひかれる 引かれる hikareru	**(estar) cautivado(-a) por** (エスタル) カウティバド(-ダ)	(be) charmed with (ビ) チャームド ウィズ
ひかんする 悲観する hikansuru	**(ser) pesimista** *sobre* (セル) ペシミスタ	(be) pessimistic about (ビ) ペシミスティク アバウト
ひかんてきな 悲観的な hikantekina	**pesimista** ペシミスタ	pessimistic ペシミスティク
ひきあげる 引き上げる 　　　(高くする) hikiageru	**subir** スビル	raise レイズ
(上げる)	**levantar** レバンタル	pull up プル アプ

ひ

日	西	英
ひきあげる **引き揚げる** hikiageru	**volver** ボルベル	return, pull out リターン, プル アウト
ひきいる **率いる** hikiiru	**llevar, dirigir** ジェバル, ディリヒル	lead, conduct リード, カンダクト
ひきうける **引き受ける** （受け入れる） hikiukeru	**aceptar** アセプタル	accept アクセプト
（担当する）	**encargarse** *de* エンカルガルセ	undertake アンダテイク
ひきおこす **引き起こす** hikiokosu	**causar, provocar** カウサル, プロボカル	cause コーズ
ひきかえ **引き換え** hikikae	**intercambio** *m.* インテルカンビオ	exchange イクスチェインヂ
ひきかえす **引き返す** hikikaesu	**volver atrás** ボルベル アトラス	return, turn back リターン, ターン バク
ひきがね **引き金** hikigane	**gatillo** *m.* ガティジョ	trigger トリガ
ひきさく **引き裂く** hikisaku	**desgarrar** デスガラル	tear up テア アプ
ひきさげる **引き下げる** （下げる） hikisageru	**bajar, derribar** バハル, デリバル	pull down プル ダウン
（減らす）	**reducir** レドゥシル	reduce リデュース
ひきざん **引き算** hikizan	**resta** *f.* レスタ	subtraction サブトラクション
ひきしお **引き潮** hikishio	**bajamar** *f.* バハマル	ebb tide エブ タイド
ひきしめる **引き締める** hikishimeru	**apretar** アプレタル	tighten タイトン

日	西	英
ひきずる **引きずる** hikizuru	**arrastrar** アラストラル	trail, drag トレイル, ドラグ
ひきだし **引き出し** (家具の) hikidashi	**cajón** *m.* カホン	drawer ドローア
(預金の)	**retirada** *f.* レティラダ	withdrawal ウィズドローアル
ひきだす **引き出す** (中にある物を) hikidasu	**sacar** サカル	draw out ドロー アウト
(預金を)	**retirar** レティラル	withdraw ウィズドロー
ひきつぐ **引き継ぐ** (人から) hikitsugu	**suceder** *a* スセデル	succeed, take over サクスィード, テイク オウヴァ
(人に)	**entregar** エントレガル	hand over ハンド オウヴァ
ひきとめる **引き止める** hikitomeru	**detener** デテネル	keep, stop キープ, スタプ
ひきとる **引き取る** hikitoru	**recibir, recuperar** レシビル, レクペラル	receive, claim リスィーヴ, クレイム
ひきにく **挽き肉** hikiniku	**carne picada** *f.* カルネ ピカダ	ground meat, minced meat グラウンド ミート, ミンスト ミート
ひきにげ **轢き逃げ** hikinige	**atropello** *m.* **y fuga** *f.* アトロペジョ イ フガ	hit and run ヒト アンド ラン
ひきぬく **引き抜く** hikinuku	**sacar** サカル	pull out プル アウト
ひきのばす **引き伸ばす** (拡大する) hikinobasu	**ampliar, ensanchar** アンプリアル, エンサンチャル	enlarge インラーヂ
(長くする)	**estirar** エスティラル	stretch ストレチ

日	西	英
ひきはらう **引き払う** hikiharau	**dejar, irse** *de* デハル, イルセ	vacate, move out ヴェイケイト, ムーヴ アウト
ひきょうな **卑怯な** hikyouna	**cobarde, vil** コバルデ, ビル	foul, underhanded ファウル, アンダハンデド
ひきわけ **引き分け** hikiwake	**empate** *m.* エンパテ	draw, tie ドロー, タイ
ひきわたす **引き渡す** hikiwatasu	**entregar** エントレガル	hand over, deliver ハンド オウヴァ, ディリヴァ
ひく **引く**　（引っ張る） hiku	**tirar** ティラル	pull, draw プル, ドロー
（差し引く）	**descontar** デスコンタル	deduct ディダクト
（参照する）	**consultar** コンスルタル	consult コンサルト
（設置する）	**instalar** インスタラル	install インストール
ひく **轢く** hiku	**atropellar** アトロペジャル	run over, hit ラン オウヴァ, ヒト
ひく **弾く** hiku	**tocar** トカル	play プレイ
ひくい **低い**　（位置が） hikui	**bajo(-*a*)** バホ(-ハ)	low ロウ
（背が）	**bajo(-*a*), corto(-*a*)** バホ(-ハ), コルト(-タ)	short ショート
ひくつな **卑屈な** hikutsuna	**servil** セルビル	servile サーヴァル
びくびくする **びくびくする** bikubikusuru	**tener miedo** *de*, **(estar)** **asustado(-*a*)** *de* テネル ミエド, (エスタル) アススタド(-ダ)	(be) scared of (ビ) スケアド オヴ

日	西	英
ぴくるす **ピクルス** pikurusu	**encurtidos** *m.pl.* エンクルティドス	pickles ピクルズ
ひぐれ **日暮れ** higure	**puesta de sol** *f.* プエスタ デ ソル	evening, dusk イーヴニング，ダスク
ひげ **ひげ** （口の） hige	**bigote** *m.* ビゴテ	mustache マスタシュ
（頬の）	**patilla** *f.* パティジャ	side whiskers サイド (ホ)ウィスカズ
（顎の）	**barba** *f.* バルバ	beard ビアド
（動物の）	**bigote** *m.* ビゴテ	whiskers (ホ)ウィスカズ
ひげき **悲劇** higeki	**tragedia** *f.* トラヘディア	tragedy トラヂェディ
ひげする **卑下する** higesuru	**humillarse** ウミジャルセ	humble oneself ハンブル
ひけつ **秘訣** hiketsu	**secreto** *m.* セクレト	secret スィークレト
ひけつする **否決する** hiketsusuru	**rechazar** レチャサル	reject リヂェクト
ひご **庇護** higo	**protección** *f.* プロテクシオン	protection プロテクション
～する	**proteger** プロテヘル	protect プロテクト
ひこう **飛行** hikou	**vuelo** *m.* ブエロ	flight フライト
～機	**avión** *m.* アビオン	airplane, plane エアプレイン，プレイン

日	西	英
ひこうしきの **非公式の** hikoushikino	**no oficial** ノオフィシアル	unofficial, informal アナフィシャル, インフォーマル
びこうする **尾行する** bikousuru	**perseguir, seguir** ペルセギル, セギル	follow ファロウ
ひごうほうの **非合法の** higouhouno	**ilegal** イレガル	illegal イリーガル
ひこく **被告** hikoku	**acusado(-a)** *m.f.* アクサド(-ダ)	defendant, (the) accused ディフェンダント, (ジィ) アキューズド
ひこようしゃ **被雇用者** hikoyousha	**empleado(-a)** *m.f.* エンプレアド(-ダ)	employee インプロイイー
ひごろ **日頃** higoro	**usualmente** ウスアルメンテ	usually, always ユージュアリ, オールウェイズ
ひざ **膝** hiza	**rodilla** *f.* ロディジャ	knee, lap ニー, ラプ
びざ **ビザ** biza	**visado** *m.*, Ⓐ**visa** *f.* ビサド, ビサ	visa ヴィーザ
ひさいしゃ **被災者** hisaisha	**víctima** *f.* ビクティマ	victim, sufferer ヴィクティム, サファラ
ひさいする **被災する**（地震で） hisaisuru	**resultar damnificado(-a) por un terremoto** レスルタル ダムニフィカド(-ダ) ポル ウン テレモト	suffer from an earthquake サファー フラム アン アースクウェイク
ひさいち **被災地** hisaichi	**zona damnificada** *f.* ソナ ダムニフィカダ	disaster-stricken area ディザスターストリクン エアリア
ひさし **庇**（建物の） hisashi	**alero** *m.* アレロ	eaves イーヴズ
（帽子の）	**visera** *f.* ビセラ	visor ヴァイザ

日	西	英
ひざし **日差し** hizashi	**sol** m. ソル	sunlight サンライト
ひさしぶりに **久し振りに** hisashiburini	**después de mucho tiem-po** デスプエス デ ムチョ ティエンポ	after a long time アフタ ア ローング タイム
ひざまずく **ひざまずく** hizamazuku	**arrodillarse** アロディジャルセ	kneel down ニール ダウン
ひさんな **悲惨な** hisanna	**miserable, calamitoso(-a)** ミセラブレ, カラミトソ(・サ)	miserable, wretched ミゼラブル, レチェド
ひじ **肘** hiji	**codo** m. コド	elbow エルボウ
ひしがた **菱形** hishigata	**rombo** m. ロンボ	rhombus, diamond shape, lozenge ランバス, ダイアモンド シェイプ, ラズィンヂ
びじねす **ビジネス** bijinesu	**negocios** m.pl. ネゴシオス	business ビズネス
〜マン	**hombre de negocios** m. オンブレ デ ネゴシオス	businessman ビズネスマン
ひじゅう **比重** hijuu	**peso específico** m. ペソ エスペシフィコ	specific gravity スピスィフィク グラヴィティ
びじゅつ **美術** bijutsu	**arte** m., **bellas artes** f.pl. アルテ, ベジャス アルテス	art, fine arts アート, ファイン アーツ
〜館	**museo de arte** m. ムセオ デ アルテ	art museum アート ミューズィアム
ひじゅんする **批准する** hijunsuru	**ratificar** ラティフィカル	ratify ラティファイ
ひしょ **秘書** hisho	**secretario(-a)** m.f. セクレタリオ(・ア)	secretary セクレタリ
ひじょう **非常** hijou	**emergencia** f. エメルヘンシア	emergency イマーヂェンスィ

日	西	英
ひじょうかいだん **非常階段** hijoukaidan	**escalera de incendios** *f.* エスカレラ デ インセンディオス	emergency stair-case イマーヂェンスィ ステアケイス
ひじょうきんの **非常勤の** hijoukinno	**a tiempo parcial, no nu-merario(-a)** ア ティエンポ パルシアル, ノ ヌメラリオ(-ア)	part-time パートタイム
ひじょうぐち **非常口** hijouguchi	**salida de emergencia** *f.* サリダ デ エメルヘンシア	emergency exit イマーヂェンスィ エグズィット
ひじょうしきな **非常識な** hijoushikina	**absurdo(-a)** アブスルド(-ダ)	absurd, unreason-able アブサード, アンリーズナブル
ひじょうな **非常な** hijouna	**insólito(-a)** インソリト(-タ)	unusual アニュージュアル
ひじょうな **非情な** hijouna	**cruel** クルエル	heartless ハートレス
ひじょうに **非常に** hijouni	**muy** ムイ	very, unusually ヴェリ, アニュージュアリ
ひしょち **避暑地** hishochi	**lugar de veraneo** *m.* ルガル デ ベラネオ	summer resort サマ リゾート
びじん **美人** bijin	**mujer hermosa** *f.*, **belle-za** *f.* ムヘル エルモサ, ベジェサ	beauty ビューティ
ひすてりっくな **ヒステリックな** hisuterikkuna	**histérico(-a)** イステリコ(-カ)	hysterical ヒステリカル
ぴすとる **ピストル** pisutoru	**pistola** *f.* ピストラ	pistol ピストル
ぴすとん **ピストン** pisuton	**émbolo** *m.*, **pistón** *m.* エンボロ, ピストン	piston ピストン
ひずむ **歪む** hizumu	**deformarse, curvarse** デフォルマルセ, クルバルセ	(be) warped (ビ) ウォープト
びせいぶつ **微生物** biseibutsu	**microbio** *m.*, **microorga-nismo** *m.* ミクロビオ, ミクロオルガニスモ	microbe, microor-ganism マイクロウブ, マイクロウオー ガニズム

日	西	英
ひそ **砒素** hiso	**arsénico** *m.* アルセニコ	arsenic アースニク
ひぞう **脾臓** hizou	**bazo** *m.* バソ	spleen スプリーン
ひそかな **密かな** hisokana	**secreto(-a), privado(-a)** セクレト(-タ)，プリバド(-ダ)	secret, private スィークレト，プライヴェト
ひだ **ひだ** hida	**pliegue** *m.* プリエゲ	fold フォウルド
ひたい **額** hitai	**frente** *f.* フレンテ	forehead ファリド
ひたす **浸す** hitasu	**remojar** *en* レモハル	soak in, dip in ソウク イン，ディプ イン
びたみん **ビタミン** bitamin	**vitamina** *f.* ビタミナ	vitamin ヴァイタミン
ひだり **左** hidari	**izquierda** *f.* イスキエルダ	left レフト
ひだりがわ **左側** hidarigawa	**lado izquierdo** *m.* ラド イスキエルド	left side レフト サイド
ひつうな **悲痛な** hitsuuna	**doloroso(-a)** ドロロソ(-サ)	grievous, sorrow- ful グリーヴァス，サロウフル
ひっかかる **引っ掛かる** hikkakaru	**engancharse** *en* エンガンチャルセ	get caught in ゲト コート イン
ひっかく **引っ掻く** hikkaku	**arañar** アラニャル	scratch スクラチ
ひっかける **引っ掛ける** hikkakeru	**enganchar, colgar** エンガンチャル，コルガル	hang ハング
ひっきしけん **筆記試験** hikkishiken	**examen escrito** *m.* エクサメン エスクリト	written examina- tion リトン イグザミネイション

日	西	英
ひっくりかえす **ひっくり返す** hikkurikaesu	**volcar** ボルカル	knock over, over- turn ナク オウヴァ, オウヴァターン
ひっくりかえる **ひっくり返る** （倒れる） hikkurikaeru	**caer(se)** カエル(セ)	fall over フォール オウヴァ
（さかさまになる）	**volcarse** ボルカルセ	flip over, overturn フリプ オウヴァ, オウヴァター ン
びっくりする **びっくりする** bikkurisuru	**sorprenderse** ソルプレンデルセ	(be) surprised (ビ) サプライズド
ひづけ **日付** hizuke	**fecha** *f.* フェチャ	date デイト
ひっこす **引っ越す** hikkosu	**mudarse** ムダルセ	move, remove ムーヴ, リムーヴ
ひっこむ **引っ込む** hikkomu	**retirarse** レティラルセ	retire リタイア
ひっこめる **引っ込める** hikkomeru	**retirar** レティラル	take back テイク バク
ぴっころ **ピッコロ** pikkoro	**flautín** *m.* フラウティン	piccolo ピコロウ
ひつじ **羊** hitsuji	**oveja** *f.* オベハ	sheep シープ
ひっしの **必死の** hisshino	**desesperado(-a)** デセスペラド(-ダ)	desperate デスパレト
ひっしゅうの **必修の** hisshuuno	**obligatorio(-a)** オブリガトリオ(-ア)	compulsory コンパルソリ
ひつじゅひん **必需品** hitsujuhin	**artículos de necesidad** *m.pl.* アルティクロス デ ネセシダド	necessities ネセスィティズ
ひっすの **必須の** hissuno	**indispensable** インディスペンサブレ	indispensable インディスペンサブル

日	西	英
ひったくる **ひったくる** hittakuru	**arrebatar, quitar violen-** **tamente** アレバタル, キタル ビオレンタメンテ	snatch スナチ
ひっちはいく **ヒッチハイク** hicchihaiku	**autostop** *m.* アウトストプ	hitchhike ヒチハイク
ぴっちゃー **ピッチャー** （水差し） picchaa	**jarra** *f.* ハラ	pitcher, ⑧jug ピチャ, ヂャグ
（投手）	**lanzador(-a)** *m.f.* ランサドル(- ラ)	pitcher ピチャ
ひってきする **匹敵する** hittekisuru	**(ser) igual** *a* (セル) イグアル	(be) equal to (ビ) イークワル トゥ
ひっと **ヒット** hitto	**éxito** *m.* エクシト	hit, success ヒト, サクセス
ひっぱくする **逼迫する** hippakusuru	**pasar estrecheces, tener** **dificultades** パサル エストレチェセス, テネル デフィクルタ デス	(be) under finan- cial difficulties (ビ) アンダ フィナンシャル ディフィカルティズ
ひっぱる **引っ張る** hipparu	**tirar** ティラル	stretch ストレチ
ひつよう **必要** hitsuyou	**necesidad** *f.* ネセシダド	necessity, need ネセスィティ, ニード
〜な	**necesario(-a)** ネセサリオ(- ア)	necessary ネセセリ
ひていする **否定する** hiteisuru	**negar** ネガル	deny ディナイ
びでお **ビデオ** bideo	**vídeo** *m.* ビデオ	video ヴィディオウ
びてきな **美的な** bitekina	**estético(-a)** エステティコ(- カ)	esthetic エセティク
ひでり **日照り** hideri	**sequía** *f.* セキア	drought ドラウト

日	西	英
ひでん **秘伝** hiden	**secreto** *m.* セクレト	secret スィークレト
ひと **人**　（1 人の人間） hito	**persona** *f.* ペルソナ	person, one パースン，ワン
（人類）	**especie humana** *f.* エスペシエ ウマナ	mankind マンカインド
（他人）	**otro(-a)** *m.f.* オトロ(-ラ)	others, other peo- ple アザズ，アザ ピープル
ひどい **ひどい** hidoi	**cruel, horrible** クルエル，オリブレ	cruel, terrible クルエル，テリブル
ひといきで **一息で** hitoikide	**de un tirón** デ ウン ティロン	in one breath イン ワン ブレス
ひとがら **人柄** hitogara	**carácter** *m.* カラクテル	character キャラクタ
ひときれ **一切れ** hitokire	**un pedazo** *m.* ウン ペダソ	(a) piece (of) (ア) ピース (オヴ)
びとく **美徳** bitoku	**virtud** *f.* ビルトゥド	virtue ヴァーチュー
ひとくち **一口** hitokuchi	**(un) bocado** *m.* (ウン) ボカド	(a) mouthful (ア) マウスフル
ひとごみ **人混み** hitogomi	**aglomeración** *f.*, **multitud** *f.* アグロメラシオン，ムルティトゥド	crowd クラウド
ひとさしゆび **人さし指** hitosashiyubi	**índice** *m.* インディセ	index finger, Ⓑforefinger インデクス　フィンガ，フォー フィンガ
ひとしい **等しい** hitoshii	**(ser) igual** *a* (セル) イグアル	(be) equal to (ビ) イークワル トゥ
ひとじち **人質** hitojichi	**rehén** *m.f.* レエン	hostage ハスティヂ

日	西	英
ひとそろい **一揃い** hitosoroi	**un juego** *m.* ウン フエゴ	(a) set (ア) セト
ひとだかり **人だかり** hitodakari	**muchedumbre** *f.* ムチェドゥンブレ	crowd クラウド
ひとで　　（他人の力） **人手** hitode	**ayuda** *f.* アジュダ	help, aid ヘルプ，エイド
（働き手） 	**mano de obra** *f.* マノ デ オブラ	hand ハンド
ひとどおりのおおい **人通りの多い** hitodoorinoooi	**concurrido(-a)** コンクリド(-ダ)	busy, crowded ビズィ，クラウデド
ひとなつこい **人なつこい** hitonatsukoi	**amistoso(-a), amable** アミストソ(-サ)，アマブレ	friendly, amiable フレンドリ，エイミアブル
ひとなみの **人並みの** hitonamino	**común, normal** コムン，ノルマル	ordinary, average オーディネリ，アヴァリヂ
ひとびと **人々** hitobito	**gente** *f.* ヘンテ	people, men ピープル，メン
ひとまえで **人前で** hitomaede	**en público** エン プブリコ	in public イン パブリク
ひとみ **瞳** hitomi	**pupila** *f.* プピラ	pupil ピューピル
ひとみしりする **人見知りする** hitomishirisuru	**(ser) introvertido(-a)** (セル) イントロベルティド(-ダ)	(be) shy, (be) wary of strangers (ビ) シャイ，(ビ) ウェアリ オヴ ストレインヂャズ
ひとめで **一目で** hitomede	**a primera vista** ア プリメラ ビスタ	at a glance アト ア グランス
ひとやすみ **一休み** hitoyasumi	**descanso** *m.* デスカンソ	rest, break レスト，ブレイク
ひとりごとをいう **独り言を言う** hitorigotowoiu	**hablar solo(-a)** アブラル ソロ(-ラ)	talk to oneself トーク トゥ

ひ

日	西	英
ひとりっこ **一人っ子** hitorikko	**hijo(-a) único(-a)** *m.f.* イホ(-ハ) ウニコ(-カ)	only child オウンリ チャイルド
ひとりで **一人で** hitoride	**solo(-a)** ソロ(-ラ)	alone, by oneself アロウン, バイ
ひとりぼっちで **独りぼっちで** hitoribocchide	**solo(-a)** ソロ(-ラ)	alone アロウン
ひとりよがり **独り善がり** hitoriyogari	**suficiencia** *f.*, **autocom-placencia** *f.* スフィシエンシア, アウトコンプラセンシア	self-satisfaction セルフサティスファクション
ひな **雛** hina	**cría de ave** *f.*, **polluelo(-a)** *m.f.* クリア デ アベ, ポジュエロ(-ラ)	chick チク
ひなたで **日向で** hinatade	**al sol** アル ソル	in the sun イン ザ サン
ひなんけいろ **避難経路** hinankeiro	**ruta de evacuación** *f.* ルタ デ エバクアシオン	evacuation route イヴァキュエイション ルート
ひなんじょ **避難所** hinanjo	**refugio** *m.* レフヒオ	shelter シェルタ
ひなんする **避難する** hinansuru	**refugiarse** *en* レフヒアルセ	take refuge テイク レフューヂ
ひなんする **非難する** hinansuru	**culpar, acusar** クルパル, アクサル	blame, accuse ブレイム, アキューズ
ひなんをあびる **非難を浴びる** hinanwoabiru	**ser objeto de críticas** セル オブヘト デ クリティカス	(be) accused of (ビ) アキューズド オヴ
びにーる **ビニール** biniiru	**vinilo** *m.* ビニロ	vinyl ヴァイニル
～ハウス	**invernadero (de plástico)** *m.* インベルナデロ (デ プラスティコ)	(PVC) greenhouse (ピーヴィースィー) グリーンハウス
～袋	**bolsa de plástico** *f.* ボルサ デ プラスティコ	plastic bag プラスティク バグ

日	西	英
ひにく **皮肉** hiniku	**sarcasmo** *m.*, **ironía** *f.* サルカスモ, イロニア	sarcasm, irony サーキャズム, アイアロニ
〜な	**sarcástico(-a), irónico(-a)** サルカスティコ(-カ), イロニコ(-カ)	sarcastic, ironic サーキャスティク, アイラニク
ひにょうき **泌尿器** hinyouki	**órganos urinarios** *m.pl.* オルガノス ウリナリオス	urinary organs ユアリネリ オーガンズ
ひにん **避妊** hinin	**anticoncepción** *f.* アンティコンセプシオン	contraception カントラセプション
ひにんする **否認する** hininsuru	**negar** ネガル	deny ディナイ
びねつ **微熱** binetsu	**fiebre ligera** *f.* フィエブレ リヘラ	slight fever スライト フィーヴァ
ひねる **捻る** hineru	**torcer** トルセル	twist, twirl トウィスト, トワール
ひのいり **日の入り** hinoiri	**puesta de sol** *f.* プエスタ デ ソル	sunset サンセト
ひので **日の出** hinode	**salida de sol** *f.* サリダ デ ソル	sunrise サンライズ
ひばな **火花** hibana	**chispa** *f.* チスパ	spark スパーク
ひばり **雲雀** hibari	**alondra** *f.* アロンドラ	lark ラーク
ひはん **批判** hihan	**crítica** *f.* クリティカ	criticism クリティスィズム
〜する	**criticar** クリティカル	criticize クリティサイズ
ひばん **非番** hiban	**fuera de servicio** フエラ デ セルビシオ	off duty オーフ デューティ
ひび **ひび** (割れ目) hibi	**fisura** *f.* フィスラ	crack クラク

ひ

日	西	英
（皮膚のひび割れ）	**grieta** *f.* グリエタ	chap, crack チャプ，クラク
ひびき **響き** hibiki	**sonido** *m.*, **resonancia** *f.* ソニド，レソナンシア	sound サウンド
ひびく **響く** hibiku	**sonar, resonar** ソナル，レソナル	sound, resound サウンド，リザウンド
ひひょう **批評** hihyou	**crítica** *f.*, **comentario** *m.* クリティカ，コメンタリオ	criticism, review クリティスィズム，リヴュー
～する	**criticar, comentar** クリティカル，コメンタル	criticise, review クリティサイズ，リヴュー
ひふ **皮膚** hifu	**piel** *f.* ピエル	skin スキン
～科	**dermatología** *f.* デルマトロヒア	dermatology デーマタロヂ
びぶん **微分** bibun	**cálculo diferencial** *m.* カルクロ ディフェレンシアル	differential (calculus) ディファレンシャル（キャルキュラス）
ひぼうする **誹謗する** hibousuru	**calumniar** カルムニアル	slander スランダ
ひぼんな **非凡な** hibonna	**excepcional** エクスセプシオナル	exceptional イクセプショナル
ひま **暇** hima	**tiempo** *m.*, **ocio** *m.* ティエンポ，オシオ	leisure, spare time リージャ，スペア タイム
～な	**libre** リブレ	free, not busy フリー，ナト ビズィ
ひまご **曾孫** himago	**biznieto(-a)** *m.f.* ビスニエト(-タ)	great-grandchild グレイトグランドチャイルド
ひまん **肥満** himan	**obesidad** *f.* オベシダド	obesity オウビースィティ

日	西	英

ひみつ
秘密
himitsu
secreto *m.*
セクレト
secret
スィークレト

〜の
secreto(-a)
セクレト(·タ)
secret
スィークレト

びみょうな
微妙な
bimyouna
sutil, delicado(-a)
スティル，デリカド(·タ)
subtle, delicate
サトル，デリケト

ひめい
悲鳴
himei
grito *m.*
グリト
scream, shriek
スクリーム，シュリーク

〜を上げる
gritar
グリタル
scream, shriek
スクリーム，シュリーク

ひめんする
罷免する
himensuru
destituir
デスティトゥイル
dismiss
ディスミス

ひも
紐
himo
cordón *m.*
コルドン
string, cord
ストリング，コード

ひもと
火元
himoto
origen de un fuego *m.*
オリヘン デ ウン フエゴ
origin of a fire
オリヂン オヴァ ファイア

ひやかす
冷やかす
hiyakasu
gastar una broma
ガスタル ウナ ブロマ
banter, tease
バンタ，ティーズ

ひゃく
百
hyaku
cien *m.*
シエン
hundred
ハンドレド

ひゃくする
飛躍する
hiyakusuru
saltar
サルタル
leap, jump
リープ，チャンプ

ひゃくまん
百万
hyakuman
millón *m.*
ミジョン
million
ミリオン

びゃくや
白夜
byakuya
noche blanca *f.*, **sol de medianoche** *m.*
ノチェ ブランカ，ソル デ メディアノチェ
midnight sun
ミドナイト サン

ひやけ
日焼け
hiyake
bronceado *m.*
ブロンセアド
suntan
サンタン

ひ

日	西	英
〜する	**broncearse** プロンセアルセ	(get) suntanned, get a suntan (ゲト) **サ**ンタンド, ゲト ア **サ**ンタン
〜止め	**filtro solar** *m.* フィルトロ ソ**ラ**ル	sunscreen **サ**ンスクリーン
ひやす **冷やす** hiyasu	**enfriar** エンフリ**ア**ル	cool, ice **ク**ール, **ア**イス
ひゃっかじてん **百科事典** hyakkajiten	**enciclopedia** *f.* エンシクロ**ペ**ディア	encyclopedia インサイクロ**ピ**ーディア
ひやややかな **冷ややかな** hiyayakana	**frío(-a), indiferente** フ**リ**オ(-ア), インディフェ**レ**ンテ	cold, indifferent **コ**ウルド, イン**ディ**ファレント
ひゆ **比喩** hiyu	**tropo** *m.*, **figura retórica** *f.* ト**ロ**ポ, フィ**グ**ラ レ**ト**リカ	figure of speech **フィ**ギャ オヴ ス**ピ**ーチ
〜的な	**figurado(-a)** フィ**グ**ラド(-ダ)	figurative **フィ**ギュラティヴ
(暗喩)	**metáfora** *f.* メ**タ**フォラ	metaphor **メ**タフォー
ひゅーず **ヒューズ** hyuuzu	**fusible** *m.* フ**シ**ブレ	fuse **フュ**ーズ
ひゅーまにずむ **ヒューマニズム** hyuumanizumu	**humanismo** *m.* ウマ**ニ**スモ	humanism **ヒュ**ーマニズム
びゅっふぇ **ビュッフェ** byuffe	**buffet** *m.* ブ**フェ**	buffet ブ**フェ**イ
ひょう **票** hyou	**voto** *m.* **ボ**ト	vote **ヴォ**ウト
ひょう **表** hyou	**tabla** *f.* **タ**ブラ	table, diagram **テ**イブル, **ダ**イアグラム
ひょう **雹** hyou	**granizo** *m.* グラ**ニ**ソ	hail **ヘ**イル

日	西	英
ひよう **費用** hiyou	**gasto** *m.*, **coste** *m.* ガスト, コステ	cost コスト
びょう **秒** byou	**segundo** *m.* セグンド	second セコンド
びよう **美容** biyou	**tratamiento de belleza** *m.* トラタミエント デ ベジェサ	beauty treatment ビューティ トリートメント
〜院	**salón de belleza** *m.*, **pe-** **luquería** *f.* サロン デ ベジェサ, ペルケリア	beauty salon, hair salon ビューティ サロン, ヘア サロン
〜師	**peluquero(-*a*) (de seño-** **ras)** *m.f.* ペルケロ(-ラ) (デ セニョラス)	beautician ビューティシャン
びょういん **病院** byouin	**hospital** *m.* オスピタル	hospital ハスピトル
ひょうか **評価** hyouka	**estimación** *f.*, **evaluación** *f.* エスティマシオン, エバルアシオン	assessment, esti- mation アセスメント, エスティメイショ ン
〜する	**estimar, evaluar** エスティマル, エバルアル	estimate, evaluate エスティメイト, イヴァリュエ イト
ひょうが **氷河** hyouga	**glaciar** *m.* グラシアル	glacier グレイシャ
びょうき **病気** byouki	**enfermedad** *f.* エンフェルメダド	illness, disease イルネス, ディズィーズ
〜になる	**enfermar** エンフェルマル	get ill, get sick ゲト イル, ゲト スィク
ひょうきんな **ひょうきんな** hyoukinna	**gracioso(-*a*)** グラシオソ(-サ)	jocular チャキュラ
ひょうけつ **表決** hyouketsu	**voto** *m.*, **votación** *f.* ボト, ボタシオン	vote ヴォウト
ひょうげん **表現** hyougen	**expresión** *f.* エクスプレシオン	expression イクスプレション

ひ

日	西	英
〜する	**expresar** エクスプレ**サ**ル	express イクス**プレ**ス
びょうげんきん **病原菌** byougenkin	**germen patógeno** *m.* ヘル**メ**ン パト**ヘ**ノ	disease germ ディ**ズィ**ーズ **チャ**ーム
ひょうご **標語** hyougo	**eslogan** *m.* エス**ロ**ガン	slogan ス**ロ**ウガン
ひょうさつ **表札** hyousatsu	**letrero de una puerta** *m.* レト**レ**ロ デ ウナ プ**エ**ルタ	nameplate, Ⓑdoor-plate **ネ**イムプレイト，**ド**ープレイト
ひょうざん **氷山** hyouzan	**iceberg** *m.* イ**セ**ベル	iceberg **ア**イスバーグ
ひょうし **表紙** hyoushi	**tapa** *f.* **タ**パ	cover **カ**ヴァ
ひょうじ **表示** hyouji	**indicación** *f.* インディカ**シオ**ン	indication インディ**ケ**イション
ひょうしき **標識** hyoushiki	**señal** *f.* セ**ニャ**ル	sign, mark **サ**イン，**マ**ーク
びょうしつ **病室** byoushitsu	**habitación de hospital** *f.* アビタ**シオ**ン デ オス**ピ**タル	hospital room **ハ**スピトル **ル**ーム
びょうしゃ **描写** byousha	**descripción** *f.* デスクリプ**シオ**ン	description ディス**クリ**プション
〜する	**describir** デスクリ**ビ**ル	describe ディス**クラ**イブ
びょうじゃくな **病弱な** byoujakuna	**enfermizo(-a)** エンフェル**ミ**ソ(-サ)	sickly **スィ**クリ
ひょうじゅん **標準** hyoujun	**estándar** *m.* エス**タ**ンダル	standard ス**タ**ンダド
〜語	**lengua estándar** *f.* **レ**ングア エス**タ**ンダル	standard language ス**タ**ンダド **ラ**ングウィヂ

日	西	英
〜的な	**estándar, normal** エスタンダル, ノルマル	standard, normal スタンダド, ノーマル
ひょうじょう **表情** hyoujou	**expresión** *f.* エクスプレシオン	(facial) expression (フェイシャル) イクスプレション
びょうじょう **病状** byoujou	**estado (de la enferme-dad)** *m.* エスタド (デ ラ エンフェルメダド)	condition コンディション
ひょうしょうする **表彰する** hyoushousuru	**galardonar, elogiar** ガラルドナル, エロヒアル	commend, honor コメンド, アナ
ひょうてき **標的** hyouteki	**blanco** *m.* ブランコ	target ターゲト
びょうてきな **病的な** byoutekina	**enfermizo(-a), morbo-so(-a)** エンフェルミソ(-サ), モルボソ(-サ)	morbid, sick モービド, スィク
ひょうてん **氷点** hyouten	**punto de congelación** *m.* プント デ コンヘラシオン	freezing point フリーズィング ポイント
びょうどう **平等** byoudou	**igualdad** *f.* イグアルダド	equality イクワリティ
〜の	**igual** イグアル	equal イークワル
びょうにん **病人** byounin	**enfermo(-a)** *m.f.* エンフェルモ(-マ)	sick person, pa-tient スィク パースン, ペイシェント
ひょうはく **漂白** hyouhaku	**blanqueo** *m.* ブランケオ	bleaching ブリーチング
〜剤	**lejía** *f.* レヒア	bleach, bleaching agent ブリーチ, ブリーチング エイヂェント
〜する	**blanquear** ブランケアル	bleach ブリーチ
ひょうばん **評判** hyouban	**reputación** *f.* レプタシオン	reputation レピュテイション

日	西	英
ひょうほん **標本** hyouhon	**espécimen** *m.* エスペシメン	specimen, sample スペスィメン，**サ**ンプル
ひょうめい **表明** hyoumei	**manifestación** *f.* マニフェスタシオン	manifestation マニフェス**テ**イション
〜する	**manifestar** マニフェス**タ**ル	manifest **マ**ニフェスト
ひょうめん **表面** hyoumen	**superficie** *f.* スペル**フィ**シエ	surface **サ**ーフェス
〜張力	**tensión superficial** *f.* テンシ**オ**ン スペルフィシ**ア**ル	surface tension **サ**ーフィス **テ**ンション
びょうりがく **病理学** byourigaku	**patología** *f.* パトロ**ヒ**ア	pathology パ**サ**ロヂ
ひょうりゅうする **漂流する** hyouryuusuru	**ir a la deriva** **イ**ル ア ラ デ**リ**バ	drift ド**リ**フト
ひょうろん **評論** hyouron	**crítica** *f.* ク**リ**ティカ	critique, review クリ**ティ**ーク，リ**ヴュ**ー
〜家	**crítico(-a)** *m.f.* ク**リ**ティコ(·カ)	critic, reviewer ク**リ**ティク，リ**ヴュ**ーア
ひよくな **肥沃な** hiyokuna	**fértil** **フェ**ルティル	fertile **ファ**ートル
ひよけ **日除け** hiyoke	**sombrilla** *f.* ソンブ**リ**ジャ	sunshade **サ**ンシェイド
ひよこ **ひよこ** hiyoko	**cría de ave** *f.*, **polluelo(-a)** *m.f.* ク**リ**ア デ ア**ベ**，ポジュ**エ**ロ(·ラ)	chick **チ**ク
ひらおよぎ **平泳ぎ** hiraoyogi	**natación a braza** *f.* ナタシ**オ**ン ア ブ**ラ**サ	breaststroke ブ**レ**ストストロウク
ひらく **開く** (開ける) hiraku	**abrir** アブ**リ**ル	open **オ**ウプン

日	西	英
（開始する）	**comenzar** コメンサル	open, start **オ**ウプン，ス**タ**ート
ひらける **開ける** （開化した） hirakeru	**civilizarse** シビリ**サ**ルセ	(be) civilized (ビ) ス**ィ**ヴィライズド
（広がる）	**extenderse** エクステン**デ**ルセ	spread, open スプ**レ**ド，**オ**ウプン
（発展する）	**desarrollarse** デサロ**ジャ**ルセ	develop ディ**ヴェ**ロプ
ひらめ **平目** hirame	**platija** *f.* プラ**ティ**ハ	flounder, flatfish フ**ラ**ウンダ，フ**ラ**トフィシュ
ひらめく **閃く** hirameku	**destellar, relucir** デステ**ジャ**ル，レル**シ**ル	flash, gleam フ**ラ**シュ，グ**リ**ーム
ひりつ **比率** hiritsu	**proporción** *f.* プロポルシ**オ**ン	ratio **レ**イショウ
びりやーど **ビリヤード** biriyaado	**billar** *m.* ビ**ジャ**ル	billiards **ビ**リアヅ
ひりょう **肥料** hiryou	**fertilizante** *m.* フェルティリ**サ**ンテ	fertilizer, manure **ファ**ーティライザ，マ**ニュ**ア
ひる **昼** hiru	**mediodía** *m.* メディオ**ディ**ア	noon **ヌ**ーン
びる **ピル** piru	**píldora** *f.* **ピ**ルドラ	pill, oral contra-ceptive **ピ**ル，**オ**ーラル　カントラ**セ**プティヴ
ひるがえる **翻る** hirugaeru	**agitarse, ondear** アヒ**タ**ルセ，オンデ**ア**ル	flutter フ**ラ**タ
ひるごはん **昼御飯** hirugohan	**almuerzo** *m.* アルム**エ**ルソ	lunch **ラ**ンチ
びるでぃんぐ **ビルディング** birudingu	**edificio** *m.* エディ**フィ**シオ	building **ビ**ルディング

ひ

日	西	英
ひるね **昼寝** hirune	**siesta** *f.* シエスタ	afternoon nap アフタ**ヌ**ーン **ナ**プ
ひるま **昼間** hiruma	**día** *m.* ディア	daytime デイタイム
ひるやすみ **昼休み** hiruyasumi	**descanso del mediodía** *m.* デス**カ**ンソ デル メディオ**ディ**ア	lunch break, noon recess **ラ**ンチ ブ**レ**イク, **ヌ**ーン リ**セ**ス
ひれいする **比例する** hireisuru	**(estar) en relación proporcional** *con* (エス**タ**ル) エン レラシ**オ**ン プロポルシ**オ**ナル	(be) in proportion to (ビ) イン プロ**ポ**ーション トゥ
ひれつな **卑劣な** hiretsuna	**vil** ビル	despicable, sneaky デス**ピ**カブル, ス**ニ**ーキ
ひれにく **ヒレ肉** hireniku	**filete** *m.* フィ**レ**テ	fillet フィ**レ**イ
ひろい **広い** hiroi	**ancho(-*a*), amplio(-*a*)** **ア**ンチョ(-チャ), **ア**ンプリオ(-ア)	wide, broad **ワ**イド, ブ**ロ**ード
ひろいん **ヒロイン** hiroin	**heroína** *f.* エロ**イ**ナ	heroine **ヘ**ロウイン
ひろう **拾う** hirou	**recoger** レコ**ヘ**ル	pick up ピク **ア**プ
ひろうえん **披露宴** hirouen	**banquete de boda** *m.* バン**ケ**テ デ **ボ**ダ	wedding banquet **ウェ**ディング **バ**ンクウェト
ひろがる **広がる** hirogaru	**extenderse, expandirse** エクステン**デ**ルセ, エクスパン**ディ**ルセ	extend, expand イクス**テ**ンド, イクス**パ**ンド
ひろげる **広げる** hirogeru	**extender, ampliar** エクステン**デ**ル, アンプリ**ア**ル	extend, enlarge イクス**テ**ンド, イン**ラ**ーヂ
ひろさ **広さ** hirosa	**anchura** *f.* アン**チュ**ラ	width **ウィ**ドス
ひろば **広場** hiroba	**espacio abierto** *m.*, **plaza** *f.* エス**パ**シオ アビ**エ**ルト, プ**ラ**サ	open space, plaza **オ**ウプン ス**ペ**イス, プ**ラ**ーザ

643

日	西	英
ひろま **広間** hiroma	**salón** *m.*, **sala** *f.* サロン, サラ	hall, saloon ホール, サルーン
ひろまる **広まる** hiromaru	**extenderse** エクステンデルセ	spread, (be) propagated スプレド, (ビ) プラパゲイテド
ひろめる **広める** hiromeru	**extender** エクステンデル	spread, propagate スプレド, プラパゲイト
びわ **枇杷** biwa	**níspero** *m.* ニスペロ	loquat ロウクワト
ひん **品** hin	**elegancia** *f.* エレガンシア	elegance エリガンス
びん **便** （飛行機の） bin	**vuelo** *m.* ブエロ	flight フライト
びん **瓶** bin	**botella** *f.* ボテジャ	bottle バトル
ぴん **ピン** pin	**alfiler** *m.* アルフィレル	pin ピン
ひんい **品位** hin-i	**dignidad** *f.* ディグニダド	dignity ディグニティ
びんかんな **敏感な** binkanna	**sensible** *a* センシブレ	sensitive, susceptible センスィティヴ, サセプティブル
ぴんく **ピンク** pinku	**rosa** *m.* ロサ	pink ピンク
～の	**rosa** ロサ	pink ピンク
ひんけつ **貧血** hinketsu	**anemia** *f.* アネミア	anemia アニーミア
ひんこん **貧困** hinkon	**pobreza** *f.* ポブレサ	poverty パヴァティ

ひ

日	西	英
ひんし **品詞** hinshi	**parte de la oración** *f.* パルテ デ ラ オラシオン	part of speech パート オヴ スピーチ
ひんしつ **品質** hinshitsu	**calidad** *f.* カリダド	quality クワリティ
ひんしの **瀕死の** hinshino	**moribundo(-a)** モリブンド(-ダ)	dying ダイイング
ひんじゃくな **貧弱な** hinjakuna	**exiguo(-a), débil** エクシグオ(-ア), デビル	poor, meager, fee- ble プア, ミーガ, フィーブル
ひんしゅ **品種** hinshu	**especie** *f.* エスペシエ	variety, breed ヴァライエティ, ブリード
びんしょうな **敏捷な** binshouna	**ágil** アヒル	agile アヂル
ぴんち **ピンチ** pinchi	**apuro** *m.*, **momento deli- cado** *m.* アプロ, モメント デリカド	pinch, dire situa- tion ピンチ, ダイア スィチュエイ ション
びんてーじ **ビンテージ** binteeji	**cosecha** *f.*, **colección** *f.* コセチャ, コレクシオン	vintage ヴィンティヂ
ひんと **ヒント** hinto	**pista** *f.* ピスタ	hint ヒント
ひんど **頻度** hindo	**frecuencia** *f.* フレクエンシア	frequency フリークウェンスィ
ぴんと **ピント** pinto	**enfoque** *m.*, **foco** *m.* エンフォケ, フォコ	focus フォウカス
ぴんはね **ピンはね** pinhane	**comisión ilegal** *f.*, **mar- gen** *m.* コミシオン イレガル, マルヘン	kickback, cut キクバク, カト
ひんぱんな **頻繁な** hinpanna	**frecuente** フレクエンテ	frequent フリークウェント
ひんぱんに **頻繁に** hinpanni	**frecuentemente** フレクエンテメンテ	frequently フリークウェントリ

日	西	英
びんぼう **貧乏** binbou	**pobreza** *f.* ポブレサ	poverty パヴァティ
～な	**pobre** ポブレ	poor プア

ふ, フ

日	西	英
ぶ **部** （部数） bu	**ejemplar** *m.* エヘンプラル	copy カピ
（部署）	**sección** *f.*, **departamento** *m.* セクシオン, デパルタメント	section セクション
ぶあい **歩合** buai	**tasa** *f.*, **porcentaje** *m.* タサ, ポルセンタヘ	rate, percentage レイト, パセンティヂ
ぶあいそうな **無愛想な** buaisouna	**poco sociable** ポコ ソシアブレ	unsociable アンソウシャブル
ふぁいる **ファイル** fairu	**archivo** *m.* アルチボ	file ファイル
ふぁいんだー **ファインダー** faindaa	**visor** *m.* ビソル	viewfinder ヴューファインダ
ふぁいんぷれー **ファインプレー** fainpuree	**buen juego** *m.* ブエン フエゴ	fine play ファイン プレイ
ふぁうる **ファウル** fauru	**falta** *f.* ファルタ	foul ファウル
ふぁしずむ **ファシズム** fashizumu	**fascismo** *m.* ファスシスモ	fascism ファシズム
ふぁすとふーど **ファストフード** fasutofuudo	**comida rápida** *f.* コミダ ラピダ	fast food ファスト フード
ふぁすなー **ファスナー** fasunaa	**cremallera** *f.* クレマジェラ	fastener, zipper ファスナ, ズィパ

日	西	英
ぶあつい **分厚い** buatsui	**espeso(-a), grueso(-a)** エスペソ(-サ), グルエソ(-サ)	thick スィク
ふぁっくす **ファックス** fakkusu	**fax** *m.* ファクス	fax ファクス
ふぁっしょん **ファッション** fasshon	**moda** *f.* モダ	fashion ファション
ふぁん **ファン** fan	**fan** *m.f.*, **aficionado(-a)** *m.f.* ファン, アフィシオナド(-ダ)	fan ファン
ふあん **不安** fuan	**inquietud** *f.* インキエトゥド	uneasiness アニーズィネス
～な	**inquieto(-a)** インキエト(-タ)	uneasy, anxious アニーズィ, アンクシャス
ふぁんていな **不安定な** fuanteina	**inestable** イネスタブレ	unstable アンステイブル
ふぁんでーしょん **ファンデーション** fandeeshon	**base de maquillaje** *f.* バセ デ マキジャヘ	foundation ファウンデイション
ふぃーと **フィート** fiito	**pie** *m.* ピエ	feet フィート
ふぃーりんぐ **フィーリング** fiiringu	**sentimiento** *m.* センティミエント	feeling フィーリング
ふぃーるど **フィールド** fiirudo	**campo** *m.* カンポ	field フィールド
～ワーク	**trabajo de campo** *m.* トラバホ デ カンポ	fieldwork フィールドワーク
ふぃぎゅあすけーと **フィギュアスケート** figyuasukeeto	**patinaje artístico** *m.* パティナヘ アルティスティコ	figure skating フィギャ スケイティング
ふぃくしょん **フィクション** fikushon	**ficción** *f.* フィクシオン	fiction フィクション

日	西	英
ふいちょうする **吹聴する** fuichousuru	**pregonar** プレゴナル	announce, trumpet アナウンス, トランペト
ふいっち **不一致** fuicchi	**desacuerdo** *m.* デサクエルド	disagreement ディサグリーメント
ふぃっとねすくらぶ **フィットネスクラブ** fittonesukurabu	**gimnasio** *m.,* **club de gimnasia** *m.* ヒムナシオ, クルブ デ ヒムナシア	fitness center フィトネス センタ
ふいの **不意の** fuino	**repentino(-a)** レペンティノ(・ナ)	sudden, unexpected サドン, アニクスペクテド
ふぃりぴん **フィリピン** firipin	**Filipinas** *f.pl.* フィリピナス	Philippines フィリピーンズ
ふぃるたー **フィルター** firutaa	**filtro** *m.* フィルトロ	filter フィルタ
ふぃるむ **フィルム** firumu	**película** *f.,* **filme** *m.* ペリクラ, フィルメ	film フィルム
ふぃんらんど **フィンランド** finrando	**Finlandia** *f.* フィンランディア	Finland フィンランド
ふうあつ **風圧** fuuatsu	**presión del viento** *f.* プレシオン デル ビエント	wind pressure ウィンド プレシャ
ふうかする **風化する** fuukasuru	**erosionarse** エロシオナルセ	weather, fade with time ウェザ, フェイド ウィズ タイム
ふうき **風紀** fuuki	**moral pública** *f.,* **disciplina** *f.* モラル プブリカ, ディスシプリナ	discipline ディスィプリン
ぶーけ **ブーケ** buuke	**ramo** *m.* ラモ	bouquet ブーケイ
ふうけい **風景** fuukei	**paisaje** *m.* パイサヘ	scenery スィーナリ
～画	**paisaje** *m.* パイサヘ	landscape ランドスケイプ

日	西	英
ふうさする **封鎖する** fuusasuru	**bloquear** ブロケアル	blockade ブラケイド
ふうし **風刺** fuushi	**sátira** *f.* サティラ	satire サタイア
ふうしゃ **風車** fuusha	**molino de viento** *m.* モリノ デ ビエント	windmill ウィンドミル
ふうしゅう **風習** fuushuu	**costumbres** *f.pl.* コストゥンブレス	customs カスタムズ
ふうしん **風疹** fuushin	**rubéola** *f.* ルベオラ	rubella ルーベラ
ふうせん **風船** fuusen	**globo** *m.* グロボ	balloon バルーン
ふうそく **風速** fuusoku	**velocidad del viento** *f.* ベロシダド デル ビエント	wind velocity ウィンド ヴェラスィティ
ふうぞく **風俗** fuuzoku	**costumbres** *f.pl.* コストゥンブレス	manners, customs マナズ, カスタムズ
ふうちょう **風潮** fuuchou	**tendencia** *f.* テンデンシア	trend トレンド
ぶーつ **ブーツ** buutsu	**botas** *f.pl.* ボタス	boots ブーツ
ふうど **風土** fuudo	**clima** *m.* クリマ	climate クライメト
ふうとう **封筒** fuutou	**sobre** *m.* ソブレ	envelope エンヴェロウプ
ふうふ **夫婦** fuufu	**pareja** *f.*, **matrimonio** *m.* パレハ, マトリモニオ	married couple, spouses マリド カプル, スパウセズ
ふうみ **風味** fuumi	**sabor** *m.*, **gusto** *m.* サボル, グスト	flavor, taste, Ⓑflavour フレイヴァ, テイスト, フレイヴァ

日	西	英
ぶーむ **ブーム** buumu	**auge** *m.* アウヘ	boom, fad ブーム，ファド
ふうりょく **風力** fuuryoku	**fuerza del viento** *f.* フエルサ デル ビエント	wind power ウィンド パウア
ぷーる **プール** puuru	**piscina** *f.* ピスシナ	swimming pool スウィミング プール
ふうんな **不運な** fuunna	**desafortunado(-a)** デサフォルトゥナド(・ダ)	unlucky アンラキ
ふえ **笛** fue	**pito** *m.* ピト	whistle (ホ)ウィスル
ふぇいんと **フェイント** feinto	**finta** *f.* フィンタ	feint フェイント
ふぇーんげんしょう **フェーン現象** feengenshou	**efecto föhn** *m.* エフェクト フォエン	foehn phenome- non フェイン フィナメノン
ふぇすてぃばる **フェスティバル** fesutibaru	**festival** *m.* フェスティバル	festival フェスティヴァル
ふぇみにすと **フェミニスト** feminisuto	**feminista** *m.f.* フェミニスタ	feminist フェミニスト
ふぇみにずむ **フェミニズム** feminizumu	**feminismo** *m.* フェミニスモ	feminism フェミニズム
ふぇりー **フェリー** ferii	**ferry** *m.* フェリ	ferry フェリ
ふえる **増える** fueru	**aumentar** アウメンタル	increase in インクリース イン
ふぇんしんぐ **フェンシング** fenshingu	**esgrima** *f.* エスグリマ	fencing フェンスィング
ふぇんす **フェンス** fensu	**valla** *f.* バジャ	fence フェンス

ふ

日	西	英
ぶえんりょな **無遠慮な** buenryona	**sin reservas, indiscreto(-a)** シン レセルバス, インディスクレト(-タ)	blunt, impudent ブラント, インピュデント
ふぉあぐら **フォアグラ** foagura	**foie-gras** *m.* フォアグラ	foie gras フワー グラー
ふぉーく **フォーク** fooku	**tenedor** *m.* テネドル	fork フォーク
ふぉーまっと **フォーマット** foomatto	**formato** *m.* フォルマト	format フォーマト
ふぉーむ **フォーム** foomu	**forma** *f.* フォルマ	form フォーム
ふぉーらむ **フォーラム** fooramu	**foro** *m.* フォロ	forum フォーラム
ふぉるだ **フォルダ** foruda	**carpeta** *f.* カルペタ	folder, directory フォウルダ, ディレクタリ
ふぉんな **不穏な** fuonna	**inquietante** インキエタンテ	threatening スレトニング
ふか **孵化** fuka	**incubación** *f.* インクバシオン	incubation インキュベイション
ぶか **部下** buka	**subordinado(-a)** *m.f.* スボルディナド(-ダ)	subordinate サブオーディネト
ふかい **深い** fukai	**profundo(-a)** プロフンド(-ダ)	deep, profound ディープ, プロファウンド
ふかいな **不快な** fukaina	**incómodo(-a), desagradable** インコモド(-ダ), デサグラダブレ	unpleasant アンプレザント
ふかかいな **不可解な** fukakaina	**incomprensible** インコンプレンシブレ	incomprehensible インカンプリヘンスィブル
ふかけつな **不可欠な** fukaketsuna	**indispensable** インディスペンサブレ	indispensable インディスペンサブル

日	西	英
ふかさ **深さ** fukasa	**profundidad** *f.* プロフンディ**ダ**ド	depth **デ**プス
ふかのうな **不可能な** fukanouna	**imposible** インポ**シ**ブレ	impossible インパ**シ**ブル
ふかんぜんな **不完全な** fukanzenna	**imperfecto(-a)** インペル**フェ**クト(-タ)	imperfect インパーフィクト
ぶき **武器** buki	**armas** *f.pl.* **ア**ルマス	arms, weapon **ア**ームズ, **ウェ**ポン
ふきかえ **吹き替え** fukikae	**doblaje** *m.* ドブラヘ	dubbing, dubbing audio **ダ**ビング, **ダ**ビング **オ**ーディオウ
ふきげんな **不機嫌な** fukigenna	**de mal humor** デ マル ウ**モ**ル	bad-tempered バドテンパド
ふきそくな **不規則な** fukisokuna	**irregular** イレグ**ラ**ル	irregular イ**レ**ギュラ
ふきだす **噴き出す** fukidasu	**brotar** ブロ**タ**ル	spout ス**パ**ウト
(笑い出す)	**echarse a reír** エ**チャ**ルセ ア レイル	burst out laughing バースト アウト **ラ**フィング
ふきつな **不吉な** fukitsuna	**de mal agüero** デ マル アグ**エ**ロ	ominous **ア**ミナス
ふきでもの **吹き出物** fukidemono	**sarpullido** *m.* サルプ**ジ**ド	pimple **ピ**ンプル
ぶきみな **不気味な** bukimina	**lúgubre, macabro(-a)** **ル**グブレ, マ**カ**ブロ(-ラ)	weird, uncanny **ウィ**アド, アン**キャ**ニ
ふきゅうする **普及する** fukyuusuru	**divulgarse** ディブル**ガ**ルセ	spread, diffuse スプ**レ**ド, ディ**フュ**ーズ
ふきょう **不況** fukyou	**depresión** *f.*, **recesión** *f.* デプレシ**オ**ン, レセシ**オ**ン	recession, slump リ**セ**ション, ス**ラ**ンプ

日	西	英
ぶきような **不器用な** bukiyouna	**torpe** トルペ	clumsy, awkward クラムズィ, オークワド
ふきん **付近** fukin	**vecindad** *f.* ベシンダド	neighborhood ネイバフド
ふきんこう **不均衡** fukinkou	**desequilibrio** *m.* デセキリブリオ	imbalance インバランス
ふく　　(風が) **吹く** fuku	**soplar** ソプラル	blow ブロウ
(ほらを) 	**fanfarronear** ファンファロネアル	talk big トーク ビグ
ふく **拭く** fuku	**limpiar, enjugar(se)** リンピアル, エンフガル(セ)	wipe ワイプ
ふく **服** fuku	**ropa** *f.* ロパ	clothes クロウズ
ふくえきする **服役する** fukuekisuru	**cumplir** *su* **condena** クンプリル コンデナ	serve one's term サーヴ ターム
ふくげんする **復元する** fukugensuru	**restaurar, restituir** レスタウラル, レスティトゥイル	restore, reconstruct リストー, リーコンストラクト
ふくごう **複合** fukugou	**complejo** *m.* コンプレホ	complex カンプレクス
ふくざつな **複雑な** fukuzatsuna	**complejo(-a)** コンプレホ(-ハ)	complicated カンプリケイテド
ふくさよう **副作用** fukusayou	**efecto secundario** *m.* エフェクト セクンダリオ	side effect サイド イフェクト
ふくさんぶつ **副産物** fukusanbutsu	**subproducto** *m.* スププロドゥクト	by-product バイプロダクト
ふくし **副詞** fukushi	**adverbio** *m.* アドベルビオ	adverb アドヴァーブ
ふくし **福祉** fukushi	**bienestar** *m.* ビエネスタル	welfare ウェルフェア

日	西	英
ふくしゅう **復讐** fukushuu	**venganza** *f.* ベンガンサ	revenge リヴェンヂ
～する	**vengarse** *de* ベンガルセ	revenge on リヴェンヂ オン
ふくしゅう **復習** fukushuu	**repaso** *m.* レパソ	review リヴュー
～する	**repasar** レパサル	review リヴュー
ふくじゅうする **服従する** fukujuusuru	**obedecer** *a*, **someterse** *a* オベデセル, ソメテルセ	obey, submit to オベイ, サブミト トゥ
ふくすう **複数** fukusuu	**plural** *m.* プルラル	plural プルアラル
ふくせい **複製** fukusei	**reproducción** *f.* レプロドゥクシオン	reproduction リープロダクション
ふくそう **服装** fukusou	**vestido** *m.* ベスティド	dress, clothes ドレス, クロウズ
ふくだい **副題** fukudai	**subtítulo** *m.* スブティトゥロ	subtitle サブタイトル
ふくつう **腹痛** fukutsuu	**dolor de estómago** *m.* ドロル デ エストマゴ	stomachache スタマケイク
ふくまく **腹膜** fukumaku	**peritoneo** *m.* ペリトネオ	peritoneum ペリトニーアム
～炎	**peritonitis** *f.* ペリトニティス	peritonitis ペリトナイティス
ふくむ **含む** fukumu	**contener** コンテネル	contain, include コンテイン, インクルード
ふくめる **含める** fukumeru	**incluir** インクルイル	include インクルード
ふくらはぎ **ふくらはぎ** fukurahagi	**pantorrilla** *f.* パントリジャ	calf キャフ

日	西	英
ふくらます **膨らます** fukuramasu	**hinchar, inflar** インチャル, インフラル	swell, expand スウェル, イクスパンド
ふくらむ **膨らむ** fukuramu	**hincharse** インチャルセ	swell, (get) big スウェル, (ゲト) ビグ
ふくれる **膨れる** fukureru	**hincharse** インチャルセ	swell スウェル
ふくろ **袋** fukuro	**bolsa** *f.* ボルサ	bag, sack バグ, サク
ふくろう **梟** fukurou	**lechuza** *f.* レチュサ	owl アウル
ふけいき **不景気** fukeiki	**depresión** *f.*, **recesión** *f.* デプレシオン, レセシオン	depression ディプレション
ふけいざいな **不経済な** fukeizaina	**antieconómico(-a)** アンティエコノミコ(-カ)	uneconomical アニーコナミカル
ふけつな **不潔な** fuketsuna	**sucio(-a)** スシオ(-ア)	unclean, dirty アンクリーン, ダーティ
ふける **老ける** fukeru	**hacerse viejo(-a)** アセルセ ビエホ(-ハ)	grow old グロウ オウルド
ふこう **不幸** fukou	**desgracia** *f.* デスグラシア	unhappiness, misfortune アンハピネス, ミスフォーチュン
〜な	**infeliz, desgraciado(-a)** インフェリス, デスグラシアド(-ダ)	unhappy アンハピ
ふごう **符号** fugou	**señal** *f.* セニャル	sign サイン
ふごうかく **不合格** fugoukaku	**fracaso** *m.* フラカソ	failure フェイリャ
ふこうへいな **不公平な** fukouheina	**injusto(-a), parcial** インフスト(-タ), パルシアル	unfair, partial アンフェア, パーシャル

日	西	英
ふごうりな **不合理な** fugourina	**irracional, poco razona-ble** イラシオナル，ポコ ラソナブレ	unreasonable アンリーズナブル
ぶざー **ブザー** buzaa	**timbre** *m.*, **alarma** *f.* ティンブレ，アラルマ	buzzer バザ
ふざい **不在** fuzai	**ausencia** *f.* アウセンシア	absence アブセンス
ふさがる **塞がる** fusagaru	**(estar) ocupado(-a)** (エスタル) オクパド(-ダ)	(be) occupied (ビ) **ア**キュパイド
ふさく **不作** fusaku	**mala cosecha** *f.* マラ コセチャ	bad harvest バド ハーヴェスト
ふさぐ　　（占める） **塞ぐ** fusagu	**ocupar** オクパル	occupy **ア**キュパイ
（閉める・遮断する）	**cerrar** セラル	close, block クロウス，ブラク
ふざける **ふざける** fuzakeru	**bromear** ブロメアル	joke, jest ヂョウク，ヂェスト
ぶさほうな **不作法な** busahouna	**descortés** デスコルテス	ill mannered, rude イル **マ**ナド，**ル**ード
ふさわしい **ふさわしい** fusawashii	**apropiado(-a)** アプロピアド(-ダ)	suitable, becoming スータブル，ビカミング
ふし **節**　　（太いところ） fushi	**nudo** *m.* ヌド	knot, gnarl **ナ**ト，**ナ**ール
（関節）	**articulación** *f.* アルティクラシオン	joint, knuckle ヂョイント，ナクル
ふじ **藤** fuji	**glicina** *f.* グリシナ	wisteria ウィス**ティ**アリア
ふしぎな **不思議な** fushigina	**misterioso(-a)**, **extra-ño(-a)** ミステリオソ(-サ)，エクストラニョ(-ニャ)	mysterious, strange ミス**ティ**アリアス，ストレインヂ

日	西	英
ふしぜんな **不自然な** fushizenna	**poco natural, antinatural** ポコ ナトゥラル, アンティナトゥラル	unnatural アンナチュラル
ふしちょう **不死鳥** fushichou	**fénix** _m._ フェニクス	phoenix フィーニクス
ぶじに **無事に** bujini	**sano(-a) y salvo(-a), sin incidentes** サノ(-ナ) イ サルボ(-バ), シン インシデンテス	safely, without incident セイフリ, ウィザウト インスィデント
ふじみの **不死身の** fujimino	**inmortal, invulnerable** インモルタル, インブルネラブレ	immortal イモータル
ふじゆうな **不自由な** fujiyuuna	**incómodo(-a)** インコモド(-ダ)	inconvenient インコンヴィーニェント
ふじゅうぶんな **不十分な** fujuubunna	**insuficiente** インスフィシエンテ	insufficient インサフィシェント
ぶしょ **部署** busho	**puesto** _m._ プエスト	post ポウスト
ふしょう **負傷** fushou	**herida** _f._ エリダ	wound ウーンド
～者	**herido(-a)** _m.f._ エリド(-ダ)	injured person インヂャド パースン
～する	**herirse, resultar herido(-a)** エリルセ, レスルタル エリド(-ダ)	(be) injured (ビ) インヂャド
ぶしょうな **不精な** bushouna	**perezoso(-a)** ペレソソ(-サ)	lazy レイズィ
ふしょく **腐食** fushoku	**corrosión** _f._ コロシオン	corrosion カロウジョン
ぶじょく **侮辱** bujoku	**insulto** _m._ インスルト	insult インサルト
～する	**insultar** インスルタル	insult インサルト

日	西	英
ふしん **不信** fushin	**desconfianza** *f.* デスコンフィアンサ	distrust ディストラスト
ふしんせつな **不親切な** fushinsetsuna	**poco amable** ポコ アマブレ	unkind アンカインド
ふしんにん **不信任** fushinnin	**desconfianza** *f.* デスコンフィアンサ	no-confidence ノウカンフィデンス
ふせい **不正** fusei	**injusticia** *f.* インフスティシア	injustice インチャスティス
～な	**injusto(-a)** インフスト(-タ)	unjust, foul アンチャスト, ファウル
ふせいかくな **不正確な** fuseikakuna	**inexacto(-a)** イネクサクト(-タ)	inaccurate イナキュレト
ふせぐ **防ぐ**　（食い止める） fusegu	**defender, proteger** デフェンデル, プロテヘル	defend, protect ディフェンド, プロテクト
（防止する）	**prevenir** プレベニル	prevent プリヴェント
ふせる **伏せる** 　　（下向きにする） fuseru	**poner boca abajo** ポネル ボカ アバホ	turn something over, turn something down ターン オウヴァ, ターン ダウン
（隠す）	**esconder** エスコンデル	conceal コンスィール
ぶそう **武装** busou	**armamento** *m.* アルマメント	armaments アーマメンツ
～する	**armarse** アルマルセ	arm アーム
ふそく **不足** fusoku	**escasez** *f.* エスカセス	want, lack ワント, ラク
～する	**(estar) escaso(-a)** *de*, **faltar** (エスタル) エスカソ(-サ), ファルタル	(be) short of, lack (ビ) ショート オヴ, ラク

ふ

日	西	英
ふそくの **不測の** fusokuno	**imprevisto(-a)** インプレビスト(-タ)	unforeseen アンフォー**スィ**ーン
ふぞくの **付属の** fuzokuno	**anexo(-a)** ア**ネ**クソ(-サ)	attached ア**タ**チト
ふた **蓋** futa	**tapa** f. **タ**パ	lid リド
ふだ **札** fuda	**etiqueta** f. エティ**ケ**タ	label, tag **レ**イベル, **タ**グ
ぶた **豚** buta	**cerdo** m., Ⓐ**chancho** m. **セ**ルド, **チャ**ンチョ	pig **ピ**グ
ぶたい **舞台** butai	**escenario** m. エスセ**ナ**リオ	stage ス**テ**イヂ
ふたご **双子** futago	**mellizos(-as)** m.f.pl., **ge-melos(-as)** m.f.pl. メ**ジ**ソス(-サス), ヘ**メ**ロス(-ラス)	twins ト**ウィ**ンズ
～座	**Géminis** m.pl. **ヘ**ミニス	Twins, Gemini ト**ウィ**ンズ, **チェ**ミナイ
ふたしかな **不確かな** futashikana	**incierto(-a)** インシ**エ**ルト(-タ)	uncertain アン**サ**ートン
ふたたび **再び** futatabi	**otra vez** **オ**トラ **ベ**ス	again, once more ア**ゲ**イン, **ワ**ンス **モ**ー
ぶたにく **豚肉** butaniku	**carne de cerdo** f., Ⓐ**car-ne de chancho** f. **カ**ルネ デ **セ**ルド, **カ**ルネ デ **チャ**ンチョ	pork **ポ**ーク
ふたん **負担** futan	**carga** f. **カ**ルガ	burden **バ**ードン
～する	**contribuir, cargar** con コントリブ**イ**ル, カル**ガ**ル	bear, share **ベ**ア, **シェ**ア
ふだんぎ **普段着** fudangi	**ropa de diario [informal]** f. **ロ**パ デ ディ**ア**リオ [インフォル**マ**ル]	casual wear **キャ**ジュアル **ウェ**ア

日	西	英
ふだんの **普段の** fudanno	**habitual** アビトゥアル	usual ユージュアル
ふだんは **普段は** fudanwa	**normalmente** ノルマルメンテ	usually ユージュアリ
ふち **縁** fuchi	**borde** *m.* ボルデ	edge, brink エヂ，ブリンク
ふちゅういな **不注意な** fuchuuina	**descuidado(-a)** デスクイダド(-ダ)	careless ケアレス
ぶちょう **部長** buchou	**director(-a)** *m.f.* ディレクトル(-ラ)	director ディレクタ
ふつうの **普通の** futsuuno	**común, general** コムン，ヘネラル	usual, general ユージュアル，ヂェネラル
ふつうは **普通は** futsuuwa	**normalmente** ノルマルメンテ	usually ユージュアリ
ふつうよきん **普通預金** futsuuyokin	**cuenta de ahorro** *f.* クエンタ デ アオロ	ordinary deposit オーディネリ ディパズィト
ぶっか **物価** bukka	**precios** *m.pl.* プレシオス	prices プライセズ
ふっかつ **復活** fukkatsu	**resurgimiento** *m.* レスルヒミエント	revival, comeback リヴァイヴァル，カムバク
〜祭	**Pascua** *f.* パスクア	Easter イースタ
〜する	**resurgir** レスルヒル	revive リヴァイヴ
ぶつかる **ぶつかる** butsukaru	**golpearse, colisionar** ゴルペアルセ，コリシオナル	hit, collide ヒト，コライド
ふっきゅうする **復旧する** fukkyuusuru	**restaurarse** レスタウラルセ	(be) restored (ビ) リストード
ぶっきょう **仏教** bukkyou	**budismo** *m.* ブディスモ	Buddhism ブディズム

日	西	英
～徒	**budista** *m.f.* ブディスタ	Buddhist ブディスト
ぶつける **ぶつける**（衝突する） butsukeru	**golpear** *contra*, **chocar** *contra* ゴルペアル コントラ，チョカル コントラ	bump against バンプ アゲンスト
（投げて当てる）	**tirar** *a* ティラル	throw at スロウ アト
ふっこう **復興** fukkou	**reconstrucción** *f.* レコンストルクシオン	reconstruction, revival リーコンストラクション，リヴァイヴァル
～する	**reconstruir, revivir** レコンストルイル，レビビル	reconstruct, revive リーコンストラクト，リヴァイヴ
ふつごう **不都合** futsugou	**inconveniencia** *f.* インコンベニエンシア	inconvenience インコンヴィーニェンス
ふっこく **復刻** fukkoku	**reproducción** *f.* レプロドゥクシオン	reproduction リープロダクション
ぶっしつ **物質** busshitsu	**materia** *f.*, **sustancia** *f.* マテリア，ススタンシア	matter, substance マタ，サプスタンス
ふっそ **弗素** fusso	**flúor** *m.* フルオル	fluorine フルオリーン
ぶつぞう **仏像** butsuzou	**estatua de Buda** *f.*, **imagen budista** *f.* エスタトゥア デ ブダ，イマヘン ブディスタ	Buddhist image ブディスト イミヂ
ぶったい **物体** buttai	**objeto** *m.* オプヘト	object, thing アブヂェクト，スィング
ふっとうする **沸騰する** futtousuru	**hervir** エルビル	boil ボイル
ふっとわーく **フットワーク** futtowaaku	**juego de piernas** *m.* フエゴ デ ピエルナス	footwork フトワーク
ぶつり **物理** butsuri	**física** *f.* フィシカ	physics フィズィクス

日	西	英
～学者	**físico(-a)** *m.f.* フィシコ(·カ)	physicist フィズィスィスト
ふで 筆 fude	**pincel** *m.* ピンセル	writing brush ライティング ブラシュ
ふていかんし 不定冠詞 futeikanshi	**artículo indeterminado** *m.* アルティクロ インデテルミナド	indefinite article インデフィニト アーティクル
ふていし 不定詞 futeishi	**infinitivo** *m.* インフィニティボ	infinitive インフィニティヴ
ふていの 不定の futeino	**indefinido(-a)** インデフィニド(·ダ)	indefinite インデフィニト
ふてきとうな 不適当な futekitouna	**inadecuado(-a)** イナデクアド(·ダ)	unsuitable アンスータブル
ふと ふと futo	**de repente** デレペンテ	suddenly, by chance サドンリ, バイ チャンス
ふとい 太い （幅が） futoi	**grande, grueso(-a)** グランデ, グルエソ(·サ)	big, thick ビグ, スィク
（声が）	**profundo(-a)** プロフンド(·ダ)	deep ディープ
ぶどう 葡萄 budou	**uva** *f.* ウバ	grapes グレイプス
ふどうさん 不動産 fudousan	**bienes raíces** *m.pl.*, **(bienes) inmuebles** *m.pl.* ビエネス ライセス, (ビエネス) インムエブレス	real estate, real property, immovables リーアル イステイト, リーアル プラパティ, イムーヴァブルズ
ふとうな 不当な futouna	**injusto(-a)** インフスト(·ダ)	unjust アンチャスト
ふところ 懐 （懐中・財布） futokoro	**bolsillo** *m.* ボルシジョ	pocket, purse パケト, パース
（胸）	**pecho** *m.* ペチョ	bosom, breast ブザム, ブレスト

日	西	英
ふとさ **太さ** futosa	**grosor** *m.* グロソル	thickness スィクネス
ふとじ **太字** futoji	**letra gruesa** *f.*, **letra negrita** *f.* レトラ グルエサ, レトラ ネグリタ	bold type ボウルド **タ**イプ
ふともも **太腿** futomomo	**muslo** *m.* ムスロ	thigh サイ
ふとる **太る** futoru	**engordar** エンゴル**ダ**ル	grow fat グロウ **ファ**ト
ふとん **布団** futon	**futón** *m.*, **ropa de cama** *f.* フ**ト**ン, **ロ**パ デ **カ**マ	bedding, futon ベディング, **フ**ートーン
ふなよい **船酔い** funayoi	**mareo (en los viajes por mar)** *m.* マ**レ**オ (エン ロス ビ**ア**ヘス ポル **マ**ル)	seasickness スィースィクネス
ぶなんな **無難な** bunanna	**aceptable, seguro(-a)** アセプ**タ**ブレ, セ**グ**ロ(- ラ)	safe, acceptable セイフ, アク**セ**プタブル
ふにんしょう **不妊症** funinshou	**esterilidad** *f.* エステリリ**ダ**ド	sterility ステ**リ**リティ
ふね **船[舟]** fune	**barco** *m.*, **embarcación** *f.* **バ**ルコ, エンバルカ**シ**オン	boat, ship ボウト, **シ**プ
ふねんせいの **不燃性の** funenseino	**incombustible, ignífugo(-a)** インコンブス**ティ**ブレ, イグ**ニ**フゴ(- ガ)	nonflammable, fireproof ナンフ**ラ**マブル, **ファ**イアプ ルーフ
ふはい **腐敗** fuhai	**putrefacción** *f.* プトレファク**シ**オン	putrefaction ピュートレ**ファ**クション
ぶひん **部品** buhin	**pieza** *f.*, **componente** *m.* ピ**エ**サ, コンポ**ネ**ンテ	part, component **パ**ート, コン**ポ**ウネント
ふぶき **吹雪** fubuki	**tormenta de nieve** *f.* トル**メ**ンタ デ ニ**エ**ベ	snowstorm ス**ノ**ウストーム
ぶぶん **部分** bubun	**parte** *f.* **パ**ルテ	part, portion **パ**ート, **ポ**ーション

663

日	西	英
ふへい **不平** fuhei	**descontento** *m.* デスコンテント	dissatisfaction ディスサティス**ファク**ション
ぶべつ **侮蔑** bubetsu	**desprecio** *m.* デスプレシオ	contempt コン**テン**プト
ふへんてきな **普遍的な** fuhentekina	**universal** ウニベル**サル**	universal ユーニ**ヴァー**サル
ふべんな **不便な** fubenna	**incómod*o*(-*a*)** イン**コ**モド(-ダ)	inconvenient インコン**ヴィー**ニェント
ふほうな **不法な** fuhouna	**ilegal** イレ**ガル**	unlawful アン**ロー**フル
ふまん **不満** fuman	**descontento** *m.* デスコン**テン**ト	discontent ディスコン**テン**ト
～な	**descontento(-*a*)** デスコン**テン**ト(-ダ)	discontented ディスコン**テン**テド
ふみきり **踏切** fumikiri	**paso a nivel** *m.* **パ**ソ ア ニ**ベル**	railroad crossing (**レイ**ルロウド) ク**ロー**スィング
ふみだい **踏み台** fumidai	**banqueta** *f.* バン**ケ**タ	footstool **フ**トストゥール
ふみんしょう **不眠症** fuminshou	**insomnio** *m.* イン**ソ**ムニオ	insomnia イン**サ**ムニア
ふむ **踏む** fumu	**pisar** ピ**サル**	step, tread ス**テ**プ, ト**レ**ド
（手続きなどを）	**proceder** プロセ**デル**	go through **ゴ**ウ ス**ルー**
ふめいな **不明な** fumeina	**desconocid*o*(-*a*)**, **incier-t*o*(-*a*)** デスコノ**シ**ド(-ダ), インシ**エ**ルト(-ダ)	unknown アン**ノ**ウン
ふめいよ **不名誉** fumeiyo	**deshonra** *f.* デ**ソ**ンラ	dishonor ディス**ア**ナ

ふ

日	西	英
〜な	**deshonroso(-a)** デソンロソ(-サ)	dishonorable ディサナラブル
ふめいりょうな **不明瞭な** fumeiryouna	**poco claro(-a)** ポコ クラロ(-ラ)	obscure, unclear オブスキュア，アンクリア
ふもうな **不毛な** fumouna	**estéril** エステリル	sterile ステリル
ふもと **麓** fumoto	**pie** *m.* ピエ	foot フト
ぶもん **部門** bumon	**sección** *f.* セクシオン	section セクション
ふやす **増やす** fuyasu	**aumentar** アウメンタル	increase インクリース
ふゆ **冬** fuyu	**invierno** *m.* インビエルノ	winter ウィンタ
ふゆかいな **不愉快な** fuyukaina	**desagradable** デサグラダブレ	disagreeable ディサグリーアブル
ぶよう **舞踊** buyou	**danza** *f.* ダンサ	dance ダンス
ふようかぞく **扶養家族** fuyoukazoku	**persona dependiente** *f.* ペルソナ デペンディエンテ	dependent ディペンデント
ふようする **扶養する** fuyousuru	**mantener** マンテネル	support サポート
ふlike **不用な** fuyouna	**innecesario(-a)** インネセサリオ(-ア)	unnecessary アンネセセリ
ふらい **フライ** furai	**frito** *m.*, **fritura** *f.* フリト，フリトゥラ	fry, fried フライ，フライド
ふらいと **フライト** furaito	**vuelo** *m.* ブエロ	flight フライト
ぶらいど **プライド** puraido	**orgullo** *m.* オルグジョ	pride プライド

日	西	英
ふらいどぽてと **フライドポテト** furaidopoteto	**patatas fritas** *f.pl.*, Ⓐ**pa-pas fritas** *f.pl.* パタタス フリタス, パパス フリタス	French fries, Ⓑchips フレンチ フライズ, チプス
ぷらいばしー **プライバシー** puraibashii	**intimidad** *f.*, **privacidad** *f.* インティミダド, プリバシダド	privacy プライヴァスィ
ふらいぱん **フライパン** furaipan	**sartén** *f.* サルテン	frying pan, skillet フライング パン, スキレト
ぷらいべーとな **プライベートな** puraibeetona	**privado(-a)** プリバド(-ダ)	private プライヴェト
ふらいんぐ **フライング** furaingu	**salida en falso** *f.* サリダ エン ファルソ	false start フォールス スタート
ぷらいんど **ブラインド** buraindo	**persiana** *f.* ペルシアナ	blind ブラインド
ぶらうす **ブラウス** burausu	**blusa** *f.* ブルサ	blouse ブラウス
ぷらぐ **プラグ** puragu	**enchufe** *m.* エンチュフェ	plug プラグ
ぶらさがる **ぶら下がる** burasagaru	**colgar(se)** コルガル(セ)	hang, dangle ハング, ダングル
ぶらさげる **ぶら下げる** burasageru	**colgar** コルガル	hang, suspend ハング, サスペンド
ぶらし **ブラシ** burashi	**cepillo** *m.* セピジョ	brush ブラシュ
ぶらじゃー **ブラジャー** burajaa	**sujetador** *m.* スヘタドル	brassiere, bra ブラズィア, ブラー
ぶらじる **ブラジル** burajiru	**Brasil** *m.* ブラシル	Brazil ブラズィル
ぷらす **プラス** purasu	**más** *m.*, **ventaja** *f.* マス, ベンタハ	plus プラス

ふ

日	西	英
ぷらすちっく **プラスチック** purasuchikku	**plástico** *m.* プラスティコ	plastic プラスティク
〜モデル	**maqueta de plástico** *f.* マケタ デ プラスティコ	plastic model kit プラスティク マドルキト
ふらすとれーしょん **フラストレーション** furasutoreeshon	**frustración** *f.* フルストラシオン	frustration フラストレイション
ぷらずま **プラズマ** purazuma	**plasma** *m.* プラスマ	plasma プラズマ
ぷらちな **プラチナ** purachina	**platino** *m.* プラティノ	platinum プラティナム
ぶらっくりすと **ブラックリスト** burakkurisuto	**lista negra** *f.* リスタ ネグラ	blacklist ブラクリスト
ふらっしゅ **フラッシュ** furasshu	**flash** *m.* フラス	(camera) flash (キャメラ) フラシュ
ぷらねたりうむ **プラネタリウム** puranetariumu	**planetario** *m.* プラネタリオ	planetarium プラニテアリアム
ぶらぶらする **ぶらぶらする** （さまよう） buraburasuru	**vagar** バガル	wander ワンダ
（怠ける）	**(ser) perezoso(-a)** (セル) ペレソソ(-サ)	(be) lazy (ビ) レイズィ
（揺れ動く）	**balancearse** バランセアルセ	swing, dangle スウィング, ダングル
ふらめんこ **フラメンコ** furamenko	**flamenco** *m.* フラメンコ	flamenco フラメンコウ
ぷらん **プラン** puran	**plan** *m.* プラン	plan プラン
ぶらんく **ブランク** buranku	**vacío** *m.* バシオ	blank ブランク

日	西	英
ぶらんこ **ぶらんこ** buranko	**columpio** *m.* コルンピオ	swing, trapeze スウィング, トラピーズ
ふらんす **フランス** furansu	**Francia** *f.* フランシア	France フランス
〜語	**francés** *m.* フランセス	French フレンチ
〜の	**francés(-esa)** フランセス(-サ)	French フレンチ
〜料理	**cocina francesa** *f.* コシナ フランセサ	French food フレンチ フード
ぷらんたー **プランター** purantaa	**maceta** *f.* マセタ	planter プランタ
ふらんちゃいず **フランチャイズ** furanchaizu	**franquicia** *f.* フランキシア	franchise フランチャイズ
ぷらんでー **ブランデー** burandee	**brandy** *m.* ブランディ	brandy ブランディ
ぷらんど **ブランド** burando	**marca** *f.* マルカ	brand ブランド
ぷらんと **プラント** （生産設備） puranto	**planta** *f.*, **fábrica** *f.* プランタ, ファブリカ	plant プラント
ふり **不利** furi	**desventaja** *f.* デスベンタハ	disadvantage ディサドヴァンティヂ
ぷりーつ **プリーツ** puriitsu	**pliegue** *m.* プリエゲ	pleat プリート
ふりーの **フリーの** furiino	**libre** リブレ	free フリー
ぷりーふ **ブリーフ** buriifu	**slip** *m.* スリプ	briefs ブリーフス

ふ

日	西	英
ふりえき **不利益** furieki	**desventaja** *f.* デスベン**タ**ハ	disadvantage ディサド**ヴァン**ティヂ
ふりかえ **振替** furikae	**transferencia** *f.*, **giro postal** *m.* トランスフェ**レン**シア, **ヒ**ロ ポス**タ**ル	transfer ト**ラ**ンスファ
ふりかえる **振り返る** furikaeru	**volverse, volver la vista (atrás)** ボル**ベ**ルセ, ボル**ベ**ル ラ **ビ**スタ (ア**ト**ラス)	look back ル**ク** バク
ふりこ **振り子** furiko	**péndulo** *m.* **ペン**ドゥロ	pendulum **ペ**ンデュラム
ふりこむ **振り込む** furikomu	**transferir** トランスフェ**リ**ル	transfer money トランス**ファー** **マ**ニ
ぷりずむ **プリズム** purizumu	**prisma** *m.* プ**リ**スマ	prism プ**リ**ズム
ふりな **不利な** furina	**desfavorable** デスファボ**ラ**ブレ	disadvantageous ディサドヴァン**テイ**ヂャス
ぷりぺいど **プリペイド** puripeido	**de prepago** デ プレ**パ**ゴ	prepaid プリー**ペ**イド
ふりむく **振り向く** furimuku	**dirigirse** *a*, **volverse** ディリ**ヒ**ルセ, ボル**ベ**ルセ	turn to, look back **ター**ン トゥ, ル**ク** バク
ふりょう **不良** furyou	**delincuente juvenil** *m.f.* デリンク**エ**ンテ フ**ベ**ニル	juvenile delinquent **ヂュー**ヴェナイル ディ**リ**ンクウェント
ぶりょく **武力** buryoku	**fuerza militar** *f.* フ**エ**ルサ ミリ**タ**ル	military power **ミ**リテリ **パ**ウア
ふりる **フリル** furiru	**volante** *m.*, **adorno** *m.* ボ**ラ**ンテ, ア**ド**ルノ	frill フ**リ**ル
ふりん **不倫** furin	**adulterio** *m.* アドゥル**テ**リオ	adultery ア**ダ**ルタリ
ぷりん **プリン** purin	**flan** *m.* フ**ラ**ン	(custard) pudding, Ⓑmilk pudding (**カ**スタド) **プ**ディング, ミルク **プ**ディング

日	西	英
ぷりんす **プリンス** purinsu	**príncipe** *m.* プリンシペ	prince プリンス
ぷりんせす **プリンセス** purinsesu	**princesa** *f.* プリンセサ	princess プリンセス
ぷりんたー **プリンター** purintaa	**impresora** *f.* インプレソラ	printer プリンタ
ぷりんと **プリント** purinto	**copia** *f.*, **impreso** *m.* コピア，インプレソ	copy, print カピ，プリント
ふる **降る** furu	**caer** カエル	fall フォール
ふる **振る** furu	**agitar** アヒタル	shake, wave シェイク，ウェイヴ
ふるい **古い** furui	**viejo(-a), antiguo(-a)** ビエホ(-ハ)，アンティグオ(-ア)	old, ancient オウルド，エインシェント
ぶるー **ブルー** buruu	**azul** *m.* アスル	blue ブルー
〜の	**azul** アスル	blue ブルー
ぶるーす **ブルース** buruusu	**blues** *m.* ブルス	blues ブルーズ
ふるーつ **フルーツ** furuutsu	**fruta** *f.* フルタ	fruit フルート
ふるーと **フルート** furuuto	**flauta** *f.* フラウタ	flute フルート
ぶるーべりー **ブルーベリー** buruuberii	**arándano** *m.* アランダノ	blueberry ブルーベリ
ふるえる **震える** furueru	**temblar** テンブラル	tremble, shiver トレンブル，シヴァ
ぶるがりあ **ブルガリア** burugaria	**Bulgaria** *f.* ブルガリア	Bulgaria バルゲアリア

日	西	英
ふるくさい **古臭い** furukusai	**anticuado(-a)** アンティクア**ド**(-**ダ**)	old-fashioned, obsolete **オ**ウルド**ファ**ションド，アブソ**リ**ート
ふるこーす **フルコース** furukoosu	**cubierto** *m.*, **menú completo** *m.* クビ**エ**ルト，メ**ヌ** コンプ**レ**ト	full-course meal **フ**ルコース **ミ**ール
ふるさと **故郷** furusato	**tierra natal** *f.* ティ**エ**ラ ナ**タ**ル	home town, home **ホ**ウム **タ**ウン，**ホ**ウム
ぶるどーざー **ブルドーザー** burudoozaa	**buldózer** *m.* ブル**ド**セル	bulldozer **ブ**ルドウザ
ぷるとにうむ **プルトニウム** purutoniumu	**plutonio** *m.* プル**ト**ニオ	plutonium プル**ー**トウニアム
ふるほん **古本** furuhon	**libro usado** *m.* **リ**ブロ ウ**サ**ド	used book **ユ**ーズド **ブ**ク
ふるまう **振る舞う** furumau	**portarse** ポル**タ**ルセ	behave ビ**ヘ**イヴ
ふるわせる **震わせる** furuwaseru	**sacudir, hacer temblar** サク**ディ**ル，ア**セ**ル テンブ**ラ**ル	shake, make tremble **シ**ェイク，メイク トレンブル
ぶれいな **無礼な** bureina	**descortés** デスコル**テ**ス	impolite, rude イン**ポ**ライト，**ル**ード
ぷれー **プレー** puree	**juego** *m.* フ**エ**ゴ	play **プ**レイ
〜オフ	**play off** *m.* プ**レ**イ **オ**フ	play-off **プ**レイオフ
ぶれーき **ブレーキ** bureeki	**freno** *m.* フ**レ**ノ	brake **ブ**レイク
〜をかける	**echar el freno** エ**チャ**ル エル フ**レ**ノ	put on the brake, hit the brakes **プ**ト オン ザ **ブ**レイク，**ヒ**ト ザ **ブ**レイクス
ぷれーぼーい **プレーボーイ** pureebooi	**playboy** *m.*, **donjuán** *m.* プ**レ**イボイ，ドンフ**ア**ン	playboy **プ**レイボイ

日	西	英
ふれーむ **フレーム** fureemu	**marco** *m.* マルコ	frame フレイム
ぷれーやー **プレーヤー** pureeyaa	**jugador(-a)** *m.f.* フガドル(-ラ)	player プレイア
ぶれーん **ブレーン** bureen	**cerebro** *m.* セレブロ	brains ブレインズ
ぷれす **プレス**　（押すこと） puresu	**prensa** *f.* プレンサ	press プレス
（報道機関）	**prensa** *f.* プレンサ	(the) press (ザ) プレス
ぶれすれっと **ブレスレット** buresuretto	**pulsera** *f.* プルセラ	bracelet ブレイスレト
ぷれぜんてーしょん **プレゼンテーション** purezenteeshon	**presentación** *f.* プレセンタシオン	presentation プリーゼンテイション
ぷれぜんと **プレゼント** purezento	**regalo** *m.* レガロ	present プレズント
～する	**regalar** レガラル	present プリゼント
ふれっくすたいむ **フレックスタイム** furekkusutaimu	**horario flexible** *m.* オラリオ フレクシブレ	flextime, flexitime フレクスタイム, フレクスィタ イム
ぷれっしゃー **プレッシャー** puresshaa	**presión** *f.* プレシオン	pressure プレシャ
ぷれはぶじゅうたく **プレハブ住宅** purehabujuutaku	**vivienda prefabricada** *f.* ビビエンダ プレファブリカダ	prefabricated house, prefab home プリーファブリケイテド ハウス, プリーファブ ホウム
ぷれみあむ **プレミアム** puremiamu	**prima** *f.* プリマ	premium プリーミアム
ふれる **触れる**　（言及する） fureru	**mencionar** メンシオナル	mention メンション

ふ

日	西	英
（触る）	**tocar** トカル	touch タチ
ふれんぞく **不連続** furenzoku	**discontinuidad** *f.* ディスコンティヌイダド	discontinuity ディスコンティ**ニュー**イティ
ふれんど **ブレンド** burendo	**mezcla** *f.* メスクラ	blending ブレンディング
ふろ **風呂** furo	**baño** *m.* バニョ	bath バス
ふろあ **フロア** （床） furoa	**suelo** *m.* スエロ	floor フロー
（階）	**piso** *m.*, **planta** *f.* ピソ, プランタ	story ストーリ
ぶろーかー **ブローカー** burookaa	**corredor(-a)** *m.f.*, **agente** *m.f.* コレ**ドル**(- ラ), ア**ヘ**ンテ	broker ブロウカ
ぶろーち **ブローチ** buroochi	**broche** *m.* ブロチェ	brooch ブロウチ
ぶろーどばんど **ブロードバンド** buroodobando	**banda ancha** *f.* バンダ **ア**ンチャ	broadband ブロードバンド
ふろく **付録** furoku	**suplemento** *m.* スプレメント	supplement, ap- pendix **サ**プリメント, ア**ペ**ンディクス
ぷろぐらまー **プログラマー** puroguramaa	**programador(-a)** *m.f.* プログラマ**ドル**(- ラ)	programmer プロウグラマ
ぷろぐらみんぐ **プログラミング** puroguramingu	**programación** *f.* プログラマ**シオ**ン	programming プロウグラミング
ぷろぐらむ **プログラム** puroguramu	**programa** *m.* プログラマ	program, Ⓑpro- gramme プロウグラム, プロウグラム
ぷろじぇくと **プロジェクト** purojekuto	**proyecto** *m.* プロ**ジェ**クト	project プラ**ヂェ**クト

日	西	英
ぷろせす **プロセス** purosesu	**proceso** *m.* プロセソ	process プラセス
ぷろだくしょん **プロダクション** purodakushon	**producción** *f.* プロドゥクシオン	production プロダクション
ぷろっこりー **ブロッコリー** burokkorii	**brócoli** *m.* ブロコリ	broccoli ブラコリ
ぷろてくたー **プロテクター** purotekutaa	**protector** *m.*, **protección** *f.* プロテクトル, プロテクシオン	shield, protector シールド, プロテクタ
ぷろてすたんと **プロテスタント** purotesutanto	**protestante** *m.f.* プロテスタンテ	Protestant プラテスタント
ぷろでゅーさー **プロデューサー** purodyuusaa	**productor(-a)** *m.f.* プロドゥクトル(-ラ)	producer プロデューサ
ぷろの **プロの** purono	**profesional** プロフェシオナル	professional プロフェショナル
ぷろばいだー **プロバイダー** purobaidaa	**proveedor(-a)** *m.f.* プロベエドル(-ラ)	provider プロヴァイダ
ぷろふぃーる **プロフィール** purofiiru	**perfil** *m.* ペルフィル	profile プロウファイル
ぷろぽーしょん **プロポーション** puropooshon	**proporción** *f.* プロポルシオン	proportion プロポーション
ぷろぽーずする **プロポーズする** puropoozusuru	**pedir matrimonio** *a* ペディル マトリモニオ	propose marriage to プロポウズ マリヂトゥ
ぷろもーしょん **プロモーション** puromooshon	**promoción** *f.* プロモシオン	promotion プロモウション
ぷろもーたー **プロモーター** puromootaa	**promotor(-a)** *m.f.* プロモトル(-ラ)	promoter プロモウタ
ぷろれす **プロレス** puroresu	**lucha libre profesional** *f.* ルチャ リブレ プロフェシオナル	professional wres- tling プロフェショナル レスリング

ふ

日	西	英
ぷろろーぐ **プロローグ** puroroogu	**prólogo** *m.* プロロゴ	prologue プロウログ
ぶろんず **ブロンズ** buronzu	**bronce** *m.* ブロンセ	bronze ブランズ
ふろんと **フロント** furonto	**recepción** *f.* レセプシオン	front desk, Ⓑre- ception desk フラント デスク, リセプション デスク
ぶろんど **ブロンド** burondo	**pelo rubio** *m.* ペロ ルビオ	blonde ブランド
ふろんとがらす **フロントガラス** furontogarasu	**parabrisas** *m.* パラブリサス	windshield, Ⓑwindscreen ウィンドシールド, ウィンドス クリーン
ふわ **不和** fuwa	**discordia** *f.* ディスコルディア	discord ディスコード
ふわたり **不渡り** fuwatari	**deshonor** *m.*, **impago** *m.*, **letra devuelta** *f.* デソノル, インパゴ, レトラ デブエルタ	dishonour, non- payment ディサナ, ナンペイメント
ふん **分** fun	**minuto** *m.* ミヌト	minute ミヌト
ふん **糞** fun	**heces** *f.pl.*, **excrementos** *m.pl.* エセス, エクスクレメントス	feces, excrement フィースィーズ, エクスクレメ ント
ぶん **文** bun	**frase** *f.*, **oración** *f.* フラセ, オラシオン	sentence センテンス
ふんいき **雰囲気** fun-iki	**atmósfera** *f.* アトモスフェラ	atmosphere アトモスフィア
ふんか **噴火** funka	**erupción** *f.* エルプシオン	eruption イラプション
〜する	**entrar en erupción** エントラル エン エルプシオン	erupt イラプト
ぶんか **文化** bunka	**cultura** *f.* クルトゥラ	culture カルチャ

日	西	英
~的な	**cultural** クルトゥ**ラ**ル	cultural **カ**ルチャラル
ぶんかい **分解** bunkai	**descomposición** *f.* デスコンポシ**オ**ン	decomposition ディーカンポ**ズィ**ション
~する	**descomponer** デスコンポ**ネ**ル	resolve into, de-compose リ**ザ**ルヴ イントゥ, ディーコン**ポ**ウズ
ふんがいする **憤慨する** fungaisuru	**indignarse** *por* インディグ**ナ**ルセ	(be) indignant at (ビ) イン**ディ**グナント アト
ぶんがく **文学** bungaku	**literatura** *f.* リテラ**トゥ**ラ	literature **リ**テラチャ
~の	**literario(-a)** リテ**ラ**リオ(-ア)	literary **リ**タレリ
ぶんかつ **分割** bunkatsu	**división** *f.* ディビシ**オ**ン	division ディ**ヴィ**ジョン
~する	**dividir** ディビ**ディ**ル	divide ディ**ヴァ**イド
~払い	**pago a plazos** *m.* **パ**ゴ ア プ**ラ**ソス	installment plan インス**ト**ールメント プ**ラ**ン
ふんきゅうする **紛糾する** funkyuusuru	**complicarse** コンプリ**カ**ルセ	(become) compli-cated (ビカム) **カ**ンプリケイテド
ぶんぎょう **分業** bungyou	**reparto del trabajo** *m.* レ**パ**ルト デル トラ**バ**ホ	division of labor ディ**ヴィ**ジョン オヴ **レ**イバ
ぶんげい **文芸** bungei	**artes** *f.pl.* **y literatura** *f.* **ア**ルテス イ リテラ**トゥ**ラ	arts and literature **ア**ーツ アンド **リ**テラチャ
ぶんけん **文献** bunken	**documentos** *m.pl.* ドク**メ**ントス	literature, docu-ments **リ**テラチャ, **ダ**キュメンツ
ぶんご **文語** bungo	**lenguaje literario** *m.* レング**ア**へ リテ**ラ**リオ	literary language **リ**タレリ **ラ**ングウィヂ

日	西	英
ぶんこぼん **文庫本** bunkobon	**libro de bolsillo** *m.* リブロ デ ボルシジョ	pocket book パケト ブク
ふんさいする **粉砕する** funsaisuru	**triturar** トリトゥラル	smash, crush スマシュ，クラシュ
ぶんし **分子**　（物質の） bunshi	**molécula** *f.* モレクラ	molecule マレキュール
（分数の）	**numerador** *m.* ヌメラドル	numerator ニューマレイタ
ふんしつする **紛失する** funshitsusuru	**perder** ペルデル	lose ルーズ
ぶんしょ **文書** bunsho	**documento** *m.*, **papeles** *m.pl.* ドクメント，パペレス	document ダキュメント
ぶんしょう **文章** bunshou	**frase** *f.*, **oración** *f.* フラセ，オラシオン	sentence センテンス
ふんすい **噴水** funsui	**fuente** *f.* フエンテ	fountain ファウンテン
ぶんすう **分数** bunsuu	**fracción** *f.* フラクシオン	fraction フラクション
ぶんせき **分析** bunseki	**análisis** *m.* アナリシス	analysis アナリスィス
〜する	**analizar** アナリサル	analyze アナライズ
ふんそう **紛争** funsou	**conflicto** *m.* コンフリクト	conflict, dispute カンフリクト，ディスピュート
ぶんたい **文体** buntai	**estilo** *m.* エスティロ	(literary) style (リタレリ) スタイル
ぶんたんする **分担する** buntansuru	**compartir** コンパルティル	share シェア

日	西	英
ぶんどき **分度器** bundoki	**transportador** *m.* トランスポルタ**ド**ル	protractor プロト**ラ**クタ
ぶんぱい **分配** bunpai	**distribución** *f.* ディストリブシ**オ**ン	distribution ディストリ**ビュ**ーション
～する	**distribuir** ディストリブ**イ**ル	distribute ディスト**リ**ビュト
ぶんぴつ **分泌** bunpitsu	**secreción** *f.* セクレシ**オ**ン	secretion スィク**リ**ーション
ぶんぷする **分布する** bunpusuru	**(ser) distribuido(-*a*)** (**セ**ル) ディストリブ**イ**ド(-**ダ**)	(be) distributed (ビ) ディストリ**ビュ**ーテド
ふんべつ **分別** funbetsu	**discreción** *f.*, **prudencia** *f.* ディスクレシ**オ**ン, プル**デ**ンシア	discretion, good sense ディスク**レ**ション, **グ**ド **セ**ンス
ぶんべん **分娩** bunben	**parto** *m.* パルト	childbirth **チャ**イルドバース
～する	**dar a luz** **ダ**ル ア **ル**ス	(be) delivered of (ビ) ディ**リ**ヴァド オヴ
ぶんぼ **分母** bunbo	**denominador** *m.* デノミナ**ド**ル	denominator ディ**ナ**ミネイタ
ぶんぽう **文法** bunpou	**gramática** *f.* グラ**マ**ティカ	grammar **グラ**マ
ぶんぼうぐ **文房具** bunbougu	**artículos de papelería [escritorio]** *m.pl.* アル**ティ**クロス デ パペレ**リ**ア [エスクリ**ト**リオ]	stationery ス**テ**イショネリ
ふんまつ **粉末** funmatsu	**polvo** *m.* ポルボ	powder **パ**ウダ
ぶんみゃく **文脈** bunmyaku	**contexto** *m.* コン**テ**クスト	context **カ**ンテクスト
ぶんめい **文明** bunmei	**civilización** *f.* シビリサシ**オ**ン	civilization スィヴィリ**ゼ**イション

日	西	英
分野 ぶんや bun-ya	**campo** *m.* カンポ	field, line フィールド, ライン
分離 ぶんり bunri	**separación** *f.* セパラシオン	separation セパレイション
〜する	**separar** セパラル	separate セパレイト
分量 ぶんりょう bunryou	**cantidad** *f.* カンティダド	quantity クワンティティ
分類 ぶんるい bunrui	**clasificación** *f.* クラシフィカシオン	classification クラスィフィケイション
〜する	**clasificar** *en* クラシフィカル	classify into クラスィファイ イントゥ
分裂 ぶんれつ bunretsu	**división** *f.* ディビシオン	split, division スプリト, ディヴィジョン
〜する	**dividirse** *en* ディビディルセ	split into スプリト イントゥ

へ, ヘ

日	西	英
屁 へ he	**pedo** *m.*, **ventosidad** *f.* ペド, ベントシダド	fart ファート
ヘア へあ hea	**pelo** *m.* ペロ	hair ヘア
〜スタイル	**peinado** *m.* ペイナド	hairstyle ヘアスタイル
〜ブラシ	**cepillo para el pelo** *m.* セピジョ パラ エル ペロ	hairbrush ヘアブラシュ
ペア ぺあ pea	**pareja** *f.* パレハ	pair ペア
塀 へい hei	**tapia** *f.* タピア	wall, fence ウォール, フェンス

日	西	英
へいえき **兵役** heieki	**servicio militar** *m.* セルビシオ ミリタル	military service ミリテリ サーヴィス
へいおんな **平穏な** heionna	**tranquilo(-a)** トランキロ(-ラ)	calm カーム
へいかい **閉会** heikai	**clausura** *f.* クラウスラ	closure クロウジャ
〜する	**clausurar** クラウスラル	close クロウス
へいがい **弊害** heigai	**efecto negativo** *m.* エフェクト ネガティボ	bad effect, negative effect バド イフェクト, ネガティヴ イフェクト
へいき **兵器** heiki	**armamento** *m.* アルマメント	arms, weapons アームズ, ウェポンズ
へいきな **平気な** heikina	**tranquilo(-a), impasible** トランキロ(-ラ), インパシブレ	calm, indifferent カーム, インディファレント
へいきん **平均** heikin	**promedio** *m.* プロメディオ	average アヴァリヂ
〜する	**promediar** プロメディアル	average アヴァリヂ
〜台	**barra de equilibrio** *f.* バラ デ エキリブリオ	balance beam バランス ビーム
へいげん **平原** heigen	**llanura** *f.* ジャヌラ	plain プレイン
へいこう **平衡** heikou	**equilibrio** *m.* エキリブリオ	equilibrium イークウィリブリアム
へいこうしている **平行している** heikoushiteiru	**paralelo(-a)** *a* パラレロ(-ラ)	parallel to パラレル トゥ
へいこうしへんけい **平行四辺形** heikoushihenkei	**paralelogramo** *m.* パラレログラモ	parallelogram パラレラグラム

日	西	英
へいこうする **閉口する** heikousuru	**embarazárse** *por* エンバラサルセ	(be) embarrassed at (ビ) インバラスト アト
へいごうする **併合する** heigousuru	**anexionar, absorber** アネクシオナル, アブソルベル	absorb アブソーブ
へいこうせん **平行線** heikousen	**líneas paralelas** *f.pl.* リネアス パラレラス	parallel lines パラレル ラインズ
へいこうぼう **平行棒** heikoubou	**barras paralelas** *f.pl.* バラス パラレラス	parallel bars パラレル バーズ
へいこうゆにゅう **並行輸入** heikouyunyuu	**importación paralela** *f.* インポルタシオン パラレラ	parallel import パラレル インポート
へいさ **閉鎖** heisa	**cierre** *m.* シエレ	shutdown, closure シャットダウン, クロウジャ
～する	**cerrar** セラル	shut down, close シャット ダウン, クロウズ
へいし **兵士** heishi	**soldado** *m.* ソルダド	soldier ソウルヂャ
へいじつ **平日** heijitsu	**día entre semana** *m.*, **día laborable** *m.* ディア エントレ セマナ, ディア ラボラブレ	weekday ウィークデイ
へいじょうの **平常の** heijouno	**normal** ノルマル	normal ノーマル
へいぜんと **平然と** heizento	**tranquilamente** トランキラメンテ	calmly カームリ
～した	**tranquilo(-a)** トランキロ(- ラ)	calm, cool カーム, クール
へいち **平地** heichi	**terreno llano** *m.* テレノ ジャノ	flat ground フラト グラウンド
へいてん **閉店** heiten	**cierre** *m.* シエレ	closing クロウズィング

日	西	英
~する	**cerrar** セラル	close クロウズ
へいねつ **平熱** heinetsu	**temperatura normal** *f.* テンペラトゥラ ノルマル	normal tempera-ture ノーマル **テ**ンパラチャ
へいねん **平年** heinen	**año normal** *m.* アニョ ノル**マ**ル	ordinary year **オ**ーディネリ イヤ
へいふく **平服** heifuku	**ropa informal** *f.* ロパ インフォル**マ**ル	plain clothes プレイン クロウズ
へいほう **平方** heihou	**cuadrado** *m.* クア**ド**ラド	square スク**ウェ**ア
~キロメートル	**kilómetro cuadrado** *m.* キ**ロ**メトロ クア**ド**ラド	square kilometer スク**ウェ**ア キ**ラ**ミタ
~メートル	**metro cuadrado** *m.* **メ**トロ クア**ド**ラド	square meter スク**ウェ**ア **ミ**ータ
へいぼんな **平凡な** heibonna	**común, ordinario(-a)** コ**ム**ン, オルディ**ナ**リオ(-ア)	common, ordinary **カ**モン, **オ**ーディネリ
へいめん **平面** heimen	**plano** *m.* プ**ラ**ノ	plane プ**レ**イン
へいや **平野** heiya	**llanura** *f.* ジャ**ヌ**ラ	plain プ**レ**イン
へいわ **平和** heiwa	**paz** *f.* パス	peace **ピ**ース
~な	**apacible** ア**パ**シブレ	peaceful **ピ**ースフル
べーこん **ベーコン** beekon	**beicon** *m.* **ベ**イコン	bacon **ベ**イコン
べーじゅ **ベージュ** beeju	**beige** *m.* **ベ**イス	beige **ベ**イジュ

日	西	英
～の	**beige** ベイス	beige ベイジュ
ベース (基礎) beesu	**base** *f.* バセ	base ベイス
～アップ	**subida salarial** *f.* スビダ サラリアル	raise in wages レイズ イン **ウェ**イチェズ
(低音)	**bajo** *m.* バホ	bass バス
ペース peesu	**ritmo** *m.* リトモ	pace ペイス
～メーカー	**marcapasos** *m.* マルカパソス	pacemaker **ペ**イスメイカ
ペーストする peesutosuru	**pegar** ペガル	paste ペイスト
壁画 hekiga	**mural** *m.* ムラル	mural ミュアラル
僻地 hekichi	**lugar lejano [remoto]** *m.* ルガル レハノ [レモト]	remote place リモウト プレイス
ヘクタール hekutaaru	**hectárea** *f.* エクタレア	hectare ヘクテア
へこむ hekomu	**abollarse, hundirse** アボジャルセ, ウンディルセ	(be) dented, sink (ビ) **デ**ンテド, **ス**インク
へこんだ hekonda	**hundido(-*a*), abollado(-*a*)** ウンディド(-ダ), アボジャド(-ダ)	dented **デ**ンテド
ベスト (チョッキ) besuto	**chaleco** *m.* チャレコ	vest, Ⓑwaistcoat **ヴェ**スト, **ウェ**イストコウト
(最上)	**lo [la] mejor** *m.f.*, **los [las] mejores** *m.f.pl.* ロ [ラ] メホル, ロス [ラス] メホレス	best ベスト

日	西	英
〜セラー	**libro superventas** *m.* リブロ スペルベンタス	best seller ベスト セラ
へそ **へそ** heso	**ombligo** *m.* オンブリゴ	navel ネイヴェル
へだたり **隔たり** （距離） hedatari	**distancia** *f.* ディスタンシア	distance ディスタンス
（差異）	**diferencia** *f.* ディフェレンシア	difference ディファレンス
へだたる **隔たる** hedataru	**(estar) lejos** *de* （エスタル） レホス	(be) away from （ビ） アウェイ フラム
へだてる **隔てる** hedateru	**dividir, separar** ディビディル, セパラル	partition パーティション
へたな **下手な** hetana	**torpe** トルペ	clumsy, poor クラムズィ, プア
ぺだる **ペダル** pedaru	**pedal** *m.* ペダル	pedal ペドル
べっきょする **別居する** bekkyosuru	**vivir por separado** ビビル ポル セパラド	live separately リヴ セパレトリ
べっそう **別荘** bessou	**casa de campo** *f.* カサ デ カンポ	villa ヴィラ
べっど **ベッド** beddo	**cama** *f.* カマ	bed ベド
ぺっと **ペット** petto	**animal doméstico** *m.*, **mascota** *f.* アニマル ドメスティコ, マスコタ	pet ペト
へっどほん **ヘッドホン** heddohon	**auriculares** *m.pl.* アウリクラレス	headphone ヘドフォウン
へっどらいと **ヘッドライト** heddoraito	**faro** *m.* ファロ	headlight ヘドライト

日	西	英
べつに **別に** （取り立てて） betsuni	**en particular** エン パルティクラル	in particular イン パ**ティ**キュラ
（別々に）	**aparte** アパルテ	apart ア**パ**ート
べつの **別の** betsuno	**otro(-a)** **オ**トロ(-ラ)	different, another **ディ**ファレント，ア**ナ**ザ
べつべつの **別々の** betsubetsuno	**separado(-a), respecti-** **vo(-a)** セパ**ラ**ド(-ダ)，レスペク**ティ**ボ(-バ)	separate, respec- tive **セ**パレイト，リス**ペ**クティヴ
へつらう **へつらう** hetsurau	**adular, halagar** アドゥ**ラ**ル，アラ**ガ**ル	flatter フ**ラ**タ
べてらん **ベテラン** beteran	**veterano(-a)** *m.f.*, **exper-** **to(-a)** *m.f.* ベテ**ラ**ノ(-ナ)，エクス**ペ**ルト(-タ)	veteran, expert **ヴェ**テラン，**エ**クスパート
べとなむ **ベトナム** betonamu	**Vietnam** *m.* ビエト**ナ**ム	Vietnam ヴィエト**ナ**ーム
へどろ **へどろ** hedoro	**lodo residual** *m.* **ロ**ド レシ**ドゥ**アル	sludge, colloidal sediment ス**ラ**ヂ，コ**ロ**イドル **セ**ディメント
ぺなるてぃー **ペナルティー** penarutii	**castigo** *m.*, **sanción** *f.* カス**ティ**ゴ，サン**シオ**ン	penalty **ペ**ナルティ
～キック	**penalti** *m.* ペ**ナ**ルティ	penalty kick **ペ**ナルティ **キ**ク
ぺにす **ペニス** penisu	**pene** *m.* **ペ**ネ	penis **ピ**ーニス
ぺぱーみんと **ペパーミント** pepaaminto	**menta** *f.* **メ**ンタ	peppermint **ペ**パミント
へび **蛇** hebi	**serpiente** *f.* セルピ**エ**ンテ	snake, serpent ス**ネ**イク，**サ**ーペント
べびーかー **ベビーカー** （箱形の） bebiikaa	**cochecito de bebé** *m.* コ**チェ**シト デ ベ**ベ**	baby carriage, Ⓑpram ベイビ **キャ**リヂ，プ**ラ**ム

日	西	英
（椅子形の）	**silla de paseo** *m.* シジャ デ パセオ	stroller, Ⓑpush-chair ストロウラ, プシュチェア
へや **部屋** heya	**cuarto** *m.*, **habitación** *f.* クアルト, アビタシオン	room ルーム
へらす **減らす** herasu	**reducir** レドゥシル	decrease, reduce ディクリース, リデュース
べらんだ **ベランダ** beranda	**terraza** *f.* テラサ	veranda ヴェランダ
へり **へり** heri	**borde** *m.* ボルデ	edge, border エヂ, ボーダ
へりうむ **ヘリウム** heriumu	**helio** *m.* エリオ	helium ヒーリアム
へりくだる **へりくだる** herikudaru	**humillarse** ウミジャルセ	abase oneself, put oneself down アベイス, プト ダウン
へりこぷたー **ヘリコプター** herikoputaa	**helicóptero** *m.* エリコプテロ	helicopter ヘリカプタ
へりぽーと **ヘリポート** heripooto	**helipuerto** *m.* エリプエルト	heliport ヘリポート
へる **経る** heru	**pasar** パサル	pass, go by パス, ゴウ バイ
へる **減る** heru	**disminuir** ディスミヌイル	decrease, diminish ディクリース, ディミニシュ
べる **ベル** beru	**campana** *f.* カンパナ	bell ベル
ぺるー **ペルー** peruu	**Perú** *m.* ペル	Peru ペルー
べるぎー **ベルギー** berugii	**Bélgica** *f.* ベルヒカ	Belgium ベルヂャム

日	西	英
へるつ **ヘルツ** herutsu	**hertz** *m.*, **hercio** *m.* エルス，エルシオ	hertz ハーツ
べると **ベルト** beruto	**cinturón** *m.* シントゥロン	belt ベルト
～コンベアー	**transbordador de correa** *m.* トランスボルダドル デ コレア	belt conveyor ベルト カンヴェイア
へるにあ **ヘルニア** herunia	**hernia** *f.* エルニア	hernia ハーニア
へるめっと **ヘルメット** herumetto	**casco** *m.* カスコ	helmet ヘルメット
へろいん **ヘロイン** heroin	**heroína** *f.* エロイナ	heroin ヘロウイン
へん **辺**　（図形の） hen	**lado** *m.* ラド	side サイド
（辺り）	**vecindad** *f.* ベシンダド	neighborhood ネイバフド
べん **便**　（大便） ben	**evacuación** *f.*, **deposición (fecal)** *f.* エバクアシオン，デポシシオン (フェカル)	excrement, feces エクスクレメント，フィースィーズ
（便利）	**conveniencia** *f.*, **comodidad** *f.* コンベニエンシア，コモディダド	convenience コンヴィーニェンス
べん **弁** ben	**válvula** *f.* バルブラ	valve ヴァルヴ
ぺん **ペン** pen	**pluma** *f.* プルマ	pen ペン
へんあつき **変圧器** hen-atsuki	**transformador** *m.* トランスフォルマドル	transformer トランスフォーマ
へんか **変化** henka	**cambio** *m.* カンビオ	change チェインヂ

日	西	英
べんかい **弁解** benkai	**disculpa** *f.*, **excusa** *f.* ディスクルパ, エクスクサ	excuse イクスキューズ
～する	**disculparse, excusarse** ディスクルパルセ, エクスクサルセ	make an excuse, excuse oneself メイク アン イクスキュース, イ クスキューズ
へんかく **変革** henkaku	**cambio** *m.*, **reforma** *f.* カンビオ, レフォルマ	reform, change リフォーム, チェインヂ
～する	**cambiar, reformar** カンビアル, レフォルマル	reform, change リフォーム, チェインヂ
へんかする **変化する** henkasuru	**cambiar** カンビアル	change チェインヂ
へんかんする **返還する** henkansuru	**devolver** デボルベル	return リターン
ぺんき **ペンキ** penki	**pintura** *f.* ピントゥラ	paint ペイント
へんきゃく **返却** henkyaku	**devolución** *f.* デボルシオン	return リターン
～する	**devolver** デボルベル	return リターン
べんきょう **勉強** benkyou	**estudio** *m.* エストゥディオ	study, work スタディ, ワーク
～する	**estudiar** エストゥディアル	study, work スタディ, ワーク
へんきょく **編曲** henkyoku	**adaptación** *f.*, **arreglo** *m.* アダプタシオン, アレグロ	arrangement アレインヂメント
～する	**adaptar, hacer arreglos** アダプタル, アセル アレグロス	arrange アレインヂ
ぺんぎん **ペンギン** pengin	**pingüino** *m.* ピングイノ	penguin ペングウィン

日	西	英
へんけん **偏見** henken	**prejuicio** *m.* プレフイシオ	prejudice, bias プレデュディス, バイアス
へんご **弁護** bengo	**defensa** *f.* デフェンサ	defense, advocacy ディフェンス, アドヴォカスィ
～士	**abogado(-a)** *m.f.* アボガド(-ダ)	lawyer, counsel ローヤ, カウンセル
～する	**abogar** アボガル	plead, defend プリード, ディフェンド
へんこう **変更** henkou	**cambio** *m.* カンビオ	change, alteration チェインヂ, オールタレイション
～する	**cambiar** カンビアル	change, alter チェインヂ, オルタ
へんさい **返済** (返金) hensai	**devolución** *f.* デボルシオン	repayment リペイメント
へんさん **編纂** hensan	**recopilación** *f.*, **compila-** **ción** *f.* レコピラシオン, コンピラシオン	compilation カンピレイション
～する	**recopilar, compilar** レコピラル, コンピラル	compile, edit コンパイル, エディト
へんじ **返事** henji	**contestación** *f.* コンテスタシオン	reply, answer リプライ, アンサ
～をする	**contestar** コンテスタル	answer, reply アンサ, リプライ
へんしゅう **編集** henshuu	**redacción** *f.* レダクシオン	editing エディティング
～者	**redactor(-a)** *m.f.*, **edi-** **tor(-a)** *m.f.* レダクトル(-ラ), エディトル(-ラ)	editor エディタ
～する	**editar, redactar** エディタル, レダクタル	edit エディト

日	西	英
へんしゅうきょう **偏執狂** henshuukyou	**monomaníaco(-a)** *m.f.*, **obseso(-a)** *m.f.* モノマニアコ(-カ), オブセソ(-サ)	monomaniac, obsessive person マノメイニアク, オブセスィヴパースン
べんしょうする **弁償する** benshousuru	**indemnizar** インデムニサル	compensate, reimburse カンペンセイト, リーインバース
へんしょくする **変色する** henshokusuru	**cambiar de color, descolorarse** カンビアル デ コロル, デスコロラルセ	discolor ディスカラ
へんじん **変人** henjin	**persona excéntrica** *f.* ペルソナ エクスセントリカ	eccentric person イクセントリク パースン
へんずつう **偏頭痛** henzutsuu	**jaqueca** *f.* ハケカ	migraine マイグレイン
へんせい **編成** hensei	**formación** *f.* フォルマシオン	formation フォーメイション
～する	**formar, organizar** フォルマル, オルガニサル	form, organize, ⒝organise フォーム, オーガナイズ, オーガナイズ
へんそうする **変装する** hensousuru	**disfrazarse** *de* ディスフラサルセ	disguise oneself as ディスガイズ アズ
ぺんだんと **ペンダント** pendanto	**colgante** *m.* コルガンテ	pendant ペンダント
べんち **ベンチ** benchi	**banco** *m.* バンコ	bench ベンチ
ぺんち **ペンチ** penchi	**alicates** *m.pl.*, **tenazas** *f.pl.* アリカテス, テナサス	pliers プライアズ
へんどう **変動** (物価などの) hendou	**fluctuación** *f.* フルクトゥアシオン	fluctuations フラクチュエイションズ
(物事の)	**cambio** *m.* カンビオ	change チェインヂ

日	西	英
べんとう **弁当** bentou	**comida para llevar** *f.*, **almuerzo** *m.* コミダ パラ ジェバル, アルムエルソ	lunch, box lunch ランチ, バクス ランチ
へんとうせん **扁桃腺** hentousen	**amígdalas** *f.pl.* アミグダラス	tonsils タンスィルズ
へんな **変な** henna	**raro(-a)** ラロ(-ラ)	strange, peculiar ストレインヂ, ピキューリア
ぺんねーむ **ペンネーム** penneemu	**pseudónimo** *m.* セウドニモ	pen name ペン ネイム
べんぴ **便秘** benpi	**estreñimiento** *m.* エストレニミエント	constipation カンスティペイション
へんぴな **辺鄙な** henpina	**remoto(-a)** レモト(-タ)	remote リモウト
へんぴん **返品** henpin	**mercancía devuelta** *f.* メルカンシア デブエルタ	returned goods リターンド グッヅ
〜する	**devolver** デボルベル	return リターン
へんぼう **変貌** henbou	**transfiguración** *f.* トランスフィグラシオン	transfiguration トランスフィギュレイション
〜する	**transfigurarse, transformarse** トランスフィグラルセ, トランスフォルマルセ	undergo a complete change アンダゴウ ア コンプリート チェインヂ
べんりな **便利な** benrina	**conveniente** コンベニエンテ	convenient コンヴィーニェント
べんろん **弁論** benron	**debate** *m.* デバテ	discussion, debate ディスカション, ディベイト

ほ, ホ

日	西	英
ほ **帆** ho	**vela** *f.* ベラ	sail セイル

691

日	西	英
ほ **穂** ho	**espiga** *f.* エスピガ	ear イア
ほあん **保安** hoan	**seguridad** *f.* セグリダド	security スィキュアリティ
ほいくし **保育士** hoikushi	**maestra de guardería infantil** *f.* マエストラ デ グアルデリア インファンティル	child care worker チャイルド ケア ワーカ
ほいくしょ **保育所** hoikusho	**guardería** *f.* グアルデリア	daycare center, day nursery デイケア センタ, デイ ナーサリ
ぼいこっと **ボイコット** boikotto	**boicot** *m.* ボイコト	boycott ボイカト
〜する	**boicotear** ボイコテアル	boycott ボイカト
ほいっする **ホイッスル** hoissuru	**pito** *m.*, **silbato** *m.* ピト, シルバト	whistle (ホ)ウィスル
ぼいらー **ボイラー** boiraa	**caldera (de vapor)** *f.* カルデラ (デ バポル)	boiler ボイラ
ぼいん **母音** boin	**vocal** *f.* ボカル	vowel ヴァウエル
ぼいん **拇印** boin	**huella dactilar** *f.* ウエジャ ダクティラル	thumbprint サムプリント
ぽいんと **ポイント** pointo	**punto** *m.* プント	point ポイント
ほう **法** (方法) hou	**método** *m.*, **modo** *m.* メトド, モド	method, way メソド, ウェイ
(法律・規則)	**derecho** *m.*, **ley** *f.* デレチョ, レイ	law, regulation ロー, レギュレイション
ぼう **棒** bou	**palo** *m.* パロ	stick, rod スティク, ラド

ほ

日	西	英
ほうあん **法案** houan	**proyecto de ley** *m.* プロジェクト デ レイ	bill ビル
ほうい **方位** houi	**dirección** *f.* ディレクシオン	direction ディレクション
ぼうえい **防衛** bouei	**defensa** *f.* デフェンサ	defense, Ⓑdefence ディフェンス, ディフェンス
〜**する**	**defender** デフェンデル	defend ディフェンド
ほうえいする **放映する** houeisuru	**televisar** テレビサル	telecast テレキャスト
ぼうえき **貿易** boueki	**comercio exterior** *m.* コメルシオ エクステリオル	trade, commerce トレイド, カマス
ぼうえんきょう **望遠鏡** bouenkyou	**telescopio** *m.* テレスコピオ	telescope テレスコウプ
ぼうえんれんず **望遠レンズ** bouenrenzu	**teleobjetivo** *m.* テレオブヘティボ	telephoto lens テレフォウトウ レンズ
ほうおう **法王** houou	**Papa** *m.* パパ	Pope ポウプ
ぼうおんの **防音の** bouonno	**insonorizado(-a)** インソノリサド(-ダ)	soundproof サウンドプルーフ
ほうか **放火** houka	**incendio provocado** *m.* インセンディオ プロボカド	incendiary fire インセンディエリ ファイア
ぼうか **防火** bouka	**prevención de incendios** *f.* プレベンシオン デ インセンディオス	fire prevention ファイア プリヴェンション
ぼうがい **妨害** bougai	**obstáculo** *m.*, **obstrucción** *f.* オブスタクロ, オブストルクシオン	obstruction オブストラクション
〜**する**	**molestar, estorbar** モレスタル, エストルバル	disturb, hinder ディスターブ, ハインダ

日	西	英
ほうかいする **崩壊する** houkaisuru	**derrumbarse** デルンバルセ	collapse カラプス
ほうがく **方角** hougaku	**dirección** *f.* ディレクシオン	direction ディレクション
ほうかご **放課後** houkago	**después de clase** デスプエス デ クラセ	after school アフタ スクール
ぼうかんしゃ **傍観者** boukansha	**espectador(-a)** *m.f.* エスペクタドル(- ラ)	onlooker アンルカ
ぼうかんする **傍観する** boukansuru	**mirar ... como especta- dor(-a)** ミラル コモ エスペクタドル(- ラ)	look on ルク オン
ほうがんなげ **砲丸投げ** hougannage	**lanzamiento de peso** *m.* ランサミエント デ ペソ	shot put シャト プト
ほうき **箒** houki	**escoba** *f.* エスコバ	broom ブルム
ぼうぎょ **防御** bougyo	**defensa** *f.* デフェンサ	defense, ®defence ディフェンス, ディフェンス
〜する	**defender** デフェンデル	defend, protect ディフェンド, プロテクト
ぼうくうごう **防空壕** boukuugou	**refugio antiaéreo** *m.* レフヒオ アンティアエレオ	air-raid shelter エアレイド シェルタ
ぼうくん **暴君** boukun	**tirano(-a)** *m.f.*, **déspota** *m.f.* ティラノ(- ナ), デスポタ	tyrant タイアラント
ほうげん **放言** hougen	**comentario desconside- rado [sin tacto]** *m.* コメンタリオ デスコンシデラド [シン タクト]	unreserved talk, wild remark アンリザーヴド トーク, ワイル ド リマーク
ほうげん **方言** hougen	**dialecto** *m.* ディアレクト	dialect ダイアレクト
ぼうけん **冒険** bouken	**aventura** *f.* アベントゥラ	adventure アドヴェンチャ

日	西	英
〜する	**correr un riesgo** コレル ウン リエスゴ	take a risk, run a risk **テイ**ク ア **リ**スク, **ラ**ン ア **リ**スク
ぼうげん **暴言** bougen	**palabras groseras** f.pl. パラブラス グロ**セ**ラス	abusive words ア**ビュ**ースィヴ **ワ**ーツ
ほうけんせい **封建制** houkensei	**feudalismo** m. フェウダ**リ**スモ	feudalism **フュ**ーダリズム
ほうけんてきな **封建的な** houkentekina	**feudal** フェ**ウ**ダル	feudal **フュ**ーダル
ほうこう **方向** houkou	**dirección** f. ディレク**シ**オン	direction ディ**レ**クション
ほうこう **暴行** boukou	**violencia** f. ビオ**レ**ンシア	violence, outrage **ヴァ**イオレンス, **ア**ウトレイヂ
ほうこく **報告** houkoku	**informe** m. イン**フォ**ルメ	report リ**ポ**ート
〜する	**informar** インフォル**マ**ル	report, inform リ**ポ**ート, イン**フォ**ーム
ぼうさい **防災** bousai	**prevención de desastres** f. プレベン**シ**オン デ デ**サ**ストレス	prevention of disasters プリ**ヴェ**ンション オヴ ディ**ザ**スタズ
ほうさく **豊作** housaku	**buena cosecha** f. ブ**エ**ナ コ**セ**チャ	good harvest **グ**ド **ハ**ーヴェスト
ぼうし **帽子** boushi	**sombrero** m. ソンブ**レ**ロ	hat, cap **ハ**ト, **キャ**プ
ほうしき **方式** houshiki	**forma** f., **método** m. **フォ**ルマ, **メ**トド	form, method **フォ**ーム, **メ**ソド
ほうしする **奉仕する** houshisuru	**servir** セル**ビ**ル	serve **サ**ーヴ
ほうしゃせん **放射線** houshasen	**radiaciones** f.pl. ラディアシ**オ**ネス	radiation レイディ**エ**イション

695

日	西	英
ほうしゃのう **放射能** houshanou	**radiactividad** *f.* ラディアクティビダド	radioactivity レイディオウアク**テ**ィヴィティ
ほうしゅう **報酬** houshuu	**honorarios** *m.pl.*, **remu-** **neración** *f.* オノ**ラ**リオス, レムネラシオン	remuneration リミューナ**レ**イション
ほうしん **方針** houshin	**política** *f.*, **principio** *m.* ポ**リ**ティカ, プリン**シ**ピオ	course, policy **コ**ース, **パ**リスィ
ほうじん **法人** houjin	**persona jurídica** *f.* ペル**ソ**ナ フ**リ**ディカ	juridical person デュア**リ**ディカル **パ**ースン
ぼうすいの **防水の** bousuino	**impermeable** インペルメ**ア**ブレ	waterproof **ウォ**ータプルーフ
ほうせき **宝石** houseki	**joya** *f.* **ホ**ジャ	jewel **チ**ューエル
ぼうぜんと **呆然と** bouzento	**distraídamente, atonta-** **damente** ディストラ**イ**ダメンテ, アトン**タ**ダメンテ	blankly, in a daze **ブ**ランクリ, イン ア **デ**イズ
ほうそう **包装** housou	**envoltura** *f.* エンボル**トゥ**ラ	wrapping **ラ**ピング
ほうそう **放送** housou	**emisión** *f.*, **difusión** *f.* エミシ**オ**ン, ディフシ**オ**ン	broadcast **ブ**ロードキャスト
〜局	**emisora** *f.* エミ**ソ**ラ	broadcasting sta- tion **ブ**ロードキャスティング ス**テ**イ ション
ぼうそうぞく **暴走族** bousouzoku	**banda de motociclistas** *f.* **バ**ンダ デ モトシク**リ**スタス	motorcycle gang **モ**ウタサイクル **ギ**ャング
ほうそく **法則** housoku	**ley** *f.* **レ**イ	law, rule **ロ**ー, **ル**ール
ほうたい **包帯** houtai	**venda** *f.* **ベ**ンダ	bandage **バ**ンディヂ
ぼうだいな **膨大な** boudaina	**enorme** エ**ノ**ルメ	enormous, huge イ**ノ**ーマス, **ヒ**ューヂ

ほ

日	西	英
ぼうたかとび **棒高跳び** boutakatobi	**salto con pértiga** *m.* サルト コン ペルティガ	pole vault ボウル **ヴォ**ールト
ほうちする **放置する** houchisuru	**abandonar, descuidar** アバンド**ナ**ル, デスク**イ**ダル	leave alone, ne-glect リーヴ アロウン, ニグレクト
ぼうちゅうざい **防虫剤** bouchuuzai	**repelente de insectos** *m.* レペ**レ**ンテ デ イン**セ**クトス	mothball モースボール
ほうちょう **包丁** houchou	**cuchillo de cocina** *m.* ク**チ**ジョ デ コ**シ**ナ	kitchen knife キチン ナイフ
ぼうちょうする **膨張する** bouchousuru	**dilatarse** ディラ**タ**ルセ	expand, swell イクス**パ**ンド, ス**ウェ**ル
ぼうちょうてい **防潮堤** bouchoutei	**muralla contra tsunami y maremoto** *f.* ム**ラ**ジャ コントラ ツ**ナ**ミ イ マレモト	seawall ス**ィ**ーウォール
ほうっておく **ほうっておく** houtteoku	**descuidar, dejar abando-nado(-a)** デスク**イ**ダル, デ**ハ**ル アバンド**ナ**ド(-ダ)	leave alone, ne-glect リーヴ アロウン, ニグレクト
ほうてい **法廷** houtei	**juzgado** *m.*, Ⓐ**corte** *f.* フス**ガ**ド, **コ**ルテ	court コート
ほうていしき **方程式** houteishiki	**ecuación** *f.* エクア**シ**オン	equation イク**ウェ**イション
ほうてきな **法的な** houtekina	**legal** レ**ガ**ル	legal リーガル
ほうどう **報道** houdou	**noticias** *f.pl.*, **informa-ción** *f.* ノ**ティ**シアス, インフォルマ**シ**オン	news, report ニューズ, リポート
〜**する**	**informar** インフォル**マ**ル	report, inform リポート, イン**フォ**ーム
ぼうどう **暴動** boudou	**revuelta** *f.*, **disturbio** *m.* レプ**エ**ルタ, ディス**トゥ**ルビオ	riot **ラ**イオト
ほうにんする **放任する** houninsuru	**dejar** デ**ハ**ル	leave リーヴ

日	西	英
ぼうはん **防犯** bouhan	**prevención de crímenes** *f.* プレベンシオン デ クリメネス	crime prevention クライム プリヴェンション
ほうび **褒美** houbi	**recompensa** *f.* レコンペンサ	reward リウォード
ほうふ **抱負** houfu	**ambición** *f.*, **aspiración** *f.* アンビシオン, アスピラシオン	ambition アンビション
ぼうふう **暴風** boufuu	**tormenta** *f.* トルメンタ	storm, gale ストーム, ゲイル
～雨	**tormenta** *f.* トルメンタ	storm, rainstorm ストーム, レインストーム
ほうふくする **報復する** houfukusuru	**tomar represalias** トマル レプレサリアス	retaliate リタリエイト
ぼうふざい **防腐剤** boufuzai	**conservante** *m.*, **antiséptico** *m.* コンセルバンテ, アンティセプティコ	preservative プリザーヴァティヴ
ほうふな **豊富な** houfuna	**rico(-a) en**, **abundante en** リコ(-カ), アブンダンテ	rich in, abundant in リチ イン, アバンダント イン
ほうほう **方法** houhou	**manera** *f.*, **método** *m.* マネラ, メトド	way, method ウェイ, メソド
ほうまんな **豊満な** houmanna	**regordete(-a)** レゴルデテ(-タ)	plump プランプ
ぼうめい **亡命** boumei	**asilo político** *m.* アシロ ポリティコ	political asylum ポリティカル アサイラム
ほうめん **方面** (方向) houmen	**dirección** *f.* ディレクシオン	direction ディレクション
(局面・側面)	**aspecto** *m.* アスペクト	aspect アスペクト
ほうもん **訪問** houmon	**visita** *f.* ビシタ	visit, call ヴィズィト, コール

日	西	英
〜する	**visitar** ビシタル	visit ヴィズィト
ぼうらく **暴落** bouraku	**caída brusca** *f.* カイダ ブルスカ	heavy fall, nose-dive ヘヴィ フォール, ノウズダイヴ
〜する	**caer en picado** カエル エン ピカド	fall heavily, nose-dive フォール ヘヴィリ, ノウズダイヴ
ぼうり **暴利** bouri	**beneficios excesivos** *m.pl.* ベネフィシオス エクセシボス	excessive profits イクセスィヴ プラフィツ
ほうりつ **法律** houritsu	**ley** *f.*, **derecho** *m.* レイ, デレチョ	law ロー
ほうりなげる **放り投げる** hourinageru	**tirar** ティラル	throw, toss スロウ, トス
ぼうりゃく **謀略** bouryaku	**trama** *f.*, **complot** *m.* トラマ, コンプロト	plot プラト
ぼうりょく **暴力** bouryoku	**violencia** *f.* ビオレンシア	violence ヴァイオレンス
〜団	**organización criminal** *f.*, **grupo mafioso** *m.* オルガニサシオン クリミナル, グルポ マフィオソ	gang, crime syndicate ギャング, クライム スィンディカト
ぼうりんぐ **ボウリング** bouringu	**bolos** *m.pl.*, Ⓐ**boliche** *m.* ボロス, ボリチェ	bowling ボウリング
ほうる **放る** houru	**tirar** ティラル	throw, toss スロウ, トス
ぼうる **ボウル** bouru	**bol** *m.* ボル	bowl ボウル
ほうれい **法令** hourei	**ley** *f.*, **ordenanza** *f.* レイ, オルデナンサ	law, ordinance ロー, オーディナンス
ほうれんそう **ホウレンソウ** hourensou	**espinaca** *f.* エスピナカ	spinach スピニチ

日	西	英
ほうろう **放浪** hourou	**vagabundeo** *m.* バガブンデオ	wandering ワンダリング
ほえる **吠える** hoeru	**ladrar** ラドラル	bark バーク
ほお **頬** hoo	**mejilla** *f.* メヒジャ	cheek チーク
ぼーいふれんど **ボーイフレンド** booifurendo	**amigo** *m.*, **novio** *m.* アミゴ, ノビオ	boyfriend ボイフレンド
ぽーかー **ポーカー** pookaa	**póker** *m.* ポケル	poker ポウカ
ほーす **ホース** hoosu	**manguera** *f.* マンゲラ	hose ホウズ
ぽーず **ポーズ** poozu	**pose** *f.* ポセ	pose ポウズ
～をとる	**posar** ポサル	pose ポウズ
ぼーと **ボート** booto	**bote** *m.* ボテ	boat ボウト
ぼーなす **ボーナス** boonasu	**bonificación** *f.* ボニフィカシオン	bonus ボウナス
ほおべに **頬紅** hoobeni	**colorete** *m.* コロレテ	rouge ルージュ
ほおぼね **頬骨** hoobone	**pómulos** *m.pl.* ポムロス	cheekbones チークボウンズ
ほーむ **ホーム**　　　(家) hoomu	**hogar** *m.* オガル	home ホウム
～シック	**morriña** *f.*, Ⓐ**melancolía** *f.* モリニャ, メランコリア	homesickness ホウムスィクネス

ほ

日	西	英
〜ステイ	**estancia en casa** *f.* エスタンシア エン カサ	homestay ホウムステイ
〜ページ	**página web** *f.* パヒナ ウェブ	home page ホウム ペイヂ
〜レス	**persona sin hogar [te-cho]** *f.* ペルソナ シン オガル [テチョ]	homeless ホウムレス
(プラットホーム)	**andén** *m.* アンデン	platform プラトフォーム
ぽーらんど **ポーランド** poorando	**Polonia** *f.* ポロニア	Poland ポウランド
ぼーりんぐ **ボーリング** (掘削) booringu	**perforación** *f.* ペルフォラシオン	boring ボーリング
ほーる **ホール** (広間) hooru	**sala** *f.* サラ	hall ホール
ぼーる **ボール** booru	**pelota** *f.*, **balón** *m.* ペロタ, バロン	ball ボール
ぼーるがみ **ボール紙** boorugami	**cartón** *m.* カルトン	cardboard カードボード
ほかくする **捕獲する** hokakusuru	**capturar** カプトゥラル	capture キャプチャ
ぼかす **ぼかす** bokasu	**hacer borroso(-a)** アセル ボロソ(- サ)	shade off, obscure シェイド オーフ, オブスキュア
ほかの **他の** hokano	**otro(-a)** オトロ(- ラ)	another, other アナザ, アザ
ほがらかな **朗らかな** hogarakana	**alegre** アレグレ	cheerful チアフル
ほかんする **保管する** hokansuru	**guardar** グアルダル	keep, store キープ, ストー

日	西	英
ぼき **簿記** boki	**contabilidad** *f.* コンタビリダド	bookkeeping ブクキーピング
ほきゅうする **補給する** hokyuusuru	**abastecer** アバステセル	supply, replenish サプライ, リプレニシュ
ぼきん **募金** bokin	**colecta** *f.* コレクタ	fund-raising ファンドレイズィング
ほくおう **北欧** hokuou	**Europa del Norte** *f.* エウロパ デル ノルテ	Northern Europe ノーザン ユアロプ
ぼくさー **ボクサー** bokusaa	**boxeador(-a)** *m.f.* ボクセアドル(-ラ)	boxer バクサ
ぼくし **牧師** bokushi	**pastor** *m.* パストル	pastor, parson パスタ, パースン
ぼくじょう **牧場** bokujou	**prado** *m.*, **pradera** *f.* プラド, プラデラ	pasture, ranch パスチャ, ランチ
ぼくしんぐ **ボクシング** bokushingu	**boxeo** *m.* ボクセオ	boxing バクスィング
ほくせい **北西** hokusei	**noroeste** *m.* ノロエステ	northwest ノースウェスト
ぼくそう **牧草** bokusou	**hierba** *f.* イエルバ	grass グラス
ぼくちく **牧畜** bokuchiku	**ganadería** *f.* ガナデリア	stock farming スタク ファーミング
ほくとう **北東** hokutou	**noreste** *m.* ノレステ	northeast ノースイースト
ほくとしちせい **北斗七星** hokutoshichisei	**Osa Mayor** *f.* オサ マジョル	Big Dipper, ®Plough ビグ ディパ, プラウ
ほくぶ **北部** hokubu	**norte** *m.*, **parte septentrional** *f.* ノルテ, パルテ セプテントリオナル	northern part ノーザン パート

日	西	英
ぼくめつする **撲滅する** bokumetsusuru	**exterminar** エクステルミナル	exterminate イクス**ター**ミネイト
ほくろ **ほくろ** hokuro	**lunar** *m.* ル**ナ**ル	mole モウル
ぼけい **母系** bokei	**lado materno** *m.* **ラ**ド マ**テ**ルノ	maternal line マ**ター**ナル **ラ**イン
ほけつ **補欠** hoketsu	**suplente** *m.f.* ス**プレ**ンテ	substitute **サ**プスティテュート
ぽけっと **ポケット** poketto	**bolsillo** *m.* ボル**シ**ジョ	pocket **パ**ケト
ぼける **ぼける** bokeru	**chochear** チョチェ**ア**ル	grow senile グロウ ス**ィー**ナイル
ほけん **保険** hoken	**seguro** *m.* セ**グ**ロ	insurance イン**シュ**アランス
~会社	**compañía de seguros** *f.* コン**パ**ニア デ セ**グ**ロス	insurance compa- ny イン**シュ**アランス **カ**ンパニ
~金	**cantidad asegurada** *f.* カンティ**ダ**ド アセグ**ラ**ダ	insurance money イン**シュ**アランス **マ**ニ
ほけん **保健** hoken	**salud** *f.*, **higiene** *f.* サ**ル**ド, イヒ**エ**ネ	health, hygiene **ヘ**ルス, **ハ**イヂーン
ぼこう **母校** bokou	**alma máter** *f.* **ア**ルマ **マ**テル	alma mater, one's old school **ア**ルマ **マー**タ, **オ**ウルド ス**ク**ール
ほこうしゃ **歩行者** hokousha	**peatón(-ona)** *m.f.* ペア**ト**ン(-ナ)	pedestrian, walker ペ**デ**ストリアン, **ウォ**ーカ
ぼこく **母国** bokoku	**país natal** *m.* パ**イ**ス ナ**タ**ル	mother country **マ**ザ **カ**ントリ
ほごする **保護する** hogosuru	**proteger** プロテ**ヘ**ル	protect プロ**テ**クト

日	西	英
ほこり **誇り** hokori	**orgullo** *m.* オルグジョ	pride プライド
ほこる **誇る** hokoru	**enorgullecerse** *de* エノルグジェセルセ	(be) proud of (ビ) プラウド オヴ
ほころびる **ほころびる** hokorobiru	**descoserse** デスコセルセ	come apart カム アパート
ほし **星** hoshi	**estrella** *f.* エストレジャ	star スター
～占い	**astrología** *f.* アストロロヒア	horoscope ホロスコウプ
ほしい **欲しい** hoshii	**querer, desear** ケレル, デセアル	want, wish for ワント, ウィシュ フォ
ほしがる **欲しがる** hoshigaru	**querer** ケレル	want, wish for ワント, ウィシュ フォ
ほじくる **ほじくる** hojikuru	**hurgar** ウルガル	pick ピク
ぽじしょん **ポジション** pojishon	**posición** *f.* ポシシオン	position ポズィション
ほしゃく **保釈** hoshaku	**libertad provisional bajo fianza** *f.* リベルタド プロビシオナル バホ フィアンサ	bail ベイル
～金	**fianza** *f.* フィアンサ	bail ベイル
ほしゅ **保守** hoshu	**conservadurismo** *m.* コンセルバドゥリスモ	conservatism コンサーヴァティズム
～的な	**conservador(-a)** コンセルバドル(-ラ)	conservative コンサーヴァティヴ
ほしゅう **補習** hoshuu	**clase complementaria** *f.* クラセ コンプレメンタリア	extra lessons エクストラ レスンズ

日	西	英
ぼしゅう **募集** boshuu	**convocatoria** *f.*, **recluta-miento** *m.* コンボカ**ト**リア，レクルタミ**エ**ント	recruitment リク**ルー**トメント
〜**する**	**reclutar, convocar** レクル**タ**ル，コンボ**カ**ル	recruit リク**ルー**ト
（寄付などの）	**colecta** *f.*, **recaudación** *f.* コ**レ**クタ，レカウダシ**オ**ン	collection コ**レ**クション
〜**する**	**hacer una colecta, re-caudar** ア**セ**ル ウナ コ**レ**クタ，レカ**ウ**ダル	collect コ**レ**クト
ほじゅうする **補充する** hojuusuru	**suplir, complementar** ス**プ**リル，コンプレメン**タ**ル	supplement, re-plenish **サ**プリメント，リプ**レ**ニシュ
ほじょ **補助** hojo	**ayuda** *f.* ア**ジュ**ダ	assistance ア**スィ**スタンス
〜**する**	**ayudar** アジュ**ダ**ル	assist ア**スィ**スト
ほしょう **保証** hoshou	**garantía** *f.* ガラン**ティ**ア	guarantee ギャラン**ティー**
〜**書**	**certificado de garantía** *m.* セルティフィ**カ**ド デ ガラン**ティ**ア	written guarantee **リ**トン ギャラン**ティー**
〜**する**	**garantizar** ガランティ**サ**ル	guarantee, assure ギャラン**ティー**，ア**シュ**ア
〜**人**	**avalista** *m.f.*, **garante** *m.f.* アバ**リ**スタ，ガ**ラ**ンテ	guarantor, surety **ギャ**ラントー，**シュ**アティ
ほす **干す** hosu	**secar** セ**カ**ル	dry, air ド**ラ**イ，**エ**ア
ぼすたー **ポスター** posutaa	**cartel** *m.* カル**テ**ル	poster **ポ**ウスタ
ほすてす **ホステス** hosutesu	**anfitriona** *f.* アンフィトリ**オ**ナ	hostess **ホ**ウステス

日	西	英
ほすと **ホスト** hosuto	**anfitrión** *m.* アンフィトリ**オ**ン	host **ホ**ウスト
ぽすと **ポスト** posuto	**buzón** *m.* ブ**ソ**ン	mailbox, letter box **メ**イルバクス，**レ**タ バクス
ほすぴす **ホスピス** hosupisu	**residencia para enfer-mos desahuciados** *f.* レシ**デ**ンシア パラ エン**フェ**ルモス デサ**ウ**シ**ア**ドス	hospice **ハ**スピス
ぼせい **母性** bosei	**maternidad** *f.* マテルニ**ダ**ド	motherhood **マ**ザフド
ほそい **細い** hosoi	**fino(-a), delgado(-a)** **フィ**ノ(・ナ)，デル**ガ**ド(・ダ)	thin, slim **ス**ィン，**ス**リム
ほそう **舗装** hosou	**pavimento** *m.* パビ**メ**ント	pavement **ペ**イヴメント
～**する**	**pavimentar** パビメン**タ**ル	pave **ペ**イヴ
ほそく **補足** hosoku	**complemento** *m.* コンプレ**メ**ント	supplement **サ**プリメント
～**する**	**complementar** コンプレメン**タ**ル	supplement **サ**プリメント
ほそながい **細長い** hosonagai	**largo(-a) y delgado(-a)** **ラ**ルゴ(・ガ) イ デル**ガ**ド(・ダ)	long and slender **ロ**ーング アンド ス**レ**ンダ
ほぞん **保存** hozon	**conservación** *f.* コンセルバ**シオ**ン	preservation プリザ**ヴェ**イション
～**する**	**conservar** コンセル**バ**ル	preserve, keep プリ**ザ**ーヴ，**キ**ープ
（データなどの）	**guardado** *m.* グアル**ダ**ド	saving **セ**イヴィング
～**する**	**guardar** グアル**ダ**ル	save **セ**イヴ

ほ

日	西	英
ぼたい **母胎** botai	**seno materno** *m.* セノ マテルノ	mother's womb, uterus マザズ ウーム, ユーテラス
ほたてがい **帆立貝** hotategai	**venera** *f.*, **vieira** *f.* ベネラ, ビエイラ	scallop スカロプ
ほたる **蛍** hotaru	**luciérnaga** *f.* ルシエルナガ	firefly ファイアフライ
ぼたん **ボタン** botan	**botón** *m.* ボトン	button バトン
ぼち **墓地** bochi	**cementerio** *m.* セメンテリオ	graveyard グレイヴヤード
ほちょう **歩調** hochou	**paso** *m.* パソ	pace, step ペイス, ステプ
ぼっきする **勃起する** bokkisuru	**tener una erección** テネル ウナ エレクシオン	(be) erect, erect (ビ) イレクト, イレクト
ほっきにん **発起人** hokkinin	**proponente** *m.f.*, **promotor(-a)** *m.f.* プロポネンテ, プロモトル(·ラ)	promoter, proposer プロモウタ, プロポウザ
ほっきょく **北極** hokkyoku	**Polo Norte** *m.* ポロ ノルテ	North Pole ノース ポウル
～圏	**círculo polar ártico** *m.* シルクロ ポラル アルティコ	Arctic Circle アークティク サークル
～星	**estrella polar** *f.* エストレジャ ポラル	Pole Star ポウル スター
ほっく **ホック** hokku	**colchete** *m.* コルチェテ	hook フク
ほっけー **ホッケー** hokkee	**hockey** *m.* ホケイ	hockey ハキ
ほっさ **発作** hossa	**ataque** *m.* アタケ	fit, attack フィト, アタク

日	西	英

～的な
impulsivo(-a), espasmó-dico(-a)
インプルシボ(-バ), エスパスモディコ(-カ)
fitful, spasmodic
フィトフル, スパズモディク

ぼっしゅうする
没収する
bosshuusuru
confiscar
コンフィスカル
confiscate
カンフィスケイト

ほっそく
発足
hossoku
inauguración f.
イナウグラシオン
inauguration
イノーギュレイション

ぽっと
ポット
potto
tetera f.
テテラ
pot, teapot
パト, ティーパト

ぼっとうする
没頭する
bottousuru
(estar) absorto(-a) en
(エスタル) アブソルト(-タ)
(be) absorbed in
(ビ) アブソーブド イン

ほっとする
ほっとする
hottosuru
sentirse aliviado(-a)
センティルセ アリビアド(-ダ)
feel relieved
フィール リリーヴド

ほっとどっぐ
ホットドッグ
hottodoggu
perrito caliente m.
ペリト カリエンテ
hot dog
ハト ドグ

ほっとらいん
ホットライン
hottorain
línea directa f.
リネア ディレクタ
hotline
ハトライン

ぽっぷす
ポップス
poppusu
música pop f.
ムシカ ポプ
pop music
パプ ミューズィク

ぼつらくする
没落する
botsurakusuru
decaer, arruinarse
デカエル, アルイナルセ
(be) ruined
(ビ) ルーインド

ぼでぃーがーど
ボディーガード
bodiigaado
guardaespaldas m.f.
グアルダエスパルダス
bodyguard
バディガード

ぼでぃーちぇっく
ボディーチェック
bodiichekku
cacheo m.
カチェオ
body search, frisk-ing
バディ サーチ, フリスキング

ぽてとちっぷ
ポテトチップ
potetochippu
patatas fritas f.pl., Ⓐ**pa-pas fritas** f.pl.
パタタス フリタス, パパス フリタス
chips, Ⓑcrisps
チプス, クリスプス

ほてる
ホテル
hoteru
hotel m.
オテル
hotel
ホウテル

日	西	英
ほてる **火照る** hoteru	**arder, tener calor** アルデル, テネル カロル	feel hot, flush **フィール ハ**ト, フ**ラ**シュ
ほどう **舗道** hodou	**camino pavimentado** *m.* カミノ パビメンタド	paved road ペイヴド ロウド
ほどう **歩道** hodou	**acera** *f.* アセラ	sidewalk, Ⓑpave- ment **サ**イドウォーク, **ペ**イヴメント
～橋	**pasarela** *f.* パサレラ	footbridge フ**ト**ブリヂ
ほどく **解く** hodoku	**desatar** デサタル	untie, unfasten アン**タ**イ, アン**ファ**スン
ほとけ **仏** hotoke	**Buda** *m.* ブダ	Buddha **ブ**ダ
ぼとる **ボトル** botoru	**botella** *f.* ボテジャ	bottle **バ**トル
ほとんど **ほとんど** hotondo	**casi** カシ	almost, nearly **オ**ールモウスト, **ニ**アリ
（ほとんどない）	**apenas** アペナス	hardly **ハ**ードリ
ぼにゅう **母乳** bonyuu	**leche materna** *f.* レチェ マテルナ	mother's milk **マ**ザズ ミルク
ほにゅうどうぶつ **哺乳動物** honyuudoubutsu	**mamífero** *m.* マミフェロ	mammal **マ**マル
ほね **骨** hone	**hueso** *m.* ウエソ	bone **ボ**ウン
～折り	**fatigas** *f.pl.* ファ**ティ**ガス	pains, efforts **ペ**インズ, **エ**ファツ
～組み	**esqueleto** *m.*, **armazón** *m.* エスケ**レ**ト, アルマ**ソ**ン	frame, structure フ**レ**イム, スト**ラ**クチャ

日	西	英
ほのお **炎** honoo	**llama** *f.* ジャマ	flame フレイム
ほのめかす **ほのめかす** honomekasu	**insinuar, aludir** インシヌアル，アルディル	hint, suggest ヒント，サグチェスト
ぽぴゅらーな **ポピュラーな** popyuraana	**popular** ポプラル	popular パピュラ
ぼぶすれー **ボブスレー** bobusuree	**bobsleigh** *m.* ボブスレイ	bobsleigh バブスレイ
ほほえましい **微笑ましい** hohoemashii	**enternecedor(-*a*)** エンテルネセドル(-ラ)	pleasing プリーズィング
ほほえむ **微笑む** hohoemu	**sonreír** *a* ソンレイル	smile at スマイル アト
ほめる **褒める** homeru	**elogiar** エロヒアル	praise プレイズ
ぼやく **ぼやく** boyaku	**quejarse** *de* ケハルセ	complain コンプレイン
ぼやける **ぼやける** boyakeru	**volverse borroso(-*a*)** ボルベルセ ボロソ(-サ)	blur, grow fuzzy ブラ，グロウ ファズイ
ほよう **保養** hoyou	**reposo** *m.* レポソ	rest レスト
〜地	**estación** *f.* エスタシオン	health resort ヘルス リゾート
ほら **法螺** hora	**bravata** *f.*, **fanfarronada** *f.* ブラバタ，ファンファロナダ	brag, boast ブラグ，ボウスト
〜を吹く	**exagerar, fanfarronear** エクサヘラル，ファンファロネアル	talk big トーク ビグ
ほらあな **洞穴** horaana	**cueva** *f.* クエバ	cave ケイヴ

日	西	英
ぼらんてぃあ **ボランティア** borantia	**voluntario(-a)** *m.f.* ボルンタリオ(- ア)	volunteer ヴァランティア
ぽりーぷ **ポリープ** poriipu	**pólipo** *m.* ポリポ	polyp パリプ
ぽりえすてる **ポリエステル** poriesuteru	**poliéster** *m.* ポリエステル	polyester パリエスタ
ぽりえちれん **ポリエチレン** poriechiren	**polietileno** *m.* ポリエティレノ	polythene, poly-ethylene パリスィーン, パリエスィリーン
ぽりお **ポリオ** porio	**poliomielitis** *f.* ポリオミエリティス	polio ポウリオウ
ぽりしー **ポリシー** porishii	**política** *f.* ポリティカ	policy パリスィ
ほりだしもの **掘り出し物** horidashimono	**ganga** *f.*, **hallazgo** *m.* ガンガ, アジャスゴ	good find, rare find グド ファインド, レア ファインド
ぽりぶくろ **ポリ袋** poribukuro	**bolsa de plástico** *f.* ボルサ デ プラスティコ	plastic bag プラスティク バグ
ほりゅうする **保留する** horyuusuru	**reservar** レセルバル	reserve, put on hold リザーヴ, プト オン ホウルド
ぽりゅーむ **ボリューム** boryuumu	**volumen** *m.* ボルメン	volume ヴァリュム
ほりょ **捕虜** horyo	**prisionero(-a)** *m.f.* プリシオネロ(- ラ)	prisoner プリズナ
ほる **掘る** horu	**cavar** カバル	dig, excavate ディグ, エクスカヴェイト
ほる **彫る** horu	**tallar, grabar** タジャル, グラバル	carve, engrave カーヴ, イングレイヴ
ぼると **ボルト**　　（ねじ） boruto	**tornillo** *m.*, **perno** *m.* トルニジョ, ペルノ	bolt ボウルト

日	西	英
（電圧の単位）	**voltio** *m.* ボルティオ	volt ヴォウルト
ぽるとがる **ポルトガル** porutogaru	**Portugal** *m.* ポルトゥガル	Portugal ポーチュガル
〜語	**portugués** *m.* ポルトゥゲス	Portuguese ポーチュギーズ
ぽるの **ポルノ** poruno	**pornografía** *f.* ポルノグラフィア	pornography ポーナグラフィ
ほるもん **ホルモン** horumon	**hormona** *f.* オルモナ	hormone ホーモウン
ほるん **ホルン** horun	**trompa** *f.*, **cuerno** *m.* トロンパ，クエルノ	horn ホーン
ほれる **惚れる** horeru	**enamorarse** *de* エナモラルセ	fall in love with フォール イン ラヴ ウィズ
ぽろしゃつ **ポロシャツ** poroshatsu	**polo** *m.* ポロ	polo shirt ポウロウ シャート
ほろにがい **ほろ苦い** horonigai	**ligeramente amargo(-a)** リヘラメンテ アマルゴ(-ガ)	slightly bitter スライトリ ビタ
ほろびる **滅びる** horobiru	**decaer** デカエル	fall, perish フォール，ペリシュ
ほろぼす **滅ぼす** horobosu	**arruinar, destruir** アルイナル，デストルイル	ruin, destroy ルーイン，ディストロイ
ぼろぼろの **ぼろぼろの** boroborono	**raído(-a)** ライド(-ダ)	ragged ラギド
ほん **本** hon	**libro** *m.* リブロ	book ブク
〜屋	**librería** *f.* リブレリア	bookstore ブクストー
ぼん **盆** bon	**bandeja** *f.* バンデハ	tray トレイ

日	西	英
ほんかくてきな **本格的な** honkakutekina	**real, genuino(-a)** レアル, ヘヌイノ(-ナ)	genuine, authentic チェニュイン, オーセンティク
ほんかん **本館** honkan	**edificio principal** *m.* エディフィシオ プリンシパル	main building メイン ビルディング
ほんきで **本気で** honkide	**seriamente** セリアメンテ	seriously, earnest- ly スィアリアスリ, アーネストリ
ほんきの **本気の** honkino	**serio(-a)** セリオ(-ア)	serious スィアリアス
ほんきょち **本拠地** honkyochi	**sede** *f.*, **base** *f.* セデ, バセ	base ベイス
ほんこん **香港** honkon	**Hong Kong** *m.* オン コン	Hong Kong ハング カング
ほんしつ **本質** honshitsu	**esencia** *f.* エセンシア	essence エセンス
〜的な	**esencial** エセンシアル	essential イセンシャル
ほんしゃ **本社** honsha	**sede** *f.*, **oficina central** *f.* セデ, オフィシナ セントラル	head office ヘド オーフィス
ほんしょう **本性** honshou	**naturaleza** *f.*, **carácter verdadero** *m.* ナトゥラレサ, カラクテル ベルダデロ	nature, true char- acter ネイチャ, トルー キャラクタ
ほんしん **本心** honshin	**verdadera intención** *f.* ベルダデラ インテンシオン	real intention リーアル インテンション
ぼんじん **凡人** bonjin	**mediocre** *m.f.* メディオクレ	mediocre person ミーディオウカ パースン
ほんせき **本籍** honseki	**domicilio legal** *m.* ドミシリオ レガル	registered domi- cile レヂスタド ダミサイル
ほんそうする **奔走する** honsousuru	**esforzarse, hacer lo po- sible** エスフォルサルセ, アセル ロ ポシブレ	make efforts メイク エファツ

日	西	英
ほんたい **本体** hontai	**cuerpo principal** *m.*, **sus-tancia** *f.* クエルポ プリンシパル, ススタンシア	main body メイン バディ
ほんだな **本棚** hondana	**estantería** *f.* エスタンテリア	bookshelf ブクシェルフ
ほんてん **本店** honten	**oficina central** *f.*, **casa matriz** *f.* オフィシナ セントラル, カサ マトリス	main branch メイン ブランチ
ほんど **本土** hondo	**tierra firme** *f.* ティエラ フィルメ	mainland メインランド
ぽんど **ポンド** pondo	**libra** *f.* リブラ	pound パウンド
ほんとう **本当** hontou	**verdad** *f.* ベルダド	truth トルース
ほんとうに **本当に** hontouni	**verdaderamente**, **real-mente** ベルダデラメンテ, レアルメンテ	truly, really トルーリ, リーアリ
ほんとうの **本当の** hontouno	**verdadero(-a)**, **real** ベルダデロ(-ラ), レアル	true, real トルー, リーアル
ほんにん **本人** honnin	**interesado(-a)** *m.f.*, **per-sona en cuestión** *f.* インテレサド(-ダ), ペルソナ エン クエスティオン	person in question パースン イン クウェスチョン
ほんね **本音** honne	**intención verdadera** *f.* インテンシオン ベルダデラ	true mind トルー マインド
ぽんねっと **ボンネット** bonnetto	**capó** *m.* カポ	hood, ®bonnet フド, ボネト
ほんの **ほんの** honno	**solamente**, **nada más** ソラメンテ, ナダ マス	just, only チャスト, オウンリ
ほんのう **本能** honnou	**instinto** *m.* インスティント	instinct インスティンクト
～的な	**instintivo(-a)** インスティンティボ(-バ)	instinctive インスティンクティヴ

日	西	英
ほんぶ **本部** honbu	**oficina central** *f.*, **sede** *f.* オフィシナ セントラル, セデ	head office, head-quarters ヘド オーフィス, ヘドクウォータズ
ぽんぷ **ポンプ** ponpu	**bomba** *f.* ボンバ	pump パンプ
ほんぶん **本文** honbun	**texto** *m.* テクスト	text テクスト
ぽんべ **ボンベ** bonbe	**bombona** *f.* ボンボナ	cylinder スィリンダ
ほんみょう **本名** honmyou	**nombre verdadero** *m.* ノンブレ ベルダデロ	real name リーアル ネイム
ほんめい **本命** honmei	**favorito(-a)** *m.f.* ファボリト(-タ)	favorite フェイヴァリト
ほんものの **本物の** honmonono	**auténtico(-a)** アウテンティコ(-カ)	genuine チェニュイン
ほんやく **翻訳** hon-yaku	**traducción** *f.* トラドゥクシオン	translation トランスレイション
～家	**traductor(-a)** *m.f.* トラドゥクトル(-ラ)	translator トランスレイタ
～する	**traducir** *a* トラドゥシル	translate トランスレイト
ぼんやりした **ぼんやりした** （ぼう然とした） bon-yarishita	**distraído(-a)** ディストライド(-ダ)	absent-minded アブセントマインデド
（ぼやけた）	**vago(-a)** バゴ(-ガ)	dim, vague ディム, ヴェイグ
ぼんやりと **ぼんやりと** （ぼう然と） bon-yarito	**distraídamente** ディストライダメンテ	absent-mindedly アブセントマインデドリ
（ぼやけて）	**vagamente** バガメンテ	dimly, vaguely ディムリ, ヴェイグリ

| 日 | 西 | 英 |

ま, マ

| ま
間
ma | （空間） | espacio *m.*
エスパシオ | space
スペイス |
| | （時間） | tiempo *m.*, intervalo *m.*
ティエンポ, インテルバロ | time, interval
タイム, インタヴァル |

まーがりん
マーガリン margarina *f.* margarine
maagarin マルガリナ マーチャリン

まーく
マーク marca *f.* mark
maaku マルカ マーク

まーけっと
マーケット mercado *m.* market
maaketto メルカド マーケト

まーじん
マージン margen *m.* margin
maajin マルヘン マーデン

まーまれーど
マーマレード mermelada *f.* marmalade
maamareedo メルメラダ マーマレイド

まい
枚 hoja *f.* sheet, piece
mai オハ シート, ピース

まい
毎 cada every, each
mai カダ エヴリ, イーチ

まいあさ
毎朝 cada mañana every morning
maiasa カダ マニャナ エヴリ モーニング

まいく
マイク micrófono *m.* microphone
maiku ミクロフォノ マイクロフォウン

まいくろばす
マイクロバス microbús *m.* minibus
maikurobasu ミクロブス ミニバス

まいご
迷子 niño(-a) perdido(-a) *m.f.* stray child
maigo ニニョ(-ニャ) ペルディド(-ダ) ストレイ チャイルド

日	西	英
まいこむ **舞い込む** maikomu	**venir inesperadamente** ベニル イネスペラダメンテ	come unexpected- ly カム アニクスペクテドリ
まいしゅう **毎週** maishuu	**cada semana** カダ セマナ	every week エヴリ ウィーク
まいそうする **埋葬する** maisousuru	**enterrar** エンテラル	bury ベリ
まいつき **毎月** maitsuki	**cada mes** カダ メス	every month エヴリ マンス
まいなーな **マイナーな** mainaana	**sin importancia, menor** シン インポルタンシア，メノル	minor マイナ
まいなす **マイナス** mainasu	**menos** メノス	minus マイナス
まいにち **毎日** mainichi	**cada día** カダ ディア	every day エヴリ デイ
まいねん **毎年** mainen	**cada año** カダ アニョ	every year エヴリ イア
まいばん **毎晩** maiban	**cada noche** カダ ノチェ	every evening エヴリ イーヴニング
まいぺーすで **マイペースで** maipeesude	**a *su* ritmo** ア リトモ	at one's own pace アト オウン ペイス
まいる **マイル** mairu	**milla** *f.* ミジャ	mile マイル
まう **舞う** mau	**bailar** バイラル	dance ダンス
まうえに **真上に** maueni	**justo encima** フスト エンシマ	directly above ディレクトリ アバヴ
まうす **マウス** mausu	**ratón** *m.* ラトン	mouse マウス

日	西	英
〜パッド	**alfombrilla para ratón** *f.* アルフォンブリジャ パラ ラトン	mouse pad マウス パッド
まうんてんばいく **マウンテンバイク** mauntenbaiku	**bicicleta de montaña** *f.* ビシクレタ デ モンタニャ	mountain bike マウンテン バイク
まえ **前** mae	**delantera** *f.*, **frente** *m.* デランテラ, フレンテ	front フラント
まえあし **前足** maeashi	**pata delantera** *f.* パタ デランテラ	forefoot フォーフト
まえうりけん **前売券** maeuriken	**entrada de venta antici-pada** *f.* エントラダ デ ベンタ アンティシパダ	advance ticket アドヴァンス ティケト
まえがき **前書き** maegaki	**prólogo** *m.* プロロゴ	preface プレフェス
まえがみ **前髪** maegami	**flequillo** *m.* フレキジョ	bangs, forelock, Ⓑfringe バングズ, フォーラク, フリンヂ
まえきん **前金** maekin	**anticipo** *m.* アンティシポ	advance アドヴァンス
まえに　　（かつて） **前に** maeni	**anteriormente, antes** アンテリオルメンテ, アンテス	before, ago ビフォー, アゴウ
まえの **前の** maeno	**delantero(-a), anterior** デランテロ(-ラ), アンテリオル	front, former フラント, フォーマ
まえば **前歯** maeba	**dientes delanteros** *m.pl.* ディエンテス デランテロス	front teeth フラント ティース
まえばらい **前払い** maebarai	**adelanto** *m.* アデラント	advance payment アドヴァンス ペイメント
まえむきの **前向きの** maemukino	**positivo(-a)** ポシティボ(-バ)	positive パズィティヴ
まえもって **前もって** maemotte	**de antemano** デ アンテマノ	beforehand ビフォーハンド

ま

日	西	英
まかせる **任せる** makaseru	**encargar, confiar** エンカルガル，コンフィアル	leave, entrust リーヴ，イントラスト
まがりかど **曲がり角** magarikado	**esquina** *f.* エスキナ	corner コーナ
まがる **曲がる** magaru	**doblarse, curvarse** ドブラルセ，クルバルセ	bend, curve ベンド，カーヴ
（道を）	**doblar, girar** ドブラル，ヒラル	turn ターン
まかろに **マカロニ** makaroni	**macarrones** *m.pl.* マカロネス	macaroni マカロウニ
まき **薪** maki	**leña** *f.* レニャ	firewood ファイアウド
まきじゃく **巻き尺** makijaku	**cinta métrica** *f.* シンタ メトリカ	tape measure テイプ メジャ
まぎらわしい **紛らわしい** magirawashii	**confuso(-a)** コンフソ(-サ)	misleading, con- fusing ミスリーディング，コンフュー ズィング
まぎれる **紛れる** magireru	**mezclarse** *con*, **confun- dirse** *con* メスクラルセ，コンフンディルセ	(be) confused with (ビ) コンフューズド ウィズ
（気が）	**distraerse** *con* ディストラエルセ	(be) diverted by (ビ) ディヴァーテド バイ
まく **幕** maku	**cortina** *f.* コルティナ	curtain カートン
（芝居の一段落）	**acto** *m.* アクト	act アクト
まく **蒔く**　　（種を） maku	**sembrar** センブラル	sow ソウ
まく **巻く** maku	**enrollar** エンロジャル	roll, wrap ロウル，ラプ

日	西	英
まく **撒く** maku	**rociar, esparcir** ロシアル，エスパルシル	sprinkle, scatter スプリンクル，スキャタ
まぐにちゅーど **マグニチュード** magunichuudo	**magnitud** *f.* マグニトゥド	magnitude マグニテュード
まぐねしうむ **マグネシウム** maguneshiumu	**magnesio** *m.* マグネシオ	magnesium マグニーズィアム
まぐま **マグマ** maguma	**magma** *m.* マグマ	magma マグマ
まくら **枕** makura	**almohada** *f.* アルモアダ	pillow ピロウ
まくる **まくる** makuru	**remangar, levantar** レマンガル，レバンタル	roll up ロウル アプ
まぐれ **まぐれ** magure	**chiripa** *f.* チリパ	fluke フルーク
まぐろ **鮪** maguro	**atún** *m.* アトゥン	tuna テューナ
まけ **負け** make	**derrota** *f.* デロタ	defeat ディフィート
まけどにあ **マケドニア** makedonia	**Macedonia** *f.* マセドニア	Macedonia マセドウニア
まける **負ける** makeru	**(ser) derrotado(-a), per- der** (セル) デロタド(-ダ)，ペルデル	(be) defeated, lose (ビ) ディフィーテド，ルーズ
（値段を）	**hacer una rebaja** アセル ウナ レバハ	reduce リデュース
まげる **曲げる** mageru	**doblar** ドブラル	bend ベンド
まご **孫** mago	**nieto(-a)** *m.f.* ニエト(-タ)	grandchild グランドチャイルド

日	西	英
まごころ **真心** magokoro	**sinceridad** *f.* シンセリダド	sincerity スィンセリティ
まごつく **まごつく** magotsuku	**quedarse confuso(-a),** **(estar) azorado(-a)** ケダルセ コンフソ(- サ), (エスタル) アソラド (- ダ)	(be) embarrassed (ビ) インバラスト
まこと **誠** (真実) makoto	**verdad** *f.* ベルダド	truth トルース
(真心)	**sinceridad** *f.* シンセリダド	sincerity スィンセリティ
まざこん **マザコン** mazakon	**complejo de Edipo** *m.* コンプレホ デ エディポ	mother complex マザ カンプレクス
まさつ **摩擦** masatsu	**rozamiento** *m.,* **fricción** *f.* ロサミエント, フリクシオン	friction フリクション
まさに **正に** masani	**justo** フスト	just, exactly ヂャスト, イグザクトリ
まさる **勝る** masaru	**superar, (ser) superior** *a* スペラル, (セル) スペリオル	(be) superior to (ビ) スピアリア トゥ
まじっく **マジック** majikku	**magia** *f.* マヒア	magic マヂク
まじない **まじない** majinai	**conjuro** *m.,* **hechizo** *m.* コンフロ, エチソ	charm, spell チャーム, スペル
まじめな **真面目な** majimena	**serio(-a)** セリオ(- ア)	serious スィアリアス
まじょ **魔女** majo	**bruja** *f.* ブルハ	witch ウィチ
まじる **混[交]じる** majiru	**mezclarse** *con* メスクラルセ	(be) mixed with (ビ) ミクスト ウィズ
まじわる **交わる** majiwaru	**cruzarse** クルサルセ	cross, intersect クロース, インタセクト

日	西	英
ます **増す** masu	**aumentar** アウメンタル	increase インクリース
ます **鱒** masu	**trucha** *f.* トルチャ	trout トラウト
ますい **麻酔** masui	**anestesia** *f.* アネステシア	anesthesia アニス**スィー**ジャ
ますい **まずい** （おいしくない） mazui	**soso(-a)** ソソ(- サ)	not good ナト **グ**ド
（よくない）	**malo(-a)** マロ(- ラ)	not good ナト **グ**ド
（出来が悪い）	**malo(-a)** マロ(- ラ)	poor **プ**ァ
（得策でない）	**imprudente, poco reco-mendable** インプルデンテ，ポコ レコメン**ダ**ブレ	unwise アン**ワ**イズ
ますかっと **マスカット** masukatto	**moscatel** *m.*, **uva mosca-tel** *f.* モスカ**テ**ル，**ウ**バ モスカ**テ**ル	muscat **マ**スカト
ますから **マスカラ** masukara	**rímel** *m.* リメル	mascara マス**キャ**ラ
ますく **マスク** masuku	**mascarilla** *f.* マスカ**リ**ジャ	mask **マ**スク
ますこみ **マスコミ** masukomi	**medios de comunica-ción de masas** *m.pl.* メディオス デ コムニカシ**オ**ン デ **マ**サス	mass media **マ**ス **ミ**ーディア
ますしい **貧しい** mazushii	**pobre** ポブレ	poor **プ**ァ
ますたーど **マスタード** masutaado	**mostaza** *f.* モス**タ**サ	mustard **マ**スタド
ますます **ますます** masumasu	**cada vez más, más y más** カダ ベス **マ**ス，**マ**ス イ **マ**ス	more and more **モ**ー アンド **モ**ー

日	西	英
ますめでぃあ **マスメディア** masumedia	**medios de comunica-ción de masas** *m.pl.* メディオス デ コムニカシオン デ マサス	mass media マス ミーディア
ませた **ませた** maseta	**precoz** プレコス	precocious プリコウシャス
まぜる **混[交]ぜる** mazeru	**mezclar** メスクラル	mix, blend ミクス, ブレンド
また **股** mata	**entrepierna** *f.* エントレピエルナ	crotch クラチ
また **又** mata	**otra vez** オトラ ベス	again アゲイン
(その上)	**además** アデマス	moreover, besides モーロウヴァ, ビサイヅ
まだ **未だ** mada	**todavía, aún** トダビア, アウン	yet, still イェト, スティル
またがる **跨がる** matagaru	**montar** モンタル	straddle, mount ストラドル, マウント
またぐ **跨ぐ** matagu	**pasar por encima** *de* パサル ポル エンシマ	step over ステプ オウヴァ
またせる **待たせる** mataseru	**hacer esperar** アセル エスペラル	keep waiting キープ ウェイティング
またたく **瞬く** matataku	**centellear, parpadear** センテジェアル, パルパデアル	wink, blink ウィンク, ブリンク
または **又は** matawa	**o** オ	or オー
まだら **斑** madara	**manchas** *f.pl.* マンチャス	spots スパッツ
まち **町[街]** machi	**ciudad** *f.* シウダド	town, city タウン, スィティ

日	西	英
まちあいしつ **待合室** machiaishitsu	**sala de espera** *f.* サラ デ エスペラ	waiting room ウェイティング ルーム
まちあわせる **待ち合わせる** machiawaseru	**citarse** *con* シタルセ	arrange to meet, rendezvous with アレインデ トゥ ミート, ラーンデイヴ ウィズ
まちがい **間違い** machigai	**equivocación** *f.* エキボカシオン	mistake, error ミステイク, エラ
(過失)	**falta** *f.*, **error** *m.* ファルタ, エロル	fault, slip フォルト, スリプ
まちがえる (誤る) **間違える** machigaeru	**equivocarse, cometer un error** エキボカルセ, コメテル ウン エロル	make a mistake メイク ア ミステイク
(取り違える)	**tomar** *por*, **confundir** *con* トマル, コンフンディル	mistake for ミステイク フォ
まちどおしい **待ち遠しい** machidooshii	**esperar con ilusión** エスペラル コン イルシオン	(be) looking forward to (ビ) ルキング フォーワド トゥ
まつ **待つ** matsu	**esperar** エスペラル	wait ウェイト
まっかな **真っ赤な** makkana	**rojo(-a) ardiente, de color rojo vivo** ロホ(-ハ) アルディエンテ, デ コロル ロホ ビボ	bright red ブライト レド
まっき **末期** makki	**fase final** *f.* ファセ フィナル	end, last stage エンド, ラスト ステイヂ
まっくらな **真っ暗な** makkurana	**completamente oscuro(-a)** コンプレタメンテ オスクロ(-ラ)	pitch-dark ピチダーク
まっくろな **真っ黒な** makkurona	**completamente negro(-a)** コンプレタメンテ ネグロ(-ラ)	deep-black ディープブラク
まつげ **まつげ** matsuge	**pestañas** *f.pl.* ペスタニャス	eyelashes アイラシェズ
まっさーじ **マッサージ** massaaji	**masaje** *m.* マサへ	massage マサージ

日	西	英
～する	**dar un masaje** ダル ウン マサヘ	massage マサージ
まっさおな **真っ青な** massaona	**de color azul vivo** デ コロル アスル ビボ	deep blue ディープ ブルー
（顔色が）	**pálido(-a)** パリド(・ダ)	pale ペイル
まっさきに **真っ先に** massakini	**ante todo, antes que na- da** アンテ トド, アンテス ケ ナダ	first of all ファースト オヴ オール
まっしゅるーむ **マッシュルーム** masshuruumu	**champiñón** *m.* チャンピニョン	mushroom マシュルーム
まっしろな **真っ白な** masshirona	**blanquísimo(-a)** ブランキシモ(・マ)	pure white ピュア (ホ)ワイト
まっすぐな **まっすぐな** massuguna	**derecho(-a)** デレチョ(・チャ)	straight ストレイト
まっすぐに **まっすぐに** massuguni	**derecho, recto** デレチョ, レクト	straight ストレイト
まったく **全く** （完全に） mattaku	**totalmente** トタルメンテ	completely, entire- ly コンプリートリ, インタイアリ
（全然）	**(para) nada** (パラ) ナダ	at all アト オール
（本当に）	**realmente** レアルメンテ	really, truly リーアリ, トルーリ
まったん **末端** mattan	**final** *m.*, **punta** *f.* フィナル, プンタ	end, tip エンド, ティプ
まっち **マッチ** macchi	**fósforo** *m.* フォスフォロ	match マチ
（試合）	**juego** *m.*, **partida** *f.* フエゴ, パルティダ	match, bout マチ, バウト

日	西	英
まっと **マット** matto	**esterilla** *f.* エステリジャ	mat マト
まつばづえ **松葉杖** matsubazue	**muleta** *f.* ムレタ	crutches クラチズ
まつり **祭り** matsuri	**festival** *m.* フェスティバル	festival フェスティヴァル
まと **的** mato	**blanco** *m.* ブランコ	mark, target マーク, ターゲト
まど **窓** mado	**ventana** *f.* ベンタナ	window ウィンドウ
～口	**ventanilla** *f.* ベンタニジャ	window ウィンドウ
まとまる **まとまる** matomaru	**reunirse** レウニルセ	(be) collected (ビ) コレクテド
まとめ **まとめ** matome	**resumen** *m.* レスメン	summary サマリ
まとめる **まとめる** matomeru	**reunir** レウニル	collect, get together コレクト, ゲト トゲザ
（整える）	**ordenar** オルデナル	adjust, arrange アヂャスト, アレインヂ
（解決する）	**solucionar** ソルシオナル	settle セトル
まどり **間取り** madori	**distribución de una casa** *f.* ディストリブシオン デ ウナ カサ	layout of a house レイアウト オヴ ア ハウス
まなー **マナー** manaa	**modales** *m.pl.* モダレス	manners マナズ
まないた **まな板** manaita	**tajo** *m.*, **tabla de cortar** *f.* タホ, タブラ デ コルタル	cutting board カティング ボード

日	西	英
まなざし **眼差し** manazashi	**mirada** *f.* ミラダ	look ルク
まなつ **真夏** manatsu	**pleno verano** *m.* プレノ ベラノ	midsummer ミドサマ
まなぶ **学ぶ** manabu	**aprender, estudiar** アプレンデル, エストゥディアル	learn, study ラーン, スタディ
まにあ **マニア** mania	**maníaco(-a)** *m.f.* マニアコ(-カ)	maniac メイニアク
まにあう **間に合う** maniau	**llegar a tiempo** *para* ジェガル ア ティエンポ	(be) in time for (ビ) イン **タ**イム フォ
（必要を満たす）	**satisfacer, bastar** サティスファセル, バスタル	answer, (be) enough アンサ, (ビ) イ**ナ**フ
まにあわせ **間に合わせ** maniawase	**arreglo provisional** *m.*, **parche** *m.* アレグロ プロビシオナル, パルチェ	makeshift メイクシフト
まにあわせる **間に合わせる** maniawaseru	**preparar** プレパラル	make do メイク **ドゥ**ー
まにきゅあ **マニキュア** manikyua	**manicura** *f.* マニクラ	manicure マニキュア
まにゅある **マニュアル** manyuaru	**manual** *m.* マヌアル	manual マニュアル
まぬがれる **免れる** manugareru	**evitar** エビタル	avoid, evade ア**ヴォ**イド, イ**ヴェ**イド
まぬけな **間抜けな** manukena	**estúpido(-a)** エス**トゥ**ピド(-ダ)	stupid, silly ス**テュ**ーピド, **ス**ィリ
まねーじゃー **マネージャー** maneejaa	**gerente** *m.f.* ヘレンテ	manager マニヂャ
まねく **招く** maneku	**invitar** インビタル	invite イン**ヴァ**イト

日	西	英
(引き起こす)	**causar** カウサル	cause コーズ
まねする **真似する** manesuru	**imitar** イミタル	imitate, mimic イミテイト，ミミク
まばらな **まばらな** mabarana	**ralo(-a), escaso(-a)** ラロ(-ラ)，エスカソ(-サ)	sparse スパース
まひ **麻痺** mahi	**parálisis** f. パラリシス	paralysis パラリスィス
～する	**paralizarse** パラリサルセ	(be) paralyzed (ヒ) パラライズド
まひる **真昼** mahiru	**mediodía** m. メディオディア	midday, noon ミドデイ，ヌーン
まふぃあ **マフィア** mafia	**mafia** f. マフィア	Mafia マーフィア
まぶしい **眩しい** mabushii	**deslumbrante** デスルンブランテ	glaring, dazzling グレアリング，ダズリング
まぶた **瞼** mabuta	**párpado** m. パルパド	eyelid アイリド
まふゆ **真冬** mafuyu	**pleno invierno** m. プレノ インビエルノ	midwinter ミドウィンタ
まふらー **マフラー** mafuraa	**bufanda** f. ブファンダ	muffler マフラ
まほう **魔法** mahou	**magia** f. マヒア	magic マヂク
まぼろし **幻** maboroshi	**visión** f., **aparición** f. ビシオン，アパリシオン	phantom ファントム
まみず **真水** mamizu	**agua fresca [dulce]** f. アグア フレスカ [ドゥルセ]	fresh water フレシュ ウォータ
まめ **豆** mame	**legumbre** f. レグンブレ	bean ビーン

ま

日	西	英
まめつする **摩滅する** mametsusuru	**desgastarse** デスガスタルセ	(be) worn down (ビ) ウォーン ダウン
まもなく **間もなく** mamonaku	**pronto** プロント	soon スーン
まもり **守り** mamori	**defensa** *f.* デフェンサ	defense, ⑱defence ディフェンス, ディフェンス
まもる **守る** mamoru	**defender** デフェンデル	defend, protect ディフェンド, プロテクト
まやく **麻薬** mayaku	**narcótico** *m.*, **droga** *f.* ナルコティコ, ドロガ	narcotic, drug ナーカティク, ドラグ
まゆ **眉** mayu	**ceja** *f.* セハ	eyebrow アイブラウ
〜墨	**lápiz de cejas** *m.* ラピス デ セハス	eyebrow pencil アイブラウ ペンスル
まよう **迷う** (気持ちが) mayou	**vacilar** バシラル	hesitate, dither ヘズィテイト, ディザ
(道に)	**perderse, (estar) perdi-do(-a)** ペルデルセ, (エスタル) ペルディド(-ダ)	(be) lost, lose one's way (ビ) ロースト, ルーズ ウェイ
まよなか **真夜中** mayonaka	**medianoche** *f.* メディアノチェ	midnight ミドナイト
まよねーず **マヨネーズ** mayoneezu	**mayonesa** *f.* マヨネサ	mayonnaise メイアネイズ
まらそん **マラソン** marason	**maratón** *m.* マラトン	marathon マラソン
まらりあ **マラリア** mararia	**malaria** *f.* マラリア	malaria マレアリア
まりね **マリネ** marine	**adobo** *m.*, **escabeche** *m.* アドボ, エスカベチェ	marinade マリネイド

ま

日	西	英
まりふぁな **マリファナ** marifana	**marihuana** *f.* マリウアナ	marijuana マリワーナ
まる **丸** maru	**círculo** *m.* シルクロ	circle サークル
まるい **円[丸]い** marui	**redondo(-a), circular** レドンド(-ダ), シルクラル	round, circular ラウンド, サーキュラ
まるで **まるで** marude	**completamente** コンプレタメンテ	completely, quite コンプリートリ, クワイト
まるまるとした **丸々とした** marumarutoshita	**regordete(-a)** レゴルデテ(-タ)	plump プランプ
まれーしあ **マレーシア** mareeshia	**Malasia** *f.* マラシア	Malaysia マレイジャ
まれな **稀な** marena	**raro(-a)** ラロ(-ラ)	rare レア
まれに **稀に** mareni	**raramente** ララメンテ	rarely, seldom レアリ, セルドム
まろにえ **マロニエ** maronie	**castaño de Indias** *m.* カスタニョ デ インディアス	horse chestnut ホース チェスナト
まわす **回す** mawasu	**dar vueltas** ダル ブエルタス	turn, spin ターン, スピン
（順に渡す）	**pasar** パサル	pass (around) パス (アラウンド)
まわり **周り**　（周囲） mawari	**circunferencia** *f.*, **perímetro** *m.* シルクンフェレンシア, ペリメトロ	circumference, perimeter サカムファレンス, ペリマタ
（付近）	**vecindad** *f.* ベシンダド	neighborhood ネイバフド
まわりみち **回り道** mawarimichi	**rodeo** *m.*, **desvío** *m.* ロデオ, デスビオ	detour ディートゥア

日	西	英
まわる **回る** mawaru	**girar** ヒラル	turn around, spin ターン アラウンド, スピン
（循環）	**circular** シルクラル	circulate サーキュレイト
まん **万** man	**diez mil** *m.* ディエス ミル	ten thousand テン サウザンド
まんいち **万一** man-ichi	**por si acaso** ポル シ アカソ	by any chance バイ エニ チャンス
まんいんである **満員である** man-indearu	**(estar) completo(-a)** （エスタル）コンプレト(-タ)	(be) full （ビ）フル
まんえんする **蔓延する** man-ensuru	**propagarse** プロパガルセ	spread スプレド
まんが **漫画** manga	**cómic** *m.*, **caricatura** *f.*, **tira** *f.* コミク, カリカトゥラ, ティラ	cartoon, comic カートゥーン, カミク
まんかいの **満開の** mankaino	**en plena floración** エン プレナ フロラシオン	in full bloom イン フル ブルーム
まんき **満期** manki	**vencimiento** *m.* ベンシミエント	expiration エクスピレイション
〜になる	**vencer** ベンセル	expire イクスパイア
まんきつする **満喫する** mankitsusuru	**gozar plenamente** *de* ゴサル プレナメンテ	enjoy fully インヂョイ フリ
まんげきょう **万華鏡** mangekyou	**caleidoscopio** *m.* カレイドスコピオ	kaleidoscope カライドスコウプ
まんげつ **満月** mangetsu	**luna llena** *f.* ルナ ジェナ	full moon フル ムーン
まんごー **マンゴー** mangoo	**mango** *m.* マンゴ	mango マンゴウ

日	西	英
まんじょういっちで **満場一致で** manjouicchide	**por unanimidad** ポル ウナニミダド	unanimously ユーナニマスリ
まんしょん **マンション** manshon	**propiedad horizontal** *f.*, **apartamento** *m.* プロピエダド オリソンタル, アパルタメント	condominium カンドミニアム
まんせいの **慢性の** manseino	**crónico(-a)** クロニコ(-カ)	chronic クラニク
まんぞく **満足** manzoku	**satisfacción** *f.* サティスファクシオン	satisfaction サティスファクション
～する	**satisfacerse** *con*, **(estar)** **satisfecho(-a)** *con* サティスファセルセ, (エスタル) サティスフェチョ(-チャ)	(be) satisfied with (ビ) サティスファイド ウィズ
～な	**satisfactorio(-a)** サティスファクトリオ(-ア)	satisfactory サティスファクトリ
まんちょう **満潮** manchou	**marea alta** *f.* マレア アルタ	high tide ハイ タイド
まんてん **満点** manten	**resultado máximo** *m.* レスルタド マクシモ	perfect mark パーフェクト マーク
まんどりん **マンドリン** mandorin	**mandolina** *f.* マンドリナ	mandolin マンドリン
まんなか **真ん中** mannaka	**centro** *m.* セントロ	center of センタ オヴ
まんねり **マンネリ** manneri	**rutina** *f.* ルティナ	rut ラト
まんねんひつ **万年筆** mannenhitsu	**pluma estilográfica** *f.* プルマ エスティログラフィカ	fountain pen ファウンティン ペン
まんびきする **万引きする** manbikisuru	**hurtar ... en la tienda** ウルタル エン ラ ティエンダ	shoplift シャプリフト
まんぷくする **満腹する** manpukusuru	**(estar) satisfecho(-a)** (エスタル) サティスフェチョ(-チャ)	have eaten enough ハヴ イートン イナフ

日	西	英
まんべんなく **まんべんなく** （むらなく） manbennaku	**por todas partes, de ma- nera uniforme** ポル トダス パルテス，デ マ ネラ ウニフォルメ	evenly イーヴンリ
（漏れなく）	**sin excepción** シン エクセプシオン	without exception ウィザウト イクセプション
まんほーる **マンホール** manhooru	**boca de alcantarilla** *f.* ボカ デ アルカンタリジャ	manhole マンホウル
まんもす **マンモス** manmosu	**mamut** *m.* マムト	mammoth マモス

み，ミ

日	西	英
み **実** mi	**fruto** *m.* フルト	fruit, nut フルート，ナト
み **身** mi	**cuerpo** *m.* クエルポ	body バディ
みあきる **見飽きる** miakiru	**cansarse de ver** カンサルセ デ ベル	(be) sick of seeing （ビ）スィク オヴ スィーイング
みあげる **見上げる** miageru	**mirar hacia arriba** ミラル アシア アリバ	look up at ルク アプ アト
みあわせる **見合わせる** （延期する） miawaseru	**prorrogar, aplazar** プロロガル，アプラサル	postpone ポウストポウン
（互いに見合う）	**mirarse mutuamente** ミラルセ ムトゥアメンテ	look at each other ルク アト イーチ アザ
みーてぃんぐ **ミーティング** miitingu	**reunión** *f.* レウニオン	meeting ミーティング
みいら **ミイラ** miira	**momia** *f.* モミア	mummy マミ
みうしなう **見失う** miushinau	**perder de vista** *a* ペルデル デ ビスタ	miss, lose sight of ミス，ルーズ サイト オヴ

日	西	英
身内 みうち miuchi	**familiar** *m.f.* ファミリ**ア**ル	relatives レ**ラ**ティヴズ
見栄 みえ mie	**vanidad** *f.* バニ**ダ**ド	show, vanity ショウ, **ヴァ**ニティ
見える みえる mieru	**ver(se)** ベル(セ)	see, (be) seen ス**ィ**ー, (ビ) ス**イ**ーン
(見受けられる)	**parecer** パレ**セ**ル	look, seem ル**ク**, ス**イ**ーム
見送る みおくる miokuru	**despedir** デスペ**ディ**ル	see off, see ス**イ**ー オーフ, ス**イ**ー
見落とす みおとす miotosu	**no darse cuenta** de ノ **ダ**ルセ ク**エ**ンタ	overlook, miss オウヴァ**ル**ク, **ミ**ス
見下ろす みおろす miorosu	**mirar (hacia) abajo** ミ**ラ**ル (**ア**シア) ア**バ**ホ	look down ル**ク ダ**ウン
未解決の みかいけつの mikaiketsuno	**sin solucionar** シン ソルシオ**ナ**ル	unsolved アン**サ**ルヴド
未開の みかいの mikaino	**primitivo(-a), salvaje** プリ**ミ**ティボ(-バ), サル**バ**へ	primitive, uncivi-lized プ**リ**ミティヴ, アン**ス**ィヴィラ イズド
見返り みかえり mikaeri	**recompensa** *f.* レコン**ペ**ンサ	rewards リ**ウォ**ーヅ
味覚 みかく mikaku	**gusto** *m.*, **paladar** *m.* **グ**スト, パラ**ダ**ル	palate, sense of taste **パ**レト, **セ**ンス オヴ **テ**イスト
磨く みがく migaku	**pulir** プ**リ**ル	polish, brush **パ**リシュ, ブ**ラ**シュ
(技能を)	**perfeccionar, entrenar** ペルフェクシオ**ナ**ル, エントレ**ナ**ル	improve, train イン**プル**ーヴ, ト**レ**イン
見かけ みかけ mikake	**aspecto** *m.* アス**ペ**クト	appearance ア**ピ**アランス

日	西	英
みかた **味方** mikata	**amigo(-a)** *m.f.*, **aliado(-a)** *m.f.* アミゴ(･ガ), アリアド(･ダ)	friend, ally フレンド, アライ
みかづき **三日月** mikazuki	**luna creciente** *f.* ルナ クレシエンテ	crescent moon クレセント ムーン
みかん **蜜柑** mikan	**mandarina** *f.* マンダリナ	mandarin マンダリン
みかんせいの **未完成の** mikanseino	**incompleto(-a)** インコンプレト(･タ)	unfinished, incom-plete アンフィニシュト, インコンプ リート
みき **幹** miki	**tronco** *m.* トロンコ	tree trunk, trunk トリートランク, トランク
みぎ **右** migi	**derecha** *f.* デレチャ	right ライト
みぎうで **右腕** migiude	**brazo derecho** *m.* ブラソ デレチョ	right arm ライト アーム
みきさー **ミキサー** mikisaa	**licuadora** *f.*, **batidora** *f.* リクアドラ, バティドラ	mixer, blender ミクサ, ブレンダ
みぐるしい **見苦しい** （下品な） migurushii	**indecente, antiestético(-a)** インデセンテ, アンティエステティコ(･カ)	indecent インディーセント
（目障りな）	**indecente** インデセンテ	unsightly, indecent アンサイトリ, インディーセン ト
みごとな **見事な** migotona	**hermoso(-a), admirable** エルモソ(･サ), アドミラブレ	beautiful, fine ビューティフル, ファイン
みこみ **見込み** （可能性） mikomi	**posibilidad** *f.* ポシビリダド	possibility パスィビリティ
（期待）	**expectativa** *f.*, **perspecti-va** *f.* エクスペクタティバ, ペルスペクティバ	prospect プラスペクト
（有望）	**promesa** *f.*, **esperanza** *f.* プロメサ, エスペランサ	promise, hope プラミス, ホウプ

日	西	英
みこんの **未婚の** mikonno	**soltero(-a)** ソルテロ(·ラ)	unmarried, single アンマリド，スィングル
みさ **ミサ** misa	**misa** *f.* ミサ	mass マス
みさいる **ミサイル** misairu	**misil** *m.* ミシル	missile ミスィル
みさき **岬** misaki	**cabo** *m.* カボ	cape ケイプ
みじかい **短い** mijikai	**corto(-a), breve** コルト(·タ)，ブレベ	short, brief ショート，ブリーフ
みじめな **惨めな** mijimena	**miserable** ミセラブレ	miserable, wretch-ed ミゼラブル，レチド
みじゅくな **未熟な** 　　　（熟していない） mijukuna	**inmaduro(-a)** インマドゥロ(·ラ)	unripe アンライプ
（発達していない）	**inexperto(-a), inmadu-ro(-a)** イネクスペルト(·タ)，インマドゥロ(·ダ)	immature イマテュア
みしらぬ **見知らぬ** mishiranu	**extraño(-a), desconoci-do(-a)** エクストラニョ(·ニャ)，デスコノシド(·ダ)	strange, unfamiliar ストレインヂ，アンファミリア
みしん **ミシン** mishin	**máquina de coser** *f.* マキナ デ コセル	sewing machine ソウイング マシーン
みす **ミス**　　（誤り） misu	**error** *m.* エロル	mistake ミステイク
みず **水** mizu	**agua** *f.* アグア	water ウォータ
（水道の）	**agua de grifo** *f.* アグア デ グリフォ	tap water タプ ウォータ
（発泡性でない）	**agua sin gas** *f.* アグア シン ガス	still water スティル ウォータ

み

日	西	英
（発泡性の）	**agua con gas** *f.* アグア コン ガス	sparkling water, carbonated water スパークリング ウォータ, カーボネイテド ウォータ
みすいの **未遂の** misuino	**intentado(-*a*)** インテンタド(-ダ)	attempted アテンプテド
みずいろ **水色** mizuiro	**azul claro** *m.* アスル クラロ	light blue ライト ブルー
みずうみ **湖** mizuumi	**lago** *m.* ラゴ	lake レイク
みずがめざ **水瓶座** mizugameza	**Acuario** *m.* アクアリオ	Water Bearer, Aquarius ウォータ ベアラ, アクウェアリアス
みずから **自ら** mizukara	**personalmente** ペルソナルメンテ	personally, in person パーソナリ, イン パースン
みずぎ **水着** mizugi	**bañador** *m.* バニャドル	swimsuit スウィムスート
みずくさい **水臭い** mizukusai	**reservado(-*a*)** レセルバド(-ダ)	reserved, cold リザーヴド, コウルド
みずさし **水差し** mizusashi	**jarra** *f.* ハラ	pitcher, water jug, ⑧jug ピチャ, ウォータ チャグ, チャグ
みずしらずの **見ず知らずの** mizushirazuno	**extraño(-*a*)**,　**desconoci-do(-*a*)** エクストラニョ(-ニャ), デスコノシド(-ダ)	strange ストレインヂ
みずたまもよう **水玉模様** mizutamamoyou	**lunares** *m.pl.* ルナレス	polka dots ポウルカ ダッツ
みすてりー **ミステリー** misuterii	**misterio** *m.* ミステリオ	mystery ミスタリ
みすてる **見捨てる** misuteru	**abandonar** アバンドナル	abandon アバンドン
みずぶくれ **水膨れ** mizubukure	**ampolla** *f.* アンポジャ	blister ブリスタ

日	西	英
みずべ **水辺** mizube	**orilla** *f.* オリジャ	waterside **ウォータ**サイド
みずぼうそう **水ぼうそう** mizubousou	**varicela** *f.* バリ**セ**ラ	chicken pox **チキン** パクス
みすぼらしい **みすぼらしい** misuborashii	**miserable, pobre, andra-joso(-a)** ミセ**ラ**ブレ, **ポ**ブレ, アンドラ**ホ**ソ(- サ)	shabby **シャ**ビ
みずみずしい **瑞々しい** mizumizushii	**fresco(-a)** フ**レ**スコ(- カ)	fresh フ**レ**シュ
みずむし **水虫** mizumushi	**pie de atleta** *m.* ピ**エ** デ アト**レ**タ	athlete's foot **ア**スリーツ **フ**ト
みせ **店** mise	**tienda** *f.* ティ**エ**ンダ	store, shop スト—, **シャ**プ
みせいねん **未成年** miseinen	**menor de edad** *m.f.* メ**ノ**ル デ エ**ダ**ド	minor, person un-der age **マ**イナ, **パ**ースン アンダ **エ**イヂ
みせかけの **見せかけの** misekakeno	**fingido(-a)** フィン**ヒ**ド(- ダ)	feigned, pretend **フェ**インド, プリ**テ**ンド
みせびらかす **見せびらかす** misebirakasu	**exhibir, presumir** エクシ**ビ**ル, プレス**ミ**ル	show off **ショ**ウ **オ**—フ
みせびらき **店開き** misebiraki	**inauguración** *f.* イナウグラシ**オ**ン	opening **オ**ウプニング
みせもの **見せ物** misemono	**espectáculo** *m.* エスペク**タ**クロ	show **ショ**ウ
みせる **見せる** miseru	**mostrar** モスト**ラ**ル	show, display **ショ**ウ, ディス**プレ**イ
みぞ **溝** mizo	**cuneta** *f.*, **zanja** *f.* ク**ネ**タ, **サ**ンハ	ditch, gutter **ディ**チ, **ガ**タ
（隔たり）	**distancia** *f.*, **hueco** *m.* ディス**タ**ンシア, ウ**エ**コ	gap **ギャ**プ

日	西	英
みぞおち **みぞおち** mizoochi	**epigastrio** *m.*, **boca del estómago** *f.* エピガストリオ, ボカ デル エストマゴ	pit of the stomach ピト オヴ ザ スタマク
みそこなう **見損なう**（見逃す） misokonau	**perder la ocasión de ver** ペルデル ラ オカシオン デ ベル	fail to see フェイル トゥ スィー
（評価を誤る）	**juzgar mal** フスガル マル	misjudge ミスチャヂ
みぞれ **霙** mizore	**aguanieve** *f.* アグアニエベ	sleet スリート
みだし **見出し** midashi	**titular** *m.* ティトゥラル	headline, heading ヘドライン, ヘディング
みたす **満たす** mitasu	**llenar** ジェナル	fill フィル
みだす **乱す** midasu	**perturbar** ペルトゥルバル	throw into disorder スロウ イントゥ ディスオーダ
みだれる **乱れる** midareru	**desordenarse** デソルデナルセ	(be) out of order (ビ) アウト オヴ オーダ
みち **道** michi	**camino** *m.* カミノ	way, road ウェイ, ロウド
みちがえる **見違える** michigaeru	**tomar** *por* トマル	take for テイク フォ
みちじゅん **道順** michijun	**itinerario** *m.* イティネラリオ	route, course ルート, コース
みちすう **未知数** michisuu	**incógnita** *f.* インコグニタ	unknown quantity アンノウン クワンティティ
みちのり **道のり** michinori	**distancia** *f.* ディスタンシア	distance ディスタンス
みちびく **導く** michibiku	**conducir, guiar** コンドゥシル, ギアル	lead, guide リード, ガイド

日	西	英
みちる 満ちる （潮が） michiru	subir スビル	rise, flow ライズ, フロウ
（物が）	llenarse de ジェナルセ	(be) filled with (ビ) フィルド ウィズ
みつかる 見つかる mitsukaru	(ser) encontrado(-a) (セル) エンコントラド(-ダ)	(be) found (ビ) ファウンド
みつける 見つける mitsukeru	encontrar エンコントラル	find, discover ファインド, ディスカヴァ
みっこう 密航 mikkou	travesía clandestina f. トラベシア クランデスティナ	smuggling スマグリング
みっこくする 密告する mikkokusuru	denunciar, delatar デヌンシアル, デラタル	inform, tip off インフォーム, ティプ オーフ
みっしつ 密室 misshitsu	cuarto cerrado m., sala secreta f. クアルト セラド, サラ セクレタ	secret room スィークレト ルーム
みっせつな 密接な missetsuna	estrecho(-a), íntimo(-a) エストレチョ(-チャ), インティモ(-マ)	close, intimate クロウス, インティメト
みつど 密度 mitsudo	densidad f. デンシダド	density デンスィティ
みつにゅうこく 密入国 mitsunyuukoku	entrada ilegal en un país f. エントラダ イレガル エン ウン パイス	illegal entry into a country イリーガル エントリ イントゥア カントリ
みつばい 密売 mitsubai	venta clandestina f. ベンタ クランデスティナ	illicit sale イリスィト セイル
みつばち 蜜蜂 mitsubachi	abeja f. アベハ	bee ビー
みっぺいする 密閉する mippeisuru	cerrar herméticamente [completamente] セラル エルメティカメンテ [コンプレタメンテ]	close up クロウズ アプ
みつめる 見つめる mitsumeru	mirar fijamente ミラル フィハメンテ	gaze at ゲイズ アト

日	西	英
みつもり **見積もり** mitsumori	**estimación** *f.* エスティマシオン	estimate エスティメト
みつもる **見積もる** mitsumoru	**calcular, estimar** カルクラル, エスティマル	estimate エスティメイト
みつやく **密約** mitsuyaku	**acuerdo secreto** *m.* アクエルド セクレト	secret understanding スィークレト アンダスタンディング
みつゆ **密輸** mitsuyu	**contrabando** *m.* コントラバンド	smuggling スマグリング
みつりょう **密漁[猟]** mitsuryou	**pesca furtiva** *f.*, **caza furtiva** *f.* ペスカ フルティバ, カサ フルティバ	poaching ポウチング
みていの **未定の** miteino	**indeterminado(-a), por decidir(se)** インデテルミナド(-ダ), ポル デシディル(セ)	undecided アンディサイデド
みとうの **未踏の** mitouno	**inexplorado(-a)** イネクスプロラド(-ダ)	unexplored アニクスプロード
みとおし **見通し** mitooshi	**perspectiva** *f.* ペルスペクティバ	prospect プラスペクト
みとめる (受け入れる) **認める** mitomeru	**aceptar, aprobar** アセプタル, アプロバル	accept, acknowledge アクセプト, アクナリヂ
(認識する)	**reconocer** レコノセル	recognize レコグナイズ
みどりいろ **緑色** midoriiro	**verde** *m.* ベルデ	green グリーン
みとりず **見取り図** mitorizu	**croquis** *m.* クロキス	sketch スケチ
みとれる **見とれる** mitoreru	**mirar con admiración** *a* ミラル コン アドミラシオン	look admiringly at ルク アドマイアリングリ アト
みな **皆** mina	**todo(-a), todos(-as)** トド(-ダ), トドス(-ダス)	all オール

日	西	英
みなおす **見直す** minaosu	**reexaminar** レエクサミナル	reexamine リーイグ**ザ**ミン
みなす **見なす** minasu	**considerar** *como* コンシデ**ラ**ル コモ	think of as **ス**ィンク オヴ アズ
みなと **港** minato	**puerto** *m.* プ**エ**ルト	harbor, port ハーバ, **ポ**ート
みなみ **南** minami	**sur** *m.* **ス**ル	south **サ**ウス
みなみあふりか **南アフリカ** minamiafurika	**Sudáfrica** *f.* ス**ダ**フリカ	South Africa **サ**ウス **ア**フリカ
みなみあめりか **南アメリカ** minamiamerika	**Sudamérica** *f.* スダ**メ**リカ	South America **サ**ウス ア**メ**リカ
みなみがわ **南側** minamigawa	**lado sur** *m.* **ラ**ド **ス**ル	south side **サ**ウス **サ**イド
みなみじゅうじせい **南十字星** minamijuujisei	**Cruz del Sur** *f.* ク**ル**ス デル **ス**ル	Southern Cross **サ**ザン ク**ロ**ース
みなみはんきゅう **南半球** minamihankyuu	**hemisferio sur** *m.* エミス**フェ**リオ **ス**ル	Southern Hemisphere **サ**ザン ヘ**ミ**スフィア
みなもと **源** minamoto	**fuente** *f.* フ**エ**ンテ	source **ソ**ース
みならい **見習い** minarai	**aprendizaje** *m.* アプレンディ**サ**へ	apprenticeship ア**プレ**ンティスシプ
(の人)	**aprendiz(-a)** *m.f.* アプレン**ディ**ス(-サ)	apprentice ア**プレ**ンティス
～期間	**período de aprendizaje [prueba]** *m.* ペ**リ**オド デ アプレンディ**サ**へ [プル**エ**バ]	probationary period プロウ**ベ**イショナリ **ピ**アリオド
みならう **見習う** minarau	**aprender** *de*, **seguir el ejemplo** *de* アプレン**デ**ル, セ**ギ**ル エル エ**ヘ**ンプロ	learn, imitate **ラ**ーン, **イ**ミテイト

日	西	英
みなり **身なり** minari	**aspecto** *m.*, **atuendo** *m.* アスペクト，アトゥエンド	dress, appearance ドレス，アピアランス
みなれた **見慣れた** minareta	**familiar** ファミリアル	familiar, accus- tomed ファミリア，アカスタムド
みにくい **見にくい** minikui	**difícil de ver** ディフィシル デ ベル	hard to see ハード トゥ スィー
みにくい **醜い** minikui	**feo(-a)** フェオ(-ア)	ugly アグリ
みにちゅあ **ミニチュア** minichua	**miniatura** *f.* ミニアトゥラ	miniature ミニアチャ
みぬく **見抜く** minuku	**adivinar, darse cuenta de** アディビナル，ダルセ クエンタ	see through スィー スルー
みねらる **ミネラル** mineraru	**mineral** *m.* ミネラル	mineral ミネラル
～ウォーター	**agua mineral** *f.* アグア ミネラル	mineral water ミナラル ウォータ
みのうの **未納の** minouno	**no pagado(-a), impaga-do(-a)** ノ パガド(-ダ)，インパガド(-ダ)	unpaid アンペイド
みのがす **見逃す** （見落とす） minogasu	**dejar escapar** デハル エスカパル	overlook オウヴァルク
（黙認する）	**hacer la vista gorda, to-lerar** アセル ラ ビスタ ゴルダ，トレラル	connive at, quietly condone コナイヴ アト，クワイエトリ コ ンドウン
みのしろきん **身代金** minoshirokin	**rescate** *m.* レスカテ	ransom ランソム
みのる **実る** （実がなる） minoru	**fructificar, madurar** フルクティフィカル，マドゥラル	ripen ライプン
（成果が上がる）	**dar fruto** ダル フルト	bear fruit ベア フルート

日	西	英
みはらし **見晴らし** miharashi	**panorámica** *f.*, **vista** *f.* パノラミカ, ビスタ	unbroken view, panoramic view アンブロウクン **ヴュ**ー, パノラミク **ヴュ**ー
みはる **見張る** miharu	**guardar** グアル**ダ**ル	keep under observation **キ**ープ アンダ アブザ**ヴェ**イション
みぶり **身振り** miburi	**gesto** *m.* ヘスト	gesture **チェ**スチャ
みぶん **身分** mibun	**posición** *f.*, **estado social** *m.* ポシシオン, エス**タ**ド ソシアル	social status ソウシャル ス**テ**イタス
~証明書	**carné [document] de identidad** *m.* カル**ネ** [ドク**メ**ント] デイデンティ**ダ**ド	identity card アイ**デ**ンティティ **カ**ード
みぼうじん **未亡人** miboujin	**viuda** *f.* ビウダ	widow **ウィ**ドウ
みほん **見本** mihon	**muestra** *f.* ム**エ**ストラ	sample, specimen **サ**ンプル, ス**ペ**スィメン
みまう **見舞う** mimau	**hacer una visita** ア**セ**ル ウナ ビ**シ**タ	visit, inquire after **ヴィ**ズィト, インク**ワ**イア アフタ
みまもる **見守る** mimamoru	**observar** オブセル**バ**ル	keep one's eyes on **キ**ープ **ア**イズ オン
みまわす **見回す** mimawasu	**mirar alrededor [en torno]** ミ**ラ**ル アルレ**デ**ドル [エン **ト**ルノ]	look about ル**ク** ア**バ**ウト
みまん **未満** miman	**menos de** **メ**ノス デ	under, less than **ア**ンダ, レス **ザ**ン
みみ **耳** mimi	**oreja** *f.*, **oído** *m.* オ**レ**ハ, オ**イ**ド	ear **イ**ア
みみかき **耳掻き** mimikaki	**mondaorejas** *m.* モンダオ**レ**ハス	earpick **イ**アピク
みみず **蚯蚓** mimizu	**lombriz** *f.* ロン**ブ**リス	earthworm **ア**ースワーム

日	西	英
みめい **未明** mimei	**antes de amanecer** アンテス デ アマネセル	before daybreak ビフォ **デ**イブレイク
みもと **身元** mimoto	**identidad** *f.* イデンティダド	identity アイ**デ**ンティティ
みゃく **脈** myaku	**pulso** *m.* プルソ	pulse パルス
（見込み・望み）	**promesa** *f.*, **esperanza** *f.* プロメサ, エスペランサ	promise, hope プラミス, **ホ**ウプ
みやげ **土産** miyage	**(regalo de) recuerdo** *m.* (レ**ガ**ロ デ) レク**エ**ルド	souvenir スーヴ**ニ**ア
みやこ **都** miyako	**capital** *f.* カピ**タ**ル	capital (city) **キャ**ピトル (**ス**イティ)
みゃんまー **ミャンマー** myanmaa	**Myanmar** *f.* ミャン**マ**ル	Myanmar ミャンマ
みゅーじかる **ミュージカル** myuujikaru	**musical** *m.* ムシ**カ**ル	musical **ミュ**ーズィカル
みゅーじしゃん **ミュージシャン** myuujishan	**músico(-a)** *m.f.* **ム**シコ(-カ)	musician ミュー**ズィ**シャン
みょうじ **名字** myouji	**apellido** *m.* アペ**ジ**ド	family name, sur-name **ファ**ミリ **ネ**イム, **サ**ーネイム
みょうな **妙な** myouna	**extraño(-a)** エクスト**ラ**ニョ(-ニャ)	strange ストレインヂ
みょうれいの **妙齢の** myoureino	**joven, en la flor de la vida** **ホ**ベン, エン ラ フ**ロ**ル デ ラ **ビ**ダ	young, blooming **ヤ**ング, ブ**ルー**ミング
みらい **未来** mirai	**futuro** *m.* フ**トゥ**ロ	future **フュ**ーチャ
みりぐらむ **ミリグラム** miriguramu	**miligramo** *m.* ミリグ**ラ**モ	milligram, ⑧milli-gramme **ミ**リグラム, **ミ**リグラム

745

日	西	英
みりめーとる **ミリメートル** mirimeetoru	**milímetro** *m.* ミリメトロ	millimeter, Ⓑmilli-metre ミリミータ, ミリミータ
みりょうする **魅了する** miryousuru	**encantar, fascinar** エンカンタル, ファスィナル	fascinate ファスィネイト
みりょく **魅力** miryoku	**encanto** *m.* エンカント	charm チャーム
〜的な	**atractivo(-a), encantador(-a)** アトラクティボ(-バ), エンカンタドル(-ラ)	charming チャーミング
みる **見る** miru	**ver** ベル	see, look at スィー, ルク アト
みるく **ミルク** miruku	**leche** *f.* レチェ	milk ミルク
みれにあむ **ミレニアム** mireniamu	**milenio** *m.* ミレニオ	millennium ミレニアム
みれん **未練** miren	**apego** *m.* アペゴ	attachment, regret アタチメント, リグレト
みわける **見分ける** miwakeru	**distinguir** *de* ディスティンギル	distinguish from ディスティングウィシュ フラム
みわたす **見渡す** miwatasu	**verse** ベルセ	look out over ルク アウト オウヴァ
みんえい **民営** min-ei	**gestión privada** *f.* ヘスティオン プリバダ	private management プライヴェト マニヂメント
みんかんの **民間の** minkanno	**privado(-a), civil** プリバド(-ダ), シビル	private, civil プライヴェト, スィヴィル
みんく **ミンク** minku	**visón** *m.* ビソン	mink ミンク
みんげいひん **民芸品** mingeihin	**artesanía popular** *f.* アルテサニア ポプラル	folk craft article フォウク クラフト アーティクル

み

日	西	英
みんじそしょう **民事訴訟** minjisoshou	**proceso civil** *m.* プロセソ シビル	civil action (lawsuit) スィヴィル アクション (ロースート)
みんしゅう **民衆** minshuu	**gente** *f.*, **pueblo** *m.* ヘンテ, プエブロ	people, populace ピープル, パピュラス
みんしゅか **民主化** minshuka	**democratización** *f.* デモクラティサシオン	democratization ディマクラティゼイション
みんしゅしゅぎ **民主主義** minshushugi	**democracia** *f.* デモクラシア	democracy ディマクラスィ
みんぞく **民俗** minzoku	**folclore** *m.* フォルクロレ	folk customs フォウク カスタムズ
みんぞく **民族** minzoku	**raza** *f.*, **nación** *f.* ラサ, ナシオン	race, nation レイス, ネイション
〜性	**características raciales** *f.pl.*, **rasgo étnico** *m.* カラクテリスティカス ラシアレス, ラスゴ エトニコ	racial characteristics レイシャル キャラクタリスティクス
みんと **ミント** minto	**menta** *f.* メンタ	mint ミント
みんぽう **民法** minpou	**derecho civil** *m.* デレチョ シビル	civil law スィヴィル ロー
みんよう **民謡** min-you	**canción popular [folk]** *f.* カンシオン ポプラル [フォルク]	folk song フォウク ソーング
みんわ **民話** minwa	**cuento popular** *m.* クエント ポプラル	folk tale フォウク テイル

む, ム

日	西	英
む **無** mu	**nada** *f.* ナダ	nothing ナスィング
むいしきに **無意識に** muishikini	**inconscientemente** インコンスシエンテメンテ	unconsciously アンカンシャスリ

日	西	英

無一文の muichimonno
sin un céntimo [dinero]
シン ウン センティモ [ディネロ]
penniless
ペニレス

無意味な muimina
insignificante
インシグニフィカンテ
meaningless
ミーニングレス

ムール貝 muurugai
mejillón *m.*
メヒジョン
mussel
マサル

無益な muekina
fútil, inútil
フティル, イヌティル
futile
フュートル

向かい合う mukaiau
(estar) cara a cara *con*, (estar) frente a frente
(エスタル) カラ ア カラ, (エスタル) フレンテ ア フレンテ
face
フェイス

向かい側 mukaigawa
lado opuesto *m.*
ラド オプエスト
opposite side
アポズィト サイド

無害な mugaina
inofensivo(*-a*)
イノフェンシボ(-バ)
harmless
ハームレス

向かう mukau (進む)
ir *hacia*, dirigirse *hacia*
イル, ディリヒルセ
go to, leave for
ゴウトゥ, リーヴ フォ

(面する)
dar *a*, (estar) frente *a*
ダル, (エスタル) フレンテ
face, look on
フェイス, ルク オン

迎える mukaeru
recibir
レシビル
meet, welcome
ミート, ウェルカム

昔 mukashi (ずっと前)
hace tiempo
アセ ティエンポ
long ago
ローング アゴウ

(古い時代)
tiempos antiguos *m.pl.*, los viejos tiempos *m.pl.*
ティエンポス アンティグオス, ロス ビエホス ティエンポス
old times
オウルド タイムズ

むかつく mukatsuku (胃が)
sentir náuseas
センティル ナウセアス
feel sick, feel nauseous
フィール スィク, フィール ノーシャス

(腹が立つ)
sentir repugnancia, disgustarse
センティル レプグナンシア, ディスグスタルセ
(get) disgusted
(ゲト) ディスガステド

日	西	英
むかで **百足** mukade	**ciempiés** *m.* シエンピエス	centipede センティピード
むかんけいな **無関係な** mukankeina	**irrelevante** イレレバンテ	irrelevant イレレヴァント
むかんしん **無関心** mukanshin	**indiferencia** *f.* インディフェレンシア	indifference インディファレンス
むき **向き** muki	**dirección** *f.* ディレクシオン	direction ディレクション
むぎ **麦**　　（小麦） mugi	**trigo** *m.* トリゴ	wheat (ホ)**ウィ**ート
（大麦）	**cebada** *f.* セバダ	barley バーリ
むきげんの **無期限の** mukigenno	**indefinido(-a)** インデフィニド(-ダ)	indefinite インデフィニト
むきだしの **剥き出しの** mukidashino	**descubierto(-a), desnu-** **do(-a)** デスクビエルト(-タ), デスヌド(-ダ)	bare, naked ベア, **ネ**イキド
むききちょうえき **無期懲役** mukichoueki	**cadena perpetua** *f.* カデナ ペルペトゥア	life imprisonment **ラ**イフ インプ**リ**ズンメント
むきりょくな **無気力な** mukiryokuna	**inerte, inactivo(-a)** イネルテ, イナクティボ(-バ)	inactive, lazy イ**ナ**クティヴ, **レ**イズィ
むきんの **無菌の** mukinno	**aséptico(-a)** アセプティコ(-カ)	germ-free **チャ**ームフリー
むく **向く**　　（適する） muku	**(ser) adecuado(-a)** *para* (セル) アデク**ア**ド(-ダ)	suit スート
（面する）	**dar** *a* ダル	turn to face **ター**ン トゥ **フェ**イス
むく **剥く** muku	**pelar, mondar** ペラル, モンダル	peel, pare **ピ**ール, **ペ**ア

749

日	西	英
むくいる **報いる** mukuiru	**recompensar** *por* レコンペンサル	repay, reward リペイ, リウォード
むくちな **無口な** mukuchina	**callado(-a), taciturno(-a)** カジャド(-ダ), タシトゥルノ(-ナ)	taciturn, silent タスィターン, サイレント
むくむ **むくむ** mukumu	**hincharse** インチャルセ	swell スウェル
むけいの **無形の** mukeino	**inmaterial, intangible** インマテリアル, インタンヒブレ	intangible インタンデブル
むける **向ける** mukeru	**dirigir** *a* ディリヒル	turn to, direct to ターン トゥ, ディレクト トゥ
むげんの **無限の** mugenno	**infinito(-a)** インフィニト(-タ)	infinite インフィニト
むこう **向こう** (先方) mukou	**parte contraria** *f.*, **la otra parte** *f.* パルテ コントラリア, ラ オトラ パルテ	other party アザ パーティ
(反対側)	**lado opuesto** *m.* ラド オプエスト	opposite side アポズィト サイド
むこう **無効** mukou	**nulidad** *f.*, **invalidez** *f.* ヌリダド, インバリデス	invalidity インヴァリディティ
~の	**nulo(-a)** ヌロ(-ラ)	invalid インヴァリド
むこうみずな **向こう見ずな** mukoumizuna	**atrevido(-a), temerario(-a)** アトレビド(-ダ), テメラリオ(-ア)	reckless レクレス
むこくせきの **無国籍の** mukokusekino	**apátrida** アパトリダ	stateless ステイトレス
むごん **無言** mugon	**silencio** *m.* シレンシオ	silence, mum サイレンス, マム
むざい **無罪** muzai	**inocencia** *f.* イノセンシア	innocence イノセンス

む

日	西	英
むざんな **無残な** muzanna	**horrible, cruel** オリブレ，クルエル	miserable, cruel ミゼラブル，クルエル
むし **虫** mushi	**insecto** *m.* インセクト	insect インセクト
（みみずの類）	**gusano** *m.* グサノ	worm ワーム
むしあつい **蒸し暑い** mushiatsui	**bochornoso(-a)** ボチョルノソ(-サ)	hot and humid ハト アンド ヒューミド
むしする **無視する** mushisuru	**ignorar** イグノラル	ignore イグノー
むした **蒸した** mushita	**al vapor** アル バポル	steamed スティームド
むじつ **無実** mujitsu	**inocencia** *f.* イノセンシア	innocence イノセンス
〜の	**inocente** イノセンテ	innocent イノセント
むじの **無地の** mujino	**liso(-a), sin dibujo** リソ(-サ)，シン ディブホ	plain, unpatterned プレイン，アンパタンド
むしば **虫歯** mushiba	**caries (dental)** *f.* カリエス (デンタル)	cavity, tooth decay キャヴィティ，トゥース ディケイ
むしばむ **蝕む** mushibamu	**carcomer, minar** カルコメル，ミナル	spoil, affect スポイル，アフェクト
むしめがね **虫眼鏡** mushimegane	**lupa** *f.* ルパ	magnifying glass マグニファイイング グラス
むじゃきな **無邪気な** mujakina	**inocente, ingenuo(-a)** イノセンテ，インヘヌオ(-ア)	innocent イノセント
むじゅん **矛盾** mujun	**contradicción** *f.* コントラディクシオン	contradiction カントラディクション

日	西	英

〜する
contradecirse *con*
コントラデシルセ
(be) inconsistent with
(ビ) インコンスィステント ウィズ

むじょう
無常
mujou
mutabilidad *f.*
ムタビリダド
mutability
ミュータビリティ

むじょうけんの
無条件の
mujoukenno
incondicional
インコンディシオナル
unconditional
アンコンディショナル

むじょうな
無情な
mujouna
insensible
インセンシブレ
heartless, cold
ハートレス, コウルド

むしょうの
無償の
mushouno
gratuito(-a)
グラトゥイト(-タ)
gratis, voluntary
グラティス, ヴァランテリ

むしょくの
無職の
mushokuno
desocupado(-a)
デソクパド(-ダ)
without occupation
ウィザウト アキュペイション

むしょくの
無色の
mushokuno
sin color
シン コロル
colorless, Ⓑcolourless
カラレス, カラレス

むしる
むしる
mushiru
arrancar, pelar
アランカル, ペラル
pluck, pick
プラク, ピク

むしろ
むしろ
mushiro
más bien
マス ビエン
rather than
ラザ ザン

むしんけいな
無神経な
mushinkeina
insensible
インセンシブレ
insensitive
インセンスィティヴ

むじんぞうの
無尽蔵の
mujinzouno
inagotable
イナゴタブレ
inexhaustible
イニグゾースティブル

むじんとう
無人島
mujintou
isla deshabitada *f.*
イスラ デサビタダ
uninhabited island, desert island
アニンハビテド アイランド, デザト アイランド

むしんに
無心に
mushinni
inocentemente
イノセンテメンテ
innocently
イノセントリ

むしんろん
無神論
mushinron
ateísmo *m.*
アテイスモ
atheism
エイスィイズム

む

日	西	英
むす **蒸す** musu	**cocer al vapor** コセル アル バポル	steam スティーム
むすうの **無数の** musuuno	**innumerable** インヌメラブレ	innumerable イニューマラブル
むずかしい **難しい** muzukashii	**difícil** ディフィシル	difficult, hard ディフィカルト, ハード
むすこ **息子** musuko	**hijo** _m._ イホ	son サン
むすびつく **結び付く** musubitsuku	**unirse** ウニルセ	(be) tied up with, bond together (ビ) **タイド** アプ ウィズ, バンドトゲザ
むすびめ **結び目** musubime	**nudo** ヌド	knot ナト
むすぶ **結ぶ** musubu	**atar** アタル	tie, bind タイ, バインド
（つなぐ）	**unir** _con_, **vincular** _con_ ウニル, ビンクラル	link with リンク ウィズ
（締結する）	**contratar** コントラタル	make, conclude メイク, コンクルード
むすめ **娘** musume	**hija** _f._ イハ	daughter ドータ
むせいげんの **無制限の** museigenno	**sin límites** シン リミテス	free, unrestricted フリー, アンリストリクテド
むせきにんな **無責任な** musekininna	**irresponsable** イレスポンサブレ	irresponsible イリスパンスィブル
むせる **むせる** museru	**ahogarse** _con_, **atragan- tarse** _con_ アオガルセ, アトラガンタルセ	(be) choked with (ビ) **チョ**ウクト ウィズ
むせん **無線** musen	**inalámbrico(-a)** _m.f._ イナランブリコ(- カ)	wireless ワイアレス

日	西	英
むだ **無駄** muda	**desperdicio** *m.* デスペル**ディ**シオ	waste **ウェ**イスト
～な	**inútil** イ**ヌ**ティル	useless, futile **ユ**ースレス, **フュ**ートル
むだんで **無断で** mudande	**sin aviso** シン ア**ビ**ソ	without notice ウィ**ザ**ウト **ノ**ウティス
むたんぽで **無担保で** mutanpode	**sin garantía** シン ガラン**ティ**ア	without security ウィ**ザ**ウト スィ**キュ**アリティ
むちな **無知な** muchina	**ignorante** イグノ**ラ**ンテ	ignorant **イ**グノラント
むちゃな **無茶な** muchana	**absurdo(-a)**, **disparata-** **do(-a)** アブ**スル**ド(-ダ), ディスパラ**タ**ド(-ダ)	unreasonable アン**リ**ーズナブル
むちゅうである **夢中である** muchuudearu	**(estar) absorto(-a)** *en* (エス**タ**ル) アブ**ソル**ト(-タ)	(be) absorbed in (ビ) アブ**ソ**ーブド イン
むてんかの **無添加の** mutenkano	**sin aditivos** シン アディ**ティ**ボス	additive-free **ア**ディティヴフリー
むとんちゃくな **無頓着な** mutonchakuna	**descuidado(-a)**, **indife-** **rente** デスクイ**ダ**ド(-ダ), インディフェ**レ**ンテ	indifferent イン**ディ**ファレント
むなしい **空しい** munashii	**vacío(-a)** バ**シ**オ(-ア)	empty, vain **エ**ンプティ, **ヴェ**イン
むね **胸** mune	**pecho** *m.* **ペ**チョ	breast, chest **ブレ**スト, **チェ**スト
むねやけ **胸焼け** muneyake	**ardor de estómago** *m.* アル**ドル** デ エス**ト**マゴ	heartburn **ハ**ートバーン
むのうな **無能な** munouna	**incompetente** インコン**ペ**テンテ	incompetent イン**カ**ンピテント
むのうやくの **無農薬の** munouyakuno	**sin pesticidas** シン ペスティ**シ**ダス	pesticide-free ペスティサイドフリー

む

日	西	英
むふんべつな **無分別な** mufunbetsuna	**imprudente** インプルデンテ	imprudent インプルーデント
むほうな **無法な** muhouna	**injusto(-a), ilegal** インフスト(·タ), イレガル	unjust, unlawful アンヂャスト, アンローフル
むぼうな **無謀な** mubouna	**temerario(-a)** テメラリオ(·ア)	reckless レクレス
むほん **謀反** muhon	**rebelión** *f.* レベリオン	rebellion リベリオン
むめいの **無名の** mumeino	**anónimo(-a), desconoci- do(-a)** アノニモ(·マ), デスコノシド(·ダ)	nameless, un- known ネイムレス, アンノウン
むら **村** mura	**pueblo** *m.* プエブロ	village ヴィリヂ
むらがる **群がる** muragaru	**reunirse, apiñarse** レウニルセ, アピニャルセ	gather, flock ギャザ, フラク
むらさきいろ **紫色** murasakiiro	**color púrpura** *m.*, **mora- do** *m.* コロル プルプラ, モラド	purple, violet パープル, **ヴァ**イオレト
むりな **無理な** murina	**imposible** インポシブレ	impossible インパスィブル
むりょうの **無料の** muryouno	**gratuito(-a)** グラトゥイト(·タ)	free フリー
むりょくな **無力な** muryokuna	**impotente** インポテンテ	powerless パウアレス
むれ **群れ** mure	**grupo** *m.* グルポ	group, crowd グループ, クラウド

日	西	英

め，メ

め **目** me	**ojo** *m.* オホ	eye アイ
め **芽** me	**brote** *m.* ブロテ	sprout, bud スプラウト，バド
めあて **目当て** meate	**meta** *f.*, **objetivo** *m.* メタ，オブヘティボ	aim, objective エイム，オブ**チェ**クティヴ
めい **姪** mei	**sobrina** *f.* ソブリナ	niece ニース
めいあん **名案** meian	**buena idea** *f.* ブエナ イデア	good idea グド アイ**ディー**ア
めいおうせい **冥王星** meiousei	**Plutón** *m.* プルトン	Pluto プ**ルー**トウ
めいかいな **明快な** meikaina	**claro(-a)** クラロ(- ラ)	clear, lucid クリア，**ルー**スィド
めいかくな **明確な** meikakuna	**claro(-a)**, **preciso(-a)** クラロ(- ラ)，プレシソ(- サ)	clear, accurate クリア，**ア**キュレト
めいがら **銘柄** meigara	**marca** *f.* マルカ	brand, description ブランド，ディス**ク**リプション
めいぎ **名義** meigi	**nombre** *m.* ノンブレ	name ネイム
めいさい **明細** meisai	**detalles** *m.pl.* デ**タ**ジェス	details **ディー**テイルズ
めいさく **名作** meisaku	**obra maestra** *f.* オブラ マ**エ**ストラ	masterpiece **マ**スタピース
めいし **名刺** meishi	**tarjeta de visita** *f.* タル**ヘ**タ デ**ビ**シタ	business card **ビ**ズネス **カ**ード
めいし **名詞** meishi	**nombre** *m.*, **sustantivo** *m.* ノンブレ，ススタン**ティ**ボ	noun **ナ**ウン

日	西	英
めいしょ **名所** meisho	**lugar famoso** *m.* ルガル ファモソ	noted place, nota- ble sights ノウテド プレイス, ノウタブル サイツ
めいしん **迷信** meishin	**superstición** *f.* スペルスティシオン	superstition スーパスティション
めいじん **名人** meijin	**maestro(-a)** *m.f.* マエストロ(-ラ)	master, expert マスタ, エクスパート
めいせい **名声** meisei	**fama** *f.* ファマ	fame, reputation フェイム, レピュテイション
めいそう **瞑想** meisou	**meditación** *f.* メディタシオン	meditation メディテイション
めいちゅうする **命中する** meichuusuru	**acertar** アセルタル	hit ヒト
めいはくな **明白な** meihakuna	**claro(-a), evidente** クラロ(-ラ), エビデンテ	clear, evident クリア, エヴィデント
めいぶつ **名物** meibutsu	**especialidad** *f.*, **producto especial** *m.* エスペシアリダド, プロドゥクト エスペシアル	special product スペシャル プラダクト
めいぼ **名簿** meibo	**lista de nombres** *f.* リスタ デ ノンブレス	list of names リスト オヴ ネイムズ
めいめい **銘々** meimei	**cada uno(-a)** カダ ウノ(-ナ)	each, everyone イーチ, エヴリワン
めいよ **名誉** meiyo	**honor** *m.* オノル	honor, Ⓑhonour アナ, アナ
～棄損	**difamación** *f.* ディファマシオン	libel, slander ライベル, スランダ
めいりょうな **明瞭な** meiryouna	**claro(-a)** クラロ(-ラ)	clear, plain クリア, プレイン
めいる **滅入る** meiru	**desanimarse, deprimirse** デサニマルセ, デプリミルセ	feel depressed フィール ディプレスト

日	西	英
めいれい **命令** meirei	**orden** *f.* オルデン	order, command オーダ，コマンド
～する	**ordenar** オルデナル	order オーダ
めいろ **迷路** meiro	**laberinto** *m.* ラベリント	maze, labyrinth メイズ，ラビリンス
めいろうな **明朗な** meirouna	**alegre** アレグレ	cheerful, bright チアフル，ブライト
めいわく **迷惑** meiwaku	**molestia** *f.* モレスティア	trouble, nuisance トラブル，ニュースンス
～する	**ser molestado(-a)** *por* セル モレスタド(-ダ)	(be) troubled by, (be) inconvenienced by (ビ) トラブルド バイ，(ビ) イン コンヴィーニェンスト バイ
めうえ **目上** meue	**superior** *m.f.* スペリオル	superiors スピアリアズ
めーかー **メーカー** meekaa	**fabricante** *m.f.* ファブリカンテ	maker, manufacturer メイカ，マニュファクチャラ
めーたー **メーター** meetaa	**contador** *m.*, Ⓐ**medidor** *m.* コンタドル，メディドル	meter ミータ
めーとる **メートル** meetoru	**metro** *m.* メトロ	meter, Ⓑmetre ミータ，ミータ
めかくし **目隠し** mekakushi	**venda (para los ojos)** *f.* ベンダ (パラ ロス オホス)	blindfold ブラインドフォウルド
めかた **目方** mekata	**peso** *m.* ペソ	weight ウェイト
めかにずむ **メカニズム** mekanizumu	**mecanismo** *m.* メカニスモ	mechanism メカニズム
めがね **眼鏡** megane	**gafas** *f.pl.*, Ⓐ**lentes** *m.pl.*, **anteojos** *m.pl.* ガファス，レンテス，アンテオホス	glasses グラスィズ

日	西	英
めがへるつ **メガヘルツ** megaherutsu	**megahercio** *m.* メガ**エ**ルシオ	megahertz メガハーツ
めがみ **女神** megami	**diosa** *f.* ディ**オ**サ	goddess **ガ**デス
めきしこ **メキシコ** mekishiko	**México** *m.* **メ**クシコ	Mexico **メ**クスィコウ
めきめき **めきめき** mekimeki	**a ojos vista(s), notable- mente** ア **オ**ホス **ビ**スタ(ス), ノ**タ**ブレメンテ	rapidly, markedly **ラ**ピドリ, **マ**ーケッドリ
めぐすり **目薬** megusuri	**colirio** *m.* コ**リ**リオ	eye drops **ア**イ ド**ラ**プス
めぐまれる **恵まれる** megumareru	**(estar) bendecido(-a)** *con* (エス**タ**ル) ベンデ**シ**ド(-ダ)	(be) blessed with (ビ) ブ**レ**スト **ウィ**ズ
めぐみ **恵み** (恩恵) megumi	**favor** *m.* ファ**ボ**ル	favor, ®favour **フェ**イヴァ, **フェ**イヴァ
(天恵) 	**bendición** *f.* ベンディ**シ**オン	blessing ブ**レ**スィング
めぐらす **巡らす** megurasu	**rodear** ロデ**ア**ル	surround サ**ラ**ウンド
めくる **めくる** mekuru	**pasar** パ**サ**ル	turn over, flip **タ**ーン **オ**ウヴァ, フ**リ**プ
めぐる **巡る** meguru	**recorrer** レコ**レ**ル	travel around ト**ラ**ヴェル ア**ラ**ウンド
めざす **目指す** mezasu	**aspirar** *a* アスピ**ラ**ル	aim at **エ**イム **ア**ト
めざましい **目覚ましい** mezamashii	**notable** ノ**タ**ブレ	remarkable リ**マ**ーカブル
めざましどけい **目覚まし時計** mezamashidokei	**despertador** *m.* デスペルタ**ド**ル	alarm clock ア**ラ**ーム ク**ラ**ク

日	西	英
めざめる **目覚める** mezameru	**despertarse** デスペルタルセ	awake アウェイク
めした **目下** meshita	**inferior** *m.f.* インフェリオル	inferiors インフィアリアズ
めしべ **雌しべ** meshibe	**pistilo** *m.* ピスティロ	pistil ピスティル
めじるし **目印** mejirushi	**señal** *f.*, **marca** *f.* セニャル, マルカ	sign, mark サイン, マーク
めす **雌** mesu	**hembra** *f.* エンブラ	female フィーメイル
めずらしい **珍しい** mezurashii	**raro(-a)** ラロ(-ラ)	unusual, rare アニュージュアル, レア
めだつ **目立つ** medatsu	**llamar la atención** ジャマル ラ アテンシオン	(be) conspicuous (ビ) コンスピキュアス
めだま **目玉** medama	**globo ocular** *m.* グロボ オクラル	eyeball アイボール
～焼き	**huevo frito** *m.* ウエボ フリト	sunny-side-up, fried egg サニーサイドアプ, フライド エ グ
めだる **メダル** medaru	**medalla** *f.* メダジャ	medal メドル
めちゃくちゃな **めちゃくちゃな** mechakuchana	**irrazonable, sin pies ni** **cabeza** イラソナブレ, シン ピエス ニ カベサ	absurd アブサード
めっか **メッカ** mekka	**La Meca** *f.* ラ メカ	Mecca メカ
めっき **鍍金** mekki	**chapado** *m.* チャパド	plating プレイティング
めつき **目付き** metsuki	**mirada** *f.* ミラダ	eyes, look アイズ, ルク

め

日	西	英
めっせーじ **メッセージ** messeeji	**mensaje** *m.* メンサヘ	message メスィヂ
めったに **滅多に** mettani	**(muy) pocas veces** (ムイ) ポカス ベセス	seldom, rarely セルドム, レアリ
めつぼうする **滅亡する** metsubousuru	**caer** カエル	go to ruin ゴウトゥ ルーイン
めでぃあ **メディア** media	**medios (de comunica- ción)** *m.pl.* メディオス (デ コムニカシオン)	media ミーディア
めでたい **めでたい** medetai	**feliz, dichoso(-*a*)** フェリス, ディチョソ(-サ)	happy, celebratory ハピ, セレブレイトリ
めど **目処** medo	**perspectiva** *f.* ペルスペクティバ	prospect プラスペクト
めにゅー **メニュー** menyuu	**menú** *m.* メヌ	menu メニュー
めのう **瑪瑙** menou	**ágata** *f.* アガタ	agate アガト
めばえる **芽生える** mebaeru	**brotar** ブロタル	sprout スプラウト
めまい **目まい** memai	**mareo** *m.* マレオ	dizziness, vertigo ディズィネス, ヴァーティゴウ
めまぐるしい **目まぐるしい** memagurushii	**rápido(-*a*)** ラピド(-ダ)	bewildering, rapid ビウィルダリング, ラピド
めも **メモ** memo	**nota** *f.* ノタ	memo メモウ
めもり **目盛り** memori	**escala** *f.* エスカラ	graduation グラヂュエイション
めもりー **メモリー** memorii	**memoria** *f.* メモリア	memory メモリ

日	西	英
めやす **目安** meyasu	**norma** *f.* ノルマ	yardstick, standard **ヤ**ードスティク, ス**タ**ンダド
めりーごーらうんど **メリーゴーラウンド** meriigooraundo	**tiovivo** *m.* ティオビボ	merry-go-round, carousel, Ⓑround- about メリゴウラウンド, キャル**セ**ル, **ラ**ウンダバウト
めりこむ **めり込む** merikomu	**hundirse** *en* ウンディルセ	sink into ス**イ**ンク イントゥ
めりっと **メリット** meritto	**mérito** *m.* メリト	merit **メ**リト
めろでぃー **メロディー** merodii	**melodía** *f.* メロ**ディ**ア	melody **メ**ロディ
めろん **メロン** meron	**melón** *m.* メ**ロ**ン	melon **メ**ロン
めん **綿** men	**algodón** *m.* アルゴ**ド**ン	cotton **カ**トン
めん **面** （マスク・仮面） men	**máscara** *f.*, **mascarilla** *f.* **マ**スカラ, マスカ**リ**ジャ	mask **マ**スク
（側面）	**aspecto** *m.*, **lado** *m.* アス**ペ**クト, **ラ**ド	aspect, side **ア**スペクト, **サ**イド
（表面）	**superficie** *f.* スペル**フィ**シエ	face, surface **フェ**イス, **サ**ーフェス
めんえき **免疫** men-eki	**inmunidad** *f.* インム二**ダ**ド	immunity イ**ミュ**ーニティ
めんかい **面会** menkai	**entrevista** *f.* エントレ**ビ**スタ	interview **イ**ンタヴュー
めんきょ **免許** menkyo	**licencia** *f.*, **patente** *f.* リ**セ**ンシア, パ**テ**ンテ	license **ラ**イセンス
〜証	**permiso** *m.*, **licencia** *f.* ペル**ミ**ソ, リ**セ**ンシア	license **ラ**イセンス

日	西	英
めんしき **面識** menshiki	**conocimiento** *m.* コノシミエント	acquaintance アクウェインタンス
めんじょう **免状** menjou	**diploma** *m.*, **certificado** *m.* ディプロマ, セルティフィカド	diploma, license ディプロマ, **ライ**センス
めんしょくする **免職する** menshokusuru	**despedir** デスペディル	dismiss ディスミス
めんじょする **免除する** menjosuru	**dispensar** ディスペンサル	exempt イグゼンプト
めんする **面する** mensuru	**dar** *a* ダル	face on, look out on to フェイス オン, ルク アウト オントゥ
めんぜい **免税** menzei	**exención de impuestos** *f.* エクセンシオン デ インプエストス	tax exemption タクス イグゼンプション
～店	**tienda libre de impuestos** *f.* ティエンダ リブレ デ インプエストス	duty-free shop デューティフリー シャプ
～品	**artículo libre de impuestos** *m.* アルティクロ リブレ デ インプエストス	tax-free articles タクスフリー アーティクルズ
めんせき **面積** menseki	**superficie** *f.*, **extensión** *f.* スペルフィシエ, エクステンシオン	area エアリア
めんせつ **面接** mensetsu	**entrevista** *f.* エントレビスタ	interview インタヴュー
～試験	**entrevista** *f.* エントレビスタ	personal interview パーソナル インタヴュー
めんてなんす **メンテナンス** mentenansu	**mantenimiento** *m.* マンテニミエント	maintenance メインテナンス
めんどうな **面倒な** mendouna	**molesto(-a)**, **fastidioso(-a)** モレスト(-タ), ファスティディオソ(-サ)	troublesome, difficult トラブルサム, ディフィカルト
めんどり **雌鶏** mendori	**gallina** *f.* ガジナ	hen ヘン

日	西	英
めんばー **メンバー** menbaa	**miembro** *m.f.* ミエンブロ	member メンバ
めんぼう **綿棒** menbou	**bastoncillo** *m.* バストンシジョ	cotton swab カトン スワブ
めんみつな **綿密な** menmitsuna	**minucioso(-a)** ミヌシオソ(-サ)	meticulous メティキュラス
めんもく **面目** menmoku	**honor** *m.* オノル	honor, credit アナ, クレディト
めんるい **麺類** menrui	**fideos** *m.pl.* フィデオス	noodles ヌードルズ

も，モ

もう **(すでに)** mou	**ya** ジャ	already オールレディ
(間もなく)	**pronto** プロント	soon スーン
もうかる **儲かる** moukaru	**(ser) rentable** (セル) レンタブレ	(be) profitable (ビ) プラフィタブル
もうけ **儲け** mouke	**beneficio** *m.* ベネフィシオ	profit, gains プラフィット, ゲインズ
もうける **儲ける** moukeru	**beneficiarse, ganar** ベネフィシアルセ, ガナル	make a profit, gain メイク ア プラフィット, ゲイン
もうしあわせ **申し合わせ** moushiawase	**convenio** *m.*, **acuerdo** *m.* コンベニオ, アクエルド	agreement アグリーメント
もうしいれ **申し入れ** moushiire	**proposición** *f.*, **propuesta** *f.* プロポシシオン, プロプエスタ	proposition プラポズィション
もうしこみ **申し込み** **(加入などの手続き)** moushikomi	**subscripción** *f.* スブスクリプシオン	subscription サブスクリプション

日	西	英
（要請・依頼）	**solicitud** *f.* ソリシトゥド	request for リクウェスト フォ
もうしこむ **申し込む** （加入する・応募する） moushikomu	**reservar, subscribir** レセルバル, スブスクリビル	apply for, sub- scribe アプライ フォ, サブスクライブ
（依頼する）	**solicitar, pedir** ソリシタル, ペディル	request, ask for リクウェスト, **ア**スク フォ
もうしでる **申し出る** moushideru	**ofrecer** オフレセル	offer, propose **オ**ファ, プロポウズ
もうすぐ **もうすぐ** mousugu	**pronto** プロント	soon スーン
もうすこし **もう少し** mousukoshi	**algo más** アルゴ マス	some more, a little more サム モー, ア リトル モー
もうぜんと **猛然と** mouzento	**con furor** コン フロル	fiercely **フィ**アスリ
もうそう **妄想** mousou	**manía** *f.*, **quimera** *f.* マニア, キメラ	delusion ディルージョン
もうちょう **盲腸** mouchou	**apéndice** *m.*, **intestino** **ciego** *m.* アペンディセ, インテスティノ シエゴ	appendix アペンディクス
もうどうけん **盲導犬** moudouken	**perro guía** *m.* ペロ ギア	seeing-eye dog, guide dog **ス**ィーイングアイ ドーグ, ガイ ド ドーグ
もうどく **猛毒** moudoku	**veneno mortal** *m.* ベネノ モルタル	deadly poison デドリ ポイズン
もうふ **毛布** moufu	**manta** *f.* マンタ	blanket ブランケト
もうもくの **盲目の** moumokuno	**ciego(-a)** シエゴ(- ガ)	blind ブラインド
もうれつな **猛烈な** mouretsuna	**violento(-a), furioso(-a)** ビオレント(- タ), フリオソ(- サ)	violent, furious **ヴァ**イオレント, **フュ**アリアス

日	西	英
もうろうとした もうろうとした mouroutoshita	confuso(-a), vago(-a) コンフソ(-サ), バゴ(-ガ)	dim, indistinct ディム, インディスティンクト
もえつきる 燃え尽きる moetsukiru	quemarse por completo ケマルセ ポル コンプレト	burn out バーン アウト
もえる 燃える moeru	quemarse ケマルセ	burn, blaze バーン, ブレイズ
もーたー モーター mootaa	motor *m.* モトル	motor モウタ
～ボート	motora *f.* モトラ	motorboat モウタボウト
もがく もがく mogaku	forcejear フォルセヘアル	struggle, writhe ストラグル, ライズ
もくげきする 目撃する mokugekisuru	presenciar プレセンシアル	see, witness スィー, ウィトネス
もくざい 木材 mokuzai	madera *f.* マデラ	wood, lumber ウド, ランバ
もくじ 目次 mokuji	índice *m.* インディセ	(table of) contents (テイブル オヴ) カンテンツ
もくせい 木星 mokusei	Júpiter *m.* フピテル	Jupiter ヂュピタ
もくぞうの 木造の mokuzouno	de madera デ マデラ	wooden ウドン
もくちょう 木彫 mokuchou	tallado en madera *m.* タジャド エン マデラ	wood carving ウド カーヴィング
もくてき 目的 mokuteki	objeto *m.*, propósito *m.* オブヘト, プロポシト	purpose パーパス
～地	destino *m.* デスティノ	destination デスティネイション

日	西	英
もくにんする **黙認する** mokuninsuru	**consentir tácitamente** コンセンティル タシタメンテ	give a tacit consent ギヴ ア タスィト コンセント
もくはんが **木版画** mokuhanga	**xilografía** *f.*, **grabado en madera** *m.* シログラフィア, グラバド エン マデラ	woodcut ウドカト
もくひけん **黙秘権** mokuhiken	**derecho a guardar silencio** *m.* デレチョ ア グアルダル シレンシオ	(the) right to remain silent (ザ) ライト トゥ リメイン サイレント
もくひょう **目標** mokuhyou	**meta** *f.*, **objetivo** *m.* メタ, オブヘティボ	mark, target マーク, ターゲト
もくもくと **黙々と** mokumokuto	**en silencio** エン シレンシオ	silently サイレントリ
もくようび **木曜日** mokuyoubi	**jueves** *m.* フエベス	Thursday サーズデイ
もぐる **潜る** moguru	**sumergirse** *en*, **zambullirse** *en* スメルヒルセ, サンブジルセ	dive into ダイヴ イントゥ
もくろく **目録** mokuroku	**lista** *f.*, **catálogo** *m.* リスタ, カタロゴ	list, catalog, Ⓑcatalogue リスト, キャタローグ, キャタローグ
もけい **模型** mokei	**modelo** *m.* モデロ	model マドル
もざいく **モザイク** mozaiku	**mosaico** *m.* モサイコ	mosaic モウゼイイク
もし **もし** moshi	**si** シ	if イフ
もじ **文字** moji	**letra** *f.* レトラ	letter, character レタ, キャラクタ
もしゃ **模写** mosha	**copia** *f.* コピア	copy カピ
もぞう **模造** mozou	**imitación** *f.* イミタシオン	imitation イミテイション

日	西	英
もたらす **もたらす** motarasu	**traer** トラエル	bring ブリング
もたれる **もたれる** motareru	**apoyarse** *en* アポジャルセ	lean on, lean against リーン オン, リーン アゲンスト
もだんな **モダンな** modanna	**moderno(-a)** モデルノ(-ナ)	modern マダン
もちあげる **持ち上げる** mochiageru	**levantar** レバンタル	lift, raise リフト, レイズ
もちあじ **持ち味** （特色） mochiaji	**característica** *f.* カラクテリスティカ	characteristic キャラクタリスティク
（特有の味）	**sabor peculiar** *m.* サボル ペクリアル	peculiar flavor ピキューリア フレイヴァ
もちいる **用いる** mochiiru	**usar** ウサル	use ユーズ
もちかえる **持ち帰る** mochikaeru	**llevar(se) a casa** ジェバル(セ) ア カサ	bring home ブリング ホウム
もちこたえる **持ちこたえる** mochikotaeru	**resistir** レシスティル	hold on, endure ホウルド オン, インデュア
もちこむ **持ち込む** mochikomu	**llevar consigo** ジェバル コンシゴ	carry in キャリ イン
もちにげする **持ち逃げする** mochinigesuru	**huir** *con* ウイル	go away with ゴウ アウェイ ウィズ
もちぬし **持ち主** mochinushi	**propietario(-a)** *m.f.* プロピエタリオ(-ア)	owner, proprietor オウナ, プラプライアタ
もちはこぶ **持ち運ぶ** mochihakobu	**llevar** ジェバル	carry キャリ
もちもの **持ち物** （所持品） mochimono	**pertenencias** *f.pl.* ペルテネンシアス	belongings ビローンギングズ

も

日	西	英
（所有物）	**propiedad** *f.* プロピエダド	property プラパティ
もちろん **もちろん** mochiron	**por supuesto** ポル スプエスト	of course オフ コース
もつ **持つ** （携帯する） motsu	**tener, llevar** テネル, ジェバル	have ハヴ
（所有している）	**tener, poseer** テネル, ポセエル	have, possess ハヴ, ポゼス
（保持する）	**mantener, retener** マンテネル, レテネル	hold ホウルド
もっかんがっき **木管楽器** mokkangakki	**instrumento de viento de madera** *m.* インストルメント デビエント デ マデラ	woodwind instrument ウドウインド インストルメント
もっきん **木琴** mokkin	**xilófono** *m.* シロフォノ	xylophone ザイロフォウン
もったいぶる **もったいぶる** mottaiburu	**darse importancia [aires]** ダルセ インポルタンシア [アイレス]	put on airs プト オン エアズ
もっていく **持って行く** motteiku	**llevar** ジェバル	take, carry テイク, キャリ
もってくる **持って来る** mottekuru	**traer** トラエル	bring, fetch ブリング, フェチ
もっと **もっと** motto	**más** マス	more モー
もっとー **モットー** mottoo	**lema** *m.* レマ	motto マトウ
もっとも **最も** mottomo	**el [la] más, los [las] más** エル [ラ] マス, ロス [ラス] マス	most モウスト
もっともな **もっともな** mottomona	**razonable, natural** ラソナブレ, ナトゥラル	reasonable, natural リーズナブル, ナチュラル

日	西	英
もっぱら **専ら** moppara	**principalmente** プリンシパルメンテ	chiefly, mainly チーフリ，メインリ
もつれる **もつれる** motsureru	**enredarse** エンレダルセ	(be) tangled (ビ) タングルド
もてなす **もてなす** motenasu	**agasajar, festejar** アガサハル，フェステハル	entertain エンタテイン
もてはやす **もてはやす** motehayasu	**elogiar** エロヒアル	praise a lot, make a hero of プレイズ ア ラト，メイク ア ヒーロウ オヴ
もでむ **モデム** modemu	**módem** *m.* モデム	modem モウデム
もてる **もてる** moteru	**ser popular** *entre*, **tener** **éxito** *entre* セル ポプラル，テネル エクシト	(be) popular with, (be) popular among (ビ) パピュラ ウィズ，(ビ) パ ピュラ アマング
もでる **モデル** moderu	**modelo** *m.* モデロ	model マドル
〜チェンジ	**cambio de modelo** *m.* カンビオ デ モデロ	model changeover マドル チェインヂョウヴァ
もと **本[基・元]**（基礎） moto	**cimiento** *m.* シミエント	foundation ファウンデイション
（起源）	**origen** *m.* オリヘン	origin オーリヂン
もどす **戻す**　（元へ返す） modosu	**devolver** デボルベル	return リターン
もとせん **元栓** motosen	**llave de paso** *f.* ジャベ デ パソ	main tap メイン タプ
もとづく **基づく**　（起因する） motozuku	**venir** *de* ベニル	come from カム フラム
（根拠とする）	**basarse** *en* バサルセ	(be) based on (ビ) ベイスト オン

日	西	英
もとめる **求める** (捜す) motomeru	**buscar** ブスカル	look for ルク フォ
(要求する)	**pedir, reclamar** ペディル, レクラマル	ask, demand アスク, ディマンド
(欲する)	**querer, desear** ケレル, デセアル	want ワント
もともと **元々** (元来) motomoto	**desde el principio, origi- nalmente** デスデ エル プリンシピオ, オリヒナルメンテ	originally オリヂナリ
(生来)	**por naturaleza** ポル ナトゥラレサ	by nature バイ ネイチャ
もどる **戻る** (引き返す) modoru	**dar la vuelta** ダル ラ ブエルタ	turn back ターン バク
(元に返る)	**volver** ボルベル	return, come back リターン, カム バク
もなこ **モナコ** monako	**Mónaco** *m.* モナコ	Monaco マナコウ
もにたー **モニター** monitaa	**monitor** *m.* モニトル	monitor マニタ
もの **物** mono	**cosa** *f.* コサ	thing, object スィング, アブヂェクト
ものおき **物置** monooki	**almacén** *m.*, **despensa** *f.* アルマセン, デスペンサ	storeroom ストールーム
ものおと **物音** monooto	**ruido** *m.* ルイド	noise, sound ノイズ, サウンド
ものがたり **物語** monogatari	**historia** *f.* イストリア	story ストーリ
ものくろの **モノクロの** monokurono	**monocromático(-a)** モノクロマティコ(·カ)	monochrome, black-and-white マノクロウム, ブラク アンド (ホ)ワイト

日	西	英
ものごと **物事** monogoto	**cosas** *f.pl.* コサス	things スィングズ
ものしり **物知り** monoshiri	**persona instruida** *f.* ペルソナ インストルイダ	learned man ラーネド マン
ものずきな **物好きな** monozukina	**curioso(-a)** クリオソ(-サ)	curious キュアリアス
ものすごい **物凄い** monosugoi	**magnífico(-a)** マグニフィコ(-カ)	wonderful, great ワンダフル，グレイト
(恐ろしい)	**terrible, horrible** テリブレ，オリブレ	terrible, horrible テリブル，**ホ**リブル
ものたりない **物足りない** monotarinai	**insatisfactorio(-a)** インサティスファクト**リ**オ(-ア)	unsatisfactory アンサティスファクトリ
ものほし **物干し** monohoshi	**tendedero** *m.* テンデ**デ**ロ	clothesline クロウズライン
ものまね **物真似** monomane	**imitación** *f.* イミタシオン	impersonation インパーソ**ネ**イション
ものれーる **モノレール** monoreeru	**monorraíl** *m.,* Ⓐ**monorriel** *m.* モノライル，モノリエル	monorail マノレイル
ものろーぐ **モノローグ** monoroogu	**monólogo** *m.* モノロゴ	monologue マノローグ
ものわかりのよい **物分かりのよい** monowakarinoyoi	**comprensivo(-a)** コンプレンシボ(-バ)	sensible, under-standing **セ**ンスィブル，アンダス**タ**ンディング
もばいるの **モバイルの** mobairuno	**móvil, portátil** モビル，ポル**タ**ティル	mobile モウビル
もはん **模範** mohan	**ejemplo** *m.,* **modelo** *m.* エヘンプロ，モデロ	example, model イグ**ザ**ンプル，マドル
もふく **喪服** mofuku	**ropa de luto** *f.* ロパ デ ルト	mourning dress モーニング ド**レ**ス

日	西	英
もほう **模倣** mohou	**imitación** *f.* イミタシオン	imitation イミテイション
〜する	**imitar** イミタル	imitate イミテイト
もみのき **樅の木** mominoki	**abeto** *m.* アベト	fir tree ファー トリー
もむ **揉む** momu	**masajear** マサヘアル	rub, massage ラブ, マサージ
もめごと **揉め事** momegoto	**disputa** *f.*, **roce** *m.* ディスプタ, ロセ	quarrel, dispute クウォレル, ディスピュート
もめる **揉める** momeru	**tener problemas** con テネル プロブレマス	get into trouble, get into a dispute ゲト イントゥ トラブル, ゲト イントゥ ア ディスピュート
もも **腿** momo	**muslo** *m.* ムスロ	thigh サイ
もも **桃** momo	**melocotón** *m.* メロコトン	peach ピーチ
もや **もや** moya	**neblina** *f.* ネブリナ	haze, mist ヘイズ, ミスト
もやし **もやし** moyashi	**brote de soja** *m.* ブロテ デ ソハ	bean sprout ビーン スプラウト
もやす **燃やす** moyasu	**quemar** ケマル	burn バーン
もよう **模様** moyou	**diseño** *m.* ディセニョ	pattern, design パタン, デザイン
もよおす **催す** moyoosu	**celebrar** セレブラル	hold, give ホウルド, ギヴ
もよりの **最寄りの** moyorino	**cercano(-a)** セルカノ(- ナ)	nearby ニアバイ

日	西	英
もらう **貰う** morau	**recibir** レシビル	get, receive ゲト, リスィーヴ
もらす **漏らす** morasu	**dejar salir** デハル サリル	leak リーク
（秘密を）	**filtrar, revelar** フィルトラル, レベラル	let out, leak レト アウト, リーク
もらる **モラル** moraru	**moral** *f.* モラル	morals モラルズ
もり **森** mori	**bosque** *m.* ボスケ	woods, forest ウヅ, **フォ**レスト
もる **盛る** moru	**amontonar** アモント**ナ**ル	pile up パイル **ア**プ
（料理を）	**servir** セルビル	dish up **ディ**シュ **ア**プ
もるひね **モルヒネ** moruhine	**morfina** *f.* モル**フィ**ナ	morphine モー**フィ**ーン
もれる **漏れる** moreru	**escaparse** エスカパルセ	leak, come through リーク, **カ**ム スルー
（秘密が）	**filtrarse** フィルト**ラ**ルセ	leak out リーク **ア**ウト
もろい **もろい** moroi	**frágil** フ**ラ**ヒル	fragile, brittle フ**ラ**ヂル, ブ**リ**トル
もろっこ **モロッコ** morokko	**Marruecos** *m.* マル**エ**コス	Morocco モ**ラ**コウ
もん **門** mon	**puerta** *f.* プ**エ**ルタ	gate **ゲ**イト
もんく **文句** monku	**queja** *f.* **ケ**ハ	complaint コンプ**レ**イント
～を言う	**quejarse** *de* ケ**ハ**ルセ	complain コンプ**レ**イン

も

日	西	英
もんげん **門限** mongen	**toque de queda** *m.*, **hora de cierre** *f.* トケ デ ケダ, オラ デ シエレ	curfew カーフュー
もんごる **モンゴル** mongoru	**Mongolia** *f.* モンゴリア	Mongolia マンゴウリア
もんだい **問題** mondai	**problema** *m.*, **cuestión** *f.* プロブレマ, クエスティオン	question, problem クウェスチョン, プラブレム

日	西	英

や, ヤ

や
矢
ya
flecha *f.*
フレチャ
arrow
アロウ

やーど
ヤード
yaado
yarda *f.*
ジャルダ
yard
ヤード

やおちょうをする
八百長をする
yaochouwosuru
amañar un partido
アマニャル ウン パルティド
fix a game
フィクス ア ゲイム

やおや
八百屋
yaoya
tienda de verduras y frutas *f.*
ティエンダ デ ベルドゥラス イ フルタス
vegetable store,
⑧greengrocer's
(shop)
ヴェヂタブル ストー, グリーン
グロウサズ (シャプ)

やがいで
野外で
yagaide
al aire libre
アル アイレ リブレ
outdoor, open-air
アウトドー, オウプンエア

やがて
やがて
yagate
pronto
プロント
soon
スーン

（そのうち）
algún día, a *su* **debido tiempo**
アルグン ディア, ア デビド ティエンポ
one day, in due
course
ワン デイ, イン デュー コース

やかましい
やかましい
yakamashii
ruidoso(-a)
ルイドソ(-サ)
noisy, clamorous
ノイズィ, クラモラス

やかん
夜間
yakan
noche *f.*
ノチェ
night (time)
ナイト (タイム)

やかん
薬缶
yakan
tetera *f.*
テテラ
kettle
ケトル

やぎ
山羊
yagi
cabra *f.*
カブラ
goat
ゴウト

〜座
Capricornio *m.*
カプリコルニオ
Goat, Capricorn
ゴウト, キャプリコーン

やきにく
焼き肉
yakiniku
carne asada [a la brasa] *f.*
カルネ アサダ [ア ラ ブラサ]
roast meat
ロウスト ミート

日	西	英
やきもちをやく **焼き餅を焼く** yakimochiwoyaku	**tener celos** *de* テネル セロス	(be) jealous of (ビ) チェラス オヴ
やきゅう **野球** yakyuu	**béisbol** *m.* ベイスボル	baseball ベイスボール
やきん **夜勤** yakin	**servicio [trabajo] nocturno** *m.* セルビシオ [トラバホ] ノクトゥルノ	night duty ナイト デューティ
やく **焼く** yaku	**quemar** ケマル	burn, bake バーン, ベイク
やく **役** (地位) yaku	**puesto** *m.*, **función** *f.* プエスト, フンシオン	post, position ポウスト, ポズィション
(任務)	**deber** *m.*, **servicio** *m.* デベル, セルビシオ	duty, service デューティ, サーヴィス
(配役)	**papel** *m.* パペル	part, role パート, ロウル
やく **約** yaku	**como, más o menos** コモ, マス オ メノス	about アバウト
やく **訳** yaku	**traducción** *f.* トラドゥクシオン	translation トランスレイション
やくいん **役員** yakuin	**directivo(-a)** *m.f.* ディレクティボ(・バ)	officer, official オーフィサ, オフィシャル
やくがく **薬学** yakugaku	**farmacia** *f.* ファルマシア	pharmacy ファーマスィ
やくご **訳語** yakugo	**traducción** *f.*, **equivalente** *m.* トラドゥクシオン, エキバレンテ	translation トランスレイション
やくざ **やくざ** yakuza	**gángster** *m.*, **yakuza** *m.* ガンステル, ジャクサ	gangster ギャングスタ
やくざいし **薬剤師** yakuzaishi	**farmacéutico(-a)** *m.f.* ファルマセウティコ(・カ)	pharmacist, druggist, ⑧chemist ファーマスィスト, ドラギスト, ケミスト

日	西	英
やくしゃ **役者** yakusha	**actor** *m.*, **actriz** *f.* アクトル, アクトリス	actor, actress ア**ク**タ, ア**ク**トレス
やくしょ **役所** yakusho	**oficina pública** *f.* オフィ**シ**ナ **ブ**ブリカ	public office **パ**ブリク **オ**ーフィス
やくしんする **躍進する** yakushinsuru	**desarrollarse, hacer progresos** デサロ**ジャ**ルセ, ア**セ**ル プロ**グレ**ソス	make progress **メ**イク プ**ラ**グレス
やくす **訳す** yakusu	**traducir** *a* トラ**ドゥ**シル	translate ト**ラ**ンスレイト
やくそう **薬草** yakusou	**hierba medicinal** *f.* イ**エ**ルバ メディ**シ**ナル	medicinal herb メ**ディ**スィナル **ア**ーブ
やくそく **約束** yakusoku	**promesa** *f.* プロ**メ**サ	promise プ**ラ**ミス
〜する	**prometer** プロ**メ**テル	promise プ**ラ**ミス
やくだつ **役立つ** yakudatsu	**(ser) útil, servir** (**セ**ル) **ウ**ティル, セル**ビ**ル	(be) useful (ビ) **ユ**ースフル
やくひん **薬品** yakuhin	**medicamentos** *m.pl.* メディカ**メ**ントス	medicine, drugs **メ**ディスィン, ド**ラ**グズ
やくめ **役目** yakume	**trabajo** *m.*, **deber** *m.* トラ**バ**ホ, デ**ベ**ル	duty **デュ**ーティ
やくわり **役割** yakuwari	**papel** *m.* パ**ペ**ル	part, role **パ**ート, **ロ**ウル
やけい **夜景** yakei	**vista nocturna** *f.* **ビ**スタ ノク**トゥ**ルナ	night view **ナ**イト **ヴュ**ー
やけど **火傷** yakedo	**quemadura** *f.* ケマ**ドゥ**ラ	burn **バ**ーン
〜する	**quemarse** ケ**マ**ルセ	burn, (get) burned **バ**ーン, (**ゲ**ト) **バ**ーンド

や

日	西	英
やける **焼ける** yakeru	**arder, quemarse** アルデル, ケマルセ	burn バーン
（肉・魚などが）	**asarse** アサルセ	(be) roasted, (be) broiled (ビ) ロウステド, (ビ) ブロイルド
やこうせいの **夜行性の** yakouseino	**nocturno(-a)** ノクトゥルノ(-ナ)	nocturnal ナクターナル
やこうとりょう **夜光塗料** yakoutoryou	**pintura luminosa** *f.* ピントゥラ ルミノサ	luminous paint ルーミナス ペイント
やさい **野菜** yasai	**verduras** *f.pl.* ベルドゥラス	vegetables ヴェヂタブルズ
やさしい **易しい** yasashii	**fácil** ファシル	easy, plain イーズィ, プレイン
やさしい **優しい** yasashii	**amable** アマブレ	gentle, kind ヂェントル, カインド
やしなう **養う** yashinau	**mantener** マンテネル	support, keep サポート, キープ
（育てる）	**criar** クリアル	raise, bring up レイズ, ブリング アプ
やじる **野次る** yajiru	**abuchear** アブチェアル	hoot, jeer フート, ヂア
やじるし **矢印** yajirushi	**flecha** *f.* フレチャ	arrow アロウ
やしん **野心** yashin	**ambición** *f.* アンビシオン	ambition アンビション
～的な	**ambicioso(-a)** アンビシオソ(-サ)	ambitious アンビシャス
やすい **安い** yasui	**barato(-a)** バラト(-タ)	cheap, inexpensive チープ, イニクスペンスィヴ

日	西	英
やすうり **安売り** yasuuri	**rebajas** *f.pl.*, **venta de saldos** *f.* レバハス, ベンタ デ サルドス	discount, bargain sale ディスカウント, バーゲン セイル
やすっぽい **安っぽい** yasuppoi	**ordinario(-a)** オルディナリオ(-ア)	cheap, flashy チープ, フラシ
やすみ **休み** (休憩) yasumi	**descanso** *m.* デスカンソ	rest レスト
(休日)	**día de fiesta** *m.*, **vacaciones** *f.pl.* ディア デ フィエスタ, バカシオネス	holiday, vacation ハリデイ, ヴェイケイション
やすむ **休む** (休息する) yasumu	**descansar** デスカンサル	rest レスト
(欠席する)	**no asistir** *a*, **ausentarse** *de* ノ アシスティル, アウセンタルセ	(be) absent from (ビ) アブセント フラム
やすらかな **安らかな** yasurakana	**apacible, tranquilo(-a)** アパシブレ, トランキロ(-ラ)	peaceful, quiet ピースフル, クワイエト
やすらぎ **安らぎ** yasuragi	**paz** *f.*, **tranquilidad** *f.* パス, トランキリダド	peace, tranquility ピース, トランクウィリティ
やすり **やすり** yasuri	**lima** *f.* リマ	file ファイル
やせいの **野生の** yaseino	**salvaje** サルバヘ	wild ワイルド
やせた **痩せた** (体が) yaseta	**delgado(-a), esbelto(-a)** デルガド(-ダ), エスベルト(-タ)	thin, slim スィン, スリム
(土地が)	**estéril** エステリル	poor, barren プア, バレン
やせる **痩せる** yaseru	**adelgazar** アデルガサル	(become) thin, lose weight (ビカム) スィン, ルーズ ウェイト
やそう **野草** yasou	**maleza** *f.* マレサ	wild grass ワイルド グラス

日	西	英
やたい **屋台** yatai	**puesto** *m.* プエスト	stall, stand ストール, スタンド
やちょう **野鳥** yachou	**ave silvestre** *f.* アベ シルベストレ	wild bird ワイルド バード
やちん **家賃** yachin	**alquiler** *m.* アルキレル	rent レント
やっかいな **厄介な** yakkaina	**fastidioso(-a)** ファスティディオソ(- サ)	troublesome, annoying トラブルサム, アノイイング
やっきょく **薬局** yakkyoku	**farmacia** *f.* ファルマシア	pharmacy, drugstore, Ⓑchemist ファーマスィ, ドラグストー, ケミスト
やっつける **やっつける** （一気にやる） yattsukeru	**acabar, despachar** アカバル, デスパチャル	finish (in one go) フィニシュ (イン ワン ゴウ)
（打ち倒す）	**derrotar** デロタル	beat, defeat ビート, ディフィート
やっと **やっと**　（ようやく） yatto	**por fin** ポル フィン	at last アト ラスト
（辛うじて）	**a duras penas, apenas** ア ドゥラス ペナス, アペナス	barely ベアリ
やつれる **やつれる** yatsureru	**demacrarse** デマクラルセ	(be) worn out (ビ) ウォーン アウト
やといぬし **雇い主** yatoinushi	**patrón(-ona)** *m.f.* パトロン(- ナ)	employer インプロイア
やとう **雇う** yatou	**emplear, contratar** エンプレアル, コントラタル	employ インプロイ
やとう **野党** yatou	**partido de la oposición** *m.* パルティド デ ラ オポシシオン	opposition party アポズィション パーティ
やなぎ **柳** yanagi	**sauce** *m.* サウセ	willow ウィロウ

日	西	英
やぬし 家主 yanushi	**casero(-a)** *m.f.* カセロ(-ラ)	owner of a house オウナ オヴァ ハウス
やね 屋根 yane	**tejado** *m.* テハド	roof ルーフ
～裏	**desván** *m.* デスバン	garret, attic ギャレト, アティク
やはり (依然) yahari	**todavía** トダビア	still スティル
(結局)	**después de todo** デスプエス デ トド	after all アフタ オール
(他と同様に)	**también** タンビエン	too, also トゥー, オールソウ
やばんな 野蛮な yabanna	**bárbaro(-a)** バルバロ(-ラ)	barbarous, savage バーバラス, サヴィヂ
やぶる 破る yaburu	**romper** ロンペル	tear テア
やぶれる 破れる yabureru	**romperse** ロンペルセ	(be) torn (ビ) トーン
やぶれる 敗れる yabureru	**(ser) vencido(-a), (ser) derrotado(-a)** (セル) ベンシド(-ダ), (セル) デロタド(-ダ)	(be) beaten, (be) defeated (ビ) ビートン, (ビ) ディフィーテド
やぼう 野望 yabou	**ambición** *f.* アンビシオン	ambition アンビション
やぼな 野暮な yabona	**tosco(-a)** トスコ(-カ)	unrefined, uncouth アンリファインド, アンクース
やま 山 yama	**monte** *m.*, **montaña** *f.* モンテ, モンタニャ	mountain マウンテン
～火事	**incendio forestal** *m.* インセンディオ フォレスタル	forest fire フォレスト ファイア

日	西	英
やましい **やましい** yamashii	**tener remordimientos, sentirse culpable** テネル レモルディミエントス, センティルセ クルパブレ	feel guilty フィール ギルティ
やみ **闇** yami	**oscuridad** *f.* オスクリダド	darkness ダークネス
やみくもに **闇雲に** yamikumoni	**al azar, a tontas y a locas** アル アサル, ア トンタス イ ア ロカス	at random, rashly アト ランダム, ラシュリ
やむ **止む** yamu	**cesar** セサル	stop, (be) over スタプ, (ビ) オウヴァ
やめる **止める** yameru	**dejar** デハル	stop, end スタプ, エンド
やめる **辞める** (引退する) yameru	**retirarse** レティラルセ	retire リタイア
(辞職する)	**dimitir, resignar** ディミティル, レシグナル	resign, quit リザイン, クウィト
やもり **ヤモリ** yamori	**geco** *m.* ヘコ	gecko ゲコウ
やりがいのある **やりがいのある** yarigainoaru	**que merece la pena** ケ メレセ ラ ペナ	worthwhile ワース(ホ)ワイル
やりとげる **やり遂げる** yaritogeru	**llevar a cabo** ジェバル ア カボ	accomplish アカンプリシュ
やりなおす **やり直す** yarinaosu	**empezar de nuevo, volver a intentar** エンペサル デ ヌエボ, ボルベル ア インテンタル	try again トライ アゲイン
やる **やる** yaru	**hacer** アセル	do ドゥー
(与える)	**dar** ダル	give ギヴ
やるき **やる気** yaruki	**ganas** *f.pl.*, **motivación** *f.* ガナス, モティバシオン	will, drive ウィル, ドライヴ

日	西	英
やわらかい **柔[軟]らかい** yawarakai	**blando(-a)** ブランド(-ダ)	soft, tender ソーフト, テンダ
やわらぐ **和らぐ** (弱まる) yawaragu	**calmarse** カルマルセ	lessen レスン
(静まる)	**calmarse** カルマルセ	calm down カーム ダウン
やわらげる **和らげる** (楽にする) yawarageru	**aliviar, calmar** アリビアル, カルマル	allay, ease アレイ, イーズ
(静める)	**calmar, tranquilizar** カルマル, トランキリサル	soothe, calm スーズ, カーム
やんちゃな **やんちゃな** yanchana	**travieso(-a)** トラビエソ(-サ)	naughty, mischievous ノーティ, ミスチヴァス

ゆ, ユ

日	西	英
ゆ **湯** yu	**agua caliente** *f.* アグア カリエンテ	hot water ハト ウォータ
ゆいいつの **唯一の** yuiitsuno	**único(-a)** ウニコ(-カ)	only, unique オウンリ, ユーニーク
ゆいごん **遺言** yuigon	**testamento** *m.*, **última voluntad** *f.* テスタメント, ウルティマ ボルンタド	will, testament ウィル, テスタメント
ゆうい **優位** yuui	**predominio** *m.*, **superioridad** *f.* プレドミニオ, スペリオリダド	predominance, superiority プリダミナンス, スピアリオーリティ
ゆういぎな **有意義な** yuuigina	**significativo(-a)** シグニフィカティボ(-バ)	significant スィグニフィカント
ゆううつな **憂鬱な** yuuutsuna	**melancólico(-a), deprimido(-a)** メランコリコ(-カ), デプリミド(-ダ)	melancholy, gloomy メランカリ, グルーミ
ゆうえきな **有益な** yuuekina	**útil, beneficioso(-a)** ウティル, ベネフィシオソ(-サ)	useful, beneficial ユースフル, ベニフィシャル

日	西	英
ゆうえつかん **優越感** yuuetsukan	**complejo de superiori-dad** m. コンプレホ デ スペリオリダド	sense of superiori-ty センス オヴ スピアリオリティ
ゆうえんち **遊園地** yuuenchi	**parque de atracciones** m. パルケ デ アトラクシオネス	amusement park アミューズメント パーク
ゆうかい **誘拐** （子どもの） yuukai	**secuestro** m. セクエストロ	kidnapping キドナピング
（拉致）	**secuestro** m., **rapto** m. セクエストロ, ラプト	abduction アブダクション
ゆうがいな **有害な** yuugaina	**nocivo(-a)** ノシボ(-バ)	bad, harmful バド, ハームフル
ゆうかしょうけん **有価証券** yuukashouken	**valores** m.pl. バロレス	valuable securities ヴァリュアブル スィキュアリティズ
ゆうがた **夕方** yuugata	**tarde** f., **noche** f. タルデ, ノチェ	evening イーヴニング
ゆうがな **優雅な** yuugana	**grácil, elegante** グラシル, エレガンテ	graceful, elegant グレイスフル, エリガント
ゆうかん **夕刊** yuukan	**periódico vespertino** m. ペリオディコ ベスペルティノ	evening paper イーヴニング ペイパ
ゆうかんな **勇敢な** yuukanna	**bravo(-a), valiente** ブラボ(-バ), バリエンテ	brave, courageous ブレイヴ, カレイヂャス
ゆうき **勇気** yuuki	**valentía** f., **valor** m. バレンティア, バロル	courage, bravery カーリヂ, ブレイヴァリ
ゆうきの **有機の** yuukino	**orgánico(-a)** オルガニコ(-カ)	organic オーガニク
ゆうきゅうきゅうか **有給休暇** yuukyuukyuuka	**vacaciones pagadas** f.pl. バカシオネス パガダス	paid vacation, Ⓑpaid holiday ペイド ヴェイケイション, ペイド ホリデイ
ゆうぐうする **優遇する** yuuguusuru	**tratar bien** トラタル ビエン	treat warmly トリート ウォームリ

日	西	英
ゆうけんしゃ **有権者** yuukensha	**votante** *m.f.* ボタンテ	electorate イレクトレト
ゆうこう **有効** yuukou	**validez** *f.* バリデス	validity ヴァリディティ
ゆうこうかんけい **友好関係** yuukoukankei	**relaciones amistosas** *f.pl.* レラシオネス アミストサス	friendly relations with フレンドリ リレイションズ ウィズ
ゆうこうこく **友好国** yuukoukoku	**país amigo** *m.* パイス アミゴ	friendly nation フレンドリ ネイション
ゆうごうする **融合する** yuugousuru	**fusionarse** フシオナルセ	fuse フューズ
ゆうこうな **有効な** yuukouna	**válido(-a), eficaz** バリド(-ダ), エフィカス	valid, effective ヴァリド, イフェクティヴ
ゆーざー **ユーザー** yuuzaa	**usuario(-a)** *m.f.* ウスアリオ(-ア)	user ユーザ
〜名	**nombre de usuario** *m.* ノンブレ デ ウスアリオ	user name ユーザ ネイム
ゆうざい **有罪** yuuzai	**culpabilidad** *f.* クルパビリダド	guilt ギルト
〜の	**culpable** クルパブレ	guilty ギルティ
ゆうし **有志** yuushi	**voluntario(-a)** *m.f.* ボルンタリオ(-ア)	volunteer ヴァランティア
ゆうし **融資** yuushi	**financiación** *f.* フィナンシアシオン	financing, loan フィナンスィング, ロウン
〜する	**financiar** フィナンシアル	finance フィナンス
ゆうしゅうな **優秀な** yuushuuna	**excelente** エクスセレンテ	excellent エクセレント

日	西	英
ゆうしょう **優勝** yuushou	**campeonato** *m.* カンペオナト	championship チャンピオンシプ
～する	**ganar un campeonato** ガナル ウン カンペオナト	win a championship ウィン ア チャンピオンシプ
ゆうじょう **友情** yuujou	**amistad** *f.* アミスタド	friendship フレンドシプ
ゆうしょく **夕食** yuushoku	**cena** *f.* セナ	supper, dinner サパ, ディナ
ゆうじん **友人** yuujin	**amigo(-a)** *m.f.* アミゴ(·ガ)	friend フレンド
ゆうずう **融通** （柔軟） yuuzuu	**flexibilidad** *f.* フレクシビリダド	flexibility フレクスィビリティ
（金の貸し借り）	**financiación** *f.*, **finanzas** *f.pl.* フィナンシアシオン, フィナンサス	finance, lending フィナンス, レンディング
～する	**prestar** プレスタル	lend レンド
ゆうせいな **優勢な** yuuseina	**superior, predominante** スペリオル, プレドミナンテ	superior, predominant スピアリア, プリダミナント
ゆうせん **優先** yuusen	**prioridad** *f.* プリオリダド	priority プライオリティ
～する （他に）	**tener prioridad** テネル プリオリダド	have priority ハヴ プライオリティ
ゆうぜんと **悠然と** yuuzento	**tranquilamente** トランキラメンテ	composedly コンポウズドリ
ゆうそうする **郵送する** yuusousuru	**enviar por correo** エンビアル ポル コレオ	send by mail センド バイ メイル
ゆーたーんする **ユーターンする** yuutaansuru	**dar media vuelta, cambiar de sentido** ダル メディア ブエルタ, カンビアル デ センティド	make a U-turn メイク ア ユーターン

日	西	英
ゆうたいけん **優待券** yuutaiken	**billete de obsequio [regalo]** *m.* ビジェテ デ オブセキオ [レガロ]	complimentary ticket カンプリメンタリ ティケト
ゆうだいな **雄大な** yuudaina	**grandioso(-a)** グランディオソ(-サ)	grand, magnificent グランド, マグニフィセント
ゆうだち **夕立** yuudachi	**chubasco** *m.* チュバスコ	evening squall イーヴニング スクウォール
ゆうどうする **誘導する** yuudousuru	**dirigir** ディリヒル	lead リード
ゆうどくな **有毒な** yuudokuna	**tóxico(-a)** トクシコ(-カ)	poisonous ポイズナス
ゆーとぴあ **ユートピア** yuutopia	**utopía** *f.* ウトピア	Utopia ユートウピア
ゆうのうな **有能な** yuunouna	**competente, capaz** コンペテンテ, カパス	able, capable エイブル, ケイパブル
ゆうはつする **誘発する** yuuhatsusuru	**causar, provocar** カウサル, プロボカル	cause コーズ
ゆうひ **夕日** yuuhi	**sol poniente** *m.* ソル ポニエンテ	setting sun セティング サン
ゆうびん **郵便** yuubin	**correo** *m.* コレオ	mail, ⒷMail, post メイル, メイル, ポウスト
〜為替	**giro postal** *m.* ヒロ ポスタル	money order マニ オーダ
〜局	**oficina de correos** *f.* オフィシナ デ コレオス	post office ポウスト オーフィス
〜番号	**código postal** *m.* コディゴ ポスタル	zip code, postal code, Ⓑpostcode ズィプ コウド, ポウストル コウド, ポウストコウド
ゆうふくな **裕福な** yuufukuna	**rico(-a)** リコ(-カ)	rich, wealthy リチ, ウェルスィ

日	西	英
ゆうべ **夕べ** yuube	**anoche** アノチェ	last night ラスト ナイト
ゆうべんな **雄弁な** yuubenna	**elocuente** エロクエンテ	eloquent エロクウェント
ゆうぼうな **有望な** yuubouna	**prometedor(-a)** プロメテドル(- ラ)	promising, hopeful プラミスィング, ホウプフル
ゆうぼくみん **遊牧民** yuubokumin	**nómada** *m.f.* ノマダ	nomad ノウマド
ゆうほどう **遊歩道** yuuhodou	**paseo** *m.* パセオ	promenade プラメネイド
ゆうめいな **有名な** yuumeina	**famoso(-a), célebre** ファモソ(- サ), セレブレ	famous, well-known フェイマス, ウェルノウン
ゆーもあ **ユーモア** yuumoa	**humor** *m.* ウモル	humor ヒューマ
ゆーもらすな **ユーモラスな** yuumorasuna	**humorístico(-a)** ウモリスティコ(- カ)	humorous ヒューマラス
ゆうやけ **夕焼け** yuuyake	**resplandor de la puesta de sol** *m.* レスプランドル デ ラ プエスタ デ ソル	sunset, Ⓑevening glow サンセト, イーヴニング グロウ
ゆうやみ **夕闇** yuuyami	**crepúsculo** *m.*, **ocaso** *m.* クレプスクロ, オカソ	dusk, twilight ダスク, トワイライト
ゆうよ **猶予** yuuyo	**aplazamiento** *m.*, **prórroga** *f.* アプラサミエント, プロロガ	delay, grace ディレイ, グレイス
ゆうりな **有利な** yuurina	**favorable** ファボラブレ	advantageous アドヴァンテイヂャス
ゆうりょうな **優良な** yuuryouna	**superior, excelente** スペリオル, エクスセレンテ	superior, excellent スピアリア, エクセレント
ゆうりょうの **有料の** yuuryouno	**de pago** デ パゴ	fee-based フィーペイスト

ゆ

日	西	英
ゆうりょくな **有力な** yuuryokuna	**fuerte, poderoso(-a)** フエルテ, ポデロソ(-サ)	strong, powerful ストローング, パウアフル
ゆうれい **幽霊** yuurei	**fantasma** *m.* ファン**タ**スマ	ghost ゴウスト
ゆーろ **ユーロ** yuuro	**euro** *m.* エウロ	Euro ユアロ
ゆうわく **誘惑** yuuwaku	**tentación** *f.* テンタ**シオ**ン	temptation テンプ**テ**イション
〜する	**tentar** テン**タ**ル	tempt, seduce **テ**ンプト, スィ**デュ**ース
ゆか **床** yuka	**suelo** *m.*, **piso** *m.* ス**エ**ロ, **ピ**ソ	floor フ**ロ**ー
ゆかいな **愉快な** yukaina	**agradable, alegre** アグラ**ダ**ブレ, ア**レ**グレ	pleasant, cheerful プ**レ**ザント, **チ**アフル
ゆがむ **歪む** yugamu	**torcerse, deformarse** トル**セ**ルセ, デフォル**マ**ルセ	(be) distorted (ビ) ディスト**ー**テド
ゆき **雪** yuki	**nieve** *f.* ニ**エ**ベ	snow ス**ノ**ウ
ゆくえふめいの **行方不明の** yukuefumeino	**desaparecido(-a)** デサパレ**シ**ド(-ダ)	missing **ミ**スィング
ゆげ **湯気** yuge	**vapor** *m.* バ**ポ**ル	steam, vapor ス**ティ**ーム, **ヴェ**イパ
ゆけつ **輸血** yuketsu	**transfusión de sangre** *f.* トランスフ**シオ**ン デ **サ**ングレ	blood transfusion ブ**ラ**ド トランス**フュ**ージョン
ゆさぶる **揺さぶる** yusaburu	**sacudir** サク**ディ**ル	shake, move **シェ**イク, **ム**ーヴ
ゆしゅつ **輸出** yushutsu	**exportación** *f.* エクスポルタ**シオ**ン	export **エ**クスポート
〜する	**exportar** エクスポル**タ**ル	export **エ**クスポート

ゆ

日	西	英
ゆすぐ **ゆすぐ** yusugu	**enjuagar** エンフアガル	rinse リンス
ゆすり **強請** yusuri	**extorsión** *f.* エクストルシオン	blackmail ブラクメイル
ゆずりうける **譲り受ける** yuzuriukeru	**heredar** エレダル	take over テイク オウヴァ
ゆする **強請る** yusuru	**extorsionar** エクストルシオナル	extort, blackmail イクストート, ブラクメイル
ゆずる **譲る** （引き渡す） yuzuru	**dar, ceder** ダル, セデル	hand over, give ハンド オウヴァ, ギヴ
（譲歩する）	**conceder** *a* コンセデル	concede to コンスィード トゥ
（売る）	**vender** ベンデル	sell セル
ゆせいの **油性の** yuseino	**oleaginoso(-a)** オレアヒノソ(-サ)	oil-based, oily オイルベイスト, オイリ
ゆそうする **輸送する** yusousuru	**transportar** トランスポルタル	transport, carry トランスポート, キャリ
ゆたかな **豊かな** yutakana	**abundante** アブンダンテ	abundant, rich アバンダント, リチ
ゆだねる **委ねる** yudaneru	**confiar, encomendar** コンフィアル, エンコメンダル	entrust with イントラスト ウィズ
ゆだやきょう **ユダヤ教** yudayakyou	**judaísmo** *m.* フダイスモ	Judaism デューダイズム
ゆだやじん **ユダヤ人** yudayajin	**judío(-a)** *m.f.* フディオ(-ア)	Jew デュー
ゆだん **油断** yudan	**descuido** *m.* デスクイド	carelessness ケアレスネス

ゆ

日	西	英
〜する	**descuidarse** デスクイダルセ	(be) off one's guard (ビ) オフ ガード
ゆちゃくする **癒着する** yuchakusuru	**adherirse** *a* アデリルセ	adhere アドヒア
ゆっくり **ゆっくり** yukkuri	**despacio** デスパシオ	slowly スロウリ
ゆでたまご **茹で卵** yudetamago	**huevo cocido** *m.* ウエボ コシド	boiled egg ボイルド エグ
ゆでる **茹でる** yuderu	**hervir** エルビル	boil ボイル
ゆでん **油田** yuden	**yacimiento petrolífero** *m.* ジャシミエント ペトロリフェロ	oil field オイル フィールド
ゆとり　（気持の） **ゆとり** yutori	**tranquilidad de espíritu** *f.* トランキリダド デ エスピリトゥ	peace of mind ピース オヴ マインド
（空間の）	**espacio** *m.* エスパシオ	elbow room, leeway エルボウ ルーム, リーウェイ
ゆにゅう **輸入** yunyuu	**importación** *f.* インポルタシオン	import インポート
〜する	**importar** インポルタル	import, introduce インポート, イントロデュース
ゆび **指**　（手の） yubi	**dedo** *m.* デド	finger フィンガ
（足の）	**dedo del pie** *m.* デド デル ピエ	toe トウ
ゆびわ **指輪** yubiwa	**anillo** *m.* アニジョ	ring リング
ゆみ **弓** yumi	**arco** *m.* アルコ	bow バウ

ゆ

日	西	英
ゆめ **夢** yume	**sueño** *m.* スエニョ	dream ドリーム
ゆらい **由来** yurai	**origen** *m.* オリヘン	origin オーリヂン
ゆり **百合** yuri	**azucena** *f.* アスセナ	lily リリ
ゆりかご **揺り籠** yurikago	**cuna** *f.* クナ	cradle クレイドル
ゆるい **緩い**　（厳しくない） yurui	**poco severo(-*a*)** ポコ セベロ(-ラ)	lenient リーニエント
（締まっていない）	**flojo(-*a*)** フロホ(-ハ)	loose ルース
ゆるがす **揺るがす** yurugasu	**estremecer** エストレメセル	shake, swing シェイク, スウィング
ゆるし **許し**　（許可） yurushi	**permiso** *m.* ペルミソ	permission パミション
ゆるす **許す**　（許可する） yurusu	**permitir** ペルミティル	allow, permit アラウ, パミト
（容赦する）	**perdonar** ペルドナル	forgive, pardon フォギヴ, パードン
ゆるむ **緩む**　（ほどける） yurumu	**aflojar(se)** アフロハル(セ)	loosen ルースン
（緊張が解ける）	**relajarse** レラハルセ	relax リラクス
ゆるめる **緩める**　（ほどく） yurumeru	**aflojar** アフロハル	loosen, unfasten ルースン, アンファスン
（速度を遅くする）	**reducir la velocidad** レドゥシル ラ ベロシダド	slow down スロウ ダウン

日	西	英

ゆるやかな
緩やかな
（きつくない）
yuruyakana

flojo(-a)
フロホ(-ハ)

loose
ルース

（度合いが少ない）

lento(-a)
レント(-タ)

gentle, lenient
ヂェントル, リーニエント

ゆれ
揺れ
yure

temblor *m.*
テンブロル

vibration, tremor
ヴァイブレイション, トレマ

ゆれる
揺れる
yureru

temblar, balancearse
テンブラル, バランセアルセ

shake, sway
シェイク, スウェイ

よ, ヨ

よ
世
yo

mundo *m.*
ムンド

world, life
ワールド, ライフ

よあけ
夜明け
yoake

amanecer *m.*
アマネセル

dawn, daybreak
ドーン, デイブレイク

よい
酔い
yoi

borrachera *f.*
ボラチェラ

drunkenness
ドランクンネス

（車の）

mareo (en el coche) *m.*
マレオ (エン エル コチェ)

carsickness
カースィクネス

（船の）

mareo (en el barco) *m.*
マレオ (エン エル バルコ)

seasickness
スィースィクネス

（飛行機の）

mareo (en el avión) *m.*
マレオ (エン エル アビオン)

airsickness
エアスィクネス

よい
良[善]い
yoi

bueno(-a), bien
ブエノ(-ナ), ビエン

good
グド

よいん
余韻
yoin

reverberación *f.*, **reso-nancia** *f.*
レベルベラシオン, レソナンシア

reverberations
リヴァーバレイションズ

よう
用
you

asunto *m.*
アスント

business, task
ビズネス, タスク

日	西	英
ようい **用意** youi	**preparativos** *m.pl.* プレパラ**ティ**ボス	preparations プレパ**レ**イションズ
〜する	**preparar** プレパ**ラ**ル	prepare プリ**ペ**ア
よういな **容易な** youina	**fácil, simple** **ファ**シル, **シ**ンプレ	easy, simple **イ**ーズィ, **ス**インプル
よういん **要因** youin	**factor** *m.* ファク**ト**ル	factor **ファ**クタ
ようえき **溶液** youeki	**solución** *f.* ソル**シ**オン	solution ソ**ルー**ション
ようかいする **溶解する** youkaisuru	**disolverse** ディソル**ベ**ルセ	melt **メ**ルト
ようがん **溶岩** yougan	**lava** *f.* **ラ**バ	lava **ラー**ヴァ
ようき **容器** youki	**envase** *m.* エン**バ**セ	receptacle リ**セ**プタクル
ようぎ **容疑** yougi	**sospecha** *f.* ソス**ペ**チャ	suspicion サス**ピ**ション
〜者	**sospechoso(-a)** *m.f.* ソスペ**チョ**ソ(- サ)	suspect **サ**スペクト
ようきな **陽気な** youkina	**alegre** ア**レ**グレ	cheerful, lively **チ**アフル, **ラ**イヴリ
ようきゅう **要求** youkyuu	**reclamación** *f.* レクラマ**シ**オン	demand, request ディ**マ**ンド, リク**ウェ**スト
〜する	**reclamar** レクラ**マ**ル	demand, require ディ**マ**ンド, リク**ワ**イア
ようぐ **用具** yougu	**herramientas** *f.pl.* エラミ**エ**ンタス	tools **トゥー**ルズ
ようけん **用件** youken	**asunto** *m.* ア**ス**ント	matter, business **マ**タ, **ビ**ズネス

日	西	英
ようご **用語** (言葉遣い) yougo	**formulación** *f.*, **lenguaje** *m.* フォルムラシオン, レングアヘ	wording ワーディング
(語彙)	**vocabulario** *m.* ボカブラリオ	vocabulary ヴォウキャビュレリ
(専門用語)	**término** *m.*, **terminología** *f.* テルミノ, テルミノロヒア	term, terminology ターム, ターミナロヂ
ようさい **要塞** yousai	**fortaleza** *f.* フォルタレサ	fortress フォートレス
ようし **用紙** youshi	**impreso** *m.* インプレソ	form フォーム
ようし **養子** youshi	**niño(-*a*) adoptado(-*a*)** *m.f.* ニョ(-ニャ) アドプタド(-ダ)	adopted child アダプテド チャイルド
ようじ **幼児** youji	**niño(-*a*) pequeño(-*a*)** *m.f.* ニョ(-ニャ) ペケニョ(-ニャ)	baby, child ベイビ, チャイルド
ようじ **用事** youji	**asunto** *m.*, **recado** *m.* アスント, レカド	errand, task エランド, タスク
ようしき **様式** youshiki	**modo** *m.*, **estilo** *m.* モド, エスティロ	mode, style モウド, スタイル
ようじょ **養女** youjo	**hija adoptiva** *f.* イハ アドプティバ	adopted daughter アダプテド ドータ
ようしょく **養殖** youshoku	**cultivo** *m.* クルティボ	cultivation カルティヴェイション
～する	**cultivar** クルティバル	cultivate, raise カルティヴェイト, レイズ
ようじん **用心** youjin	**cuidado** *m.*, **atención** *f.* クイダド, アテンシオン	attention アテンション
～する	**andar con cuidado, te-ner cuidado** *con* アンダル コン クイダド, テネル クイダド	(be) careful of, (be) careful about (ビ) ケアフル オヴ, (ビ) ケアフル アバウト

日		西	英
ようじん **要人** youjin		**persona importante** *f.* ペルソナ インポルタンテ	important person インポータント パースン
ようす **様子** yousu	(外見)	**aspecto** *m.* アスペクト	appearance アピアランス
	(状態)	**estado** *m.*, **situación** *f.* エスタド, シトゥアシオン	state of affairs ステイト オヴ アフェアズ
	(態度)	**actitud** *f.* アクティトゥド	attitude アティテュード
ようする **要する** yousuru		**requerir, necesitar** レケリル, ネセシタル	require, need リクワイア, ニード
ようせい **要請** yousei		**demanda** *f.* デマンダ	demand, request ディマンド, リクウェスト
～する		**demandar** デマンダル	demand ディマンド
ようせき **容積** youseki		**capacidad** *f.*, **volumen** *m.* カパシダド, ボルメン	capacity, volume カパスィティ, ヴァリュム
ようせつする **溶接する** yousetsusuru		**soldar** ソルダル	weld ウェルド
ようそ **要素** youso		**elemento** *m.*, **factor** *m.* エレメント, ファクトル	element, factor エレメント, ファクタ
ようそう **様相** yousou		**cariz** *m.* カリス	aspect, phase アスペクト, フェイズ
ようだい **容体** youdai		**estado** *m.* エスタド	condition コンディション
ようちえん **幼稚園** youchien		**jardín de infancia** *m.* ハルディン デ インファンシア	kindergarten キンダガートン
ようちな **幼稚な** youchina		**infantil** インファンティル	childish チャイルディシュ
ようちゅう **幼虫** youchuu		**larva** *f.* ラルバ	larva ラーヴァ

日	西	英
ようつう **腰痛** youtsuu	**lumbago** *m.* ルンバゴ	lumbago, lower back pain ランベイゴウ, ロウア バク ペイン
ようてん **要点** youten	**quid** *m.*, **punto esencial** *m.* キド, プント エセンシアル	main point, gist メイン ポイント, ヂスト
ようと **用途** youto	**uso** *m.* ウソ	use, purpose ユーズ, パーパス
ようねん **幼年** younen	**infancia** *f.* インファンシア	early childhood アーリ チャイルドフド
ようび **曜日** youbi	**día de la semana** *m.* ディア デ ラ セマナ	day of the week デイ オヴ ザ ウィーク
ようふ **養父** youfu	**padre adoptivo** *m.* パドレ アドプティボ	foster father フォスタ ファーザ
ようふく **洋服** youfuku	**ropa** *f.* ロパ	clothes, dress クロウズ, ドレス
ようぶん **養分** youbun	**alimento** *m.* アリメント	nourishment ナーリシュメント
ようぼ **養母** youbo	**madre adoptiva** *f.* マドレ アドプティバ	foster mother フォスタ マザ
ようぼう **容貌** youbou	**presencia** *f.*, **facciones** *f.pl.* プレセンシア, ファクシオネス	looks ルクス
ようもう **羊毛** youmou	**lana** *f.* ラナ	wool ウル
ようやく **ようやく** youyaku	**por fin** ポル フィン	at last アト ラスト
ようやくする **要約する** youyakusuru	**resumir** レスミル	summarize サマライズ
ようりょう **要領** youryou	**esencia** *f.*, **truco** *m.* エセンシア, トルコ	main point, knack メイン ポイント, ナク

日	西	英
ようりょくそ **葉緑素** youryokuso	**clorofila** *f.* クロロ**フィ**ラ	chlorophyll クローラフィル
ようれい **用例** yourei	**ejemplo** *m.* エ**ヘ**ンプロ	example イグ**ザ**ンプル
よーぐると **ヨーグルト** yooguruto	**yogur** *m.* **ジョ**グル	yogurt **ヨ**ウガト
よーろっぱ **ヨーロッパ** yooroppa	**Europa** *f.* エ**ウ**ロパ	Europe **ユ**アロプ
よか **余暇** yoka	**ocio** *m.* **オ**シオ	leisure **リ**ージャ
よが **ヨガ** yoga	**yoga** *m.* **ジョ**ガ	yoga **ヨ**ウガ
よかん **予感** yokan	**premonición** *f.*, **presenti-miento** *m.* プレモニ**シオ**ン, プレセンティミ**エ**ント	premonition, fore-sight プリーマ**ニ**シャン, **フォ**ーサイト
～**する**	**tener un presentimiento** テ**ネ**ル ウン プレセンティミ**エ**ント	have a hunch ハヴ ア **ハ**ンチ
よきする **予期する** yokisuru	**anticipar** アンティシ**パ**ル	anticipate アンティ**スィ**ペイト
よきん **預金** yokin	**depósito** *m.* デ**ポ**スィト	savings, deposit **セ**イヴィングズ, ディ**パ**ズィト
～**する**	**depositar dinero** *en* デポスィ**タ**ル ディ**ネ**ロ	deposit money in ディ**パ**ズィト **マ**ニ イン
よく **欲** yoku	**deseo** *m.* デ**セ**オ	desire ディ**ザ**イア
よく **良く** （うまく） yoku	**bien** **ビ**エン	well **ウェ**ル
（しばしば）	**con frecuencia** コン フレク**エ**ンシア	often, frequently **オ**ーフン, **フ**リークウェントリ

日	西	英
（十分に）	**completamente, bastan-te** コンプレタメンテ, バスタンテ	fully, sufficiently フリ, サフィシェントリ
よくあさ **翌朝** yokuasa	**mañana siguiente** *f.* マニャナ シギエンテ	next morning ネクスト モーニング
よくあつする **抑圧する** yokuatsusuru	**oprimir** オプリミル	oppress オプレス
よくげつ **翌月** yokugetsu	**mes siguiente** *m.* メス シギエンテ	next month ネクスト マンス
よくしつ **浴室** yokushitsu	**(cuarto de) baño** *m.* (クアルト デ) バニョ	bathroom バスルム
よくじつ **翌日** yokujitsu	**día siguiente** *m.* ディア シギエンテ	next day ネクスト デイ
よくせいする **抑制する** yokuseisuru	**controlar, frenar** コントロラル, フレナル	control, restrain コントロウル, リストレイン
よくそう **浴槽** yokusou	**bañera** *f.* バニェラ	bathtub バスタブ
よくねん **翌年** yokunen	**año siguiente** *m.* アニョ シギエンテ	next year ネクスト イヤ
よくばりな **欲張りな** yokubarina	**avaro(-a), avaricioso(-a)** アバロ(- ラ), アバリシオソ(- サ)	greedy グリーディ
よくぼう **欲望** yokubou	**deseo** *m.*, **ambición** *f.* デセオ, アンビシオン	desire, ambition ディザイア, アンビション
よくよう **抑揚** yokuyou	**entonación** *f.* エントナシオン	intonation イントネイション
よけいな **余計な** （不要な） yokeina	**innecesario(-a)** インネセサリオ(- ア)	unnecessary アンネセセリ
（余分な）	**excesivo(-a), sobrante** エクセシボ(- バ), ソブランテ	excessive, surplus イクセスィヴ, サープラス

よ

日	西	英
よける **避[除]ける** yokeru	**esquivar, evitar** エスキバル，エビタル	avoid アヴォイド
よけんする **予見する** yokensuru	**prever** プレベル	foresee フォースィー
よこ **横** (側面) yoko	**lado** *m.* ラド	side サイド
(幅)	**anchura** *f.* アンチュラ	width ウィドス
よこう **予行** yokou	**ensayo** *m.* エンサジョ	rehearsal リハーサル
よこぎる **横切る** yokogiru	**atravesar** アトラベサル	cross, cut across クロース，カト アクロース
よこく **予告** yokoku	**aviso previo** *m.*, **preaviso** *m.* アビソ プレビオ，プレアビソ	advance notice アドヴァンス ノウティス
～する	**avisar con antelación** アビサル コン アンテラシオン	announce before-hand アナウンス ビフォーハンド
よごす **汚す** yogosu	**ensuciar** エンスシアル	soil, stain ソイル，ステイン
よこたえる **横たえる** yokotaeru	**tender** テンデル	lay down レイ ダウン
(身を)	**acostarse** アコスタルセ	lay oneself down, lie down レイ ダウン，ライ ダウン
よこたわる **横たわる** yokotawaru	**tumbarse** トゥンバルセ	lie down, stretch out ライ ダウン，ストレチ アウト
よこめでみる **横目で見る** yokomedemiru	**mirar de soslayo** ミラル デ ソスラジョ	cast a sideways glance キャスト ア サイドウェイズ グランス
よごれ **汚れ** yogore	**suciedad** *f.* スシエダド	dirt, stain ダート，ステイン

日	西	英
よごれる **汚れる** yogoreru	**ensuciarse** エンスシアルセ	(become) dirty (ビカム) **ダ**ーティ
よさん **予算** yosan	**presupuesto** *m.* プレスプ**エ**スト	budget **バ**デェット
よしゅうする **予習する** yoshuusuru	**preparar la lección** プレパ**ラ**ル ラ レク**シ**オン	prepare for a les- son プリ**ペ**ア フォ ア **レ**スン
よしん **余震** yoshin	**réplica (sísmica)** *f.* **レ**プリカ (**シ**スミカ)	aftershock **ア**フタショク
よせる **寄せる** (引き寄せる) yoseru	**aproximar** *a* アプロキ**シ**マル	pull toward, Ⓑdraw towards **プ**ル トゥ**ウォ**ード，ド**ロ**ー トゥ **ウォ**ーズ
(脇へ動かす)	**apartar** アパル**タ**ル	put aside **プ**ト ア**サ**イド
よせん **予選** yosen	**prueba eliminatoria [cla- sificatoria]** *f.* プル**エ**バ エリミナ**ト**リア [クラシフィカ**ト**リア]	preliminary con- test プリ**リ**ミネリ **カ**ンテスト
よそ **余所** yoso	**otro sitio** *m.* **オ**トロ **シ**ティオ	another place ア**ナ**ザ プ**レ**イス
よそう **予想** yosou	**expectativa** *f.* エクスペクタ**ティ**バ	expectation エクスペク**テ**イション
～する	**prever** プレ**ベ**ル	expect, anticipate イクス**ペ**クト，アン**ティ**スィ**ペ** イト
よそおう **装う** yosoou	**fingir** フィン**ヒ**ル	pretend プリ**テ**ンド
よそく **予測** yosoku	**predicción** *f.* プレディク**シ**オン	prediction プリ**ディ**クション
～する	**prever** プレ**ベ**ル	forecast **フォ**ーキャスト
よそみする **余所見する** yosomisuru	**mirar a otro lado, apar- tar la mirada** ミ**ラ**ル ア **オ**ト ロ **ラ**ド，アパル**タ**ル ラ ミ**ラ**ダ	look away ル**ク** ア**ウェ**イ

日	西	英
よそもの **余所者** yosomono	**extraño(-a)** *m.f.* エクストラニョ(-ニャ)	stranger ストレインヂャ
よそよそしい **よそよそしい** yosoyososhii	**frío(-a), distante** フリオ(-ア), ディスタンテ	cold, distant コウルド, ディスタント
よだれ **よだれ** yodare	**baba** *f.* ババ	slaver, drool スラヴァ, ドルール
よち **余地** yochi	**sitio** *m.*, **espacio** *m.* シティオ, エスパシオ	room, space ルーム, スペイス
よつかど **四つ角** yotsukado	**cruce** *m.* クルセ	crossroads, Ⓑcrossing クロースロウヅ, クロースィング
よっきゅう **欲求** yokkyuu	**deseo** *m.* デセオ	desire ディザイア
よっぱらい **酔っ払い** yopparai	**borracho(-a)** *m.f.* ボラチョ(-チャ)	drunk ドランク
よっぱらう **酔っ払う** yopparau	**emborracharse** エンボラチャルセ	get drunk ゲト ドランク
よてい **予定** (個々の) yotei	**plan** *m.* プラン	plan プラン
(全体的な)	**programa** *m.* プログラマ	schedule スケヂュル
よとう **与党** yotou	**partido en el poder** *m.* パルティド エン エル ポデル	party in power パーティ イン パウア
よどむ **よどむ** yodomu	**estancarse** エスタンカルセ	(be) stagnant (ビ) スタグナント
よなかに **夜中に** yonakani	**a medianoche** ア メディアノチェ	at midnight アト ミドナイト
よのなか **世の中** yononaka	**mundo** *m.*, **sociedad** *f.* ムンド, ソシエダド	world, society ワールド, ソサイエティ

日	西	英
よはく **余白** yohaku	**margen** *m.* マルヘン	page margins ペイヂ マーヂンズ
よび **予備** yobi	**reserva** *f.* レセルバ	reserve, spare リザーヴ, スペア
～の	**de reserva** デ レセルバ	reserve, spare リザーヴ, スペア
よびかける **呼び掛ける** yobikakeru	**apelar** *a*, **llamar** アペラル, ジャマル	call out, address コール **ア**ウト, ア**ド**レス
よびりん **呼び鈴** yobirin	**timbre** *m.* ティンブレ	ring, bell リング, ベル
よぶ **呼ぶ**　　(招く) yobu	**invitar** *a* インビ**タ**ル	invite to イン**ヴァ**イト トゥ
(称する)	**llamar, nombrar** ジャマル, ノンブラル	call, name コール, **ネ**イム
(声で呼ぶ)	**llamar** ジャマル	call コール
よぶんな **余分な** yobunna	**extra, sobrante** **エ**クストラ, ソブ**ラ**ンテ	extra, surplus **エ**クストラ, **サ**ープラス
よほう **予報** yohou	**predicción** *f.*, **previsión** *f.* プレディク**シオ**ン, プレビ**シオ**ン	forecast **フォ**ーキャスト
よぼう **予防** yobou	**prevención** *f.* プレベン**シオ**ン	prevention プリ**ヴェ**ンション
～する	**prevenir** プレベニル	prevent from プリ**ヴェ**ント フラム
～注射	**inyección preventiva** *f.*, **vacunación** *f.* インジェク**シオ**ン プレベン**ティ**バ, バクナ**シオ**ン	preventive injec- tion プリ**ヴェ**ンティヴ イン**ヂェ**ク ション
よみがえる **よみがえる** yomigaeru	**revivir** レビビル	revive リ**ヴァ**イヴ

日	西	英
よむ **読む** yomu	**leer** レエル	read リード
よめ **嫁** yome	**mujer** *f.*, **esposa** *f.* ムヘル, エスポサ	wife ワイフ
（新婦）	**novia** *f.* ノビア	bride ブライド
（息子の妻）	**nuera** *f.* ヌエラ	daughter-in-law ドータリンロー
よやく **予約** yoyaku	**reserva** *f.* レセルバ	reservation, ⒝booking レザヴェイション, ブキング
～する	**reservar** レセルバル	reserve, ⒝book リザーヴ, ブク
よゆう **余裕**　（金銭の） yoyuu	**dinero disponible** *m.* ディネロ ディスポニブレ	money to spare マニ トゥ スペア
（空間の）	**espacio** *m.* エスパシオ	room, space ルーム, スペイス
（時間の）	**tiempo libre** *m.* ティエンポ リブレ	time to spare タイム トゥ スペア
よりかかる **寄りかかる** yorikakaru	**apoyarse** *contra* アポジャルセ コントラ	lean against リーン アゲンスト
よりそう **寄り添う** yorisou	**arrimarse** *a* アリマルセ	draw close ドロー クロウス
よりみちする **寄り道する** yorimichisuru	**acercarse** *a* アセルカルセ	stop on one's way スタプ オン ウェイ
よる **因[依]る**　（原因となる） yoru	**deberse** *a* デベルセ	(be) due to (ビ) デュー トゥ
（根拠となる）	**(estar) basado(-a)** *en* (エスタル) バサド(-ダ)	(be) based on (ビ) ベイスト オン

日	西	英
よる **寄る** （接近する） yoru	**acercarse** アセルカルセ	approach アプロウチ
（立ち寄る）	**pasar** *por* パサル	call at, call on コール アト，コール オン
（脇へ動く）	**ponerse a un lado, apartarse** ポネルセ ア ウン ラド，アパルタルセ	step aside ステプ アサイド
よる **夜** yoru	**noche** *f.* ノチェ	night ナイト
よるだん **ヨルダン** yorudan	**Jordania** *f.* ホルダニア	Jordan チョーダン
よろい **鎧** yoroi	**armadura** *f.* アルマドゥラ	armor, ⑧armour アーマ，アーマ
よろこばす **喜ばす** yorokobasu	**agradar** アグラダル	please, delight プリーズ，ディライト
よろこび **喜び** yorokobi	**alegría** *f.*, **placer** *m.* アレグリア，プラセル	joy, delight チョイ，ディライト
よろこぶ **喜ぶ** yorokobu	**alegrarse** アレグラルセ	(be) glad, (be) pleased (ビ) グラド，(ビ) プリーズド
よろめく **よろめく** yoromeku	**tambalearse** タンバレアルセ	stagger スタガ
よろん **世論** yoron	**opinión pública** *f.* オピニオン プブリカ	public opinion パブリク オピニョン
よわい **弱い** yowai	**débil** デビル	weak ウィーク
（気が）	**tímido(-a)** ティミド(-ダ)	timid ティミド
（光などが）	**tenue, débil** テヌエ，デビル	feeble, faint フィーブル，フェイント

よ

日	西	英
よわさ **弱さ** yowasa	**debilidad** *f.* デビリダド	weakness ウィークネス
よわまる **弱まる** yowamaru	**volverse débil, debilitar-se** ボルベルセ デビル, デビリタルセ	weaken ウィークン
よわみ **弱み** yowami	**punto débil** *m.* プント デビル	weak point ウィーク ポイント
よわむし **弱虫** yowamushi	**cobarde** *m.f.* コバルデ	coward カウアド
よわる **弱る** yowaru	**debilitarse** デビリタルセ	grow weak グロウ ウィーク
(困る)	**tener problemas** テネル プロブレマス	(be) worried (ビ) ワーリド
よん **四** yon	**cuatro** *m.* クアトロ	four フォー
よんじゅう **四十** yonjuu	**cuarenta** *m.* クアレンタ	forty フォーティ

日	西	英

ら, ラ

らいう
雷雨
raiu
tormenta *f.*
トルメンタ
thunderstorm
サンダストーム

らいおん
ライオン
raion
león(-ona) *m.*
レオン(・ナ)
lion
ライオン

らいげつ
来月
raigetsu
mes próximo *m.*
メス プロクシモ
next month
ネクスト マンス

らいしゅう
来週
raishuu
semana próxima *f.*
セマナ プロクシマ
next week
ネクスト ウィーク

らいせ
来世
raise
el otro mundo *m.*, **mundo más allá** *m.*
エル オトロ ムンド, ムンド マス アジャ
afterlife, next life
アフタライフ, ネクスト ライフ

らいたー
ライター
raitaa
encendedor *m.*
エンセンデドル
lighter
ライタ

らいと
ライト
raito
luz *f.*
ルス
light
ライト

らいにちする
来日する
rainichisuru
visitar Japón
ビシタル ハポン
visit Japan
ヴィズィト ヂャパン

らいねん
来年
rainen
año próximo *m.*
アニョ プロクシモ
next year
ネクスト イア

らいばる
ライバル
raibaru
rival *m.f.*
リバル
rival
ライヴァル

らいひん
来賓
raihin
invitado(-a) *m.f.*
インビタド(・ダ)
guest
ゲスト

らいぶ
ライブ
raibu
actuación en vivo *f.*
アクトゥアシオン エン ビボ
live performance
ライヴ パフォーマンス

らいふすたいる
ライフスタイル
raifusutairu
estilo de vida *m.*
エスティロ デ ビダ
lifestyle
ライフスタイル

日	西	英
らいふる **ライフル** raifuru	**rifle** *m.* リフレ	rifle ライフル
らいふわーく **ライフワーク** raifuwaaku	**trabajo de toda la vida** *m.* トラバホ デ トダ ラ ビダ	lifework ライフワーク
らいめい **雷鳴** raimei	**trueno** *m.* トルエノ	thunder サンダ
らいらっく **ライラック** rairakku	**lila** *f.* リラ	lilac ライラク
らおす **ラオス** raosu	**Laos** *m.* ラオス	Laos ラウス
らくえん **楽園** rakuen	**paraíso** *m.* パライソ	paradise パラダイス
らくがき **落書き** rakugaki	**grafiti** *m.*, **pintada** *f.* グラフィティ, ピンタダ	scribble, graffiti スクリブル, グラフィーティ
らくごする **落伍する** rakugosuru	**rezagarse** レサガルセ	drop out of ドラプ アウト オヴ
らくさ **落差** rakusa	**diferencia** *f.* ディフェレンシア	gap, difference ギャプ, ディファレンス
らくさつする **落札する** rakusatsusuru	**rematar** レマタル	make a successful bid メイク ア サクセスフル ビド
らくせんする **落選する** rakusensuru	**(ser) derrotado(-a)** *en* (セル) デロタド(-ダ)	(be) defeated in (ビ) ディフィーテド イン
らくだ **駱駝** rakuda	**camello** *m.* カメジョ	camel キャメル
らくだいする **落第する** rakudaisuru	**suspender** ススペンデル	fail フェイル
らくてんてきな **楽天的な** rakutentekina	**optimista** オプティミスタ	optimistic アプティミスティク

日	西	英
らくな **楽な** rakuna	**cómodo(-a)** コモド(-ダ)	comfortable カンフォタブル
（容易な）	**fácil** ファシル	easy イーズィ
らくのう **酪農** rakunou	**industria lechera** *f.*, Ⓐ**le-** **chería** *f.* インドゥストリア レチェラ, レチェリア	dairy (farm) デアリ（ファーム）
～家	**lechero(-a)** *m.f.* レチェロ(-ラ)	dairy farmer デアリ ファーマ
らぐびー **ラグビー** ragubii	**rugby** *m.* ルグビ	rugby ラグビ
らくようじゅ **落葉樹** rakuyouju	**árbol de hoja caduca** *m.* アルボル デ オハ カドゥカ	deciduous tree ディスィデュアス トリー
らくらい **落雷** rakurai	**caída de un rayo** *f.* カイダ デ ウン ラジョ	thunderbolt サンダボウルト
らけっと **ラケット** raketto	**raqueta** *f.* ラケタ	racket ラケト
らじうむ **ラジウム** rajiumu	**radio** *m.* ラディオ	radium レイディアム
らじえーたー **ラジエーター** rajieetaa	**radiador** *m.* ラディアドル	radiator レイディエイタ
らじお **ラジオ** rajio	**radio** *f.* ラディオ	radio レイディオウ
らじこん **ラジコン** rajikon	**radiocontrol** *m.* ラディオコントロル	radio control レイディオウ コントロウル
らずべりー **ラズベリー** razuberii	**frambuesa** *f.* フランブエサ	raspberry ラズベリ
らせん **螺旋** rasen	**espiral** *f.* エスピラル	spiral スパイアラル

日	西	英
らちする **拉致する** rachisuru	**secuestrar, raptar** セクエストラル, ラプタル	kidnap, abduct **キ**ドナプ, アブ**ダ**クト
らっかー **ラッカー** rakkaa	**laca** *f.* **ラ**カ	lacquer **ラ**カ
らっかする **落下する** rakkasuru	**caerse** カ**エ**ルセ	drop, fall ドラプ, **フォ**ール
らっかんする **楽観する** rakkansuru	**(ser) optimista** *sobre* (**セ**ル) オプティ**ミ**スタ	(be) optimistic about (ビ) アプティ**ミ**スティク アバウト
らっかんてきな **楽観的な** rakkantekina	**optimista** オプティ**ミ**スタ	optimistic アプティ**ミ**スティク
らっきーな **ラッキーな** rakkiina	**afortunado(-a)** アフォルトゥ**ナ**ド(-ダ)	lucky **ラ**キ
らっこ **ラッコ** rakko	**nutria marina** *f.* **ヌ**トリア マ**リ**ナ	sea otter ス**ィ**ー **ア**タ
らっしゅあわー **ラッシュアワー** rasshuawaa	**hora punta** *f.* **オ**ラ **プ**ンタ	rush hour **ラ**ッシュ **ア**ウア
らっぷ **ラップ** （音楽の） rappu	**música rap** *f.* **ム**シカ **ラ**プ	rap music **ラ**プ **ミュ**ーズィク
（食品用の）	**papel de envolver transparente** *m.* パ**ペ**ル デ エンボル**ベ**ル トランスパ**レ**ンテ	wrap, ⒷclingfiIm **ラ**プ, ク**リ**ングフィルム
らっぷたいむ **ラップタイム** rapputaimu	**tiempo por vuelta** *m.* ティ**エ**ンポ ポル ブ**エ**ルタ	lap time **ラ**プ **タ**イム
らつわんの **辣腕の** ratsuwanno	**muy hábil, competente** **ム**イ **ア**ビル, コンペ**テ**ンテ	shrewd, able シュ**ル**ード, **エ**イブル
らでぃっしゅ **ラディッシュ** radisshu	**rábano** *m.* **ラ**バノ	radish **ラ**ディシュ
らてんご **ラテン語** ratengo	**latín** *m.* ラ**テ**ィン	Latin **ラ**ティン

日	西	英
らてんの **ラテンの** ratenno	**latino(-a)** ラティノ(･ナ)	Latin ラティン
らふな **ラフな** rafuna	**tosco(-a)** トスコ(･カ)	rough ラフ
らぶれたー **ラブレター** raburetaa	**carta de amor** *f.* カルタ デ アモル	love letter ラヴ レタ
らべる **ラベル** raberu	**etiqueta** *f.* エティケタ	label レイベル
らべんだー **ラベンダー** rabendaa	**lavanda** *f.* ラバンダ	lavender ラヴェンダ
らむ **ラム**　（ラム酒） ramu	**ron** *m.* ロン	rum ラム
（子羊の肉）	**cordero** *m.* コルデロ	lamb ラム
らん **欄** ran	**columna** *f.*, **sección** *f.* コルムナ, セクシオン	column カラム
らん **蘭** ran	**orquídea** *f.* オルキデア	orchid オーキド
らんおう **卵黄** ran-ou	**yema** *f.* ジェマ	yolk ヨウク
らんがい **欄外** rangai	**margen** *m.* マルヘン	margin マーヂン
らんく **ランク** ranku	**categoría** *f.* カテゴリア	rank ランク
らんざつな **乱雑な** ranzatsuna	**desordenado(-a)** デソルデナド(･ダ)	disorderly ディスオーダリ
らんし **乱視** ranshi	**astigmatismo** *m.* アスティグマティスモ	astigmatism, distorted vision アスティグマティズム, ディストーテド ヴィジョン

ら

日	西	英
らんそう **卵巣** ransou	**ovario** *m.* オバリオ	ovary **オ**ウヴァリ
らんとう **乱闘** rantou	**refriega** *f.* レフリ**エ**ガ	fray, brawl フレイ, ブ**ロ**ール
らんなー **ランナー** rannaa	**corredor(-a)** *m.f.* コレドル(-ラ)	runner **ラ**ナ
らんにんぐ **ランニング** ranningu	**carrera** *f.* カレラ	running **ラ**ニング
らんぱく **卵白** ranpaku	**albumen** *m.*, **clara de huevo** *f.* アルブメン, ク**ラ**ラ デ ウ**エ**ボ	egg white, albumen **エ**グ (ホ)**ワ**イト, アル**ビュ**ーメン
らんぷ **ランプ** ranpu	**lámpara** *f.* **ラ**ンパラ	lamp **ラ**ンプ
らんぼうする **乱暴する** ranbousuru	**emplear la violencia** エンプレ**ア**ル ラ ビオ**レ**ンシア	inflict violence イン**フ**リクト **ヴァ**イオレンス
らんぼうな **乱暴な** ranbouna	**violento(-a)** ビオ**レ**ント(-タ)	violent, rough **ヴァ**イオレント, **ラ**フ
らんようする **乱用する** ran-yousuru	**abusar** *de* アブ**サ**ル	misuse, abuse ミス**ユ**ース, ア**ビュ**ース

り, リ

日	西	英
りあるたいむ **リアルタイム** riarutaimu	**tiempo real** *m.* ティ**エ**ンポ レ**ア**ル	real time **リ**ーアル **タ**イム
りあるな **リアルな** riaruna	**real** レ**ア**ル	real **リ**ーアル
りーぐ **リーグ** riigu	**liga** *f.* **リ**ガ	league **リ**ーグ
～**戦**	**liga** *f.* **リ**ガ	league series **リ**ーグ **ス**ィアリーズ

日	西	英
りーだー **リーダー** riidaa	**líder** *m.f.*, **dirigente** *m.f.* リデル, ディリヘンテ	leader リーダ
～シップ	**liderazgo** *m.* リデラスゴ	leadership リーダシプ
りーどする **リードする** riidosuru	**llevar la delantera** ジェバル ラ デランテラ	lead リード
りえき **利益** rieki	**beneficios** *m.pl.* ベネフィシオス	profit, return プラフィト, リターン
りか **理科** rika	**ciencia** *f.* シエンシア	science サイエンス
りかい **理解** rikai	**entendimiento** *m.* エンテンディミエント	comprehension カンプリヘンション
～する	**entender** エンテンデル	understand アンダスタンド
りがい **利害** rigai	**intereses** *m.pl.* インテレセス	interests インタレスツ
りきせつする **力説する** rikisetsusuru	**subrayar** スブラジャル	emphasize エンファサイズ
りきゅーる **リキュール** rikyuuru	**licor** *m.* リコル	liqueur リカー
りきりょう **力量** rikiryou	**capacidad** *f.* カパシダド	ability アビリティ
りく **陸** riku	**tierra** *f.* ティエラ	land ランド
りくえすと **リクエスト** rikuesuto	**petición** *f.* ペティシオン	request リクウェスト
りくぐん **陸軍** rikugun	**ejército (de tierra)** *m.* エヘルシト (デ ティエラ)	army アーミ
りくじょうきょうぎ **陸上競技** rikujoukyougi	**atletismo** *m.* アトレティスモ	athletics アスレティクス

日	西	英
りくつ **理屈** rikutsu	**razón** *f.*, **lógica** *f.* ラソン, ロヒカ	reason, logic リーズン, ラヂク
りくらいにんぐしーと **リクライニング シート** rikurainingushiito	**asiento reclinable** *m.* アシエント レクリナブレ	reclining seat リクライニング スィート
りけん **利権** riken	**derecho** *m.*, **concesión** *f.* デレチョ, コンセシオン	rights, concessions ライツ, コンセションズ
りこうな **利口な** rikouna	**inteligente** インテリヘンテ	clever, bright クレヴァ, ブライト
りこーる **リコール** （欠陥商品の回収） rikooru	**retirada** *f.* レティラダ	recall リコール
（公職者の解職）	**destitución** *f.* デスティトゥシオン	recall リコール
りこしゅぎ **利己主義** rikoshugi	**egoísmo** *m.* エゴイスモ	egoism イーゴウイズム
りこてきな **利己的な** rikotekina	**egoísta** エゴイスタ	egoistic イーゴウイスティク
りこん **離婚** rikon	**divorcio** *m.* ディボルシオ	divorce ディヴォース
りさいくる **リサイクル** risaikuru	**reciclaje** *m.* レシクラヘ	recycling リーサイクリング
りさいたる **リサイタル** risaitaru	**recital** *m.* レシタル	recital リサイトル
りざや **利鞘** rizaya	**margen (de beneficio)** *m.* マルヘン (デ ベネフィシオ)	profit margin, margin プラフィト マーヂン, マーヂン
りさんする **離散する** risansuru	**dispersarse** ディスペルサルセ	(be) scattered (ビ) スキャタド
りし **利子** rishi	**interés** *m.* インテレス	interest インタレスト

日	西	英
りじ **理事** riji	**director(-a)** *m.f.*, **gerente** *m.f.* ディレクトル(-ラ), ヘレンテ	director, manager ディレクタ, マニヂャ
りじゅん **利潤** rijun	**beneficio** *m.* ベネフィシオ	profit, gain プラフィト, ゲイン
りしょく **利殖** rishoku	**ganancia (de dinero)** *f.* ガナンシア (デ ディネロ)	moneymaking マニメイキング
りす **栗鼠** risu	**ardilla** *f.* アルディジャ	squirrel スクワーレル
りすく **リスク** risuku	**riesgo** *m.* リエスゴ	risk リスク
りすと **リスト** risuto	**lista** *f.* リスタ	list リスト
りすとら **リストラ** risutora	**reestructuración** *f.* レエストルクトゥラシオン	restructuring リーストラクチャリング
りずむ **リズム** rizumu	**ritmo** *m.* リトモ	rhythm リズム
りせい **理性** risei	**razón** *f.* ラソン	reason, sense リーズン, センス
〜的な	**racional** ラシオナル	rational ラショナル
りそう **理想** risou	**ideal** *m.* イデアル	ideal アイディーアル
〜主義	**idealismo** *m.* イデアリスモ	idealism アイディーアリズム
〜的な	**ideal** イデアル	ideal アイディーアル
りそく **利息** risoku	**interés** *m.* インテレス	interest インタレスト

り

日	西	英
りちうむ **リチウム** richiumu	**litio** *m.* リティオ	lithium リスィアム
りちぎな **律儀な** richigina	**honesto(-a)** オネスト(-タ)	honest アネスト
りちてきな **理知的な** richitekina	**intelectual** インテレクトゥアル	intellectual インテレクチュアル
りつ **率** （割合） ritsu	**tasa** *f.* タサ	rate レイト
（百分率）	**porcentaje** *m.* ポルセンタヘ	percentage パセンティヂ
りっきょう **陸橋** rikkyou	**paso elevado** *m.*, **viaducto** *m.* パソ エレバド, ビアドゥクト	viaduct ヴァイアダクト
りっこうほしゃ **立候補者** rikkouhosha	**candidato(-a)** *m.f.* カンディダト(-タ)	candidate キャンディデイト
りっこうほする **立候補する** rikkouhosuru	**presentarse como candidato(-a)** プレセンタルセ コモ カンディダト(-タ)	run for office ラン フォ オーフィス
りっしょうする **立証する** risshousuru	**probar** プロバル	prove プルーヴ
りったい **立体** rittai	**sólido** *m.* ソリド	solid サリド
〜交差	**paso elevado** *m.* パソ エレバド	overpass オウヴァパス
〜的な	**tridimensional** トリディメンシオナル	three-dimensional スリーディメンショナル
りっちじょうけん **立地条件** ricchijouken	**condiciones de emplazamiento** *f.pl.* コンディシオネス デ エンプラサミエント	conditions of location コンディションズ オヴ ロウケイション
りっとる **リットル** rittoru	**litro** *m.* リトロ	liter, Ⓑlitre リータ, リータ

日	西	英
りっぱな **立派な** rippana	**excelente, espléndido(-a)** エクスセレンテ, エスプレンディド(·ダ)	excellent, splendid エクセレント, スプレンディド
りっぷくりーむ **リップクリーム** rippukuriimu	**protector labial** *m.* プロテクトル ラビアル	lip cream リプ クリーム
りっぽう **立方** rippou	**cubo** *m.* クボ	cube キューブ
～センチ	**centímetro cúbico** *m.* センティメトロ クビコ	cubic centimeter キュービク センティミータ
～体	**cubo** *m.* クボ	cube キューブ
～メートル	**metro cúbico** *m.* メトロ クビコ	cubic meter キュービク ミータ
りっぽう **立法** rippou	**legislación** *f.* レヒスラシオン	legislation レヂスレイション
～権	**poder legislativo** *m.* ポデル レヒスラティボ	legislative power レヂスレイティヴ パウア
りてん **利点** riten	**ventaja** *f.* ベンタハ	advantage アドヴァンティヂ
りとう **離島** ritou	**isla perdida** *f.* イスラ ペルディダ	isolated island アイソレイテド アイランド
りとぐらふ **リトグラフ** ritogurafu	**litografía** *f.* リトグラフィア	lithograph リソグラフ
りにあもーたーかー **リニアモーターカー** riniamootaakaa	**tren de motor lineal** *m.* トレン デ モトル リネアル	linear motorcar リニア モウタカー
りにゅうしょく **離乳食** rinyuushoku	**comida para bebés** *f.* コミダ パラ ベベス	baby food ベイビ フード
りねん **理念** rinen	**filosofía** *f.*, **principios** *m.pl.* フィロソフィア, プリンシピオス	philosophy, principles フィラソフィ, プリンスィプルズ

日	西	英
りはーさる **リハーサル** rihaasaru	**ensayo** *m.* エンサジョ	rehearsal リハーサル
りはつ **理髪** rihatsu	**corte de pelo** *m.* コルテ デ ペロ	haircut ヘアカト
〜店	**barbería** *f.* バルベリア	barbershop, ⑧barber バーバシャプ, バーバ
りはびり **リハビリ** rihabiri	**rehabilitación** *f.* レアビリタシオン	rehabilitation リハビリテイション
りはんする **離反する** rihansuru	**separarse** *de* セパラルセ	(be) estranged from (ビ) イストレインヂド フラム
りひてんしゅたいん **リヒテンシュタイン** rihitenshutain	**Liechtenstein** *m.* リクテンスタイン	Liechtenstein リクテンスタイン
りふぉーむする **リフォームする** rifoomusuru	**reformar** レフォルマル	remodel リーマドル
りふじんな **理不尽な** rifujinna	**irrazonable, poco razonable** イラソナブレ, ポコ ラソナブレ	unreasonable アンリーズナブル
りふと **リフト** rifuto	**telesilla** *m.* テレシジャ	chair lift チェア リフト
りべーと **リベート** ribeeto	**reembolso** *m.* レエンボルソ	rebate リーベイト
りべつする **離別する** ribetsusuru	**separarse** セパラルセ	separate セパレイト
りべらるな **リベラルな** riberaruna	**liberal** リベラル	liberal リベラル
りぽーと **リポート** ripooto	**informe** *m.* インフォルメ	report リポート
りぼん **リボン** ribon	**cinta** *f.* シンタ	ribbon リボン

日	西	英
りまわり **利回り** rimawari	**rendimiento** *m.* レンディミ**エ**ント	yield, rate of return **イ**ールド，レイト オブ リ**タ**ーン
りむじん **リムジン** rimujin	**limusina** *f.* リム**シ**ナ	limousine リムズィーン
りもこん **リモコン** rimokon	**mando a distancia** *m.* **マ**ンド ア ディス**タ**ンシア	remote control リ**モ**ウト コント**ロ**ウル
りゃく **略** ryaku	**omisión** *f.* オミ**シ**オン	omission オウ**ミ**ション
りゃくご **略語** ryakugo	**abreviatura** *f.* アブレビア**トゥ**ラ	abbreviation アブリヴィ**エ**イション
りゃくしきの **略式の** ryakushikino	**informal** インフォル**マ**ル	informal イン**フォ**ーマル
りゃくす　（簡単にする） **略す** ryakusu	**abreviar** アブレビ**ア**ル	abridge, abbreviate ア**ブ**リヂ，ア**ブ**リーヴィエイト
（省く）	**omitir, suprimir** オミ**ティ**ル，スプリ**ミ**ル	omit オウ**ミ**ト
りゃくだつする **略奪する** ryakudatsusuru	**saquear** サ**ケ**アル	plunder, pillage プ**ラ**ンダ，**ピ**リヂ
りゆう **理由** riyuu	**razón** *f.*, **causa** *f.* ラ**ソ**ン，**カ**ウサ	reason, cause **リ**ーズン，**コ**ーズ
りゅういき **流域** ryuuiki	**valle** *m.*, **cuenca** *f.* **バ**ジェ，ク**エ**ンカ	valley, basin **ヴァ**リ，**ベ**イスン
りゅういする **留意する** ryuuisuru	**prestar atención** *a* プレス**タ**ル アテン**シ**オン	pay attention to ペイ ア**テ**ンション トゥ
りゅうがく **留学** ryuugaku	**estudio en el extranjero** *m.* エス**トゥ**ディオ エン エル エクストラン**ヘ**ロ	studying abroad ス**タ**ディング アブ**ロ**ード
～生	**estudiante extranjero(-a)** *m.f.* エス**トゥ**ディ**ア**ンテ エクストラン**ヘ**ロ(-ラ)	foreign student **フォ**リン ス**テュ**ーデント

り

日	西	英
りゅうこう **流行** ryuukou	**moda** *f.* モダ	fashion, vogue **ファ**ション, **ヴォ**ウグ
（病気や思想などの）	**difusión** *f.* ディフ**シオ**ン	prevalence プレ**ヴァ**レンス
〜する	**(estar de) moda** (エス**タ**ル デ) モダ	(be) in fashion (ビ) イン **ファ**ション
りゅうざん **流産** ryuuzan	**aborto natural** *m.* ア**ボ**ルト ナ**トゥ**ラル	miscarriage ミス**キャ**リヂ
りゅうし **粒子** ryuushi	**partícula** *f.* パル**ティ**クラ	particle **パ**ーティクル
りゅうしゅつする **流出する** ryuushutsusuru	**salirse** サ**リ**ルセ	flow out フロウ **ア**ウト
りゅうせい **隆盛** ryuusei	**prosperidad** *f.* プロスペリ**ダ**ド	prosperity プラス**ペ**リティ
りゅうせんけいの **流線型の** ryuusenkeino	**aerodinámico(-a)** アエロディ**ナ**ミコ(-カ)	streamlined スト**リ**ームラインド
りゅうちょうに **流暢に** ryuuchouni	**con fluidez** コン フルイ**デ**ス	fluently フ**ル**エントリ
りゅうつう **流通** ryuutsuu	**distribución** *f.* ディストリ**ブシオ**ン	distribution ディストリ**ビュ**ーション
〜する	**circular** シルク**ラ**ル	circulate **サ**ーキュレイト
りゅうどうする **流動する** ryuudousuru	**fluir** フル**イ**ル	flow フ**ロ**ウ
りゅうどうてきな **流動的な** ryuudoutekina	**fluido(-a)** フル**イ**ド(-ダ)	fluid フ**ル**ーイド
りゅうにゅうする **流入する** ryuunyuusuru	**afluir** *a* アフル**イ**ル	flow in フ**ロ**ウ イン

日	西	英
りゅうねんする **留年する** ryuunensuru	**repetir curso** レペティル クルソ	repeat the same grade level リピート ザ セイム グレイド レヴェル
りゅうは **流派** ryuuha	**escuela** *f.* エスクエラ	school スクール
りゅっくさっく **リュックサック** ryukkusakku	**mochila** *f.* モチラ	backpack, rucksack バクパク, ラクサク
りょう **漁** ryou	**pesca** *f.* ペスカ	fishing フィシング
りょう **寮** ryou	**residencia** *f.* レシデンシア	dormitory, ⑧hall of residence ドーミトーリ, ホール オヴ レズィデンス
りょう **猟** ryou	**caza** *f.* カサ	hunting, shooting ハンティング, シューティング
りょう **量** ryou	**cantidad** *f.* カンティダド	quantity クワンティティ
りよう **利用** riyou	**uso** *m.* ウソ	usage ユースィヂ
りょういき **領域** ryouiki	**campo** *m.* カンポ	domain ドウメイン
りょうかいする　（承認） **了解する** ryoukaisuru	**aprobar, concentir** アプロバル, コンセンティル	understand, acknowledge アンダスタンド, アクナリヂ
りょうがえ **両替** ryougae	**cambio** *m.* カンビオ	exchange イクスチェインヂ
〜する	**cambiar** *en* カンビアル	change, exchange into チェインヂ, イクスチェインヂ イントゥ
りょうがわに **両側に** ryougawani	**a ambos lados** ア アンボス ラドス	on both sides オン ボウス サイヅ
りょうきん **料金** ryoukin	**precio** *m.*, **tarifa** *f.* プレシオ, タリファ	charge, fee チャーヂ, フィー

日	西	英
りょうくう **領空** ryoukuu	**espacio aéreo** *m.* エスパシオ アエレオ	(territorial) air-space (テリトーリアル) エアスペイス
りょうし **漁師** ryoushi	**pescador** *m.* ペスカドル	fisherman フィシャマン
りょうし **猟師** ryoushi	**cazador(-a)** *m.f.* カサドル(- ラ)	hunter ハンタ
りょうじ **領事** ryouji	**cónsul** *m.f.* コンスル	consul カンスル
～館	**consulado** *m.* コンスラド	consulate カンスレト
りようし **理容師** riyoushi	**peluquero(-a)** *m.f.* ペルケロ(- ラ)	hairdresser ヘアドレサ
りょうしき **良識** ryoushiki	**sentido común** *m.* センティド コムン	good sense グド センス
りょうじゅう **猟銃** ryoujuu	**escopeta de caza** *f.* エスコペタ デ カサ	hunting gun ハンティング ガン
りょうしゅうしょう **領収証** ryoushuushou	**recibo** *m.* レシボ	receipt リスィート
りょうしょうする **了承する** ryoushousuru	**consentir** コンセンティル	consent コンセント
りょうしん **両親** ryoushin	**padres** *m.pl.* パドレス	parents ペアレンツ
りょうしん **良心** ryoushin	**conciencia** *f.* コンシエンシア	conscience カンシェンス
りようする **利用する** riyousuru	**usar** ウサル	use, utilize ユーズ, ユーティライズ
りょうせいの **良性の** ryouseino	**benigno(-a)** ベニグノ(- ナ)	benign ビナイン

日	西	英
りょうせいるい **両生類** ryouseirui	**anfibio** *m.* アンフィビオ	amphibian アンフィビアン
りょうて **両手** ryoute	**ambas manos** *f.pl.* アンバス マノス	both hands ボウス ハンヅ
りょうど **領土** ryoudo	**territorio** *m.* テリトリオ	territory テリトーリ
りょうはんてん **量販店** ryouhanten	**hipermercado** *m.* イペルメルカド	volume retailer ヴァリュム リーテイラ
りょうほう **両方** ryouhou	**ambos(-as)** *m.f.pl.* アンボス(-バス)	both ボウス
りょうめん **両面** ryoumen	**ambos lados** *m.pl.* アンボス ラドス	both sides, two sides ボウス サイヅ, トゥー サイヅ
りょうようする **療養する** ryouyousuru	**recuperarse, convalecer** レクペラルセ, コンバレセル	recuperate リキューパレイト
りょうり **料理** ryouri	**cocina** *f.* コシナ	cooking クキング
～する	**cocinar** コシナル	cook クク
りょうりつする **両立する** ryouritsusuru	**(ser) compatible** *con* (セル) コンパティブレ	(be) compatible with (ビ) コンパティブル ウィズ
りょかく **旅客** ryokaku	**pasajero(-a)** *m.f.* パサヘロ(-ラ)	passenger パセンヂャ
～機	**avión de pasajeros** *m.* アビオン デ パサヘロス	passenger plane パセンヂャ プレイン
りょくちゃ **緑茶** ryokucha	**té verde** *m.* テ ベルデ	green tea グリーン ティー
りょけん **旅券** ryoken	**pasaporte** *m.* パサポルテ	passport パスポート

日	西	英
りょこう **旅行** ryokou	**viaje** *m.* ビアヘ	travel, trip トラヴェル, トリプ
〜する	**viajar** ビアハル	travel トラヴェル
〜代理店	**agencia de viajes** *f.* アヘンシア デ ビアヘス	travel agency トラヴェル エイヂェンスィ
りょひ **旅費** ryohi	**gastos de viaje** *m.pl.* ガストス デ ビアヘ	travel expenses トラヴェル イクスペンセズ
りらっくすする **リラックスする** rirakkususuru	**relajarse** レラハルセ	relax リラクス
りりくする **離陸する** ririkusuru	**despegar** デスペガル	take off テイク オーフ
りりつ **利率** riritsu	**tipo de interés** *m.* ティポ デ インテレス	interest rate インタレスト レイト
りれー **リレー** riree	**carrera de relevos** *f.* カレラ デ レレボス	relay リーレイ
りれきしょ **履歴書** rirekisho	**curriculum vitae** *m.*, **currículo** *m.* クリクルム ビタエ, クリクロ	curriculum vitae, CV カリキュラム **ヴ**ィータイ, スィーヴィー
りろん **理論** riron	**teoría** *f.* テオリア	theory スィオリ
〜的な	**teórico(-a)** テオリコ(-カ)	theoretical スィオレティカル
りんかく **輪郭** rinkaku	**contorno** *m.* コントルノ	outline アウトライン
りんぎょう **林業** ringyou	**silvicultura** *f.* シルビクルト**ゥ**ラ	forestry **フ**ォレストリ
りんく **リンク** rinku	**enlace** *m.* エンラセ	link リンク

日	西	英
りんご **林檎** ringo	**manzana** *f.* マンサナ	apple アプル
りんごく **隣国** ringoku	**país vecino** *m.* パイス ベシノ	neighboring coun-try ネイバリング カントリ
りんじの **臨時の** rinjino	**temporal, provisional,** Ⓐ**provisorio(-a)** テンポラル, プロビシオナル, プロビソリオ(-ア)	temporary, special テンポレリ, スペシャル
りんじゅう **臨終** rinjuu	**muerte** *f.*, **lecho de muer-te** *m.* ムエルテ, レチョ デ ムエルテ	death, deathbed デス, デスベド
りんしょうの **臨床の** rinshouno	**clínico(-a)** クリニコ(-カ)	clinical クリニカル
りんじん **隣人** rinjin	**vecino(-a)** *m.f.* ベシノ(-ナ)	neighbor ネイバ
りんす **リンス** rinsu	**suavizante** *m.*, **acondi-cionador** *m.* スアビサンテ, アコンディシオナドル	rinse リンス
りんち **リンチ** rinchi	**linchamiento** *m.* リンチャミエント	lynch リンチ
りんね **輪廻** rinne	**metempsicosis** *f.* メテンシコシス	cycle of rebirth, metempsychosis サイクル オヴ リバース, メテンプスィコウスィス
りんぱ **リンパ** rinpa	**linfa** *f.* リンファ	lymph リンフ
～腺	**glándula linfática** *f.* グランドゥラ リンファティカ	lymph gland リンフ グランド
りんり **倫理** rinri	**ética** *f.* エティカ	ethics エスィクス
～的な	**ético(-a)** エティコ(-カ)	ethical, moral エスィカル, モーラル

り

日	西	英

る, ル

るい **類** rui	**clase** f., **género** m. クラセ, ヘネロ	kind, sort **カ**インド, **ソ**ート
るいご **類語** ruigo	**sinónimo** m. シ**ノ**ニモ	synonym **ス**ィノニム
るいじ **類似** ruiji	**semejanza** f. セメ**ハ**ンサ	resemblance リ**ゼ**ンブランス
～する	**parecerse** a パレ**セ**ルセ	resemble リ**ゼ**ンブル
るいすいする **類推する** ruisuisuru	**razonar por analogía, in-ferir** ラソ**ナ**ル ポル アナロ**ヒ**ア, インフェ**リ**ル	reason through analogy **リ**ーズン ス**ルー** ア**ナ**ロヂ
るいせきする **累積する** ruisekisuru	**acumularse** アクム**ラ**ルセ	accumulate ア**キュ**ーミュレイト
るーきー **ルーキー** ruukii	**novato(-a)** m.f. ノ**バ**ト(-タ)	rookie **ル**キ
るーずな **ルーズな** ruuzuna	**relajado(-a)** レラ**ハ**ド(-タ)	loose **ル**ース
るーつ **ルーツ** ruutsu	**raíces** f.pl., **origen** m. **ラ**イセス, オ**リ**ヘン	roots **ル**ーツ
るーと （道筋） **ルート** ruuto	**ruta** f., **vía** f. **ル**タ, **ビ**ア	route, channel **ル**ート, **チャ**ネル
（平方根）	**raíz cuadrada** f. **ラ**イス ク**ア**ドラダ	root **ル**ート
るーまにあ **ルーマニア** ruumania	**Rumanía** f. ルマ**ニ**ア	Romania ロウ**メ**イニア
るーむめいと **ルームメイト** ruumumeito	**compañero(-a) de piso** m.f., Ⓐ**compañero(-a) de habitación** m.f. コンパ**ニェ**ロ(-ラ) デ **ピ**ソ, コンパ**ニェ**ロ(-ラ) デ アビタ**シ**オン	roommate **ル**ームメイト

日	西	英
るーる **ルール** ruuru	**regla** *f.* レグラ	rule **ルー**ル
るーれっと **ルーレット** ruuretto	**ruleta** *f.* ルレタ	roulette ルー**レ**ト
るくせんぶるく **ルクセンブルク** rukusenburuku	**Luxemburgo** *m.* ルクセンブルゴ	Luxembourg **ラ**クセンバーグ
るす **留守** rusu	**ausencia** *f.* アウ**セ**ンシア	absence **ア**ブセンス
るすばん **留守番** rusuban	**cuidado de casa** *m.* クイ**ダ**ド デ **カ**サ	caretaking **ケ**アテイキング
（人）	**cuidador(-a) (de casa)** *m.f.* クイ**ダ**ドル(-ラ) (デ **カ**サ)	caretaker, house sitter **ケ**アテイカ, **ハ**ウス **スィ**タ
～電話	**contestador automático** *m.* コンテスタ**ド**ル アウト**マ**ティコ	answering machine **ア**ンサリング マ**シ**ーン
るねっさんす **ルネッサンス** runessansu	**Renacimiento** *m.* レナシ**ミエ**ント	Renaissance ルネ**サ**ーンス
るびー **ルビー** rubii	**rubí** *m.* ル**ビ**	ruby **ルー**ビ

れ, レ

日	西	英
れい **例** rei	**ejemplo** *m.* エ**ヘ**ンプロ	example イグ**ザ**ンプル
れい **礼** （あいさつ） rei	**reverencia** *f.* レベ**レ**ンシア	bow, salutation **バ**ウ, サリュ**テ**イション
（感謝）	**agradecimiento** *m.* アグラデシ**ミエ**ント	thanks **サ**ンクス
（礼儀）	**cortesía** *f.*, **etiqueta** *f.* コル**テ**シア, エティ**ケ**タ	etiquette, manners **エ**ティケト, **マ**ナズ

日	西	英
れいあうと **レイアウト** reiauto	**disposición** *f.* ディスポシシオン	layout レイアウト
れいえん **霊園** reien	**cementerio** *m.* セメンテリオ	cemetery セミテリ
れいおふ **レイオフ** reiofu	**despido temporal** *m.* デスピド テンポラル	layoff レイオーフ
れいか **零下** reika	**bajo cero** バホ セロ	below zero ビロウ ズィアロウ
れいがい **例外** reigai	**excepción** *f.* エクスセプシオン	exception イクセプション
れいかん **霊感** reikan	**inspiración** *f.* インスピラシオン	inspiration インスピレイション
れいき **冷気** reiki	**frío** *m.* フリオ	chill, cold チル, コウルド
れいぎ **礼儀** reigi	**cortesía** *f.* コルテシア	etiquette, manners エティケト, マナズ
れいきゃくする **冷却する** reikyakusuru	**refrigerar** レフリヘラル	cool クール
れいきゅうしゃ **霊柩車** reikyuusha	**coche fúnebre** *m.* コチェ フネブレ	hearse ハース
れいぐうする **冷遇する** reiguusuru	**tratar fríamente** トラタル フリアメンテ	treat coldly トリート コウルドリ
れいこくな **冷酷な** reikokuna	**cruel** クルエル	cruel クルエル
れいじょう **令状** reijou	**orden** *f.*, **mandamiento judicial** *m.* オルデン, マンダミエント フディシアル	warrant ウォラント
れいじょう **礼状** reijou	**carta de agradecimiento** *f.* カルタ デ アグラデシミエント	thank-you letter サンキュー レタ

日	西	英
れいせいな **冷静な** reiseina	**sereno(-a)** セレノ(-ナ)	calm, cool カーム, クール
れいせん **冷戦** reisen	**guerra fría** *f.* ゲラ フリア	cold war コウルド ウォー
れいぞうこ **冷蔵庫** reizouko	**frigorífico** *m.*, Ⓐ**refrigerador(-a)** *m.f.* フリゴリフィコ, レフリヘラドル(-ラ)	refrigerator リフリヂャレイタ
れいたんな **冷淡な** reitanna	**frío(-a), indiferente** フリオ(-ア), インディフェレンテ	cold, indifferent コウルド, インディファレント
れいだんぼう **冷暖房** reidanbou	**aire acondicionado** *m.* アイレ アコンディシオナド	air conditioning エア コンディショニング
れいとう **冷凍** reitou	**congelación** *f.* コンヘラシオン	freezing フリーズィング
～庫	**congelador** *m.* コンヘラドル	freezer フリーザ
～食品	**alimentos congelados** *m.pl.* アリメントス コンヘラドス	frozen foods フロウズン フーヅ
～する	**congelar** コンヘラル	freeze フリーズ
れいはい **礼拝** reihai	**culto** *m.*, **servicio religioso** *m.* クルト, セルビシオ レリヒオソ	worship, service ワーシプ, サーヴィス
～堂	**capilla** *f.* カピジャ	chapel チャペル
れいふく **礼服** reifuku	**traje de ceremonia** *m.* トラヘ デ セレモニア	full dress フル ドレス
れいぼう **冷房** reibou	**aire acondicionado** *m.* アイレ アコンディシオナド	air conditioning エア コンディショニング
れいんこーと **レインコート** reinkooto	**impermeable** *m.* インペルメアブレ	raincoat, Ⓑmackintosh レインコウト, マキントシュ

日	西	英
れーざー **レーザー** reezaa	**láser** *m.* ラセル	laser レイザ
れーす **レース** (競走) reesu	**carrera** *f.* カレラ	race レイス
(編物)	**encaje** *m.* エンカヘ	lace レイス
れーずん **レーズン** reezun	**(uva) pasa** *f.* (ウバ) パサ	raisin レイズン
れーだー **レーダー** reedaa	**radar** *m.* ラダル	radar レイダー
れーと **レート** reeto	**tipo** *m.*, **tasa** *f.* ティポ, タサ	rate レイト
れーる **レール** reeru	**raíl** *m.* ライル	rail レイル
れきだいの **歴代の** rekidaino	**sucesivo(-a)** スセシボ(-バ)	successive サクセスィヴ
れぎゅらーの **レギュラーの** regyuraano	**regular** レグラル	regular レギュラ
れくりえーしょん **レクリエーション** rekurieeshon	**entretenimiento** *m.* エントレテニミエント	recreation レクリエイション
れこーでぃんぐ **レコーディング** rekoodingu	**grabación** *f.* グラバシオン	recording リコーディング
れこーど **レコード** (音盤) rekoodo	**disco** *m.* ディスコ	record レコード
(記録)	**récord** *m.* レコルド	record レコード
れじ **レジ** reji	**caja (registradora)** *f.* カハ (レヒストラドラ)	cash register キャシュ レヂスタ
れしーと **レシート** reshiito	**recibo** *m.* レシボ	receipt リスィート

れ

831

日	西	英
れじすたんす **レジスタンス** rejisutansu	**resistencia** *f.* レシステンシア	resistance レズィスタンス
れしぴ **レシピ** reshipi	**receta** *f.* レセタ	recipe レスィピ
れじゃー **レジャー** rejaa	**ocio** *m.* オシオ	leisure リージャ
れじゅめ **レジュメ** rejume	**resumen** *m.*, **sumario** *m.* レスメン, スマリオ	résumé, summary レズュメイ, サマリ
れすとらん **レストラン** resutoran	**restaurante** *m.* レスタウランテ	restaurant レストラント
れすりんぐ **レスリング** resuringu	**lucha** *f.* ルチャ	wrestling レスリング
れせぷしょん **レセプション** resepushon	**recepción** *f.* レセプシオン	reception リセプション
れたす **レタス** retasu	**lechuga** *f.* レチュガ	lettuce レタス
れつ **列** retsu	**cola** *f.*, **fila** *f.* コラ, フィラ	line, row, queue ライン, ロウ, キュー
れつあくな **劣悪な** retsuakuna	**malo(-a)** マロ(-ラ)	inferior, poor インフィアリア, プア
れっかーしゃ **レッカー車** rekkaasha	**camión grúa** *m.* カミオン グルア	wrecker, tow truck レカ, トウトラク
れっきょする **列挙する** rekkyosuru	**enumerar** エヌメラル	enumerate イニューメレイト
れっしゃ **列車** ressha	**tren** *m.* トレン	train トレイン
れっすん **レッスン** ressun	**clase** *f.*, **lección** *f.* クラセ, レクシオン	lesson レスン
れっせきする **列席する** ressekisuru	**asistir** *a* アシスティル	attend アテンド

れ

日	西	英
れっとう **列島** rettou	**archipiélago** *m.*, **islas** *f.pl.* アルチピエラゴ, イスラス	islands アイランヅ
れとりっく **レトリック** retorikku	**retórica** *f.* レトリカ	rhetoric レトリク
れとろな **レトロな** retorona	**retrospectivo(-a)** レトロスペクティボ(-バ)	retro レトロウ
ればー **レバー** （肝臓） rebaa	**hígado** *m.* イガド	liver リヴァ
（取っ手）	**palanca** *f.* パランカ	lever レヴァ
れぱーとりー **レパートリー** repaatorii	**repertorio** *m.* レペルトリオ	repertoire, reperto- ry レパトワー, レパートリ
れふぇりー **レフェリー** referii	**árbitro(-a)** *m.f.* アルビトロ(-ラ)	referee レファリー
れべる **レベル** reberu	**nivel** *m.* ニベル	level レヴェル
れぽーたー **レポーター** repootaa	**reportero(-a)** *m.f.* レポルテロ(-ラ)	reporter リポータ
れぽーと **レポート** repooto	**informe** *m.* インフォルメ	report リポート
れもん **レモン** remon	**limón** *m.* リモン	lemon レモン
れんあい **恋愛** ren-ai	**amor** *m.* アモル	love ラヴ
～結婚	**casamiento por amor** *m.* カサミエント ポル アモル	love match ラヴ マチ
れんが **煉瓦** renga	**ladrillo** *m.* ラドリジョ	brick ブリク

日	西	英
れんきゅう **連休** renkyuu	**días festivos consecutivos** *m.pl.* ディアス フェスティボス コンセクティボス	consecutive holidays コンセキュティヴ ハリデイズ
れんけい **連携** renkei	**cooperación** *f.* コオペラシオン	cooperation, tie-up コウアパレイション, タイアプ
れんけつ **連結** renketsu	**acoplamiento** *m.*, **conexión** *f.* アコプラミエント, コネクシオン	connection コネクション
～する	**conectar** コネクタル	connect コネクト
れんごう **連合** rengou	**unión** *f.* ウニオン	union ユーニョン
れんさい **連載** rensai	**serial** *m.*, **publicación por entregas** *f.* セリアル, プブリカシオン ポル エントレガス	serial publication スィアリアル パブリケイション
れんさはんのう **連鎖反応** rensahannou	**reacción en cadena** *f.* レアクシオン エン カデナ	chain reaction チェイン リアクション
れんじ **レンジ** renji	**cocina** *f.* コシナ	cooking range, cooker クキング レインヂ, クカ
電子～	**horno de microondas** *m.* オルノ デ ミクロオンダス	microwave oven マイクロウェイヴ アヴン
れんじつ **連日** renjitsu	**día tras día** ディア トラス ディア	every day エヴリ デイ
れんしゅう **練習** renshuu	**práctica** *f.*, **ejercicios** *m.pl.* プラクティカ, エヘルシシオス	practice, exercise プラクティス, エクササイズ
～する	**practicar, entrenar** プラクティカル, エントレナル	practice, train プラクティス, トレイン
れんず **レンズ** renzu	**lente** *f.* レンテ	lens レンズ
れんそうする **連想する** rensousuru	**asociar** con アソシアル	associate with アソウシエイト ウィズ

日	西	英
れんぞく **連続** renzoku	**continuación** f. コンティヌアシオン	continuation コンティニュエイション
〜する	**continuar** コンティヌアル	continue コンティニュー
れんたい **連帯** rentai	**solidaridad** f. ソリダリダド	solidarity サリダリティ
〜保証人	**cofiador(-a)** m.f. コフィアドル(- ラ)	cosigner コウサイナ
れんたかー **レンタカー** rentakaa	**coche de alquiler** m. コチェ デ アルキレル	rental car, rent-a-car レンタル カー, レンタカー
れんたる **レンタル** rentaru	**alquiler** m. アルキレル	rental レンタル
れんとげん **レントゲン** rentogen	**rayos X** m.pl., **radiografía** f. ラジョス エキス, ラディオグラフィア	X-rays エクスレイズ
〜技師	**radiólogo(-a)** m.f. ラディオロゴ(- ガ)	radiographer レイディオウグラファ
れんぽう **連邦** renpou	**federación** f. フェデラシオン	federation フェデレイション
れんめい **連盟** renmei	**liga** f. リガ	league リーグ
れんらく **連絡** renraku	**enlace** m., **contacto** m. エンラセ, コンタクト	liaison, contact リエイゾーン, カンタクト
〜する	**conectar** con コネクタル	connect with コネクト ウィズ
れんりつ **連立** renritsu	**coalición** f. コアリシオン	coalition コウアリション
〜政権	**gobierno de coalición** m. ゴビエルノ デ コアリシオン	coalition government コウアリション ガヴァンメント

れ

日	西	英

ろ, 口

ろいやりてぃー
ロイヤリティー
roiyaritii
derechos de autor *m.pl.*
デレチョス デ アウトル
royalty
ロイアルティ

ろう
蝋
rou
cera *f.*
セラ
wax
ワクス

ろうあしゃ
聾唖者
rouasha
sordomudo(-a) *m.f.*
ソルドムド(-ダ)
deaf and speech-impaired, ⑧deaf-mute
デフ アンド スピーチインペアド, デフミュート

ろうか
廊下
rouka
pasillo *m.*
パシジョ
corridor, hallway
コリダ, ホールウェイ

ろうか
老化
rouka
envejecimiento *m.*
エンベヘシミエント
aging, growing old
エイヂング, グロウイング オウルド

ろうがん
老眼
rougan
presbicia *f.*
プレスビシア
presbyopia
プレズビオウピア

ろうきゅうかした
老朽化した
roukyuukashita
desgastado(-a), decrépito(-a)
デスガスタド(-ダ), デクレピト(-タ)
old, decrepit
オウルド, ディクレピト

ろうご
老後
rougo
tercera edad *f.*
テルセラ エダド
old age
オウルド エイヂ

ろうし
労使
roushi
empresarios *m.pl.* y trabajadores *m.pl.*
エンプレサリオス イ トラバハドレス
labor and management
レイバ アンド マネヂメント

ろうじん
老人
roujin
anciano(-a) *m.f.*
アンシアノ(-ナ)
older people
オウルダ ピープル

ろうすい
老衰
rousui
decrepitud *f.*, senilidad *f.*
デクレピトゥド, セニリダド
senility
スィニリティ

ろうそく
蝋燭
rousoku
vela *f.*
ベラ
candle
キャンドル

ろうどう
労働
roudou
trabajo *m.*
トラバホ
labor, work, ⑧labour
レイバ, ワーク, レイバ

ろ

日	西	英
〜組合	**sindicato** *m.* シンディカト	labor union レイバ ユーニョン
〜災害	**accidente laboral** *m.* アクシデンテ ラボラル	labor accident レイバ アクスィデント
〜時間	**horas de trabajo** *f.pl.* オラス デ トラバホ	working hours ワーキング アワアズ
〜者	**trabajador(-a)** *m.f.* トラバハドル(-ラ)	laborer, worker レイバラ, ワーカ
〜力	**mano de obra** *f.* マノ デ オブラ	manpower マンパウア
ろうどく 朗読 roudoku	**lectura en voz alta** *f.* レクトゥラ エン ボス アルタ	reading リーディング
ろうねん 老年 rounen	**vejez** *f.*, **tercera edad** *f.* ベヘス, テルセラ エダド	old age オウルド エイヂ
ろうひする 浪費する rouhisuru	**malgastar** マルガスタル	waste ウェイスト
ろうりょく 労力 rouryoku	**trabajo** *m.* トラバホ	pains, effort ペインズ, エフォト
ろうれい 老齢 rourei	**vejez** *f.*, **tercera edad** *f.* ベヘス, テルセラ エダド	old age オウルド エイヂ
ろーしょん ローション rooshon	**loción** *f.* ロシオン	lotion ロウション
ろーてーしょん ローテーション rooteeshon	**turno** *m.*, **rotación** *f.* トゥルノ, ロタシオン	rotation ロウテイション
ろーどしょー ロードショー roodoshoo	**estreno** *m.* エストレノ	road show ロウド ショウ
ろーぷ ロープ roopu	**cuerda** *f.* クエルダ	rope ロウプ
ろーぷうえい ロープウエイ roopuuei	**teleférico** *m.* テレフェリコ	ropeway ロウプウェイ

日	西	英
ろーらーすけーと **ローラースケート** rooraasukeeto	**patinaje sobre ruedas** *m.* パティナヘ ソブレ ルエダス	roller skating ロウラ スケイティング
ろーん **ローン** roon	**préstamo** *m.* プレスタモ	loan ロウン
ろかする **濾過する** rokasuru	**filtrar** フィルトラル	filter フィルタ
ろく **六** roku	**seis** *m.* セイス	six スィクス
ろくおんする **録音する** rokuonsuru	**grabar** グラバル	record, tape リコード, テイプ
ろくがする **録画する** rokugasuru	**grabar imágenes** グラバル イマヘネス	record on リコード オン
ろくがつ **六月** rokugatsu	**junio** *m.* フニオ	June ヂューン
ろくじゅう **六十** rokujuu	**sesenta** *m.* セセンタ	sixty スィクスティ
ろくまく **肋膜** rokumaku	**pleura** *f.* プレウラ	pleura プルーラ
ろくろ **轆轤** rokuro	**torno de alfarero** *m.* トルノ デ アルファレロ	potter's wheel パタズ (ホ)ウィール
ろけーしょん **ロケーション** rokeeshon	**rodaje de exteriores** *m.* ロダヘ エクステリオレス	location ロウケイション
ろけっと **ロケット** roketto	**cohete** *m.* コエテ	rocket ラケト
ろこつな **露骨な** rokotsuna	**directo(-a), sin rodeos** ディレクト(-タ), シン ロデオス	plain, blunt プレイン, ブラント
ろじ **路地** roji	**calleja** *f.* カジェハ	alley, lane アリ, レイン
ろしあ **ロシア** roshia	**Rusia** *f.* ルシア	Russia ラシャ

日	西	英
〜語	**ruso** *m.* ルソ	Russian ラシャン
ろしゅつ **露出** roshutsu	**exposición** *f.*, **revelación** *f.* エクスポシシオン, レベラシオン	exposure イクスポウジャ
〜する	**exponer, revelar** エクスポネル, レベラル	expose イクスポウズ
ろす **ロス** rosu	**pérdida** *f.* ペルディダ	loss ロース
〜タイム	**tiempo de descuento** *m.* ティエンポ デ デスクエント	injury time, loss of time インヂュリ **タイム**, ロース オヴ **タイム**
ろせん **路線** rosen	**ruta** *f.*, **línea** *f.* ルタ, リネア	route, line ルート, ライン
〜図	**mapa de ruta** *m.* マパ デ ルタ	route map ルート マプ
ろっかー **ロッカー** rokkaa	**armario** *m.*, **taquilla** *f.* アルマリオ, タキジャ	locker ラカ
ろっくくらいみんぐ **ロッククライミング** rokkukuraimingu	**escalada en roca** *f.* エスカラダ エン ロカ	rock-climbing ラククライミング
ろっくんろーる **ロックンロール** rokkunrooru	**rock and roll** *m.* ロカンロル	rock 'n' roll ラクンロウル
ろっこつ **肋骨** rokkotsu	**costilla** *f.* コスティジャ	rib リブ
ろっじ **ロッジ** rojji	**cabaña** *f.*, **refugio** *m.* カバニャ, レフヒオ	lodge ラヂ
ろてん **露店** roten	**puesto** *m.* プエスト	stall, booth ストール, ブース
ろびー **ロビー** robii	**vestíbulo** *m.* ベスティブロ	lobby ラビ

日	西	英
ろぶすたー **ロブスター** robusutaa	**langosta** *f.* ランゴスタ	lobster ラブスタ
ろぼっと **ロボット** robotto	**robot** *m.* ロボト	robot ロウボト
ろまんしゅぎ **ロマン主義** romanshugi	**romanticismo** *m.* ロマンティシスモ	romanticism ロウマンティシズム
ろまんちすと **ロマンチスト** romanchisuto	**romántico(-a)** *m.f.* ロマンティコ(-カ)	romanticist ロウマンティシスト
ろめんでんしゃ **路面電車** romendensha	**tranvía** *m.* トランビア	streetcar, trolley, ⒷtramDiv ストリートカー, トラリ, トラム
ろんぎ **論議** rongi	**discusión** *f.* ディスクシオン	discussion, argument ディスカション, アーギュメント
～する	**discutir** ディスクティル	discuss, argue about ディスカス, アーギュー アバウト
ろんきょ **論拠** ronkyo	**base de argumentación** *f.* バセ デ アルグメンタシオン	basis of an argument ベイスィス オヴ アン アーギュメント
ろんぐせらー **ロングセラー** ronguseraa	**éxito (de ventas) prolongado** *m.* エクシト (デ ベンタス) プロロンガド	longtime seller ローングタイム セラ
ろんじる **論じる** ronjiru	**discutir** ディスクティル	discuss, argue ディスカス, アーギュー
ろんそう **論争** ronsou	**discusión** *f.*, **controversia** *f.* ディスクシオン, コントロベルシア	dispute, controversy ディスピュート, カントロヴァースィ
～する	**discutir** ディスクティル	argue, dispute アーギュー, ディスピュート
ろんてん **論点** ronten	**punto en cuestión** *m.* プント エン クエスティオン	point at issue ポイント アト イシュー

日	西	英
論文 ろんぶん ronbun	**ensayo** *m.*, **tesis** *f.* エンサジョ, テシス	essay, thesis エセイ, **ス**ィースィス
論理 ろんり ronri	**lógica** *f.* ロヒカ	logic ラヂク
〜的な	**lógico(-a)** ロヒコ(-カ)	logical ラヂカル

わ, ワ

日	西	英
輪 わ wa	**círculo** *m.*, **anillo** *m.* シルクロ, アニジョ	ring, loop リング, **ル**ープ
和 (総和) わ wa	**suma** *f.* スマ	sum サム
(調和)	**armonía** *f.* アルモニア	harmony ハーモニ
ワールドカップ わーるどかっぷ waarudokappu	**Copa del Mundo** *f.* コパ デル **ム**ンド	World Cup ワールド **カ**プ
ワイシャツ わいしゃつ waishatsu	**camisa** *f.* カミサ	(dress) shirt (**ド**レス) シャート
わいせつな わいせつな waisetsuna	**obsceno(-a), indecente** オブス**セ**ノ(-ナ), インデ**セ**ンテ	obscene, indecent オブス**ィ**ーン, インディーセント
ワイパー わいぱー waipaa	**limpiaparabrisas** *m.* リンピアパラブ**リ**サス	wipers ワイパズ
ワイヤー わいやー waiyaa	**alambre** *m.*, **cable** *m.* ア**ラ**ンブレ, **カ**ブレ	wire ワイア
賄賂 わいろ wairo	**soborno** *m.* ソ**ボ**ルノ	bribery, bribe ブ**ラ**イバリ, ブ**ラ**イブ
ワイン わいん wain	**vino** *m.* ビノ	wine **ワ**イン
〜グラス	**vaso de vino** *m.* バソ デ ビノ	wineglass **ワ**イン グ**ラ**ース

841

日	西	英
～リスト	**carta de vinos** *f.* カルタ デ ビノス	wine list ワイン リスト
わおん **和音** waon	**acorde** *m.*, **armonía** *f.* アコルデ, アルモニア	harmony ハーモニ
わかい **若い** wakai	**joven** ホベン	young ヤング
わかいする **和解する** wakaisuru	**reconciliarse** *con* レコンシリアルセ	(be) reconciled with (ビ) レコンサイルド ウィズ
わかがえる **若返る** wakagaeru	**rejuvenecerse** レフベネセルセ	(be) rejuvenated (ビ) リチュヴァネイテド
わかさ **若さ** wakasa	**juventud** *f.* フベントゥド	youth ユース
わかす **沸かす** wakasu	**hervir** エルビル	boil ボイル
わがままな **わがままな** wagamamana	**egoísta** エゴイスタ	selfish, wilful セルフィシュ, ウィルフル
わかもの **若者** wakamono	**joven** *m.* ホベン	young man ヤング マン
わからずや **分からず屋** wakarazuya	**testarudo(-a)** *m.f.*, **persona testaruda** *f.* テスタルド(-ダ), ペルソナ テスタルダ	blockhead ブラクヘド
わかりにくい **分かりにくい** wakarinikui	**difícil de entender** ディフィシル デ エンテンデル	hard to understand ハード トゥ アンダスタンド
わかりやすい **分かりやすい** wakariyasui	**fácil de entender** ファシル デ エンテンデル	easy to understand, simple イーズィー トゥ アンダスタンド, スィンプル
わかる **分かる** wakaru	**entender** エンテンデル	understand, see アンダスタンド, スィー
わかれ **別れ** wakare	**separación** *f.* セパラシオン	parting, farewell パーティング, フェアウェル

日	西	英
わかれる **分かれる** （区分される） wakareru	**dividirse** *en* ディビ**ディ**ルセ	(be) divided into (ビ) ディ**ヴァ**イデド イントゥ
（分岐する）	**divergir** ディベル**ヒ**ル	branch off from ブ**ラ**ンチ **オ**ーフ フラム
わかれる **別れる** wakareru	**separarse** *de* セパ**ラ**ルセ	part from **パ**ート フラム
わかわかしい **若々しい** wakawakashii	**juvenil** フベ**ニ**ル	youthful **ユ**ースフル
わき **脇** waki	**lado** *m.*, **costado** *m.* **ラ**ド，コス**タ**ド	side **サ**イド
わきのした **脇の下** wakinoshita	**axila** *f.* ア**クシ**ラ	armpit **ア**ームピト
わきばら **脇腹** wakibara	**lado** *m.*, **costado** *m.* **ラ**ド，コス**タ**ド	side **サ**イド
わきみち **脇道** wakimichi	**calle lateral** *f.* **カ**ジェ ラテ**ラ**ル	side street **サ**イド スト**リ**ート
わきやく **脇役** wakiyaku	**papel secundario** *m.* パ**ペ**ル セクン**ダ**リオ	supporting role, minor role サ**ポ**ーティング **ロ**ウル，**マ**イナ **ロ**ウル
わく **湧く**　（水などが） waku	**manar** マ**ナ**ル	gush, flow **ガ**シュ，フ**ロ**ウ
わく **沸く**　（湯が） waku	**hervir** エル**ビ**ル	boil **ボ**イル
わく **枠**　（囲み） waku	**marco** *m.* **マ**ルコ	frame, rim フ**レ**イム，**リ**ム
（範囲）	**rango** *m.* **ラ**ンゴ	range, extent **レ**インヂ，イクス**テ**ント
わくせい **惑星** wakusei	**planeta** *m.* プラ**ネ**タ	planet プ**ラ**ネト

日	西	英
わくちん **ワクチン** wakuchin	**vacuna** *f.* バクナ	vaccine ヴァク**スィ**ーン
わけ **訳** wake	**razón** *f.*, **causa** *f.* ラソン, カウサ	reason, cause **リ**ーズン, **コ**ーズ
わけまえ **分け前** wakemae	**parte** *f.* パルテ	share, cut **シェ**ア, **カ**ト
わける **分ける** （区別する） wakeru	**diferenciar, clasificar** ディフェレンシ**ア**ル, クラシフィ**カ**ル	classify ク**ラ**スィファイ
（分割する）	**dividir** ディビ**ディ**ル	divide, part ディ**ヴァ**イド, **パ**ート
（分配する）	**distribuir** ディストリブ**イ**ル	distribute, share ディスト**リ**ビュト, **シェ**ア
（分離する）	**separar** セパ**ラ**ル	separate, part **セ**パレイト, **パ**ート
わごむ **輪ゴム** wagomu	**gomilla** *f.*, **goma elástica** *f.* ゴ**ミ**ジャ, **ゴ**マ エ**ラ**スティカ	rubber band **ラ**バ バンド
わごんしゃ **ワゴン車** wagonsha	**furgoneta** *f.*, **ranchera** *f.* フルゴ**ネ**タ, ラン**チェ**ラ	station wagon ス**テ**イション **ワ**ゴン
わざ **技** waza	**técnica** *f.* **テ**クニカ	technique, art テク**ニ**ーク, **ア**ート
わざ **業** waza	**acto** *m.*, **obra** *f.* **ア**クト, **オ**ブラ	act, work **ア**クト, **ワ**ーク
わざと **わざと** wazato	**a propósito** ア プロ**ポ**シト	on purpose, intentionally オン **パ**ーパス, イン**テ**ンショナリ
わさび **山葵** wasabi	**wasabi** *m.*, **rábano picante** *m.* **ワ**サビ, **ラ**バノ ピ**カ**ンテ	wasabi **ワ**サビ
わざわい **災い** wazawai	**desgracia** *f.* デス**グラ**シア	misfortune ミス**フォ**ーチュン

わ

日	西	英
わし **鷲** washi	**águila** *f.* アギラ	eagle イーグル
わしょく **和食** washoku	**comida japonesa** *f.* コミダ ハポネサ	Japanese food ヂァパニーズ フード
わずかな **僅かな** wazukana	**un poco** *de* ウン ポコ	a few, a little ア フュー, ア リトル
わずらわしい **煩わしい** wazurawashii	**molesto(-a)** モレスト(-タ)	troublesome トラブルサム
わすれっぽい **忘れっぽい** wasureppoi	**(ser) olvidadizo(-a), tener mala memoria** (セル) オルビダディソ(-サ), テネル マラ メモリア	forgetful フォゲトフル
わすれもの **忘れ物** wasuremono	**objeto olvidado** *m.* オブヘト オルビダド	thing left behind スィング レフト ビハインド
わすれる **忘れる** wasureru	**olvidar** オルビダル	forget フォゲト
わた **綿** wata	**algodón** *m.* アルゴドン	cotton カトン
わだい **話題** wadai	**tema** *m.* テマ	topic タピク
わだかまり **わだかまり** wadakamari	**resentimiento** *m.*, **rencor** *m.* レセンティミエント, レンコル	bad feelings バド フィーリングズ
わたし **私** watashi	**yo** ジョ	I アイ
～の	**mi** ミ	my マイ
わたしたち **私たち** watashitachi	**nosotros(-as)** *m.f.pl.* ノソトロス(-ラス)	we ウィー
～の	**nuestro(-a)** ヌエストロ(-ラ)	our アウア

わ

日	西	英
わたす **渡す** watasu	**entregar** エントレガル	hand ハンド
（引き渡す）	**entregar** エントレガル	hand over, surrender ハンド オウヴァ, サレンダ
わたる **渡る** wataru	**pasar** パサル	cross, go over クロース, ゴウ オウヴァ
わっくす **ワックス** wakkusu	**cera** *f.* セラ	wax ワクス
わっと **ワット** watto	**vatio** *m.* バティオ	watt ワト
わな **罠** wana	**trampa** *f.*, **cepo** *m.* トランパ, セポ	trap トラプ
わに **鰐** wani	**cocodrilo** *m.* ココドリロ	crocodile, alligator クラカダイル, アリゲイタ
わびる **詫びる** wabiru	**disculparse** *con* ディスクルパルセ	apologize to アポロヂャイズ トゥ
わふうの **和風の** wafuuno	**japonés**(*-esa*) ハポネス(-サ)	Japanese ヂャパニーズ
わへいこうしょう **和平交渉** waheikoushou	**negociaciones de paz** *f.pl.* ネゴシアシオネス デ パス	peace negotiation ピース ニゴウシエイション
わめく **わめく** wameku	**gritar, dar un grito** グリタル, ダル ウン グリト	shout, cry out シャウト, クライ アウト
わやく **和訳** wayaku	**traducción al japonés** *f.* トラドゥクシオン アル ハポネス	Japanese translation ヂャパニーズ トランスレイション
わらい **笑い** warai	**risa** *f.* リサ	laugh, laughter ラフ, ラフタ
～話	**chiste** *m.*, **chascarrillo** *m.* チステ, チャスカリジョ	funny story ファニ ストーリ

日	西	英
わらう **笑う** warau	**reír** レイル	laugh ラフ
わらわせる **笑わせる** warawaseru	**hacer reír** アセル レイル	make laugh メイク ラフ
（ばかげた）	**ridículo(-a), absurdo(-a)** リディクロ(-ラ), アブスルド(-ダ)	ridiculous, absurd リディキュラス, アブサード
わりあい **割合** wariai	**proporción** _f._ プロポルシオン	rate, ratio レイト, レイシオウ
わりあて **割り当て** wariate	**asignación** _f._ アシグナシオン	assignment, allot- ment アサインメント, アラトメント
わりあてる **割り当てる** wariateru	**asignar** アシグナル	assign, allot アサイン, アラト
わりかんにする **割り勘にする** warikannisuru	**pagar a escote** パガル ア エスコテ	split the bill スプリト ザ ビル
わりこむ **割り込む** warikomu	**entrometerse, interrum- pir** エントロメテルセ, インテルンピル	cut in カト イン
わりざん **割り算** warizan	**división** _f._ ディビシオン	division ディヴィジョン
わりびき **割り引き** waribiki	**descuento** _m._ デスクエント	discount ディスカウント
わりびく **割り引く** waribiku	**rebajar** レバハル	discount, reduce ディスカウント, リデュース
わりまし **割り増し** warimashi	**extra** _m._, **prima** _f._ エクストラ, プリマ	extra charge, pre- mium エクストラ チャーヂ, プリーミ アム
〜料金	**suplemento** _m._ スプレメント	extra charge エクストラ チャーヂ
わる **割る**（壊す） waru	**romper** ロンペル	break, crack ブレイク, クラク

日	西	英
（分割する）	**dividir** *en* ディビディル	divide into ディヴァイド イントゥ
（裂く）	**romper, partir** ロンペル, パルティル	split, chop スプリト, チャプ
わるい 悪い warui	**malo(-a)** マロ(-ラ)	bad, wrong バド, ロング
わるくち 悪口 warukuchi	**maledicencia** *f.*, **insultos** *m.pl.* マレディセンシア, インスルトス	(verbal) abuse (ヴァーバル) アビュース
わるつ ワルツ warutsu	**vals** *m.* バルス	waltz ウォールツ
わるもの 悪者 warumono	**villano** *m.*, **malhechor** *m.* ビジャノ, マレチョル	bad guy, villain バド ガイ, ヴィレン
われめ 割れ目 wareme	**grieta** *f.* グリエタ	crack, split クラク, スプリト
われる 割れる（壊れる）	**romperse** ロンペルセ	break ブレイク
（裂ける）	**romperse, partirse** ロンペルセ, パルティルセ	crack, split クラク, スプリト
われわれ 我々 wareware	**nosotros(-as)** ノソトロス(-ラス)	we, ourselves ウィー, アウアセルヴズ
わん 椀 wan	**cuenco** *m.* クエンコ	bowl ボウル
わん 湾 wan	**bahía** *f.*, **golfo** *m.* バイア, ゴルフォ	bay, gulf ベイ, ガルフ
わんがん 湾岸 wangan	**costa** *f.* コスタ	coast コウスト
わんきょくする 湾曲する wankyokusuru	**encorvarse** エンコルバルセ	curve, bend カーヴ, ベンド

日	西	英

腕白な
わんぱくな
wanpakuna

travieso(-a)
トラビエソ(-サ)

naughty
ノーティ

ワンピース
わんぴーす
wanpiisu

vestido (de una pieza) *m.*
ベスティド (デ ウナ ピエサ)

dress
ドレス

ワンマン
わんまん
wanman

dictador(-a), autócrata
ディクタドル(-ラ), アウトクラタ

dictator, autocrat
ディクテイタ, オートクラト

腕力
わんりょく
wanryoku

fuerza de brazos *f.*
フエルサ デ ブラソス

physical strength
フィズィカル ストレングス

わ

付　録

●日常会話

あいさつ·········· 850
日々のあいさつ／近況・暮らしぶりをたずねる・答える／初対面・再会のときのあいさつ／招待・訪問のあいさつ／別れのあいさつ

食事·········· 856
食事に誘う／レストランに入るときの表現／注文する／食事の途中で／レストランでの苦情／お酒を飲む／デザートを注文する／支払いのときの表現／ファストフードを注文するときの表現／食事の途中の会話

買い物·········· 868
売り場を探す／品物を見せてもらう・品物について聞く／試着する／品物を買う

トラブル・緊急事態·········· 876
困ったときの表現／紛失・盗難のときの表現／子供が迷子になったときの表現／助けを求める／事件に巻き込まれて

●分野別単語集

アクセサリー	883	食器	893
味	883	人体	894
家	884	数字	894
衣服	884	スポーツ	896
色	885	台所用品	897
飲食店	886	電気製品	897
家具	886	動物	898
家族	886	度量衡	899
体	887	肉	899
気象	888	日本料理	900
季節・月	889	飲み物	900
果物	889	花	901
化粧品	890	病院	902
交通	890	病気	902
サッカー	891	文房具	903
時間	891	店	904
情報	892	野菜	905
職業	892	曜日	906

日常会話

あいさつ

日々のあいさつ　—こんにちは！—

●**おはよう.**
Buenos días.
プエノス　ディアス
Good morning.

●**こんにちは.**
Buenas tardes.
プエナス　タルデス
Good afternoon.

●**こんばんは.**
Buenas noches.
プエナス　ノチェス
Good evening.

●（親しい人に）**やあ.**
¡Hola! / ¿Qué tal?
オラ / ケ　タル
Hello! / Hi!

●**おやすみなさい.**
Buenas noches. / Que descanse.
プエナス　ノチェス / ケ　デスカンセ
Good night.

近況・暮らしぶりをたずねる・答える　—お元気ですか？—

●**お元気ですか.**
¿Cómo está usted?
コモ　エスタ　ウステ
How are you?

●**はい, 元気です. あなたは？**
Bien, gracias, ¿y usted?
ビエン　グラシアス　イ　ウステ
I'm fine. And you?

●まあどうということもなくやってます.

Nada de particular.

ナダ デ パルティクラル

Nothing in particular.

●まあまあです.

Así, así.

アシ アシ

So-so.

●お元気そうですね.

Le veo muy bien. / La veo muy bien. / Usted parece muy bien.

レ ベオ ムイ ビエン / ラ ベオ ムイ ビエン / ウステ パレセ ムイ ビエン

You're looking good.

●(親しい人に) 元気？

¿Qué tal? / ¿Qué hay?

ケ タル / ケ アイ

How are you doing?

●お仕事はどうですか.

¿Cómo le van los negocios?

コモ レ バン ロス ネゴシオス

How's your business?

●忙しいです.

Estoy ocupado. / Estoy ocupada.

エストイ オクパド / エストイ オクパダ

I'm busy.

●奥さんはお元気ですか.

¿Cómo está su mujer?

コモ エスタ ス ムヘル

How's your wife?

●ご主人はお元気ですか.

¿Cómo está su marido?

コモ エスタ ス マリド

How's your husband?

●ご両親はお元気ですか.

¿Cómo están sus padres?

コモ エスタン スス パドレス

How are your parents?

●アロンソさんはお元気ですか.
¿Cómo está el Sr. Alonso? / ¿Cómo está la Sra. Alonso? /
¿Cómo está la Srta. Alonso?
コモ エスタ エル セニョル アロンソ / コモ エスタ ラ セニョラ アロンソ / コモ エス
タ ラ セニョリタ アロンソ
How is Mr. Alonso? / How is Mrs. Alonso? / How is Ms. Alonso?

●彼は元気です.
Él está bien. / Está bien.
エル エスタ ビエン / エスタ ビエン
He is fine.

●彼女は元気です.
Ella está bien. / Está bien.
エジャ エスタ ビエン / エスタ ビエン
She is fine.

●それは何よりです.
Me alegro de saberlo.
メ アレグロ デ サベルロ
I'm glad to hear that.

初対面・再会のときのあいさつ —はじめまして—

●はじめまして.
Mucho gusto.
ムチョ グスト
How do you do? / Nice to meet you.

●お目にかかれてうれしいです.
Encantado de conocerle. / Encantado de conocerla. /
Encantada de conocerle. / Encantada de conocerla.
エンカンタド デ コノセルレ / エンカンタド デ コノセルラ / エンカンタダ デ コノセルレ
/ エンカンタダ デ コノセルラ
Nice to meet you. / Good to meet you.

●サパテロさんではありませんか.
¿Es usted el Sr. Zapatero?
エス ウステ エル セニョル サパテロ
Are you Mr. Zapatero?

●私を覚えていらっしゃいますか.
¿Se acuerda usted de mí?
セ アクエルダ ウステ デ ミ

Do you remember me?

●お久しぶりです.
¡Cuánto tiempo!
クアント　ティエンポ
It's been a long time.

●ようこそアンダルシアへ.
Bienvenido a Andalucía. / Bienvenida a Andalucía.
ビエンベニド　ア　アンダルシア / ビエンベニダ　ア　アンダルシア
Welcome to Andalusia.

●お疲れですか.
¿Está usted cansado? / ¿Está usted cansada?
エスタ　ウステ　カンサド / エスタ　ウステ　カンサダ
Are you tired?

●大丈夫ですよ.
Estoy bien, gracias.
エストイ　ビエン　グラシアス
I'm fine.

●ちょっと疲れました.
Estoy un poco cansado. / Estoy un poco cansada.
エストイ　ウン　ポコ　カンサド / エストイ　ウン　ポコ　カンサダ
I'm a little tired.

●時差ぼけかもしれません.
Creo que es debido al desfase horario.
クレオ　ケ　エス　デビド　アル　デスファセ　オラリオ
It might be jet lag.

●ぐっすり眠れましたか.
¿Ha dormido usted bien?
ア　ドルミド　ウステ　ビエン
Did you sleep well?

●熟睡しました.
He dormido muy bien. / He dormido como un tronco.
エ　ドルミド　ムイ　ビエン / エ　ドルミド　コモ　ウン　トロンコ
I slept well. / I slept like a log.

招待・訪問のあいさつ —すてきなお家ですね—

● **うちにいらしてください.**
Visítenos, por favor.
ビシテノス ポル ファボル
Come over to my place.

● **ぜひうかがいます.**
Iré a visitarlos sin falta.
イレ ア ビシタルロス シン ファルタ
I'll definitely call on you.

● **お招きいただきありがとうございます.**
Muchas gracias por la invitación.
ムチャス グラシアス ポル ラ インビタシオン
Thank you very much for inviting me.

● **すてきなお家ですね.**
¡Qué casa tan bonita!
ケ カサ タン ボニタ
What a wonderful house!

● **これをどうぞ.**
Esto es para usted.
エスト エス パラ ウステ
This is for you.

● **日本のおみやげです.**
Es un regalo de Japón.
エス ウン レガロ デ ハポン
Here's a gift from Japan.

別れのあいさつ —さようなら—

● **もう行かなくては.**
Ya tengo que irme.
ジャ テンゴ ケ イルメ
I should be going now.

● **さようなら.**
Adiós.
アディオス
Good-bye. / See you.

855

日常会話

●バイバイ.
Chao.
チャオ
Bye-bye. / Bye.

●また近いうちに.
Hasta pronto.
アスタ プロント
See you soon.

●じゃあまたあとで.
Hasta luego.
アスタ ルエゴ
See you later.

●また明日.
Hasta mañana.
アスタ マニャナ
See you tomorrow.

●よい休暇を.
¡Que tenga buenas vacaciones! / ¡Buenas vacaciones!
ケ テンガ ブエナス バカシオネス / ブエナス バカシオネス
Have a good vacation.

●どうぞ, 楽しい旅を！
¡Que tenga un buen viaje! / ¡Buen viaje!
ケ テンガ ウン ブエン ビアへ / ブエン ビアへ
Have a nice trip!

●気をつけてね！
¡Cuídese!
クイデセ
Take care!

●あなたも！
¡Igualmente!
イグアルメンテ
You too! / Same to you!

●またいつかお会いしたいですね.
Espero verle otra vez. / Espero verla otra vez.
エスペロ ベルレ オトラ ベス / エスペロ ベルラ オトラ ベス
I hope to see you again sometime.

●今後も連絡を取り合いましょう.

Vamos a mantenernos en contacto.

バモス ア マンテネルノス エン コンタクト

Let's keep in touch.

●ご主人によろしくお伝えください.

Dele saludos a su marido. / Dele recuerdos a su marido.

デレ サルドス ア ス マリド / デレ レクエルドス ア ス マリド

Please say hello to your husband.

食事

食事に誘う ―食事に行きませんか？―

●お腹がすきました.

Tengo hambre.

テンゴ アンブレ

I'm hungry.

●のどが渇きました.

Tengo sed.

テンゴ セド

I'm thirsty.

●バルで休みましょう.

Descansemos en un bar.

デスカンセモス エン ウン バル

Let's rest at a bar.

●お昼は何を食べましょうか.

¿Qué comemos? / ¿Qué almorzamos?

ケ コメモス / ケ アルモルサモス

What shall we eat for lunch?

●一緒に食事に行きませんか.

¿Por qué no vamos a comer juntos? / ¿Por qué no vamos a almorzar juntos?

ポル ケ ノ バモス ア コメル フントス / ポル ケ ノ バモス ア アルモルサル フントス

Shall we go and eat together?

857

● 中華料理はどうですか.
¿Qué le parece la comida china?
ケ レ パレセ ラ コミダ **チ**ナ
How about Chinese food?

● 何か召し上がりたいものはありますか.
¿Qué le gustaría comer?
ケ レ グス**タ**リア コメル
Is there anything you'd like to eat?

● 嫌いなものはありますか.
¿Hay algo que no le guste?
アイ **ア**ルゴ ケ ノ レ **グ**ステ
Is there anything you don't like to eat?

● 何でも大丈夫です.
Cualquier cosa está bien. / Cualquier cosa me vale.
クアルキ**エ**ル **コ**サ エス**タ** ビ**エ**ン / クアルキ**エ**ル **コ**サ メ **バ**レ
Anything's OK.

● あまり辛いものは苦手です.
No me sienta bien la comida demasiado picante.
ノ メ シ**エ**ンタ ビ**エ**ン ラ コ**ミ**ダ デマシ**ア**ド ピ**カ**ンテ
I can't eat anything too spicy.

● いいレストランを教えていただけませんか.
¿Me podría recomendar algún buen restaurante?
メ ポ**ド**リア レコメン**ダ**ル アル**グ**ン プ**エ**ン レスタウ**ラ**ンテ
Could you recommend a good restaurant?

● この店はおいしくて安いです.
En este restaurante se come bien y barato.
エン **エ**ステ レスタウ**ラ**ンテ セ **コ**メ ビ**エ**ン イ バ**ラ**ト
They serve good and cheap food in this restaurant.

● 昼食をごちそうしますよ.
Yo le invito a comer. / Le invito a comer.
ジョ レ イン**ビ**ト ア コ**メ**ル / レ イン**ビ**ト ア コ**メ**ル
I'll invite you to lunch.

● 夕食をごちそうしますよ.
Yo le invito a cenar. / Le invito a cenar.
ジョ レ イン**ビ**ト ア セ**ナ**ル / レ イン**ビ**ト ア セ**ナ**ル
I'll invite you to dinner.

日常会話

レストランに入るときの表現 —何分ぐらい待ちますか？—

● **6 時から 3 名で予約をお願いします.**
Quisiera hacer una reserva para tres personas a las seis.
キシエラ アセル ウナ レセルバ パラ トレス ペルソナス ア ラス セイス
I'd like to make a reservation for three people at six o'clock.

● **何分ぐらい待ちますか.**
¿Cuánto tiempo tenemos que esperar?
クアント ティエンポ テネモス ケ エスペラル
How long will we have to wait?

● **ここにお名前を書いてください.**
Por favor, escriba su nombre aquí.
ポル ファボル エスクリバ ス ノンブレ アキ
Please put your name down here.

● **(ボーイが客に) テラス席でよろしいですか.**
¿Qué le parece la mesa de la terraza?
ケ レ パレセ ラ メサ デ ラ テラサ
Will a terrace seat be all right for you?

● **7 時に予約をしました.**
Tengo reservada una mesa a las siete.
テンゴ レセルバダ ウナ メサ ア ラス シエテ
I have a reservation for seven o'clock.

● **2 人用の席はありますか.**
¿Tiene una mesa para dos personas?
ティエネ ウナ メサ パラ ドス ペルソナス
Do you have a table for two?

● **喫煙席がよろしいですか.**
¿Le gustaría una mesa para fumadores?
レ グスタリア ウナ メサ パラ フマドレス
Would you prefer a smoking table?

● **たばこをお吸いになりますか.**
¿Le gustaría fumar?
レ グスタリア フマル
Would you like to smoke?

● **禁煙席をお願いします.**
Una mesa para no fumadores, por favor.

ウナ メサ パラ ノ フマドレス ポル ファボル
Nonsmoking please.

●たばこはどこで吸えますか.
¿Dónde podría fumar?
ドンデ ポドリア フマル
Where can I smoke?

●こちらへどうぞ.
Por aquí, por favor.
ポル アキ ポル ファボル
Right this way, please.

●この席はあいていますか.
¿Está libre esta mesa?
エスタ リブレ エスタ メサ
Can I take this place?

注文する —本日のスープは何ですか?—

●メニューを見せてください.
¿Me trae la carta, por favor?
メ トラエ ラ カルタ ポル ファボル
Could I have a menu, please?

●ご注文は何になさいますか.
¿Qué van a tomar ustedes? / ¿Qué quieren tomar ustedes?
ケ バン ア トマル ウステデス / ケ キエレン トマル ウステデス
May I take your order?

●お勧めはなんですか.
¿Qué me recomienda?
ケ メ レコミエンダ
What do you recommend?

●この店の自慢料理は何ですか.
¿Cuál es la especialidad de la casa?
クアル エス ラ エスペシアリダド デ ラ カサ
What's your specialty?

●本日のスープは何ですか.
¿Cuál es la sopa de hoy?
クアル エス ラ ソパ デ オイ
What's the soup of the day?

● トルティージャをください.
Una tortilla, por favor.
ウナ トルティジャ ポル ファボル
I'd like a tortilla, please.

● 何か魚がいいですね.
Me gustaría tomar algo de pescado.
メ グスタリア トマル アルゴ デ ペスカド
I'd like the fish.

● ステーキの焼き具合はどのようにしましょうか.
¿Cómo quiere su bistec?
コモ キエレ ス ビステク
How would you like your steak?

● ミディアムにしてください.
Medio, por favor.
メディオ ポル ファボル
Medium, please.

● レアにしてください.
Poco cocido, por favor.
ポコ コシド ポル ファボル
Rare, please.

● ウェルダンにしてください.
Bien cocido por favor.
ビエン コシド ポル ファボル
Well-done, please.

● ミックスサラダもください.
También quiero tomar una ensalada mixta.
タンビエン キエロ トマル ウナ エンサラダ ミクスタ
I'd like a mixed salad too, please.

食事の途中で —お水をいただけますか？—

● 小皿を持ってきていただけますか.
¿Podría traerme un plato pequeño?
ポドリア トラエルメ ウン プラト ペケニョ
Please bring a small plate.

● お水をいただけますか.
¿Me trae un vaso de agua, por favor?

メ　トラエ　ウン　バソ　デ　アグア　ポル　ファボル
I'd like a glass of water.

● **ナイフをいただけますか.**
¿Me trae un cuchillo, por favor?
メ　トラエ　ウン　クチジョ　ポル　ファボル
Give me a knife.

レストランでの苦情　—頼んだものがまだ来ません—

● **これは注文していません.**
Yo no he pedido esto.
ジョ　ノ　エ　ペディド　エスト
I didn't order this.

● **私が頼んだのは子羊のフィレです.**
He pedido un filete de cordero.
エ　ペディド　ウン　フィレテ　デ　コルデロ
I ordered a lamb fillet.

● **頼んだものがまだ来ません.**
Todavía no ha llegado lo que he pedido.
トダビア　ノ　ア　ジェガド　ロ　ケ　エ　ペディド
Our order hasn't come yet.

● **確認してまいります.**
Voy a ver qué ha pasado.
ボイ　ア　ベル　ケ　ア　パサド
I'll go and check.

● **たいへん申し訳ございません.**
Lo siento mucho. / Le pido disculpas.
ロ　シエント　ムチョ／レ　ピド　ディスクルパス
I'm very sorry.

● **しばらくお待ちください.**
Un momento, por favor.
ウン　モメント　ポル　ファボル
Please wait a moment.

お酒を飲む —ワインをグラスでください—

● 飲み物は何がよろしいですか.
¿Qué le gustaría tomar para beber? / ¿Qué quiere tomar para beber?
ケ レ グスタリア トマル パラ ベベル / ケ キエレ トマル パラ ベベル
What would you like to drink?

● ワインリストはありますか.
¿Tiene la carta de vinos?
ティエネ ラ カルタ デ ビノス
Do you have a wine list?

● ワインをグラスでください.
Un vaso de vino, por favor.
ウン バソ デ ビノ ポル ファボル
A glass of wine, please.

● アルコールはだめなんです.
Yo no bebo. / Yo no tomo alcohol. / No me va el alcohol.
ジョ ノ ベボ / ジョ ノ トモ アルコオル / ノ メ バ エル アルコオル
I don't drink.

● 一口ならいただきます.
Voy a probar un poco.
ボイ ア プロバル ウン ポコ
I'll have a sip.

● 乾杯！
¡Salud!
サル
Cheers!

デザートを注文する —私はアイスクリームにします—

● デザートには何がありますか.
¿Qué tiene de postre?
ケ ティエネ デ ポストレ
What do you have for dessert?

● 私はアイスクリームにします.
Para mí, un helado, por favor.
パラ ミ ウン エラド ポル ファボル
I'd like some ice cream.

● お腹が一杯でデザートはいりません.
Estoy lleno . Ya no quiero postre. / Estoy llena . Ya no quiero postre.
エストイ ジェノ ジャ ノ キエロ ポストレ / エストイ ジェナ ジャ ノ キエロ ポストレ

I'm so full. I don't need dessert.

● コーヒーはブラックがいいです.
Para mí, un café solo, por favor.
パラ ミ ウン カフェ ソロ ポル ファボル

I'd like my coffee black.

支払いのときの表現　—お勘定をお願いします—

● 割り勘にしましょう.
Paguemos a escote. / Paguemos a medias. / Paguemos entre todos.
パゲモス ア エスコテ / パゲモス ア メディアス / パゲモス エントレ トドス

Let's split the bill.

● お勘定をお願いします.
La cuenta, por favor.
ラ クエンタ ポル ファボル

Check, please.

● クレジットカードでお願いします.
Con tarjeta de crédito, por favor.
コン タルヘタ デ クレディト ポル ファボル

By credit card, please.

● カードはご使用になれません.
No se aceptan tarjetas de crédito.
ノ セ アセプタン タルヘタス デ クレディト

We can't accept any credit cards.

● 現金でお願いします.
En efectivo, por favor.
エン エフェクティボ ポル ファボル

Cash, please.

● 計算が間違っています.
Esta cuenta está equivocada.
エスタ クエンタ エスタ エキボカダ

This was added up wrong.

●請求額が高すぎます.

Esta cuenta es exorbitante.

エスタ クエンタ エス エクソルビタンテ

This bill is too much.

●おつりが足りません.

Esta vuelta no es correcta. / Este cambio no es correcto.

エスタ ブエルタ ノ エス コレクタ / エステ カンビオ ノ エス コレクト

This is not the correct change.

● 100 ユーロ札を渡しました.

Le he dado un billete de cien euros. / Le di un billete de cien euros.

レ エ ダド ウン ビジェテ デ シエン エウロス / レ ディ ウン ビジェテ デ シエン エウロス

I gave you a 100 euro bill.

ファストフードを注文するときの表現 —ここで食べます—

●テイクアウトでハンバーガー 2 個をお願いします.

Dos hamburguesas para llevar, por favor.

ドス アンブルゲサス パラ ジェバル ポル ファボル

Two hamburgers to go, please.

●マスタード抜きにしてください.

Sin mostaza, por favor.

シン モスタサ ポル ファボル

No mustard, please.

●ホットドッグとオレンジジュースをください.

Un perrito caliente y un zumo de naranja, por favor. / Un perrito caliente y un jugo de naranja, por favor. / Un pancho y un zumo de naranja, por favor. / Un pancho y un jugo de naranja, por favor.

ウン ペリト カリエンテ イ ウン スモ デ ナランハ ポル ファボル / ウン ペリト カ リエンテ イ ウン フゴ デ ナランハ ポル ファボル / ウン パンチョ イ ウン ス モ デ ナランハ ポル ファボル / ウン パンチョ イ ウン フゴ デ ナランハ ポル ファボル

A hot dog and an orange juice, please.

●スモールを 1 つお願いします.

Uno pequeño, por favor.

ウノ ペケニョ ポル ファボル

A small, please.

865

● ミディアムを１つお願いします．
Uno mediano, por favor.
ウノ メディアノ ポル ファボル
A medium, please.

● ラージを１つお願いします．
Uno grande, por favor.
ウノ グランデ ポル ファボル
A large, please.

● 氷は入れないでください．
Sin hielo, por favor.
シン イエロ ポル ファボル
No ice, please.

● ここで食べます．
Para comer aquí.
パラ コメル アキ
I'll eat it here.

● テイクアウトでお願いします．
Para llevar, por favor.
パラ ジェバル ポル ファボル
I'd like this to go.

食事の途中の会話 —どうやって食べるのですか？—

● 冷めないうちに召し上がれ．
Cómalo antes de que se enfríe.
コマロ アンテス デ ケ セ エンフリエ
Eat it before it gets cold.

● お好きなだけ召し上がってください．
Coma todo lo que quiera.
コマ トド ロ ケ キエラ
Please have as much as you like.

● お口に合えばいいのですが．
No sé si le va a gustar, pero...
ノ セ シ レ バ ア グスタル ペロ
I don't know whether you'll like it, but...

●すごいごちそうですね.
¡Es una gran comida!
エス ウナ グラン コミダ
Wow, what a treat!

●わあ. いい香り.
¡Qué bien huele!
ケ ビエン ウエレ
Wow. Nice smell.

●おいしいです！
¡Qué rico! / ¡Qué rica! / ¡Qué sabroso! / ¡Qué sabrosa!
ケ リコ / ケ リカ / ケ サブロソ / ケ サブロサ
Delicious!

●これ, 大好物なんです.
Este es mi favorito. / Me encanta esto.
エステ エス ミ ファボリト / メ エンカンタ エスト
This is my favorite.

●サラダはご自由にお取りください.
Sírvase la ensalada.
シルバセ ラ エンサラダ
Help yourself to the salad.

●スープの味はいかがですか.
¿Qué le parece la sopa?
ケ レ パレセ ラ ソパ
What do you think of the soup?

●これは何ですか.
¿Qué es esto?
ケ エス エスト
What is this?

●これはどうやって食べるのですか.
¿Cómo se come esto?
コモ セ コメ エスト
How do you eat this?

●手で持って食べていいですか.
¿Puedo comerlo con las manos?
プエド コメルロ コン ラス マノス
Can I hold it in my hand?

●こうやって食べます.
Se come así.
セ コメ アシ
You eat it like this.

●これも食べられますか.
¿Se puede comer esto también?
セ プエデ コメル エスト タンビエン
Can you eat this too?

●それは飾りです.
Es un adorno.
エス ウン アドルノ
That's a decoration.

●それは食べられません.
Eso no se puede comer. / No es comestible.
エソ ノ セ プエデ コメル / ノ エス コメスティブレ
We don't eat that.

●フォアグラを食べるのは初めてです.
Es la primera vez que como foie gras.
エス ラ プリメラ ベス ケ コモ フォワ グラス
This is my first time eating foie gras.

●ごめんなさい, これはちょっと食べられません.
Lo siento, pero no puedo comer esto.
ロ シエント ペロ ノ プエド コメル エスト
I'm sorry, but I can't eat this.

●アレルギーが出るんです.
Me da alergia.
メ ダ アレルヒア
I'll have an allergic reaction.

●おかわりはいかがですか.
¿No quiere usted tomar más?
ノ キエレ ウステ トマル マス
How about another helping? / How about another refill?

●もう十分いただきました.
Ya he comido lo suficiente.
ジャ エ コミド ロ スフィシエンテ
I've already had enough.

●お腹が一杯です.
Estoy lleno. / Estoy llena.
エストイ ジェノ / エストイ ジェナ
I'm full.

●たいへんおいしかったです, ごちそうさま.
He comido muy bien, muchas gracias. / He comido a mi gusto, muchas gracias.
エ コミド ムイ ビエン ムチャス グラシアス / エ コミド ア ミ グスト ムチャス グラシアス
The meal was delicious, thank you.

●気に入っていただけてうれしいです.
Me alegro de que le haya gustado.
メ アレグロ デ ケ レ **ア**ジャ グス**タ**ド
I'm glad you liked it.

買い物

売り場を探す —3 階にあります—

●いらっしゃいませ.
¿Qué desea usted? / ¿Qué deseaba usted? / ¿En qué puedo servirle?
ケ デセア ウステ / ケ デセアバ ウステ / エン ケ プエド セルビルレ
May I help you?

●ちょっと見ているだけです.
Solo estoy mirando, gracias.
ソロ エストイ ミランド グラシアス
I'm just looking, thank you.

●ネクタイはありますか.
¿Tiene corbatas?
ティ**エ**ネ コルバタス
Do you have any ties?

●文房具はどこで売っていますか.
¿Dónde se venden artículos de escritorio?
ドンデ セ ベンデン アル**ティ**クロス デ エスクリ**ト**リオ
Where do you sell stationery?

● ジーンズを探しています.
Estoy buscando unos vaqueros. / Estoy buscando unos tejanos.
エストイ ブスカンド ウノス バケロス / エストイ ブスカンド ウノス テハノス
I'm looking for jeans.

● 安い靴を探しています.
Estoy buscando unos zapatos baratos.
エストイ ブスカンド ウノス サパトス バラトス
I'm looking for some cheap shoes.

● 婦人服売り場はどこですか.
¿Dónde se vende ropa de señora?
ドンデ セ ベンデ ロパ デ セニョラ
Where can I find women's clothes?

● 紳士服売場は何階ですか.
¿En qué piso se vende ropa de caballero?
エン ケ ピソ セ ベンデ ロパ デ カバジェロ
What floor is men's clothes on?

● こちらへどうぞ.
Por aquí, por favor.
ポル アキ ポル ファボル
It's over here.

● あの子供服売場の奥です.
Allí, en el fondo de la sección de ropa de niño.
アジ エン エル フォンド デ ラ セクシオン デ ロパ デ ニニョ
It's in the back of the Children's section.

● 3 階にあります.
Está en el segundo piso.
エスタ エン エル セグンド ピソ
That's on the 3rd floor.

● 地下 2 階にあります.
Está en el segundo sótano.
エスタ エン エル セグンド ソタノ
That's on the 2nd floor below.

● エレベーターで 5 階に行ってください.
Suba al cuarto piso en ascensor, por favor.
スバ アル クアルト ピソ エン アスセンソル ポル ファボル
Please take the elevator to the 5th floor.

●あちらの階段で上がってください.
Suba por aquella escalera, por favor.
スパ ポル アケジャ エスカレラ ポル ファボル
Please go up using the stairway over there.

●あちらの階段で下りてください.
Baje por aquella escalera, por favor.
バヘ ポル アケジャ エスカレラ ポル ファボル
Please go down using the stairway over there.

●申し訳ございません, こちらでは扱っておりません.
Lo siento, no los tenemos aquí.
ロ シエント ノ ロス テネモス アキ
I'm sorry, we don't have those here.

品物を見せてもらう・品物について聞く
—色違いのものはありますか?—

●さわってもいいですか.
¿Puedo tocar esto?
プエド トカル エスト
May I touch this?

●あれを見せていただけますか.
¿Podría mostrarme eso, por favor?
ポドリア モストラルメ エソ ポル ファボル
Could you show me that one, please?

●このイヤリングを見せていただけますか.
¿Podría mostrarme estos pendientes, por favor?
ポドリア モストラルメ エストス ペンディエンテス ポル ファボル
Please show me these earrings.

●右端のものを見せてください.
Muéstreme el que está más a la derecha. / Muéstreme la que está más a la derecha.
ムエストレメ エル ケ エスタ マス ア ラ デレチャ / ムエストレメ ラ ケ エスタ マ ス ア ラ デレチャ
Please show me the one at the right end.

●左から３つ目のものを見せてください.
Muéstreme, por favor, el tercero de la izquierda. / Muéstreme, por favor, la tercera de la izquierda.
ムエストレメ ポル ファボル エル テルセロ デ ラ イスキエルダ / ムエストレメ ポル

ファボル ラ テルセラ デ ラ イスキエルダ
Please show me the third one from the left.

● **その赤いのを見せていただけますか.**
¿Podría mostrarme ese rojo, por favor? / ¿Podría mostrarme esa roja, por favor?
ポドリア モストラルメ エセ ロホ ポル ファボル / ポドリア モストラルメ エサ ロハ ポル ファボル
Could you show me the red one, please?

● **ほかのを見せていただけますか.**
¿Podría mostrarme otro, por favor? / ¿Podría mostrarme otra, por favor?
ポドリア モストラルメ オトロ ポル ファボル / ポドリア モストラルメ オトラ ポル ファボル
Could you show me another one, please?

● **素材はなんですか.**
¿De qué material es esto?
デ ケ マテリアル エス エスト
What kind of fabric is this?

● **サイズはいくつですか.**
¿Cuál es su talla?
クアル エス ス タジャ
What size do you take? / What size do you want?

● **サイズは 38 です.**
Mi talla es la 38.
ミ タジャ エス ラ トレインタ イ オチョ
I would like size 38.

● **サイズがわかりません.**
No sé mi talla.
ノ セ ミ タジャ
I don't know my size.

● **大きすぎます.**
Está demasiado grande.
エスタ デマシアド グランデ
This is too large.

● 小さすぎます.
Está demasiado pequeño. / Está demasiado pequeña.
エスタ デマシアド ペケニョ / エスタ デマシアド ペケニャ
This is too small.

● 長すぎます.
Es demasiado largo. / Está demasiado largo. / Es demasiado larga. / Está demasiado larga.
エス デマシアド ラルゴ / エスタ デマシアド ラルゴ / エス デマシアド ラルガ / エスタ デマシアド ラルガ
This is too long.

● 短すぎます.
Es demasiado corto. / Está demasiado corto. / Es demasiado corta. / Está demasiado corta.
エス デマシアド コルト / エスタ デマシアド コルト / エス デマシアド コルタ / エスタ デマシアド コルタ
This is too short.

● ちょうどいいです.
Es la talla justa. / Me queda a la medida.
エス ラ タジャ フスタ / メ ケダ ア ラ メディダ
This is my size.

● 違うデザインのはありますか.
¿Tiene alguno de otro diseño? / ¿Tiene alguna de otro diseño?
ティエネ アルグノ デ オトロ ディセニョ / ティエネ アルグナ デ オトロ ディセニョ
Do you have any other styles?

● これより大きいのはありますか.
¿Tiene otro más grande? / ¿Tiene otra más grande?
ティエネ オトロ マス グランデ / ティエネ オトラ マス グランデ
Do you have this in a larger size?

● これより小さいのはありますか.
¿Tiene otro más pequeño? / ¿Tiene otra más pequeña?
ティエネ オトロ マス ペケニョ / ティエネ オトラ マス ペケニャ
Do you have this in a smaller size?

● 色違いのものはありますか.
¿Tiene otro de diferente color? / ¿Tiene otra de diferente color?
ティエネ オトロ デ ディフェレンテ コロル / ティエネ オトラ デ ディフェレンテ コロ

ル

Do you have any other colors?

●これで黒のものはありますか.
¿Tiene uno de color negro? / ¿Tiene una de color negro?
ティエネ ウノ デ コロル **ネグロ** / ティエネ ウナ デ コロル **ネグロ**
Do you have a black one like this?

試着する —試着してもいいですか?—

●試着してもいいですか.
¿Puedo probarme esto?
プエド プロバルメ **エ**スト
Can I try this on?

●鏡はありますか.
¿Tiene un espejo?
ティエネ ウン エスペホ
Is there a mirror?

●ぴったりです.
Me queda perfecto. / Me queda perfecta. / Me queda a la medida. / Se me ajusta perfectamente.
メ **ケ**ダ ペル**フェ**クト / メ **ケ**ダ ペル**フェ**クタ / メ **ケ**ダ ア ラ メ**ディ**ダ / セ メ ア**フ**スタ ペル**フェ**クタメンテ
It fits me perfectly!

●ちょっときついです.
Está un poco estrecho. / Está un poco estrecha.
エス**タ** ウン **ポ**コ エストレ**チ**ョ / エス**タ** ウン **ポ**コ エストレ**チ**ャ
It's a bit tight .

●ちょっとゆるいです.
Está un poco grande.
エス**タ** ウン **ポ**コ グ**ラ**ンデ
It's a bit loose .

●似合うかしら.
¿Me queda bien? / ¿Me sienta bien?
メ **ケ**ダ ビ**エ**ン / メ シ**エ**ンタ ビ**エ**ン
I wonder if this will look good.

●私には似合わないと思います．
Creo que no me queda bien. / Creo que no me sienta bien.
クレオ ケ ノ メ ケダ ビエン / クレオ ケ ノ メ シエンタ ビエン
I don't think this looks good on me.

●お似合いです．
Le queda bien. / Le sienta bien.
レ ケダ ビエン / レ シエンタ ビエン
It suits you. / It looks good on you.

●こちらのほうがお似合いです．
Le queda mejor este. / Le queda mejor esta. / Le sienta mejor este. / Le sienta mejor esta.
レ ケダ メホル エステ / レ ケダ メホル エスタ / レ シエンタ メホル エステ / レ シエンタ メホル エスタ
This one looks better on you.

品物を買う —全部でいくらですか？—

●これをください．
Me llevo esto.
メ ジェボ エスト
I'll take this, please.

●これを３つください．
Deme tres de estos, por favor. / Deme tres de estas, por favor. / Póngame tres de estos, por favor. / Póngame tres de estas, por favor.
デメ トレス デ エストス ポル ファボル / デメ トレス デ エスタス ポル ファボル / ポンガメ トレス デ エストス ポル ファボル / ポンガメ トレス デ エスタス ポル ファボル
I'll take three of these.

●いくらですか．
¿Cuánto es?
クアント エス
How much?

●全部でいくらですか．
¿Cuánto es en total?
クアント エス エン トタル
How much is it all together?

● いくらまで免税になりますか.
¿Hasta cuánto se puede comprar sin impuestos?
アスタ クアント セ プエデ コンプラル シン インプエストス
How much is the limit for duty free?

● 気に入りましたが値段がちょっと高すぎます.
Me gusta, pero el precio es un poco alto.
メ グスタ ペロ エル プレシオ エス ウン ポコ アルト
I like it, but the price is a bit too high.

● ディスカウントしていただけますか.
¿Podría hacerme un descuento?
ポドリア アセルメ ウン デスクエント
Can you give me a discount?

● トラベラーズチェックは使えますか.
¿Puedo pagar con un cheque de viajero?
プエド パガル コン ウン チェケ デ ビアヘロ
Can I use a traveler's check?

● 現金で支払います.
Voy a pagar en efectivo.
ボイ ア パガル エン エフェクティボ
I'll pay in cash.

● カードで支払います.
Voy a pagar con tarjeta.
ボイ ア パガル コン タルヘタ
I'll pay by credit card.

● 別々に包んでいただけますか.
¿Podría envolverlos por separado?
ポドリア エンボルベルロス ポル セパラド
Will you wrap them separately?

● 日本に送っていただけますか.
¿Podría enviar esto a Japón? / ¿Podría mandar esto a Japón?
ポドリア エンビアル エスト ア ハポン / ポドリア マンダル エスト ア ハポン
Will you send this to Japan?

● どのくらい日数がかかりますか.
¿Cuántos días va a tardar?
クアントス ディアス バ ア タルダル
How many days will it take?

●計算が間違っています.
Esta cuenta está equivocada.
エスタ クエンタ エスタ エキボカダ
This was added up wrong.

●おつりが足りません.
La vuelta no es correcta. / El cambio no es correcto.
ラ ブエルタ ノ エス コレクタ / エル カンビオ ノ エス コレクト
This is not the correct change.

● 100 ユーロ札を渡しました.
Yo le he dado un billete de cien euros. / Yo le entregué un billete de cien euros.
ジョ レ エ ダド ウン ビジェテ デ シエン エウロス / ジョ レ エントレゲ ウン ビジェテ デ シエン エウロス
I gave you a 100 euro bill.

●話が違います.
Esto no es lo que me habían dicho.
エスト ノ エス ロ ケ メ アビアン ディチョ
That's not what you said.

●これを別のと取り替えていただきたいのですが.
Quisiera cambiar esto por otro, por favor.
キシエラ カンビアル エスト ポル オトロ ポル ファボル
I would like to exchange this for another one.

●これがレシートです.
Aquí está el recibo.
アキ エスタ エル レシボ
Here is the receipt.

トラブル・緊急事態

困ったときの表現 ―警察はどこですか?―

●ちょっと困っています.
Tengo un problema.
テンゴ ウン プロブレマ
I've got a problem.

●警察はどこですか.
¿Dónde está la comisaría?

ドンデ エスタ ラ コミサリア
Where is the police station?

● 道に迷いました.
Me he perdido.
メ エ ペルディド
I think I got lost.

紛失・盗難のときの表現 ―パスポートをなくしました―

● パスポートをなくしました.
He perdido el pasaporte.
エ ペルディド エル パサポルテ
I've lost my passport.

● 電車の中にブリーフケースを忘れました.
Me he dejado una carpeta en el tren. / Me dejé una carpeta en el tren.
メ エ デハド ウナ カルペタ エン エル トレン / メ デヘ ウナ カルペタ エン エル トレン
I left my bag on the train.

● ここに上着を忘れたようです.
Creo que he dejado olvidada aquí mi chaqueta. / Creo que dejé olvidada aquí mi chaqueta.
クレオ ケ エ デハド オルビダダ アキ ミ チャケタ / クレオ ケ デヘ オルビダダ ア キ ミ チャケタ
I might have left my jacket here.

● ここにはありません.
No está aquí.
ノ エスタ アキ
It's not here.

● 見つかったらホテルに電話をください.
Por favor, llámeme al hotel cuando lo encuentren. / Por favor, llámeme al hotel cuando la encuentren.
ポル ファボル ジャメメ アル オテル クアンド ロ エンクエントレン / ポル ファボル ジャメメ アル オテル クアンド ラ エンクエントレン
Please call the hotel if you find it.

● 何を盗まれましたか.
¿Qué le han robado?
ケ レ アン ロバド
What was stolen?

●財布を盗られました.
Me han robado la cartera. / Me han robado la billetera. / Me robaron la cartera. / Me robaron la billetera.
メ アン ロバド ラ カルテラ / メ アン ロバド ラ ビジェテラ / メ ロバロン ラ カル
テラ / メ ロバロン ラ ビジェテラ
My wallet has been stolen. / My wallet was stolen.

●目撃者はいましたか.
¿Hubo algún testigo? / ¿Ha habido algún testigo?
ウボ アルグン テスティゴ / ア アビド アルグン テスティゴ
Were there any witnesses?

●あの男性が見ていました.
Aquel señor lo ha visto todo. / Aquel señor lo vio todo.
アケル セニョル ロ ア ビスト トド / アケル セニョル ロ ビオ トド
That man saw it happen.

●若い男でした.
Fue un hombre joven.
フエ ウン オンブレ ホベン
It was a young man.

●あちらに走って行きました.
Salió corriendo hacia allí.
サリオ コリエンド アシア アジ
He ran that way.

●かばんを盗まれました.
Me han robado la bolsa.
メ アン ロバド ラ ボルサ
Someone has stolen my bag.

●かばんの特徴を教えてください.
¿Cómo es su bolsa?
コモ エス ス ボルサ
What does your bag look like?

●このくらいの大きさの黒い肩掛けかばんです.
Es una bolsa de hombro como de este tamaño.
エス ウナ ボルサ デ オンブロ コモ デ エステ タマニョ
It's a black shoulder bag about this size.

879

日常会話

● これを通りで拾いました.
He encontrado esto en la calle.
エ エンコントラド エスト エン ラ カジェ
I found this on the street.

子供が迷子になったときの表現 —息子がいなくなりました—

● 息子がいなくなりました.
No puedo encontrar a mi hijo.
ノ プエド エンコントラル ア ミ イホ
I can't find my son.

● 彼を探してください.
Por favor, búsquele. / Por favor, búsquelo.
ポル ファボル ブスケレ / ポル ファボル ブスケロ
Please look for him.

● 息子は 5 歳です.
Mi hijo tiene cinco años.
ミ イホ ティエネ シンコ アニョス
My son is five years old.

● 名前は太郎です.
Su nombre es Taro.
ス ノンブレ エス タロ
His name is Taro.

● 太郎と言います.
Se llama Taro.
セ ジャマ タロ
His name is Taro.

● 白い T シャツとジーンズを着ています.
Lleva una camiseta blanca y unos vaqueros. / Lleva una camiseta blanca y unos tejanos.
ジェバ ウナ カミセタ ブランカ イ ウノス バケロス / ジェバ ウナ カミセタ ブランカ イ ウノス テハノス
He's wearing a white T-shirt and jeans.

● その T シャツには犬の絵がついています.
En la camiseta hay un dibujo de un perro.
エン ラ カミセタ アイ ウン ディブホ デ ウン ペロ
There's a picture of a dog on his T-shirt.

●これが彼の写真です.
Esta es su foto.
エスタ エス ス フォト
This is his picture.

助けを求める —助けて！—

●助けて！
¡Socorro!
ソコロ
Help!

●火事だ！
¡Incendio! / ¡Fuego!
インセンディオ / フエゴ
Fire!

●どろぼう！
¡Ladrones!
ラドロネス
Thief!

●おまわりさん！
¡Policía!
ポリシア
Police!

●お医者さんを呼んで！
¡Llamen a un médico! / ¡Un médico!
ジャメン ア ウン メディコ / ウン メディコ
Call a doctor!

●救急車を！
¡Llamen a una ambulancia! / ¡Una ambulancia!
ジャメン ア ウナ アンブランシア / ウナ アンブランシア
Get an ambulance!

●交通事故です！
¡Hubo un accidente! / ¡Ha habido un accidente!
ウボ ウン アクシデンテ / ア アビド ウン アクシデンテ
There's been an accident!

●ここに来てください.
Venga aquí, por favor.
ベンガ アキ ポル ファボル
Please come here.

●けが人がいます.
Hay un herido. / Hay unos heridos.
アイ ウン エリド / アイ ウノス エリドス
We have an injured person. / We have some injured people.

●病人がいます.
Hay un enfermo. / Hay unos enfermos.
アイ ウン エンフェルモ / アイ ウノス エンフェルモス
We have a sick person. / We have some sick people.

●彼は動けません.
No puede moverse.
ノ プエデ モベルセ
He can't move.

事件に巻き込まれて ―大使館の人と話をしたいのです―

●私は被害者です.
Yo soy víctima.
ジョ ソイ ビクティマ
I'm the victim.

●私は無実です.
Yo soy inocente.
ジョ ソイ イノセンテ
I'm innocent.

●何も知りません.
Yo no sé nada.
ジョ ノ セ ナダ
I don't know anything.

●日本大使館の人と話をしたいのです.
Quiero hablar con alguien de la Embajada Japonesa.
キエロ アブラル コン アルギエン デ ラ エンバハダ ハポネサ
I'd like to talk to someone at the Japanese Embassy.

●日本語の通訳をお願いします.
Quiero un intérprete de japonés.
キエロ ウン インテルプレテ デ ハポネス
I'd like a Japanese interpreter.

●日本語のできる弁護士をお願いします.
Quiero un abogado que sepa japonés.
キエロ ウン アボガド ケ セパ ハポネス
I'd like to talk to a lawyer who can speak Japanese.

883

分野別単語集

アクセサリー　accesorios *m.pl* /アクセソリオス/

ネックレス　collar *m* /コジャル/　㊇ necklace
ペンダント　colgante *m* /コルガンテ/　㊇ pendant
タイピン　alfiler de corbata *m* /アルフィレル デ コルバタ/　㊇ tiepin
カフスボタン　gemelos *m.pl* /ヘメロス/　㊇ cuff links
ピアス　pendientes de piercing *m.pl* /ペンディエンテス デ ピルシン/　㊇ pierced earrings
イヤリング　pendiente *m* /ペンディエンテ/　㊇ earring
ブローチ　broche *m* /ブロチェ/　㊇ brooch
ブレスレット　pulsera *f* /プルセラ/　㊇ bracelet
指輪　anillo *m* /アニジョ/　㊇ ring
宝石　joya *f* /ホジャ/　㊇ jewel
プラチナ　platino *m* /プラティノ/　㊇ platinum
ダイヤモンド　diamante *m* /ディアマンテ/　㊇ diamond
エメラルド　esmeralda *f* /エスメラルダ/　㊇ emerald
オパール　ópalo *m* /オパロ/　㊇ opal
ルビー　rubí *m* /ルビ/　㊇ ruby
真珠　perla *f* /ペルラ/　㊇ pearl

味　sabor *m* /サボル/

美味しい　bueno(-*a*) /ブエノ(-ナ)/　㊇ nice, delicious
不味い　malo(-*a*) /マロ(-ラ)/　㊇ not good
美味　buen sabor *m* /ブエン サボル/　㊇ delicacy
甘い　dulce /ドゥルセ/　㊇ sweet
辛い　picante /ピカンテ/　㊇ hot, pungent
苦い　amargo(-*a*) /アマルゴ(-ガ)/　㊇ bitter
酸っぱい　ácido(-*a*) /アシド(-ダ)/　㊇ sour, acid
塩辛い　salado(-*a*) /サラド(-ダ)/　㊇ salty
甘酸っぱい　agridulce /アグリドゥルセ/　㊇ bittersweet
濃い　espeso(-*a*) /エスペソ(-サ)/　㊇ thick, strong
薄い　ligero(-*a*) /リヘロ(-ラ)/　㊇ weak
あっさりした　ligero(-*a*) /リヘロ(-ラ)/　㊇ simple, plain
しつこい　pesado(-*a*) /ペサド(-ダ)/　㊇ heavy

| 軽い | ligero(-a) /リヘロ(-ラ)/ | 英 light, slight |
| 重い | pesado(-a) /ペサド(-ダ)/ | 英 heavy |

家　casa f /カサ/

門	puerta f /プエルタ/	英 gate
玄関	entrada f /エントラダ/	英 entrance
ドア	puerta f /プエルタ/	英 door
庭	jardín m /ハルディン/	英 garden
部屋	cuarto m /クアルト/　habitación f /アビタシオン/	英 room
応接室	recibidor m /レシビドル/	英 reception room
リビングルーム	sala de estar f /サラ デ エスタル/	英 living room
ダイニング	comedor m /コメドル/	英 dining room
書斎	despacho m /デスパチョ/	英 study
寝室	dormitorio m /ドルミトリオ/	英 bedroom
浴室	(cuarto de) baño m /(クアルト デ) バニョ/	英 bathroom
トイレ	servicio m /セルビシオ/　baño m /バニョ/	英 toilet
キッチン	cocina f /コシナ/	英 kitchen
物置	trastero m /トラステロ/	英 storeroom
屋根	tejado m /テハド/	英 roof
窓	ventana f /ベンタナ/	英 window
車庫	garaje m /ガラヘ/	英 garage
塀	tapia f /タピア/	英 wall, fence
ベランダ	terraza f /テラサ/	英 veranda
階段	escalera f /エスカレラ/	英 stairs
廊下	pasillo m /パシジョ/	英 corridor

衣服　vestido m /ベスティド/

スーツ	traje m /トラヘ/	英 suit
ズボン	pantalones m.pl /パンタロネス/	英 trousers
スラックス	pantalones m.pl /パンタロネス/	英 slacks
スカート	falda f /ファルダ/	英 skirt
ミニスカート	minifalda f /ミニファルダ/	英 mini
ワンピース	vestido (de una pieza) m /ベスティド (デ ウナ ピエサ)/	英 dress
シャツ	camiseta f /カミセタ/	英 shirt
ポロシャツ	polo m /ポロ/	英 polo shirt
Tシャツ	camiseta f /カミセタ/	英 T-shirt
セーター	suéter m /スエテル/	英 sweater, pullover

885

タートルネック **cuello vuelto** *m* / クエジョ ブエルト / 愛 turtleneck

ベスト **chaleco** *m* / チャレコ / 愛 vest

ブラウス **blusa** *f* / ブルサ / 愛 blouse

コート **abrigo** *m* / アブリゴ / 愛 coat

ジャケット **chaqueta** *f* / チャケタ / 愛 jacket

ダウンジャケット **plumífero** *m* / プルミフェロ / 愛 down jacket

レインコート **impermeable** *m* / インペルメアブレ / 愛 raincoat

長袖 **mangas largas** *f.pl* / マンガス ラルガス / 愛 long sleeves

半袖 **mangas cortas** *f.pl* / マンガス コルタス / 愛 short sleeves

ノースリーブの **sin mangas** / シン マンガス / 愛 sleeveless

ベルト **cinturón** *m* / シントゥロン / 愛 belt

ネクタイ **corbata** *f* / コルバタ / 愛 necktie, tie

マフラー **bufanda** *f* / ブファンダ / 愛 muffler

スカーフ **pañuelo** *m* / パニュエロ / **bufanda** *f* / ブファンダ / 愛 scarf

手袋 **guantes** *m.pl* / グアンテス / 愛 gloves

靴 **zapatos** *m.pl* / サパトス / 愛 shoes

ブーツ **botas** *f.pl* / ボタス / 愛 boots

靴下 **calcetines** *m.pl* / カルセティネス / 愛 socks, stockings

ジーンズ **vaqueros** *m.pl* / バケロス / **jeans** *m.pl* / ジンス / 愛 jeans

---

色 **color** *m* / コロル /

黒 **negro** *m* / ネグロ / 愛 black

グレー **gris** *m* / グリス / 愛 gray

白 **blanco** *m* / ブランコ / 愛 white

青 **azul** *m* / アスル / 愛 blue

赤 **rojo** *m* / ロホ / 愛 red

緑 **verde** *m* / ベルデ / 愛 green

茶色 **marrón** *m* / マロン / 愛 light brown

紫 **violeta** *m* / ビオレタ / 愛 purple, violet

黄色 **amarillo** *m* / アマリジョ / 愛 yellow

黄緑 **verde amarillento** *m* / ベルデ アマリジェント / 愛 yellowish green

オレンジ **naranja** *m* / ナランハ / 愛 orange

空色 **celeste** *m* / セレステ / 愛 sky-blue

ピンク **rosa** *m* / ロサ / 愛 pink

紺 **azul marino** *m* / アスル マリノ / 愛 dark blue

ベージュ **beige** *m* / ベイス / 愛 beige

金色 **oro** *m* / オロ / 愛 gold

銀色 **plata** *m* / プラタ / 愛 silver

分野別単語集

飲食店　restaurante *m* / レスタウランテ /

揚げ　fritos / フリトス / 英 fried
炒め　sofreído / ソフレイド / **rehogado** / レオガド / **salteado** / サルテアド / 英 stir-fried
焼き　asado / アサド / **frito** / フリト / 英 grilled, broiled
おすすめ　recomendación / レコメンダシオン / 英 recommended
お取り寄せ　pedido / ペディド / 英 (back) order
カウンター席　barra / バラ / 英 bar
座敷席　salón tradicional japonés / サロン トラディシオナル ハポネス / 英 Japanese style tatami room
食券　boleto de comida / ボレト デ コミダ / **ticket de comida** / ティケト デ コミダ / 英 meal ticket
テイクアウト　comida para llevar / コミダ パラ ジェバル / 英 takeout, carry-out
店内で　en la tienda / エン ラ ティエンダ / 英 in the store
満席　Lleno / ジェノ / **Ocupado** / オクパド / 英 Full house

家具　muebles *m.pl* / ムエブレス /

箪笥　armario *m* / アルマリオ / 英 chest of drawers
椅子　silla *f* / シジャ / 英 chair
長椅子　sofá *m* / ソファ / 英 sofa, couch
肘掛け椅子　sillón *m* / シジョン / 英 armchair
ソファー　sofá *m* / ソファ / 英 sofa
机　escritorio *m* / エスクリトリオ / **mesa** *f* / メサ / 英 desk, bureau
テーブル　mesa *f* / メサ / 英 table
本棚　estantería *f* / エスタンテリア / 英 bookshelf
食器棚　aparador *m* / アパラドル / 英 cupboard
カーテン　cortina *f* / コルティナ / 英 curtain
絨毯　alfombra *f* / アルフォンブラ / 英 carpet, rug
ベッド　cama *f* / カマ / 英 bed

家族　familia *f* / ファミリア /

両親　padres *m.pl* / パドレス / 英 parents
夫婦　matrimonio *m* / マトリモニオ / 英 couple
夫　marido *m* / マリド / 英 husband
妻　esposa *f* / エスポサ / 英 wife

父	padre	*m* /パドレ/	英 father
母	madre	*f* /マドレ/	英 mother
子供	niño(-a)	*m, f* /ニニョ(-ニャ)/	英 child
息子	hijo	*m* /イホ/	英 son
娘	hija	*f* /イハ/	英 daughter
兄	hermano (mayor)	*m* /エルマノ (マジョル)/	英 (older) brother
姉	hermana (mayor)	*f* /エルマナ (マジョル)/	英 (older) sister
弟	hermano (menor)	*m* /エルマノ (メノル)/	英 (younger) brother
妹	hermana (menor)	*f* /エルマナ (メノル)/	英 (younger) sister
祖父	abuelo	*m* /アブエロ/	英 grandfather
祖母	abuela	*f* /アブエラ/	英 grandmother
叔父・伯父	tío	*m* /ティオ/	英 uncle
叔母・伯母	tía	*f* /ティア/	英 aunt
従兄弟[姉妹]	primo(-a)	*m, f* /プリモ(-マ)/	英 cousin
甥	sobrino	*m* /ソブリノ/	英 nephew
姪	sobrina	*f* /ソブリナ/	英 niece
孫	nieto(-a)	*m, f* /ニエト(-タ)/	英 grandchild
継父	padrastro	*m* /パドラストロ/	英 stepfather
継母	madrastra	*f* /マドラストラ/	英 stepmother
養父	padre adoptivo	*m* /パドレ アドプティボ/	英 foster father
養母	madre adoptiva	*f* /マドレ アドプティバ/	英 foster mother
舅	suegro	*m* /スエグロ/	英 father-in-law
姑	suegra	*f* /スエグラ/	英 mother-in-law
義兄・義弟	cuñado	*m* /クニャド/	英 brother-in-law
義姉・義妹	cuñada	*f* /クニャダ/	英 sister-in-law
養子	hijo adoptivo	*m* /イホ アドプティボ/	英 adopted child
養女	hija adoptiva	*f* /イハ アドプティバ/	英 adopted daughter
長男	hijo mayor	*m* /イホ マジョル/	英 oldest son
長女	hija mayor	*f* /イハ マジョル/	英 oldest daughter
末っ子	benjamín(-ina)	*m, f* /ベンハミン(-ナ)/	英 youngest child

体	cuerpo	*m* /クエルポ/	
頭	cabeza	*f* /カベサ/	英 head
髪	pelo	*m* /ペロ/	英 hair
顔	cara	*f* /カラ/	英 face
眉	ceja	*f* /セハ/	英 eyebrow
睫毛	pestaña	*f* /ペスタニャ/	英 eyelashes
目	ojo	*m* /オホ/	英 eye

分野別単語集

耳 みみ	oreja *f* / オレハ / oído *m* / オイド / 墨 ear
鼻 はな	nariz *f* / ナリス / 墨 nose
口 くち	boca *f* / ボカ / 墨 mouth
歯 は	diente *m* / ディエンテ / 墨 tooth
首 くび	cuello *m* / クエジョ / 墨 neck
肩 かた	hombro *m* / オンブロ / 墨 shoulder
胸 むね	pecho *m* / ペチョ / 墨 breast, chest
腹 はら	barriga *f* / バリガ / vientre *m* / ビエントレ / 墨 belly
背 せ	espalda *f* / エスパルダ / 墨 back
腕 うで	brazo *m* / ブラソ / 墨 arm
手 て	mano *f* / マノ / 墨 hand
手首 てくび	muñeca *f* / ムニェカ / 墨 wrist
掌 てのひら	palma *f* / パルマ / 墨 palm of the hand
肘 ひじ	codo *m* / コド / 墨 elbow
腰 こし	cintura *f* / シントゥラ / 墨 waist
足 あし	pie *m* / ピエ / 墨 foot
膝 ひざ	rodilla *f* / ロディジャ / 墨 knee, lap
股 もも	muslo *m* / ムスロ / 墨 thigh
脹ら脛 ふくらはぎ	pantorrilla *f* / パントリジャ / 墨 calf
足首 あしくび	tobillo *m* / トビジョ / 墨 ankle

気象　meteorología *f* / メテオロロヒア /

晴れ はれ	buen tiempo *m* / ブエン ティエンポ / 墨 fine weather
曇り くもり	nubosidad *f* / ヌボシダド / 墨 cloudy weather
雨 あめ	lluvia *f* / ジュビア / 墨 rain
小雨 こさめ	llovizna *f* / ジョビスナ / 墨 light rain
俄か雨 にわかあめ	chubasco *m* / チュバスコ / 墨 shower
豪雨 ごうう	lluvia torrencial *f* / ジュビア トレンシアル / 墨 heavy rain
雪 ゆき	nieve *f* / ニエベ / 墨 snow
雪崩 なだれ	avalancha *f* / アバランチャ / 墨 avalanche
霙 みぞれ	aguanieve *f* / アグアニエベ / 墨 sleet
霧 きり	niebla *f* / ニエブラ / 墨 fog, mist
雷 かみなり	trueno *m* / トルエノ / 墨 thunder
雷雨 らいう	tormenta con truenos y lluvia *f* / トルメンタ コン トルエノス イ ジュビア / 墨 thunderstorm
風 かぜ	viento *m* / ビエント / 墨 wind
台風 たいふう	tifón *m* / ティフォン / 墨 typhoon
スコール すこーる	aguacero *m* / アグアセロ / 墨 squall

きおん 気温	temperatura *f* /テンペラトゥラ/ 墨 temperature
しつど 湿度	humedad *f* /ウメダド/ 墨 humidity
ふうりょく 風力	fuerza del viento *f* /フエルサ デル ビエント/ 墨 force of the wind
きあつ 気圧	presión atmosférica *f* /プレシオン アトモスフェリカ/ 墨 atmospheric pressure
こうきあつ 高気圧	alta presión atmosférica *f* /アルタ プレシオン アトモスフェリカ/ 墨 high atmospheric pressure
ていきあつ 低気圧	baja presión atmosférica *f* /バハ プレシオン アトモスフェリカ/ 墨 low atmospheric pressure

季節・月　estación *f* y mes *m* /エスタシオン イ メス/

はる 春	primavera *f* /プリマベラ/ 墨 spring
なつ 夏	verano *m* /ベラノ/ 墨 summer
あき 秋	otoño *m* /オトニョ/ 墨 autumn, fall
ふゆ 冬	invierno *m* /インビエルノ/ 墨 winter
いちがつ 一月	enero *m* /エネロ/ 墨 January
にがつ 二月	febrero *m* /フェブレロ/ 墨 February
さんがつ 三月	marzo *m* /マルソ/ 墨 March
しがつ 四月	abril *m* /アブリル/ 墨 April
ごがつ 五月	mayo *m* /マジョ/ 墨 May
ろくがつ 六月	junio *m* /フニオ/ 墨 June
しちがつ 七月	julio *m* /フリオ/ 墨 July
はちがつ 八月	agosto *m* /アゴスト/ 墨 August
くがつ 九月	septiembre *m* /セプティエンブレ/ 墨 September
じゅうがつ 十月	octubre *m* /オクトゥブレ/ 墨 October
じゅういちがつ 十一月	noviembre *m* /ノビエンブレ/ 墨 November
じゅうにがつ 十二月	diciembre *m* /ディシエンブレ/ 墨 December

果物　fruta *f* /フルタ/

あんず 杏	albaricoque *m* /アルバリコケ/ 墨 apricot
いちご 苺	fresa *f* /フレサ/ 墨 strawberry
オレンジ	naranja *f* /ナランハ/ 墨 orange
キウイ	kiwi *m* /キウィ/ 墨 kiwi
グレープフルーツ	pomelo *m* /ポメロ/ 墨 grapefruit
さくらんぼ 桜桃	cereza *f* /セレサ/ 墨 cherry
すいか 西瓜	sandía *f* /サンディア/ 墨 watermelon
なし 梨	pera *f* /ペラ/ 墨 pear

分野別単語集

パイナップル　piña *f* /ピニャ/　㊏ pineapple
バナナ　plátano *m* /プラタノ/　㊏ banana
パパイヤ　papaya *f* /パパジャ/　㊏ papaya
葡萄　uva *f* /ウバ/　㊏ grapes
プラム　ciruela *f* /シルエラ/　㊏ plum
マンゴー　mango *m* /マンゴ/　㊏ mango
蜜柑　mandarina *f* /マンダリナ/　㊏ mandarin
メロン　melón *m* /メロン/　㊏ melon
桃　melocotón *m* /メロコトン/　㊏ peach
ライム　lima *f* /リマ/　㊏ lime
林檎　manzana *f* /マンサナ/　㊏ apple
レモン　limón *m* /リモン/　㊏ lemon

化粧品　maquillaje *m* /マキジャヘ/

口紅　barra de labios *f* /バラ デ ラビオス/　㊏ rouge, lipstick
アイシャドー　sombra *f* /ソンブラ/　㊏ eye shadow
マスカラ　rímel *m* /リメル/　㊏ mascara
リップクリーム　protector labial *m* /プロテクトル ラビアル/　㊏ lip cream
リップスティック　lápiz labial *m* /ラピス ラビアル/　㊏ lipstick
化粧水　loción *f* /ロシオン/　㊏ skin lotion
乳液　leche facial *f* /レチェ ファシアル/　㊏ milky lotion
クレンジングクリーム　crema limpiadora *f* /クレマ リンピアドラ/　㊏ cleansing cream
ファンデーション　base de maquillaje *f* /バセ デ マキジャヘ/　㊏ foundation
パック　mascarilla *f* /マスカリジャ/　㊏ masque
日焼け止め　crema solar *f* /クレマ ソラル/　㊏ sunscreen
シャンプー　champú *m* /チャンプ/　㊏ shampoo
リンス　suavizante *m* /スアビサンテ/　㊏ rinse
トリートメント　acondicionador *m* /アコンディシオナドル/　㊏ treatment
石鹸　jabón *m* /ハボン/　㊏ soap

交通　transporte *m* /トランスポルテ/

IC カード　tarjeta inteligente /タルヘタ インテリヘンテ/　㊏ IC card
券売機　máquina vendedora de billetes /マキナ ベンデドラ デ ビジェテス/　máquina vendedora de boletos /マキナ ベンデドラ デ ボレトス/　㊏ ticket machine
高速バス　autobús rápido /アウトブス ラピド/　㊏ highway bus

891

<ruby>チャージする<rt>ちゃーじする</rt></ruby>	**recargar** / レカルガル /	英 charge
<ruby>普通列車<rt>ふつうれっしゃ</rt></ruby>	**tren local** / トレン ロカル /	英 local train

サッカー **fútbol** *m* / フトボル /

<ruby>ワールドカップ<rt>わーるどかっぷ</rt></ruby>	**Copa Mundial** *f* / コパ ムンディアル /	英 World Cup
<ruby>サポーター<rt>さぽーたー</rt></ruby>	**partidario(-a)** *m, f* / パルティダリオ(-ア)/	英 supporter
<ruby>フーリガン<rt>ふーりがん</rt></ruby>	**hooligan** *m* / フリガン /	英 hooligan
<ruby>キックオフ<rt>きっくおふ</rt></ruby>	**saque inicial** *m* / サケ イニシアル /	英 kickoff
<ruby>前半<rt>ぜんはん</rt></ruby>	**primera mitad** *f* / プリメラ ミタド /	英 first half
<ruby>後半<rt>こうはん</rt></ruby>	**segunda mitad** *f* / セグンダ ミタド /	英 second half
<ruby>ロスタイム<rt>ろすたいむ</rt></ruby>	**tiempo de descuento** *m* / ティエンポ デ デスクエント /	英 loss of time
<ruby>ハーフタイム<rt>はーふたいむ</rt></ruby>	**medio tiempo** *m* / メディオ ティエンポ /	英 half time
<ruby>フォワード<rt>ふぉわーど</rt></ruby>	**delantero(-a)** *m, f* / デランテロ(-ラ)/	英 forward
<ruby>ミッドフィールダー<rt>みっどふぃーるだー</rt></ruby>	**centrocampista** *m, f* / セントロカンピスタ /	英 midfielder
<ruby>ディフェンダー<rt>でぃふぇんだー</rt></ruby>	**defensa** *m, f* / デフェンサ /	英 defender
<ruby>ゴールキーパー<rt>ごーるきーぱー</rt></ruby>	**portero(-a)** *m, f* / ポルテロ(-ラ)/	英 goal keeper
<ruby>ゴール<rt>ごーる</rt></ruby>	**meta** *f* / メタ /	英 goal
<ruby>パス<rt>ぱす</rt></ruby>	**pase** *m* / パセ /	英 pass
<ruby>ドリブル<rt>どりぶる</rt></ruby>	**regate** *m* / レガテ /	英 dribble
<ruby>ヘディング<rt>へでぃんぐ</rt></ruby>	**toque de cabeza** *m* / トケ デ カベサ /	英 heading
<ruby>シュート<rt>しゅーと</rt></ruby>	**chut** *m* / チュト / **disparo** *m* / ディスパロ /	英 shot
<ruby>オーバーヘッドキック<rt>おーばーへっどきっく</rt></ruby>	**chilena** *f* / チレナ /	英 overhead kick
<ruby>ペナルティーキック<rt>ぺなるてぃーきっく</rt></ruby>	**penalti** *m* / ペナルティ /	英 penalty kick
<ruby>コーナーキック<rt>こーなーきっく</rt></ruby>	**saque de esquina** *m* / サケ デ エスキナ /	英 corner kick
<ruby>ハットトリック<rt>はっととりっく</rt></ruby>	**hat trick** *m* / ハト トリク /	英 hat trick
<ruby>イエローカード<rt>いえろーかーど</rt></ruby>	**tarjeta amarilla** *f* / タルヘタ アマリジャ /	英 yellow card
<ruby>レッドカード<rt>れっどかーど</rt></ruby>	**tarjeta roja** *f* / タルヘタ ロハ /	英 red card
<ruby>オフサイド<rt>おふさいど</rt></ruby>	**fuera de juego** *m* / フエラ デ フエゴ /	英 offside
<ruby>ハンド<rt>はんど</rt></ruby>	**mano** *f* / マノ /	英 handling

時間 **tiempo** *m* / ティエンポ /

<ruby>年<rt>ねん</rt></ruby>	**año** *m* / アニョ /	英 year
<ruby>月<rt>つき</rt></ruby>	**mes** *m* / メス /	英 month
<ruby>週<rt>しゅう</rt></ruby>	**semana** *f* / セマナ /	英 week
<ruby>日<rt>ひ</rt></ruby>	**día** *m* / ディア /	英 day
<ruby>時<rt>じ</rt></ruby>	**hora** *f* / オラ /	英 hour

分野別単語集

<ruby>分<rt>ふん</rt></ruby>	**minuto** *m* /ミヌト/	英 minute
<ruby>秒<rt>びょう</rt></ruby>	**segundo** *m* /セグンド/	英 second
<ruby>日付<rt>ひづけ</rt></ruby>	**fecha** *f* /フェチャ/	英 date
<ruby>曜日<rt>ようび</rt></ruby>	**día de la semana** *m* /ディア デラ セマナ/	英 day
<ruby>午前<rt>ごぜん</rt></ruby>	**mañana** *f* /マニャナ/	英 morning
<ruby>午後<rt>ごご</rt></ruby>	**tarde** *f* /タルデ/	英 afternoon
<ruby>朝<rt>あさ</rt></ruby>	**mañana** *f* /マニャナ/	英 morning
<ruby>昼<rt>ひる</rt></ruby>	**día** *m* /ディア/	英 daytime, noon
<ruby>夜<rt>よる</rt></ruby>	**noche** *f* /ノチェ/	英 night
<ruby>夜明け<rt>よあけ</rt></ruby>	**amanecer** *m* /アマネセル/	英 dawn, daybreak
<ruby>夕方<rt>ゆうがた</rt></ruby>	**tarde** *f* /タルデ/	英 evening
<ruby>深夜<rt>しんや</rt></ruby>	**medianoche** *f* /メディアノチェ/	英 midnight
<ruby>今日<rt>きょう</rt></ruby>	**hoy** /オイ/	英 today
<ruby>明日<rt>あすあした</rt></ruby>	**mañana** /マニャナ/	英 tomorrow
<ruby>明後日<rt>あさって、みょうごにち</rt></ruby>	**pasado mañana** /パサド マニャナ/	英 the day after tomorrow
<ruby>昨日<rt>きのう、さくじつ</rt></ruby>	**ayer** /アジェル/	英 yesterday
<ruby>一昨日<rt>おとといいっさくじつ</rt></ruby>	**anteayer** /アンテアジェル/	英 the day before yesterday

---

情報　información *f* /インフォルマシオン/

<ruby>アップロード<rt>あっぷろーど</rt></ruby>	**subir** /スビル/	英 upload
<ruby>絵文字<rt>えもじ</rt></ruby>	**pictografía** /ピクトグラフィア/　**pictograma** /ピクトグラマ/	英 pictorial symbol
<ruby>顔文字<rt>かおもじ</rt></ruby>	**emoticono** /エモティコノ/　**emoticón** /エモティコン/	英 emoticon
<ruby>シェア<rt>しぇあ</rt></ruby>	**compartido** /コンパルティド/　**compartir** /コンパルティル/	英 share
<ruby>スマートフォン<rt>すまーとふぉん</rt></ruby>	**teléfono inteligente** /テレフォノ インテリヘンテ/	英 smartphone
<ruby>ダウンロード<rt>だうんろーど</rt></ruby>	**descargar** /デスカルガル/　**bajar** /バハる/	英 download
<ruby>タブレット<rt>たぶれっと</rt></ruby>	**tableta** /タブレタ/	英 tablet
<ruby>無線 LAN<rt>むせんらん</rt></ruby>	**LAN inalámbrica** /ラン イナランブリカ/	英 wireless LAN
<ruby>USB メモリ<rt>ゆーえすびーめもり</rt></ruby>	**memoria USB** /メモリア ウエセベ/	英 USB memory stick

---

職業　ocupación *f* /オクパシオン/

<ruby>医者<rt>いしゃ</rt></ruby>	**médico** *m, f* /メディコ/	英 doctor
<ruby>運転手<rt>うんてんしゅ</rt></ruby>	**conductor(-a)** *m, f* /コンドゥクトル(-ラ)/	英 driver
<ruby>エンジニア<rt>えんじにあ</rt></ruby>	**ingeniero(-a)** *m, f* /インヘニエロ(-ラ)/	英 engineer
<ruby>会社員<rt>かいしゃいん</rt></ruby>	**oficinista** *m, f* /オフィシニスタ/	英 office worker
<ruby>写真家<rt>しゃしんか</rt></ruby>	**fotógrafo(-a)** *m, f* /フォトグラフォ(-ファ)/	英 photographer

893

看護師　enfermero(-a) *m, f* / エンフェルメロ(-ラ)/ 墨 nurse

客室乗務員　azafato(-a) *m, f* / アサファト(-タ)/ 墨 fright attendant

教員　maestro(-a) *m, f* / マエストロ(-ラ)/ 墨 teacher

漁師　pescador(-a) *m, f* / ペスカドル(-ラ)/ 墨 fisherman

銀行員　empleado(-a) de banca *m, f* / エンプレアド(-ダ) デ バンカ/ 墨 bank clerk

警察官　policía *m, f* / ポリシア/ 墨 police officer

工員　obrero(-a) (de una fábrica) *m, f* / オブレロ(-ラ) (デ ウナ ファブリカ)/ 墨 factory worker

公務員　funcionario(-a) *m, f* / フンシオナリオ(-ア)/ 墨 public official

左官　yesista *m, f* / ジェシスタ/ 墨 plasterer

ジャーナリスト　periodista *m, f* / ペリオディスタ/ 墨 pressman, reporter

商人　comerciante *m, f* / コメルシアンテ/ 墨 merchant

消防士　bombero(-a) *m, f* / ボンベロ(ラ)/ 墨 fire fighter

セールスマン　vendedor(-a) *m, f* / ベンデドル(-ラ)/ 墨 salesman

船員　marinero(-a) *m, f* / マリネロ(-ラ)/ 墨 crew, seaman

大工　carpintero(-a) *m, f* / カルピンテロ(-ラ)/ 墨 carpenter

通訳　intérprete *m, f* / インテルプレテ/ 墨 interpreter

店員　dependiente(-a) *m, f* / デペンディエンテ(-タ)/ 墨 clerk

秘書　secretario(-a) *m, f* / セクレタリオ(-ア)/ 墨 secretary

美容師　peluquero(-a) *m, f* / ペルケロ(-ラ)/ 墨 beautician

弁護士　abogado(-a) *m, f* / アボガド(-ダ)/ 墨 lawyer

編集者　redactor(-a) *m, f* / レダクトル(-ラ)/ 墨 editor

薬剤師　farmacéutico(-a) *m, f* / ファルマセウティコ(-カ)/ 墨 pharmacist

食器　vajillas *f.pl* / バヒジャス/

コップ　vaso *m* / バソ/ 墨 glass

カップ　taza *f* / タサ/ 墨 cup

ティーカップ　taza de té *f* / タサ デ テ/ 墨 tea cup

ソーサー　platillo *m* / プラティジョ/ 墨 saucer

グラス　vaso *m* / バソ/ 墨 glass

ワイングラス　vaso de vino *m* / バソ デ ビノ/ 墨 wineglass

ジョッキ　jarro *m* / ハロ/ 墨 jug, mug

ピッチャー　jarra *f* / ハラ/ 墨 pitcher

ティーポット　tetera *f* / テテラ/ 墨 teapot

コーヒーポット　cafetera *f* / カフェテラ/ 墨 coffeepot

皿　plato *m* / プラト/ 墨 plate, dish

小皿　plato pequeño *m* / プラト ペケニョ/ 墨 small plate

分野別単語集

大皿	fuente *f* / フエンテ /	英 platter
碗	cuenco *m* / クエンコ /	英 rice-bowl
箸	palillos *m.pl* / パリジョス /	英 chopsticks
スプーン	cuchara *f* / クチャラ /	英 spoon
フォーク	tenedor *m* / テネドル /	英 fork
ナイフ	cuchillo *m* / クチジョ /	英 knife
ナプキン	servilleta *f* / セルビジェタ /	英 napkin
テーブルクロス	mantel *m* / マンテル /	英 tablecloth

人体　cuerpo humano *m* / クエルポ ウマノ /

脳	cerebro *m* / セレブロ /	英 brain
骨	hueso *m* / ウエソ /	英 bone
筋肉	músculo *m* / ムスクロ /	英 muscles
血管	vaso sanguíneo *m* / バソ サンギネオ /	英 blood vessel
動脈	arteria *f* / アルテリア /	英 artery
静脈	vena *f* / ベナ /	英 vein
神経	nervio *m* / ネルビオ /	英 nerve
気管支	bronquio *m* / ブロンキオ /	英 bronchus
食道	esófago *m* / エソファゴ /	英 gullet
肺	pulmón *m* / プルモン /	英 lungs
心臓	corazón *m* / コラソン /	英 heart
胃	estómago *m* / エストマゴ /	英 stomach
大腸	intestino grueso *m* / インテスティノ グルエソ /	英 large intestine
十二指腸	duodeno *m* / ドゥオデノ /	英 duodenum
盲腸	intestino ciego *m* / インテスティノ シエゴ /	英 appendix
肝臓	hígado *m* / イガド /	英 liver
膵臓	páncreas *m* / パンクレアス /	英 pancreas
腎臓	riñón *m* / リニョン /	英 kidney

数字　números *m.pl* / ヌメロス /

1 いち	(基数)uno / ウノ /	英 one	(序数)primero(-a) / プリメロ(-ラ) /	英 first
2 に	(基数)dos / ドス /	英 two	(序数)segundo(-a) / セグンド(-ダ) /	英 second
3 さん	(基数)tres / トレス /	英 three	(序数)tercero(-a) / テルセロ(-ラ) /	英 third
4 しよん	(基数)cuatro / クアトロ /	英 four	(序数)cuarto(-a) / クアルト(-タ) /	英 forth
5 ご	(基数)cinco / シンコ /	英 five	(序数)quinto(-a) / キント(-タ) /	英 fifth
6 ろく	(基数)seis / セイス /	英 six	(序数)sexto(-a) / セクスト(-タ) /	英 sixth
7 しち,なな	(基数)siete / シエテ /	英 seven	(序数)séptimo(-a) / セプティモ(-マ) /	英

seventh

8 (基数)**ocho** /オチョ/ 英 eight　(序数)**octavo(-a)** /オクタボ(·バ)/ 英 eighth

9 (基数)**nueve** /ヌエベ/ 英 nine　(序数)**noveno(-a)** /ノベノ(·ナ)/ 英 ninth

10 (基数)**diez** /ディエス/ 英 ten　(序数)**décimo(-a)** /デシモ(·マ)/ 英 tenth

11 (基数)**once** /オンセ/ 英 eleven

(序数)**undécimo(-a)** /ウンデシモ(·マ)/ 英 eleventh

12 (基数)**doce** /ドセ/ 英 twelve

(序数)**duodécimo(-a)** /ドゥオデシモ(·マ)/ 英 twelfth

13 (基数)**trece** /トレセ/ 英 thirteen

(序数)**decimotercero(-a)** /デシモテルセロ(·ラ)/ 英 thirteenth

14 (基数)**catorce** /カトルセ/ 英 fourteen

(序数)**decimocuarto(-a)** /デシモクアルト(·タ)/ 英 fourteenth

15 (基数)**quince** /キンセ/ 英 fifteen

(序数)**decimoquinto(-a)** /デシモキント(·タ)/ 英 fifteenth

16 (基数)**dieciséis** /ディエシセイス/ 英 sixteen

(序数)**decimosexto(-a)** /デシモセクスト(·タ)/ 英 sixteenth

17 (基数)**diecisiete** /ディエシシエテ/ 英 seventeen

(序数)**decimoséptimo(-a)** /デシモセプティモ(·マ)/ 英 seventeenth

18 (基数)**dieciocho** /ディエシオチョ/ 英 eighteen

(序数)**decimoctavo(-a)** /デシモクタボ(·バ)/ 英 eighteenth

19 (基数)**diecinueve** /ディエシヌエベ/ 英 nineteen

(序数)**decimonoveno(-a)** /デシモノベノ(·ナ)/ 英 nineteenth

20 (基数)**veinte** /ベインテ/ 英 twenty

(序数)**vigésimo(-a)** /ビヘシモ(·マ)/ 英 twentieth

21 (基数)**veintiuno** /ベインティウノ/ 英 twenty-one

(序数)**vigésimo(-a) primero(-a)** /ビヘシモ(·マ) プリメロ(·ラ)/ 英 twenty-first

30 (基数)**treinta** /トレインタ/ 英 thirty

(序数)**trigésimo(-a)** /トリヘシモ(·マ)/ 英 thirtieth

40 (基数)**cuarenta** /クアレンタ/ 英 forty

(序数)**cuadragésimo(-a)** /クアドラヘシモ(·マ)/ 英 fortieth

50 (基数)**cincuenta** /シンクエンタ/ 英 fifty

(序数)**quincuagésimo(-a)** /キンクアヘシモ(·マ)/ 英 fiftieth

60 (基数)**sesenta** /セセンタ/ 英 sixty

(序数)**sexagésimo(-a)** /セクサヘシモ(·マ)/ 英 sixtieth

70 (基数)**setenta** /セテンタ/ 英 seventy

(序数)**septuagésimo(-a)** /セプトゥアヘシモ(·マ)/ 英 seventieth

80 (基数)**ochenta** /オチェンタ/ 英 eighty

(序数)**octogésimo(-a)** /オクトヘシモ(·マ)/ 英 eightieth

90 (基数)**noventa** /ノベンタ/ 英 ninety

	(序数)**nonagésimo(-a)** / ノナヘシモ(-マ)/ 類 ninetieth

100 (基数)**ciento** / シエント/ (基数)**cien** / シエン/ 類 a hundred

(序数)**centésimo(-a)** / センテシモ(-マ)/ 類 a hundredth

せん
1000 (基数)**mil** / ミル/ 類 a thousand

(序数)**milésimo(-a)** / ミレシモ(-マ)/ 類 a thousandth

いちまん
1万 **diez mil** / ディエス ミル/ 類 ten thousand

じゅうまん
10万 **cien mil** / シエン ミル/ 類 one hundred thousand

ひゃくまん
100万 **millón** / ミジョン/ 類 one million

せんまん，いっせんまん
1000万 **diez millones** / ディエス ミジョネス/ 類 ten million

いちおく
1億 **cien millones** / シエン ミジョネス/ 類 one hundred million

ぜろ，れい
0 **cero** / セロ/ 類 zero

にばい
2倍 **doble** / ドブレ/ 類 double

さんばい
3倍 **triple** / トリプレ/ 類 triple

にぶんのいち
1/2 **mitad** / ミタド/ 類 a half

さんぶんのに
2/3 **dos tercios** / ドス テルシオス/ 類 two thirds

にとごぶんのよん，にかごぶんのよん
2 4/5 **dos y cuatro quintos** / ドス イ クアトロ キントス/ 類 two and four fifths

れいてんいち
0,1 **cero coma uno** / セロ コマ ウノ/ 類 point one

にてんいちよん
2,14 **dos coma catorce** / ドス コマ カトルセ/ 類 two point fourteen

スポーツ **deporte** *m* / デポルテ/

たいそう
体操 **gimnasia** *f* / ヒムナシア/ 類 gymnastics

しんたいそう
新体操 **gimnasia rítmica** *f* / ヒムナシア リトミカ/ 類 rhythmic gymnastics

ばれーぼーる
バレーボール **voleibol** *m* / ボレイボル/ 類 volleyball

ばすけっとぼーる
バスケットボール **baloncesto** *m* / バロンセスト/ 類 basketball

はんどぼーる
ハンドボール **balonmano** *m* / バロンマノ/ 類 handball

たっきゅう
卓球 **pimpón** *m* / ピンポン/ 類 table tennis

ばどみんとん
バドミントン **bádminton** *m* / バドミントン/ 類 badminton

すいえい
水泳 **natación** *f* / ナタシオン/ 類 swimming

てにす
テニス **tenis** *m* / テニス/ 類 tennis

すけーと
スケート **patinaje** *m* / パティナヘ/ 類 skating

らぐびー
ラグビー **rugby** *m* / ルグビ/ 類 rugby

あめりかんふっとぼーる
アメリカンフットボール **fútbol americano** *m* / フトボル アメリカノ/ 類 American football

やきゅう
野球 **béisbol** *m* / ベイスボル/ 類 baseball

さっかー
サッカー **fútbol** *m* / フトボル/ 類 soccer, football

ごるふ
ゴルフ **golf** *m* / ゴルフ/ 類 golf

すきー
スキー **esquí** *m* / エスキ/ 類 skiing, ski

897

マラソン **maratón** *m* / マラトン / 英 marathon

陸上競技 **atletismo** *m* / アトレティスモ / 英 athletic sports

障害物競走 **carrera de obstáculos** *f* / カレラ デ オブスタクロス / 英 obstacle race

ハンマー投げ **lanzamiento de martillo** *m* / ランサミエント デ マルティジョ / 英 hammer throw

槍投げ **lanzamiento de jabalina** *m* / ランサミエント デ ハバリナ / 英 javelin throw

走り幅跳び **salto de longitud** *m* / サルト デ ロンヒトゥド / 英 broad jump

走り高跳び **salto de altura** *m* / サルト デ アルトゥラ / 英 high jump

棒高跳び **salto con pértiga** *m* / サルト コン ペルティガ / 英 pole vault

自転車競技 **ciclismo** *m* / シクリスモ / 英 bicycle race

ロードレース **carrera en carretera** *f* / カレラ エン カレテラ / 英 road racing

台所用品　**cocina** *f* / コシナ /

鍋 **cacerola** *f* / カセロラ / 英 pan

圧力鍋 **olla a presión** *f* / オジャ ア プレシオン / 英 pressure cooker

薬缶 **tetera** *f* / テテラ / 英 kettle

フライパン **sartén** *f* / サルテン / 英 frying pan

包丁 **cuchillo de cocina** *m* / クチジョ デ コシナ / 英 kitchen knife

俎 **tajo** *m* / タホ / 英 cutting board

杓文字 **paleta** *f* / パレタ / 英 ladle

ボウル **bol** *m* / ボル / 英 bowl

水切りボール **escurridor** *m* / エスクリドル / 英 colander

計量カップ **taza graduada** *f* / タサ グラドゥアダ / 英 measuring cup

ミキサー **batidora** *f* / バティドラ / **licuadora** *f* / リクアドラ / 英 mixer

調理ばさみ **tijeras** *f.pl* / ティヘラス / 英 poultry shears

フライ返し **espátula** *f* / エスパトゥラ / 英 spatula

泡立て器 **batidor** *m* / バティドル / 英 whisk

電気製品　**electrodomésticos** *m.pl* / エレクトロドメスティコス /

冷房 **aire acondicionado** *m* / アイレ アコンディシオナド / 英 air conditioning

扇風機 **ventilador** *m* / ベンティラドル / 英 electric fan

暖房 **calefacción** *f* / カレファクシオン / 英 heating

ストーブ **estufa** *f* / エストゥファ / 英 heater, stove

掃除機 **aspiradora** *f* / アスピラドラ / 英 vacuum cleaner

洗濯機 **lavadora** *f* / ラバドラ / 英 washing machine

分野別単語集

かんそうき			
乾燥機	secadora *f* /セカドラ/	徴 desiccator	

ドライヤー　secador de pelo *m* /セカドル デ ペロ/　徴 drier

でんとう
電灯　luz eléctrica *f* /ルス エレクトリカ/　徴 electric light

れいぞうこ
冷蔵庫　frigorífico *m* /フリゴリフィコ/　nevera *f* /ネベラ/ 徴 refrigerator

れいとうこ
冷凍庫　congelador *m* /コンヘラドル/　徴 freezer

でんしれんじ
電子レンジ　horno microondas *m* /オルノ ミクロオンダス/　徴 microwave oven

てれび
テレビ　televisión *f* /テレビシオン/　徴 television

動物　animal *m* /アニマル/

とら
虎　tigre *m* /ティグレ/　徴 tiger

ひょう
豹　leopardo *m* /レオパルド/　徴 leopard, panther

きりん
麒麟　jirafa *f* /ヒラファ/　徴 giraffe

ぞう
象　elefante *m* /エレファンテ/　徴 elephant

しか
鹿　ciervo *m* /シエルボ/　徴 deer

ぶた
豚　cerdo *m* /セルド/　徴 pig

うし
牛　toro *m* /トロ/　徴 cattle

ひつじ
羊　oveja *f* /オベハ/　徴 sheep

やぎ
山羊　cabra *f* /カブラ/　徴 goat

くま
熊　oso *m* /オソ/　徴 bear

らくだ
駱駝　camello *m* /カメジョ/　徴 camel

かば
河馬　hipopótamo *m* /イポポタモ/　徴 hippopotamus

ぱんだ
パンダ　(oso) panda *m* /(オソ) パンダ/　徴 panda

こあら
コアラ　koala *m* /コアラ/　徴 koala

かんがるー
カンガルー　canguro *m* /カングロ/　徴 kangaroo

りす
栗鼠　ardilla *f* /アルディジャ/　徴 squirrel

さる
猿　mono *m* /モノ/　徴 monkey, ape

ごりら
ゴリラ　gorila *m* /ゴリラ/　徴 gorilla

おおかみ
狼　lobo *m* /ロボ/　徴 wolf

たぬき
狸　tejón *m* /テホン/　徴 raccoon dog

きつね
狐　zorro *m* /ソロ/　徴 fox

いのしし
猪　jabalí *m* /ハバリ/　徴 wild boar

うさぎ
兎　conejo *m* /コネホ/　徴 rabbit

のうさぎ
野兎　liebre *m* /リエブレ/　徴 hare

ねずみ
鼠　rata *f* /ラタ/　徴 rat, mouse

いぬ
犬　perro *m* /ペロ/　徴 dog

ねこ
猫　gato *m* /ガト/　徴 cat

くじら
鯨　ballena *f* /バジェナ/　徴 whale

899

海豹 （あざらし） foca *f* / フォカ / 英 seal
海豚 （いるか） delfín *m* / デルフィン / 英 dolphin

度量衡 pesos *mpl* y medidas *fpl* / ペソスイメディダス /

ミリ（みり） milímetro *m* / ミリメトロ / 英 millimeter
センチ（せんち） centímetro *m* / センティメトロ / 英 centimeter
メートル（めーとる） metro *m* / メトロ / 英 meter
キロ（きろ） kilómetro *m* / キロメトロ / 英 kilometer
平方メートル（へいほうめーとる） metro cuadrado *m* / メトロ クアドラド / 英 square meter
平方キロメートル（へいほうきろめーとる） kilómetro cuadrado *m* / キロメトロ クアドラド / 英 square kilometer
アール（あーる） área *f* / アレア / 英 are
ヘクタール（へくたーる） hectárea *f* / エクタレア / 英 hectare
エーカー（えーかー） acre *m* / アクレ / 英 acre
グラム（ぐらむ） gramo *m* / グラモ / 英 gram
キロ（きろ） kilo *m* / キロ / 英 kilogram
トン（とん） tonelada *f* / トネラダ / 英 ton
立方センチ（りっぽうせんち） centímetro cúbico *m* / センティメトロ クビコ / 英 cubic centimeter
リットル（りっとる） litro *m* / リトロ / 英 liter
立方メートル（りっぽうめーとる） metro cúbico *m* / メトロ クビコ / 英 cubic meter
摂氏（せっし） centígrado *m* / センティグラド / 英 Celsius
華氏（かし） grado Fahrenheit *m* / グラド ファレネイト / 英 Fahrenheit

分野別単語集

肉 carne *f* / カルネ /

牛肉（ぎゅうにく） carne de vaca *f* / カルネ デ バカ / 英 beef
子牛の肉（こうしのにく） carne de ternera *f* / カルネ デ テルネラ / 英 veal
豚肉（ぶたにく） carne de cerdo *f* / カルネ デ セルド / 英 pork
鶏肉（とりにく） carne de pollo *f* / カルネ デ ポジョ / 英 chicken
羊の肉（ひつじのにく） carnero *m* / カルネロ / 英 mutton
挽肉（ひきにく） carne picada *f* / カルネ ピカダ / 英 ground meat
赤身（あかみ） carne magra *f* / カルネ マグラ / 英 lean
ロース（ろーす） lomo *m* / ロモ / 英 sirloin
リブロース（りぶろーす） costado *m* / コスタド / 英 loin
ヒレ（ひれ） filete *m* / フィレテ / 英 fillet
サーロイン（さーろいん） solomillo *m* / ソロミジョ / 英 sirloin
タン（たん） lengua *f* / レングア / 英 tongue

レバー　hígado _m_ / イガド / 㡃 liver
鶏もも　pierna _f_ / ピエルナ / 㡃 leg
ささ身　pechuga _f_ / ペチュガ / 㡃 white meat
ハム　jamón _m_ / ハモン / 㡃 ham
生ハム　jamón crudo _m_ / ハモン クルド / 㡃 Parma ham
ソーセージ　salchicha _f_ / サルチチャ / 㡃 sausage
ベーコン　beicon _m_ / ベイコン / 㡃 bacon
サラミ　salami _m_ / サラミ / 㡃 salami

日本料理　cocina japonesa _f_ / コシナ ハポネサ /

うどん　udon / ウドン / fideos de pasta de trigo / フィデオス デ パスタ デ トリゴ /
　㡃 Udon
コロッケ　croqueta / クロケタ / 㡃 croquette
しゃぶしゃぶ　Shabu-shabu / シャブ シャブ / 㡃 Shabu-shabu
すき焼き　Sukiyaki / スキヤキ / 㡃 Sukiyaki
すし　Sushi / スシ / 㡃 Sushi
せんべい　Senbei / センベイ / 㡃 Senbei
そば　Soba / ソバ / fideos de alforfón / フィデオス デ アルフォルフォン / 㡃 Soba
とんかつ　chuleta de cerdo rebozado / チュレタ デ セルド レボサド / 㡃
　Tonkatsu
丼　cuenco / クエンコ / 㡃 Donburi
抹茶　té matcha / テ マチャ / té verde molido / テ ベルデ モリド / 㡃 Matcha
味噌汁　sopa de miso / ソパ デ ミソ / 㡃 Miso soup

飲み物　bebida _f_ / ベビダ /

水　agua _f_ / アグア / 㡃 water
ミネラルウォーター　agua mineral _f_ / アグア ミネラル / 㡃 mineral water
炭酸水　agua gaseosa _f_ / アグア ガセオサ / 㡃 soda water
コーラ　cola _f_ / コラ / 㡃 coke
ジュース　zumo _m_ / スモ / jugo _m_ / フゴ / 㡃 juice
レモネード　limonada _f_ / リモナダ / 㡃 lemonade
ミルク　leche _f_ / レチェ / 㡃 milk
コーヒー　café _m_ / カフェ / 㡃 coffee
エスプレッソ　espreso _m_ / エスプレソ / 㡃 espresso
カフェオレ　café con leche _m_ / カフェ コン レチェ / 㡃 café au lait
カプチーノ　capuchino _m_ / カプチノ / 㡃 cappuccino
アイスコーヒー　café helado / カフェ エラド / 㡃 iced coffee

901

こうちゃ 紅茶	té (inglés) *m* / テ (イングレス) /	栗	tea
みるくてぃー ミルクティー	té con leche *m* / テ コン レチェ /	栗	tea with milk
れもんてぃー レモンティー	té con limón *m* / テ コン リモン /	栗	tea with lemon
あいすてぃー アイスティー	té helado / テ エラド /	栗	iced tea
ここあ ココア	cacao *m* / カカオ /	chocolate *m* / チョコラテ /	栗 cocoa
しーどる シードル	sidra *f* / シドラ /	栗	cider
はーぶてぃー ハーブティー	infusión *f* / インフシオン /	栗	herb tea
あるこーる アルコール	alcohol *m* / アルコオル /	栗	alcohol
あかわいん 赤ワイン	vino tinto *m* / ビノ ティント /	栗	red wine
しろわいん 白ワイン	vino blanco *m* / ビノ ブランコ /	栗	white wine
ろぜわいん ロゼワイン	vino rosado *m* / ビノ ロサド /	栗	rosé
びーる ビール	cerveza *f* / セルベサ /	栗	beer
なまびーる 生ビール	cerveza de barril *f* / セルベサ デ バリル /	栗	draft beer
ういすきー ウイスキー	whisky *m* / ウィスキ /	栗	whiskey
しゃんぱん シャンパン	champán *m* / チャンパン /	栗	champagne
かくてる カクテル	cóctel *m* / コクテル /	栗	cocktail
しょくぜんしゅ 食前酒	aperitivo *m* / アペリティボ /	栗	apéritif
しょくごしゅ 食後酒	digestivo *m* / ディヘスティボ /	栗	digestif

花　flor *f* / フロル /

分野別単語集

さくら 桜	flor de cerezo *f* / フロル デ セレソ /	栗	cherry blossoms
たんぽぽ 蒲公英	diente de león *m* / ディエンテ デ レオン /	栗	dandelion
なのはな 菜の花	flor de colza *f* / フロル デ コルサ /	栗	rape blossoms
あじさい 紫陽花	hortensia *f* / オルテンシア /	栗	hydrangea
ばら 薔薇	rosa *f* / ロサ /	栗	rose
ひまわり 向日葵	girasol *m* / ヒラソル /	栗	sunflower
あさがお 朝顔	dondiego (de día) *m* / ドンディエゴ (デ ディア) /	栗	morning glory
ゆり 百合	azucena *f* / アスセナ /	栗	lily
あやめ 菖蒲	lirio *m* / リリオ /	栗	flag, iris
きく 菊	crisantemo *m* / クリサンテモ /	栗	chrysanthemum
つばき 椿	camelia *f* / カメリア /	栗	camellia
すいせん 水仙	narciso *m* / ナルシソ /	栗	narcissus
らん 蘭	orquídea *f* / オルキデア /	栗	orchid
すずらん 鈴蘭	lirio de los valles *m* / リリオ デ ロス バジェス /	栗	lily of the valley
すみれ 菫	violeta *f* / ビオレタ /	栗	violet

病院　hospital *m* / オスピタル /

救急病院　hospital de urgencias *m* / オスピタル デ ウルヘンシアス / ⊛ emergency hospital

総合病院　policlínica *f* / ポリクリニカ / ⊛ general hospital

医者　médico *m, f* / メディコ / ⊛ doctor

看護師　enfermero(-a) *m, f* / エンフェルメロ(-ラ) / ⊛ nurse

レントゲン技師　radiólogo(-a) *m, f* / ラディオロゴ(-ガ) / ⊛ radiographer

薬剤師　farmacéutico(-a) *m, f* / ファルマセウティコ(-カ) / ⊛ pharmacist, druggist

患者　paciente *m, f* / パシエンテ / ⊛ patient, case

病人　enfermo(-a) *m, f* / エンフェルモ(-マ) / ⊛ sick person

怪我人　persona herida *f* / ペルソナ エリダ / ⊛ injured person

診療室　sala de consulta *f* / サラ デ コンスルタ / ⊛ consulting room

手術室　quirófano *m* / キロファノ / ⊛ operating room

病棟　pabellón de hospital *m* / パベジョン デ オスピタル / ⊛ ward

病室　sala (de enfermos) *f* / サラ (デ エンフェルモス) / ⊛ sickroom

薬局　farmacia *f* / ファルマシア / ⊛ drugstore

内科　medicina interna *f* / メディシナ インテルナ / ⊛ internal medicine

外科　cirugía *f* / シルヒア / ⊛ surgery

歯科　odontología *f* / オドントロヒア / ⊛ dental surgery

眼科　oftalmología *f* / オフタルモロヒア / ⊛ ophthalmology

産婦人科　tocoginecología *f* / トコヒネコロヒア /　obstetricia *f* / オプステトリシア / ⊛ obsterics and gynecology

小児科　pediatría *f* / ペディアトリア / ⊛ pediatrics

耳鼻咽喉科　otorrinolaringología *f* / オトリノラリンゴロヒア / ⊛ otorhinolaryngology

整形外科　ortopedia *f* / オルトペディア / ⊛ plastic surgery

レントゲン　radiografía *f* / ラディオグラフィア / ⊛ X rays

病気　enfermedad *f* / エンフェルメダド /

結核　tuberculosis *f* / トゥベルクロシス / ⊛ tuberculosis

エイズ　SIDA (Síndrome de Inmunodeficiencia Adquirida) *m* / シダ (シンドロメ デ インムノデフィシエンシア アドキリダ) / ⊛ AIDS (acquired immunodeficiency syndrome)

アルツハイマー病　enfermedad de Alzheimer *f* / エンフェルメダド デ アルセイメル / ⊛ Alzheimer's disease

麻疹　sarampión *m* / サランピオン / ⊛ measles

903

風邪 (かぜ) **resfriado** *m* / レスフリアド / ㊤ cold, flu

おたふく風邪 (おたふくかぜ) **paperas** *f.pl* / パペラス / ㊤ mumps

癌 (がん) **cáncer** *m* / カンセル / ㊤ cancer

頭痛 (ずつう) **dolor de cabeza** *m* / ドロル デ カベサ / ㊤ headache

生理痛 (せいりつう) **dolor menstrual** *m* / ドロル メンストルアル / ㊤ menstrual pain

食中毒 (しょくちゅうどく) **intoxicación alimentaria** *f* / イントクシカシオン アリメンタリア / ㊤ food poisoning

盲腸炎 (もうちょうえん) **apendicitis** *f* / アペンディシティス / ㊤ appendicitis

腹痛 (ふくつう) **dolor de estómago** *m* / ドロル デ エストマゴ / ㊤ stomachache

ストレス (すとれす) **estrés** *m* / エストレス / ㊤ stress

虫歯 (むしば) **caries** *f* / カリエス / ㊤ decayed tooth

捻挫 (ねんざ) **esguince** *m* / エスギンセ / ㊤ sprain

骨折 (こっせつ) **fractura** *f* / フラクトゥラ / ㊤ fracture

打撲 (だぼく) **golpe** *m* / ゴルペ / ㊤ bruise

脱臼 (だっきゅう) **dislocación** *f* / ディスロカシオン / ㊤ dislocation

高血圧 (こうけつあつ) **hipertensión** *f* / イペルテンシオン / ㊤ high blood pressure

糖尿病 (とうにょうびょう) **diabetes** *f* / ディアベテス / ㊤ diabetes

脳梗塞 (のうこうそく) **infarto cerebral** *m* / インファルト セレブラル / ㊤ cerebral infarction

赤痢 (せきり) **disentería** *f* / ディセンテリア / ㊤ dysentery

コレラ (これら) **cólera** *f* / コレラ / ㊤ cholera

チフス (ちふす) **fiebre tifoidea** *f* / フィエブレ ティフォイデア / ㊤ typhoid, typhus

マラリア (まらりあ) **malaria** *f* / マラリア / ㊤ malaria

ジフテリア (じふてりあ) **difteria** *f* / ディフテリア / ㊤ diphtheria

文房具 **artículos de papelería** *m.pl* / アルティクロス デ パペレリア /

鉛筆 (えんぴつ) **lápiz** *m* / ラピス / ㊤ pencil

万年筆 (まんねんひつ) **pluma (estilográfica)** *f* / プルマ (エスティログラフィカ) / ㊤ fountain pen

ボールペン (ぼーるぺん) **bolígrafo** *m* / ボリグラフォ / ㊤ ball-point pen

シャープペンシル (しゃーぷぺんしる) **lápiz portaminas** *m* / ラピス ポルタミナス / ㊤ mechanical pencil

消しゴム (けしごむ) **borrador** *m* / ボラドル / ㊤ eraser, rubber

インク (いんく) **tinta** *f* / ティンタ / ㊤ ink

コンパス (こんぱす) **compás** *m* / コンパス / ㊤ compasses

絵の具 (えのぐ) **colores** *m.pl* / コロレス / **pinturas** *f.pl* / ピントゥラス / ㊤ paints, colors

クレヨン (くれよん) **crayola** *f* / クラジョラ / ㊤ crayon

クレパス (くれぱす) **pastel** *m* / パステル / ㊤ pastel crayon

分野別単語集

色鉛筆 **lápiz de color** *m* / ラピス デ コロル / 魯 color pencil

パレット **paleta** *f* / パレタ / 魯 palette

ノート **cuaderno** *m* / クアデルノ / 魯 notebook

スケッチブック **bloc de dibujos** / ブロク デ ディブホス / 魯 sketchbook

手帳 **agenda** *f* / アヘンダ / 魯 notebook

日記帳 **diario** *m* / ディアリオ / 魯 diary

原稿用紙 **papel cuadriculado** *m* / パペル クアドリクラド / 魯 manuscript paper

ルーズリーフ **cuaderno de hojas sueltas** *m* / クアデルノ デ オハス スエルタス / 魯 loose-leaf notebook

葉書 **postal** *f* / ポスタル / 魯 postal card

便箋 **papel de escribir** *m* / パペル デ エスクリビル / 魯 letter paper

封筒 **sobre** *m* / ソブレ / 魯 envelope

バインダー **carpeta** *f* / カルペタ / 魯 binder

糊 **pegamento** *m* / ペガメント / **cola** *f* / コラ / 魯 paste, starch

画鋲 **chincheta** *f* / チンチェタ / 魯 thumbtack

セロテープ **cinta de celofán** *f* / シンタ デ セロファン / 魯 Scotch tape

クリップ **clip** *m* / クリプ / 魯 clip

ホッチキス **grapadora** *f* / グラパドラ / 魯 stapler

店 **tienda** *f* / ティエンダ /

コンビニエンスストア **tienda práctica** *f* / ティエンダ プラクティカ / 魯 convenience store

八百屋 **tienda de verduras y frutas** *f* / ティエンダ デ ベルドゥラス イ フルタス / 魯 vegetable store

花屋 **floristería** *f* / フロリステリア / 魯 flower shop

魚屋 **pescadería** *f* / ペスカデリア / 魯 fish shop

肉屋 **carnicería** *f* / カルニセリア / 魯 meat shop

酒屋 **licorería** *f* / リコレリア / 魯 liquor store

パン屋 **panadería** *f* / パナデリア / 魯 bakery

薬屋 **farmacia** *f* / ファルマシア / 魯 pharmacy

靴屋 **zapatería** *f* / サパテリア / 魯 shoe store

本屋 **librería** *f* / リブレリア / 魯 bookstore

雑貨屋 **droguería** *f* / ドロゲリア / 魯 variety store

時計屋 **relojería** *f* / レロヘリア / 魯 watch store

散髪店 **peluquería** *f* / ペルケリア / 魯 barbershop

クリーニング店 **lavandería** *f* / ラバンデリア / 魯 laundry

ケーキ屋 **pastelería** *f* / パステレリア / 魯 pastry shop

905

玩具店 <small>がんぐてん</small>	**juguetería** f / フゲテリア /	㊤ toy shop
家具屋 <small>かぐや</small>	**tienda de muebles** f / ティエンダ デ ムエブレス /	㊤ furniture store
古本屋 <small>ふるほんや</small>	**librería de viejo** f / リブレリア デ ビエホ /	㊤ secondhand bookstore

野菜　verduras f.pl / ベルドゥラス /

胡瓜 <small>きゅうり</small>	**pepino** m / ペピノ /	㊤ cucumber
茄子 <small>なす</small>	**berenjena** f / ベレンヘナ /	㊤ eggplant, aubergine
人参 <small>にんじん</small>	**zanahoria** f / サナオリア /	㊤ carrot
大根 <small>だいこん</small>	**nabo** m / ナボ /	㊤ radish
じゃが芋 <small>じゃがいも</small>	**patata** f / パタタ /	㊤ potato
薩摩芋 <small>さつまいも</small>	**batata** f / バタタ / **camote** m / カモテ /	㊤ sweet potato
南瓜 <small>かぼちゃ</small>	**calabaza** f / カラバサ /	㊤ pumpkin
牛蒡 <small>ごぼう</small>	**bardana** f / バルダナ /	㊤ burdock
ホウレン草 <small>ほうれんそう</small>	**espinaca** f / エスピナカ /	㊤ spinach
葱 <small>ねぎ</small>	**cebolleta** f / セボジェタ /	㊤ leek
玉葱 <small>たまねぎ</small>	**cebolla** f / セボジャ /	㊤ onion
落花生 <small>らっかせい</small>	**cacahuete** m / カカウエテ / **maní** m / マニ /	㊤ peanut
莢隠元 <small>さやいんげん</small>	**judía verde** f / フディア ベルデ /	㊤ green bean
大蒜 <small>にんにく</small>	**ajo** m / アホ /	㊤ garlic
玉蜀黍 <small>とうもろこし</small>	**maíz** m / マイス /	㊤ corn
トマト <small>とまと</small>	**tomate** m / トマテ /	㊤ tomato
ピーマン <small>ぴーまん</small>	**pimiento verde** m / ピミエント ベルデ /	㊤ green pepper
キャベツ <small>きゃべつ</small>	**col** f / コル /	㊤ cabbage
レタス <small>れたす</small>	**lechuga** f / レチュガ /	㊤ lettuce
アスパラガス <small>あすぱらがす</small>	**espárrago** m / エスパラゴ /	㊤ asparagus
カリフラワー <small>かりふらわー</small>	**coliflor** f / コリフロル /	㊤ cauliflower
ブロッコリー <small>ぶろっこりー</small>	**brócoli** m / ブロコリ /	㊤ broccoli
セロリ <small>せろり</small>	**apio** m / アピオ /	㊤ celery
グリーンピース <small>ぐりーんぴーす</small>	**guisantes** mpl / ギサンテス /	㊤ pea
パセリ <small>ぱせり</small>	**perejil** m / ペレヒル /	㊤ parsley
ズッキーニ <small>ずっきーに</small>	**calabacín** m / カラバシン /	㊤ zucchini
アーティチョーク <small>あーてぃちょーく</small>	**alcachofa** f / アルカチョファ /	㊤ artichoke
エシャロット <small>えしゃろっと</small>	**chalote** m / チャロテ /	㊤ shallot
クレソン <small>くれそん</small>	**berro** m / ベロ /	㊤ watercress

分野別単語集

曜日 día de la semana *m* / ディア デラ セマナ /

にちようび
日曜日 **domingo** *m* / ドミンゴ / ㊍ Sunday
げつようび
月曜日 **lunes** *m* / ルネス / ㊍ Monday
かようび
火曜日 **martes** *m* / マルテス / ㊍ Tuesday
すいようび
水曜日 **miércoles** *m* / ミエルコレス / ㊍ Wednesday
もくようび
木曜日 **jueves** *m* / フエベス / ㊍ Thursday
きんようび
金曜日 **viernes** *m* / ビエルネス / ㊍ Friday
どようび
土曜日 **sábado** *m* / サバド / ㊍ Saturday
しゅう
週 **semana** *f* / セマナ / ㊍ week
しゅうまつ
週末 **fin de semana** *m* / フィン デ セマナ / ㊍ weekend
へいじつ
平日 **día entre semana** *m* / ディア エントレ セマナ / ㊍ weekday

2017 年 9 月 10 日　　初版発行

デイリー日西英辞典　カジュアル版

2017 年 9 月 10 日　　第 1 刷発行

編　者	三省堂編修所
発行者	株式会社三省堂　代表者北口克彦
印刷者	三省堂印刷株式会社
発行所	株式会社三省堂

〒 101-8371
東京都千代田区三崎町二丁目 22 番 14 号
電話　編集　(03) 3230-9411
　　　営業　(03) 3230-9412
http://www.sanseido.co.jp/

落丁本・乱丁本はお取り替えいたします。

ISBN978-4-385-12282-3

〈カジュアル日西英・912pp.〉

本書を無断で複写複製することは、著作権法上の例外を除き、禁じられています。また、本書を請負業者等の第三者に依頼してスキャン等によってデジタル化することは、たとえ個人や家庭内での利用であっても一切認められておりません。

三省堂 デイリー3か国語辞典シリーズ

シンプルで使いやすい デイリー3か国語辞典シリーズ

B6変・912頁(日中英は928頁)・2色刷

★ 日常よく使われる語句をたっぷり収録
★ 仏~韓の各言語と英語はカナ発音付き
★ 日本語見出しはふりがなとローマ字付き
★ 付録に「日常会話」(音声ウェブサービス付き)と「分野別単語集」

デイリー日仏英辞典　　デイリー日西英辞典
デイリー日独英辞典　　デイリー日中英辞典
デイリー日伊英辞典　　デイリー日韓英辞典

コンパクトで見やすい デイリー3か国語会話辞典シリーズ

A6変・384頁・2色刷

★ かんたんに使える表現1,200例
★ 仏~韓の各言語はカナ発音付き
★ 実際の場面を想定した楽しい「シミュレーション」ページ
★ コラム・索引・巻末単語帳も充実

デイリー日仏英3か国語会話辞典
デイリー日独英3か国語会話辞典
デイリー日伊英3か国語会話辞典
デイリー日西英3か国語会話辞典
デイリー日中英3か国語会話辞典
デイリー日韓英3か国語会話辞典

■ 数詞

0	cero セロ	14	catorce カトルセ	90	noventa ノベンタ
1	uno ウノ	15	quince キンセ	100	cien, ciento シエン, シエント
2	dos ドス	16	dieciséis ディエシセイス	101	ciento uno シエント ウノ
3	tres トレス	17	diecisiete ディエシシエテ	200	doscientos ドスシエントス
4	cuatro クアトロ	18	dieciocho ディエシオチョ	300	trescientos トレスシエントス
5	cinco シンコ	19	diecinueve ディエシヌエベ	400	cuatrocientos クアトロシエントス
6	seis セイス	20	veinte ベインテ	500	quinientos キニエントス
7	siete シエテ	21	veintiuno ベインティウノ	600	seiscientos セイスシエントス
8	ocho オチョ	30	treinta トレインタ	700	setecientos セテシエントス
9	nueve ヌエベ	40	cuarenta クアレンタ	800	ochocientos オチョシエントス
10	diez ディエス	50	cincuenta シンクエンタ	900	novecientos ノベシエントス
11	once オンセ	60	sesenta セセンタ	1 000	mil ミル
12	doce ドセ	70	setenta セテンタ	1 000 000	millón ウン ミジョン
13	trece トレセ	80	ochenta オチェンタ		

■ 疑問詞

quién(es) /キエン, キエネス/ 誰

qué /ケ/ 何, どの

.**cuál(es)** /クアル, クアレス/ どれ, どの

cuánto(-a, -os, -as) /クアント(-タ, -トス, -タス)/ どれだけ, どれだけの

cuánto /クアント/ どれほど, いくら

cuándo /クアンド/ いつ

dónde /ドンデ/ どこに, どこで

cómo /コモ/ どのように

por qué /ポル ケ/ なぜ